한국어 어미의 의미

한국어 어미의 의미

This Edition was published by Jipmoondang in 2019, Seoul, Korea.

한국어 어미의 의미

박 재 연

집문당

박재연

서울대학교 인문대학 국어국문학과 학사, 석사, 박사
아주대학교 인문대학 국어국문학과 교수

대표 논저

현대국어 반말체 종결어미 연구(석사학위논문, 1998)
『한국어 양태 어미 연구』(박사학위논문 公刊, 2006)
고유명 의미의 지시와 내포(2012)
한국어 의도 관련 어미의 환유적 의미 확장(2013)
한국어 환유 표현의 체계적 분류 방법(2014)
양태와 관습적 간접 화행의 환유적 연계(2015)
『한국어 문법 총론 Ⅰ, Ⅱ』(공저, 2015, 2016)

한국어 어미의 의미

2019년 2월 20일 1판 1쇄
2024년 8월 1일 2판 1쇄

저자 | 박재연
발행인 | 임동규
발행처 | **(주)집문당**
등록 | 1971. 3. 23. 제2012-000069호
주소 | 03134 서울시 종로구 돈화문로 82, 5층
전화 | +82-1811-7567
이메일 | sale@jipmoon.com
홈페이지 | www.jipmoon.com

ISBN 978-89-303-1813-6 93700

가격 30,000원

(주)집문당 이순신돋움체B (저작권자 아산시, 무료글꼴)

머리말

이 책은 1999년부터 2018년까지 쓴 논문 중 한국어 어미의 의미를 다룬 논문을 묶어 펴내는 것이다. 한 편을 제외하고는 모두 이미 학술지에 발표된 논문이다.

한국어 어미 연구를 시작한 것은 「현대국어 반말체 종결어미 연구」라는 제목의 석사학위 논문을 쓸 때였다. 청자대우법이나 문장 유형에 대한 기본적인 연구를 제외하면 당시만 해도 한국어 종결어미의 복잡하고 다양한 의미에 대해서는 관심이 그리 높지 않았다. 반말체 종결어미는 일상생활에서 가장 높은 빈도로 사용되고 그 의미도 흥미로워서 연구할 것이 무궁무진해 보였다. 반말체 종결어미 연구의 문제의식을 발전시켜 「한국어 양태 어미 연구」라는 제목의 박사학위 논문을 제출한 후에도 한국어 어미는 더 이야기하고 싶은 것이 샘솟는 분야였다.

'한국어 어미의 의미'라는 제목의 책을 내고 싶다는 생각은 석사과정에서부터 막연히 가진 꿈이었다. 하지만 학위 과정을 마친 후에는 그때그때 흥미를 느끼는 주제를 선택하여 논문을 썼고 다른 분야에 대해서도 계속 관심을 가져왔기 때문에 어미에 대한 연구가 체계적으로 혹은 순차적으로 이루어진 것은 아니었다. 그동안 학계에는 이미 출판된 논문을 묶어 책을 내는 일에 별 의미를 두지 않는 변화가 있기도 하였다. 그런데 얼마 전 문득 그동안 썼던 논문을 꼽아 보니 어미 연구 방법론에 대한 논문도 꽤 여러 편에 이르렀고 종결어미, 선어말어미, 전성어미, 연결어미의 각 분야 논문이 대략 구색을 갖춘 것을 깨닫고 한 권의 책으로 묶어 보려는 희망을 되살리게 되었다.

1부에는 어미 연구 방법론과 관련한 논문을 묶었고 이어지는 2부에서 4부까지는 차례로 선어말어미, 종결어미, 연결어미와 전성어미와 관련한 논문을 묶었다. 그동안 저자가 나름대로 공을 들여온 부분은 어미 각론보다는 어미 의미 기술의 방법론이다. 저자가 학위 과정을 시작하던 당시에는 '의미론' 하면 대개는 어휘의미론을 가리켰고 문법 형식에 대한 의미론이라는 개념은 거의 없었다. 저자는 문법 형식의 의미도 어휘 형식의 의미만큼 복잡다기하기 때문에 여러 가지 개념적 도구를 사용해서 체계적으로 기술할 필요가 있다고 생각하였다. 특히 시제, 상, 양태, 문장 유형 등의 문법 범주뿐 아니라 성분 분석, 전경과 배경, 환유와 은유, 합성성과 비합성성 등의 방법론적 도구가 한국어 어미 연구에 기여할 수 있는 방식을 보이려고 애썼다. 논문 중에는 학위 과정 중 쓴 기말 보고서를 학술지에 발표한 것도 여러 편 있어서 논의 방식이 미숙한 것도 있으며, 20년의 세월이 흐르는 동안 이미 전혀 새롭지 않게 된 논의들도 있고, 저자 스스로 철회한 주장도 있지만 기초적인 오류를 고치고 형식을 통일하는 선에서 수정은 최소화하였다. 부족하나마 이 책이 '어미 의미론'이라는 분야를 세우는 데 조그마한 기여가 된다면 저자로서는 부끄러움을 무릅쓰고 책을 묶어 내는 충분한 보람이 있겠다.

이 책을 칠 년 전 돌아가신 아버지 영전에 바친다. 아버지는 국어학과 아무 관계 없는 삶을 사셨지만 언어에 대한 남다른 관심과 감각을 가지고 계셨다. 참혹했던 투병 생활 중 손자, 손녀들과 남태평양의 어느 섬으로 마지막 여행을 갔을 때 딸이 '바닷빛이 예쁘다'고 하자 아버지는 '바닷빛이 곱다'고 하는 것이 더욱 적절하겠다고 하셨다. 아버지는 돌아가시기 닷새 전에 평생 당신이 하신 일 중 가장 자랑스럽고 보람되었던 일을 A4 용지 석 장의 손글로 남기셨는데 그것은 당신이 겨우 일고여덟 살 때 고향 마을 아주머니, 아저씨들을 모아서 한글을 가르치신 일이었다.

아직도 제자들보다 훨씬 더 왕성한 연구 활동을 하시는 것으로 우리들을 늘 부끄럽게 하시는 지도교수 임홍빈 선생님께 이 기회를 빌려 감사와 존경의 마음을 올린다. 학자의 모범을 보여 주시고 허물없는 친구가 되어 주시는 아주대학교 국어국문학과의 여러 선생님들께도 깊이 감사드린다. 소설가 김연수의 표현을 빌리면 저자의 논문 쓰기도 '견디면서 누리는 일'이었다. 함께 견뎌 준 가족들과, 글 쓰는 즐거움을 누려 온 지난 시간의 행운에 감사한다.

2019년 1월

박재연

차례

제1부 개념과 방법론

제2부 선어말어미의 의미

제3부 종결어미의 의미

제1부 개념과 방법론

한국어 양태 범주의 확립과 어미의 의미 기술

1. 서론

한국어의 선어말어미와 종결어미[1)]가 담당하는 의미 기능은 시제 · 상 · 양태[2)] · 문장 유형 · 청자대우법 등의 문법 범주를 통하여 기술되어 왔다. 이러한 범주를 개념적 도구로 하여, 예컨대 어떠한 선어말어미의 의미 기능이 시제 범주인가 혹은 다른 범주인가, 만약 시제 범주라면 현재인가 아닌가 하는 등의 논의가 있어 왔고, 이 같은 작업을 통하여 한국어 어미들의 의미가 보다 분명하게 밝혀질 수 있었다.

그런데 한국어의 어미를 기술하는 데에 있어서 유독 양태라는 범주는 다른 범주들과 좀 다른 처지에 있었음을 보게 된다. 양태는 흔히 명

1) 이하의 논의에서 '어미'라고 할 때에는 이 둘을 가리키는 것으로 한다. 연결어미와 전성어미는 본고의 논의 대상이 아니다.

2) '양태(modality)' 대신 '서법(mood)'이라는 용어를 사용하는 것이 옳다고 주장할 수도 있다. 이 둘의 관계를 '시간성'과 '시제'가 갖는 관계와 동일한 것으로 파악하여 전자는 의미 범주로, 후자는 문법 범주로 규정하는 일이 많기 때문이다(Palmer 1986, 고영근 1986/1995, Lyons 1995 등). 양태적 의미는 양태부사, 양태동사와 같은 어휘적 요소에 의해서도 표현되므로, 이것이 특별히 어미와 같은 문법 요소에 의해 표현될 때 이를 서법이라는 문법 범주로 규정하는 것이다. 그러나 '서법'은 본래 인구어에서 동사 굴절에 의해 표현되는 직설법, 가정법, 명령법 등의 문법 현상에 사용된 용어로서 언뜻 문장 유형(sentence type)과도 관련을 맺고 있는 듯이 보이기 때문에 한국어를 다루는 몇몇 학자들은 문장 유형을 서법이라고 부르기도 하는 등 용어의 사용에 있어 혼선을 빚어 왔다. 또한 한국어의 양태 관련 현상은 인구어의 서법과 같은 동사 활용의 정연한 패러다임을 갖는 것도 아니고 그 의미의 양상도 훨씬 복잡하기 때문에 이를 과연 서법이라고 부를 수 있는지 주저되는 면이 없지 않다. 본고에서는 이러한 사정을 감안하여 서법이라는 용어의 사용을 보류한다. 인구어적인 서법 개념을 다른 언어에 확대 적용할 때 발생하는 문제에 대해서는 Palmer (1986: 21~23)에서도 언급되고 있다.

제 혹은 사태에 대한 화자의 정신적 · 심리적 태도를 나타내는 것으로 이해되었고(장경희 1985: 9, 고영근 1986/1995: 260), 이와 관련 있는 어미로 '-더-, -겠-, -니-, -것-, -으리-, -네, -지, -구나 …' 등이 언급되었는데 이들 어미의 의미로 제안된 것은 '회상, 의식의 단절, 보고, 무의도성, 경험, 지각, 새로이 앎, 신빙성의 결여, 대상성, 판단, 의도, 추측, 보고, 확인, 원칙, 이미 앎, 새로이 깨달음' 등 매우 다양하였다. 이러한 의미 설정은, 예컨대 한국어의 시제 범주가 개별 언어로서의 특색을 지니기는 하지만 기본적으로는 일반언어학적인 '과거-현재-미래', 혹은 '과거-비과거'를 중심 축으로 하고 있다는 사실을 상기할 때 상당히 이질적인 것이다. 또한 시제 범주가 상호간의 대립을 바탕으로 성립되고 있음을 생각하면 예컨대 '보고'의 의미를 가진 어미와 '이미 앎'의 의미를 가진 어미가 의미 기능 면에서 어떻게 대립되는가를 궁금해하지 않을 수 없는 것이다.

요컨대 그간의 연구에서 '양태'는 '시제'처럼 그 하위 영역이 어느 정도 분명히 확립된 후 현상의 기술에 도입된 것이 아니라, 어미의 어떠한 의미가 '명제에 대한 화자의 심리적 태도'를 나타내는 것으로 생각되면 그 어미가 양태 범주를 실현한다고 기술되어 왔던 것이다. '화자의 태도'라는 의미 영역은 '시간'이라는 의미 영역보다 훨씬 다양하고 복잡한 양상을 띠는 것이기 때문에 양태 범주는 다른 범주와는 달리, 대립을 토대로 성립되기 힘든 속성을 가지고 있다고 할 수도 있다. 그러나 문법 범주의 도입이 가져다주는 이득이라는 것이 방만한 기술을 피할 수 있게 해 준다거나, 요소와 요소 사이의 대립을 분명히 보여줄 수 있게 해 주는 것이라고 한다면, 양태 범주도 시제나 상 등과 마찬가지로 문법 요소의 기술에 유용한 하위의 의미 영역을 어느 정도 확립한 후 한국어의 기술에 이용되어야 할 것이다.

본고에서는 이러한 인식을 바탕으로 한국어의 어미 기술에 유용한 양태 범주의 의미 영역을 생각해 보고자 한다. 본고의 규모를 고려하여 일단은 논의의 범위를 인식 양태로 한정한다. 2장에서는 인식 양태의 개념적 의미 영역과 그간의 한국어 어미 연구에서 얻어진 경험적 검토의 성과를 토대로, 한국어의 어미 기술에 적합한 인식 양태의 의미 영역을 제안한다. 3장에서는 2장에서 얻어진 인식 양태 체계를 이용하여 한국어의 몇 가지 어미에 대하여 간략한 의미 분석을 시도함으로써 우리의 접근이 가지는 장점을 보인다. 4장에서는 미진한 점을 지적하고 앞으로의 과제를 제시한다.

2. 인식 양태의 의미 영역

Palmer (1986: 51)은 인식 양태를 "화자가 명제의 진실성(truth)에 대하여 가지는 책임(commitment)의 정도를 가리키는 것"으로 정의한 바 있고 Lee (1991: 62)은 "경험을 자신의 인지 체계에 통합시키는 화자의 인식론적 과정"과 관계되는 것이라고 하였다. 장경희(1998: 266)에서의, "명제의 사실성을 화자의 주관적인 인지적 관점에서 표현하는 문법 범주"라는 정의는 이 논의에서 인식 양태가 아니라 양태 전반에 대한 정의인데 본고의 관점에서 이는 인식 양태에만 해당하는 정의이다. 한편 선어말어미 '-더-'를 다룬 임홍빈(1982/1998: 337)에서는 "어떤 명제의 진리성을 문제삼는 좁은 의미의 논리적인 인식 양상이 아니라 어떤 사실을 어떻게 인식하느냐 하는 인식 태도를 문제 삼는 개념"이 '-더-'의 기술에 유관한 양태 개념이라고 보았다. Palmer (1986)이나 장경희(1998)의 정의는 기본적으로 정당한 것이지만, 인식 양태를 명제의 진실성에 대한 판단과만 연관시키고 있기 때문에 이를 보다 넓은 의미로 파악하려는 본고의 입장에서는 다소 미흡한 점이 있다. Lee (1991)의 이해는 보다 구체적이고 폭넓은 면이 있으나 일반적인 정의의 형식을 갖추지 못한 것이 단점이다. 본고에서는 인식 양태에는 언제나 화자의 정보 인식 작용에 뒤따르는 화 · 청자 간의 정보 전달 작용이 관여하고 있음을 주목하고 이를 부각시켜 '화 · 청자 간에 전달되는 정보의 성격에 대한 화자의 태도'로 인식 양태를 이해하고자 한다. 이

정의는 임홍빈(1982/1998)의 "어떤 사실을 어떻게 인식하느냐 하는 인식 태도"와 상통하는 점이 있다.

전통적으로 인식 양태의 의미 영역으로 다루어진 것은 '확실성(certainty)의 정도'이다. 화자가 자신의 정보를 확실한 것으로 말하고 있는가, 불확실한 것으로 말하고 있는가가 [확실성(certainty)], [개연성(probability)], [가능성(possibility)]의 관점에서 기술될 수 있다. 그러나 정보의 성격은 이 밖에도 여러 가지 관점에서 파악될 수 있다. 우선 화자가 정보를 어떠한 경로를 통하여 입수하였는가를 생각해 볼 수 있다. 화자는 문제의 정보를 자신의 오감(五感)을 통하여, 즉 직접 보거나 들어서 획득한 것일 수도 있고[지각(perception)], 간접적으로 누군가로부터 들어서 알게 된 것일 수도 있다[인용(hearsay)]. 혹은 어떠한 증거를 토대로 자기 자신의 추론을 통하여 얻게 된 정보도 있을 수 있다[추론(inference)]. 또한 정보의 성격은 화자가 어떤 정보를 자기 자신의 지식 체계에 얼마나 내면화(assimilation)하였는가에 따라서도 나누어 볼 수 있다. 즉 원래부터 알고 있었기 때문에 이미 내면화된 정보도 있고[이미 앎(assimilated knowledge)], 어떤 기준시에서 처음으로 알게 되어 아직 자신의 지식 체계에 완전히 통합되지 못한 정보도 있다[새로 앎(unassimilated knowledge)]. 화자가 청자에게 정보를 전달하는 행위에 초점을 맞추어 본다면, 화자의 입장에서 청자가 그 정보에 대하여 전혀 모르고 있음을 가정하는 경우도 있고[미지가정(未知假定)], 청자도 화자와 마찬가지로 어느 정도 거기에 대하여 알고 있음을 가정하는 경우도 있게 된다[기지가정(旣知假定)]. 이상을 다음과 같이 정리하기로 한다.

(1) 인식 양태의 의미 영역[3)]

가. 정보의 확실성 정도: [확실성], [개연성], [가능성]

나. 정보의 출처: [지각][4)], [추론], [인용]

다. 정보의 내면화 정도: [이미 앎], [새로 앎][5)]

라. 청자의 지식에 대한 가정: [기지가정], [미지가정]

(1가)는 전통적으로 논의되어 온 인식 양태의 의미 영역이다. (1나, 다)는 1980년대에 이르러 미국 인디언 어를 연구하던 미국의 언어학자들에 의해 '증거(evidentiality)'라는 이름으로 본격적으로 논의되기 시작하였고[6)] Palmer (1986: 2장)에서는 이를 인식 양태의 하위 범주로 다룬 바 있다. (1라)는 그것이 단순히 명제 혹은 정보에 대한 화자의 태도가 아니라 청자에 대한 태도를 포함한다는 점에서 나머지와는 분명히 다른 점이 있다. 한국어에는 청자에 대한 태도를 표현하는 청자 대우법과 같은 장치가 따로 있다는 점도 고려된다. 그러나 (1라)가 청자에 대한 태도를 표현하기는 하지만 여전히 정보의 성격에 대하여 청자에게 가지는 태도라는 점에서 인식 양태의 영역에 포함시킬 수 있다

3) 이는 인식 양태의 개념적 체계의 성격을 띠는 동시에 Palmer (1986), Chafe & Nichols *eds.* (1986), Bybee *et al.* (1994) 등의 유형론적 논의에 등장하는 인식 양태와 유관한 의미 영역을 간추려 본 것이기도 하다. 한국어를 다룬 Lee (1991)에서도 이와 유사한 체계를 제안한 바 있다.

4) DeLancey (1986)은 'eye-witness knowledge'라는 용어를 사용하였으며 박재연(1998)에서도 '목격'이라는 용어를 사용하였다. '지각'보다는 '목격' 쪽이 의미하는 바가 분명하게 드러난다. 그러나 이 의미 영역이 시각적인 증거만을 포함하는 것으로 간주될 오해의 소지를 감안하여 여기에서는 장경희(1985)에서 사용된 '지각'을 제시하였다.

5) Slobin & Aksu (1982)의 '준비된/준비되지 않은 정신상태(prepared/unprepared mind)'나 DeLancey (1986)의 '구지식/신지식(old knowledge/new knowledge)'의 구분도 모두 정보의 내면화 정도에 관련되는 개념이다.

6) Chafe & Nichols *eds.* (1986: vii)가 지적하고 있듯 'evidentiality'란 개념이 증거 자체의 표시와만 관계되는 것이 아니기 때문에 '증거'라는 번역은 불충분한 감이 있다. 이 논의에서 'evidentiality'는 "지식에 대한 다양한 태도를 전달하는 장치"로 폭넓게 이해되고 있다. 논자에 따라서는 (1나, 다)뿐 아니라 (1라)의 의미 영역에까지 이 말을 사용하는 경우가 있다(본고의 각주 7 참조).

고 생각된다.[7)]

(1)의 개념적 영역은 물론 경험적인 뒷받침을 얻을 때에 비로소 정당화될 수 있을 것이다. 그런데 이상의 의미 영역들은 대부분 기존의 한국어 어미 기술에서 이미 이용되어 왔던 것임을 쉽게 알 수 있다. 추측이니 추정이니 하는 의미를 통하여 (1가)의 의미 영역이 거론되어 왔음은 물론이거니와 장경희(1985)가 '-더-'에 대하여 제안한 [지각]의 의미는 (1나)의 정보의 출처와 관련된 것이고 '-지'에 대하여 제안한 [이미 앎]의 의미는 (1다)의 정보의 내면화 정도와 관계된 것이다. 또한 이기동(1987)이 "화자는 주어진 어떤 명제를 믿는 쪽으로 기울어져 있고 청자도 마찬가지로 기울어져 있다고 판단될 때" 종결어미 '-지'를 사용한다고 한 것은 '-지'가 (1라)과 관련하여 [기지가정]의 의미를 가지고 있음을 인식한 것이었다. (1)은 한국어 논의에서 산발적으로 이용되던 인식 양태의 의미 영역을 간추려 본 데에 지나지 않는 것이다.

그러나 의미 영역의 체계화가 주는 이점은 적지 않을 것으로 기대된다. 첫째, 어미의 의미 기능에 대한 다양한 각도에서의 접근이 가능해지며 한 가지 핵심 의미를 유지하기 위하여 나머지 속성에 대한 기술을 포기하는 과실을 범하지 않을 수 있다. 예를 들어 '-더-'에 대하여 김차균(1980)은 '회상' 이외에 '새로이 앎'이라는 의미를 덧붙인 바 있는데 장경희(1985: 60)에서는 '-더-'의 핵심 의미는 '지각'이라 하여 이를 비판하고 있다. 이 논의의 반박 예를 가져와 보자.

(2) 가. 여러 가지 중에서 사과파이가 제일 먼저 팔렸어. 난 그때 사과파이가 맛있다는 걸 알게 됐어.
나. (동일한 상황) *사과파이가 맛있더라.

7) Palmer (1986: 76~77)에는 인식 양태의 한 가지로서 Kogi 어(북부 콜럼비아)의 'evidential' 체계가 소개되어 있는데 청자의 지식 상태에 따라 차례로 'remind, inform, ask, doubt, speculate'의 의미를 가지는 다섯 가지 첨사가 선택될 수 있다고 한다.

즉 새로 알게 된 사태라도 직접 지각하지 않은 사태에 대하여서는 '-더-'가 쓰일 수 없음을 지적하고 있다. 그러나 '-더-'가 직접 지각한 사태에만 사용된다는 것이 새로 알게 된 사실에만 쓰인다는 것을 부정하는 근거는 되지 못한다. '새로이 앎'이라는 것은 (1다)의 정보의 내면화 정도와 관련되는 의미이고 '지각'이라는 것은 (1나)의 정보의 출처와 관련되는 의미이다. 즉 이들은 본고의 양태 범주 체계에서 서로 다른 층위의 의미이기 때문에 하나를 긍정하는 것이 다른 하나를 부정하는 근거가 되지 못하는 것이다. '새로이 앎'이라는 의미와 '지각'이라는 의미는 그것이 '-더-'에 대하여 정당한 것이라면, 상호 모순 없이 어울릴 수 있다. (1)의 체계를 이용한다면 '지각'의 의미를 유지하기 위하여 '새로이 앎'을 부정할 필요가 없게 된다.

둘째, 이러한 의미 영역 체계는 이제까지 발굴되지 않은 양태 의미를 가진 어미들을 새롭게 조명할 수 있게 해 준다. 예컨대 종결어미 '-거든'의 양태 의미는 별로 부각되지 못하였으나 이러한 양태 범주 체계를 염두에 두면 흥미로운 속성들을 많이 가지고 있음을 알 수 있다.

셋째, 의미의 대립 관계를 이용한 어미의 의미 기술은 자연 언어를 이용할 수밖에 없는 문법 기술에서 용어 선정의 문제를 어느 정도 해소할 수 있게 해 준다. 장경희(1985: 2장)에서는 양태 범주의 의미를 확정하기 위해 '알다, 믿다, 생각하다 …' 등의 인지동사에 대한 의미 분석을 수행한 바 있으며 이홍식(1995: 337)에서는 '인식'과 '지각'이 어떻게 다른가에 대해 깊이 고민하고 있다. 이들과 달리 본고에서는, [지각]은 [추론]이나 [인용]과 대립됨으로써만 의미가 있는 개념일 뿐이기 때문에 [지각]이라는 용어에 대한 더 이상의 고민은 하지 않는다. 따라서 [지각]을 [목격]이라고 하든 [경험]이라고 하든 별 상관이 없다.

본고의 양태 체계에 의한 의미 파악은 혹 문법 요소의 가장 원초적이고 기본적인 단일한 의미 기능을 찾아내고자 하는 연구자들에게는 바람직하지 못한 것으로 비판받을 수도 있다. 그러나 어떠한 문법 요소의 기능이 단일한 것이라고 해서 그것이 단 한 개의 술어로만 기술되어야 할 필요는 없다고 생각한다. 문법 요소의 본질 자체가 다양성을 가진 것일 때 이것이 각기 다른 각도에서 체계적으로 파악되기만 한다면 몇 개의 술어를 복합적으로 사용하는 것은 전혀 문제가 없다고 본다. 예컨대 어떤 어미는 화자가 '추론'에 의해 '새로 알게 된' 정보를 '개연성' 정도의 확신을 가지고 그 정보에 대하여 '미지 상태인' 청자에게 전달하는 의미 기능을 가질 수 있다.[8] 문제는 오히려 그렇게 다양하게 파악해야 할 양상을 하나의 단어로 무리하게 환원시켰을 때 발생하는 것이다.

(1)에서 제시한 인식 양태의 개념적 도구를 가지고 어미를 기술하는 것에는 거꾸로 단순화의 위험이 따르리라는 것도 예상된다. 선어말어미나 종결어미가 가지는 의미의 완전하고 섬세한 면은 오히려 깊은 사색을 통해서만 드러날 수 있을 것이기 때문이다. '-더-'의 의미에 대한 임홍빈(1982/1998, 1993/1998)이나 이홍식(1995)의 논의는 이러한 사색의 결과라 할 수 있다. 원초적인 의미 기능에 대한 탐색이 아닌 의미의 대립 관계를 이용하고자 하는 본고의 논의는 이들의 논의와는 근본적으로 다른 입장을 취하고 있는 셈이나 그렇다고 해서 이들과 양립불가능한 것은 아니다. 다양한 방법론이 시도되어 서로 도움을 주고받는 가운데 토론이 진전되리라 생각한다.

3. 의미 기술의 실제

이 장에서는 2장에서 제안한 인식 양태의 의미 영역을 이용하여 어미의 의미 기술의 실례를 보이고자 한다. 대상 어미는 선어말어미 '-더-', 종결어미 '-네, -구나, -지, -거든' 등 모두 다섯 개이다. 물론 본고는 이들의 의미 기능을 종합적으로 검토할 여유는 가지지 못한다. 이들의

8) 물론 이는 최대한 복잡한 의미를 가지는 가상의 어미를 상정해 본 것이다. 대부분의 어미들은 (1)의 네 가지 의미 영역 중 일부에서만 특징적인 속성을 드러내고 나머지 의미 영역에 대하여서는 무표적, 즉 미명세적(unspecified)인 경우가 많다.

다양하고 복잡한 성격 중에는 인식 양태 범주만으로는 포착하지 못하는 부분도 있기 때문이다.9) 우리의 관심은 인식 양태라는 개념적 도구가 이들이 가진 의미를 얼마나 효과적으로 포착할 수 있는가를 검증하는 데에 있다.

3.1. '-더-'10)

'-더-'에 대한 논의는 매우 많았고 제안된 의미도 그만큼 다양하였다. 몇 가지만을 들어 보면, 최현배(1937/1955: 457)에서 "도로 생각 때매김", 즉 회상 시제로 파악된 후 서정수(1977)에서 '회상'의 의미가 반박되고 '보고'의 의미가 제안되었다. 그러나 '보고'의 의미도 곧 비판의 대상이 되었고 유동석(1981)에서는 '무의도적 사실의 객관적 전달'이라는 의미가 제안되었으며, 김차균(1980)에서는 기존의 '회상'에 '새로이 앎'이 추가되기도 하였다. 임홍빈(1982/1998, 1993/1998) 논의의 중심에는 '의식의 단절'이라는 것이 세워져 있으나 그 세부는 좀더 복잡한데, "'-더라'의 청자 요구 조건"이나 "인지 전 비의식 조건", "인지 후 비의식 조건" 등의 추가적인 조건들이 그 사정을 드러내고 있다. 2장에서도 잠시 언급했다시피 장경희(1985, 1998)의 제안은 '과거 지각'이며

9) 예컨대 '-거든'은 문장 단위를 뛰어 넘는 담화 기능을 가지고 있다. 화자 자신의 후행 문장에 대한 배경을 제시한다든가, 선행 문장에 대한 이유를 제시하는 등의 기능이 그것이다. 양태 범주에 의한 의미 파악에서 이러한 의미까지를 기술할 수 있는 것은 아니다.

10) 여기서 '-더-'는 종결형 '-더라, -더냐, -던가' 등에 나타나는 '-더-'를 말한다. 단, 편의상 예문은 해라체 평서형의 '-더-', 즉 '-더라'의 '-더-'의 것을 주로 든다. 기원적으로 '-더-'가 융합된 종결어미 '-ㅂ디다, -데, -ㅂ디까, -디'도 '-더-'의 양태적 의미를 유지하고 있기에 이에 대하여서도 본고의 논의가 유효하다. 그러나 관형사형 '-던'과 연결형 '-더니, -더라도, -(었)더라면, -(었)던들'에 포함된 '-더-'는 종결형의 것과 다른 속성을 가지며, 여기서 다루지 않는다. '-더-'를 포함하는 어미류를 분석할 것인가, 어말어미와 묶어서 다룰 것인가 하는 문제, 종결형의 '-더-'와 연결형, 관형사형의 '-더-'를 동일하게 다룰 것인가, 별개의 것으로 다룰 것인가 하는 문제에 대하여서는 아직 합의에 도달하지 못하고 있는데, 필자는 '-던가, -더냐, -더라'의 '-더-'를 분석하고 종결형의 '-더-'와 연결형, 관형사형의 '-더-'를 달리 보는 입장에서 종결형의 '-더-'만을 기술의 대상으로 삼고자 하는 것이다.

서정수(1992, 1994)에서는 '비동일 주어 제약, 몸소살핌 제약, 비동일 장면 제약, 상대 제약' 등을 종합하여 결국은 '알림'이라는 것이 '-더-'의 중심 의미라고 하였다. Lee (1991)에서는 종결형의 '-더-'가 미완료상과 경험의 증거 양태적 속성을 동시에 갖는 것으로 파악하였고, 이홍식(1995)에서는 "과거에 어떤 사실을 의식의 대상으로 삼아 인식하고 그것을 발화시에 다시 인식하는 것"이라고 보았다. 최근의 송재목(1998)은 '-더-'의 의미가 '과거의 감각적 관찰'의 증거 형식이라고 주장하였다.

본고는 종결형에 나타나는 '-더-'가 다음과 같은 의미를 가진다고 파악한다.

(1) 가. 정보의 출처: [지각]
　　나. 정보의 내면화 정도: [새로 앎]
　　다. 청자의 지식에 대한 가정: [미지가정]

'-더-'가 직접적인 감각 행위를 통하여 알게 된 사태에 대하여서만 사용된다는 것은 나진석(1965/1971: 26)에서는 '용법상의 제약'으로서, 장경희(1985: 63~70)에서는 '핵심 의미'로서 지적된 바 있고 서정수(1992, 1994)의 '몸소살핌 제약' 역시 이러한 사실을 포착하고 있다.

(2) 가. 철수가 운동장에서 체조를 하더라.
　　나. *세종대왕이 직접 한글을 만드시더라. (서정수 1994: 270)
　　다. 세종대왕이 직접 한글을 만드셨다더라.
　　라. 연구실에 가 보니 선생님께서는 벌써 퇴근하셨더라.

(2가)는 화자가 철수가 체조를 하고 있는 모습을 직접 목격한 후 성립할 수 있는 문장이다. 반면 (2나)는 화자가 당대의 인물이 아니라면, 세종대왕이 한글을 만드는 모습을 직접 볼 수는 없기 때문에 성립할 수 없는 문장이다. (2다)가 성립하는 것은 '-더-'가 "세종대왕이 직접 한글을

만드시-"에 걸리는 것이 아니라 "세종대왕이 직접 한글을 만드셨다고 하-"에 걸리기 때문이다. 누군가가 세종대왕이 한글을 만들었다고 한 말을 화자가 직접 들은 것이다. 주의할 점은 이러한 지각의 시점이 발화시를 기준으로 했을 때 과거의 어느 한 시점이라는 것이다.[11] (2라)에서처럼 '-더-' 앞에 '-었-'이 결합된 '-었더-'가 사용되면 화자가 지각한 것은 어떠한 사실이 '-었-'에 의해 이미 완료된 후의 결과가 된다.

'-더-'가 지각의 시점을 기준으로 하였을 때 그 때까지는 알지 못하거나 의식하지 못하던 사실을 새로이 알게 되었을 때에만 사용된다는 것은 김차균(1980)에서도 지적된 바이며, 임홍빈(1993/1998: 292)에서 "인지 전 비의식 조건"이라는 이름으로 다루어지기도 하였다.

(3) 가. 그 사람 알고 보니 영 사람이 덜 되었더라.
나. 내가 양말을 뒤집어 신었더라.
다. *나는 양말을 일부러 뒤집어 신었더라.
라. *나는 동생을 찾더라. (김차균 1980: 92)

(3가)의 화자는 과거의 어느 한 시점에서 '그 사람'의 됨됨이에 대해서 새로운 인식을 하게 되었음을 '-더-'를 통하여 나타내고 있다. (3나)가 이른바 '비동일 주어 제약'을 어기고도 성립에 이상을 가지지 않는 것은 비록 양말을 신은 것이 자기 자신의 일이기는 하지만 뒤집어 신었다는 것을 지각의 시점까지는 알지 못했기 때문이다. (3다)와 같이 '일부러' 뒤집어 신었다고 한다면 '-더-'의 사용은 용납되지 않는다. (3라) 역시 동생을 찾으면서 그 사실을 새로이 인식할 수는 없기 때문에 성립

11) '-더-'는 종종 시제 요소로 다루어지지만 엄밀히 말하면 시제 선어말어미일 수 없다. "내일부터 고속버스 요금이 오르더라."의 예가 분명히 보여 주듯이 '-더-'는 사태가 위치하는 시간이 과거임을 지시하는 것이 아니라 그 사태를 지각하여 인식하게 된 시점이 과거임을 의미하는 것이다. 즉 양태 의미의 일부로 시간성이 들어 있을 뿐이다. 이 점에 대하여서는 일찍이 고영근(1965/1989: 191)에서부터 최근의 송재목(1998: 142~147)에 이르기까지 끊임없이 지적된 바 있다.

되지 않는 것이다.

한편 (1다)에서 청자가 문제의 정보를 아직 알지 못하고 있음을 가정하는 화자의 태도는 임홍빈(1993/1998: 319)에서 제시된 '화자 및 청자 의식의 투영 조건'과 관계가 있다. "화자는 청자가 문제의 사실에 대하여 의식을 가지지 못한 상태, 또는 관심을 가지지 않은 상태에 있다고 전제"한다는 것이다. 서정수(1977, 1992, 1994)가 '-더-'를 '보고'나 '알림'으로 파악한 것도 이를 인식한 직관이었다고 생각된다.

(4) 가. 영희가 곧 결혼한다더라.
　나. *너도 이미 알겠지만 영희는 1년 전에 결혼했더라.
　　(*cf.* 너도 이미 알겠지만 영희는 1년 전에 결혼했잖아.)

(4가)에 비해 (4나)가 성립되지 않는 것은 문제의 정보를 청자가 이미 알고 있을 것이라고 가정한 상태에서 '-더-'를 사용하였기 때문이다. 그런데 '-더-'는 이 문제에 대해서는 단순하지 않은 면모를 드러낸다.

(5) 가. 너 어제 도서관에서 공부하더라(↗).
　나. 너 알고 보니 철수 동생이더라(↗).
　다. 영희가 곧 결혼한다데(↗).
　라. 어디 갔었어? 전화 해도 없데(↗).
　(화살표는 억양의 대략적인 표시임)

(5)에서 '-더-'의 [미지가정]의 의미는 그 힘을 발휘하지 못한다. (5가, 나)에서 청자가 도서관에서 공부를 했다거나, 누구의 동생이라거나 하는 사실이 청자가 모르는 사실일 리가 없으며 따라서 화자가 청자의 미지를 가정했다고는 볼 수 없다. (5다)에서 화자는 청자가 영희의 결혼 소식을 알고 있는지 모르고 있는지를 알지 못할 때에도 '-데'를 사용할 수 있으며 (5라)의 발화는 단순히 자신이 과거에 청자가 특정 장소에

없었다는 사실을 새로 발견한 적이 있었음을 청자에게 알리는 구실만을 하고 있다. 이러한 예를 염두에 두고 임홍빈(1993/1998: 320)에서는 "(청자는) 나의 지각 사실에 대하여 알지 못하고 있다는 화자 전제가 작용하"는 것이라고 설명하고 있다. 즉 청자가 모르고 있다고 가정되는 것은 사태 자체가 아니라 사태에 대한 화자의 지각 행위라는 것이다. 이는 '-더-'가 자신이 가진 기능의 일부에까지 그 작용역(scope)을 가질 수 있다는 것으로서 매우 흥미로운 현상이다. 또한 (5)의 문장들이 일반적인 평서문과는 다른 억양 곡선을 가지는 점을 주목할 수 있다. 즉 (5)의 문장들은 화자가 가지고 있는 정보에 대하여 청자에게 확인을 구하는 문장이라고 할 수 있는데 이러한 용법은 '-더-'가 미처 화자의 지식 체계로 완전히 내면화되지 못한 정보에 사용되는 속성을 갖는 데에서 기인한 파생적인 것으로 간주된다.

'-더-'의 [미지가정]의 의미가 부각되지 않는 문맥은 "내가 그때 왜 그런 말을 했던가?", "저 사람 이름이 뭐더라?" 하는 자문(自問)에서도 발견된다. 이는 과거의 인식에 대한 기억을 더듬는 것인데 이 문장들은 청자를 상정하지 않는 독백의 속성을 띠므로 [미지가정]의 속성과 연관을 맺지 않는다.

3.2. '-네'

'-네'에 대해서는 하게체 어미와 반말체 어미가 구별되어야 하는데 본고에서 관심 두는 것은 양태적 의미를 가지는 후자이다. 반말체 어미 '-네'에 대한 연구를 살펴보면, 장경희(1985: 80~83)에서 '-더-'의 [과거지각]에 대비되는 [현재지각]의 의미가 파악된 바 있고 이기동(1987: 104)에 "화자가 무엇을 지각하는데 이것이 그의 생각과 다를 때" 사용된다는 기술이 보인다. 손현선(1996: 282~283)은 "화자가 명제 내용을 처음 알았을 때" 사용된다고 지적한 바 있다. 본고의 인식 양태 체계에 따르면 '-네'의 의미 기능은 다음과 같이 파악된다.[12)]

(6) 가. 정보의 출처: [지각]
나. 정보의 내면화 정도: [새로 앎]

다음 예를 보자.

(7) 가. 옷에 냄새가 많이 나네.
나. *들어 본 적은 없지만 영희는 노래를 잘 부르네.
(*cf.* 들어 본 적은 없지만 영희는 노래를 잘 부른대.)

(7가)는 감각을 통하여 직접 알게 된 사실에 '-네'가 사용되고 있음을 보인다. 반면 (7나)는 영희가 노래를 잘 부른다는 사실을 직접 확인하지 못한 상태에서 '-네'가 쓰일 수 없음을 보인다.

또한 '-네'는 '-더-'와 마찬가지로 새로 알게 된 정보를 표현하는 문장에만 사용될 수 있다.

(8) 가. 알고 보니 이 사람 정말 천사네.
나. *내가 일부러 양말을 뒤집어 신었네.
다. 여기 정말 예쁜 꽃이 피었네!

(8가)는 '-네'가 새로 알게 된 정보를 표현하는 문장에 사용된 것을 보인 것이다. '-더-'의 경우와 같이 (8나)와 같은 문장에는 '-네'가 사용될 수 없다. '-네'가 '-더-'와 다른 점은 지각의 시점이 과거가 아닌 현재, 즉 발화시라는 점이다. 이렇게 '-네'는 직접적인 감각 행위를 통하여 새로 알게 된 사태에 대하여 사용되는 용법을 가지기 때문에 (8다)에서처럼 감탄적으로 사용되기도 한다.

그런데 '-네'가 의문문과 같은 용법을 보이는 문장에 사용되는 것을

12) 박재연(1998: 114~117)에서도 이에 대한 기술을 시도한 바 있다.

관찰할 수 있다.

(9) A: 영희는 내년에 미국에 간대.
B: 그럼 철수 혼자 남게 되네?
A: 아니, 철수도 같이 간다던데.

화자 B의 발화가 판정의문문적인 성격을 가진다는 것은 그에 대한 화자 A의 대답에서 확인할 수 있다. 그러나 그렇다고 해서 '-네'가 진정한 의문문 용법을 가지고 있다고는 볼 수 없다. "*철수 언제 가네?"와 같이 설명의문문에는 절대로 사용될 수 없는 것이 참조된다. 3.1.에서 '-더-'가 내면화되지 못한 정보에 사용되면서 거기에 대하여 청자에게 확인을 구하는 용법을 가지고 있음을 본 바 있는데 (9)에서 보이는 '-네'의 용법은 이와 평행한 것이다.[13)]

3.3. '-구나'

'-구나'는 흔히 감탄형 어미로 논의되어 왔으나 장경희(1985: 89~101)에서 [감탄]이 '-구나'의 핵심 의미가 될 수 없음이 증명되었고 대신 [처음 앎]이라는 양태 의미가 제안되었다.[14)] 본고의 인식 양태 체계에 따르면 '-구나'에서는 다음과 같은 의미가 추출된다.

(10) 가. 정보의 출처: [지각], [추론]
나. 정보의 내면화 정도: [새로 앎]

---

13) Lee (1991: 395)는 추론된 정보에 대하여, 그것에 대해 권위를 가지고 있는 누군가에 의해 그것이 확인되기 전까지는 화자의 지식 체계에 들어오지 않는다고 하고 있다. '-네'가 의미하는 바는 추론된 정보가 아니라 지각된 정보이지만 새로 얻은 정보라는 점에서 동일한 속성을 보이는 것으로 생각된다.

14) '-군'은 '-구나'와 공통되는 속성이 많다. '-군'에 대해서는 Lee (1991)에서 "내면화되지 않은 형식(unassimilated form)"으로 파악된 바가 있다. 박재연(1998)에서도 '-군'을 논의 대상으로 삼아 [추론]과 [새로 앎]을 의미로 제안한 바 있다.

'-구나'는 '-네'와 마찬가지로 직접적인 감각 행위를 통하여 새로 알게 된 사태에 사용되는 어미이다.[15] 따라서 '-네'와 많은 문맥에서 별다른 의미 차이 없이 교체되어 사용될 수 있다.

(11) 가. 옷에 냄새가 많이 나네.
　　나. 옷에 냄새가 많이 나는구나.
(12) 가. 장미꽃이 정말 예쁘네!
　　나. 장미꽃이 정말 예쁘구나!

(11가, 나)에서 우리는 '-네'와 '-구나'가 거의 동일한 양태를 표현할 수 있음을 확인할 수 있다. (12가, 나)는 '-네'에서도 발견되었던 감탄적인 의미가 '-구나'에도 적용됨을 보인다. 그러나 다음 예를 보자.

(13) (순희가 자리에 없는 것을 보고)
　　가. 대구에서 한다는 영희 결혼식에 갔구나.
　　나. *대구에서 한다는 영희 결혼식에 갔네.
(14) 가. (철수를 꼭 닮은 것을 보니) 네가 철수 동생이구나.
　　나. *(철수를 꼭 닮은 것을 보니) 네가 철수 동생이네.

(13가), (14가)가 전혀 이상을 가지지 않는 것에 비하여 (13나), (14나)가 자연스럽지 못한 것은 어떻게 설명될 수 있을까? 본고는 '-구나'가 '-네'와는 달리 [추론]에 의한 정보를 표현하는 기능을 가지고 있기 때문이라고 설명한다.[16] 즉 (13)에서는 순희가 자리에 없음을 지각한

---

15) 단 '-네'는 지각의 시점이 현재임을 분명하게 드러내는 어미인 데 반해 '-구나'는 지각의 시점에 대해서 무표적이라는 차이가 있다. '-네'와는 달리 '-구나'에는 지각의 시점이 과거임을 나타내는 '-더-'가 통합될 수 있음을 주목하기 바란다("영희가 학교에 가더구나."). 물론 이는 기원적으로 '-네'에 '-더-'와 계열 관계를 가지고 대립을 이루던 '-느- (-ᄂᆞ-)'가 융합되어 있기 때문이다.

16) Lee (1991: 386, 391)에서도 이에 대한 직관이 보이며, 경험적 증거와 추론적 증거

후, 그것을 근거로 한 추론의 결과 영희 결혼식에 갔다는 정보를 얻어 내었고, (14)에서는 철수와 닮은 외모를 가진 사람을 보고, 이를 근거로 그가 철수의 동생이라는 정보를 추론해 내었다는 것이다.[17] '-구나'의 [추론]의 양태 의미는 다음과 같은 예에서 두드러진다.

(15) A: 철수는 아무데나 돈을 쓰고 다니더라.
B: 그렇게 헤프니까 아직 집도 못 샀구나.
B': *그렇게 헤프니까 아직 집도 못 샀네.
(16) A: 형은 어디 나오셨어요?
B: 중앙.
A: 경기 봐가지구 떨어졌구나!(Lee 1991: 386)

(15)는 화자 A가 제공한 정보로부터 추론한 정보에 대해서 '-구나'는 자연스럽게 사용되지만 '-네'는 사용되지 못한다는 사실을 보이고 있다. (16)에서도 화자 A의 두 번째 발화는 추론에 의한 것임을 쉽게 알 수 있다. 위의 예에서 알 수 있듯이 '-구나'는 '-었-'과 통합되면 [지각]보다는 [추론]의 의미를 가지기가 쉽다(Lee 1991: 392). 사태 자체가 아닌 완료된 결과에 의한 인식을 표현하기 때문이다.[18]

한편 '-구나'도 '-네'처럼 내면화되지 못한 정보를 표현하기 때문에, 청자의 확인을 구하는 용법을 가지는 상향 억양의 의문문과 같은 문장에 사용될 때가 있다.

가 동일한 요소에 의해 표현되는 것은 범언어적 일반성을 가진다고 한다.

17) 손현선(1996: 283)에서는 "너 어제 잠 못 잤군."과 "*너는 어제 잠 못 잤네."의 문법성 차이를 '-네'가 '-군'과는 달리 청자가 화자보다 명제 내용에 대해 더 확실히 알고 있다고 생각되는 상황에서는 쓰일 수 없기 때문이라고 해석하고 있다. 그러나 "웬일로 네가 빨간 옷을 다 입었네."에서의 정보를 청자가 잘 모르고 있었다고는 파악할 수 없으므로 이러한 해석은 정당하지 못한 것으로 생각된다. '-군' 혹은 '-구나'가 가진 [추론]의 의미에 의한 해석 방법이 이 경우에도 적용될 수 있을 것이다.

18) 완료와 추론의 두 범주는 모두 사건 그 자체를 나타내는 것이 아니라 그 결과를 통해 사건을 나타낸다는 공통점이 있다(Comrie 1976: 110). 터키어에서는 이 두 범주가 동일한 요소로 표현된다고 한다(Slobin & Aksu 1982: 188).

(17) 가. 벌써 청소를 다 해 봤구나?
나. 벌써 청소를 다 해 봤네?
(18) 가. 너 지금 무섭구나?
나. *너 지금 무섭네?

(17가, 나)는 이러한 용법의 '-구나'가 '-네'와 동일하게 쓰일 수 있는 문맥을 보인 것이다. 그러나 '-구나'는 '-네'와는 달리 [추론]에 의한 앎을 표현할 수 있기 때문에 (18가)에서 보는 바와 같이 청자의 심리 상태에 대한 확인에도 사용될 수 있다.

3.4. '-지'

'-지'의 의미에 대해서는 많은 연구가 있었다. 장석진(1973: 127~131)에서는 '-지'를 '추정법'이라고 하면서 '-지' 의문문은 영어의 확인 의문문과 같다고 하였으며 고영근(1976/1989: 345)에서는 '주관적 상념을 표시'한다고 하였다. 장경희(1985: 110~117)는 [이미 앎]의 양태 의미를 '-지'의 의미로 제안하였고 한길(1986, 1991: 49~66)은 '부드럽고 친근한 반말'이라고 하였다. '-지'는 평서문 · 의문문 · 명령문 · 청유문 · 약속문 등 모든 문장 유형에 사용될 수 있지만 인식 양태적인 의미는 정보의 교환이 문제되는 평서문과 의문문에서만 관여함을 주의할 필요가 있다. 본고의 인식 양태 체계에 의해 파악되는 평서문과 의문문의 '-지'의 의미는 다음과 같다.[19]

(19) 가. 정보의 내면화 정도: [이미 앎]
나. 청자의 지식에 대한 가정: [기지가정]

즉 '-지'는 화자가 완전히 내면화시킨 정보에 대하여 청자도 역시 알

19) 박재연(1998: 92~95)에서도 이에 대한 기술을 시도한 바 있다.

고 있다고 가정하는 상황에서 사용된다는 것이다. 다음 예문을 보자.

(20) A: 철수는 어디 갔어?
B: 병원에 갔지.
B': 병원에 갔어. (박재연 1998: 93)

(20)에서 화자 B와 화자 B'의 대답은 언뜻 보기에는 동일한 의미를 가지고 있는 것으로 생각될 수도 있다. 그러나 굳이 그 의미 차이를 생각해 본다면 무표적인 정보 전달문인 화자 B'의 대답과는 달리, 화자 B의 대답에서는 철수가 병원에 갔다는 정보를 화자가 이전부터 가지고 있었으며 그것을 청자도 마땅히 알고 있어야 하지 않겠는가 하고 생각한다는 뉘앙스를 포착해 낼 수 있다.

'-지'가 새로 얻은 정보에 사용되지 못한다는 것은 다음에서 쉽게 확인할 수 있다.

(21) 가. *나는 쟤가 서울에 간 줄 알았는데 여기 와 있지. (장경희 1985: 110)
(*cf.* 나는 쟤가 서울에 간 줄 알았는데 여기 와 있구나.)
나. *세상에, 여기에도 눈이 오지.
(*cf.* 세상에, 여기에도 눈이 오네.)

(21가, 나)는 '-지'가 앞에서 본 '-구나'나 '-네'와는 달리 새로 알게 된 사실에 대하여서는 사용될 수 없다는 것을 보여 준다.

그러나 [기지가정]과 관련된 '-지'의 속성은 평서문에서는 명확하게 드러나지 않는 문맥이 많다.

(22) 가. 내가 어젠 아파서 병원에 갔지.
나. 내가 어젠 아파서 병원에 갔어.

다. 내가 어젠 아파서 병원에 갔잖아.

한국어에서 [기지가정]을 가장 명백하게 표현하는 것이 '-잖-' 구성이라고 할 때, (22가)의 '-지'가 사용된 문장의 의미는 '-잖-'이 사용된 (22다)보다는 단순히 '-어'만 사용된 (22나)에 더 가까운 듯하다. 이는 기본적으로 평서문은 정보를 전달하는 기능을 가지기 때문에 청자의 앎을 전제하는 것이 매우 특수한 일인 데에서 기인한다고 생각된다.

'-지'의 [이미 앎]과 [기지가정]과 관련된 속성은 평서문에서보다는 의문문에서 잘 드러난다.[20]

(23) 가. 철수 지금 꾀병 부리는 거지?

나. 철수 지금 꾀병 부리는 거야?

(23가)의 화자는 이미 철수가 꾀병을 부리고 있다는 사실을 믿고 있는 상태에서 청자도 거기에 대한 정보를 가지고 있으리라고 가정하고 있다. 무표적인 정보 요청의 의문문 (23나)와 비교해 보면 이를 쉽게 확인할 수 있다. 그런데 이러한 속성은 (23가)와 같은 판정의문문에 한정된다. 설명의문문에서는 [기지가정]의 의미는 유지되지만 [이미 앎]의 의미는 명확히 부각되지 않는다.

(24) 가. 이게 누구 가방이지?

나. 이게 누구 가방이야?

---

20) 평서문에서 특정 어미가 가지는 양태 의미는 의문문에서 청자의 것이 되는 경우도 있다. 즉 청자의 명제에 대한 태도를 화자가 묻는 형식이 될 수 있다는 것이다. 예컨대 평서문에서 '-더-'가 화자가 과거에 새로이 지각한 사실을 미지 상태인 청자에게 말할 때 사용된다면 '-더냐'에 의한 의문문에서는 청자가 과거에 새로 지각한 사실에 대하여 화자가 묻는 것이 된다. 이에 대하여서는 문장 유형과 양태의 상호 관련에 대한 논의가 좀더 필요하지만 여기에서는 이러한 사실을 지적하는 데에서 그친다.

설명의문문은 미지항(未知項)인 의문사를 포함하고 있기 때문에 화자는 문제의 정보와 관련한 꽉 채워진 명제를 갖고 있지 않는 것이다. 그러나 (24가)에서 [이미 앎]과 관련한 의미가 완전히 없어진다고는 할 수 없다. (24나)는 화자가 원래 정보를 전혀 가지고 있지 않은 상태에서 사용되는 데에 반해, (24가)는 화자가 그 가방이 누구 것인지 알고 있었으나 잠시 기억이 나지 않는 경우에도 사용될 수 있기 때문이다.

3.5. '-거든'21)

반말체 종결어미 '-거든'의 의미 기능에 대한 연구는 그다지 많지 않고 대개 그 감탄적 용법만을 강조하고 있다. 고영근(1976/1989: 320)에서는 "화자가 문장을 감탄적으로 강조하면서 끝맺을 때" 쓰인다고 한 바 있고 허웅(1995: 609)에서도 '느낌'의 동아리에 묶여 있으면서 "약간 뽐내는 뜻을 풍긴다."라고 하고 있다. 그러나 '-거든'은 인식 양태를 도구로 하여 볼 때에는 매우 흥미로운 어미이다. 본고가 상정하는 '-거든'의 양태 의미는 다음과 같다.

(25) 가. 정보의 내면화 정도: [이미 앎]
나. 청자의 지식에 대한 가정: [미지가정]

즉 '-거든'은 이미 화자에게 내면화된 확실한 정보를 청자는 아직 모르고 있다고 가정하는 의미를 가진다는 것이다. 이를 다음에서 확인해 보자.

(26) 가. 아이고, 양말에 구멍 났네!

---

21) 동일한 형식의 연결어미 '-거든'은 반말체 종결어미 '-거든'의 통시적 기원일 것이라고 추측되지만 이미 그 통사 · 의미적 속성이 현저히 다르므로 함께 논의할 수 없다. 단 본고의 각주 9에서 언급한 종결어미 '-거든'의 담화적인 기능은 연결어미 '-거든'의 것을 이어받은 것이라고 할 수 있다. 자세한 논의는 박재연(1998: 57~59), 남미정(1998: 90~91) 참조.

나. 아이고, 양말에 구멍 났어!

다. *아이고, 양말에 구멍 났거든!

(27) 가. 어머나, 드디어 첫눈이 오네!

나. 어머나, 드디어 첫눈이 와!

다. *어머나, 드디어 첫눈이 오거든!

(26), (27)은 모두 새로운 사실을 발견한 감탄적 문맥에서 '-어', '-네', '-거든'의 용법 차이를 나타내고자 한 것이다. (26가, 나), (27가, 나)에 비해 '-거든'이 쓰인 (26다), (27다)가 자연스럽지 못한 것은 '-거든'이 이미 충분히 내면화한 정보에 대해서만 사용될 수 있기 때문이다.

또한 '-거든'은 화자가 청자는 가지고 있지 않다고 생각하는 정보를 표현한다.

(28) 가. 세종대왕이 한글을 만드셨어.

나. 세종대왕이 한글을 만드셨잖아.

다. 세종대왕이 한글을 만드셨거든.

(29) 가. 이 식당 음식이 제일 깔끔해.

나. 이 식당 음식이 제일 깔끔하잖아.

다. 이 식당 음식이 제일 깔끔하거든.

(28가), (29가)가 무표적인 정보 전달을, (28나), (29나)가 이미 청자도 알고 있을 것으로 가정되는 사실에 대한 확인만을 수행하고 있는 것에 비하면 (28다), (29다)는 청자가 모르는 사실을 화자가 알려 주고 있는 것처럼 생각할 때 사용되는 문장이라는 것을 확인할 수 있다. '-거든'이 "약간 뽐내는 뜻을 풍긴다."는 것은 여기에서 연유한다.[22)]

---

22) 고영근(1965/1989: 193~198)에서는 "죽어두 사람이 옳게 죽어야 허느니라."와 같은 문장에 나타나는 선어말어미 '-니-'가 "원칙적인 사실을 가르치거나 타일러 주는" 용법을 갖는다고 한 바 있다. 본고의 체계에 기대면 '-니-'도 '-거든'처럼 [미지가정]

3.6. 의미의 대립 관계

이상의 검토를 통하여 우리는 다음과 같은 어미의 의미의 대립 관계를 생각해 볼 수 있다.

[표] 인식 양태 어미의 의미 대립 관계

어미 / 의미 영역	'-더-'	'-네'	'-구나'	'-거든'	'-지'
정보의 확실성 정도	∅	∅	∅	∅	∅
정보의 출처	[지각] =	[지각] ↔	[지각][추론]	∅	∅
정보의 내면화 정도	[새로 앎] =	[새로 앎] =	[새로 앎] ↔	[이미 앎] =	[이미 앎]
청자 지식에 대한 가정	[미지가정]	∅	∅	[미지가정] ↔	[기지가정]
(지각 시점)	과거 지각 ↔ 현재 지각				

※ ∅는 어미가 해당 양태에 대하여 무표적임을 보임.

위 [표]는 다음과 같이 해석된다.

① '-더-'와 '-네'는 지각의 시점에 따라서만 구별될 뿐 의미는 거의 유사하다. '-네'가 표현하는 지각의 시점은 현재이고, 이 경우 화·청자의 지각 행위가 함께 일어날 수 있기 때문에 '-네'는 '-더-'와는 달리 [미지가정]의 양태를 갖지 못한다.

② '-네'는 '-구나'와 정보의 출처에서 차이를 가진다. '-구나'는 '-네'와는 달리 [추론]에 의한 인식을 표현할 수 있다.

③ '-더-, -네, -구나'는 모두 [새로 앎]의 의미를 가지기 때문에 이들이 사용된 문장은 미처 화자 자신에게 내면화되지 않은 정보에 대

의 의미를 갖는 것으로 파악될 가능성이 있다.

해 청자의 확인을 구하는 의문문과 유사한 용법을 가질 수 있다.

④ '-네, -구나'가 청자 지식에 대한 가정에 대하여 무표적인 것은 이들이 사용된 문장이 기본적으로 독백적인 속성을 가진다는 사실과 연관된다.

⑤ '-거든'과 '-지'는 청자의 지식에 대한 가정에서의 차이를 가진다.

⑥ '-거든, -지'가 정보의 출처에 대하여 무표적인 것은 이들이 공통적으로 [이미 앎]의 양태 의미를 가지기 때문이다. 이미 화자의 지식 체계에 통합되어 있는 지식에 대하여서는 그 출처가 문제되지 않는다.

4. 결론

본고는 이제까지 한국어 문법 논의에서 양태 범주의 체계적 확립이 어미 기술에 도움을 줄 수 있으리라는 가정을 바탕으로, 개념적으로 가능한 인식 양태의 의미 영역을 제시하고 이를 어미 기술에 실제로 이용해 보았다. 개별 어미에 대한 포괄적인 기술은 결코 완성된 것이 아니지만 어미 간의 의미 차이를 드러내거나 특징적인 용법을 설명하는 데에 조금은 도움이 되지 않았을까 한다.

본고에서는 '정보의 확실성의 정도'에 관한 양태 의미를 가진 어미에 대해서는 언급하지 못하였으나 이 역시 정보의 출처, 내면화 정도와 밀접한 관련을 맺으면서 흥미로운 양상을 드러낼 것으로 기대된다. 선어말어미 '-겠-'을 비롯하여 종결어미 '-을까, -은가, -을걸' 등이 이와 유관한 어미들이다. [인용]과 유관한 양태 의미를 가지는 '-다면서, -다나' 등에 대해서도 언급할 여유를 갖지 못하였지만 이들 어미에 대해서도 깊이 있는 분석을 시도해 볼 만하다. 본고에서 언급한 어미들에서도 양태 요소끼리의, 혹은 양태 요소와 시제 · 상 요소의 결합에서 발생하는 많은 흥미로운 현상들이 있으나 미처 다루지 못한 점도 아쉽다.

본고의 시도는 아직 결함이 더 많다. 이러한 시도가 비판을 많이 받아서 한국어의 어미 기술 방법론이 체계화되고 양태 범주 연구가 올바른 방향을 찾게 되기를 기대한다.

참고논저

고영근(1965), 현대국어의 서법체계에 대한 연구: 선어말어미의 것을 중심으로,『국어연구』15, 국어연구회. [고영근(1989)에 실림, 143-224.]

고영근(1976), 현대국어의 문체법에 대한 연구,『어학연구』12: 1, 서울대학교 어학연구소. [고영근(1989)에 실림, 302-358.]

고영근(1986), 서법과 양태의 상관관계,『국어학 신연구』, 탑출판사. [고영근(1995)에 실림, 247-263.]

고영근(1989),『국어 형태론 연구』, 서울대학교 출판부.

고영근(1995),『단어 · 문장 · 텍스트』, 한국문화사.

김차균(1980), 국어 시제 형태소의 의미,『한글』169, 한글학회, 45-116.

나진석(1965), 국어 움직씨의 때매김 연구,『한글』134, 한글학회. [나진석(1971)에 실림, 1-137.]

나진석(1971),『우리말의 때매김 연구』, 과학사.

남미정(1998), 접속어미 '-거든'의 통시적 연구,『한국어연구』35, 한국어연구회.

박재연(1998), 현대국어 반말체 종결어미 연구,『국어연구』152, 국어연구회.

서정수(1977), '더'는 회상의 기능을 지니는가,『언어』2: 1, 한국언어학회. [서정수(1990)에 실림, 231-265.]

서정수(1990),『국어 문법의 연구』, 한국문화사.

서정수(1992), 개정판『국어 문법의 연구』Ⅰ, 한국문화사.

서정수(1994),『국어문법』, 뿌리깊은나무.

손현선(1996), 이른바 반말 종결형태의 양태적 의미 연구: '-어, -지, -군, -네, -는가, -나'를 중심으로, 남기심 편(1996),『국어문법의 탐구 Ⅳ: 되짚어 본 국어 문법의 문제들』, 태학사, 251-301.

송재목(1998), 안맺음씨끝 '-더-'의 의미 기능에 대하여: 유형론적 관점에서,『국어학』32, 국어학회, 135-169.

유동석(1981), {-더-}의 의미에 대한 관견,『관악어문연구』6, 서울대학교 국어국문학과, 205-226.

이기동(1987), 마침꼴의 의미 연구, 『한글』 195, 한글학회, 77-104.

이홍식(1995), '-더-'의 의미에 관하여, 『관악어문연구』 20, 서울대학교 국어국문학과, 327-353.

이희자 · 이종희(1999), 『사전식 텍스트 분석적 국어 어미의 연구』, 한국문화사.

임홍빈(1982), 선어말 {-더-}와 단절의 양상, 『관악어문연구』 7, 서울대학교 국어국문학과. [임홍빈(1998)에 실림, 339-376.]

임홍빈(1993), 다시 {-더-}를 찾아서, 『국어학』 23, 국어학회. [임홍빈(1998)에 실림, 272-338.]

임홍빈(1998), 『국어 문법의 심층 1: 문장 범주와 굴절』, 태학사.

장경희(1985), 『현대국어의 양태범주 연구』, 탑출판사.

장경희(1998), 서법과 양태, 『문법 연구와 자료(이익섭 선생 회갑 기념 논총)』, 태학사, 261-303.

장석진(1973), 話의 생성적 연구, 『어학연구』 별권 9: 2, 서울대학교 어학연구소.

최현배(1937/1955), 『우리말본』, 정음사.

허웅(1995), 『20세기 우리말의 형태론』, 샘문화사.

한길(1986), 현대국어 반말에 관한 연구, 연세대학교 대학원 박사학위논문.

한길(1991), 『국어 종결어미 연구』, 강원대학교 출판부.

Bybee, J. & S. Fleischman *eds.* (1995), *Modality in Grammar and Discourse*, John Benjamins Publishing Company.

Bybee, J., R. Perkins, & W. Pagliuca (1994), *The Evolution of Grammar: Tense, Aspect, and Modality in the Language of the World,* The University of Chicago Press.

Chafe, W. & J. Nichols *eds.* (1986), *Evidentiality: The Linguistic Coding of Epistemology,* AblexPublishing Corporation.

Comrie, B. (1976), *Aspect,* Cambridge University Press.

Delancey, S. (1986), "Evidentiality and Volitionality in Tibetan," in Chafe, W. & J. Nichols *eds.* (1986), 203-213.

Hopper, P. J. *ed.* (1982), *Tense-Aspect: Between Semantics & Pragmatics,* John Benjamins Publishing Company.

Lee, H. S. (1991), *Tense, Aspect, Modality: A Discourse-Pragmatic Analysis of Verbal Affixes in Korean from a Typological Perspective,* Ph. D. Dissertation, University California, Los Angeles.

Lyons, J. (1995), *Linguistic Semantics: An Introduction,* Cambridge University Press.

Palmer, F. R. (1986), *Mood and Modality*, Cambridge University Press.
Palmer, F. R. (1990), *Modality and the English Modals*, 2nd edition, Longman.
Slobin, D. I. & A. A. Aksu (1982), "Tense, Aspect and Modality in the Use of Turkish Evidential," in Hopper, P. J. *ed.* (1982), 185-200.

인식 양태와 의문문의 상관관계

1. 서론

이 글은 양태(modality)의 하위 부류인 인식 양태(epistemic modality)와 문장 유형(sentence type)[1]의 하위 부류인 의문문(interrogative)이 맺고 있는 의미론적 상관관계를 고찰하고 이와 관련한 한국어의 문법 현상에 대하여 합리적인 기술과 설명을 시도하는 것을 목적으로 한다.

한국어 문법 논의에서 양태와 문장 유형 범주는 서법(mood) 개념을 사이에 두고 개념 정립에 있어서 혼선을 빚어 왔으나,[2] 서로 구별되는 범주임에는 틀림이 없다. 기본적으로 양태는 화자가 '명제'에 대하여 가지는 태도인 반면, 문장 유형은 화자가 '청자'에 대해서 지니는 태도와 관련이 있기 때문이다.[3] 그런데 한국어에서는 인식 양태를 표현하는 요소가 질문의 효과를 유발하거나,[4] 의문형 어미가 인식 양태적 판

1) 본고에서 '문장 유형'이란 평서문, 의문문, 명령문 등의 문장의 종류를 말하는 것으로서 기존의 논의에서 문체법이나 의향법 혹은 서법이라는 이름으로도 불리는 문법 범주를 가리킨다.

2) 서법은 양태의 의미 영역을 구현하는 문법 범주인 것으로 간주되는가 하면(고영근 1986), 문장 유형이 서법의 이름으로 불리어지기도 하였다(장경희 1985: 13, 임홍빈 · 장소원 1995: 352). 또한 양태와 문장 유형의 영역을 모두 서법에 포함시켜 논의한 연구도 있다(서정수 1996: 6장).

3) 박진호 · 박병선(1999: 3, 각주 2)에서는 양태(이 논의에서는 '서법')는 청자와의 관계를 문제삼지 않은 채 사태나 명제에 대한 화자의 태도만을 문제삼는 데 반해 문장 유형은 청자와의 관계 속에서 발화의 기능에 대한 화자의 의도를 문제삼는다고 지적한 바 있다.

4) '의문문'이란 '문장 유형'이라는 문법 범주의 한 종류이고, '질문'은 발화수반력의 한

단을 표현하는 듯한 현상을 관찰할 수 있기 때문에, 양태와 문장 유형의 범주적 연관성이 주목된다.

다음은 인식 양태를 표현하는 형식이 질문의 효과를 유발한다고 판단되는 예이다.

(1) 가. 내가 이거 먹어도 되겠네?(연세대 편 1998)[5]
  나. 두호야, 너 어린이 대공원에 갔었구나?(연세대 편 1998)
  다. 헌데 넌 어머니가 보구 싶겠군?(연세대 편 1998)
  라. 그 집 요즘 형편이 퍽 좋다면서?(국립국어연구원 편 1999)

(1가~라)는 차례로 종결어미 '-네, -구나, -군, -다면서'가 사용된 예이다. '-네, -구나, -군, -다면서'는 기존의 논의에서 양태적 의미를 표현하는 종결어미로 기술되어 왔다(장경희 1985, Lee 1991, 손현선 1998, 박재연 1999, 2004 등 참조). 그런데 (1가~라)에서 제시된 의문 부호를 동반한 예들은 이와 관련한 논의와 사전류에서 의문문의 성격을 가지는 것으로 기술된 경우가 종종 있었다.[6] 그러나 이러한 문장이 갖는 의문문과 같은 성격은 이들 어미가 갖는 양태적 의미와 연관 지어 설명될 가능성이 있기 때문에,[7] 이러한 문장이 진정한 의문문인지를 검토해 볼 필요가 있다.

유형이라는 점에서 층위를 달리하는 개념이다. 그러나 '의문문'은 '질문'의 발화수반력을 개념적 기반으로 성립하는 문법 범주이다. 본고에서 인식 양태를 표현하는 요소가 질문의 효과를 유발하는 현상을 기술하는 데에 인식 양태와 의문문의 개념적 관련성을 이용하는 것은 이러한 사실에 기반한다.

5) 연세대학교 언어정보개발연구원에서 1998년에 펴낸 『연세한국어사전』을 연세대 편(1998)로 나타내기로 한다. 그리고 사전류의 기술을 인용할 때는 면수를 표시하지 않기로 한다.

6) 연세대 편(1998)은 이러한 용법의 '-네, -구나, -군, -다면서'의 예를 모두 의문문으로 기술하였다. 반면 국립국어연구원 편(1999)에서는 '-네, -구나, -군'에 대해서는 이러한 용법을 기술하지 않고, '-다면서'가 사용된 예만을 의문문으로 기술하였다.

7) 고영근(2004: 227~234)에서는 '-네, -구나'의 경우를 본래 문장 유형(이 논의의 용어로는 '문체법')을 나타내는 요소가 양태성을 드러내는 우발적인 예로 다루었다.

한편 한국어에는 의문형 종결어미가 인식 양태적 판단을 나타내는 듯한 현상도 존재한다. 다음 예를 보자.

(2) 가. A: 지금 밖에는 비가 오나?
B: 그런가 봐.
나. A: 간밤에 눈이 왔을까?
B: 글쎄.

(2가, 나)의 예에서 각각의 화자 A의 발화는 의문형 종결어미 '-은가(-나)'[8]와 '-을까'가 통합된 의문문이다. 기존의 논의에서는 '-은가'와 '-을까'가 화자의 '의심'이나 '추측'과 관련한 인식 양태적 판단을 표현하는 것으로 기술되어 왔다(김하수 1976: 64, 한길 1991: 143, 박재연 1998: 110~113). 그러나 엄밀히 말해 의문문은 화자가 가지고 있는 정보를 전달하는 문장이 아니라, 청자가 가지고 있는 정보를 화자가 요구하는 문장이므로, 의문문에서 화자의 판단이 표현된다는 기술은 자연스러운 것이 아니다. 따라서 '-은가'와 '-을까'의 어떠한 특성이 이러한 인식 양태적 해석을 가능케 하는가를 생각해 볼 필요가 있다.

이러한 문제 제기를 바탕으로 본고는 위에서 제시한 두 가지 문법 현상을 인식 양태와 의문문의 개념적 관련성을 이용하여 설명하고자 한다. 2장에서는 인식 양태와 의문문의 의미 영역을 이들이 갖는 상관 관계를 중심으로 검토해 본다. 3장에서는 한국어에서 인식 양태를 표현하는 요소가 해당 문장으로 하여금 의문문과 같은 기능을 발휘하게

---

8) '-나'는 '-은가'에 '-느-(-ᄂᆞ-)'가 통합된 '-는가(-ᄂᆞᆫ가)'가 융합된 형식이다(이현희 1982나: 157). 현대 한국어 구어체에서는 '-는가'보다는 '-나'가 더 빈번히 사용되는 듯하다. 따라서 본고에서는 '-나'가 통합된 예도 '-은가'의 예로 간주하고 논의를 진행한다. 한편 '-은가'는 청자대우법상 하게체 어미의 기능과 반말체 어미의 기능을 동시에 갖는데 양자 사이에는 의미론적 차이가 존재한다. 하게체로 사용되는 경우 '-은가'는 '-니'나 '-습니까' 등과 같은 무표적인 의문형 어미이다(자세한 논의는 박재연 1998: 72 참조). 본고에서 관심 가지는 '-은가'는 흔히 '의심'의 의미를 갖는 것으로 기술되어 온, 반말체 어미이다.

하는 (1)과 같은 현상을 검토하고 이에 대한 설명을 시도한다. 4장에서는 의문형 어미 '-은가'와 '-을까'가 화자의 인식 양태적 판단을 나타내는 듯 보이는 (2)와 같은 문법 현상을 살펴본다. 5장은 결론으로서 논의를 요약하고 앞으로의 과제를 제시한다.

2. 인식 양태와 의문문의 개념적 관련성9)

전통적으로 인식 양태는 인식론적 가능성(possibility)이나 필연성(necessity) 등의 의미와 관련되는 것으로 논의되었다. 그런데 박재연(1999: 202~203), 박재연(2004: 3장)에서는 인식 양태를 보다 넓게 이해하여, 인식 양태의 의미 영역으로 다음과 같은 것들을 제안한 바 있다.

(3) 가. 정보의 확실성에 대한 판단: 확실성 판단, 개연성 판단, 가능성 판단
나. 정보의 획득 방법: 지각, 추론, 전언(hearsay)
다. 정보의 내면화 정도: 이미 앎, 새로 앎
라. 청자 지식에 대한 가정: 기지가정(旣知假定), 미지가정(未知假定)

전통적으로 인식 양태의 의미 영역으로 다루어진 것은 (3가)의 의미 영역이다. (3가)는 화자 혹은 청자가 가지고 있는 정보가 얼마나 확실한 것인가를 가리킨다. (3나)는 해당 정보를 입수하게 된 경로가 무엇인가 하는 것이며 (3다)는 해당 정보가 화 · 청자의 지식 체계에 얼마나 동화(assimilation)되었는가를 나타낸다. 즉 원래부터 알고 있어서 화 ·

9) 본고는 인식 양태와 의문문의 상관관계에 관심 가지지만, 양태 및 문장 유형 범주의 의미론에 대해서는 자세히 논의하지 않는다. 이와 관련하여서는 Bybee (1985), Chung & Timberlake (1985), Sadock & Zwicky (1985), Palmer (1986), Bybee *et al.* (1994) 등을 참조할 수 있다.

청자의 지식 체계에 완전히 자리를 잡은 정보와 새로 알게 되어서 아직 완전히 자리를 잡지는 못한 정보를 구별하는 것이다. (3라)는 화자의 입장에서 청자가 해당 정보에 대하여 알고 있는 것으로 가정하는가, 모르고 있는 것으로 가정하는가를 구별하기 위한 것이다.[10]

이러한 인식 양태의 의미 영역 중 (3가)의 '정보의 확실성에 대한 판단'의 의미 영역은 의문문의 의미 영역과 직접적인 관련을 맺는다. 이 의미 영역은 명제를 제시하는 데 있어, 화자가 그 진실성(truth)을 얼마만큼 보장하는가를 가리킨다. 즉 이 영역은 화자의 앎의 척도(scale)이다. 수치를 이용하여 그 세부를 구별한다면, '확실성 판단'은 화자가 사태의 진실성에 대하여 100%를 보장한다는 것이며 '개연성 판단'은 화자가 100%는 안 되지만 적어도 50% 이상의 확신은 가진다는 의미이다. '가능성 판단'은 화자가 진실성을 보장할 수 있는 부분이 50%도 되지 못한다는 것을 의미한다. 이를 다음과 같이 나타내어 보기로 하자.

(4) '무지' ↓ ▼ 0% —— '가능성 판단' —— ▼ 50% —— '개연성 판단' —— ▼ 100% ↑ '확실성 판단'

정보의 확실성에 대한 판단(화자의 앎의 척도)

위와 같이 '정보의 확실성에 대한 판단'을 '화자의 앎의 척도'로 이해한다면, '확실성 판단'의 반대편 끝점에 위치한 의미는 '무지', 즉 '화자의 모름'이라고 할 수 있다. 이 의미 영역은 정보의 진실성에 대하여 화자는 아무런 책임도 질 수 없다는 것, 즉 아무것도 알지 못한다는 것을

10) 이는 인식 양태의 개념적 체계의 성격을 띠는 동시에, Slobin & Aksu (1982), Delancey (1986), Palmer (1986), Chafe & Nichols *eds.* (1986), Bybee *et al.* (1994) 등의 유형론적 논의에 등장하는 인식 양태와 유관한 의미 영역을 간추려 본 것이기도 하다. 이 중 (3가, 나, 다)의 의미 속성은 한국어를 다룬 Lee (1991)에서도 제안된 바 있다. 이와 관련한 자세한 논의는 박재연(1999, 2004) 참조.

가리킨다.[11] 그런데 '무지'의 영역은 인식 양태의 의미 영역의 연속선 상에 있지만, 문장 유형의 하위 영역으로도 파악될 수 있다.

전통적으로 의문문의 본질은 화자가 청자에게 정보를 제공할 것을 요구하는 데에 있다고 논의되어 왔다(Jespersen 1924/이환묵 · 이석무 역 1987: 411, Halliday 1985/1994: 68). 그런데 Lyons (1977: 754)은 이를 반대하고 의문문은 명령문 같은 요청의 일종이 아니라 화자의 무지의 표현으로 파악되어야 한다고 주장하였다. 임홍빈(1988/1998: 141)에서도 의문문의 의미를 '질문자가 어떤 사실을 모르고 있다는 심리적 상태의 표출'이라고 보았다.[12]

그런데 이 두 입장은 서로 상반되는 주장이라기보다는 하나의 사실에 대한 두 가지 관점이라 할 수 있다. 일반적으로 화자가 담화에서 자신이 어떤 사태에 대하여 알지 못함을 표현하는 주된 목적은 청자에게서 해당 정보를 구하기 위함일 것이기 때문이다. 의문문의 본질을 '정보의 요구'로 파악하는 것은 의문문에 대한 통보적 해석(communicative interpretation)이라 할 수 있고 이를 '화자의 무지'로 파악하는 것은 의문문에 대한 양태적 해석(modal interpretation)이라 할 수 있다. 즉 의문문의 본질에 대한 두 입장은 모두 정당하다고 볼 수 있다. 단지 의문

---

11) 이것은 일반적으로 논의되는 인식 양태의 의미 척도를 그림으로 표현한 것이다(Lyons 1977: 17장, Bybee 1985: 180 참조). 한편 엄정호(1995: 312)에서는 인식 양태 부사의 의미를 다음과 같은 그림으로 표현한 바 있는데, 이는 본고의 (4)의 그림과 매우 유사하다.

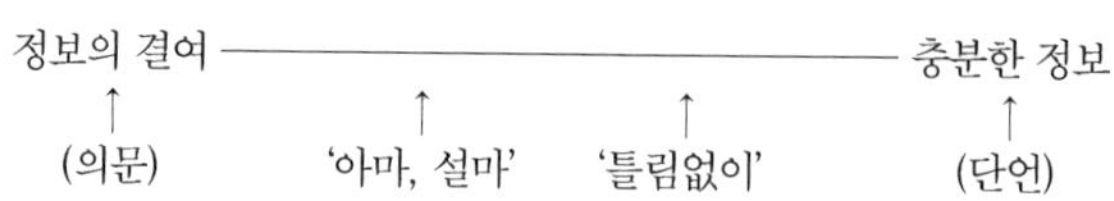

12) 의문문의 본질이 화자의 무지의 표현에 있다는 주장에 대한 논증은 임홍빈(1988/1998: 2장)으로 미룬다. 단 의문문에서 화자의 무지가 표현된다고 하였을 때의 '무지'는 화자의 실제 지식 상태를 의미하는 것이 아니라는 점을 주의할 필요가 있다. 가령 "지금 영희는 부산에 있니?"와 같은 의문문은 영희가 부산에 있다는 사실을 어느 정도 참이라고 믿는 상황에서도 사용될 수 있고, 심지어는 거의 확실히 알고 있는 상황에서도 사용될 수 있다. 그러나 화자는 의문문을 사용함으로써, 자신의 실제 지식 상태와는 상관없이, 그 사실을 모르는 것으로 표현하고자 하는 의도를 드러내는 것이다.

문을 양태적으로 해석하는 관점에 서면, 우리는 인식 양태의 의미 영역과 의문문의 의미 영역을 '화자의 앎의 척도'라는 단일한 연속선상에서 파악할 수 있게 된다.

이렇게 보면 인식 양태의 '개연성 판단'이나 '가능성 판단'의 의미 영역도 의문문의 의미 영역과 비교적 가까운 거리에 있음을 알 수 있다. 평서문이라 하더라도 '개연성 판단'이나 '가능성 판단'의 의미를 가지는 양태 요소가 사용되면 그 문장은 적어도 그러한 요소가 사용되지 않은 문장에 비해서는 의문문과 가까운 성격을 띨 가능성이 커진다. 이러한 양태 요소를 사용함으로써, 화자가 알고 있는 사실을 전달하는 평서문의 본질적인 기능이 약화될 것이기 때문이다.[13] 따라서 그러한 문장은 평서문이라 하더라도 청자에게 정보를 전달함과 동시에 청자에게서 그에 대한 추가적인 정보를 구하고자 하는 화자의 의도를 표출할 가능성이 있다.

그런데 이러한 가능성은 '개연성 판단'이나 '가능성 판단'과 같이 '정보의 확실성에 대한 판단'을 표현하는 양태 요소의 경우에만 국한되지는 않는다. '정보의 획득 방법'이나 '정보의 내면화 정도'를 나타내는 양태 요소가 사용된 평서문도, 의문문과 간접적인 상관관계를 가질 수 있다. 예를 들어 '정보의 내면화 정도'의 의미 영역 중 '새로 앎'은 해당 정보가 화자의 지식 체계에 완전히 자리 잡지 못한 상태를 가리키는데, 미처 자리를 잡지 못한 정보는 언제든 새 정보를 습득함으로써 즉각적으로 수정될 여지를 갖는다. 이러한 정보를 표현할 때 화자는 기본적으로는 청자에게 정보를 제공하는 평서문적 의도를 가지고 있지만 문맥에 따라서는 이 정보에 대한 수정이나 확인을 청자에게 요구하는 의문문적 의도도 동시에 가질 수 있다.

이와는 반대로, 의문문의 문장 유형을 표시하는 요소가 인식 양태적 의미를 표현할 가능성도 추측해 볼 수 있다. 의문형 어미라 하더라도

13) Lyons (1977: 595)에는 "It may be raining."과 같은 추측 표현이 비제보적(non-informative)인 속성을 가진다는 지적이 있다.

청자에게 정보를 요구하는 통보적 측면이 적극적으로 부각되지 않는 경우에는 화자의 무지의 표출이라는 의문문의 양태적 측면이 두드러질 것이기 때문이다. 요컨대 인식 양태와 의문문의 의미 영역은 겹치는(overlapping) 부분을 가지고 있다는 점에서 그 상관관계가 주목된다고 할 수 있다.

지금까지 우리는 인식 양태와 의문문의 의미론적 상관관계와 관련한 이론적 사실을 논의하였다. 인식 양태와 의문문은 서로 구별되는 범주이지만 그 의미 영역에 있어 겹치는 부분이 있기 때문에 그 상관관계가 주목된다는 것, 따라서 일부 인식 양태 요소가 사용된 문장은 평서문이라 하더라도 의문문에 가까운 특성을 가질 가능성이 존재하며, 반대로 어떤 경우에는 의문형 어미도 화자의 판단과 관련한 의미를 나타낼 가능성이 이론적으로 존재한다는 것 등을 지적하였다. 이상의 논의를 바탕으로 3장과 4장에서는 인식 양태와 의문문의 상관관계를 이용하여 설명되어야 할 몇 가지 한국어의 현상을 살펴보기로 하겠다.

3. 인식 양태 어미와 유사의문문

1장에서 언급한 바와 같이, '-네, -구나, -군, -다면서' 등의 종결어미는 질문의 성격을 띠는 문장에 사용되는 것을 관찰할 수 있다. 먼저 '-네'의 예를 보기로 하자.

(5) A: 영희는 내년에 미국에 간대.
    B: 그럼 철수 혼자 남게 되네?
    A: 아니, 철수도 같이 간다던데.
(6) 그럼 철수는 혼자 남게 되네(↘).

(5)에서 화자 B의 발화는 종결어미 '-네'가 사용된 문장인데, 1장에서 지적한 바와 같이 이러한 문장은 기존의 사전류에서 의문문으로 기

술되었다. 실제로 (5)의 대화에서 화자 B의 발화와 화자 A의 두 번째 발화는 질문과 대답의 형식을 취하고 있는 듯 보인다. 이때 화자 B의 발화는 상향 억양을 동반한다는 점이 특징적이며, 이는 하향 억양을 가지면서 화자의 단정을 표현하는 (6)과 분명히 구별된다.

'-네'가 사용된 (5)의 화자 B의 발화와 같은 문장에 대하여, 연세대 편(1998)에서는 "명제 내용에 대한 말하는 이 자신의 생각에 대하여 듣는 이에게 반말로 동의를 구하는 **물어 보는 뜻**을 나타냄(강조 필자)." 이라고 기술하였다. 손현선(1998: 281~282)에서도 이러한 문장을 의문문으로 기술한 바 있다. 그러나 윤석민(2000: 113)에서는 이러한 문장은 화자가 명제 내용을 완전히 지각하고 있어 부족한 정보에 대한 요구가 없기 때문에 의문문이 아니라고 보았다. 그렇다면 우리는 이러한 문장의 성격을 어떻게 파악하여야 하는가?

여기서 지적되어야 할 사실은 '-네'의 이러한 용법이 설명의문문이나 선정의문문에서는 발견되지 않는다는 점이다.[14] 다음을 보자.

(7) 가. *철수는 언제 가네?
　　나. *철수는 가네, 안 가네?

(7가, 나)는 상향 억양을 가지고 의문문과 같은 특성을 가지는 '-네'의 용법이 설명의문문이나 선정의문문에서는 불가능함을 보여 준다. 본고는 이것을 매우 중요한 사실이라고 판단한다. 먼저 설명의문문의 성격을 생각해 보자. 설명의문문은 의문사를 포함한 의문문이다. 설명의문문의 의문사는 명제 내에서 채워져 있지 않은 미지항을 가리킨다. 즉 사태에 대한 화자의 지식 중 알지 못하는 부분이 의문사로 표현되

14) 설명의문문은 의문사를 포함하는 의문문을 말한다. 선정의문문은 판정의문문의 특수한 경우로서, 여러 선언지(選言枝) 가운데 하나를 선택해서 대답해 달라는 개별선정의문문과 선언지에 정반대인 내용을 또 하나의 선언지로 하고 그 둘 중 하나를 선택해서 대답해 달라는 가부선정의문문으로 나눌 수 있다(이현희 1982가: 6). 본고에서는 편의상 가부선정의문문의 예만을 다루기로 한다.

며, 따라서 설명의문문에서는 화자의 무지가 표현되는 것이 필수적이다. 그런데 '-네'가 설명의문문에 사용될 수 없다는 사실은 '-네'가 화자의 무지를 표현하지 않기 때문이라고 할 수 있다.

다음으로 이러한 용법의 선정의문문이 불가능하다는 사실에 대해서 생각해 보기로 하자. 장경희(1982: 90)에서 지적된 바와 같이 평서문이나 명령문은 긍정문과 부정문이 연쇄된 형식으로 출현하는 것이 불가능하지만("*영이가 왔다, 안 왔다.", "*영이야, 가거라, 가지 마라."), 의문문은 긍정문과 부정문의 연쇄로 이루어진 선정의문문의 형식이 가능하다. 의문문에서 명제의 진실성에 대한 판단은 유보된 상태이기 때문에 긍정문과 부정문이 모순 없이 연결되어 선정의문문을 성립시키는 것이다. 그런데 '-네'가 선정의문문을 이끌지 못한다는 것은 '-네'가 이끄는 문장이 화자의 판단을 포함하고 있으며, 화자의 '모름'이 아닌 '앎'을 표현하고 있음을 말해 준다.

이상의 사실을 검토해 볼 때, (5)의 화자 B의 발화는 기본적으로는 평서문의 성격을 가지고 있으며 의문형 종결어미에 의한 전형적인 의문문과는 성격이 다르다고 결론지을 수 있다. 이러한 문장이 가지는 질문의 효과는 화용론적인 현상에 불과한 것이다. 그렇다면 '-네'가 가지고 있는 어떠한 속성이 이러한 질문의 효과를 유발하였을까를 생각해 볼 필요가 있다.

우리는 인식 양태의 의미 영역 중 '정보의 내면화 정도'의 영역이 간접적으로 의문문의 의미 영역과 관련을 가질 수 있음을 본 바 있다. 기존의 논의에서는 '-네'가 '새로 앎'의 특성, 즉 화자의 지식 체계에 완전히 자리 잡지 못한 정보를 표현하는 의미 속성을 갖는다는 점이 지적되어 왔다(손현선 1998: 282~283, 박재연 1999: 213). 그렇다면 어떤 의미에서는 '-네'도 화자의 불완전한 앎을 표현한다고 할 수 있다. 아직 지식 체계의 표면에 머물러 있는 정보는 다른 추가적인 정보에 의해 즉각적으로 수정될 여지를 가지고 있고, 따라서 화자는 이러한 정보를 표현할 때 자신이 가지고 있는 정보를 전달함과 동시에 청자에게 이를 확인

받거나 수정받고자 하는 목적도 가질 수 있기 때문이다. 그러나 '-네'가 사용된 이러한 문장은 어디까지나 화자의 앎을 표현하는 평서문일 뿐 진정한 의문문이라고는 볼 수 없다. 본고는 이러한 문장을 '유사의문문(pseudo-interrogative)'이라고 불러, 이들이 문법적으로 의문문이 아니라는 점을 분명히 하고자 한다. 또한 '-네'와 같은 요소가 자신이 통합된 평서문으로 하여금 유사의문문이 되게 하는 화용론적 효과를 '유사의문문 효과'라고 부르기로 한다.

인식 양태의 '정보의 확실성 정도'의 의미 영역 중 '개연성 판단'을 표현하는 '-겠-'이 '-네'와 함께 사용된 문장에서는 이러한 용법이 더욱 자연스럽다.

(8) A: 이제 같이 놀기도 어렵겠네?
B: 아마 그럴 거야.

(8)의 화자 A의 발화에는 '-겠네'가 사용되었다. '-겠-'은 '추측', 즉 박재연(1999, 2004)의 용어로 말하면 '개연성 판단'을 표현하는 요소이다. 2장에서 논의한 바와 같이 '-겠-'이 표현하는 '개연성 판단'의 의미 영역과 의문문이 갖는 '무지'의 의미 영역이 화자의 앎의 척도라는 연속선상에서 파악될 수 있다면, '-겠-'이 사용된 평서문은, '-겠-'이 통합하지 않은 평서문에 비하여 의문문과의 거리가 가깝다고 할 수 있다. 그런데 (8)의 화자 A의 발화에는 '-겠-'뿐 아니라 '-네'가 함께 통합되어, 화자가 가지고 있는 정보가 확실하지도 않고 화자의 지식 체계에 완전히 통합되지도 않은 정보임이 표현된다. 따라서 이러한 문장의 경우 평서문이라 하더라도 화자의 정보 전달력은 매우 미약해지고 청자가 정보를 확인하거나 수정해 주기를 바라는 의도가 강조되어 질문의 화용론적 효과를 유발하는 일이 가능해진다고 할 수 있다.[15]

15) 연세대 편(1998)에 실린 '-네'의 의문문적 용법 중 대다수가 '-겠네'가 통합되어 있는 형식이라는 점은 우연이 아닐 것이다.

'-구나'나 '-군'이 사용된 다음과 같은 발화도 진정한 의미에서의 의문문이라 할 수 없으며, 대화에서 발휘하는 질문의 효과는 화용론적인 것에 불과하다고 판단된다.

(9) A: 벌써 청소를 다 해 놨구나?
　　B: 아니, 좀더 해야 돼.
(10) 또 싸웠군?(연세대 편 1998)

(9)의 화자 A의 발화는 종결어미 '-구나'가 사용된 문장이다. 대화에서 화자 A의 발화는 질문의 기능을 수행하며, 화자 B의 발화는 그에 대한 대답의 역할을 수행한다. (10)에서 '-군'이 사용된 예도 의문 부호를 동반하고 있으며 연세대 편(1998)에서 의문문과 같은 가치를 가지는 것으로 기술된 문장이다.

그러나 '-구나'와 '-군'의 이러한 용법은 설명의문문이나 선정의문문에서는 발견되지 않는다.

(11) 가. *청소를 언제 다 해 놨구나?
　　나. *청소를 다 해 놨구나, 안 해 놨구나?
(12) 가. *또 왜 싸웠겠군?
　　나. *또 싸웠겠군, 안 싸웠겠군?

(11가, 나), (12가, 나)는 각각 '-구나'와 '-군'의 의문문과 같은 용법이 각각 설명의문문과 선정의문문에서는 가능하지 않음을 보인 것이다. '-구나'나 '-군'이 '화자의 무지'를 표현하는, 진정한 의미에서의 의문형 종결어미의 자격을 갖추고 있다면 설명의문문과 선정의문문에서도 사용되어야 할 것이다. 결국 '-구나'나 '-군'이 사용된 앞의 (9)의 화자 A의 발화와 (10) 역시, 문법적인 측면에서는 진정한 의문문이 아니라 유사 의문문 효과를 가지는 문장에 불과하다고 할 수 있다.

'-구나'와 '-군'이 유사의문문 효과를 갖는 이유 역시 그 양태적 의미에서 찾을 수 있다. '-구나'와 '-군'은 흔히 감탄형 어미로 논의되어 왔으나, 장경희(1985: 89~101)에서 '감탄'이 '-구나'의 핵심 의미가 될 수 없음이 증명된 바 있다. 이 논의에서는 '-구나'의 양태 의미로 '처음 앎'의 의미를 제안한 바 있다. Lee (1991)에서는 '-군'이 "내면화되지 않은 형식(unassimilated forms)"이라고 기술한 바 있다. 따라서 '-구나' 혹은 '-군' 역시 '-네'와 마찬가지로, '새로 앎'의 속성, 즉 화자의 지식 체계에 미처 자리 잡지 못한 정보를 표현하는 속성을 가지고 있기 때문에 유사의문문 효과를 유발한다고 볼 수 있다.

또한 '-구나'와 '-군'의 경우에도 '-겠-'과 통합할 때 유사의문문 효과가 강조된다.

(13) A: 너는 이제 미국에 가게 되겠구나?
B: 응. 올 봄에 갈 것 같아.

(14) 가. 그럼 철호는 네 형쯤 되겠구나?(연세대 편 1998)
나. 헌데 넌 어머니가 보구 싶겠군?(연세대 편 1998)

(13)의 화자 A의 발화와 (14가, 나)는 '-겠-'이 '-구나' 혹은 '-군'에 통합되어 사용된 예이다. 이 경우에도 '개연성 판단'을 표현하는 요소와 '새로 앎'을 표현하는 요소가 함께 사용되어, 화자가 가지고 있는 정보가 확실하지도 않고 화자의 지식 체계에 완전히 통합되지도 않은 정보임이 드러난다. 따라서 이러한 문장에서는 '-구나' 혹은 '-군'만이 통합된 문장에 비해 유사의문문적 성격이 더욱 강조될 수 있다.

한편 기존의 논의에서 의문문으로 파악하였던 종결어미 '-다면서'의 예도 마찬가지 이유에서 진정한 의문문이라고 할 수 없다.

(15) A: 너 어제 학교 안 갔다면서?
B: 아냐. 나 갔어.

(16) A: 영희는 곧 결혼한다면서?

B: 응, 나도 어제 들었어.

노용균(1984: 71~73), 김홍범(1987: 80), 박재연(1998: 107)에서는 '-다면서'가 사용된 이러한 문장을 의문문으로 파악하였다. 또한 연세대 편(1998), 국립국어연구원 편(1999)에서도 '-다면서'가 사용된 이러한 문장을 의문문으로 기술하였다. 그러나 이는 정확한 기술이라고 할 수 없다. (15), (16)의 각각의 화자 A는 청자에게 자신이 모르는 새로운 정보를 요구한다기보다는 자신이 가지고 있는 정보에 대한 확인만을 요청하고 있는데, 결국 이는 앞에서 본 '-겠-'이나 '-네, -구나' 등이 사용된 유사의문문과 성격을 같이하는 것으로 보이기 때문이다. '-다면서'가 사용된 문장이 설명의문문이나 선정의문문의 용법을 갖지 못한다는 사실이 이를 뒷받침한다.

(17) 가. *너 언제 학교 갔다면서?

나. *영희는 곧 결혼한다면서, 안 한다면서?

(17가, 나)에서 볼 수 있듯이, '-다면서'는 설명의문문이나 선정의문문에서는 사용되지 않는다. 이는 '-다면서'가 기본적으로 화자의 무지가 아닌 화자의 앎을 표현하기 때문이라고 볼 수 있다.

'-다면서'가 유사의문문을 이끌 수 있는 것은 이 어미가 '정보의 획득방법'의 영역 중 '전언'의 의미를 표현함과 동시에 '청자 지식에 대한 가정'의 영역 중 '기지가정'의 의미를 표현한다는 사실(박재연 2000가: 187, 각주 19)로써 설명될 수 있다. '전언'에 의한 정보는 화자의 지식체계에 자리를 잡지 못하고 아직 표면에 머물러 있을 가능성이 높거니와, 청자가 그 정보에 대해 알고 있음을 가정하는 경우 화자의 정보 전달력은 더욱 미약해지고 청자의 확인을 구하는 의문문과 같은 성격을 갖는 것이다. 그러나 '-다면서' 역시 기본적으로는 화자의 무지가 아닌 화자의 앎을 표현하기 때문에 '-다면서'가 이끄는 문장들도 역시 유사 의문문인 것으로 볼 수 있다.

지금까지 3장에서는 평서문에 '-네', '-구나', '-다면서' 등의 인식 양태 요소가 화용론적으로 유사의문문 효과를 유발하는 현상을 살펴보았다. 이제 4장에서는 반대로 의문문의 문장 유형을 나타내는 요소가 인식 양태적인 의미를 나타내는 현상을 검토해 보기로 한다.

4. 의문형 어미와 인식 양태적 판단

이 장에서는 의문형 어미 '-은가'와 '-을까'의 의미 기능이 화자의 인식 양태적 판단과 연관되는 현상에 대하여 생각해 본다.

'-은가'와 관련하여서는 '의혹(성기철 1970/1975: 177, 한길 1991: 82),' '자문(서정목 1987: 54),' '의심-의문(임홍빈 1988/1998),' '개연성 판단(박재연 1998: 110)' 등의 의미 기능이 지적되어 왔으며, 인식 양태적인 '-을까'에 대해서는 '말할이의 추정(김하수 1979),' '화자의 추측 판단(이성구 1983: 71),' '가능성 판단(박재연 1998: 111)' 등의 의미 기능이 제안되어 왔다. 그런데 이때 '-은가'나 '-을까'가 화자의 '의심'이나 '추측'의 양태적 의미를 나타낸다는 것이 과연 정당한 의미 파악인지는 재검토될 필요가 있다.

(18) 가. 영희가 오늘 학교에 오나?
나. 영희가 오늘 학교에 올까?
(19) 가. 영희가 오늘 언제 학교에 오나?
나. 영희가 오늘 언제 학교에 올까?

(18가, 나)는 '-은가'와 '-을까'가 판정의문문에 사용된 예이다. 이러한 예에서 '-은가'나 '-을까'는 언뜻 '영희가 오늘 학교에 온다'는 사실에 대한 의심이나 추측을 나타내는 것으로 해석될 수 있을 듯하다. 그러

나 (19가, 나)와 같이 이 어미들이 설명의문문에 사용된 예에서는 이러한 해석이 성립되지 않는다. (19가, 나)의 화자는 무엇을 의심하고 무엇에 대하여 추측하는가? 의심이나 추측은 그 대상이 되는 명제가 내용적으로 완성되어 있어야 성립하는 행위이다. 그러나 설명의문문의 명제는 의문사로 표현되는 미지항을 갖기 때문에 의심이나 추측의 대상이 될 수 없다.

또한 '-은가'는 '개연성 판단'을 나타내고, '-을까'는 '가능성 판단'을 나타낸다는 기술은 더 많은 문제를 갖는다. 다음을 보자.

(20) 가. 신부가 예쁘겠다.
　　나. 신부가 예쁠 수도 있다.
(21) 가. 신부가 예쁜가?
　　나. 신부가 예쁠까?
　　다. 신부가 예쁘니?

(20가)는 '개연성 판단'을 나타내는 '-겠-'이 통합된 문장이며, (20나)는 '가능성 판단'을 나타내는 '-을 수도 있-'이 사용된 문장이다. (20가)의 화자는 자신이 가지고 있는 정보가 100% 확실한 것은 아니라는 추측을 표현하고 있으며, (20나)의 화자는 자신이 가진 정보의 확실성이 50%도 안 되는 것임을 표현하고 있다. 그러나 '-은가' 및 '-을까' 의문문이 나타내는 의미는 이들과는 전혀 다르다. 만약 '-은가'나 '-을까'가 '개연성 판단'이나 '가능성 판단'의 의미를 표현한다면, (21가, 나)에서의 화자의 판단은 '-겠-'이나 '-을 수도 있-'이 사용된 (20가, 나)에서의 화자의 판단과 유사하여야 할 것이다. 그러나 (21가, 나)에서, 화자는 '신부는 예쁘다'라는 명제의 진실성에 대하여 단 1%도 책임지지 않는다.[16)]

16) 실제로는 화자가 해당 사태에 대하여 어느 정도의 지식을 가지고 있을 수도 있다. 의문문의 화자는, 자신의 실제 지식 상태에 관계없이, 그 사실을 모르고 있는 것으로 표현하고자 하는 의도를 갖는 것이다. 이와 관련하여서는 앞의 각주 12 참조.

설령 담화 상황에서 '신부가 예쁘다'고 하는 것이 사실이 아닌 것으로 밝혀진다 하더라도, (21가, 나)의 화자는 거짓말을 했다거나 자신의 추측이 틀렸다는 비난을 받을 소지가 전혀 없는 것이다. 이는 (21다)에서 제시한 의문형 어미 '-니'에 의한 일반적인 의문문의 경우 그러한 것과 동일하다. 즉 '개연성 판단'이나 '가능성 판단' 역시 '-은가'와 '-을까'의 의미 기능을 정확하게 규정하지 못한다.

그렇다면 '-은가'와 '-을까'의 의미 기능은 어떻게 성격 지어져야 할 것인가? 여기서 새삼 강조되어야 할 것은 '-은가'와 '-을까'는 어디까지나 화자의 무지를 표현하는 의문형 어미라는 사실이다. 위의 예문 (20가, 나)에서 본 바와 같이 '-은가'와 '-을까'는 설명의문문에 사용될 수 있는데, 뿐만 아니라 이들은 선정의문문에도 사용될 수 있다.

(22) 가. 영희는 지금 학교에 갔나, 안 갔나?
나. 영희는 지금 학교에 갔을까, 안 갔을까?

(22가, 나)는 '-은가'와 '-을까'가 선정의문문에 사용된 것을 보인 것이다. '-은가'와 '-을까'가 설명의문문과 선정의문문을 이끌 수 있다는 것은 이 어미들이 화자의 무지를 표현한다는 것을 말해 준다(3장 논의 참조). 즉 '-은가'와 '-을까'가 화자의 무지를 표현한다는 것에서만큼은 일반적인 의문형 어미와 다를 것이 없다는 것이다.

그럼에도 불구하고 '-은가'와 '-을까'가 일반적인 의문형 어미 '-니' 등과는 달리 화자의 양태적 태도를 나타내는 것으로 생각되는 이유는 무엇일까? 그 이유는 '-은가'가 이끄는 의문문과, 인식 양태 용법으로 사용된 '-을까'가 이끄는 의문문이 기본적으로 독백문의 성격을 갖는다는 사실과 연관된다(서정목 1987: 54, 박재연 2000나: 40~42, 이유기 2002: 204). 다음을 보자.

(23) A (선배): 그러니까 네 주장에는 이런 문제가 있는 거야.

B (후배): 그런가? 그럼 이제 어쩌죠?

B (후배)': #[17]그래? 그럼 이제 어쩌죠?

(23)의 대화에서 화자 B의 "그런가?"라는 대답은 일반적으로 한국어 화자들이 준수해야 하는 청자 대우 격률을 위반하고 있음에도 불구하고 문제없이 사용될 수 있다. 이는 같은 반말체 등급이지만, 화자 B'의 대답인 "그래?"가 부적절한 것과는 대조적이다. 박재연(2000나: 40~42)에서는 이러한 현상을 주목하여 청자 대우 격률의 합법적 위반이 가능한 '감탄, 자문(自問), 결심, 후회, 기원(祈願)' 등의 의미를 가지는 일련의 어미들을 '독백문 종결어미'라 부른 바 있다. 이 논의에 따르면 '-은가'나 '-을까'에 의한 의문문은 청자를 적극적으로 상정하지 않는 자문이기 때문에 독백의 성격을 가진다.

의문문은 화자가 청자에게 정보를 제공해 주기를 원한다는 목적을 가지기 때문에 일반적으로 의문문의 화자는 청자가 해당 지식을 가지고 있을 것으로 가정한다. 그러나 '-은가'와 '-을까' 의문문은 기본적으로 독백의 성격을 가져서 청자를 적극적으로 상정하지 않기 때문에, 이러한 의문문의 기본적인 가정을 갖지 않는다.[18] 앞의 (21다)의 "신부가 예쁘니?"를 (21가, 나)의 "신부가 예쁜가?"와 "신부가 예쁠까?"와 비교해 보자. (21다)의 화자가 청자의 존재를 강하게 의식하면서 청자의 앎을 가정하고 있는 것에 비하면, (21가, 나)의 화자는 청자의 앎을 가정하지 않는 것은 물론 청자의 존재조차도 강하게 의식하지 않음을 확인할 수 있다.

우리는 2장에서 의문문의 성격이 통보적 측면과 양태적 측면의 두 관점에서 규정될 수 있음을 살펴본 바 있다. 그런데 '-은가'와 '-을까'에

---

17) '#'는 대화상에서 부적절한 발화임을 뜻하기 위하여 사용된 기호이다.

18) 윤석민(2000: 157)에서도 '-을까'에 의한 의문문이 자문의 성격을 갖는다는 것을 지적하면서 이러한 문장에서는 청자로부터의 정보 충족을 기대할 수 없기 때문에 정보 요구의 효과가 반감된다고 하였다.

의한 독백의 의문문은 그 통보적 성격이 상대적으로 미약하다. 청자를 적극적으로 상정하지 않기 때문에, 청자에게 정보를 요구하는 측면이 덜 부각되기 때문이다. '-은가'나 '-을까'의 의미가 화자의 인식 양태적 판단과 관련되는 것으로 파악되어 온 것은 통보적 성격이 미약함으로 인해 반대로 의문문의 양태적 측면, 즉 '확실성의 결여(임홍빈 1988/1998: 142)'라는 화자의 지식 상태가 부각되었던 데에 원인이 있는 것으로 판단된다.[19)]

이 장에서는 '-은가'와 '-을까'가 인식 양태적 판단을 나타내는 것으로 보이는 현상에 대하여 논의하였다. '-은가'와 '-을까'는 화자의 인식 양태적 태도를 표현하는 것으로 이해되어 왔으나 이들은 어디까지나 화자의 무지를 표현하는 의문형 어미이므로 명제에 대한 화자의 판단을 표현하는 것은 아니라는 점을 분명히 하였다. 이들이 '의심'이나 '추측'과 같은 인식 양태적 의미를 갖는 것으로 이해되어 온 이유는 이들이 이끄는 문장이 기본적으로 독백의 성격을 가져서 청자에게 정보를 요구하는 통보적 측면이 부각되지 않기 때문으로 보았다.[20)]

5. 결론

본고는 이제까지 인식 양태와 의문문의 의미론적 성격을 두 범주가 갖는 개념적 관련성을 중심으로 검토해 보고, 이를 바탕으로 한국어에서 인식 양태를 표현하는 요소가 유사의문문 효과를 유발하는 현상과, 일부 의문형 어미가 인식 양태적 판단을 나타내는 것으로 해석되는 현

19) 박진호 · 박병선(1999: 3)에서도 '-을까'와 같은 자문의 경우 화행적 기능은 약해지고 양태적 기능(이 논의의 용어로는 '서법적 기능')이 부각된다고 하였다.

20) 본고에서는 '-은가'와 '-을까'가 화자의 '개연성 판단'이나 '가능성 판단'을 표현하는 어미가 아니라고 주장하였지만, 이들이 모두 양태 어미가 아니라고 주장한 것은 아니다. 적어도 '-을까'는 '청자의 판단을 물어보는' 양태 의미를 가진다고 본다(이에 대한 논의는 박재연 2004 참조). 본고에서 지적하고자 한 것은, '-은가'와 '-을까'가 마치 '-겠-'이나 '-을 것 같-'처럼 '화자의' 판단을 나타내는 것으로 기술되는 것이 정당하지 못하다는 것이다.

상에 대하여 설명을 시도하였다. 이상에서 논의된 바를 요약하면 다음과 같다.

① 의문문의 의미 영역과 인식 양태의 의미 영역에는 서로 겹치는 부분이 존재한다. 의문문이 화자의 무지의 표현이라는 관점에서는 의문문의 의미 영역은 인식 양태의 의미 영역 중 '정보의 확실성에 대한 판단'의 의미 영역과 통한다. 또한 '정보의 내면화 정도'의 의미 영역도 화자의 지식 체계에 미처 자리 잡지 못한 정보를 표현하는 의미 영역은 의문문의 의미 영역과 간접적인 관련을 갖는다.

② 기존의 논의에서는 인식 양태적 의미를 표현하는 '-네, -구나, -군, -다면서'가 상향억양을 가지고 질문의 효과를 갖는 문장에 사용될 때 이를 의문문으로 기술하는 경우가 있었다. 그러나 어떤 문장에 인식 양태 요소가 사용되면, 그 문장이 평서문이라 하더라도 정보의 전달이라는 평서문 본연의 기능이 약화되어 청자에게서 정보를 얻기를 원하는 질문적 효과를 유발할 수 있다. 따라서 이러한 문장은 화용론적으로 유사의문문 효과를 갖는 것일 뿐 진정한 의미의 의문문이라고 볼 수 없다.

③ 한국어에는 의문형 어미인 '-은가'와 '-을까'가 화자의 인식 양태적 판단을 나타내는 듯한 현상이 존재한다. 그러나 '-은가'와 '-을까'는 진정한 의미에서의 의문형 어미의 자격을 가지고 있다. 따라서 이들이 공통적으로 표현하는 것은 기본적으로 화자의 무지이며 화자의 어떠한 판단을 표현한다고 보기 어렵다. '-은가'와 '-을까'가 다른 의문형 어미와는 달리 '의심'이나 '추측'의 의미를 갖는 것으로 파악되는 것은 이들이 모두 독백문 종결어미라는 사실과 연관된다. 이들 어미는 다른 의문형 어미와는 달리 청자에게 정보를 요구하는 측면이 미약하기 때문에 화자의 지식 상태와 관련한 양태적 성격이 부각되는 것이다.

참고논저

고영근(1986), 서법과 양태의 상관관계, 『국어학 신연구』, 탑출판사. [고영근(1995)에 실림, 247-263.]

고영근(1995), 『단어 · 문장 · 텍스트』, 한국문화사.

고영근(2004), 『한국어의 시제 서법 동작상』, 태학사.

국립국어연구원 편(1999), 『표준국어대사전』, 두산동아.

김하수(1978), '-ㄹ까'의 의미와 통사적 특징, 『말』 4, 연세대학교 한국어학당, 55-77.

김홍범(1987), '-다면서, -다고, -다니'의 구조와 의미, 『말』 12, 연세대학교 한국어학당, 71-91.

남기심 · 고영근 · 이익섭 편(1975), 『현대국어문법』, 계명대학교 출판부.

노용균(1984), 국어 의문문의 통사와 의미, 서울대학교 대학원 석사학위논문.

박재연(1998), 현대국어 반말체 종결어미 연구, 『국어연구』 152, 국어연구회.

박재연(1999), 국어 양태 범주의 확립과 어미의 의미 기술: 인식 양태를 중심으로, 『국어학』 34, 국어학회, 199-225.

박재연(2000가), '-다고'류 어미에 대한 화용론적 접근, 『애산학보』 24, 애산학회, 171-194.

박재연(2000나), 독백과 독백문 종결어미에 대하여, 『국어학논집(서울대학교 국어국문학과)』 4, 25-48.

박재연(2004), 한국어 양태 어미 연구, 서울대학교 대학원 박사학위논문.

박진호 · 박병선(1999), 서법의 정의 및 한국어 서법 범주의 체계화, 제19차 한국어학회 전국학술대회 발표요지.

서정목(1987), 『국어 의문문 연구』, 탑출판사.

서정수(1996), 『수정증보 국어문법』, 한양대학교 출판원.

성기철(1980), 국어 대우법 연구, 『충북대학논문집』 4. [남기심 · 고영근 · 이익섭 편(1975)에 실림, 164-189.]

손현선(1998), 이른바 반말 종결형태의 양태적 의미 연구: '-어, -지, -군, -네, -는가, -나'를 중심으로, 남기심 편(1998), 『국어 문법의 연구 IV: 되짚어 본 국어 문법의 문제들』, 태학사, 251-301.

엄정호(1995), 인식 양태 부사의 의미, 『기곡 강신항박사 정년퇴임기념 국어국문학논총』, 태학사, 299-314.

연세대학교언어정보개발연구원 편(1998), 『연세한국어사전』, 두산동아.

윤석민(2000), 『현대국어의 문장종결법 연구』, 집문당.

이성구(1983), 국어 의문의 유형에 관한 연구, 서울대학교 대학원 석사학위 논문.

이유기(2002), 『-가』계 의문 종결 형식의 구조, 『국어국문학』 131, 국어국문학회, 191-215.

이현희(1982가), 국어의 의문법에 대한 통시적 연구, 『국어연구』 52, 국어연구회.

이현희(1982나), 국어 종결어미 발달에 대한 관견, 『국어학』 11, 국어학회, 143-163.

임홍빈(1988), '무슨'과 '어떤' 의문에 대하여: 의문의 통사론과 의미론을 중심으로, 『말』 13. [임홍빈(1998)에 실림, 131-234.]

임홍빈(1998), 『국어 문법의 심층 Ⅲ: 어휘범주의 통사와 의미』, 태학사.

임홍빈 · 장소원(1995), 『국어문법론 Ⅰ』, 한국방송통신대학교 출판부.

장경희(1982), 국어 의문법의 긍정과 부정, 『국어학』 11, 국어학회, 89-115.

장경희(1985), 『현대국어의 양태범주 연구』, 탑출판사.

한길(1991), 『국어 종결어미 연구』, 강원대학교 출판부.

Bybee, J. (1985), *Morphology*, John Benjamins Publishing Company.

Bybee, J., R. Perkins, & W. Pagliuca (1994), *The Evolution of Grammar: Tense, Aspect, and Modality in the Language of the World*, The University of Chicago Press.

Chafe, W. & J. Nichols. *eds.* (1986), *Evidentiality: The Linguistic Coding of Epistemology*, Ablex Publishing Corporation.

Chung, S. & A. Timberlake. (1985), Tense, Aspect, and Mood. in Shopen *ed.* (1985), 202-258.

Cole, P. & J. L. Morgan. *eds.* (1975), *Syntax and Semantics 3: Speech Act*. Academic Press.

Delancey, S. (1986), Evidentiality and Volitionality in Tibetan, in Chafe, W. & J. Nichols. *eds.* (1986), 203-213.

Givón, T. (1984), *Syntax: A Functional Typological Introduction volume Ⅰ*. John Benjamins Publishing Company.

Grice, H. P. (1975), Logic and Conversation. in Cole & Morgan. *eds.* (1975).

Halliday, M. A. K. (1985/1994), *An Introduction to Functional Grammar*. Edward Arnold.

Hopper, P. J. *ed.* (1982), *Tense-Aspect: Between Semantics & Pragmatics*,

John Benjamins Publishing Company.

Jespersen, O. (1924), *The Philosophy of Grammar*. Allen and Unwin LTD. [이환묵 · 이석무 역(1987). 『문법 철학』, 한신문화사.]

Lee, H. S. (1991), Tense, Aspect, Modality: A Discourse-Pragmatic Analysis of Verbal Affixes in Korean from a Typological Perspective, Ph. D. Dissertation, University of California Los Angeles.

Lyons, J. (1977), *Semantics 2*. Cambridge University Press.

Nuyts, J. (2001), *Epistemic Modality, Language, and Conceptualization*. John Benjamins Publishing Company.

Palmer, F. R. (1986), *Mood and Modality*. Cambridge University Press.

Sadock, J. M. & A. M. Zwicky (1985), Speech Act Distinction in Syntax. in Shopen. *ed*. (1985), 155-196.

Searle, J. R. (1969), *Speech Acts: An Essay in the Philosophy of Language*. Cambridge University Press.

Shopen, T. *ed*. (1985), *Language Typology and Syntactic Description III: Grammatical categories and lexicon*. Cambridge University Press.

Shopen, T. *ed*. (1985), *Language Typology and Syntactic Description Volume 1: Clause structure*. Cambridge University Press.

Slobin, D. I. & A. A. Aksu (1982), Tense, Aspect and Modality in the Use of Turkish Evidential. in Hopper, P. J. *ed*. (1982). 185-200.

한국어 양태의 화 · 청자 지향성과 주어 지향성

1. 서론

본고는 양태 의미의 화 · 청자 지향성과 주어 지향성의 개념을 고찰하고 이 개념들이 한국어 문법 현상에 어떻게 적용될 수 있는가를 보이는 것을 목적으로 한다.

양태를 흔히 '명제에 대한 화자의 태도'로 이해하는 데에서 알 수 있듯이 일반적으로 양태 의미는 담화상의 화자를 향해 있다. 이를 양태의 '화자 지향성'이라고 부를 수 있다. 단, 의문문에서는 보통 양태 의미가 청자를 향하게 되므로 정확히는 이를 '화 · 청자 지향성'이라고 할 수 있다.

(1) 가. 이 상자에는 과자가 들어 있겠다.
　　나. 이 상자에는 무엇이 들어 있겠니?

(1가, 나)는 선어말어미 '-겠-'이 사용된 문장이다. (1가, 나)의 예에서 '-겠-'이 '추측'의 양태 의미를 가지고 있다고 한다면, '-겠-'은 평서문인 (1가)에서는 화자의 추측을 표현하고 의문문인 (1나)에서는 청자의 추측과 관련된다. '-겠-'이 갖는 이러한 화 · 청자 지향성은 전형적인 양태 요소들의 의미론적 속성이다.[1)]

그런데 다음에서 '-으려고 하-'나 '-어야 하-'의 의미는 양태와 연관되

1) Palmer (1979/1995: 36)는 화 · 청자 지향성을 표현하기 위하여 '담화 지향적(discourse-oriented)'이라는 용어를 사용한다.

면서도 화자나 청자를 향하고 있지 않다.

(2) 가. 아버지는 다시 일을 시작하시려고 한다.
　　나. 만 일곱 살이 되면 모든 어린이는 학교에 가야 한다.

(2가)는 '의도'의 의미를 갖는 우언 형식(periphrastic construction)인 '-으려고 하-'가 사용된 문장이고 (2나)는 '의무'의 의미를 갖는 '-어야 하-'가 사용된 문장이다. 그런데 이 때 '의도'나 '의무'는 화자가 명제에 대하여 가지고 있는 태도라기보다는 '아버지' 혹은 '모든 어린이'라는 명제의 행위자에게 존재하는 어떠한 조건이라고 할 수 있다. 즉 이 때 '의도'나 '의무'의 의미는 화자나 청자가 아닌 명제 내의 주어를 향해 있다. 양태를 '화자의 태도'에 한정시켜 논의하고자 한다면 '-으려고 하-'나 '-어야 하-'의 의미는 양태가 아니라고 보아야 한다. 그러나 이러한 요소들은 전형적인 양태 요소들의 통시적 기원이 될 뿐 아니라(Bybee *et al.* 1994: 177), 양태를 제외하고 '의도'나 '의무'의 문법적 의미를 소속시킬 다른 범주를 찾기는 사실상 어렵다는 점에서 이들을 양태 논의에서 함께 다루게 된다.

최근 한국어 양태 논의에서는 "화자 지향적 양태(speaker-oriented modality)"와 "행위자 지향적 양태(agent-oriented modality)"라는 용어를 유형론적 양태 분류에 사용한 Bybee (1985) 및 Bybee *et al.* (1994)의 영향으로 '무엇 무엇 지향적 양태'와 유사한 용어가 활발하게 사용되고 있다(김지은 1998, 박재연 1998, 남길임 1998, 임동훈 2000, 2001 등). 그러나 이들 개념이 양태 분류의 기준으로 빈번히 사용되는 것과는 대조적으로 그 개념적 성격에 대한 고찰은 본격적으로 이루어진 바가 없는 것으로 보이며, 이 때문에 용어의 사용에 있어 크고 작은 혼란이 있다고 생각된다.

Bybee *et al.* (1994)에서는 양태 의미를 "행위자 지향적 양태", "화자 지향적 양태", "인식 양태", "종속절 서법"의 네 가지로 분류한 바 있다.

이 중 "화자 지향적 양태"는 '명령'이나 '기원'과 같은 발화수반력 관련 의미를 포함하기 위한 것인데, 이 부류의 양태를 "화자 지향적 양태"라고 부르는 것은 다소 문제가 있다. 발화수반력 관련 양태뿐 아니라, 인식 양태도 화자 지향성을 가지는 것이 일반적이기 때문이다.[2] 그런데 김지은(1998: 21) 및 임동훈(2000: 137, 각주 30)에서는 Bybee *et al.* (1994: 6장)의 양태 분류를 수정하여, 이 논의의 "인식 양태(epistemic modality)"와 "화자 지향적 양태"를 "화자 중심 양태" 혹은 "화자 정향적 양태"라는 하나의 범주로 통합하고 있다. 그러나 Bybee *et al.* (1994: 6장)의 "화자 지향적 양태"는 인식 양태와 근본적으로 구별되는 행위 양태(act modality)적 의미를 가리키기 때문에,[3] 이를 "인식 양태"와 하나의 범주로 묶는 것은 더욱 바람직하지 못하다고 생각된다.

한편 남길임(1998)에서 "말하는 이 중심 양태"와 "주어 중심 양태"라는 용어를 사용하는 방법은 이들과는 사뭇 다르다. 이 논의에서는 가령 '-겠-'이 화자의 추정을 나타내는 일반적인 문맥에서는 "말하는 이 중심 양태"를 나타내지만, "내가 이기겠으면 어머니한테 대신 연락 좀 해 줘."와 같은 예에서는 화자 아닌 후행절 주어의 추정을 나타내므로 "주어 중심 양태"를 표현한다고 본다(남길임 1998: 437). 그러나 이때의 '-겠-'의 의미가 향하고 있는 대상은 후행절 주어가 아니라 담화상의 청자라고 생각될 뿐 아니라,[4] "주어 중심 양태"라는 용어를 이러한

---

2) Bybee *et al.* (1994) 논의의 이러한 문제점은 최근의 Nuyts (2001: 26, 각주 22)에서도 지적된 바 있다.

3) 이때 '행위 양태'는 기존의 의무 양태(deontic modality)를 대신하여 붙인 이름인데, 본고에서는 한국어 양태 범주가 일차적으로 인식 양태와 행위 양태로 하위 분류된다고 본다. 이 분류는 양태를 '명제에 대한 어떠어떠한 태도'라 하였을 때 양태 의미가 '명제'를 '지식 내용'으로 간주하느냐, '행위 내용'으로 간주하느냐에 따른 것이다. 예컨대 "지금 부산에는 비가 오겠다."에서의 '-겠-'은 명제를 지식의 내용으로 삼고서 그에 대한 추측 판단을 표현하지만, "나는 꼭 올해 결혼을 하겠다."에서의 '-겠-'은 명제를 화자의 가능 행위(possible act)의 내용으로 간주하고서 그에 대한 의지를 표명한다는 차이를 갖는데, 우리는 이 차이를 인식 양태와 행위 양태의 구별로써 파악한다. 양태의 하위 분류 방법에 대한 본격적인 논의는 다른 글에서 펼치기로 한다.

4) 이와 관련하여서는 3장에서 좀더 언급된다.

방식으로 사용하는 것은 양태 논의에 혼선을 빚을 우려가 있다고 생각된다.

이러한 사정을 고려할 때 한국어 양태 논의에서 화·청자 지향성과 주어 지향성의 개념이 갖는 함의가 무엇이며, 이들이 한국어 문법 현상에 어떻게 적용되어야 하는가를 고찰해 보는 작업이 꼭 필요하다고 판단된다.[5] 이를 위하여 본고는 한국어의 종결어미 '-을래'와 우언 형식 '-으려고 하-'의 의미론적 속성을 비교하는 작업을 논의의 출발점으로 삼는다. 이 두 요소는 공통적으로 '의도'의 의미를 가지면서도,[6] '-을래'는 화·청자 지향성을 띠고 '-으려고 하-'는 주어 지향성을 띤다는 점에서 화·청자 지향성과 주어 지향성의 개념적 차이를 드러내 줄 것으로 기대되기 때문이다. 나아가 여기에서 밝혀진 화·청자 지향성과 주어 지향성의 두 속성이 한국어의 다른 양태 요소들의 기술에도 적용됨을 보임으로써 한국어 양태 논의에서 화·청자 지향성과 주어 지향성의 개념을 정립시켜 보고자 한다.

이 연구는 양태 요소의 의미 범주를 구별하고 그 특성을 고찰하는 데 목적을 두므로, 논의의 과정에서 융합과 관련한 한국어의 문법 현상을 다루더라도 융합에 따른 형태·통사적 문제는 논의하지 않으며,[7] 개별 양태 요소가 갖는 의미의 세부적 양상에 대하여서도 깊이 논의하지 않는다. 이에 덧붙여, 이 연구에서 '-을래'와 '-으려고 하-'의 의미를 비교하는 것은 가령 '이유'의 연결어미 '-어서'와 '-니까'의 의미 차이를

---

5) 본고에서 '행위자 지향성'이라는 용어 대신 '주어 지향성'이라는 용어를 사용하는 것은 이 개념이 행위자가 중시되는 행위 양태뿐 아니라 인식 양태에도 적용될 수 있기 때문이다. Palmer (1979/1995: 36)에서도 '주어 지향적(subject-oriented)'이라는 용어가 사용된 바 있다.

6) '-으려고 하-'는 "비가 오려고 한다.", "꽃병이 떨어지려고 한다."의 예에서 '의도'의 양태가 아닌 '예정상(prospective aspect)'적인 의미를 표현한다. 본고에서는 양태적인 의미에만 관심 가지므로 이러한 예는 다루지 않는다.

7) '-으려고 하-'의 융합 현상에 대해서는 최명옥(1976: 157~158, 1980: 100, 각주 37), 서정목(1987: 143~152), 안명철(1990), 이지양(1993: 139~140), 박재연(1998: 119~120)을 참조할 수 있다.

밝히려는 것과는 근본적으로 성격을 달리한다는 사실을 밝혀 두고자 한다. 이 연구는 같은 통사적 지위를 가지는 형식의 미세한 의미 차이를 밝히려는 것이 아니라, 통사적 지위의 차이에 따라 문법 형식의 의미 범주가 어떻게 구별될 수 있는가를 고찰하려는 것이다.

본고는 다음과 같이 구성된다. 2장은 행위 양태의 화 · 청자 지향성과 주어 지향성에 대하여 논의한다. '-을래'와 '-으려고 하-'의 비교를 통해 확립된 화 · 청자 지향성과 주어 지향성의 개념이 한국어 어미 '-어야지', '-겠-'과 관련한 문법 현상에도 적용된다는 것을 보일 것이다. 3장에서는 인식 양태가 갖는 화 · 청자 지향성과 주어 지향성에 관하여 논의한다. 4장은 결론으로서 논의를 요약하고 미진한 점을 제시한다.

2. 행위 양태의 화 · 청자 지향성과 주어 지향성

2.1. '-을래'와 '-으려고 하-'[8)]

이 절에서는 '-을래'가 '-으려고 하-'와는 달리 화 · 청자 지향적 속성을 가진다는 사실을 보인 후 이 두 양태 요소의 문법적 특성에 대한 검토를 통하여 화 · 청자 지향적 행위 양태와 주어 지향적 행위 양태가 어떤 의미론적 차이를 가지는지를 규명해 보고자 한다.

'-을래'와 '-으려고 하-'와 관련하여 가장 많은 주목을 받은 현상은 '-으려고 하-'와는 달리 '-을래'가 주어의 인칭에 제약을 가진다는 것이었다(이기용 1979/1998: 215~216, 서정목 1987: 148, 한길 1991: 137, 박재연 1998: 82 등). 다음 예를 보자.

8) 이 절에서 논의하게 될 '-을래'의 문법적 특성은 '-으려고 하-'와 관련된 또 다른 융합 형식인 '-으렵니다, -으렵니까, -으련다' 등에도 마찬가지로 적용되나, '-을래'가 한국어 화자들에게 하나의 종결어미로 인식되는 경향이 강하므로 편의상 '-을래'만을 내세워 논의한다. 또한 이 절에서는 '-을래'와의 비교를 위하여 '-으려고 하-'가 종결형에 나타나는 예만을 들지만 이 절의 논의는 연결형 및 명사형, 관형사형에 나타나는 '-으려고 하-'에 대해서도 적용된다.

(3) 가. 나는 일주일 정도 여행을 하려고 해.
나. 너는 지금 스스로 죽으려고 하는 거야.
다. 철수는 유학을 가려고 해.
(4) 가. 나는 일주일 정도 여행을 할래.
나. *너는 지금 스스로 죽을래.
다. *철수는 유학을 갈래.

(3가~다)는 '-으려고 하-'가 차례로 1인칭, 2인칭, 3인칭 주어를 취한 예를 보인 것이다. '-으려고 하-' 구성은 주어의 인칭에 제약을 가지지 않음을 알 수 있다. 그러나 (4가~다)에서 볼 수 있듯이 '-을래'는 2인칭과 3인칭 주어를 취하지 않고 1인칭 주어만을 허락한다.

한편 '-을래'가 의문문에 사용되면 2인칭 주어만을 취할 수 있다.

(5) 가. 내가 지금 나만 잘 되려고 해?
나. 너 여행 가려고 해?
다. 철수는 유학 가려고 해?
(6) 가. *내가 지금 나만 잘 될래?
가'. 우리 전시회에 한 번 가 볼래?
나. 너 여행 갈래?
다. *철수는 유학 갈래?

(5가~다)에서 보듯이 '-으려고 하-'는 의문문에서도 주어에 대한 제약을 가지지 않으나 (6가~다)의 예에서 볼 수 있듯이 '-을래'는 1인칭과 3인칭 주어를 취할 수 없고 2인칭 주어만을 요구한다. 단 (6가')와 같이 주어가 1인칭 복수로서 청자가 주어에 포함된 것으로 해석될 경우에는 '-을래'의 사용이 가능하다(박재연 1998: 83).

'-을래'의 이러한 인칭 제약은, '-을래'가 평서문에서는 화자의 의도를 표현하는 기능만을 갖고 의문문에서는 청자의 의도를 묻는 기능만을 갖는 것이라고 바꾸어 말할 수 있는데 우리는 이 점을 중시할 필요가 있다. 즉 '-으려고 하-'의 '의도'는 명제 내의 행위자를 향해 있는 반면 '-을래'의 '의도'는 담화상의 화 · 청자를 향해 있다는 것이다. 물론 '-을래'가 사용된 문장의 경우에도 담화상의 화 · 청자는 명제 내에서 행위자의 역할을 수행한다. 그러나 "나는 밥을 먹으려고 한다."에서 양태 의미의 초점이 되는 '나'는 ("너는 밥을 먹으려고 한다."나 "철수는 밥을 먹으려고 한다."의 '너', '철수'와 마찬가지로) 행위자로서의 '나'이지만, "나는 밥을 먹을래."에서 양태 의미의 초점이 되는 '나'는 행위자로서의 '나'가 아니라 담화상의 화자로서의 '나'라는 것이다. '-을래'의 '의도'가 단순히 행위자를 향하는 양태 의미라면 주어의 인칭에 제약을 가질 특별한 이유를 찾을 수 없기 때문이다.

'-을래'의 용법에서 평서문의 경우 반드시 화자가, 의문문의 경우 반드시 청자가 문제된다는 것은 1인칭 복수 대명사 '우리'를 주어로 취하였을 때의 해석에서도 알 수 있다.

(7) 가. 우리가 이 방을 쓸래.
　　나. 우리가 이 방을 쓸래?

주지하다시피 1인칭 복수 대명사 '우리'에는 두 가지 해석 방법이 있을 수 있다. 청자를 배제한 해석이 그 하나이고 청자까지를 포함한 해석이 다른 하나이다. 평서문인 (7가)의 '우리'는 청자를 배제한 '우리'로 해석된다. 반면 의문문인 (7나)가 자연스럽게 해석되려면 '우리'가 청자를 포함한 '우리'로 해석되어야 한다. 이는 '-을래'가 평서문에서는 화자를, 의문문에서는 청자를 강하게 의식하고 있음을 보여주는 것이다.

기존의 논의에서 '-을래'의 인칭 제약은 특이한 현상으로 강조되어 왔다. 그러나 인칭 제약을 달리 해석하여 '-을래'가 평서문에서는 화자의 의도를, 의문문에서는 청자의 의도를 표현한다고 보면, 이는 전혀 특이한 현상이 아니다. 1장에서 언급한 바와 같이 전형적인 양태 의미가 화 · 청자 지향성을 갖는 것은 지극히 자연스러운 일이기 때문이다. 이는 1장에서 본 바, 선어말어미 '-겠-'의 '추측'의 양태 의미가 평서문에서는 화자의 추측을, 의문문에서는 청자의 추측을 표현하는 것과 동일한 현상이다. 행위 양태의 경우에는 화자나 청자가 명제 내의 행위자로 참여할 수 있으므로 양태 의미가 명제 내의 행위자를 향해 있는 것으로 인식되기 쉬울 따름이다.[9] 오히려 우언 형식 '-으려고 하-'가 주어의 인칭에 제약을 갖지 않는 것은 이 요소가 화자나 청자와 무관하게 여전히 주어의 속성에 관련되는 주어 지향성을 가진다는 것을 의미하는데, 이는 '-으려고 하-'가 문법적인 양태 의미를 완전히 획득하지 못했음을 보여 주는 것이다. 주어 지향성이란 결국 문장 서술어의 성격에 다름 아니기 때문이다.

그렇다면 화 · 청자 지향적인 '-을래'와 주어 지향적인 '-으려고 하-'의 의미론적 속성은 어떠한 차이를 가지는 것으로 기술될 수 있을까? 이와 관련한 기존의 논의를 살펴보면, 서정목(1987: 150)에서는 이 차이가 동사 '하-'의 기능이 얼마나 유지되는가와 관련이 있다고 하면서 화자 자신이나 청자의 의도에 대해서는 '하-'의 의미가 그렇게 부각되지 않아 축약이 일어날 수 있으나 3인칭 주어의 의도에 대해서는 '하-'가 남의 의도를 전달하는 기능을 가지기 때문에 줄어들 수 없는 것이라고 보았다. 이지양(1993: 140)에서는 '-으려 하-'는 의도와 관련된 행위를 나타내지만 '-으려-'(융합 형식)는 의도만을 나타낸다고 보았으며, 박선자(1993: 83)에서는 축약이 일어나기 전의 '-으려 하-'는 주체의 의도가

9) 여기에는 주의해야 할 점이 있다. '-을래'의 인칭 제약이 그 화 · 청자 지향적 성격과 밀접한 관련을 갖는 것이기는 하지만, 화 · 청자 지향성을 가지는 모든 행위 양태 요소가 평서문에서는 1인칭 주어를, 의문문에서는 2인칭 주어를 가져야 하는 것은 아니다. '-을래'가 평서문에서 화자 지향성을 가져서 1인칭 주어만을 취하고, 의문문에서 청자 지향성을 가져서 2인칭 주어만을 취하는 것은 '-을래'가 가진 '의도'의 의미가 화자(혹은 청자)가 화자(혹은 청자) 스스로에게 부과하는 조건이기 때문이다. 뒤의 2.2.와 2.3.에서 논의하게 될 '-어야지'의 '결심'과 '-겠-'의 '의도'의 의미도 화자가 화자 스스로에게 부과하는 의미이므로, '-을래'와 유사한 인칭 제약을 갖는다. 그러나 가령 '기원(optative)'과 같이 화자가 3인칭 개체에게 부과하는 의미의 경우에는 화자 지향성을 가진다 하더라도 3인칭 주어를 취한다.

명제의 일부로서 나타난 것이지만 축약이 일어나면 주체의 의도가 화자의 심리적 태도로 전이되고 심리적 거리가 짧아짐으로 인하여 서법 요소가 된다고 하였다.[10] 이러한 설명을 종합해 보면 '-으려고 하-'는 '하-'의 기능이 유지됨으로써 누군가의 의도를 전달하는 서술성을 가지면서 명제의 일부로 기능하지만 '-을래' 등의 융합 형식은 화자나 청자의 의도 자체만을 표출하는 것이라고 정리할 수 있다.

본고는 기존의 논의에서 관찰된 '-을래'와 '-으려고 하-'의 차이는 Austin (1962)적 의미에서의 수행적 성격의 유무로 기술될 수 있다고 주장한다.[11] 나아가 화 · 청자 지향적 행위 양태와 주어 지향적 행위 양태를 변별케 하는 가장 중요한 의미론적 속성은 수행적 성격과 진술적 성격의 대립이라고 주장한다.[12] 화 · 청자 지향적 행위 양태가, 화자가 행위자에게 행위와 관련한 조건을 부과하는 수행적 행위 자체라면, 주어 지향적 행위 양태는 행위자에게 존재하는 조건에 대한 기술이며 이는 다시 명제 내용의 일부를 구성한다는 것이다. 다음 예를 보자.

(8) 가. 나는 지금 밥을 먹으려고 해.
    나. 나는 지금 밥을 먹을래.

(8가)는 '-으려고 하-'가 사용된 평서문이고 (8나)는 '-을래'가 사용된

---

10) 이상의 논의가 모두 융합 이후 형식으로 '-을래'를 대상으로 삼은 것은 아니며, 융합을 바라보는 관점도 각기 상이하다. 그러나 '-으려고 하-'의 융합 이전 형식과 융합 이후 형식의 의미론적 차이에 대한 기술이라는 점은 공통적이다.

11) '-을래'가 수행문을 이끌고 '-으려고 하-'가 진술문을 이끈다는 것은 박재연(1998: 82)에서도 간략히 지적된 바 있었다.

12) 양태 의미의 수행적 성격과 진술적 성격은 기존의 연구에서도 주목을 받아 왔다. Sweetser (1990: 65)에서의 '부과(imposing)' 대(對) '보고(reporting)', Nuyts (2001: 39)에서 제시한 '수행성(performativity)' 대(對) '기술성(descriptivity)'의 대립은 본고의 수행성과 진술성의 개념적 대립과 기본적으로 같은 것이다. 그러나 이들 논의에서는 이를 화 · 청자 지향성과 주어 지향성의 대립과 결부시키지는 않았으며 Nuyts (2001: 40)은 본고와는 달리, 수행성 개념을 화행 이론에 연관시키는 것을 반대하였다. 한편 Palmer (1979/1995: 38)에서 의무 양태와 동적 양태(dynamic modality)를 구별하는 기준 역시 수행성의 유무이다.

평서문이다. (8가)는 기본적으로 사태에 대한 객관적인 진술이며 세계와의 대응 관계에 대한 검토를 통해 참 · 거짓을 판별할 수 있는 Austin (1962)적 의미에서의 진술문이다. 즉 (8가)는 화자가 밥을 먹으려는 의도를 가지고 있음을 보고하는 문장이며, 예컨대 "지금 기차가 오고 있다."와 같은 사태를 기술하는 문장과 원칙적으로 다르지 않다. 따라서 '나'에게 '의도'가 존재하였느냐 존재하지 않았느냐에 따라 이 문장의 참 · 거짓을 판별할 수 있다. 그러나 (8나)는 화자의 의도를 보고하거나 기술하는 것이 아니라 의도 자체를 직접적으로 표출하고 있다. 자신의 의사를 청자에게 선언하고 있는 것이다. 이는 발화의 적절성만이 문제될 뿐, 참 · 거짓을 판별할 수 없는 수행문이다.[13)]

'-을래'가 '-으려고 하-'와는 달리 수행적 성격을 가진다는 것은 '-을래'가 과거의 의도를 표현하지 못한다는 사실에서도 입증된다. 수행문은 현재 시제만을 취하기 때문이다.

(9) 가. 나는 그때 밥 먹으려고 했어.
나. *나는 그때 밥 먹었을래.

(10) 가. 너 그때 죽으려고 했어?
나. *너 그때 죽었을래?

(9)는 평서문, (10)은 의문문의 예이다. (9가)와 (10가)에서 볼 수 있는 바와 같이 '-으려고 하-'는 동사 '하-'에 과거 시제 선어말어미를 통합시킴으로써 과거에 행위자 주어에게 존재했던 의도를 보고하거나 거기에 대해 질문할 수 있다. 그러나 (9나)와 (10나)에서 보는 것처럼 '-을래'는 과거 시제 선어말어미를 통합시킬 수 없기 때문에 과거의 의도를 표현할 수 없다.[14)]

---

13) Austin (1962)의 후반부에서는 '진술'도 일종의 화행으로 간주되어 진술문과 수행문의 구별이 사실상 폐기된다. 본고에서의 진술문과 수행문의 구별은 Austin (1962)의 초반부에서 제시된 이론의 기본 정신에 입각한 것이다.

한편 '-을래'와 '-으려고 하-'가 의문문에 사용된 경우에도 수행적 성격과 진술적 성격과 관련된 차이는 그대로 유지된다. 다음 예를 보자.

(11) 가. 너 서울을 떠나려고 해?
　　나. 너 서울을 떠날래?

(11가)에서 '-으려고 하-'가 사용된 의문문은 청자에게 그러한 의도가 존재하는지의 여부를 단순히 묻는 문장이다. 이때의 의문은 의도가 존재하는 사태에 대한 물음이다. 그러나 (11나)에서처럼 '-을래'가 사용되면 의문은 사태에 대한 것이 아니라 청자의 의도 자체에 대한 것이 된다.

'-을래'가 '-으려고 하-' 구성과는 달리 화자의 완곡한 부탁을 표현하는 의문문 용법을 가질 수 있는 것도 이와 연관되는 현상으로 여겨진다.

(12) 가. 이 뚜껑 좀 열어 줄래?
　　나. 이 뚜껑 좀 열어 주려고 해?

(12가)는 '-을래'가 의문문에 사용된 것인데 청자가 가지고 있는 의도를 묻는 것이라기보다는 청자에 대한 완곡한 요청으로 이해된다. 그러나 '-으려고 하-'가 사용된 (12나)는 이러한 용법을 가지지 못하고 청자가 의도를 가지고 있는 사태에 대한 가부(可否)만을 물을 뿐이다. '-을래'가 (12가)와 같은 용법을 가지는 것은 '-을래'의 의문이 사태를 대상으로 하지 않고 '의도'라는 수행적 행위 자체를 대상으로 함을 전제할 때에만 설명된다고 생각된다.

---

14) 만약 '-을래'가 과거의 의도를 표현할 수 있다면, 정확히는 '-었-'이 의도 표현 '-을래'의 뒤에 통합될 수 있어야 한다. 그러나 '-을래'는 종결어미이므로 당연히 선어말어미를 후행시키지 못한다. 위의 예문 (9), (10)에서 '-었을래'와 같은 활용을 보인 것은 편의적인 것이다.

물론 '-으려고 하-'가 온전히 진술적 성격만을 가지는 것은 아니다. '-으려고 하-'도 앞의 예문 (8가) "나는 지금 밥을 먹으려고 해."와 같이 1인칭 주어와 현재 시제를 취하면 문맥에 따라서는 '-을래'와 같은 수행적 효력을 가질 수도 있기 때문이다. 또한 본고의 입장에서는 '-어야 하-'의 '의무'의 의미도 진술적 성격의 주어 지향적 행위 양태로 파악되는데, '-어야 하-'도 "너는 지금 학교에 가야 한다."와 같이 2인칭 주어를 대상으로 하여 현재 시제로 사용되면 "너는 지금 학교에 가라."와 같은 '명령'의 발화수반력을 가질 수 있다.[15] 그러나 본고에서는 이들은 일차적으로 진술적 성격을 가지며, 이들이 문맥에 따라 수행적 성격을 가질 수 있는 것은 화용론적 성격을 띠는 이차적인 사실로 간주한다. '-으려고 하-'와 '-어야 하-'가 가진 수행성은 '-을래'나 명령형 어미 '-어라'가 가진 일차적 수행성과는 구별되는 것으로 보이기 때문이다. 이는 우언 형식이 표현하는 양태는 어미가 표현하는 양태에 비해 형식면에서는 물론 의미면에서도 문법화가 덜 진전된 것이라는 사실에 기인하는 것이다. 이를테면, "나는 지금 밥을 먹을래."와 "나는 지금 밥을 먹으려고 해."의 관계는 '감사'의 화행을 어휘적으로 표현함에 있어서의 "감사합니다."와 "감사하게 생각합니다."의 관계와 같다고 할 수 있다. 후자도 '감사'의 화행을 표현하는 수행적 효력을 발휘하지만 그 일차적 성격은 화자가 어떠어떠한 생각을 갖고 있는 사태를 기술하는 진술문이라는 것이다.

'-을래'가 수행적 성격을 갖는다는 것은 '-을래'가 사용된 문장이 언제나 일정한 발화수반력을 갖는다는 것을 의미한다. 그렇다면 '-을래'가 수행하는 화행의 영역은 무엇인가? 우리는 앞에서 '-을래'가 평서문에서 의도의 직접적 표출에 사용된다고 한 바 있는데 이는 Austin (1962: 158)의 표현을 빌려 말하면 "의도 선포하기(declare my intention)"라 할 수 있다. 이는 Austin (1962: 12강)의 다섯 가지 화행 부류 중 '언약

---

15) 김지은(1998)은 수행적 성격을 가지는 '-어야 하-'와 진술적 성격을 가지는 '-어야 하-'를 구별하여 전자는 화자 중심적인 것으로, 후자는 주어 중심적인 것으로 분류한다.

행위(commissive)'에 속한다.[16)]

한편 '-을래'와 '-으려고 하-'는 양태 의미의 통시적 변화의 측면에서도 흥미로운 예를 제공한다. Bybee *et al.* (1994: 6장)는 우언적으로 표현되는 주어 지향적(이 논의의 용어로는 '행위자 지향적') 양태 요소가 굴절 형식으로 발달하면서 화자 지향적 (행위) 양태 요소나 인식 양태 요소가 되는 범언어적 경향성을 주목한 바 있다. '-을래'가 '-으려고 하-'의 융합을 거쳐 형성된 어미라는 가정이 정당하다면 '-으려고 하-'와 '-을래'는 주어 지향적 성격을 띠던 우언 형식이 문법화하여 화 · 청자 지향적인 굴절 형식이 된다는 Bybee *et al.* (1994: 6장)의 문법화 공식을 잘 보여 주는 셈이다.[17)]

이 절의 논의를 요약하면 다음과 같다. '-을래'의 주어 인칭 제약은 전형적인 양태 요소가 갖는 화 · 청자 지향적 속성에서 기인한 것이다. '-으려고 하-'가 주어의 인칭에 제약을 갖지 않는 것은 이 요소가 여전히 주어와 관련한 사태를 기술하는 서술어로서의 기능을 가짐을 의미하는데, 이것이 바로 주어 지향성이 갖는 함의이다. 대체로 화 · 청자 지향성은 문법화가 완료되어 굴절 형식으로 나타나는 양태 요소들의 속성이고 주어 지향성은 문법화가 완료되기 전 우언적 형식으로 나타나는 양태 요소들의 속성이며 이들은 수행성과 진술성의 의미론적 대립을 보인다.

---

16) Austin (1962: 151)의 다섯 가지 화행 부류는 '판정 행위(verdictives), 행사 행위(exercitives), 언약 행위(commissives), 행태 행위(behabitives), 평서 행위(expositives)'를 말한다. 용어의 번역은 장석진 편저(1987: 138)에서 가져온 것이나 특히 '언약 행위'는 꼭 들어맞는 번역이라고 하기 어렵다. '언약'이라는 말이 '약속'과 거의 같은 뜻으로 사용되기 때문이다. Austin (1962: 157)에서 'commissive'는 "화자를 일정한 행동 방침에 구속시키는 것(to commit speaker to a certain course of action)"으로 정의되며, 본고의 사용도 이에 입각한 것임을 밝혀 둔다.

17) Bybee (1985: 166)에서는 범언어적으로 '의도'와 관련한 의미는 대개 주어 지향적 속성을 가지며 굴절 어미로 나타나는 일은 극히 드물다고 보고하고 있다. 한국어의 '-을래'와 뒤에 논의할 '-어야지', '-겠-' 등은 '의도'과 관련된 의미를 가지면서도 어미로 나타나 화 · 청자 지향성을 띠는 드문 예라고 할 수 있다.

2.2. '-어야지'와 '-어야 하-'

2.1.에서 우리는 '-을래'는 화 · 청자 지향성을 갖고 '-으려고 하-'는 주어 지향성을 가지며, 이 차이는 수행성과 진술성의 대립으로 기술된다고 주장하였다. 그런데 화 · 청자 지향성과 주어 지향성의 대립 관계는 '-어야지'와 '-어야 하-'에도 적용될 수 있을 것으로 보인다.

종결어미 '-어야지'에 대해서는 약간의 설명이 필요할 듯하다.[18] '-어야지'는 구성상 '의무'를 나타내는 '-어야 하-' 구성과 종결어미 '-지'가 통합하면서 '하-'가 탈락된 형식인데, 그 의미가 단순히 '-어야 하-'와 '-지'의 합으로 설명되지 않고 '결심'의 새로운 의미를 나타내는 경우가 있다. 박재연(1998: 86~88)에서는 이 경우의 '-어야지'를 분석 불가능한 하나의 종결어미로 간주한 바 있다. 먼저 '-어야 하-'의 우언 형식의 예를 들어보자.

(13) 가. 내가 그때 집으로 돌아가야 했니?
나. 너는 이제 장가를 가야 한다.
다. 학생은 모름지기 공부를 열심히 해야 한다.

(13가~다)는 '-어야 하-' 구성이 사용된 예를 보인 것이다. '-어야 하-' 구성은 주어의 인칭에 제약을 가지지 않으며 일차적으로는 행위자 주어에게 존재하는 '의무'의 조건을 기술하거나 질문하는 기능을 가진다. '-어야 하-'에 종결어미 '-지'가 통합되어도 이러한 기능은 유지되며, '하-'가 잘 생략되는 한국어의 일반적인 현상을 따라 '-어야지'로의 축약이 일어나기도 한다. 다음 예를 보자.

(14) 가. 저는 여기 더 있어야지요.

18) 대개의 한국어 사전에서 '-어야지'는 종결어미로 등재되어 있으나 여전히 '-어야 하-'와 '-지'의 통사적 결합의 성격을 갖고 있다고 판단되는 형식과 이미 '결심'의 종결어미가 된 형식이 함께 기술되어 있다.

가'. 저는 여기 더 있어야 하지요.

나. 너도 지금 떠나야지?

나'. 너도 지금 떠나야 하지?

다. 학생이 공부를 열심히 해야지.

다'. 학생이 공부를 열심히 해야 하지.

(14가~다)는 '-어야 하-'가 '-지'를 취하여 축약된 예를 제시한 것이다. 그러나 이들 예문의 의미는 (14가'~다')에서 제시한, 축약이 일어나지 않은 예문의 의미와 기본적으로 같다. 즉 이때의 '-어야지'는 형식상 축약이 일어났지만, 여전히 '-어야 하-' 구성이 갖는 '의무'의 의미를 유지하고 있으며, 주어에 대한 제약도 가지지 않는다. 이때의 '-어야지'는 여전히 이필영(1995)적 의미에서의 환원적 융합형이라고 할 수 있다.

그런데 '-어야지'가 더 이상 '의무'의 의미를 나타내지 않고 화자의 '결심'을 나타내는 경우가 있다.

(15) 가. 내가 철수를 골탕먹여야지.

가'. 내가 철수를 골탕먹여야 하지.

나. 나는 오랜만에 라면이나 끓여 먹어야지.

나'. 나는 오랜만에 라면이나 끓여 먹어야 하지.

(15가, 나)에서 '-어야지'는 '-어야 하-' 구성이 표현하는 '의무'의 의미를 유지하고 있다고 보기 어렵다. 화자에게 철수를 골탕먹여야 한다는 의무나 라면을 끓여 먹어야 한다는 의무가 존재하여 이를 청자에게 보고하는 것은 아니기 때문이다.[19] 이 때의 '-어야지'는 화자가 화자 스스

19) (15가)와 같은 문장에서 청자는 아예 상정되지 않을 수도 있다. 박재연(2000: 42)에서는 '-어야지'를 독백문 종결어미라 부른 바 있는데, '결심'의 '-어야지'가 사용된 문장은 독백문의 성격을 가진다는 점에서도 '-어야 하-'와 '-지'의 통사적 결합이 사용된 문장과 구별된다고 할 수 있다.

로에게 하는 약속인 '결심'을 표현한다고 생각된다. (15가', 나')에서 보듯이 이를 '-어야 하지'로 복원하면 화자의 '결심'을 표현하지 못하므로,[20] 적어도 '결심'의 '-어야지'는 비환원적 융합형으로서, 종결어미화한 것이라고 할 수 있다(박재연 1998: 87).

그런데 '결심'의 '-어야지'는, 그 의미론적 속성에서도 짐작할 수 있는 것처럼 반드시 1인칭 주어만을 취한다. 바꿔 말하면 '-어야지'가 2인칭이나 3인칭 주어를 취하는 경우에는 '결심'의 의미로 해석되지 않는다. 다음 예를 보자.

(16) 가. 네가 철수를 골탕먹여야지.
　　가'. 네가 철수를 골탕먹여야 하지.
　　나. 영희가 철수를 골탕먹여야지.
　　나'. 영희가 철수를 골탕먹여야 하지.

(16가, 나)는 모두 '너'나 '영희'에게 '의무'의 조건이 존재한다는 의미로 해석될 뿐 (15가)와 같은 '결심'의 의미로는 해석되지 않는다. (16가, 나)는 모두 (16가', 나')로 환원되어도 그 의미에 별 차이가 없다.

또한 '-어야지'에 과거 시제 선어말어미가 결합되면 반드시 '의무'로만 해석된다. 다시 말해서 '-어야지'는 과거의 결심을 표현할 수 없다.

(17) 가. 그때 내가 결혼을 했어야지.
　　가'. 그때 내가 결혼을 했어야 하지.
　　나. 올해는 꼭 결혼을 해야지.

(17가)에서 보는 바와 같이 '-어야지'에 '-었-'이 결합되면 화자의 과거의 결심을 나타내는 것이 아니라 과거에 화자에게 존재했던 '의무'를

---

20) (15가', 나')는 문맥이 주어지면 어색하나마 '의무'의 의미로 해석될 수 있다.

기술하게 된다. (17가)는 (17가')으로 환원되어도 큰 의미 차이를 갖지 않는데 이 때 '-어야지' 구성의 의미는 (17나)의 종결어미 '-어야지'가 표현하는 '결심'과는 거리가 있는 것으로 보인다.

이렇게 볼 때 1인칭 주어를 취하여 화자의 현재의 '결심'을 표현하는 '-어야지'는, 주어에게 존재하는 조건을 기술하는 진술적인 '-어야 하-'와는 달리, 수행적인 성격을 갖고 있다고 판단된다. 즉 '-어야지' 역시 '-을래'와 마찬가지로 화・청자 지향적 속성을 갖는다는 것이다.[21] '결심'은 화자가 스스로에게 한 약속이므로(박재연 1998: 122), 넓게 보면 '-어야지'가 수행하는 화행도 '언약 행위'에 속한다. 또한 '-어야지'가 '-어야 하-'의 우언 형식과 통시적 관련을 맺는다고 본다면, 이 두 요소는 주어 지향적 의미에서 화・청자 지향적 의미로의 전이를 보여준다고 할 수 있다. '-어야 하-'의 '하-'가 갖는 서술 기능이 '결심'의 '-어야지'에서 상실되면서 양태 의미가 주어 아닌 화자를 향하게 된 것이다.

2.3. '-겠-'

우리는 앞에서 '-을래'나 '-어야지'와 같은 어미가 표현하는 행위 양태는 화・청자 지향성을 띠고, '-으려고 하-'나 '-어야 하-' 같은 우언 형식이 표현하는 행위 양태는 주어 지향성을 띠는 경향이 있음을 살펴보았다. 또한 이 두 부류의 양태가 통시적 관련을 가질 가능성을 언급하였다. 최근 임동훈(2000: 137~142, 2001)에서는 '-겠-'의 의미론적 속성을 통시적인 관점에서 검토하고 있어 주목된다. 이들 논의에서는 현대

---

21) 단 '-어야지'는 의문문에는 사용되지 않고 평서문(혹은 약속문)에만 사용되므로 화자 지향성만을 갖는다고 할 수 있다. 그런데 "너도 이제 박사 논문을 써야지?"의 '-어야지'의 예를 들어, '-어야지'가 의문문에 사용되면 청자의 결심을 확인하는 용법을 갖는다고 볼 수도 있다. 그러나 이러한 문장은 "너도 이제 박사 논문을 써야 하지?"로 환원되는, '의무'를 나타내는 표현이라고 생각되며, 이 문장은 본고에서 말하는 '결심'의 '-어야지'가 사용된 문장이 아니라고 본다. 필자는 어떤 어미가 진정한 의문문 용법을 갖는다면 설명의문문을 이끌 수 있어야 한다고 생각하는데, '결심'의 '-어야지'는 "*네가 무슨 논문을 써야지?"의 비문법성에서 보듯 설명의문문에서는 절대로 사용될 수 없다.

한국어의 '-겠-'의 여러 가지 용법을 '예정 > 의지, 능력(가능성) > 미래 > 추측'의 단계를 거친 '-겠-'의 문법화의 결과로 설명하는데, 이때 비교적 이른 시기에 발달한 '예정'과 '의지', '능력'의 의미는 주어 지향적(이 논의의 용어로는 "동작주 정향적") 속성을 가지지만 비교적 후대에 발달한 '가능성'과 '미래', '추측'의 '-겠-'은 화자 지향적(이 논의의 용어로는 "화자 정향적") 속성을 가진다고 하면서(임동훈 2001: 139~145), '-겠-'의 문법화는 Bybee *et al.* (1994: 6장)의 이론에서 제안된, 주어 지향적 요소가 화자 지향적 요소로 발달하는 과정을 잘 보여준다고 하였다(임동훈 2000: 136).

이러한 논의는 대체로 정당하다고 판단되지만, 본고의 논의에 의하면 '의지' 혹은 '의도'를 표현하는 행위 양태의 '-겠-' 역시 '추측'을 나타내는 인식 양태의 '-겠-'과 마찬가지로, 주어 지향성이 아닌 화 · 청자 지향성을 가진다고 보게 된다. 다음 예를 보자.

(18) 가. 나는 결단코 그 여자와 결혼하겠다.
　　나. *너는 결단코 그 여자와 결혼하겠다.
　　다. *철수는 결단코 그 여자와 결혼하겠다.
(19) 가. *나는 기어이 그 여자와 결혼하겠느냐?
　　나. 너는 기어이 그 여자와 결혼하겠느냐?
　　다. *철수는 기어이 그 여자와 결혼하겠느냐?

(18가~다)는 '의도'의 의미를 가지는 '-겠-'이 평서문에 사용된 예이고 (19가~다)는 의문문에 사용된 예이다. '-겠-'에 대한 논의에서 수없이 지적된 바이지만, (18나, 다)와 같이 평서문에서 2인칭이나 3인칭 주어를 취하면 '-겠-'은 '의도'를 나타내지 못한다. 한편 (19가~다)에서 보듯이 의문문에 '-겠-'이 사용되면 2인칭 주어를 취할 때에만 '의도'를 표현할 수 있다. 즉 '-겠-'은 평서문에서는 화자의 의도를 표현하는 용법만을, 의문문에서는 청자의 의도를 묻는 용법만을 가질 수 있는 것이

다.[22] 이는 '의도'의 '-겠-'의 양태 의미가 명제 내의 행위자를 향하지 않고 담화상의 화 · 청자를 향하고 있다는 것을 의미한다. (18가)에서 '-겠-'의 양태 의미가 향하고 있는 '나'는 행위자로서의 '나'가 아니라 화자로서의 '나'라는 것이다. '-겠-'이 '-으려고 하-'와 같이 주어 지향적인 '의도'를 표현한다면, 주어의 인칭에 제약을 가질 필요가 없기 때문이다. '-겠-'이 형식면에서나 의미면에서 전형적인 양태 어미의 성격을 획득했다고 보면 '추측'의 '-겠-'의 양태 의미가 화 · 청자 지향적인 것과 마찬가지로 '의도'의 '-겠-'이 화 · 청자 지향성을 갖는 것은 당연한 현상이라 하겠다. 또한 (18가)와 같은 문장은 결코 주어에게 존재하는 '의도'의 조건을 기술하거나 보고하는 기능을 가지지 않는다. 이러한 문장의 참과 거짓을 따지는 것이 불가능한 데에서 이를 확인할 수 있다. 즉 그 자체로 일정한 화행을 수행하는 수행문인 것이다.

'의도'의 '-겠-'이 사용된 문장이 수행문이라는 사실은 '-겠-'이 과거의 의도를 나타내지 못한다는 점에서도 입증된다. 다음 예를 보자.

(20) 가. *나는 어제 저녁은 꼭 집에 가서 먹었겠다.
가'. 영희는 어제 저녁은 집에 가서 먹었겠다.
나. *나는 어제 저녁은 꼭 집에 가서 먹겠었다.
(21) 나는 어제 저녁은 꼭 집에 가서 먹으려고 했다.

(20가)는 과거 시제 선어말어미 '-었-'을 '-겠-' 앞에 통합시켜 본 것이고 (20나)는 '-었-'을 '-겠-' 뒤에 통합시켜 본 것인데 모두 성립하지 않는다. 임동훈(2001: 144)에서는 '추측'의 '-겠-'과는 달리[(20가') 참조]

---

22) 이는 '-겠-'의 인칭 제약의 복잡한 양상을 단순화시킨 기술이다. 예를 들어 '-겠-'은 "우리 집에 오겠으면 와."와 같은 예에서 명령문에 내포된 조건절에 사용될 수 있는데, 이 때는 청자의 의도를 표현한다. 또한 "철수는 꼭 일등을 하겠다고 장담했다."와 같은 예에서 '-겠-'은 3인칭 '철수'의 의도를 나타내지만, '철수'가 원발화자라는 점에서 역시 화자 지향성을 갖는다고 보게 된다. 이러한 속성은 '-겠-'의 인식 양태 용법에서도 마찬가지로 나타난다.

'의도'의 '-겠-'이 '-었-'을 선행시킬 수 없는 (20가)와 같은 현상을 두 용법의 '-겠-'이 갖는 작용역의 차이로 설명하면서, 이것을 '의도'의 '-겠-'이 주어 지향성을 갖는다는 주장에 대한 근거로 들고 있다. '-었-'은 명제 전체를 작용역으로 갖는 화자 지향적 속성을 가지므로, 동사구만을 작용역으로 갖는 주어 지향적인 '의도'의 '-겠-' 앞에 통합될 수 없다는 것이다. 그러나 (20가)와 같은 문장의 비문법성이 작용역의 문제 때문이라면, '-었-'을 후행시킨 (20나)와 같은 문장은, 과거의 의도를 표현하는 (21)과 유사한 의미로서 성립되어야 할 것이다. 본고의 관점에서 '-겠-'이 과거의 의도를 표현하는 (20나)와 같은 용법을 갖지 못하는 것은 '-겠-'이 표현하는 '의도'의 의미가 수행적 성격을 띠는 화・청자 지향적 양태이기 때문이다.

'의도'의 '-겠-'이 사용된 문장이 수행문이라면, 그 화행의 영역은 무엇일까? '-을래'와 마찬가지로 '-겠-'이 표현하는 화행도 Austin (1962: 157)적 의미에서의 '언약 행위'에 속하며, 구체적인 의미도 '의도의 선포'를 표현하는 '-을래'와 유사한 면이 많다고 생각된다. 다만 '-겠-'의 의미는 문맥에 따라 문자 그대로의 의미에서의 '약속'의 화행과도 연관된다.[23)]

(22) 가. 시장에는 내가 {가마/갈게/감세/가리다}.
　　나. 시장에는 제가 가겠습니다.

(22가)는 차례로 해라체, 반말체, 하게체, 하오체의 약속문 종결어미가 사용된 예를 보인 것이다. 그런데 한국어에서 약속문 종결어미는 합쇼체에서 고유의 형식을 가지지 못한다. 그래서 합쇼체로 높여야 할 상위자에게 약속의 화행을 수행해야 할 경우에 한국어 화자들은 (22나)와 같이 '-겠-'을 포함하는 평서문을 사용한다. 이는 '-겠-'이 마치 약

23) '약속'은 화자의 행위가 청자에게 이로운 것이라는 함의를 갖는데 '-겠-'이 언제나 이런 의미를 갖는 것은 아니므로 '약속'을 '-겠-'의 기본 의미라고 볼 수는 없다.

속문 종결어미들처럼 '약속'의 발화수반력을 유발할 수 있는 증거라고 하겠다.

현대 한국어의 '-겠-'의 의미를 '추측'과 '의도'로 단순화시켜 본다면, 통시적인 관점에서 '-겠-'은 '예정'의 주어 지향적 의미를 가지던 '-게 ᄒᆞ엿-' 구성에서 형성되어 양태 의미의 방향을 바꾸면서 한편으로는 '추측'의 화 · 청자 지향적 인식 양태로, 다른 한편으로는 '의도'의 화 · 청자 지향적 행위 양태로 발달하게 되었다고 볼 수 있다. 한국어의 선어말어미 '-겠-'은, 우언 형식이 굴절 형식이 되면서 "인식 양태"나 "화자 지향적 양태"로 발달한다는 Bybee *et al.* (1994: 241)의 공식에 꼭 들어맞는 예를 제공한다.

3. 인식 양태의 화 · 청자 지향성과 주어 지향성

2장에서 우리는 행위 양태의 예를 통하여 양태의 화 · 청자 지향성과 주어 지향성의 개념을 고찰해 보았다. 이 장에서는 이 개념들이 인식 양태 논의에서 갖는 의미를 생각해 보기로 한다.

인식 양태 의미는 대체로 화 · 청자 지향성을 띤다. 평서문에서는 화자의 인식론적 태도를, 의문문에서는 청자의 인식론적 태도를 표현한다는 것이다. 다음 예를 보자.

(23) 가. 이 상자에는 과자가 들어 있겠다.
　　나. 이 상자에는 무엇이 들어 있겠니? [1장의 예문 (1가, 나)]
　　다. 내가 이기겠으면 어머니한테 대신 연락 좀 해 줘. (남길임 1998: 437)
(24) 가. 어제는 비가 많이 오더라.
　　나. 어제는 비가 많이 오더냐?

(23가~다)는 선어말어미 '-겠-'이 차례로 평서문, 의문문, 그리고 명

령문에 내포된 조건절에 사용된 문장을 제시한 것이고 (24가, 나)는 선어말어미 '-더-'가 평서문과 의문문에 사용된 문장을 제시한 것이다. '-겠-'이 '추측'의 인식 양태적 의미를 갖는다고 한다면, (23가)에서는 화자의 추측이 진술의 대상이 되고 (23나)에서는 청자의 추측이 질문의 대상이 됨을 확인할 수 있다. (23다)에서 '-겠-'은 청자의 추측에 관련되는데, 이는 후행문이 명령문이기 때문에 청자의 행위 내용을 명제 내용으로 갖는 사실과 연관되는 것으로 보인다. 한편 '-더-'가, 과거에 지각(perception)을 통하여 어떠한 사실을 새로 알게 되었음을 표현하는 인식 양태적 의미를 갖는다고 한다면(박재연 1999: 208), (24가)의 평서문에서는 그러한 화자의 태도를 표현하고 (24나)의 의문문에서는 그에 대하여 청자가 가지고 있는 태도를 질문하는 용법을 가진다.

그런데 인식 양태는 행위 양태와는 달리 어미가 아닌 우언 형식으로 나타나는 경우에도 대체로 화·청자 지향성을 띠는 듯하다.

(25) 가. 이 상자에는 과자가 들어 있을 것 같다.
나. 이 상자에는 무엇이 들어 있을 것 같니?
다. 비 올 것 같거든 우산 가지고 가거라.

(26) 가. 이 상자에는 과자가 들어 있는가 보다.
나. 이 상자에 과자라도 들어 있을까 보냐?

(25가~다)와 (26가, 나)는 '추측'의 인식 양태적 의미를 표현하는 데에 각각 '-을 것 같-'과 '-은가 보-', '-을까 보-'의 우언 형식이 사용된 예이다. '-을 것 같-'의 양태 의미는 (25가)의 평서문에서는 화자의 추측에 관련되고, (25나, 다)의 의문문, 명령문의 조건절에서는 청자의 추측에 관련된다. '-은가 보-' 혹은 '-을까 보-'의 의미도 마찬가지여서 (26가)의 평서문에서는 화자의 추측에, (26나)의 의문문에서는 청자의 추측에 관련된다.

그러나 '-을 것 같-'이나 '-을 성싶-' 등의 우언 형식에 의해 표현되는 인식 양태는 주어 지향적인 용법으로 사용되는 경우가 있다.

(27) 가. 철수는 영희가 학교에 안 갈 것 같았지.
　　나. 철수는 영희가 아무래도 안 올 성싶었다.
(28) 가. ??철수는 영희가 학교에 안 가는가 보았다. (보조용언 구문으로서)
　　나. *철수는 영희가 학교에 안 가겠다.

(27가)는 '-을 것 같-'의 우언 형식이 사용된 예이고 (27나)는 '-을 성싶-'의 우언 형식이 사용된 예인데, 이러한 문맥에서 이들은 화자의 추측이 아닌 3인칭 주어의 추측을 기술할 수 있다. 이 때의 '-을 것 같-'이나 '-을 성싶-'의 의미는 주어 지향적이라고 할 수 있는데 이는 이들이 양태 요소로 완전히 문법화하지 않고 '같-'나 '싶-'의 서술성을 보유하고 있음을 말해 주는 것이다.[24] 즉 '-을 것 같-'이나 '-을 성싶-'의 이러한 용법은 마치 "철수는 영희가 학교에 안 갈 것으로 추측했다."가 3인칭 주어의 추측을 기술하는 용법과 비슷하다고 할 수 있다. (28가)에서 보인 '-은가 보-' 구성은 이제 3인칭 주어의 추측을 기술하는 용법을 잃어 가는 듯 보이며, (28나)의 '-겠-'은 어미이기 때문에 '철수'의 추측을 기술할 수 없는데 이는 '-을 것 같-'이나 '-을 성싶-'의 용법과 대조적이다.[25]

단, 행위 양태에서 관찰되는 화 · 청자 지향적 양태의 수행성과 주어

---

24) 김지은(1998: 103)에서는 '같-' 구문이 양태 용언 구문과 내포절을 포함하는 복문의 중간적 성격을 가진다고 보았다.

25) 제29회 국어학회 전국학술대회에서 이 글을 구두 발표할 당시, 임동훈 선생님께서는 (27가)와 같은 문장뿐 아니라 "철수에게는 영희가 학교에 안 갈 것 같았지."와 같은 문장도 가능하다고 하면서 '주어 지향성'이라는 용어의 부정확함을 지적하셨다. 본고에서 제안하는 주어 지향성과 화 · 청자 지향성의 개념적 대립은 양태 의미가 명제 내부의 개체를 향하고 있는가, 아니면 명제 외부의 (즉, 담화상의) 개체를 향하고 있는가에 핵심을 두고 있는 것이므로, 위의 예를 감안하면, '주어 지향성'을 '사태 참여자 지향성'이라고 부를 수도 있을 것이다. 그러나 양태 의미의 초점이 되는 사태 참여자는 주어의 지시 대상인 경우가 일반적이므로, 새로운 용어를 만들지 않고 기존의 논의에서 사용된 '주어 지향성'이라는 용어를 사용하고자 한다.

지향적 양태의 진술성은 인식 양태에는 적극적으로 적용되지 않는다. '추측'이나 '지각' 등이 어떤 종류의 화행의 영역과 연관된다고 보는 데에는 좀더 논의가 필요하기 때문이다. 그러나 Palmer (1979/1995: 10~11)에서 지적된 것처럼, 인식 양태에 있어서도 화자가 판단과 관련한 행위를 실제로 수행하는 것이라고 하면 화·청자 지향적 인식 양태도 넓은 의미의 수행성을 가지는 것으로 볼 수도 있다. 이는 주어 지향적 인식 양태가 다시 명제 내용을 구성하는 진술적 성격을 가지는 것과는 분명히 구별된다.

4. 결론

본고는 지금까지 양태 의미의 화·청자 지향성과 주어 지향성의 개념적 성격을 고찰하고 이를 한국어 문법 현상에 적용해 보았다. 이상의 논의를 요약하면 다음과 같다.

먼저 화·청자 지향성과 주어 지향성의 개념을 이해하기 위하여 '의도'의 행위 양태를 나타내는 종결어미 '-을래'와 우언 형식 '-으려고 하-'의 의미론적 특성을 검토해 보았다. '-을래'의 인칭 제약은 이것이 화·청자 지향성을 갖는다는 증거로서, 이는 '-을래'가 양태의 문법적 의미를 완전히 획득하였음을 말해 주는 것이라고 해석하였다. 반면 '-으려고 하-'는 주어 지향적 성격을 가지는데, 이는 '-으려고 하-'가 완전히 문법화되지 않고 여전히 문장 서술어의 기능을 가지고 있음을 의미한다고 보았다. '-을래'와 '-으려고 하-'의 의미론적 속성은 수행적 성격과 진술적 성격의 대립으로 기술되며, 이러한 화·청자 지향성과 주어 지향성의 개념은 행위 양태를 표현하는 '-어야지'와 '-어야 하-'의 관계나, '-겠-'의 의미를 기술하는 데에도 이용될 수 있다고 주장하였다. 또한 인식 양태는 어떠한 형식으로 표현되든 대체로 화·청자 지향성을 가지는 것으로 보이지만 우언적으로 표현되는 몇몇 인식 양태 요소는 주어 지향적 용법도 가지고 있음을 지적하였다.

본고에서 제안한 화・청자 지향적 행위 양태의 개념은 '-을래, -어야지, -겠-' 외에도 화자의 '후회'를 표현하는 '-을걸'이나, '-겠-'과 유사하게 '의도'를 표현하는 '-을 것이-'[26] 등에도 적용될 수 있으나 본고에서 이들을 포괄적으로 다루지는 못하였다. 또한 화・청자 지향적 행위 양태는 그 수행적 성격으로 인하여 '명령, 청유, 약속' 등의 문장 유형의 의미 영역과 직접적으로 연관되는데 본고는 양태와 문장 유형의 관계에 대하여 언급할 기회를 갖지 못하였다. 이러한 문제들은 후일의 과제로 삼는다.

참고논저

김지은(1998), 『우리말 양태용언 구문 연구』, 말뭉치 기반 한국어 연구 총서 4, 한국문화사.

남길임(1998), '-겠-' 결합 양상에 따른 종속 접속문 연구, 남기심 편(1998), 『국어 문법의 탐구 IV: 되짚어본 국어 문법의 문제들』, 태학사, 423-451.

박선자(1993), 한국어 서법 연구: 볼자리 가설과 우리말의 서법, 『우리말 연구』 3, 우리말 연구회, 77-114.

박재연(1998), 현대국어 반말체 종결어미 연구, 『국어연구』 152, 국어연구회.

박재연(1999), 국어 양태 범주의 확립과 어미의 의미 기술: 인식 양태를 중심으로, 『국어학』 34, 국어학회, 199-225.

박재연(2000), 독백과 독백문 종결어미에 대하여, 『국어학논집(서울대학교 국어국문학과)』 4, 역락, 25-48.

서정목(1987), 『국어 의문문 연구』, 탑출판사.

안명철(1990), 국어의 융합 현상, 『국어국문학』 103, 국어국문학회, 121-138.

이기용(1979), Assertion of Intention in Korean, Korea Journal, UNESCO Korea. [이기용(1998)에 국역되어 실림, 210-227.]

이기용(1998), 『시제와 양상: 가능세계 의미론』, 태학사.

이지양(1993), 국어의 융합 현상과 융합 형식, 서울대학교 대학원 박사학위

26) 현대 한국어의 '-을 것이-'는 형식적으로나 의미적으로나 거의 어미화한 것으로 생각된다(임동훈 2000: 137, 각주 31 참조).

논문.

이필영(1995), 『국어의 인용 구문 연구』, 탑출판사.

임동훈(2000), 『한국어 어미 '-시-'의 문법』, 국어학총서 37, 태학사.

임동훈(2001), '-겠-'의 용법과 그 역사적 해석, 『국어학』 37, 국어학회, 115-147.

최명옥(1976), 현대국어의 의문법 연구, 『학술원 논문집(인문 · 사회과학편)』 15, 145-174.

최명옥(1980), 『경북 동해안 방언 연구』, 영남대학교 민족문화연구소.

장석진 편저(1987), 『오스틴 『화행론』』, 대학고전총서 3, 서울대학교 출판부.

한길(1991), 『국어 종결어미 연구』, 강원대학교 출판부.

Austin, J. L. (1962), *How to Do Things with Words*, The William James Lectures, Oxford University Press.

Bybee, J. L. (1985), *Morphology: A Study of the Relation between Meaning and Form*, John Benjamins Publishing Company.

Bybee, J., R. Perkins, & W. Pagliuca (1994), *The Evolution of Grammar: Tense, Aspect, and Modality in the Language of the World*, The University of Chicago Press.

Nuyts, J. (2001), *Epistemic Modality, Language and Conceptualization*, John Benjamins Publishing Company.

Palmer, F. R. (1979/1995), *Modality and the English Modals*, 2nd *edition*, Longman.

Palmer, F. R. (1986), *Mood and Modality*, Cambridge University Press.

Sweetser, E. (1990), *From Etymology to Pragmatics: Metaphorical and Cultural Aspects of Semantic Structure*, Cambridge University Press.

'주어 지향적 양태'와 관련한 몇 문제

1. 서론

이 논문은 한국어 양태 논의에서 빈번하게 언급되는 개념인 '주어 지향적 양태(subject-oriented modality)'와 관련된 몇 가지 문제를 검토하고 그에 대한 합리적인 해결 방안을 모색하는 것을 목적으로 한다.

한국어의 양태 혹은 서법에 대한 논의의 기틀이 잡힌 것은 고영근(1965)에서라고 생각된다. 장경희(1985)에서 양태 어미의 개별 의미 기능에 대한 섬세한 관찰과 기술이 시작되었고 Lee (1991)에서 한국어 양태 범주에 대한 유형론적 접근이 시도되었다. 양태에 대한 관심이 높아짐에 따라 한국어의 양태 체계가 전체적으로 어떠한 모습을 가지고 있는지를 밝히고자 하는 논문도 많이 발표되었다. 고영근(1986), 서정수(1990), 장경희(1995), 신창순(1997), 박병선 · 박진호(1999), 이선웅(2001), 임동훈(2003, 2008) 등이 그러한 연구이다. 양태 범주를 다룬 학위논문으로 안명철(1983), 조일영(1995), 김지은(1998), 박재연(2004/2006), 문병열(2007) 등이 있다.

그간의 연구를 통하여 논의의 폭과 깊이에 어느 정도 진전이 있었음에도 불구하고 양태는 다루기 까다로운 범주로 여전히 악명이 높다. 양태는 흔히 "명제에 대한 화자의 태도"로 정의되는데 '화자의 태도'가 도대체 무엇인가부터가 모호하기 짝이 없다. 이 때문에 양태의 범위, 관련 범주와의 관계, 개별 양태 형식의 의미 기능, 용어의 문제까지 많은 문제가 여전히 논란의 대상이 되고 있다. 본고에서는 특히 '주어 지향적 양태'의 개념과 관련하여 발생했던 다음과 같은 문제들을 다루어

보고자 한다.

첫째, 양태 의미의 '지향성(orientedness)'이라는 개념을 사용하는 문제이다. 많은 양태 논의에서 '화자 지향적(speaker-oriented), 주어 지향적(subject-oriented)'과 유사한 용어를 사용하고 있으나 용법이 일치되지 않아 혼란을 보이고 있다. 본고는 이 개념의 본래 의미와 바람직한 용법, 용어의 문제 등을 생각해 보고자 한다.

둘째, '지향성'의 관점에서 '-으려고 하-, -어야 하-, -어도 되-'와 같은 우언 형식(periphrastic construction)의 양태 의미를 어떻게 파악하는가 하는 문제이다. 가령 "너는 지금 학교에 가야 한다."와 같은 문장에 대하여 어떤 연구자들은 이를 '화자 지향적'으로 파악하기도 하고 어떤 연구자들은 '주어 지향적'으로 파악하기도 한다. 본고에서는 이 문제를 바라보는 바람직한 방향을 생각해 보고자 한다.

셋째, '주어 지향적 양태'를 과연 진정한 '양태'로 볼 수 있는가 하는 문제이다. 양태는 일반적으로 '명제에 대한 화자의 태도'로 정의되는데, 가령 "영희는 자전거를 탈 수 있다."와 같은 문장에서 '-을 수 있-'이 표현하는 '능력'의 의미는 화자의 태도와 아무런 관련이 없다. 그럼에도 불구하고 이들은 '주어 지향적 양태'로 다루어져 왔다. 본고에서는 이러한 모순을 어떻게 해결할 수 있을지를 생각해 본다.

양태와 관련하여서는 연구자마다 사용하는 용어가 극단적으로 달라 많은 혼란이 있다. 본고는 용어의 문제를 전반적으로 검토할 여력을 갖지 못하므로 다음의 사항을 전제로 하여 논의를 진행하고자 한다.

(1) 가. '명제에 대한 화자의 태도'를 표현하는 문법 범주는 '서법'이라는 용어로도 불리었으나 본고에서는 '양태'라는 용어만을 사용한다.

나. 양태는 크게 '인식 양태'와 '행위 양태'로 나누어지는 것으로 본다. 즉 기존의 논의에서 대개 '의무 양태'로 불러온 비인식 양태의 의미 영역을 '행위 양태'라고 부른다(박재연 2003,

2006). 행위 양태는 Palmer (2001), 문병열(2007)의 '사건 양태'와 외연이 거의 같다. 이 외에 화자의 감정을 표현하는 감정 양태(emotive modality) 혹은 평가 양태(evaluative modality)를 설정할 가능성도 있으나 본고에서는 다루지 않는다.

다. '주어 지향적', '행위자/동작주 지향적', '명제 참여자 지향적'이라는 용어는 심각한 의미 차이 없이 비슷한 의미로 사용된다. 본고에서는 'agent-oriented modality'를 '행위자 지향적 양태'로 번역하며, 직접 인용일 경우를 제외하고는 '주어 지향적'이라는 용어를 대표로 삼는다.

2. '지향적'이라는 용어의 사용

한국어 양태 논의에서 '무엇 무엇 지향적 양태'와 같은 용어가 사용된 것은 Bybee (1985) 및 Bybee *et al.* (1994) 논의의 영향이었다. Bybee *et al.* (1994)에서는 양태 의미를 "행위자 지향적 양태, 화자 지향적 양태, 인식 양태, 종속절 서법"의 네 가지로 분류하였는데 박재연(1998, 2003, 2006), 김지은(1998: 21), 남길임(1998), 임동훈(2000: 137, 각주 30) 등에서는 이를 크고 작은 수정을 거쳐 사용한 바 있다.[1)]

'지향적'이라는 말이 의미하는 바는 정확히 무엇인가? 이는 어떤 양태 의미가 어느 쪽을 향하고 있는가, 즉 누구의 태도를 표현하는가 하는 것이다. 박재연(2004/2006: 45)에서는 양태적 태도를 가지고 있는 주체를 '양태 의미의 담지자(possessor of modal meaning)'라 불렀는데 '지향적'이라는 말은 양태 의미의 담지자가 누구인가를 문제 삼는 것이다. 양태를 "명제에 대한 화자의 태도"라고 정의하는 한, 양태는 당연히 화자 지향적이다. 그런데 화자의 태도가 아닌 것까지 양태 논의에 등장하면서 '무엇 무엇 지향적 양태'라는 말이 사용되게 된 것이다.

1) 김지은(1998)에서는 '무엇 무엇 중심 양태'라고 번역하였고 임동훈(2000)에서는 '무엇 무엇 정향적 양태'라고 번역하였다.

(2) 가. 이 상자에는 과자가 들어 있겠다.
　　나. 이 상자에는 무엇이 들어 있겠니?

(3) 출근 버스를 타시려면 아버지는 6시에 일어나셔야 한다.

(2가)의 '-겠-'은 화자의 추측을 표현하기 때문에 이 의미를 화자 지향적 양태라 할 수 있다. 그런데 (2나)와 같이 '-겠-'이 의문문에 사용되면 화자 아닌 청자의 추측을 표현한다. 이때의 '-겠-'은 청자 지향적이라고 할 수 있다. 대개 평서문에서 화자의 태도를 나타내는 양태 형식은 의문문에서는 청자의 태도를 나타내므로(장경희 1995: 193), 즉 평서문과 의문문은 동전의 양면과도 같은 관계여서 화자 지향적이라는 술어로 충분하다고도 할 수 있다.[2)] 이때 화자와 청자는 담화상의 개체이므로 이를 '담화 지향적 양태' 혹은 '담화 참여자 지향적 양태'라고 부르기도 한다(Palmer 1979/1990, 문병열 2007). 그런데 (3)의 '-어야 하-'의 '당위'의 의미는 화자의 태도라고 하기 어렵다. 화자가 주어 명사구의 지시 대상인 '아버지'에게 '당위'의 조건을 부과하는 것이 아니기 때문이다. '당위'는 '아버지'에게 존재하는 객관적인 조건일 뿐이다. 이를 주어 지향적 양태라고 부를 수 있다. 즉 화 · 청자 지향적 양태는 화자나 청자의 태도를, 주어 지향적 양태는 주어의 태도를 나타낸다.

그러나 이 용어를 사용하는 방식에는 상당한 혼란이 있었다. 애초에 Bybee *et al.* (1994)의 사용부터가 완전히 적절치는 않았다. '행위자 지향적 양태, 인식 양태, 화자 지향적 양태, 종속절 서법'의 분류는 기존의 '인식 양태, 의무 양태'의 구별이 여러 언어의 양태 의미를 포괄하는 데에는 불충분하다고 판단하여 대안으로 제시된 유형론적 분류였다. 이 분류의 핵심은 기존의 의무 양태를 행위자 지향적 양태와 화자

2) 그러나 '청자 지향적'이라는 말을 구별하여 사용하여야 할 경우도 있다. 가령 한국어의 종결어미 '-을까'는 청자의 추측 판단을 묻거나 화자의 행위에 대한 청자의 의사를 묻는 용법을 가지고 있는데(박재연 2006 참조), 양태 담지자가 화자가 되는 경우는 없다. 따라서 '-을까'는 청자 지향적 양태 어미라고 보아야 한다.

지향적 양태로 구별한 데에 있었다. 행위자에게 존재하는 조건을 객관적으로 기술하는 '의도, 소망, 능력'의 의미와 화자가 행위자에게 어떠한 조건을 부과하는 '명령, 금지, 기원' 등의 의미를 구별한 것이다. 그러나 인식 양태 역시 가장 전형적인 화자 지향적 속성을 보이는 것이었기에 이는 정합적인 분류 체계라 할 수 없었다. '행위자 지향적 양태'와 '화자 지향적 양태'는 정확히는 '행위자 지향적 의무 양태', '화자 지향적 의무 양태'라고 불러야 옳았다.

이러한 문제점을 극복하기 위해 임동훈(2000: 137, 각주 30)과 김지은 (1998)은 Bybee *et al.* (1994: 6장)의 '인식 양태(epistemic modality)'와 '화자 지향적 양태'를 '화자 중심 양태' 혹은 '화자 정향적 양태'라는 하나의 범주로 통합하였다. 이로써 Bybee *et al.* (1994: 6장)의 분류법이 가지는 문제점은 해소되었다. 그러나 김지은(1998), 임동훈(2000)과 같은 사용은 양태의 더 중요한 하위 부류인 인식 양태와 행위 양태(의무 양태)의 구별을 약화시키는 바람직하지 못한 결과를 낳게 되었다.

한편 남길임(1998)에서는 전혀 다른 방식으로 '말하는 이 중심 양태'와 '주어 중심 양태'라는 용어를 사용하였다. 이 논의에서는 가령 '-겠-'이 화자의 추정을 나타내는 일반적인 문맥에서는 '말하는 이 중심 양태'를 나타내지만, "내가 이기겠으면 어머니한테 대신 연락 좀 해 줘."와 같은 예에서는 화자 아닌 후행절 주어의 추정을 나타내므로 '주어 중심 양태'를 표현한다고 본다(남길임 1998: 437). 그러나 이때의 '-겠-'의 의미가 향하고 있는 대상은 후행절 주어가 아니라 담화상의 청자라고 생각될 뿐 아니라, '주어 중심 양태'라는 용어를 이러한 방식으로 사용하는 것은 이 용어를 종속절 관련 현상으로 국한시키게 됨은 물론 양태 논의에 혼선을 빚을 우려가 있다고 생각한다(박재연 2003: 252).[3)]

본고에서는 화자 지향성 혹은 주어 지향성은 기존의 인식 양태와 의무 양태의 구별에 대한 대안적인 분류법의 가치를 가지는 것이 아니라

---

3) 박재연(2006: 128~143)에서는 '-겠-'이 종속절에서 양태 의미의 담지자가 달라지는 현상을 '양태 담지자의 전환'이라는 이름으로 다루었다.

각각의 양태 형식이 문법화 정도에 따라 가질 수 있는 성격에 불과하다는 점을 강조하고자 한다.[4] 행위 양태가 주어 지향적일 수도 있고 화·청자 지향적일 수도 있듯이 인식 양태 역시 특별한 경우 주어 지향성을 가질 수도 있기 때문이다.

(4) 가. {나는, 너는, 철수는} 일을 다시 시작하려고 한다.
　　나. {나는, *너는, *철수는} 지금 당장 서울로 갈래.
　　다. {*나는, 너는, *철수는} 지금 당장 서울로 갈래?
(5) 가. 오늘 비 올 것 같다.
　　나. 오늘 비 올 것 같니?
　　다. 철수는 내일 오겠다.
　　라. 내일 누가 오겠니?
(6) 가. 철수는 영희가 학교에 안 갈 것 같았다.
　　나. 철수는 영희가 아무래도 안 올 성싶었다.

(4가)는 '-으려고 하-'가 사용된 예이고 (4나, 다)는 '-을래'가 사용된 예이다. 이들은 모두 '의도'라는 행위 양태적 의미를 표현한다. 박재연(2003)에서는 '-으려고 하-'가 주어의 인칭에 제약을 가지지 않는 데에 반해서 '-을래'가 평서문에서는 1인칭 화자 주어만을, 의문문에서는 2인칭 청자 주어만을 가질 수 있음을 주목하고 '-으려고 하-'는 단순히 주어에 존재하는 조건을 기술하는 주어 지향적 양태의 성격을, '-을래'는 화자나 청자의 수행적 태도를 표현하는 화·청자 지향적 양태의 성격을 가진다고 보았다. 즉 '-을래'의 인칭 제약은 '-을래'가 그 기원 형식인 '-으려고 하-'가 가지고 있는 서술성을 잃고 평서문에서는 화자, 의문문에서는 청자의 태도만을 표현하도록 문법화됨으로써 생겨났다고 보았다.

---

4) 박재연(2003, 2006)은 모두 이러한 관점을 가지고 있었으나 이것이 충분히 부각되지 못했다.

인식 양태는 대부분 화자와 청자의 판단을 표현한다. (5가, 나)는 '-을 것 같-'이 평서문에서는 화자의 추측을 표현하고, 의문문에서는 청자의 추측을 묻는 용법을 가지는 것을 보여 준다. (5다, 라)에서 볼 수 있듯이 이는 '-겠-'의 경우도 마찬가지다. 그런데 '-겠-'과는 달리 '-을 것 같-'이나 '-을 성싶-'이 표현하는 '추측'의 의미는 화자나 청자가 아닌 3인칭 주체의 추측을 기술하는 용법을 가질 수도 있다. (6가, 나)가 그것인데, 이는 '-을 것 같-'과 '-을 성싶-'이 양태 요소로 완전히 문법화하지 않고 '같-'이나 '싶-'의 서술성을 보유하고 있는, 주어 지향적 양태의 성격을 가짐을 보여 준다(박재연 2003: 272).[5)]

따라서 화 · 청자 지향적 양태와 주어 지향적 양태의 구별은 인식 양태와 행위 양태(의무 양태)의 전통적인 구별을 대치하는 것이 아니라는 것이 본고의 주장이다. 주어 지향적 양태는 명제에 대한 화 · 청자의 태도를 나타내는 양태로 완전히 문법화하기 이전 단계의, 서술성을 보유한 양태 의미를 가리키는 말로 이해할 수 있다.

덧붙여 '화자 지향적'이라는 말과 관련해서 발생할 수 있는 오해 한 가지를 더 지적하고자 한다. 앞에서 말한 바와 같이 Bybee *et al.* (1994) 등의 논의에서의 '화자 지향적'의 의미는 양태 의미의 담지자가 화자라는 뜻이다. 이 논의에서 화자 지향적 양태로 다룬 '명령, 금지, 권고' 등은 화자가 청자에게 어떤 조건을 부과하는 수행적 행위를 표현하는데 '명령하고 금지하고, 권고하는' 주체가 화자이므로 화자 지향적 양태라고 한 것이다. 그런데 자칫 '지향적'을 '어디론가 향함'의 의미로 해석하면 '명령'이 청자를 향해 있으므로 '청자 지향적'이라는 오해를 할 수 있다.[6)] 이런 점에서 볼 때 임동훈(2008: 225, 각주 13)에서 이들을 '화자

5) 이때의 '철수는'이 과연 주어인가 하는 문제가 생겨날 수 있다. 이러한 문제를 피하려면 '주어 지향적 양태'라는 용어 대신 문병열(2007)처럼 '명제 참여자 지향적 양태'라는 말을 쓸 수 있다. 화 · 청자 지향적 양태와 주어 지향적 양태 구별의 가장 큰 의의는 양태 담지자가 명제 안의 요소가 되는 경우와 명제 밖, 즉 담화상의 요소가 되는 요소를 구별하는 것이다.

6) 'speaker-oriented'는 여러 논의에서 '화자 지향적'으로 번역되었으나 임동훈(2003:

양태, 행위자 양태(이 논의의 용어로는 '동작주 양태')'로 의역한 것은 바람직해 보인다. 한국어의 '명사+명사' 구성은 속격 구성으로 이해되기 쉽기 때문에 이들은 '화자의 양태'와 '행위자의 양태'를 충분히 표현할 수 있기 때문이다. '화자를 향하는 양태'보다는 '화자의 양태'라고 하는 편이 훨씬 간결하고 선명하다.

3. 우언 형식 양태의 지향성

2장에서는 화자 지향성과 주어 지향성의 의미가 무엇이며 이를 어떻게 사용하는 것이 바람직한지를 생각해 보았다. 그런데 '-어야 하-, -어도 되-'와 같은 우언 형식이 표현하는 양태적 의미를 '지향성'의 관점에서 어떻게 파악하여야 하는지에 대하여서도 의견이 엇갈리고 있다. 여기에 대해서는 다시 두 가지 문제가 있다.

첫째는 동일한 양태 의미의 담지자가 문장 내의 주어로 파악될 수도 있고 담화상의 화 · 청자로 파악될 수도 있는 경우를 어떻게 기술하느냐 하는 문제이다.

(7) 가. 저한테 편하게 말씀하셔도 돼요.
　　나. 버들표만 찍혀 있으면 믿어도 된다.
(8) 제가 글을 좀 아니 대신 읽어도 되겠습니까?

(7)~(8)은 문병열(2007: 95)에서 다룬 예이다. 이 논의에서는 (7가, 나)의 '-어도 되-'는 '청자 지향성'을 가지고, (8)의 '-어도 되-'는 주어 지향성을 가진다고 기술하였다. 그러나 본고로서는 이러한 처리에 동의

136, 각주 10)에서는 'oriented'를 '지향적'으로 번역하는 것은 본래의 뜻과 거리가 있다고 하면서 '화자 정향적'이라는 용어를 사용하였다. '정향적'이라는 용어를 씀으로써 얻을 수 있는 이점은 더 이상 밝혀져 있지 않으나 아마도 '지향적'이라는 말이 가질 수 있는 위와 같은 오해의 소지를 염두에 둔 것이 아닌가 한다.

하기 어렵다. (7가, 나)의 '-어도 되-'가 표현하는 '허가'의 조건은 2인칭 개체의 것인데 이는 담화상의 청자로 볼 수도 있지만 문장의 주어로 볼 수도 있다. 만약 (7가, 나)가 청자 지향적 성격을 가진다면 (8)의 '-어도 되-'의 경우에도 양태 담지자인 '저'가 1인칭 주어가 아니라 담화상의 화자라고 할 수도 있을 것이다. 요컨대 (7가, 나)와 (8)은 주어가 생략되어 문면에 드러나지 않았느냐 주어가 외현되었느냐의 차이만 있을 뿐이다.[7)]

2장에서는 '-으려고 하-'와 '-을래'의 차이를 검토하면서 '-으려고 하-'가 '-을래'와는 달리 주어의 인칭에 제약을 가지지 않아 모든 인칭의 주어의 '의도'를 표현할 수 있음을 본 바 있다. 이때 '-으려고 하-'는 주어 지향적 속성을, '-을래'는 화・청자 지향적 속성을 가지는 것으로 기술하였다. 이는 가령 "너도 갈래?"와 "너도 가려고 해?"에서 '의도'의 양태 의미의 담지자는 모두 '너'이지만 '-을래'의 양태 의미의 담지자는 청자로서의 '너'이고 '-으려고 하-'의 양태 의미의 담지자는 2인칭 주어로서의 '너'라고 본 것이었다. 이를 바탕으로 하면 다음과 같은 기준을 세울 수 있다. 만약 어떤 양태 형식이 평서문에서는 화자 혹은 1인칭 주어의 태도만을, 의문문에서는 청자 혹은 2인칭 주어의 태도만을 표현하는 것으로 양태 의미의 담지자가 고정되어 있다면, 그것은 화・청자 지향성을 가지는 것이다. 그리고 주어의 인칭에 제약이 없고 주어의 인칭에 따라 양태 담지자가 자유롭게 변화한다면 그것은 주어 지향성을 가지는 것이다. 이러한 관점에서 위의 '-어도 되-'의 예를 검토하면 이들은 모두 주어 지향적 성격을 가진다고 볼 수 있다.

(9) 가. 나는 집에 가도 {된다, 되니?}

---

7) 이때 (7가, 나)가 화자가 청자에게 '허가'의 조건을 부과하는 것으로 보면 이를 화자 지향적이라고 파악할 수도 있다. 이러한 입장에서는 (8)은 청자에게 '허가'의 조건 부과에 대한 의향을 물어보므로 청자 지향적이라고 할 수도 있다. 그러나 본고는 이때 '-어도 되-'의 의미가 조건 부과의 수행적 행위를 표현하는 것은 아니라고 본다. 이는 본 장에서 논의할 두 번째 문제에서 살펴본다.

나. 너는 집에 가도 {된다, 되니?}

다. 철수는 집에 가도 {된다, 되니?}

(9가~다)에서 '-어도 되-'도 모든 인칭의 주어를 취할 수 있다. 의문문에서도 마찬가지이며 양태 의미의 담지자는 언제나 문장의 주어와 일치한다.[8] 그렇다면 위의 (8)뿐 아니라 (7가, 나) 역시 양태 의미의 담지자는 담화상의 청자가 아닌 문장 내의 주어라고 보는 편이 온당하다.[9]

둘째는 좀 더 중요한 문제로서, 우언 형식이 가진 수행적 효력을 어떻게 파악할 것인가 하는 것이다.

(10) 가. 영희는 밥을 좀 더 먹어야 한다.

나. 너는 이제 집에 가도 된다.

(10가)는 '당위'의 의미를 가지는 '-어야 하-'가 사용된 문장이고 (10나)는 '허가'의 의미를 가지는 '-어도 되-'가 사용된 문장이다. 이때의 '-어야 하-'와 '-어도 되-'는 주어 명사구의 지시대상인 '영희' 혹은 '너'에게 존재하는 조건을 기술한다고 볼 수도 있지만 많은 문맥에서 화자가 '영희'나 '너'에게 '당위'나 '허가'와 같은 조건을 부과하는 수행적 효력을 발생시킨다. 이에 따라 '-어야 하-'의 의미를 수행성을 띠는 화 · 청자 지향적 양태와 기술성을 띠는 주어 지향적 양태로 나누어 파악하는 논의가 있다.

Palmer (1979/1990)에서는 인식 양태를 제외한 의미를, 수행성을 가지는 것과 가지지 않은 것으로 나누어 전자를 의무 양태(deontic

---

8) 이에 대하여서도 앞의 각주 7에서 제시한 문제가 있을 수 있다. "나는 집에 가도 되니?"가 청자의 태도를 묻는 청자 지향적 성격을, "너는 집에 가도 된다."는 화자의 '허가'를 표현하는 화자 지향적 성격을 가진다고 볼 가능성이 있다.

9) 이는 한국어 화자들이 흔히 "여기 앉으시지요."에서 '-으시-'가 청자를 높인다고 생각하는 것과 유사하다. 이때의 주어는 청자와 동일인이지만 '-으시-'가 관여하는 대상은 담화상의 청자가 아니라 문장 내의 생략된 주어라고 보는 편이 합당하다.

modality)로, 후자를 동적 양태(dynamic modality)로 구별하는데 이 구별은 본고의 관점에서는 화·청자 지향적 양태와 주어 지향적 양태의 구별에 대응한다. 이러한 논의에서는 "You must do it."과 같은 문장에서 의무 부과자가 화자이면 이때의 'must'는 의무 양태적으로 사용된 것이고 의무 부과자가 화자가 아니면, 즉 '의무'가 주어에게 객관적으로 존재하는 조건이면 동적 양태의 의미를 갖는 것으로 본다.[10] 이는 문맥에 따라 양태의 하위 범주가 달라지는 것으로 파악하는 것이다. 이러한 관점에서는 (10가)의 '-어야 하-' 역시 주어 지향적 양태 의미와 화·청자 지향적 의미를 문맥에 따라 모두 가질 수 있다고 보게 된다.

김지은(1998)에서 "화자 중심 양태 2류"와 "주어 중심 양태 2류"를 구별한 방법도 이와 유사하다.[11] 가령 '-어야 하-'가 화자가 청자에 대하여 직접 어떤 조건을 부과하는 행위를 나타내는 경우에는 "화자 중심 양태 2류"를 표현하며 '-어야 하-'가는 주어의 심리를 기술하는 경우에는 "주어 중심 양태 2류"를 표현한다고 본다.[12]

그러나 본고는 양태적 우언 형식이 문맥에 따라 주어 지향적 양태로도, 화·청자 지향적 양태로도 해석될 수 있다고 보는 것은 바람직하지 않다고 본다. 적어도 한국어의 우언 형식 양태는 주어 지향적인 용법

10) Palmer (1979/1990: 73)에서는 2인칭 주어를 상대로 한 화자의 충고나 명령을 나타내는 "You must keep everything to yourself, be discreet."에서의 'must'는 의무 양태를 표현하는 것으로 다루었고 "If the ratepayers should be consulted, so too must the council tenant."에서의 'must'는 화자의 관련이 없는 동적 양태로 다루었다.

11) 김지은(1998)은 양태적 의미를 가지는 한국어의 우언 형식을 다룬 업적이다. 양태 용언을 "화자 중심 양태 용언"과 "주어 중심 양태 용언"으로 나누고 이를 다시 각각 "1류"와 "2류"로 나누었다. 화자 중심 양태 용언 1류에는 '화자의 인식론적 판단이나 바람, 우려' 등을 나타내는 '-을지도 모르-, -기 어렵-, -으면 좋-' 등이 포함되고 화자 중심 양태 용언 2류에는 화자가 청자에게 특정 행위를 지시하거나 허용하는 의미를 표현하는 '-어야 되-, -어도 좋-' 등을 포함한다. 한편 주어 중심 양태 용언 1류에는 '주어의 의도, 바람' 등 심리적인 조건을 표시하는 '-고 싶-, -어 주-, -을 수 있-' 등이 포함되고 주어 중심 양태 용언 2류에는 비심리적 조건을 나타내는 '-을 수 있-, -어야 되-' 등이 포함된다.

12) 임동훈(2008: 229)에서도 김지은(1998)과 유사한 입장을 취하였다.

이 기본이며(박재연 2003, 2006), 문맥에 따라 화 · 청자 지향적 성격을 가지는 것은 여기에서 도출된 화용론적 의미라고 판단한다.

김지은(1998)에서는 '당위'의 의미를 표현하는 '-어야 되-'의 종류를 세 가지로 구분한 바 있다. 그러나 그들이 과연 문장 의미론적 차원에서 구별되어야 하는 성격의 것인가에 의문이 생긴다.

(11) 가. 내일이라도 비가 좀 와야 되는데.
  나. 귀하들은 일체 함구해야 되오.
  다. 나는 오늘 집에 빨리 가야 된다.

(11가)의 '-어야 되-'는 '화자의 바람'이기 때문에 화자 중심 양태 1류에 속하고, (11나)는 '화자의 청자에 대한 조건 부과'이기 때문에 화자 중심 양태 2류에 속하며, (11다)는 '주어의 심리에 대한 기술'이기 때문에 주어 중심 2류에 속한다는 것이 김지은(1998)의 기술이다. 그러나 이러한 차이는 (11가)는 3인칭 무정물 주어를, (11나)는 2인칭 주어를, (11다)는 1인칭 주어를 가지기 때문에 나타난 것이지 이때의 '-어야 되-'가 의미론적 차이를 가지는 것은 아니라고 생각한다. 2인칭 주어와 현재 시제를 취하여 주어의 '당위'의 조건을 기술하는 문장은 화자가 청자에게 어떤 조건을 부과하는 것으로 해석되기 쉬울 뿐이다. 문맥에 따라서는 (11나)가 화자가 부여한 조건이 아니라 2인칭 주어에게 존재하는 객관적 조건을 표현할 수도 있다. 따라서 '-어야 되-'는 기본적으로 '비', '귀하', '나'라는 주어 명사구의 지시대상에 존재하는 '당위'의 조건을 기술한다고 보는 편이 옳다고 본다.

이러한 주장에 대하여 '인식 양태-행위 양태 다의성' 역시 이와 같은 화용론적 현상으로 보아야 하는가 하는 의견이 있을 수 있다.[13] 실제

13) 임동훈(2008: 229)에서 "동일한 양태 형식이 맥락에 따라 인식양태와 의무양태의 다의성을 보이듯이 동일한 양태 형식이 맥락에 따라 의무양태와 동적양태의 다의성을 보인다"라고 한 것을 고려하면 이러한 반론을 예상할 수 있다.

로 '-겠-'의 기본 의미는 추측이며 '-겠-'의 '의도'의 의미는 문맥에서 도출된 것이라는 논의도 있었다(신창순 1972, 이기용 1978 등). 즉 '의도'는 추측의 '-겠-'이 1인칭 주어를 취하고 동사에 통합하여 현재 시제로 사용될 때 발생하는 문맥적 의미라는 것이다.

그러나 본고의 판단으로는 '-어야 되-'의 주어 지향적 의미와 화자 지향적 의미는 '인식 양태-행위 양태 다의성'과는 다른 차원의 것으로 여겨진다. 가령 '추측'과 '의도'는 서로 구별되는 의미 범주여서 '-겠-'이 한 문맥에서 '추측'과 '의도'의 의미를 동시에 가지는 일은 거의 불가능하다. 따라서 '-겠-'이 가지는 중의성은 문맥에서 쉽게 해소된다. 즉 "내가 가겠다."는 그 자체로 중의적이지만 문맥에서 '추측'과 '의도' 어느 한 쪽의 의미로 해석될 뿐 두 의미를 모두 가지는 일은 없다. 그러나 화·청자 지향적 '당위'와 주어 지향적 '당위'는 그 의미 범주가 명확히 구별된다고 보기 어렵다. 양태 의미의 부과자가 누구건, 모두 결국 행위자가 행위의 성립과 관련하여 '당위'의 조건을 가진다는 것을 표현할 뿐이다. 이에 따라 중의성 해소도 명백하지 않아서, 문맥에 따라 화자가 부과하는 조건을 표시하는 것인지 객관적인 조건을 표시하는지를 판단하기 어려운 경우가 많다(임동훈 2008: 225).

(12) 가. 신발을 벗어야 합니다.
나. (현관 앞에 서 있는 외국인에게) 신발을 벗어야 합니다.
다. 한국에서는 실내에 들어갈 때 신발을 벗어야 합니다.

임동훈(2008: 225)에서는 (12가)는 (12나)처럼 화자가 청자에게 어떤 의무를 부과하는 주관적 의무양태로 해석될 수도 있고 (12다)처럼 일반적인 규범을 언급한 객관적 의무양태로 해석될 수도 있다고 하였다.[14] 여기서 주목할 점은 이때의 '-어야 하-'가 나타내는 의미가 일반

14) 임동훈(2008: 225)에서는 이를 박재연(2006)의 논의를 비판하는 근거로 제시하였다. 박재연(2006)에서는 우언 형식의 양태 의미를 의무 부과자가 화자인 경우는 행위

적인 규범임과 동시에 화자가 청자에게 부과하는 조건일 수도 있다는 것이다. 그리고 (12가)를 들은 청자는 그 의무 부과의 주체를 굳이 궁금해하지 않을 수도 있다. 이는 '-겠-'이 발생시키는 중의성과는 성격이 다르다.

이상의 논의를 바탕으로 하면 '-어야 되-, -어야 하-'의 화 · 청자 지향적 의미 해석과 주어 지향적 의미 해석의 차이는 의미론적 차원의 것이 아니라고 할 수 있다. 그렇다면 '-어야 하-'나 '-으려고 하-'의 양태 의미가 문맥에 따라서 수행적 성격을 가지는 것은 어떻게 보아야 하는가?

(13) 가. 너는 지금 학교에 가야 한다.
나. 지금 들어오셔도 됩니다.
다. 나는 지금 밥을 먹으려고 해.

(13가)는 "너는 지금 학교에 가거라."와 같은 '명령'의 효력을, (13나)는 "지금 들어오십시오."와 같은 '허가'의 효력을, (13다)는 "나는 지금 밥을 먹을래."와 같은 '의도'의 수행적 효력을 발휘할 수 있다. 그러나 이는 어디까지나 다음의 간접 화행(indirect speech act)과 유사한 현상이라는 것이 본고의 입장이다.

(14) 가. 창문을 열어라.
나. 창문 좀 열어 주시겠습니까?
다. 창문을 열어 주시면 좋겠습니다.
라. 창문을 열어 주시기를 희망합니다.

양태에 속하는 것으로, 객관적으로 존재하는 조건이면 주어 지향적 양태로 파악하였다면서 이는 다의어 처리할 항목을 동음어 처리한 것과도 같은 오류라고 비판하였다. 그러나 임동훈(2008)에서 인용한 부분은 박재연(2006: 65)에서 Palmer (1979/1990)의 견해를 인용한 부분이며 박재연(2006)의 주장이 아니다. 박재연(2006)에서는 (12가)를 주어 지향적 행위 양태, 즉 객관적 의무 양태라고 보았다. 그리고 Palmer (1979/1990) 역시 'must'를 동음이의어로 간주한 것은 아니다.

(14가)는 명령형 어미 '-어라'가 사용된 명령문이다. 그런데 이러한 '명령'의 효력은 명령문에서만 발생하는 것이 아니다. (14나)는 '-습니까'가 사용된 의문문, (14다, 라)는 '-습니다'가 사용된 평서문이지만 모두 '명령'의 발화수반력을 발휘할 수 있다. 그러나 그렇다고 하여 '-습니까'와 '-습니다'를 명령형 종결어미로 기술하는 것은 바람직하지 않다.[15] 이러한 현상은 간접 화행으로 충분히 설명 가능하기 때문이다. (13가, 나)가 문맥에 따라 화자의 조건 부과와 같은 수행적 효력을 발휘할 수 있는 것은 (14나~라)가 명령의 효력을 발휘하는 것과 화용론적 효과로 설명될 수 있다고 본다.

4. 양태 논의의 범위와 주어 지향적 양태

양태의 정의는 무엇이며 그 범위는 어디까지인가를 결정하는 문제는 도무지 해결의 실마리가 보이지 않고 있다. 이는 '명제에 대한 화자의 태도'라는 통용되는 정의 아닌 새로운 대안이 나오지 않는 한 풀리지 않을 것이다. 문자 그대로의 의미에서 이 정의는 얼마든지 넓은 의미로 쓸 수 있다. 가령 어떤 사태를 능동문으로 표현하느냐, 피동문으로 표현하느냐에도 화자의 태도가 관여한다. 동일한 사태에 대하여 '게임에서 겨우 5만 원을 잃었다.'로 표현하느냐, '게임에서 무려 5만 원을 잃었다.'로 표현하느냐에도 화자의 태도가 관여한다. 만약 '명제에 대한 화자의 태도'라는 정의를 문자 그대로 적용한다면 '무려'와 '겨우'도 양태 부사라 해야 할지 모른다.[16]

보통 양태는 선어말어미 '-겠-', '-더-' 혹은 종결어미 '-네, -구나' 등이 표현하는 의미 영역을 가리키는 것으로 논의되지만 양태를 넓은 의미

15) 윤석민(2000: 147)의 입장에서는 이를 명령문으로 파악할 수 있다. 박재연(2007: 185)에서는 이를 화용론적 층위와 의미 · 통사론적 층위를 혼동한 것이라고 비판하였다.

16) 가령 유현경(2008)에서는 여격조사 '에게'의 사용을 기술하면서 '통사적 조건'에 대비되는, 화자의 주관적 선택과 관련한 조건을 '양태적 조건'이라고 이름 붙였다. '양태'를 단순히 '화자의 태도'를 가리키는 용어로 간주하면 이러한 명명이 가능하다.

로 사용하면 시제, 청자대우법, 문장 유형 등의 의미와 일부 보조사의 의미까지도 포함시킬 수 있다.[17] 그러나 범주는 가능한 제약적으로 파악하는 것이 바람직하다. 범주가 넓을수록 체계적이고 구체적인 성격화가 불가능해지기 때문이다. 청자대우법, 문장 유형은 그것이 비록 '화자의 태도'와 연관되더라도, 별도의 범주로 파악되어온 전통이 있는 만큼, 굳이 이를 포괄시킬 필요는 없을 것 같다. 따라서 본고에서는 '양태' 개념을 가능한 한 제약적으로 사용하는 태도를 견지하면서 우언 형식이 표현하는 '의도, 의무, 능력, 소망' 등의 의미가 과연 양태인가 하는 문제를 검토해 보기로 한다.

2장에서 '지향성' 문제를 검토하는 가운데 이미 암시되었지만 '주어 지향적 양태'는 '화자의' 태도가 아님에도 불구하고 양태 논의에서 언급되어 왔다. 인구어의 양태 조동사(modal verbs) 중에도 '가능성'을 나타내는 'can'과 같이 화자의 태도가 아닌 주어 명사구에 존재하는 속성을 나타내는 형식이 많지만 이들은 양태 논의의 주요 대상이었다.[18]

김지은(1998: 12~14)에서는 양태를 '명제에 대한 화자의 심리적 태도'로 규정하였으나 주어 지향적 양태 역시 양태에 포함시켰다. 이 논의의 입장은 화자 지향적 양태는 화자의 심리적 태도를 직접적으로 나타내지만 주어 지향적 양태는 화자의 태도를 간접적으로 드러낸다는 것이다. 가령 "철수는 식당에 자리를 예약해 두었다"에서 '-어 두-'는 '의도'를 나타내는데 이는 주어인 '철수'의 의도이지 화자의 의도는 아니다. 그러나 이때에도 화자의 태도가 간접적으로 드러난다고 하였다. 하지만 이렇게 화자의 태도가 간접적으로 드러나는 것까지를 양태의 범위에 둔다면 특정 시제 요소의 사용이나 심지어는 조사의 사용에도 화자의 태도가 개입된다고 볼 여지가 있다. 이 저서의 다른 곳(30면,

17) 양태를 넓은 의미로 사용한 논의에는 한동완(1996), 신창순(1997), 조일영(1995), 이선웅(2001) 등이 있다.

18) Palmer (1979/1990: 7)에서는 인식 양태나 의무 양태는 화자와 관련되지만 동적 양태는 문장의 주어의 능력이나 소망을 나타내기 때문에 엄밀히는 양태가 아니라고 하였다. 그러나 동적 양태 역시 이 저서에서 중요하게 다루어진다.

각주 30)에서는 주어 지향적 양태가 화자의 태도가 아님에도 불구하고 양태에 포함시키는 이유로서, 객관적 사태의 기술과 구별되며, 통사적으로도 일반용언들과는 변별적인 기능용언으로서의 특성을 많이 보이며, 이들의 서술 기능이 아닌 일정한 문법범주를 표현하고 있다면 다른 것보다는 양태에 가깝고, 전형적인 양태 요소의 통시적인 원천이 된다는 점을 들었는데 이것이 좀 더 수긍할 수 있는 이유가 아닌가 한다.

반면 이선웅(2001: 325)에서는 양태가 '화자의 태도'라는 기준을 엄밀히 적용하여 '-으러, -고자, -으려고'를 양태에서 제외하고 있다. 이들은 단순히 주어의 목적이나 의도를 나타내는 형식이지 화자의 심리적 태도와는 무관하다는 것이다. 이 논의에서는 영어의 '능력'의 'can' 역시 대체로 의무 양태 속에서 논의되는 것이지만 엄밀히 말하면 화자의 정신적 태도와는 별 관련이 없다고 하였다. 따라서 이 논의에서는 양태적 의미를 표현하는 우언 형식에 대해서 전혀 언급하지 않았다.[19)]

양태를 나타내는 우언 형식을 연구한 문병열(2007: 28)에서는 이 문제가 그다지 심각하게 다루어지지 않은 듯하다. 이 논의에서는 양태를 "명제와 사건에 대한 화자의 주관적 판단을 나타내는 문법형식"으로 정의하였는데 이 부분의 '화자'에는 다음과 같은 주석이 달려 있다: "명제 내용에 대한 주관적 판단이라는 양태 의미는 화자의 판단으로 대표된다. 그러나 화자 이외에 청자 또는 명제 참여자 역시 양태 의미와 관련된다. (중략) 편의상, 앞으로 특별히 청자 또는 명제 참여자와 '화자'의 구별이 필요하지 않은 경우 '화자, 청자, 명제 참여자' 등을 '화자'로 대표하여 서술하겠다." 그러나 '화자와 청자'를 '화자'로 대표하는 것은 가능하여도 주어 등 명제 참여자까지 화자로 대표할 수는 없다고 본다. 만약 명제 참여자가 양태 의미의 담지자가 되는 경우까지를 포괄하고자 한다면 양태의 정의를 '화자, 청자, 명제 참여자의 주관적 판단'

19) 이선웅(1995: 110)에서는 보조용언 '내-, 두-, 먹-, 버릇하-' 등이 평가 양태를, '-어 보다, 싶다, -으려고 하-, -고자 하-' 등이 의무 양태를, '생기-, 마련이-' 등이 인식 양태를 표현한다고 보았었다.

으로 수정하여야 한다고 생각한다.

임동훈(2003, 2008)은 동일한 형식이라도 양태로 간주해야 할 것과 양태로 간주하지 말아야 할 것이 있다는 입장이다. 그 의미가 주어에 존재하는 조건만을 단순히 기술하는 것은 양태로 볼 필요가 없으나 수행적 효력을 발휘하는 것은 양태로 간주한다. 가령 임동훈(2003: 133)에서는 "John can speak Italian."과 같은 예에서의 'can'은 주관성이 없기 때문에 양태 논의에서 제외하여야 한다고 본다. 또 임동훈(2003: 143)에서는 단순한 희망과 두려움을 나타내는 경우나 행위자 개인의 능력, 의도를 나타내는 경우는 양태로 보기 어려우며 동일한 형식이 여러 용법을 보이고 그 중 일부가 양태 표현으로 쓰인다고 하더라도 그 용법 모두를 양태로 보기는 곤란하다고 하였다.

(15) 가. 나는 스키를 탈 수 있다.
나. {너는, 철수는} 스키를 탈 수 있다.
다. 전쟁이 일어날 수 있다.

이 논의에서는 (15가)의 '-을 수 있-'은 단순히 주어에게 존재하는 '능력'을 나타내기 때문에 양태가 아니지만 (15나)는 화자의 태도인 '허가'를 나타내고 (15다)는 화자의 '인식적 가능성'을 나타내기 때문에 양태라고 하였다. 그러나 이러한 논의에 대하여 두 가지 의문이 생긴다. 첫째, (15가)의 '-을 수 있-'의 '능력'의 문법적 의미는 양태 아닌 어떤 범주에 속하는가 하는 문제이다. 즉 이를 양태 논의에서 제외한다면 이들이 표현하는 문법적인 의미를 무엇으로 기술하여야 할지 알 수 없다. 둘째, 3장에서 인용한 바와 같이 임동훈(2008)에서는 '-어야 하-'가 화자의 수행적 조건 부과를 나타내는지 주어에게 존재하는 객관적인 조건을 기술하는지를 판별하기 어려운 문맥이 많다고 주장한 바 있다. 이 논리를 '-을 수 있-'의 의미에 적용하면 '-을 수 있-' 의미의 어디까지를 양태로 보느냐 하는 것도 분명한 선을 그을 수가 없다.

한편 박재연(2004/2006: 15~16)에서는 '-을 것 같-'이 표현하는 '추측', '-을 수 있-'이 표현하는 '능력', '-어도 되-'가 표현하는 '허가' 등의 예를 들면서 이들은 주어 명사구의 지시대상에게 존재하는 객관적인 조건일 뿐 화자의 태도라고 볼 수 없으므로 엄밀한 의미에서 양태라고 하기 어렵다고 하였다. 물론 이는 3장에서 논의한 대로 이들의 수행적 효력을 화용론적인 의미로 해석하였기 때문에 가능한 처리였다.

우언 형식의 양태적 의미를 양태로 보기 위해서는 "명제에 대한 화자의 태도"를 대신할 새로운 정의가 필요하다. 반대로 이를 양태로 보지 않으려면 이들이 표현하는 의미를 소속시킬 새로운 범주가 필요하다. 이 문제에 대하여 본고는 우언 형식이 가지는 중간적 성격, 과도기적 성격을 주목하고자 한다. '-으려고 하-' '-을 수 있-', '-어야 하-' 등은 대개 보조용언 구성으로 불리는 형식이다. 이선웅(1995: 19)에서는 한국어의 보조용언이 대체로 Bybee (1985: 138)의 문법화의 4단계 중 어휘적 의미가 추상화되는 1단계 내지는 사용 영역이 확대되는 2단계에 있는 것으로 파악하였다. 즉 이들의 의미는 완전히 어휘적이지도 않고 완전히 문법적이지도 않다. 문법화 정도도 개별 우언 형식에 따라 달라서 어떤 것은 아직도 어휘적 의미를 많이 보유하고 있는 반면 어떤 형식은 거의 어미화하는 양상을 보인다.

이렇게 보면 '-어야 하-, -어도 되-, -을 수 있-'과 같은 우언 형식이 양태와 유사한 의미를 보이면서도 전형적인 양태의 특성을 다 갖추지는 못한 것은 오히려 당연한 일에 속한다. 이들은 어휘 형식에서 문법 형식으로 문법화하는 도중에 있기 때문에 그 의미가 '능력, 의무, 허가' 등으로 추상화하였기는 하되, 완전히 문법화가 일어나지 않아 주어의 속성을 기술하는 문장 서술어의 특성을 여전히 가지고 있는 것이다. 만약 문법화가 계속 진행된다면 가령 '-을래'가, 진술성을 가지는 '-으려고 하-'에서 문법화하여 (평서문의 경우) 화자가 가진 현재의 의도만을 표현하는, 수행성을 가지는 어미가 된 것과 같은 변화를 겪을 수 있을 것이다.

따라서 본고는 이들에게 '준-양태' 혹은 '유사 양태'의 특성을 가지는 '주어 지향적 양태'라는 범주적 자격을 부여하는 것이 최선의 방법이라고 생각한다. 즉 우언 형식의 '양태적' 의미는 엄밀히는 양태의 범위에 들어오지 않지만 문법적 양태 이전 단계에 대한 가치를 가지므로 양태 논의의 범위에 들어올 수 있다고 본다.

5. 결론

이상에서 논의한 바를 요약하면 다음과 같다.

첫째, 한국어 양태 논의에서 빈번히 사용되는 '무엇 무엇 지향성'이라는 술어는 양태적 태도를 가지는 주체가 누구인가, 즉 양태 의미의 담지자가 누구인가를 표시한다. '화 · 청자 지향적 양태', '주어 지향적 양태'의 구별은 기존의 인식 양태나 행위 양태(의무 양태)를 대체하는 대안적인 분류법이 될 수 없고 양태 형식이 문법화 정도에 따라 가질 수 있는 속성에 불과하다.

둘째, '-어야 하-, -어도 되-' 등의 우언 형식이 표현하는 양태적 의미는 화 · 청자 지향적으로 기술되기도 하고 주어 지향적으로 기술되기도 하였다. 이들이 화 · 청자 지향적 양태 형식과는 달리 주어의 인칭에 제약을 가지지 않고 과거의 태도를 기술하는 용법도 가지고 있음을 바탕으로 하면 이들 우언 형식은 기본적으로 주어 지향성을 가지며 문맥에 따라 수행적 효력을 발생할 수 있는 것은 화용론적 의미로 보는 것이 타당하다.

셋째, '-어야 하-', '-어도 되-' 등의 우언 형식이 표현하는 양태적 의미가 주어 지향적 속성을 가진다면 이는 엄밀히 말해서 양태가 아니다. "명제에 대한 화자의 태도"가 아니기 때문이다. 그러나 이들은 문법화하는 도중에 있는 양태로서 양태 논의에서 다루어질 가치가 있다. 이들이 전형적인 양태 형식의 속성을 다 갖추지 못한 것은 이들이 덜 문법화한 양태 형식이기 때문이다.

참고논저

고영근(1965), 현대국어의 서법체계에 대한 연구: 선어말어미의 것을 중심으로, 『국어연구』 15, 국어연구회. [“선어말어미에 기댄 문법범주”라는 제목으로 고영근(1989)에 실림, 143-224.]

고영근(1986), 서법과 양태의 상관관계, 『국어학 신연구』, 탑출판사. [고영근(1995)에 실림, 247-263.]

고영근(1989), 『국어 형태론 연구』, 서울대학교 출판부.

고영근(1995), 『단어 · 문장 · 텍스트』, 한국문화사.

고영근(2004), 『한국어의 시제 서법 동작상』, 태학사.

김지은(1998), 『우리말 양태용언 구문 연구』, 한국문화사.

남기심 · 고영근 · 이익섭 편(1975), 『현대국어문법』, 계명대학교 출판부.

남길임(1998), ‘-겠-’ 결합 양상에 따른 종속접속문 연구, 남기심 편(1998), 『국어문법의 탐구 IV』, 태학사, 423-451.

문병열(2007), 한국어의 보문 구성 양태 표현에 대한 연구, 『국어연구』 193, 국어연구회.

박병선 · 박진호(1999), 서법의 정의 및 한국어 서법 범주의 체계화, 제19차 한국어학회 전국학술대회 발표 요지.

박재연(1998), 현대국어 반말체 종결어미 연구, 『국어연구』 152, 국어연구회.

박재연(2003), 국어 양태의 화 · 청자 지향성과 주어 지향성, 『국어학』 40, 국어학회, 249-275.

박재연(2006), 『한국어 양태 어미 연구』, 국어학총서 56, 태학사.

박재연(2006), 한국어 사전에서의 종결어미 ‘-을까’의 뜻풀이에 대하여, 『이병근선생퇴임기념 국어학논총』, 태학사, 837-864.

박재연(2007), 문법 형식의 의미 기술과 통사론 · 의미론 · 화용론, 『한국어학』 37, 한국어학회, 181-206.

서정수(1990), 국어의 서법 체계에 관하여: 문말 서법을 중심으로, 『국어학논문집(강신항 교수 회갑기념)』, 태학사, 585-608.

신창순(1972), 현대 한국어의 용언보조어간 「겠」의 의미와 용법, 『조선학보』 65. [남기심 외 편 (1975)에 실림, 145-163.]

신창순(1997), 용언토의 분석과 양태 범주, 『국어학』 29, 국어학회, 139-169.

안명철(1983), 현대 국어의 양상 연구, 『국어연구』 56, 국어연구회.

유현경(2008), ‘에게’와 유정성, 『형태론』 9: 2, 257-275.

윤석민(2000), 『국어의 문장종결법 연구』, 집문당.

이기용(1978), '겠'의 중의성 반론, 『사대학보』(중앙대학교) 14. [이기용(1998)에 수정되어 실림, 193-208.]

이기용(1998), 『시제와 양상: 가능세계 의미론』, 태학사.

이선웅(1995), 현대국어의 보조용언 연구, 『국어연구』 133, 국어연구회.

이선웅(2001), 국어의 양태 체계 확립을 위한 시론, 『관악어문연구』 26, 서울대학교 국어국문학과, 317-339.

임동훈(2000), 『한국어 어미 '-시-'의 문법』, 태학사.

임동훈(2003), 국어 양태 체계의 정립을 위하여, 『한국어의미학』 12, 한국어의미학회, 127-153.

임동훈(2008), 한국어의 서법과 양태 체계, 『한국어의미학』 26, 한국어의미학회, 211-249.

장경희(1985), 『현대국어의 양태범주 연구』, 탑출판사.

장경희(1995), 국어의 양태 범주의 설정과 그 체계, 『언어』 20: 3, 한국언어학회, 191-205.

조일영(1995), 국어 양태소의 의미기능 연구, 고려대학교 대학원 박사학위논문.

최동주(1995), 국어 시상체계의 통시적 변화에 대한 연구, 서울대학교 대학원 박사학위논문.

한동완(1996), 『국어의 시제 연구』, 국어학총서 24, 태학사.

Bybee, J. (1985), *Morphology*, John Benjamins Publishing Company.

Bybee, J., R. Perkins, & W. Pagliuca (1994), *The Evolution of Grammar: Tense, Aspect, and Modality in the Language of the World*. The University of Chicago Press.

Lee, H. S. (1991), Tense, Aspect, Modality: A Discourse-Pragmatic Analysis of Verbal Affixes in Korean from a Typological Perspective, Ph. D. Dissertation, University of California Los Angeles.

Palmer, F. R. (1979/1990), *Modality and the English Modals, 2nd edition*, Longman.

Palmer, F. R. (1986), *Mood and Modality*. Cambridge University Press.

Palmer, F. R. (2001), *Mood and Modality 2nd edition*. Cambridge University Press.

한국어의 인식론적 범주와 관련한 몇 문제

1. 서론

한국어는 화자가 가지고 있는 정보의 성격을 여러 가지 방법으로 명세화하여 표현한다.

(1) 가. 영희는 {회사원이야, 회사원이다}.
나. 영희는 {회사원인 것 같아, 회사원일 거야, 회사원이겠다, 회사원일지도 몰라}.
다. 영희는 {회사원이네, 회사원이구나, 회사원이더라}.
라. 영희는 {회사원이지, 회사원이거든}.

'영희는 회사원이다'라는 명제를 가장 무표적으로 표현하는 방식은 (1가)이다. 동일한 명제 내용은 확실한 정보인가, 덜 확실한 정보인가에 따라 (1나)에서처럼 다르게 표현될 수 있다. 한편 (1다)는 동일한 정보에 대해 정보의 출처를 명세화하여 표현한다. '-네, -구나, -더-'는 명제 내용이 화자의 직접적인 지각(perception)이나 경험에 의한 정보임을 표시한다. 아울러 '-네, -구나, -더-' 등은 모두 해당 정보가 자신의 지식 체계에 아직 내면화되지 않은 정보임을, 즉 현재 혹은 과거의 어느 시점에서 새로 알게 된 정보라는 점 역시 표시한다.[1] 이는 (1라)에

1) 인식론적 의미를 표현하는 '-더-'는 종결형 '-더라', 연결형 '-던데, -더니'에 나타나는 '-더-'이다. 관형사형 '-던'의 '-더-'는 이들과 의미 기능이 다른 것으로 본다. 한편 '-구나'가 '지각' 및 '새로 앎'을 표현한다는 논의에 대한 반론도 있다. 박진호(2011)은

서 '-지'나 '-거든'이 예전부터 알고 있었던 정보를 표시하는 것과 대조된다. 한국어는 섬세한 의미로 구별되는 많은 어미가 존재하는 데에서 암시되듯이 이러한 인식론적 장치가 상당히 풍부하게 나타나는 언어이다.

이러한 의미 영역은 인식 양태(epistemic modality), 증거(evidentiality)[2], 내면화(assimilation, mirativity)[3] 등의 범주로 논의되어 왔다. 인식 양태의 개념과 범위에 대해서는 연구자마다 차이가 있으나 대체로 명제에 대한 화자의 판단(judgement), 즉 해당 정보를 얼마나 확실한 정보로 간주하는가를 명세화하는 범주로 이해되었다. 증거는 정보의 출처, 즉 화자가 해당 정보를 어디에서 얻게 되었는지를 명세화하는 범주이다. 정보의 내면화와 관련한 속성은 일찍이 한국어 문법 논의에서 '이미 앎', '새로 앎' 등의 의미 속성으로 논의되어 왔고(김차균 1980, 장경희 1985, 박재연 1999, 2006 등), 언어유형론 논의에서 'mirativity' 혹은 'admirative'라는 용어가 통용되기 시작하면서 최근 주목을 받고 있다.[4]

'-구나'가 증거를 명세화하여 표현하지 않는다고 하였고 임동훈(2011)은 '-구나'는 증거 관련 의미는 물론 '새로 앎'의 속성도 가지지 않는다고 하였다. '-구나'의 의미 기능에 대해서는 별도의 고찰이 필요하다고 생각하며, 이는 다른 논문에서 다뤄 보고자 한다. 다만 '-구나'가 본고에서 주목하는 특성들을 '-더-', '-네'와 공유하는 것은 사실이다. 여기에서는 일단 '-구나'가 '지각'과 '추론'의 증거 속성과 '새로 앎'의 속성을 모두 가지는 것으로 보기로 한다.

2) 'evidentiality'는 보통 한국어 문법 논의에서 '증거성'으로 번역된다. 이때 '성(性)'이 의미하는 바는 분명치 않다. 일상언어적인 '증거(evidence)'와 문법 범주를 가리키는 전문어로서의 'evidentiality'를 구별하려는 시도로 이해되지만 상(aspect) 범주를 '상성'이라고 하지 않는 것처럼 '증거성'의 '성'도 불필요하다는 느낌이 있다.

3) 한국어 논의에서 'mirativity'라는 용어를 쓰는 문제는 2장에서 본격적으로 검토된다. 본고에서는 이와 관련한 용어로 '내면화'를 택한다.

4) Dendale & Tasmowski (2001), Plungian (2001) 등에서 증거 체계와 관련 개념에 대한 간명한 서술을 얻을 수 있으며 Aikhenvald (2004)는 세계 여러 언어에서 나타나는 증거 관련 범주들을 집대성한 업적이다. 한국어의 증거 범주와 관련된 논의로는 송재목(2007, 2009), 임채훈(2008), 정인아(2011), 박진호(2011) 등이 있다. 'mirativity'는 증거 논의에서 종종 함께 다루어졌고 DeLancey (1986, 1997, 2001), Lazard (1999) 등에서 본격적인 고찰이 시작되었다.

세 범주의 공통점은 언어에 반영된 인식론적 장치라는 점이다. Chafe & Nicholes (1986: 서문 7)에서는 증거 범주를 자연 인식론(natural epistemology), 즉 철학적 전통에 방해받지 않은 보통 사람들이 자연스럽게 정보와 출처와 신뢰도를 간주하는 방식이라고 하였는데 이를 세 범주의 공통된 특성이라고 해도 무방하다. DeLancey (2001: 379~380)은 이 세 범주의 공통점을 어떤 명제가 지식의 이상(ideal)에서 비켜난 방식을 표현하는 것이라고 하였다. 가장 무표적인 지식은 화자가 확신을 가지는 지식, 이미 화자의 지식 체계에 잘 통합된 지식, 일차적인 시각 증거를 가지는 지식인데 여기에서 일탈이 있을 때 어떠한 문법적 장치를 사용한다.[5)]

언어유형론 연구에서 증거와 내면화 관련한 속성들이 주목되면서 최근 한국어를 대상으로 한 연구도 전례 없이 활기를 띠고 있다. 이에 따라 세부적인 현상들이 훨씬 더 깊이 있게 다루어지게 되었으나 그만큼 좀 더 정교한 인식이 필요한 문제들도 생겨났다고 본다. 본고에서 논의하고자 하는 문제는 다음과 같다.

---

5) '판단, 증거, 내면화'와 관련된 의미 영역과 '인식 양태'가 어떠한 관련을 가지고 있는가에 대해서는 다양한 의견이 있다(Dendale & Tasmowski 2001: 341~343 참조). 박재연(2006)에서는 이들을 모두 인식 양태의 하위 영역으로 다루었다. 그러나 인식 양태는 전통적으로 정보의 확실성에 대한 판단 영역만을 표현하는 것으로 논의되었으므로 증거와 내면화는 인식 양태로 볼 수 없다고 하는 논의도 많다.

그러나 관점을 달리하면 인식 양태 범주가 이러저러한 것이라는 생각 자체가 인구어를 중심으로 한 것이었기에 기존의 논의가 '판단'의 영역에만 국한되었던 것이며, 언어학의 지평이 넓어지면서 인식 양태의 새로운 속성이 발굴되었다고 할 수도 있다. 박재연(2006)의 논의는 이 세 범주가 개념적으로 구별되지 않는다고 본 것이 아니라 세 범주의 상위 개념으로 넓은 의미의 인식 양태를 둔 것으로서 결국 이는 '인식 양태'라는 용어를 넓혀 쓰느냐 좁혀 쓰느냐의 문제에 불과하다. 또한 한국어에서 '판단, 증거, 내면화'는 모두 밀접한 관련을 가지고 나타나며, 각각을 별도의 범주로 세우기에는 미약한 면도 있다. 이들을 구별되는 범주로 간주하는 입장에 서더라도 이들은 모두 화자가 가지고 있는 지식을 부호화하는 넓은 의미의 인식론과 관련이 있다는 것을 부정할 필요는 없다. 본고에서는 '판단, 증거, 내면화'가 인식 양태의 하위 의미 영역이라고 보지만 증거와 내면화 속성이 인식 양태 범주에 속하느냐 아니냐 하는 실제적인 이득이 없는 논쟁을 피하기 위해 이들을 통틀어 인식론적 범주라고 부르겠다.

(2) 가. 화자가 정보를 자신의 지식 체계에 내면화한 정도와 관련된 의미 속성을 한국어에서 어떻게 다루어야 하는가?

나. 한국어의 증거와 내면화 속성은 어떠한 관련을 가지는가?

다. 한국어에서 과거 시제 형식과 '지각' 혹은 '새로 앎' 요소의 결합에서 발견되는 '흔적 지각' 혹은 '뒤늦은 깨달음(deferred realization)'의 의미를 어떻게 다루어야 하는가?

한국어 논의에서 '새로 앎' 혹은 '이미 앎'으로 기술되었던 의미 영역을 최근 'mirativity'라는 개념으로 다루고 있다. 그런데 이를 '의외성'으로 번역하고 이해하면서 이를 문장 유형 범주의 '감탄'이나 보조사 의미로서의 '감탄'과 구별하기 어려워지는 문제가 생겨났다. (2가)는 이 개념을 한국어에 적용하는 데 있어서 고려해야 할 문제를 검토하려는 것이다.

(2나)는 한국어에서 증거와 내면화 속성이 어떠한 의미론적 관계를 가지는지를 검토하고자 하는 것이다. 증거와 내면화 속성이 밀접한 연관을 가지고 나타나는 현상은 세계 여러 언어에서 빈번히 발견된다. 본고는 한국어에서 '새로 앎'의 의미가 다른 언어와는 달리 직접 지식(firsthand knowledge) 형식에서 일어나는 현상에 초점을 맞추어 한국어에서의 증거와 내면화 속성의 관련성을 생각해 보고자 한다.

한편 한국어에서 증거 · 내면화 형식인 '-더-', '-네' 등이 과거 시제 형식 '-었-'과 결합할 때 이전 사태의 흔적을 나중에 지각한다는 의미가 산출된다고 논의되어 왔다. "선생님께서 퇴근하셨네."가 그러한 예이다. 그런데 언어유형론 논의에서는 이와 관련한 속성을 '뒤늦은 깨달음'으로 기술하기도 한다. (2다)는 '흔적 지각'과 '뒤늦은 깨달음'의 속성을 구별하고 이것이 한국어에서 어떻게 구현되는지를 알아보려는 것이다. 이어지는 2~4장에서 위 문제들을 차례로 검토하겠다.

2. 내면화 범주에 대한 이해

2.1. 용어 및 개념의 문제

한국어에 화자가 가지고 있는 정보가 처음 알게 된 것인지 이미 가지고 있던 것인지를 구별하는 언어적 장치가 있다는 사실은 일찍부터 지적되어 왔다.

(3) 가. 어머나, 비가 {오네, 오는구나}.
나. 비가 오더라.
다. 여름에야 아무래도 비가 많이 오지.

(3가)의 '-네, -구나'는 모두 화자가 새로 알게 된 사실에 쓰인다. (3나)의 '-더-'는 흔히 '과거 지각'의 의미로 기술되지만 '새로 앎'의 의미 성분도 함께 가지고 있다고 논의된다(김차균 1980). 반면 (3다)의 '-지'는 화자가 예전부터 알고 있는 사실에 쓰이는 '이미 앎'의 의미를 가진다는 점이 지적되었다(장경희 1985).

박재연(1998, 1999)에서는 '정보의 내면화 정도'의 의미 영역에서 이러한 현상을 다루었는데 이때의 내면화는 '동화(assimilation)'를 의역한 것이다. 이러한 의미 속성은 처음에는 증거 요소의 '새로 앎 확장(mirative extension)'의 차원에서 다루어졌으나 이후 'mirativity'라는 독자적인 범주로 다루어지기 시작했다(DeLancey 1997).[6] 'mirativity'는 '놀람(박재연 2009)', '미예측 신정보성(정인아 2011)', '의외성(박진호 2011)'으로 번역된 바 있다.

---

6) 프랑스 언어학에서는 이와 관련하여 1950년대부터 'médiatif (mediative, mediativity)'라는 개념이 사용되어 왔다고 한다(Dendale & Tasmowski 2001: 340). 이는 증거와 내면화가 모두 포함된 개념으로서 화자와 자신이 말한 것 사이의 거리(distance)를 표현한다고 본다. 화자가 명제를 아무런 논평 없이 진술하는 것이 아니라 일정한 언어 형식이 '내가 듣기로(전언)', '내가 추론하기로(추론)', '내가 보기로(기대되지 않은 지각)'와 같은 의미를 덧붙여서 간접적으로(mediately) 표현하는 점에 초점이 있다(Lazard 1999: 95).

그러나 한국어 논의에서 '새로 앎' 혹은 '이미 앎'과 관련한 속성을 기술하는데 'mirativity', 혹은 이것의 번역어인 '놀람', '의외성'을 사용하는 것은 몇 가지 문제가 있다. 첫째, '의외'는 문자 그대로의 의미에서 화자의 기대를 전제하는 말이다. 그러나 한국어의 '-네, -구나, -더-' 등의 의미에 화자의 '기대'가 포함되어 있는 것은 아니다. 화자의 기대와는 무관하게 화자의 지식 체계에 완전히 자리 잡지 않은 새로운 정보임을 표현한다. "드디어 기다리던 비가 오는구나."의 예에서 '-구나'가 반드시 '의외' 개념을 포함하는 것은 아니다. 일찍이 장경희(1985)에서 공들여 논증된 것은 '-구나'가 '놀람'이나 '감탄'의 의미를 표현하는 것이 아니라 화자의 지식 체계에서 새로운 지식임을 표현하는 내면화 정도와 관련되어 있다는 점이다. 이를 다시 '의외성'이라는 속성으로 기술하는 것은 감탄과 애써 끊은 인연을 다시 맺는 셈이다.[7)]

둘째, '의외성'은 어떤 범주의 한 속성 값의 이름일 수는 있어도 범주의 이름이 되기에는 부적절한 면이 있다.[8)] 박진호(2011: 8)에서는 '의외성'은 그 자체가 하위 범주이며 특정 문법 요소가 '의외성'의 의미 성분을 지닐 뿐 대립을 가지고 있지 않다고 하였다. 언어유형론 논의에서 '의외성'은 해당 정보가 화자에게 새로운 것이라는 의미로 사용된 경우가 많고 옛 정보는 무표적으로, 새 정보는 어떤 장치에 의해 표시된다는 견해가 주를 이루었다(DeLancey 2001: 379~380). 그러나 한국어에서는 '-거든'과 '-지'가 '이미 앎'의 독자적인 의미를 표현하는 것으로 논의되어 왔다.

(4) 가. 갈치를 무에 넣고 조리면 맛이 있지. (장경희 1985)

나. 이런, 양말에 {*구멍 났지, 구멍 났네}.

(5) 가. 철수가 부끄러움을 많이 {타거든, 타네}.

---

7) 그러나 '의외성'이나 '놀람'은 '감탄'의 본질적 속성과도 거리가 있다고 본다. 이에 대해서는 2.2. 참조.

8) '시제' 혹은 '시간'은 범주의 명칭이 될 수 있지만 '과거'는 적절치 않은 것과 같다.

나. 이런, 양말에 {*구멍 났거든, 구멍 났네}.

(4가)는 화자가 예전부터 알고 있던 사실에 '-지'가 쓰인다는 점을 보여 준다. (4나)가 보여 주듯이 '-지'는 '-네'와는 달리 양말에 구멍이 난 것을 새로 발견하는 문맥에서는 쓰일 수 없다. (5가)에서 '-네'와 '-거든'은 내면화 정도에서 차이가 있음을 보여 준다. 철수가 부끄러움을 탄다는 것을 예전부터 알고 있었다면 '-거든'을 사용하지만 이를 새로 알게 된 상황에서는 '-네'가 쓰인다. (5나)와 같이 무엇인가를 새로 발견하는 문맥에서는 '-거든'은 쓰일 수 없다(박재연 1998: 100).

물론 '-거든'과 '-지'가 표현하는 '이미 앎'은 '새로 앎'에 비해 의미론적으로 두드러지지는 않는다. 무표적인 표현인 "저 집 비빔밥이 맛있어." 역시 어느 정도 내면화한 정보를 표현하기도 한다.[9] 그러나 '-어'나 '-다'가 새로 알게 된 사실에도 사용될 수 있는 무표적인 의미를 가지는 것에 비하면 '-거든'과 '-지'는 새로 알게 된 사실에는 쓰일 수 없고 화자에게 이미 내면화된 정보를 나타내는 유표적 기능을 가진다고 볼 수 있다.

나아가 만약 '의외성'이 대립을 가지지 않는 개념이라면 그것은 범주를 구성하는 의미 속성으로서 자격이 불충분하다. 이는 한국어에 '도'와 같이 '역동(亦同)'의 의미를 가지는 보조사가 있다고 하여 '역동'이라는 문법 범주가 있다고 하는 것과도 같다. 일정한 의미 영역이 일정한 형태론적 대립을 가지고 나타날 때 문법 범주를 구성한다고 할 수 있다.

'의외성'이라는 용어를 사용하는 한 가지 방법은 이를 '높이'나 '길이'처럼 '의외성의 정도'를 나타내는 무표적 척도의 개념으로 사용하는 것이다. 즉 의외성이라는 말의 일상어적 의미를 논외로 하고 어떤 정보

9) 이를 "저 집 비빔밥이 맛있다."와 비교하면 구어체에서 '-다'는 비교적 덜 내면화한 정보를 표현한다. 이에 대한 인식은 Choi (1995: 172)에서도 있었다. 박재연(1998: 91)에서는 "춥다, 추워."는 가능하지만 "*추워, 춥다."는 어색한 점을 들어 '-다'가 '-어-'에 비해 덜 내면화한 정보를 표현한다고 하였다.

가 화자의 지식 체계에 자리 잡은 정도의 의미로 '의외성'을 사용할 수 있다. 그러나 그런 경우에도 오해의 불씨를 남길 수 있다고 본다. 이에 대해서는 절을 달리 하여 다루겠다.

2.2. '감탄'과의 구별

'새로 앎', '이미 앎'의 의미 속성을 포함하는 범주로 '의외성'이라는 용어를 사용하면 기존의 논의에서 흔히 언급되던 '감탄'이라는 속성과의 구별이 모호해진다. '의외의 사실에 대한 놀람'은 언뜻 '감탄'이라고 생각되기 때문이다. 박진호(2011: 9)은 이러한 인식에서 '감탄'은 청자에 대한 의사소통상의 의도(communicative intention)와 무관하므로 문장 유형의 하위 유형으로 취급될 필요가 없다고 하였다. '-구나, -네'가 감탄의 종결어미로 알려져 왔지만 사실은 '의외성'을 나타내는 형식이었다는 것이다.

Searle (1969)의 화행 분류를 따르면 감탄문은 '표현(expressive)' 행위를 개념적 기반으로 성립하는 문장 유형이다. '-구나, -네'는 단순히 화자의 감정을 표현하는 어미가 아니라 청자에 대한 전달 기능 및 유사 질문 기능[10]까지 수행할 수 있기 때문에 감탄문 어미라고 할 수 없다. '-구나, -네'가 감탄형 종결어미가 아니라는 사실은 이미 장경희(1985)에서부터 꾸준히 지적되어 왔다.[11]

그러나 '-구나, -네'가 감탄문을 이끌지 않는다는 것과 감탄문이라는 문장 유형이 설정될 필요가 없다는 것은 엄밀히는 무관하다. 문장 유형의 나머지 하위 부류가 '진술, 질문, 명령' 등 청자에 대한 화자의 의

10) 박재연(2005)에서는 "너 피곤하구나?", "영희가 결혼 준비를 한다고 하네?"가 의문문의 억양을 가지고 질문의 화행을 수행할 수 있음을 지적하고 이를 유사의문문 효과라고 불렀다. 이들은 언뜻 의문문처럼 보이지만 설명의문문에 사용될 수 없고 화자의 모름이 아닌 화자의 앎을 표현하기 때문에 엄밀히는 의문문이 아니라고 보았다.

11) 정인아(2011: 4)에서 적절히 지적되었듯이 한국어 교수 현장에서 '-군'을 감탄형 어미로 가르치면 "*제가 어제 연극을 보러 갔군요!"와 같은 오류 문장이 나온다. '-구나' 역시 이 점에서는 마찬가지이다.

사소통 목적과 관계되는 데 반해 감탄문은 청자에 대한 의사소통 목적을 가지지 않고 기본적으로는 화자의 감정 표현만을 목적으로 한다. 그런데 바로 그 이유로 감탄문은 문장 유형의 한 부류로서 자격이 있다. 따라서 의사소통 목적상 순수히 표현 기능만을 담당하는 종결어미가 존재한다면 한국어에도 감탄문이 있다고 보아야 한다. "앗 뜨거(워)라", "아이고 추워라."에서의 '-어라'는 청자에 대한 의사소통 기능이 없고 오직 화자의 감정을 표현하는 기능만을 담당한다. 한국어에서 순수한 표현의 기능만을 담당하는 형식의 발달은 미약한 편이나 '-어라'가 존재하기 때문에 한국어 문장 유형으로서의 감탄문의 존재를 쉽게 부정할 수 없다.[12)]

또한 감탄의 종결어미 '-어라'의 의미는 '-네, -구나'가 가지는 '새로 앎'의 의미와는 분명히 구별된다.

(6) 가. 참 달도 밝아라.
    나. 몹시도 만나고 싶어라. (이상 『표준국어대사전』)

(7) 가. 어릴 때 같이 놀던 그 동무들 그리워라. (이희자 · 이종희 1999: 343)
    나. 외로워라, 이내 몸은 뉘와 함께 돌아갈꼬.

(6), (7)에서 '-어라'가 표현하는 것은 화자의 느낌일 뿐 화자의 '앎'이 아니다. (7가, 나)에서 '-어라'를 사용한 것은 화자가 '그리움'과 '외로움'을 새롭게 알게 되었다는 것을 표시하기 위한 것이 아니라 그러한 감정을 느꼈음을 표시하기 위한 것이다. 그러한 감정은 예전부터 가지고 있던 것일 수도 있으며 반드시 '의외의 것'일 필요도 없다. '-네, -구나'

---

12) 중세국어 감탄문 어미 '-을쎠'의 후대형인 '-을사' 역시 '-어라'와 유사하게 표현 기능만을 담당하는 어미이다. 『표준국어대사전』에는 '-을사'가 "해할 자리나 하오할 자리나 해요할 자리에 쓰여, 감탄의 뜻을 나타내는 종결 어미"라고 풀이되어 있고 "밝기도 밝을사 보름달이여!", "어여쁠사! 님의 얼굴이여."와 같은 예문이 실려 있다.

는 화자의 지식에 관한 의미를 표현하기 때문에 통합되는 용언에 제약을 가지지 않지만 '-어라'는 주로 형용사에 결합한다는 점도 이와 관련된다.[13] 요컨대 문장 유형의 하위 의미로서의 '감탄'의 의미는 '-네, -구나'의 '새로 앎'과는 다르다.

'의외성'을 감탄과 연관시키면 보조사 '도'나 '나'가 가진 감탄의 의미를 '의외성'의 관점에서 파악할 수 있다는 논의가 나오기도 한다(함병호 2011: 72, 79). 그러나 전통적인 '감탄'을 '의외성'으로 바꾸어 놓는 것만으로 얻어지는 것은 없다. 범주는 대립이 성립할 때 의미가 있다. 보조사에서 '의외가 아님'의 의미를 가지는 것이 발견되지 않는다면 이를 문법 범주로 기술하는 것은 큰 의미가 없다.

해외 언어학계와의 소통을 고려한다면 'mirativity'라는 용어를 사용하는 것도 분명히 중요한 장점이 있다. 그러나 한국어 논의에 불필요한 혼선을 야기하는 일은 바람직하지 못하다. 본고에서는 '새로 앎', '이미 앎'과 관련한 인식론적 범주를 '내면화'라고 부르며, 언어유형론 논의에서 의미 속성의 하나로 다루어지는 'mirative'는 '새로 앎(unassimilated information)'에 해당하는 것으로 보기로 한다. 한국어에서 내면화 속성은 본질적으로 화자의 감정 표현과 관련된 영역이 아니며 어떤 정보가 화자의 지식 체계에 자리 잡은 정도를 뜻하는 개념으로 사용해야 함을 재확인한다.

3. 증거와 내면화의 상관관계

인식론적 의미 속성 중 증거와 내면화와 관련한 속성은 함께 연관지어 다루어졌다(DeLancey 2001: 378, Aikhenvald 2004: 195). 세

---

13) 시적인 표현에서는 '-어라'가 일부 자동사에 통합되는 일이 가능하다. "강낭콩보다도 더 푸른 그 물결 위에 양귀비꽃보다도 더 붉은 그 마음 흘러라(변영로, 「논개」)", "제비꽃은 쓰러져 죽으면서 여전히 기쁨에 찼어라. (이희자 · 이종희 1999: 356)"와 같은 예가 있다.

계 여러 언어에서 증거와 내면화는 융합되어 나타난다. 한국어에서도 '-더-, -네, -구나'는 두 속성을 모두 가지는 것으로 논의되었다.[14] 그러나 증거와 내면화는 개념적으로는 분명히 구별된다. 증거는 정보의 출처와 관련되고 내면화는 정보가 화자의 지식 체계에 얼마나 안정적으로 자리 잡고 있는지와 관련된다. 그럼에도 불구하고 이들이 함께 나타나는 일이 많은 이유는 무엇인가?

언어유형론 논의에서는 '간접 지식(non-firsthand knowledge)'의 증거 형식이 '새로 앎 확장'을 겪는 일이 빈번하다고 보고한다. '추론(inference)'이나 '전언(hearsay)'의 간접 지식 형식은 화자가 직접 보고 듣거나 참여하지 않은 것에 대해 다루는데 결과적으로 해당 사건에 대해 책임이 없고 기대되지 않은 것, 또한 놀라운 것으로 다뤄지기 쉽다는 것이다(Aikhenvald 2004: 196).[15] 이러한 확장은 1인칭을 포함한 사태에서 잘 나타나며 이 현상은 1인칭 사태에 간접 지식 형식이 사용될 때 의도나 통제의 결여의 의미를 산출하는 '1인칭 효과(first person effect)'와도 연관 지어 다루어졌다.[16] Aikhenvald (2004: 195)에서는 '새로 앎 확장'을 겪는 증거 속성은 주로 간접 지식일 때가 대부분이고 직접 지식 혹은 시각 증거 형식이 '새로 앎 확장'을 겪는 예는 드물다고 보고하고 있다. 한국어는 '지각'에 의한 정보를 표시하는 직접 지식 표지에서 '새로 앎' 의미가 나타나는 드문 예이다.[17]

---

14) 임동훈(2011: 117)에서는 "역시 한국 사람은 어딜 가도 티가 나더군."과 같은 예에서 '-더-'가 이미 알고 있는 내용을 확인하는 문맥에서도 쓰일 수 있다고 하면서 '-더-'가 '새로 앎'을 표현한다고 한 박재연(2006) 논의를 비판하였다. 그러나 박재연(2006)에서 '처음 앎' 대신 '새로 앎'이라는 표현을 사용한 것은 바로 이러한 '재인식'의 예를 감안한 것임을 밝혀 둔다. 이에 대해서는 박재연(1998: 124, 각주 53) 참조.

15) Plungian (2001: 355)의 인식은 이와는 다소 다르다. 이 논의에서는 내면화 관련 속성은 증거보다는 판단과 연관되는 것이라고 본다. 확실성이 낮은 것은 기대되지 않은 것이며 내면화 관련 속성은 화자가 어떤 명제를 받아들일 준비를 어느 정도 하느냐를 표시하는 것이라고 본다.

16) Aikhenvald (2004: 220~228)에는 Jarawara, Yukaghir, Kalasha, Tucano 어 등 간접 지식 형식이 1인칭 효과를 보이는 많은 예가 제시되어 있다.

17) Aikhenvald (2004: 229)에는 한국어처럼 직접 지식과 '새로 앎' 의미가 연관되는 언어로 Tibeto-Burman 계열의 Amdo Tibetan 이가 소개되어 있다.

이와 관련 있는 현상이 한국어에서 논의되어 온 소위 인칭 제약이다. 한국어에서 인칭 제약을 가지는 대표적인 어미로 지적되어 온 것은 '-더-'이고 '-네', '-구나' 역시 유사한 제약을 가진다.

(8) *나는 동생을 {찾더라, 찾네, 찾는구나}.[18)]

(9) 가. 내가 꿈속에서 동생을 찾더라.

나. 내가 얼떨결에 슬리퍼를 신고 나왔네.

다. 내가 어제 취했구나.

(8)은 '-더-, -네, -구나'가 1인칭 주어를 취하는 것이 어색함을 보여준다. 그러나 (9가~다)와 같이 화자가 의도를 가지지 않았거나 통제력을 가지지 못한 행위를 새롭게 알게 되는 상황에서는 이러한 제약이 해소되어 '-더-, -네, -구나' 등을 쓸 수 있다. 이러한 현상은 다른 언어의 간접 지식 형식이 가지는 '새로 앎 확장'을 연상시킨다.

'새로 앎 확장'이나 '1인칭 효과'를 '증거'와 관련시키는 언어유형론 논의의 영향으로 한국어에서도 인칭 제약 관련 현상을 '-더-' 등이 가지는 '지각'의 속성과 연관 짓는 논의들이 많았다. 송재목(2007)에서는 한국어의 '-더-'가 인칭 제약을 갖는 이유를 '-더-'가 직접 경험을 제외한 직접 관찰만을 포함하기 때문이라고 설명한다. '-더-'가 중심 인물로서의 화자의 직접적인 경험을 제외하고 주변 인물로서 화자가 직접 관찰한 사건/상황만을 기술한다는 것이다. 즉 화자 자신의 행위나 상태는 경험으로서 화자에 의한 직접적인 인식의 대상이 되기는 하지만 화자 자신에 의한 관찰의 대상이 되지는 않기 때문에 '-더-'가 쓰이지 못한다고 설명한다.

그러나 '-더-'가 직접 경험에 쓰이지 못한다는 것은 쉽게 납득하기 어렵다. "나는 어제 좀 춥더라.", "나는 쇼팽이 제일 좋더라."와 같이 화자

18) 이들은 물론 통사적인 관점에서 비문법적인 문장은 아니다. 편의상 일반적인 문맥에서 어색한 문장이라는 표시로도 '*'을 사용하고자 한다.

를 경험주로 하고 감각 형용사, 심리 형용사와 함께 쓰인 '-더-'는 화자의 내성적(endophoric) 인식, 즉 경험을 나타낸다.[19] 감각 형용사, 심리 형용사는 '-더-'가 안 쓰인 경우에도 1인칭 경험주를 선호하는데 '-더-'가 쓰이면 1인칭 경험주를 더욱 강력하게 요구한다. 감각적 경험, 심리적 경험은 화자 스스로가 아니면 직접 지각이 불가능하기 때문이다.

이와 같이 한국어의 직접 증거 요소 '-더-, -네, -구나' 등은 언뜻 다른 언어의 간접 지식 형식과 유사한 양상을 보이는 듯하다. 본고의 관점에서 적어도 한국어의 경우 '새로 앎'과 증거 범주의 관련성은 원리적으로 '직접 지각' 혹은 '간접 지각'에 국한될 필요가 없다고 본다. 적어도 한국어에서 증거를 유표적으로 표현하는 형식은 대부분 '새로 앎' 함의를 가지며, 1인칭과의 결합이 일반적인 상황에서 덜 자연스럽다는 것이 본고의 주장이다.

1인칭 화자에 관련된 사태를 '추론'이나 '전언'의 간접 지식으로 표현하는 일은 그리 일반적이지 않다. 나에 대한 일은 내가 가장 잘 아는 것이 보통이기 때문이다. Aikhenvald (2004: 217)는 간접 지식이 1인칭과 사용되는 것이 반직관적이기 때문에 특별한 부가적 의미 즉 '의도의 결여', '통제의 결여' 등의 1인칭 효과가 발생한다고 보았다. 그러나 필자는 만약 간접 지식과 1인칭의 결합이 반직관적이라면 이러한 결합이 제약되었을 것이라고 본다. 그럼에도 불구하고 이것이 가능한 것은 화자 자신에 대한 정보를 추론이나 전언에 의해 알게 되는 일도 그것이 화자에게 새롭게 주어지는 것이라면 얼마든지 가능하기 때문이다.

(10) 가. *내가 학생이겠다.

　　나. *내가 지금 학교 간대.

(11) 가. 어머나, 그럼 내가 꼴찌겠다.

---

19) 송재목(2007: 4)에서는 서술어가 심리 형용사일 때 1인칭 주어와 오히려 더 잘 어울리는 현상은 심리 형용사의 특성에 기인하는 것이므로 함께 논의하지 않는다고 하였다.

나. 내가 꼴찌래!

내가 학생이라든가 지금 학교에 간다는 정보는 '-겠-'이나 '-대'로 표현될 가능성이 거의 없다. 그러나 (11가)에서 내가 꼴찌라는 정보는 '추론'에 의한 정보로 표현되었고 (11나)에서는 '전언'에 의한 정보로 표현되었다.[20] 이러한 쓰임은 해당 정보가 새로 알게 된 정보일 때 가능하다. 요컨대 간접 지식이 1인칭 사태에 결합하는 것이 반직관적이어서 '새로 앎'의 효과가 나타나는 것이 아니라 이러한 표현에 이미 '새로 앎'의 의미가 포함되어 있기 때문에 화자 자신에 대한 일이라도 새로 알게 된 지식에는 간접 지식 형식이 사용될 수 있다고 하는 것이 합리적인 설명이다. 즉 직접 지식이건 간접 지식이건 증거를 유표적으로 부호화하는 형식은 '새로 앎'의 의미를 동시에 함의한다.

다른 언어의 직접 지식 혹은 시각 증거 형식은 1인칭 주어를 취하는 일이 자연스러운 경우가 많고 이는 일반적으로 주어가 의도한 사건에 쓰인다(Aikhenvald 2004: 228). 그리고 간접 지식 형식이 1인칭과 쓰이면 유표적인 비의도성을 유발한다. 이는 많은 언어에서 직접 지식이 간접 지식에 비해 의미론적으로 무표적인 성격을 띠기 때문이다.[21] 그

---

20) '-대'는 하나의 어미가 아니라 '-다고 해'의 환원적 융합형으로서 문법화가 완료된 형식이 아니다. 따라서 '전언'이나 '새로 앎'의 의미가 문법적으로 확립되었다고 보기는 힘들다. '-겠-'의 의미는 기본적으로 '개연성 판단'의 '판단' 범주에 속하지만 '추론'의 증거를 표현하는 것으로 이해될 수도 있다(송민영 2008, 정인아 2011). 박진호(2011)에서는 '-겠-'이 '의외성'의 성분도 가지고 있다고 본다.

21) 간접 지식 형식이 '새로 앎 효과'를 산출하는 언어에서 나타나는 흥미로운 사실은 직접적인 지각에 의해 알게 된 사실이라 하더라도 그것이 '새로 알게 된' 사실일 경우에는 간접 지식 형식을 사용하는 경우가 있다는 것이다. Jarawara 어는 세 가지 과거 시제에서 각각 직접 지식과 간접 지식이 구별된다. '근접 과거 간접 지식' 표지는 '새로 앎' 의미를 동반하는데 '원격 과거 직접 지식'이 쓰여야 할 상황, 즉 예전에 어떤 사실을 직접 목격한 경우 그것에 대한 '새로 앎'을 표현하기 위해 '근접 과거 간접 지식' 표지를 사용한다(Dixon 2003: 172). 이와 유사하게 Svan 어에서도 화자가 무엇을 직접 지각한 상황임에도 불구하고 그것에 대한 놀라움을 표시하기 위해 간접 지식 표지를 사용하는 일이 있다(Aikhenvald 2004: 198). Yukaghir 어의 경우 사람의 성품 등 내적인 자질에 대해서 말할 때에만 '새로 앎 확장'이 일어나는데 화자가 처음 그 사실을 알게 되었을 때는 간접 지식 형식을 사용하고 이미 화자에게 그

러나 1장에서 본 바와 같이 한국어에서 화자가 가장 잘 알고 있는 지식을 표현하는 일반적인 방법은 "영희는 회사원이야, 회사원이다."와 같이 인식론적 표지가 없는 문장을 사용하는 것이다. 따라서 직접 지식 형식 '-더-, -네'와 같이 증거를 명세화하는 형식의 의미는 상당히 유표적이다.[22)]

또 한 가지 강조되어야 하는 것은 한국어의 '-더-, -네, -구나'가 가지는 '새로 앎'의 의미는 결코 '1인칭 효과'로 온전히 설명될 수 없다는 점이다.[23)] '-더-, -네, -구나'가 1인칭 주어와 통합할 때에만 '새로 앎' 의미를 표현하는 것은 아니다. "영희가 유학 가더라.", "마당에 살구꽃이 피었네."와 같이 주어가 1인칭이 아닌 경우에도 여전히 새로 알게 된 정보임을 표현한다. "내가 한 시간이나 술을 먹고 있더라."와 같은 예에서 1인칭 주어와 '-더-'가 '의도의 결여'를 표현하게 되는 것은 '-더-'가 새로 알게 된 사태에만 결합할 수 있고 화자 본인의 의도적 행위는 새로 알게 된 사태가 되기 어렵기 때문이다.

그렇다면 증거와 내면화 범주의 상관관계는 어떻게 정리될 수 있는가? 이와 관련하여 정인아(2011)에서 "새로 알게 된 것은 증거를 가진다."라고 하였으나 예전부터 알았던 것도 증거를 가질 수 있다.[24)] 임동

사실이 확립된 경우에는 직접 지식 형식을 쓴다(Aikhenvald 2004: 198~199). 이때 사용된 간접 지식 형식에서는 증거적인 의미보다는 내면화 관련 의미가 더 우세하게 작동한다. 이는 위 언어들에서 간접 지식 형식이 의미론적 유표성을 가지는 것과 관련이 있다고 생각된다.

22) 본고의 퇴고 과정에서 이와 관련한 사실을 논의한 이의종(2012)를 읽을 수 있었다. 이 논의에서는 한국어는 증거가 필수적이지 않은 언어이기 때문에 '무표적 단언'이 가장 강한 증거 강도와 높은 확신을 표현한다고 하며 '-더-, -네' 등 직접 증거 형식들은 마치 약한 증거 강도를 갖는 요소처럼 행동한다고 하였다(25면). 본고의 논의는 이러한 인식과 맥을 같이 한다. 그러나 이 논의에서는 '새로 앎'과 관련한 의미를 '비의도성, 비통제성 효과'가 확장된 것으로 간주한다.

23) 다른 언어에서도 '간접 지식'의 '새로 앎 확장'이 반드시 1인칭 주어를 가질 때만 일어나는 것은 아니다. Aikhenvald (2004: 196)에 2,3인칭 주어를 가진 문장에서 '새로 앎' 의미가 나타나는 경우가 제시되어 있다.

24) 예컨대 필자는 이집트의 수도가 카이로라는 사실을 초등학교 때 '부루마불'이라는 보드 게임을 하면서 처음 알게 된 것을 기억한다. 그러나 정보의 출처가 명백함에도 불구하고 필자가 이 사실을 누군가에게 전할 때 "이집트의 수도는 카이로더라."라고

훈(2011: 117)에서는 "지각을 통해 무언가를 인식했다면 그 무언가는 새로 알게 되는 것일 가능성이 높다."라고 하였으나 지각을 통한 인식이 반드시 새로운 것이라 할 수도 없다. 원래 알던 사실을 다시 지각할 수도 있다. '증거'와 '내면화'의 관계에 대한 보다 정확한 인식은 "증거가 명세적으로 부호화되는 것은 새로 알게 된 정보일 때"라고 생각한다. 이미 화자의 지식 체계에 내면화된 정보는 설령 정보의 출처가 존재한다 하더라도 그것을 명세화하여 부호화하지 않는다. 세종대왕이 한글을 만들었다는 정보는 이미 한국인에게 내면화한 정보이다. 따라서 초등학생이 아니라면 "세종대왕이 한글을 만들었대.", "세종대왕이 한글을 만들었네."와 같이 제시할 상황은 거의 없다.

적어도 한국어의 경우 증거가 명세화되어 표현되는 것은 새로 알게 된 정보에 대해서이다. 새로 알게 된 정보에 대해 화자는 기본적으로 확신이 떨어지기 때문에 증거를 명세화하여 표현함으로써 화자의 책임을 제한하려고 한다.[25] 따라서 '새로 앎'은 증거 형식이 자연스럽게 동반하는 함의이다. 그러나 한국어는 '이미 앎'을 표현하는 형식이 별도로 존재하기 때문에 내면화 속성들을 전적으로 증거에 의존한 의미로 볼 수 없고 내면화가 증거 범주와 독자성을 가진다고 보아야 한다.

이상의 논의를 요약하면 다음과 같다. '새로 앎' 속성과 증거의 관련성은 주로 간접 지식 형식에서 나타난다고 알려져 있다. 한국어에서는 이것이 직접 지식 형식에서도 나타난다. 이는 다른 언어와 달리 한국어의 직접 지식 형식의 의미가 유표적이고, 증거를 유표적으로 명세화하여 표현하는 일은 새로 알게 된 정보의 경우에 일어나기 때문이다.

하지는 않는다. 이는 필자의 지식 체계에 완전히 자리를 잡고 있는 지식이기 때문에 정보의 출처를 굳이 명세화할 필요가 없기 때문이다.

25) 간접 지식 형식이 1인칭과 함께 쓰일 때 나타나는 '멀리 두기 효과(distancing effect) (Aikhenvald 2004: 223)'는 '-더-'의 의미로 기술되어 온 '무책임성' '신빙성의 결여' 등과 통한다.

4. '흔적 지각'과 '뒤늦은 깨달음'

증거 및 내면화 요소가 과거 시제 요소에 결합될 때 나타나는 흥미로운 현상으로 '흔적 지각' 혹은 '뒤늦은 깨달음(deferred realization)'의 의미가 있다. 이 두 의미는 종종 혼동되기도 하나 엄밀히는 구별될 수 있다는 것이 본고의 문제의식이다. 여기에서는 증거 및 내면화 요소가 과거 시제 '-었-'과 만날 때 나타나는 현상에 대해 좀 더 면밀히 살펴보고자 한다.

한국어 문법 논의에서는 과거 시제 '-었-'과 '-더-, -네, -구나'와 같은 '새로 앎' 혹은 '지각'을 표현하는 형식이 결합하면 '흔적 지각'의 의미를 나타낸다고 논의되었다.[26]

(12) 가. 선생님께서 퇴근하셨더라.
　　나. 어젯밤에 비가 왔네.
　　다. 아기가 밥을 깨끗이 다 먹었구나.

이때의 화자는 '선생님이 퇴근하시는' 장면이나 '어젯밤에 비가 오는' 장면, '아기가 밥을 깨끗이 다 먹는' 장면을 목격한 것이 아니라 '깨끗이 치워져 있는 책상, 젖어 있는 땅, 밥을 다 먹은 빈 그릇' 등을 지각한 것이다.

그런데 과거 시제 형식과 증거 · 내면화 요소의 결합에서 발생하는 의미는 더 세분화될 수 있다. 우선 '-었-'이 결과 상태 지속의 의미로 해석되는 경우를 구별할 수 있다. 정인아(2011: 128)에서는 이를 '동작의 완료 후 상태가 지속되어 대상이 화자의 지각 범위 안에 남아 있는 경우'라고 하였다.

26) 임홍빈(1982/1998: 357), 박재연(2006: 157)에서는 '흔적 확인'이라고 하였고 박재연(2008: 207)에서는 이를 '흔적 지각'으로 바꾸어 불렀다.

(13) 가. 드디어 벚꽃이 피었구나.

나. 그는 잔을 비웠다. 혼자서 두 병을 다 마신 셈이다. 벌써 취했구나, 하고 나는 생각했다. (정인아 2011: 128)

그러나 이러한 예 역시 그것이 흔적이든, 지속되는 사태든, '-었-'을 포함한 명제가 표상하는 과거 사태의 결과에 대한 지각이라는 점에서는 '흔적 지각'과 공통점이 있다. 이러한 의미는 '-었-'과 '-더-, '-네, -구나'가 결합하여 나타난 합성적 의미이다. '-었-'을 포함한 결과 상태에 대한 지각이기 때문이다. 단순히 과거 행위에 대한 지각을 표시한다면 그 지각은 현재의 것으로서 '-었-'과 '-더-, -네, -구나'의 합성적 의미일 뿐이다.

이때에는 '-더-, -네, -구나'가 '추론'에 의한 앎을 표현한다고도 할 수 있다. 실제로 동일한 상황에서 간접 지식 형식을 쓰는 언어도 있다. 가령 Yukaghir 어의 경우 시각적 흔적으로부터 추론한 것을 기술할 때 간접 지식 형식을 사용한다(Aikhenvald 2004: 27). 이는 이 상황을 '추론' 상황으로 이해한 경우라고 할 수 있다.[27)]

정확히 말하면 '-었더-, -었구나, -었네'에는 과거의 사태가 남긴 흔적을 '지각'하고 과거의 사태를 '추론'한 과정이 모두 포함되어 있다. 위의 (12가)의 상황은 선생님의 책상이 깨끗이 정리되어 있고 가방이 없다는 점을 '지각'하고서 퇴근을 하셨다는 과거 사태를 '추론'한 것이다. 과거 시제 요소와 지각 요소가 만나면 두 가지 사태가 관여하게 된다. 요컨대 '흔적 지각'은 '추론' 과정을 함축하나 '-더-'의 의미 기능이 '지각'이라는 사실에는 변함이 없다. 과거 사건이 지속되는 모습이나 과거 사건이 완료된 이후의 흔적을 지각하고 과거의 상황을 추론하는 것은 '-었-'과 지각 형식이 합성적으로 산출하는 의미이다.[28)]

---

27) 이미 완료된 상황에 대한 인식은 필수적으로 추론을 포함한다(DeLancey 2001: 378). Plungian (2001: 354)에서 '흔적 지각'에 해당하는 의미는 '회상 추론(retrospective inference)'으로 다루어진다.

'-었더-, -었네' 등에서 나타나는 '추론'은 함축이기 때문에 나타나지 않는 경우도 있다.

(14) 어제 부산에 비 왔더라.

(14)는 화자가 전화로 부산에 사는 친구와 통화를 하여 어제 비가 왔다는 이야기를 들은 후 다른 사람에게 할 수 있는 말이다. 더욱 정확히는 "어제 부산에 비 왔다더라."라고 할 수 있지만 인용 과정을 생략하여도 실제 발화에 문제가 없다.[29] 비가 오는 장면을 본 것은 아니지만 그러한 발화를 들은 것을 '-더-'를 이용해 표현한다. 이때 "어제 부산에 비 왔음"은 전언 정보가 아니라 지각 정보로 간주된 것이다. 이때 '-었더-'는 '흔적 지각'을 나타내지 않고 따라서 여기서는 '추론' 과정도 포함되지 않는다.

한편 다른 언어에 대한 논의에서는 과거 관련 형식과 증거 혹은 내면화 표현이 결합할 때 '뒤늦은 깨달음'이라는 의미 속성이 나타난다고 한다. Aihkenvald (2004: 202)에서 '뒤늦은 깨달음'은 화자가 이전에 보았지만 나중에 그것이 갖는 의미를 알게 되는 사후 인식을 뜻한다. 가령 화자가 어떤 소리를 들었는데 그것을 자동차 소리라고 생각했다. 그런데 직접 보니 그것은 놀랍게도 오토바이 소리였다. 이 경우 Tsafiki

---

28) "(철수 소지품이 없는 것을 보고) 철수 벌써 갔네."와 같은 발화에서 '-구나'뿐 아니라 '-네'도 추리의 결과를 표시한다고 보기도 하지만(박진호 2011: 12), 이는 '-었네'의 결합에서 산출되는 추론 의미일 가능성이 높다.

29) 본고에서 논의하는 인식론적 범주들은 모두 수의적인 범주라는 공통점이 있다. 즉 해당 상황에서 해당 언어 표현이 반드시 출현해야 하는 것은 아니다. 또한 그 표현이 반드시 객관적 사실과 일치해야 하는 것도 아니다. (14)의 상황에서 가장 정직한 표현은 "부산에 어제 비 왔다더라/왔대."이지만 이를 인용된 정보로 간주하지 않고 과거의 지각 정보로 간주한다면 (14)와 같은 표현도 얼마든지 가능하다. 심지어 "부산에 어제 비 왔네."와 같이 현재 지각된 정보로 간주하는 것도 가능하다. 그리고 증거를 명세화하여 표현하지 않고 "부산에 어제 비 왔어."와 같이 무표적으로 표현하는 일도 당연히 가능하다. 실제로 개별 어미들의 의미를 기술할 때 인식론적 범주들의 이러한 특성이 반드시 고려되어야 한다.

어에서는 '추론-새로 앎'의 문법 형식을 사용한다. 한편 Western Apache 어에서는 내러티브 문맥에서 전언 표지로 쓰이는 형식이 비내러티브 문맥에서 '뒤늦은 깨달음'의 상황, 즉 화자가 사건 발생 시에는 그것을 모르고 있다가 나중에 알게 되는 상황에서 쓰이기도 한다. 해당하는 예는 "(그땐 몰랐는데) 우리가 묘지에서 잤던 것이다."와 비슷하다(de Reuse 2003: 85~86).[30)]

물론 '흔적 지각'에도 '뒤늦게 깨달은' 상황이 포함된다. 과거 사태에 대한 지각은 사태가 발생할 당시에 인식하지 못한 것이므로 당연히 '뒤늦은' 것이다. '뒤늦은 깨달음'이 단지 과거 사태에 대한 지각만을 의미한다면 이는 기존의 한국어 논의에서 이미 다루어진 것이므로 새삼스러운 주목을 요하지 않는다. 본고에서는 '뒤늦은 깨달음'의 상황을 '흔적 지각'과 구별하여 이를 "사건시=지각시>인식시"인 경우,[31)] 즉 사건이 일어난 당시 지각이 일어났으나 그에 대한 진정한 인식은 이후에 일어난 경우로 좁혀 사용해 보고자 한다. 이는 '흔적 지각'이 "사건시>지각시=인식시"로서 과거의 사건을 나중에 지각하고 인식한 경우라는 점과 대조된다. 보통 지각시와 인식시는 분리하기 어렵기 때문에 '흔적 지각'의 상황이 일반적인 경우이고 '뒤늦은 깨달음'은 지각시와 인식시가 분리된 아주 특이한 상황이다.

그렇다면 '뒤늦은 깨달음'의 의미, 즉 지각 행위가 과거 사건시에 이미 있었으나 그 진정한 의미를 나중에 깨닫는 경우의 한국어 표현은 어떠한가? 다음과 같은 문장들을 생각해 볼 수 있다.[32)]

---

30) 박진호(2011: 13)에서 '뒤늦은 깨달음' 용법으로 든 "어디 갔나 했더니 여기 있었구나."는 본고의 관점에서는 '흔적 지각'의 예 중 '-었-'이 결과 상태 지속의 의미를 가지는 예이다.

31) '>'의 왼쪽이 오른쪽보다 시간적으로 앞섬을 표시한다.

32) '-었더-'의 연쇄 역시 이와 관련한 의미를 나타낼 수 있다. 그러나 '-더-'는 두 번째 인식시 역시 과거이기 때문에 '-네, -구나'와 함께 다루는 데 혼란스러운 점이 있다. 여기에서는 편의상 '-네, -구나'의 예만 제시한다.

(15) 가. (아까는 몰랐는데) 철수가 말춤을 {추었네, 추었구나, 추었었네, 추었었구나}.

나. (아까는 몰랐는데) 철수가 춘 춤이 {말춤이었네, 말춤이었구나}.

나'. (아까는 몰랐는데) 철수가 말춤을 {춘 거였네, 춘 거였구나}.

(16) 가. 영희가 제일 {예뻤네, 예뻤구나}.

나. 영희가 제일 {예쁜 거였네, 예쁜 거였구나}.

(17) 가. 이 물이 {해골물이었구나, 해골물이었네}.

나. (누구신지 몰랐는데) 김유미 선생님이셨네요.

나'. 김유미 선생님이시네요.

다. 영희가 {철수 동생이었구나, 철수 동생이었네}.

(15)는 동사문, (16)는 형용사문, (17)는 계사문의 예를 든 것이다. (15가)에서 '-었네, -었구나'는 일반적으로는 '흔적 지각'으로 이해되나 특정한 문맥에서는 '뒤늦은 깨달음'으로 이해될 가능성도 있다. '-었었-'을 사용하면 뒤늦은 깨달음의 해석이 좀 더 쉬워진다. 그러나 '뒤늦은 깨달음'을 중의성 없이 표현하는 일반적인 방법은 (15나, 나')와 같은 분열문 구성이다. 마찬가지로 (16가) 역시 지각시가 과거이고 인식시가 현재인 뒤늦은 깨달음의 문맥에서 사용되는 것이 불가능하진 않으나 일반적인 해석은 영희의 과거 사진을 본다든가 하는 '흔적 지각' 용법이다. '뒤늦은 깨달음'의 해석은 (16나)와 같은 문장이 자연스럽다.

'뒤늦은 깨달음'의 해석이 좀 더 자연스러운 것은 계사문의 경우이다.[33] 원효가 동굴 속에서 아침에 깼을 때 그는 간밤에 마신 물이 해골에 담긴 물이었음을 깨닫고 (17가)와 같은 발화를 하였을 것이다. 지각시와 인식시가 분리된 전형적인 경우이다. (17나)는 복도 끝의 누군가

33) (15나, 16나)의 분열문 역시 계사문의 형식을 가지는 것을 주목할 필요가 있다. Aikhenvald (2004: 222)에서도 '뒤늦은 깨달음'의 해석에는 동사 부류가 연관될 수 있다고 하였다.

를 지각하였으나 정확히 식별하지 못했는데 가까이 다가간 후에야 '김유미 선생님'임을 알게 되었을 경우의 발화이다. 역시 뒤늦은 깨달음에 속한다. (17나')으로는 현재의 지각과 인식만을 표현하고 과거의 불확실했던 인식 행위를 표현하지는 못한다.[34] 이때의 '-었구나, -었네'는 '흔적 지각'이 아니다.[35] 뒤늦은 깨달음의 해석은 (17나), (17다)와 같이 항구적 속성을 나타내는 계사문에서 더욱 쉽게 일어난다.

그러나 모든 계사문에서 '뒤늦은 깨달음'의 의미가 나타나는 것은 아니다. "이성계가 전주 이씨였구나."는 이성계가 경주 이씨라고 잘못 지각한 적이 있었는데 새롭게 전주 이씨라는 사실을 알게 된 경우에도 사용될 수 있지만 단순히 과거 인물에 대한 사실을 현재 알게 되는 경우에도 사용될 수 있다. 영희의 과거 사진을 보고 "영희가 합창단 반주자였네."라는 말을 한다면 이는 일반적인 '흔적 지각'이다.

'뒤늦은 깨달음'의 상황을 과거 시제와 증거・내면화 요소의 결합으로 표현할 수 있는 이유는 무엇인가? "김유미 선생님이셨네요."에서의 '-었-'이 지시하는 것은 과거의 사태이다. 이는 현재까지 유지되는 사실이기는 하나 화자는 화제시로서 과거의 지각시를 선택한 것이다.[36] '-네'는 당연히 현재의 새로운 인식을 표현한다. 그런데 "김유미 선생님이

---

34) 문숙영(2009: 138)에서는 "네 이름이 뭐였지?"의 '-었-'이 인식시를 드러내는 것은 아니라고 하면서 '-었-'이 '새로 앎'의 '-네'와 결합이 가능하다는 점을 들었다. 그러나 (17나)가 지각시와 인식시가 분리되는 특이한 경우임을 감안하면 "김유미 선생님이었네요."와 같은 예에서 '-었-'은 과거의 지각시를 표현하는 기능을, '-네'는 현재의 인식을 표현하는 기능을 가진다고 볼 가능성은 충분하다.

35) 동사나 형용사가 사용되어도 1인칭 주어가 사용된 경우에는 '-었네'가 언뜻 '뒤늦은 깨달음'의 의미를 나타내는 것처럼 생각되기도 한다.

(가) (강변 도로를 뛴 줄 알았는데) 내가 해안 도로를 뛰었네.

(나) (술에 취해 몰랐는데) 내가 길바닥에 누워 있었네.

다른 언어에 대한 논의에서 이렇게 자각 의식이 없는 화자가 나중에 자신의 행위를 깨닫게 되는 이러한 예를 '뒤늦은 깨달음'으로 취급하는 경우가 많다. 그러나 '뒤늦은 깨달음'을 지각시와 인식시가 분리된 특이한 예로 한정한다면 이러한 예에서는 과거에 지각이 존재하지 않았고 지각시와 인식시는 모두 현재인 경우, 즉 '흔적 지각'의 예로 파악할 수 있다.

36) 이와 관련한 논의로 문숙영(2009: 131~140) 참조. '화제시'는 '화자가 말하고자 하는 시간'을 말한다.

셨네요."를 "김유미 선생님이시네요."와 비교하면 이때의 '-었-'은 결과적으로 과거에 어떤 종류의 지각이 있었음을 표현하는 역할을 한다. 현재까지 진리치가 유지되는 사태에 대해 과거 지각시를 화제시로 선택하고 현재의 지각을 나타내는 형식을 결합함으로써 '뒤늦은 깨달음'의 의미를 산출한 것이다.

과거 시제와 증거·내면화 형식의 결합이 어떠한 환경에서 '뒤늦은 깨달음'을 나타내는지를 정식화하기는 쉽지 않다. 이는 화제시로 선택할 수 있는 과거 지각시가 존재하느냐 여부에 달린 것에 불과하다. "철수가 범인이었구나."는 기본적으로 '흔적 지각' 해석과 '뒤늦은 깨달음' 해석의 중의성을 가진다.[37] 지각시와 인식시가 분리된 특이한 상황이 과거 시제와 증거·내면화 형식으로 부호화되어 '뒤늦은 깨달음'의 해석을 가지는 경우가 있고, 이것이 계사문, 그 중에서도 항구적 속성을 나타내는 경우 좀 더 쉽게 발견된다고 하는 편이 온당해 보인다. '흔적 지각'과 구별되는 '뒤늦은 깨달음'의 의미는 한국어에서 문법적으로 유의미하게 구현되지는 않는 것 같다. '뒤늦은 깨달음'은 철저히 문맥에 의존하는 화용론적 해석에 속한다고 생각된다.

5. 결론

지금까지 논의한 바를 요약하면 다음과 같다.

첫째, 한국어에서 '새로 앎'의 속성과 관련 지어 논의된 '-더-, -네, -구나' 등의 의미를 '의외성'이라는 범주로 다루는 연구가 있으나 적어도 한국어에서 '새로 앎'은 문자 그대로의 의미에서 '의외' 혹은 '놀람'과 본질적 관련을 맺지 않는다. '의외성'을 '놀람'과 관련한 속성으로 이해하

37) 철수가 범인인 증거를 처음 발견한 문맥에서 사용되었다면 일반적인 '흔적 지각'이다. 그러나 철수가 범인인 증거를 예전에 지각하였으나 올바른 인식에 도달하지 못하였다가 새삼 그 사실을 확인하는 상황에 사용된다면 이를 '뒤늦은 깨달음'이라고 할 가능성도 없지는 않다.

면 문장 유형의 하위 부류로서의 '감탄'과의 구별이 모호해지기도 한다. 한국어 어미에서 발견되는 '새로 앎'과 '이미 앎'의 속성은 해당 정보가 화자의 지식 체계에 얼마나 안정되게 자리 잡았는가를 따지는 것으로서 발화의 의사소통적 목적을 표현하는 문법적 장치인 문장 유형과는 엄격히 구별된다.

둘째, 증거와 내면화의 의미 속성은 언제나 밀접한 관계를 가지는 것으로 논의된다. 한국어에서 '새로 앎'의 내면화 속성을 가지는 어미는 동시에 증거를 명세화한다. 이 두 의미 영역이 밀접한 관계를 가지는 이유는 증거를 명세화하는 일은 이미 화자에게 내면화한 정보에서는 불필요하며 새로 알게 된 정보에서 필요하기 때문이다.

셋째, 과거 시제 형식이 '지각'이나 '새로 앎'의 속성을 가지는 어미와 결합되면 '흔적 지각' 혹은 '뒤늦은 깨달음'의 속성을 가진다고 논의되었다. '흔적 지각'과 '뒤늦은 깨달음'은 종종 혼동되기도 하나 엄밀히는 다른 개념이다. '흔적 지각'은 '사건시>지각시=인식시'인 경우이고 '뒤늦은 깨달음'은 '사건시=지각시>인식시'인 경우로 구별할 수 있다. 과거 시제 형식이 '지각' 혹은 '새로 앎'의 형식과 결합할 때 무표적인 해석은 '흔적 지각'이다. 가령 '-네'는 과거 사태에 대한 현재의 지각을, '-더-'는 더 이전 사태에 대한 과거의 지각을 표현한다. '흔적 지각'은 과거 시제와 증거 · 내면화 속성이 산출하는 합성적 의미이다. 그러나 화자가 화제시로 선택할 수 있는 과거 지각시가 따로 존재하고 그 후 다시금 재인식이 이루어졌을 때에는 '뒤늦은 깨달음'의 의미로 해석 가능하다.

언어유형론의 개념으로 한국어 어미의 의미 기능이 한층 정밀하게 기술될 수 있게 된 것은 반가운 일이다. 단 이를 적용하는 과정에서 다른 언어에서 사용된 개념과 설명 방법이 한국어 현상을 기술하는 데에도 적합한 것인지, 혹시 한국어의 개별적 특성이 간과되는 일은 없는지에 대한 철저한 검토가 이루어져야 할 것이다. 본고에서 제기한 문제에 대해 더욱 활발한 토론이 이어지기를 기대한다.

참고논저

김차균(1980), 국어 시제 형태소의 의미, 『한글』 169, 한글학회, 45-116.

문숙영(2009), 『한국어 시제 범주』, 국어학총서 66, 태학사.

박재연(1998), 현대국어 반말체 종결어미 연구, 『국어연구』 158, 국어연구회.

박재연(1999), 국어 양태 범주의 확립과 어미의 의미 기술: 인식 양태를 중심으로, 『국어학』 34, 국어학회, 199-225.

박재연(2005), 인식 양태와 의문문의 상관관계에 대하여, 『어학연구』 41: 1, 서울대학교 어학연구소, 101-118.

박재연(2006), 『한국어 양태 어미 연구』, 국어학총서 56, 태학사.

박재연(2008), '-던가', '-더라' 의문문의 특성에 대한 연구, 『국어학』 53, 국어학회, 199-227.

박진호(2011), 한국어에서 증거성이나 의외성의 의미성분을 포함하는 문법요소, 『언어와 정보 사회』 15, 서강대학교 언어정보연구소, 1-25.

송민영(2008), Korean Temporal (Modal) Marker: keyss as an Evidential Marker, 『현대문법연구』 52, 현대문법학회, 131-168.

송재목(2007), 증거성과 주어제약의 유형론: 한국어, 몽골어, 티벳어를 예로 들어, 『형태론』 9: 1, 1-23.

송재목(2009), 인식 양태와 증거성, 『한국어학』 44, 한국어학회, 27-53.

이의종(2012), 증거성과 정보 관할권의 상호작용, 『국어연구』 236, 국어연구회.

임동훈(2011), 체계적인, 너무나 체계적인: 박재연(2006)을 중심으로, 『형태론』 13: 1, 107-123.

임채훈(2008), '감각적 증거' 양태성과 한국어 어미 교육: '-네, -더라, -더니, -길래' 등을 중심으로, 『이중언어학』 37, 이중언어학회, 199-234.

임홍빈(1982), '-더-'와 단절의 양상, 『관악어문연구』 7, 서울대학교 국어국문학과. [임홍빈 (1998)에 실림, 271-338.]

임홍빈(1998), 『국어 문법의 심층 Ⅰ』, 태학사.

이희자 · 이종희(1999), 『텍스트 분석적 국어 어미의 연구』, 한국문화사.

장경희(1985), 『현대국어의 양태범주연구』, 탑출판사.

정인아(2010), 한국어의 증거성 범주에 관한 연구, 상명대학교 대학원 박사학위논문.

함병호(2011), 한국어 양태보조사 연구, 동국대학교 대학원 석사학위논문.

Aikhenvald, A. Y. & R. M. W. Dixon *eds*. (2003), *Studies in Evidentiality*, John Benjamins Publishing Company.

Aikhenvald, A. Y. (2004), *Evidentiality*, Oxford University Press.

Bybee, J. & S. Fleischman *eds*. (1995), *Modality in Grammar and Discourse*, John Benjamins Publishing Company.

Chafe, W. & J. Nicholes *eds*. (1986), *Evidentiality: The Linguistic Coding of Epistemology*, Ablex Publishing Corporation.

Choi, S. (1995), The Development of Epistemic Sentence-Ending Modal Forms and Functions in Korean Children, in Bybee, J. & S. Fleischman *eds*. (1995), 165-204.

Dendale, P. & L. Tasmowski (2001), Introduction: Evidentiality and Related Notions, *Journal of Pragmatics 33*, 339-348.

DeLancey, S. (1986), Evidentiality and Volitionality in Tibetan, in Chafe & Nicholes *eds*. (1986), 203-213.

DeLancey, S. (1997), Mirativity: The Grammatical Marking of Unexpected Information, *Linguistic Typology 1*, 33-52.

DeLancey, S. (2001), The Mirative and Evidentiality, *Journal of Pragmatics 33*, 369-382.

Dixon, R. M. W. (2003), Evidentiality in Jarawara, in Aikhenvald & Dixon (2003), 165-187.

Plungian, V. A. (2001), The Place of Evidentiality within the Universal Grammatical Space, *Journal of Pragmatics 33*, 349-357.

Lazard, G. (1999), Mirativity, Evidentiality, Mediativity or Other?, *Linguistic Typology* 3, 91-100.

de Reuse, W. J. (2003), Evidentiality in Western Apache, in Aikhenvald & Dixon *eds*. (2003), 79-100.

Searle, J. R. (1969), *Speech Act: An Essay in the Philosophy of Language*, Cambridge University Press.

문법 형식의 전경 의미와 배경 의미

1. 서론

본고는 문법 형식의 의미 기능 기술에서 전경 의미와 배경 의미의 개념을 구별할 수 있음을 주장하고, 이를 이용하여 기존의 연구에서 상(aspect)을 표현한다고 논의된 '-으면서, -느라고, -고서, -자마자' 등의 연결어미의 의미를 바라보는 새로운 관점을 제시하고자 한다.

전통적으로 연결어미의 의미 기능은 '나열, 대조, 계기, 원인' 등과 같이 선행절과 후행절의 의미론적 관계를 바탕으로 기술되었다. 그러나 연결어미의 상적인 특성을 기술한 연구도 많이 있었다. 일찍이 이숭녕(1961/1981: 287)에서는 중세 한국어의 '-으며'가 '지속상'을 나타낸다고 기술하였고, 성기철(1972: 357), 김홍수(1977: 119)에서는 연결어미 '-고'의 완료적 성격을 주목하였다. 고영근(1986/1995: 244~245, 2004: 297)에서는 '-으면서, -고서, -고자' 등이 '진행상, 완료상, 예정상'의 대립을 보인다고 하였다.

박소영(2003)에서는 연결어미의 상적 의미를 더욱 본격적으로 논의하였다. 이 논의에서는 '-으면서, -어서, -고' 등의 연결어미가 선행하는 사건에 결합하여 그 사건의 어느 하위 사건에 초점을 둘 것인가를 결정하는 '관점 상(viewpoint aspect)'[1] 기능을 갖는다고 주장하였다.

---

1) '관점 상'은 Smith (1991)의 용어이다. Smith (1991: 5)에서는 동사와 논항들의 결합에 의한 상황 상(situation aspect)과, 문법 형식으로 표시되는 관점 상을 구별한다.

(1) 가. 그는 공부를 하면서 음악을 듣는다.
　나. 그는 공부를 하고 음악을 듣는다. (박소영 2003: 316)

박소영(2003: 316)에서는 이때 선행절과 후행절은 모두 동작주성 사건을 표현하는데 연결어미가 '-으면서'냐, '-고'냐에 따라서 각기 다른 접속 관계를 나타낸다고 하였다. '-으면서'가 사용된 문장은 '동시'의 의미를 나타내고 '-고'가 사용된 문장은 '선행'의 의미를 나타내는데, 이것은 '-으면서'가 선행절 사건의 내부 시역에 초점을 맞추는 '미완료'를 표현하는 반면 '-고'는 끝점을 포함한 선행절 사건 전체에 초점을 맞추는 '완료'를 표현하기 때문이라고 하였다.

그러나 김성화(1990: 54)에서는 상적 기능이 있는 것으로 기술된 몇몇 연결어미들은 '의사 상의 형태'일 뿐 상 논의의 대상이 될 수 없다고 보았다. 그 이유는 문제의 연결어미들이 '동시'나 '계기' 등을 나타내기 때문이라고 하였다. 하지만 이들 연결어미가 '동시'나 '계기' 등 절 접속의 기능을 담당한다는 것이 상적 기능을 부정하는 근거는 되지 못한다. 한국어의 어미는 두 개 이상의 의미 범주를 표현하는 일이 드물지 않기 때문이다.[2)]

만약 일부 연결어미가 '완료'나 '미완료'의 상적인 의미를 표현한다는 주장이 정당하고, '동시, 계기'와 같이 선행절과 후행절의 의미론적 관계에 따라 규정한 연결어미의 의미 기능도 여전히 유효하다면, 문제는 이 두 종류의 의미 기능이 어떠한 관계를 맺고 있는가이다. 본고에서는 상을 표현한다고 논의되어 온 연결어미의 의미를 정밀하게 기술하기 위하여 담화화용론에서 사용되는 전경(foreground) 의미와 배경(background) 의미의 구별을 도입한다. 결론부터 말하면 상적 의미를 표현하는 연결어미들의 의미 속성 중 선행절과 후행절의 의미론적 관

---

2) 가령 종결어미 '-은가'는 '의문형'이라는 문장 유형 범주, '하게체'라는 청자대우법 범주를 동시에 표현한다. 연결어미의 상적 기능에 대한 김성화(1990) 논의는 고영근(2004: 299~301)에서도 비판되었다.

계에 입각한 의미가 이들의 전경 의미이며, 상적 의미는 배경 의미로만 기능한다고 주장할 것이다.

2장에서는 본고에서 규정하는 전경 의미와 배경 의미의 개념에 대해 논의한다. 3장에서는 연결어미 '-으면서, -느라고, -고자, -자마자'의 의미 기술에 전경 의미와 배경 의미의 개념을 적용한다. 4장은 결론으로서 논의를 요약하고 앞으로의 과제를 제시한다.

2. 전경 의미와 배경 의미

2.1. 담화화용론에서의 전경 정보와 배경 정보

본고에서 주목하는 전경과 배경은 주로 담화화용론에서 사용하는 개념이다. 이 구별은 20세기 초반에 등장한 게슈탈트 심리학의 '형상/바탕 정렬(figure/ground alignment)'을 근거로 한다. 어떤 대상을 지각할 때 형상과 바탕을 구별하는 것은 인간의 주요한 인지 능력 중의 하나이다(Taylor 2002: 10). 인지언어학에서는 이를 화자가 세계를 언어로 개념화(conceptualization)하는 방식의 하나로 간주한다.[3)]

이러한 '형상/바탕' 구별에 입각하여, 담화화용론에서는 정보를 그 기능에 따라 전경 정보와 배경 정보로 구별한다. 전경 정보는 이야기를 구성하는 주요 사건이나 실체, 또는 등장인물에 관한 정보로서 이야기를 추진시키는 의사소통 부담량(communicative dynamism)이 높은 정보이다. 배경 정보는 배경, 평가, 해설, 사소한 사건이나 등장인물 등에 대한 정보로서 이야기의 진전에 간접적인 역할을 하는, 의사소통 부담량이 낮은 정보이다. 화자는 배경 정보를 바탕(ground)으로 하고 전경 정보를 초점화하여 형상(figure)으로 두드러지게 표현함으로써 청자의 주의를 끌어들인다(Wallace 1982: 208, Givon 1984: 287~288,

3) 게슈탈트 심리학의 전경과 배경 개념이 언어학에서 어떻게 이용되고 있는지에 대해서는 Givon (1984: 7장), Ungerer & Schmid (1996/임지룡 · 김동환 역 1998: 4장), Talmy (2000: 5장), Croft & Cruse (2004: 56~58) 등을 참조할 수 있다.

정희자 2002: 30~33). 다음과 같은 간단한 예에서도 이를 확인할 수 있다.

(2) 내가 어제 심심해서 서점에 나가 봤거든. 새로 나온 책 뭐 있나 보고 있는데 거기서 초등학교 친구를 만난 거야.

(2)의 텍스트는 여러 가지 정보를 포함하고 있다. '내가 어제 심심했다', '서점에 갔다', '책을 구경했다', '초등학교 친구를 만났다'는 등이 그것이다. 그런데 이러한 정보들의 지위가 모두 똑같지는 않다. 심심했다거나 서점에 갔다거나, 서점에서 책을 구경했다는 정보는 화자가 궁극적으로 전달하고자 하는 정보, 즉 우연히 초등학교 친구를 만났다는 정보를 전달하기 위한 예비적 정보에 불과하다. '초등학교 친구를 만났다'는 정보가 전경 정보라면, 나머지는 배경 정보라고 할 수 있다.[4]

본고에서는 전경 정보를 '화자가 발화에서 가지는 일차적 의사소통 의도(communicative intention)와 직접 연관되는 정보'로, 그렇지 않은 정보를 배경 정보로 규정하고자 한다.[5] 일차적 의사소통 의도란 해당 발화를 수행한, 혹은 해당 언어 표현을 사용한 직접적인 동기로 작용한 화자의 의도로서 화자의 발화 목적과 직접 관계가 있는 의도를 말한다. 만약 화자가 (2)의 이야기를 시작한 동기가 '초등학교 친구를 만났다'라는 정보를 전달하는 데에 있었다면, 이 정보를 전경 정보라고 할 수 있다. 반면 '서점에 갔다', '책을 구경했다'는 화자가 초등학교 친구를 만났다는 정보를 도입하기 위한 배경 정보일 뿐이다.

---

4) 종결어미 '-거든'이나 연결어미 '-는데'는 '배경'을 나타내는 주요한 문법적 장치이다.

5) 이때 '의사소통 의도'는 Sperber & Wilson (1986/1995)의 개념이다. Sperber & Wilson (1986/1995: 2)에서는 의사소통에 대한 코드 모형(code model)과 추론 모형(inference model)을 대조하였다. 코드 모형에서는 부호화(encoding)와 해독(decoding)에 의해 의사소통이 달성되는 것으로 보는 반면 추론 모형에서는 메시지가 단순히 '이송'되는 것이 아니라 수신자의 창조적 추론에 의해 '해석'된다고 본다. 이때 의미란 곧 발신자의 의도(intention)이다. 본고의 '일차적 의사소통 의도'는 Talmy (2000: 343)에서의 의사소통 목적(communicative goal)에도 가깝다.

텍스트뿐만 아니라 문장이 전달하는 정보에서도 전경 정보와 배경 정보를 구별할 수 있다(Cruse 2000/임지룡 · 김동환 역 2002: 111).

(3) 오늘 캐나다에 살고 계시던 우리 삼촌이 귀국하셨어.

(4) 가. 철수는 저녁을 먹는 동안 뉴스를 보았다.

 나. 철수는 뉴스를 보는 동안 저녁을 먹었다.[6]

(3)은 '오늘 우리 삼촌이 귀국하셨다'와 '우리 삼촌은 캐나다에 살고 계셨다'라는 두 가지 정보를 표현한다. 이때 화자가 (3)의 문장을 발화한 일차적 의사소통 의도는 무엇일까? 일반적인 문맥에서 화자가 이 발화를 통하여 적극적으로 전달하고자 하는 정보는 '오늘 우리 삼촌이 귀국하셨다'일 것이다. 즉 (3)이 전달하고자 하는 전경 정보는 '삼촌의 귀국'과 관련한 것이고 '삼촌의 캐나다 거주'는 그에 대한 배경 정보이다.[7] 한편 (4가)와 (4나)는 모두 '철수가 저녁을 먹었다'와 '철수가 뉴스를 보았다'라는 두 가지 정보를 전달한다. 그러나 (4가)에서는 '뉴스를 보았다'가 전경 정보인 반면 (4나)에서는 '저녁을 먹었다'가 전경 정보라는 차이가 있다.[8]

6) (4가, 나)는 Cruse (2000/임지룡 · 김동환 역 2002: 111)의 예문을 변형한 것이다.

7) 이는 '삼촌의 캐나다 거주' 관련 정보가 관형사절로 표현된 것과 관련이 있다. Givon (1990: 646)에서는 제한적 관계절은 청자에게 알려져 있거나 접근가능하다고 화자가 가정하는 명제 혹은 도전받을 가능성이 별로 없는 명제를 포함하는 화용론적 특성을 가진다고 하였다. 따라서 관형사절이 표현하는 정보는 일반적으로 배경 정보가 되기 쉽다. 물론 관형사절의 정보가 전경 정보가 되는 문맥도 얼마든지 찾을 수 있다.

8) 전경 정보와 배경 정보는 신정보(new information)와 구정보(old information)의 구별과 밀접하게 연관되기는 하지만 일치하지는 않는다. 가령 위의 예 (3)에서 '우리 삼촌이 캐나다에 살고 계셨다'는 화자가 두드러지게 표현하고자 하는 전경 정보는 아니지만 그것이 청자에게 반드시 구정보일 필요는 없다. 청자에게 새로운 것으로 가정된 정보라도 화자가 그것을 배경으로 제시할 수 있기 때문이다.

2.2. 어휘 항목의 전경 의미와 배경 의미

담화나 문장이 전달하는 정보를 전경 정보와 배경 정보로 나눌 수 있는 것처럼 단어가 표현하는 의미에 대해서도 전경 의미와 배경 의미[9]를 구별할 수 있다. 그 근거는 하나의 어휘 항목의 의미가 더 작은 단위로 분해될 수 있다는 가정에서 출발한 성분 분석 이론(Componential Analysis theory)에서 찾을 수 있다.[10] 성분 분석 이론에서는 단어가 최소의 의미 단위가 아니라 더 작은 의미의 성분으로 이루어졌다고 보고, 그 성분들이 어떻게 결합하느냐에 따라 별개의 단어를 이루게 된다고 가정한다(Saeed 1997: 231).

단어의 의미가 분석될 수 있다면 우리는 각각의 구성 성분의 지위가 완전히 동일하지 않을 수 있다는 가능성을 제기할 수 있다. 즉 해당 단어의 의미 성분 중에 더 부각되는 의미와 덜 부각되는 의미가 있을 수 있다. Cruse (2000/임지룡 · 김동환 역 2002: 113)은 다음과 같은 예를 들어 어휘 항목의 의미에서도 전경 의미와 배경 의미를 구별할 가능성을 제시하였다.

(5) 가. Blonde: [HUMAN BEING, FEMALE, FAIR-HAIRED]
　　나. It wasn't a blonde that I saw.

영어 어휘 항목인 'blonde'는 (5가)에서와 같은 세 가지 의미 성분을 가진다. 그런데 (5나)의 문장에서 부정의 작용역 내부에 있는 것은 [FAIR-HAIRED]라는 성분뿐이다. [FEMALE], [HUMAN BEING]의 성분은 부정되지 않는다. (5나)의 화자는 어떤 여성을 보았으나, 그녀의 머리카락 색

---

9) 편의상 절(명제) 이상의 단위가 표현하는 것을 '정보'라고 하고, 구 이하의 단위가 표현하는 것을 '의미'라고 하기로 한다.

10) 프라그 학파의 구조주의 음운론은 각각의 음소의 성질을 분석하여 몇 가지 자질로 표시하고자 하였는데 이를 의미에 적용한 것이 의미론에서의 성분 분석 이론이다. 성분 분석 이론에 대해서는 이익환(1984: 77~89), 임지룡(1990, 1992: 2장), Saeed (1997: 9장) 등 참조.

깔이 금색이지는 않았던 것이다. 이 논의에서는 이를 근거로 하여 [HUMAN BEING, FEMALE]의 속성은 배경이며, [FAIR-HAIRED]가 전경 속성이라고 주장한다.

이를 화자의 의사소통 의도의 관점에서 생각해 볼 수도 있다. 일반적인 문맥에서 (5나)를 발화한 화자의 일차적 의도는 자신이 본 사람이 여자가 아니었음을 말하거나 인간이 아니었음을 말하기 위해서가 아니다. 화자의 일차적 의사소통 의도는 'blonde'라는 단어의 의미 성분 중에서 [FAIR-HAIRED]라는 성분을 부각시키는 것이다. 그리고 '부정'이라는 문법적 장치는 부각된 성분에 대하여 작용하게 된다.[11)]

2.3. 문법 형식의 전경 의미와 배경 의미

성분 분석은 기본적으로 어휘 항목을 대상으로 한 것이기에 문법 형식의 의미는 성분 분석의 대상이 될 수 없다는 것이 일반적인 견해이다(이익환 1984: 79, 각주 44, 임지룡 1992: 52 참조). 문법 형식의 의미는 고도의 추상화 과정을 겪은 것이므로 어휘 의미처럼 복잡하지도 않고 더 작은 의미 자질로 분해되지 않는다고 생각해 왔다.[12)]

그러나 문법 형식 중에도 의미가 비교적 복잡한 것이 있다. 예컨대 한국어의 종결어미는 여러 가지 문법 범주를 표현한다. '-습니까'는 '문장 종결, 의문형, 합쇼체' 등 적어도 세 가지 의미 기능을 가진다. '-으마'는 '문장 종결, 약속형, 해라체'의 의미 기능을 표현한다. 이렇게 문법 형식의 의미가 더 분석될 수 있다면 이 의미 성분들의 지위에도 차

---

11) 이러한 분석은 한국어의 어휘 항목에도 적용할 수 있다. 가령 '총각'은 [인간, 남성, 어른, 미혼]이라는 네 가지 의미 성분을 가진다. 이때 일반적으로 전경으로 기능하는 의미 성분은 [미혼]의 성분이다. "그 사람은 총각이 아니다."라는 부정문에서 부정되는 의미 성분은 보통 [미혼]의 성분이기 때문이다. 물론 특정한 문맥에서 "저 사람은 (처녀가 아니라) 총각 같은데?"와 같은 문장이 사용된다면 이때에는 [남성] 성분이 전경으로 기능한다고 볼 수 있다.

12) 문법 형식은 전통적으로 허형식(empty word form)이라고 불린 데에서 알 수 있듯이 의미 내용을 가지기보다는 통사적 기능만을 가지는 것으로 논의되어 왔다(Lyons 1995: 65, 71 참조).

이가 있을 것이라고 가정할 수 있다. 즉, 화자가 더 부각하기를 바라는 의미와 그렇지 않은 의미가 있을 수 있다. 다음 예를 보자.

(6) A: 학교 잘 다녀오너라. 저녁에 내가 밥 해 놓으마.
B: 예, 할머니.

이러한 문맥에서 '-으마'의 전경 의미는 무엇일까? 즉 '-으마'의 여러 가지 의미 성분 중 화자 A가 부각하기를 바라는 의미는 무엇일까? 그것은 '문장 종결'의 통사적 기능이나 '해라체'의 청자 대우 의도라기보다는 '약속'의 화행 의미이다. 화자 A가 문장 생산 과정에서 여러 가지 종결어미 중 '-으마'를 선택한 이유는 '약속'의 의미를 표현하고 싶었기 때문이다. '해라체'를 표현하기 위해 '-으마'를 선택했다고는 할 수 없다. '해라체'는 문맥에서 이미 선택되어 있었기 때문이다. 요컨대 '-으마'의 세 가지 의미 성분 중 이 문맥에서 전경 의미로 기능하는 것은 '약속'이다.[13]

본고에서 제안하는 전경 의미와 배경 의미의 개념은 기존에 사용되는 '기본 의미/문맥 의미'의 구별과는 성격이 다르다. 문맥 의미는 기본 의미와 문맥의 상호작용에서 도출되는 의미이다. 그러나 배경 의미는

---

13) 종결어미의 의미 기능 중 대부분의 문맥에서 전경 의미로 작용하는 것은 문장 유형과 관련된 화행 의미이다. 그러나 아주 특수한 문맥을 가정해 보면 '해라체'의 의미 성분이 전경이 되는 경우도 있을 수 있다.

A: 제발 한 달만 기다려 주십시오.
B: 안 된다니까. 당장 내 돈 내 놔.
A: 한 달 후에 이자까지 꼭 갚아 드리겠습니다.
B: 지금 달라고 했지.
A: 한 번만 봐 주십시오. (갑자기 태도가 돌변하여) 그래 내가 내일 돈 갚으마, 갚으면 되잖아.

화자 A의 마지막 발화에서 '-으마'라는 종결어미를 사용한 일차적 의도는 무엇일까? 이러한 문맥에서는 '-으마'의 '해라체' 속성이 강조된다. 태도의 변화를 '-으마'의 사용을 통해 표현하려 한 것이다. 그러나 이러한 문맥을 찾는 것은 쉽지 않다. 전경 의미와 배경 의미의 역전 현상이 문법 형식에서는 좀처럼 나타나지 않는다고 보아야 할 것이다.

전경 의미와 문맥의 상호작용으로 도출되거나 연산되는 의미가 아니라 문맥에 관계없이 해당 문법 형식이 언제나 포함하고 있는 의미 성분이다. '총각'은 문맥에 상관없이 '인간, 남성, 어른, 미혼'의 의미 성분을 가지고(각주 11 참조), '-으마'는 문맥에 상관없이 '문장 종결, 해라체, 의문형'의 의미 기능을 발휘한다. 전경 의미와 배경 의미를 구별하는 것은 그 의미 성분들 중 어느 성분이 더 부각되고 어느 성분이 그렇지 않은가를 따져 보는 것이다.[14)]

3. 상적 의미를 표현하는 연결어미의 의미 기술

3.1. 연결어미의 상적 의미

1장에서 본 바와 같이 전통적으로 연결어미의 의미 기능은 선행절과 후행절의 의미론적 관계를 기준으로 기술되었다. '동시, 이유, 선행, 계기' 등은 모두 선행절과 후행절의 관계가 어떠한가를 기준으로 설정된 의미이다. 그런데 몇몇 논의에서는 일부 연결어미가 상적인 의미를 표현한다고 주장한다.[15)] 특히 고영근(2004: 297)에서는 '-고(서), -다가, -어(서), -어다가, -자마자' 등의 연결어미가 완료상을, '-거니 ~ -거니, -느라고, -으며, -으면서'가 진행상을, '-고자, -도록, -으러, -으려고'가 예정상을 나타내어 정연한 체계를 이룬다고 하였다.

고영근(2004)에서 제시한 연결어미가 모두 상 기능을 가지는가는 논의의 여지가 있다.[16)] 그러나 적어도 '-으면서[17)], -느라고'가 미완료

---

14) 본고에서 사용하는 '전경 의미, 배경 의미'는 의미 성분의 종류를 구별하는 것이므로 엄밀히는 '전경 의미 성분, 배경 의미 성분'이 되어야 할 것이다. 또 이것이 문법 형식에 적용될 때에는 '전경 의미 기능 성분, 배경 의미 기능 성분'이라고 하는 것이 정확하다. 그러나 편의상 이들을 모두 '전경 의미'와 '배경 의미'라고 하기로 한다.

15) 상은 일반적으로 "장면의 내적인 시간 구성을 바라보는 여러 가지 방법"이라고 정의되며 완료(perfective)와 미완료(imperfective)의 구별을 가지는 것으로 논의된다 (Comrie 1976: 6, 16).

16) 특히 '-고자, -으러, -게, -도록' 등이 표현하는 의미가 동작의 예비 단계를 표현하는 '예정상'의 범주에 드는지는 보다 세심한 검토가 필요하다. 이들은 시간적으로 주절

와, '-고서, -자마자'가 완료와 연관이 있는 것은 분명해 보인다. 다음을 보자.

(7) 가. 영희는 집을 지으면서 틈틈이 책을 읽었다.
　　나. 영희는 집을 짓느라고 여행을 가지 못했다.
(8) 가. 영희는 집을 짓고서 여행을 갔다.
　　나. 영희는 집을 짓자마자 바로 여행을 갔다.

Smith (1991: 6)에서는, 완료는 시작점과 끝점을 포함한 상황의 전체에 초점을 맞춘 것이고 미완료는 끝점, 시작점 중의 어느 것도 포함하지 않은 상황의 일부분에 초점을 맞춘 것이라고 구별한다. 비유적으로 말하면, 완료는 카메라의 렌즈가 사건의 전 과정을 담아 표현한 것이고, 미완료는 줌인(zoom in)하여 그 일부에만 초점을 둔 것이라고 할 수 있다. 이러한 관점에서 위 예를 검토하면, (7가, 나)의 '-으면서'와 '-느라고'는 집을 짓는 상황의 일부만을 조망한 것이고, (8가, 나)는 상황의 끝점을 포함한 전 과정을 조망한 것이라는 차이를 확인할 수 있다. 이는 (7가, 나)는 집의 완성 여부에 대해서는 아무런 정보를 주지 않지만 (8가, 나)는 집이 완성되었음을 함의한다는 사실에서도 알 수 있다.[18]

'-으면서, -느라고'가 미완료적 성격을, '-고서, -자마자'가 완료적 성

보다 뒤에 오는 사태를 표현할 뿐이기 때문이다. 본고의 목적은 개별 연결어미의 상적 의미를 검증하는 데 있는 것이 아니라, 상적 의미가 있다면, 그것을 어떻게 기술할 것인가에 있으므로, 상적 의미가 존재하는 것이 비교적 명백한 일부 어미만을 대상으로 논의를 진행한다.

17) '-으면서'는 크게 보아 '동시'("철수가 노래를 부르면서 춤을 춘다.")의 의미와 '역접'("영희는 학교에 안 갔으면서 간 척한다.")의 두 가지 의미를 표현하는데 본고에서는 '미완료'의 성격은 전자의 용법에서만 나타난다고 본다.

18) 이는 '집을 짓-'이 끝점을 함의하는 '완성(accomplishment)' 사건을 표현하는 것과 연관된다. 한편 (7)과 (8)이 보여 주는 차이는 '미완료'의 '-고 있-'이 사용된 "영희는 시골에 집을 짓고 있었다."는 집의 완성을 함의하지 않지만 "영희는 시골에 집을 지었다."는 집의 완성을 함의하는 것과도 평행하다.

격을 갖는다는 것은 종결성의 사건과 호응하는 '만에' 부사어의 공기 여부에서도 알 수 있다(박소영 2003: 318 참조).

(7)' 가. 영희는 {*일 년 만에, 일 년 동안} 집을 지으면서 틈틈이 책을 읽었다.
나. 영희는 {*일 년 만에, 일 년 동안} 집을 짓느라고 여행을 가지 못했다.
(8)' 가. 영희는 {일 년 만에, 일 년 동안} 집을 짓고서 여행을 갔다.
나. 영희는 {일 년 만에, 일 년 동안} 집을 짓자마자 바로 여행을 갔다.

(7가', 나')의 '-으면서'와 '-느라고'는 '만에' 부사어와 공기할 수 없지만,[19] (8가', 나')의 '-고서'와 '-자마자'는 '만에' 부사어와 공기할 수 있다. 이는 '-으면서, -느라고'와는 달리 '-고서, -자마자'가 사건의 끝점을 포함한 완료적 관점을 나타낸다는 견해를 지지하는 증거이다.[20]

그런데 '-으면서, -느라고, -고서, -자마자'에서 상적 의미를 읽을 수는 있어도, 이들을 상 형식으로 인정하는 것은 쉽지 않다. 연결어미의

19) 박소영(2003: 319)에서도 지적되었지만 '만에'는 중의적이다. "일 년 만에 집을 지었다"는 집을 짓는 데에 일 년이 걸렸다는 의미로 해석될 수도 있고, 일 년이 지난 후에 집을 짓기 시작했다는 의미로 해석될 수도 있다. (7)'에서 '-으면서, -느라고'가 '일 년 만에'와 공기할 수 없다고 한 것은 전자로 해석될 경우이다.

20) 심사위원 중의 한 분은 (7)'의 일부 문장을 비문이라고 판정한 박소영(2003)과 본고의 직관에 동의하지 않았을 뿐 아니라, 연결어미의 상적 기능 자체를 인정하지 않으셨다. 심사위원께서는 "그는 커피를 마시면서 신문을 읽었다."와 같은 문장에서 '커피를 마시는 사건'과 '신문을 읽는 사건'이 동시에 진행되었다는 의미는 후행절의 '-었-'에 의해 동시에 완결되는 것이며, 굳이 선행절에서 '미완료'의 의미가 나타난다고 볼 필요가 없다고 하셨다. 그러나 '-으면서'의 '미완료' 의미는 사건의 내부 구조에 관심을 가지고 그 상황의 일부에 초점을 두는 화자의 관점과 관련 있는 것으로서 '-었-'이 표현하는, 상황의 시간적 위치를 지시하는 시제 의미와는 그 성격이 다르다. 또한 '-었-'의 과거 시제 의미에 완료의 상적 의미가 함축되어 있다 하더라도 선행절에 '미완료'가 표현되는 데에는 아무 문제가 없다. "영희가 청소를 하고 있는데, 철수는 음악을 들었다."가 성립하는 것을 확인할 수 있다.

상적인 특성이 한국어 문법 연구에서 비교적 일찍부터 지적되어 왔음에도 불구하고, 한국어 사전의 연결어미에 대한 뜻풀이에서 상적 의미에 대한 기술은 발견되지 않는다. 『표준국어대사전』에서도 이들 연결어미에 대하여 "동시에 겸하여 있음, 목적이나 원인이 됨, 계기적인 관계에 있음, 잇따라 다음 사건이나 동작이 일어남" 등과 같이 선후행절 관계 의미만을 언급하고 있지, '완료'나 '미완료'의 상적 특성에 대해서는 아무런 언급을 하지 않고 있다. 물론 이를 사전의 뜻풀이가 불완전하기 때문이라고 볼 수도 있다. 그러나 '-으면서'에 대하여 "'미완료'를 나타내는 연결어미" 혹은 "사건의 진행을 나타내는 연결어미"라고 뜻풀이하는 것에 대해서 선뜻 찬성할 한국어 화자는 없을 것이다. 또한 일반적인 한국어 화자에게 한국어에서 '미완료'를 나타내는 형식이 무엇이냐 하는 질문을 던졌을 때 '-고 있-'과 같은 형식을 지적할 것을 기대할 수는 있어도, '-으면서'라는 대답을 기대하지는 못한다. 김성화(1990) 등의 논의에서 연결어미를 상 형식으로 인정하지 않으려 한 것도 이러한 직관을 반영한 것이라 생각된다.

그렇다면 '-으면서, -느라고, -고서, -자마자'에 대한 이러한 직관을 어떻게 기술할 수 있을까? 본고에서는 전경 의미와 배경 의미의 구별을 이용하여 이들 연결어미의 의미를 적절히 기술할 수 있다고 본다.

3.2. '-으면서, -느라고, -고서, -자마자'의 전경 의미와 배경 의미

3.1.에서 본 바와 같이 '-으면서, -느라고, -고서, -자마자'에는 상적 의미가 분명히 존재한다. 그러나 '미완료'와 '완료'의 의미가 '동시, 이유, 선행, 계기' 등의 선후행절 관계 의미를 대신할 수 있는 것은 아니며, 선후행절 관계 의미에서 상적 의미가 자동적으로 도출된다고 보기도 어렵다.[21] 본고에서는 이 두 종류의 의미가 이들 연결어미의 의미

21) 가령 '미완료'는 '동시'에서 도출되는 의미라고 생각할 수도 있다. 그러나 이론적으로 두 가지 순간적인 동작이 동시에 발생할 가능성도 있으므로 동시 관계 의미에서 자동적으로 미완료 의미가 도출된다고 보기 어렵다. 더구나 '-느라고'의 '이유'의 선후

로서 모두 유효하다고 보고, 이 두 의미가 전경 의미와 배경 의미의 관계를 가지고 있다고 주장한다.

2장에서는 텍스트, 문장, 어휘 항목, 문법 형식에서 표현되는 의미(혹은 정보)의 전경 의미와 배경 의미를 구별한 바 있다. 대부분의 경우 무엇이 전경 의미이고 무엇이 배경 의미인가는 주어진 문맥에서 화자의 의사소통 의도와 일차적으로 관련 있는 것이 무엇인가, 화자가 문장 생산 과정에서 해당 형식을 선택한 이유가 무엇인가를 검토해 봄으로써 판단하였다.[22] 가령 화자가 수많은 어미 중 '-으마'를 선택한 직접적 이유는 일반적으로 '약속'의 의미를 표현하기 위해서이지 '해라체'를 표현하기 위해서는 아니라는 점에서 '-으마'의 전경 의미는 '약속'의 화행 의미라고 보았다.

그렇다면 선후행절 관계 의미와 상적 의미 중 '-으면서, -느라고, -고서, -자마자'의 전경 의미는 무엇일까? 이에 대한 필자의 직관은 선후행절 관계 의미가 전경 의미라는 것이다. 화자가 문장 생산 과정에서 이들 연결어미를 선택하는 것은 선후행절의 '동시 관계, 이유 관계, 선행 관계, 계기 관계' 등을 표현하기 위해서이지 '미완료'나 '완료'를 표현하기 위한 것이 아니라는 판단이다. 본고에서는 '질문의 초점(focus of question)'과 '대답의 초점(focus of answer)'의 개념을 도입하여 이러한 직관을 정당화하고자 한다.

서정목(1987: 209)에서 논의된 바와 같이 모든 의문문은 질문의 초점을 가진다. 의문문은 화자가 질문을 통하여 '알고자 하는 내용', 즉 신정보를 요구하는 부분과 이미 알고 있다고 전제하는 내용, 즉 구정보

행절 관계 의미와 '미완료'의 상적 의미 사이에 어떤 도출 관계를 찾기는 어렵다.

22) 2장에서 본 바와 같이 어휘 항목의 전경 의미와 배경 의미를 구별하는 데에는 부정의 작용역 검증법을 이용할 수 있다. 그러나 종결어미나 연결어미와 같은 문법 형식에 대해서는 부정의 작용역 검증법을 이용할 수 없다. 문법 형식의 의미는 원칙적으로 부정의 작용역에 포함되지 않기 때문이다(장경희 1985: 11~12). 가령 "영희는 노래는 부르지 않으면서 춤만 춘다."에서 부정되는 것은 서술어 '부르-'의 의미일 뿐 '-으면서'의 의미는 부정되지 않는다.

를 담은 부분으로 이루어진다(서정목 1987: 214). 이때 화자가 요구하는 신정보와 관계된 부분이 질문의 초점이 된다. 다음을 보자.

(9) A: **순이가** 떡을 먹었니?
B: 응, **순이가** 먹었어.
B'. 아니, **영이가** 먹었어.
B''. *아니, 순이가 **빵을** 먹었어.

(10) A: 순이가 **언제** 떡을 먹었니?
B: **한 시간 전에** 먹었어.[23)]

판정의문문인 (9)의 화자 A의 발화에서 질문의 초점은 '순이가'에 있다. 이러한 의문문은 '누군가가 떡을 먹었다'는 사실을 전제로 하면서 떡을 먹은 것이 순이가 맞는지를 묻는 문장이다. 따라서 화자 B나 화자 B'의 발화는 이에 대해 적합한 대답이 되지만 화자 B''의 발화는 적절한 대답이 되지 못한다. 한편 (10)의 화자 A의 발화는 설명의문문이다. 설명의문문에서는 보통 의문사에 초점이 놓이므로(서정목 1987: 216), 이 발화에서 초점을 받는 부분은 '언제'이다. 이때 의문사의 미지항을 채워 주는 화자 B의 발화와 같은 대답이 기대된다.

서정목(1987)에서 논의한 '질문의 초점'은 본고의 2장에서 논의한 화자의 일차적 의사소통 의도와 관련된다. (9)에서 의문문을 발화하는 화자 A의 일차적 의사소통 의도는 다른 사람이 아닌 '순이가' 떡을 먹었는지의 여부를 아는 것이다. 그리고 화자 B'의 일차적 의사소통 의도는 순이가 아닌 '영이가' 떡을 먹었음을 알려 주는 것이다. 따라서 대답이 되는 문장에서도 대답하는 화자의 의사소통 의도와 일차적으로 관련되는 초점과 이미 화/청자 간에 공유된 전제를 구별할 수 있다. 질문의 초점이 있는 것과 마찬가지로 대답도 초점을 가진다. (10)의 대화

23) 서정목(1987)에서 동남 방언으로 되어 있던 예를 필자가 중앙어로 바꾼 것이다.

에서도 화자 A의 의사소통 의도는 '언제'의 미지항을 채우는 것이고 화자 B의 의사소통 의도는 일차적으로 '한 시간 전에'라는 정보를 알려 주는 데에 있다. 이들은 각각 질문의 초점, 대답의 초점이다.

대답의 초점은 문법 형식의 의미에 놓일 수도 있다. 다음을 보자.

(11) A: 영희는 집을 **다** 지었니?
B: 짓**고 있**어.

(11)에서 화자 A의 질문의 초점은 부사 '다'에 있다. 영희가 집을 짓는다는 사실을 알고 있는데, 그 상황이 완성되었는지를 묻는 것을 의사소통 의도로 가진다. 이러한 화자의 요구를 충족하는 대답이 화자 B의 발화이다. 그런데 이때 대답에서 초점으로 기능하는 것은 '미완료'를 표현하는 '-고 있-'이다. 이때 화자는 집을 짓는 상황의 일부분에만 초점을 맞추는 미완료 형식을 사용함으로써 자신의 일차적 의사소통 의도인 '집이 완성되지 않았음'을 표현한다. 즉 (11)의 화자 B의 발화에서 '-고 있-'의 '미완료'의 의미는 대답의 초점으로 기능한다.[24]

또한 시제나 양태 의미도 대답의 초점으로 기능할 수 있다.

(12) A: 영희는 **이제** 유학 **갈 거**니?
B: 아니, **갔**어. 지난달에 벌써 떠났어.
(13) A: 영희 유학 간 거 **확실하니**?
B: 글쎄. 갔**을 거**야/갔**겠**지/갔**을 것 같**아/갔**을지도 몰라**.

(12)에서 화자 A의 의사소통 의도는 영희가 유학하는 사태의 시간적 위치에 대한 것이다. 화자 B는 그 사태가 과거에 존재했음을 표현

24) 이호승(1997: 212)에서도 상적 의미가 대답의 초점이 되는 현상에 대해 언급하였다. 이 논의에서는 "너 숙제 다 했니?"라는 질문에 대해 "아뇨, 아직 하고 있어요."라는 대답을 하는 경우 그 의미 초점은 상황이 아직 미완성인 것에 있다고 하였다.

하는 의사소통 의도를 가지므로 선어말어미 '-었-'을 사용하였다. 이때 '-었-'의 과거 의미는 대답의 초점으로 기능한다. 한편 (13)에서 화자 A의 일차적 의사소통 의도는 '영희가 유학감'이라는 사태가 어느 정도 확실한 정보인지를 묻는 것이다. 이러한 요구에 부응하기 위해 화자 B는 '-을 것이-, -겠-, -을 것 같-, -을지도 모르-' 등의 양태 표현을 대답에 사용한다. 화자 B의 발화의 일차적 목적은 이러한 양태 의미를 전달하는 데에 있으며 이들 양태 표현의 의미는 화자 B의 발화에서 대답의 초점으로 기능한다.

따라서 '-으면서' 등의 연결어미가 상적 의미를 갖는다면 그 상적 의미는 '-고 있-'의 미완료 의미와 같이 대답의 초점으로 기능할 수 있을 것이라고 예상할 수 있다. 그러나 '-으면서, -느라고, -고서, -자마자'의 상적 의미는 대답의 초점으로 기능하지 못한다.

(14) A: 영희는 논문을 **다** 썼니?
B: *아직 쓰면서.
B': 아직 쓰고 있어.
B'': 아직 논문 쓰면서 강의하고 있어.

(15) A: 영희는 논문을 **아직** 쓰**고 있**니?
B: *아직 쓰느라고.
B: *벌써 다 쓰고서.
B': *벌써 다 쓰자마자
B': 벌써 다 썼어.

(14)의 화자 A의 발화에서 질문의 초점은 '다'에 있다. 이에 대하여 기대되는 대답의 초점은 논문을 쓰는 사태의 완성 여부이다. 그러나 '-으면서'가 사용된 화자 B의 대답은 이러한 기대를 충족시키지 못한다.[25)]

---

25) (14)에서 화자 B의 발화가 적절치 못한 것으로 해석되는 현상을 이것이 연결어미로 끝난 불완전한 문장이기 때문이라고 생각할 수도 있다. 그러나 한국어에서 연결어

이는 화자 B'의 발화에서 '-고 있-'의 '미완료' 의미가 대답의 초점으로 기능하는 것과 대조적이다. 만약 '-으면서'가 상적 의미를 적극적으로 표현한다면, '-고 있-'과 같이 '미완료'의 의미가 초점을 받을 수 있어야 할 것이다. 물론 화자 B"와 같은 대답은 이 문맥에서 적절하다. 그러나 이 경우 대답의 초점은 '미완료' 자체에 있지 않고, 논문을 쓰는 사건과 강의하는 사건의 동시성이라는 데로 옮아갔다고 보아야 한다. 상적 의미가 대답의 초점으로 기능한다는 것은 오직 상적 의미를 표현하는 것을 일차적 의사소통 의도로 갖는 경우만을 의미하기 때문이다.

'-느라고, -고서, -자마자'의 경우도 마찬가지다. (15)의 대화에서 볼 수 있는 바와 같이 상적 의미를 묻는 질문에 대하여 '-느라고'의 '미완료'의 의미나 -고서, -자마자'의 '완료' 의미는 대답의 초점으로 기능하지 못한다. 화자 B"의 발화와 같이 완료적 성격을 나타내는 '-었-'이 사용되어야 적절한 대답이 된다.

요컨대 '-으면서, -느라고, -고서, -자마자' 등의 연결어미는 다른 상(혹은 시제, 양태) 형식과 달리 상적 의미가 대답의 초점으로 기능하지 못한다.[26] 이러한 현상에 대하여 혹자는 '-고 있-'이나 '-었-', '-겠-' 등은 보조용언 구성 혹은 선어말어미이고, '-으면서, -느라고, -고서, -자마자'는 연결어미이기 때문에, 다시 말해서 각각의 문법적 지위가 다르기 때문에 이러한 차이를 보이는 것이라고 주장할 수도 있다. 그러나 우리는 상적 의미와는 달리, '-으면서, -느라고, -고서, -자마자' 등의 선후

미로 문장이 종결되고 후행절이 생략되는 것은 일반적인 현상이다(성기철 1985: 113, 박재연 1998: 15). 아래의 (16)~(19)의 화자 B의 발화가 모두 연결어미로 끝나 있으나 적절한 대답이 되는 데에서도 이를 확인할 수 있다. 한편 익명의 심사위원 중의 한 분은 문법 형식의 의미는 언제나 배경이 되어야 하기 때문에 이를 전경화시킨 (14)의 화자 B의 발화가 적절하지 않은 것이라고 지적하셨다. 그러나 본고에서는 (11)~(13)의 예를 통하여 문법 형식의 의미가 전경이 되는 경우를 보인 바 있다.

26) 필자는 아직 찾지 못하였지만, 이들 연결어미의 상적 의미가 전경 의미로 기능하는 문맥이 발견된다 해도 본고의 논지에는 아무런 문제가 없다. 어휘 항목 '총각'이나, 문법 항목인 '-으마'에서 발견되는 전경 의미와 배경 의미의 역전 현상(2장 논의 참조)이 이론적으로 연결어미에서도 가능하기 때문이다.

행절 관계 의미는 대답의 초점으로 기능할 수 있음을 주목한다.

(16) A: 너 이 책 점심 먹**고 나서** 보았니?
B: 아니, 점심 먹**으면서**.
(17) A: 돈은 벌**고** 공부는 못했니?
B: 응, 돈 버**느라고** 공부를 못한 거야.
(18) A: 철수는 학위 받**기 전에** 결혼했니?
B: 아니, 학위 받**고서**.
(19) A: 너 종강은 하**고** 여행 떠난 거니?
B: 응. 종강하**자마자**.

(16)에서 화자 A의 발화는 "너는 이 책을 보았다, 점심을 먹었다"와 같은 사실을 전제로 하고 그 두 행위 사이의 관계가 어떠한지를 묻고 있다. 따라서 책을 본 사태의 발생 시점이 점심을 먹고 난 이후인가 아닌가에 질문의 초점이 있다. 이때 화자 B의 대답의 초점은 책을 본 행위와 점심을 먹은 행위가 동시에 일어났음을 말하는 데에 있다. 즉 '-으면서'의 동시 관계 의미가 대답의 초점이 된다. 또한 (17)에서 화자 A의 발화는 "놀지 못했다, 돈을 벌었다"는 두 사태를 단순히 나열하면서 그 사실 여부를 묻는다. 이에 대하여 화자 B는 두 사태의 인과 관계를 전달하는 것을 일차적 의사소통 의도로 가진다. 이때 '-느라고'의 이유 관계 의미는 대답의 초점이 된다. (18)의 예도 마찬가지로 해석할 수 있다. 이때 화자 A의 발화 역시 질문의 초점은 학위를 받은 사태와 결혼한 사태의 선후 관계에 있다. 따라서 화자 B의 대답의 초점은 '-고서'가 표현하는 선행 관계 의미이다. (19)에서 화자 A의 질문의 초점은 종강과 여행의 선후 관계에 있으며, 화자 B의 대답의 초점은 '-자마자'의 계기 관계 의미이다.

이상에서 본 바와 같이 '-으면서, -느라고, -고서, -자마자'의 선후행절 관계 의미와 상적 의미 중 대답의 초점으로 기능할 수 있는 것은 선후행절 관계 의미뿐이다. 본고에서는 이를 선후행절 관계 의미가 전경 의미이고 상적 의미는 배경 의미라는 우리의 직관과 연관 지어 해석하고자 한다. 우리는 2장에서 전경 의미와 배경 의미를 화자의 의사소통 의도와 일차적으로 관련을 맺는 것과 그렇지 않은 것이라고 구별하였다. '동시, 이유, 선행, 계기' 등의 연결어미의 선후행절 관계 의미가 대답의 초점이 될 때 이들 의미는 화자의 의사소통 의도와 직접 연관되는 전경 의미로 기능하는 것이다. 그러나 이들 연결어미에 상적 의미가 분명히 존재함에도 불구하고,[27] 이들은 위의 (14), (15)와 같이 상적 의미만이 부각되는 문맥에서 적절하게 사용되지 못한다. 즉 화자의 일차적 의사소통 의도가 상적 의미를 표현하는 것에 있는 경우에 화자는 이들 연결어미를 선택하지 않는다.[28] 이는 이들의 상적 의미가 전면에 부각되는 전경 의미로 기능하지 못하고 배경 의미로만 존재한다는 것을 말해 준다.

요컨대 '-으면서, -느라고, -고서, -자마자'의 선후행절 관계 의미와 상적 의미 중 화자의 일차적 의사소통 의도와 직접 관련을 맺는 의미, 부각되는 의미는 선후행절 관계 의미이다. 상적 의미는 이에 비하면 화자의 일차적 의사소통 의도와 직접 관련을 맺지 않는 의미, 뒤서는 의미이다. '-으면서, -느라고, -고서, -자마자' 등이 상적 의미를 가지고 있다는 것을 인정할 수 있음에도 불구하고 이들을 상 형식으로 규정하는 데에는 주저하게 되는 한국어 화자의 직관은, 선후행절 관계 의미가 전경 의미이고 상적 의미는 배경 의미라는 구별로써 적절히 기술될 수

---

27) 가령 위의 (16)~(19)에서와 같이 선후행절 관계 의미가 전경 의미로 기능할 때에도 상적 의미는 여전히 유효하다.

28) 본고에서 논의하는 전경 의미와 배경 의미는 실제 언어 사용에서의 화자의 의사소통 의도와 관련되는 개념이므로 기본적으로 화용론적인 성격을 가진다. 그러나 만약 어떤 문법 형식의 의미 성분 중 특정 성분만이 전경 의미로 기능할 수 있다면, 다시 말해서 다른 의미 성분이 전경으로 기능하는 문맥이 찾아지지 않는다면, 그것은 이미 해당 문법 형식의 의미의 일부로 고정되었다고 보아야 할 것이다. 만약 '-으면서, -느라고, -고서, -자마자' 등의 연결어미가 상적 의미를 전경 의미로 내세우는 문맥이 전혀 찾아지지 않는다면, 선후행절 관계 의미는 전경 의미이고, 상적 의미는 배경 의미라는 것이 이들 연결어미의 의미론적 성격의 일부라고 볼 수 있다.

있다.

4. 결론

본고는 문법 형식의 의미에서 전경 의미와 배경 의미를 구별할 수 있음을 주장하고, 이를 '-으면서, -느라고, -고서, -자마자'의 의미 기술에 적용하였다. '-으면서, -느라고, -고서, -자마자'의 의미 기능을 '동시, 이유, 선행, 계기'와 같이 선후행절 관계 의미로 기술해야 하는가, '미완료, 완료'의 상적 의미로 기술해야 하는가 하는 논쟁에 대하여, 본고는 이 두 종류의 의미가 모두 이들 연결어미의 의미 성분을 이루며, 그것이 전경과 배경의 관계를 가지고 있다고 봄으로써 이러한 논쟁을 해소하고, 이들의 의미 기술을 정밀화하고자 하였다.

본고의 논의를 요약하면 다음과 같다. 2장에서는 담화화용론에서 사용하는 전경 정보와 배경 정보를 소개하고, 이것이 텍스트, 문장 의미뿐 아니라 어휘 항목, 나아가서는 문법 형식에까지 적용될 가능성을 제기하였다. 3장에서는 상적 의미를 표현하는 것으로 논의된 '-으면서, -느라고, -고서, -자마자'를 대상으로 하여, 이들의 선후행절 관계 의미는 질문-대답 구조에서 대답의 초점으로 기능할 수 있지만 상적 의미는 대답의 초점으로 기능하지 못한다는 사실을 확인하였다. 본고는 이 차이가 전경 의미와 배경 의미의 차이를 반영하는 것으로 해석하였다. 즉 '미완료, 완료'의 상적 의미는 어디까지나 배경 의미일 뿐이고 이들 연결어미의 전경 의미는 '동시, 이유, 선행, 계기' 등의 선후행절 관계 의미라고 주장하였다.

문법 형식에 대하여 성분 분석을 수행하고, 그 의미 성분의 전경과 배경을 구별할 수 있음을 주장한 본고의 방법론은 다른 문법 형식에도 적용될 가능성이 있다. 가령 기존의 논의에서 '-어서'는 '이유'의 연결어미로, '-으면'은 '조건'의 연결어미로 기술되어 왔다. 그러나 박진호 · 박병선(1999: 4)에서는 "비를 맞아서 옷이 젖었다."와 "비를 맞으면 옷이 젖을 것이다."의 차이를 대조하면서, '-어서'는 '사실로서의 단언'을 나타내고 '-으면'은 '사실 판단의 유보'를 나타낸다고 보았다. 그렇다면 '사실성'과 '비사실성' 등의 양태적 의미가 '이유'나 '조건' 등의 선후행절 관계 의미를 온전히 대신할 수 있을까? 그렇지는 않을 것이다. 필자는 이때 '사실성'과 '비사실성'의 의미는 배경 의미로, '이유, 조건'의 의미는 전경 의미로 기술됨으로써 이들의 의미 기술이 더욱 정교해질 수 있다고 본다. 이러한 주제는 별도의 논의에서 다루어 보겠다.

참고논저

고영근(1986), 국어의 시제와 동작상, 『국어생활』 6, 국립국어연구원. [고영근(1995)에 실림, 235-246.]

고영근(1995), 『단어 · 문장 · 텍스트』, 한국문화사.

고영근(2004), 『한국어의 시제 서법 동작상』, 태학사.

국립국어연구원 편(1999), 『표준국어대사전』, 두산동아.

김성화(1990), 『국어의 상 연구』, 한신문화사.

김진수(1987), 『국어 접속조사와 어미 연구』, 탑출판사.

김홍수(1977), 계기의 '고'에 대하여, 『국어학』 5, 국어학회, 113-136.

남기심(1994), 『국어 연결어미의 쓰임』, 서광학술자료사.

박소영(2003), 연결어미의 관점 상 기능, 『형태론』 5: 2, 297-326.

박재연(1998), 현대국어 반말체 종결어미 연구, 『국어연구』 152, 국어연구회.

박진호 · 박병선(1999), 서법의 정의 및 한국어 서법 범주의 체계화, 제19차 한국어학회 전국학술대회 발표요지.

서정목(1987), 『국어 의문문 연구』, 탑출판사.

성기철(1972), 어미 '-고'와 '-어'에 대하여, 『국어교육』 18, 353-367.

성기철(1985), 『현대국어 대우법 연구』, 개문사.

윤평현(1989), 『국어의 접속어미 연구: 의미론적 기능을 중심으로』, 한신문화사.

이은경(1990), 국어의 접속어미 연구, 『국어연구』 97, 국어연구회.

이은경(2000), 『국어의 연결어미 연구』, 태학사.

이익환(1985), 『의미론 개론』, 한신문화사.

임지룡(1990), 의미의 성분분석에 대한 종합적 검토, 『국어교육연구』 22, 경북

대학교 사범대학 국어교육연구회, 101-131.

임지룡(1992), 『국어의미론』, 탑출판사.

이숭녕(1961/1981), 『개정증보판 중세국어문법: 15세기어를 주로 하여』, 을유문화사.

이호승(1997), 국어의 상황유형 연구, 『국어연구』 167, 국어연구회.

장경희(1985), 『현대국어의 양태범주 연구』, 탑출판사.

정희자(2002), 『담화와 추론』, 한국문화사.

Comrie, B. (1976) *Aspect,* Cambridge University Press.

Croft, W. & A. Cruse (2004), *Cognitive Linguistics,* Cambridge University Press.

Cruse, A. (2000), *Meaning in Language: An Introduction to Semantics and Pragmatics,* Oxford University Press. [임지룡 · 김동환 역(2002), 『언어의 의미: 의미 · 화용론 개론』, 태학사.]

Givon, T. (1984) *Syntax: A Functional-Typological Introduction Volume Ⅰ,* John Benjamins Publishing Company.

Givon, T. (1990) *Syntax: A Functional-Typological Introduction Volume Ⅱ,* John Benjamins Publishing Company.

Hopper, P. *ed.* (1982), *Tense and Aspect: Between Semantics and Pragmatics,* John Benjamins Publishing Company.

Lyons, J. (1995), *Linguistic Semantics: An Introduction,* Cambridge University Press.

Saeed, J. (1997), *Semantics,* Blackwell Publisher.

Smith, C. (1991), *The Parameter of Aspect,* Kluwer Academic Publisher.

Sperber, D. & D. Wilson (1986/1995), *Relevance: Communication and Cognition, 2nd edition,* Blackwell.

Talor, J. (2002), *Cognitive Grammar,* Oxford University Press.

Talmy, L. (2000), *Toward a Cognitive Semantics.* Volume Ⅱ, The MIT Press.

Ungerer, F. & H. Schmid (1996), *An Introduction to Cognitive Linguistics,* Longman [임지룡 · 김동환 역(1998), 『인지언어학 개론』, 태학사.]

Wallace, S. (1982), Figure and Ground: the interrelationships of Linguistic Categories, in Hopper *ed.* (1982), 201-223.

문법 형식의 의미 기술과 통사론 · 의미론 · 화용론

1. 서론

이 글은 문법 형식의 의미를 기술할 때 고려해야 할 통사론 · 의미론 · 화용론의 접면(interface) 현상을 검토하는 것을 목적으로 한다. 구체적으로는 의미 기술의 층위를 구별하는 문제를 검토하고, 의미론과 화용론의 개념을 문법 형식의 기술에 어떻게 이용할 수 있는가를 논의한다.

한국어의 조사와 어미의 의미 기능을 기술하는 일은 통사론과 의미론, 화용론의 경계를 넘나드는 작업이다. 조사와 어미는 통사 단위이므로(박진호 1994: 5, 임홍빈 1997: 115), 조사와 어미의 구조적 위치와 결합관계, 통사적 기능을 기술하는 것은 분명히 통사론의 소관이다. 가령 '-시-'가 일치소인가 아닌가를 판단하는 일은 분명히 통사론의 소관이다. 그러나 '-시-'가 구체적으로 어떤 의미 기능을 가지는가, 실제 담화에서 화자의 의도를 달성하는 데에 어떻게 이용되는가를 따져 보는 일은 의미론 혹은 화용론의 소관이다.

그러나 문법 형식의 의미 기술과 관련한 통사론, 의미론, 화용론의 경계 문제가 단순하지만은 않다. 가령 선어말어미 '-었-'은 "창 밖에 꽃이 피었다."라는 문장에서 '완료'의 상적 의미를 나타내는데 이 의미가 '-었-'의 기본적 의미 기능인지 문맥에서 도출되는 화용론적 의미인지를 구별하기는 매우 어렵다. 한편 "아기가 진지를 드신다."라는 문장에 대해 한국어 화자들은 어딘가 이상을 가지는 것으로 판단하는데 그 성격이 통사론적인 것인지, 의미론적인 것인지 화용론적인 것인지는 분명하지 않다. 이러한 어려움은 때때로 문법 기술의 혼란을 초래하기도 한다.

본고에서 다루는 또 하나의 문제는 의미·화용론적 개념을 한국어 문법 형식의 의미 기술에 어떻게 이용할 수 있을 것인가 하는 것이다. 한국어의 문법 형식을 면밀히 관찰해 보면 고도로 추상화된 통사적 기능만을 담당하는 것이 있는가 하면, 어휘 항목 못지않은 풍부한 의미 내용을 가지고 있는 것도 있다. 격조사 '을/를'과 보조사 '이나마'의 의미를 비교해 보자. '을/를'이 '목적격'이라는 단순한 용어로 그 기본적 의미 기능이 기술되는 반면 '이나마'의 의미 기능은 한두 마디의 메타언어로는 간단히 기술되지 않는다. 따라서 의미 기능이 복잡한 문법 형식의 의미를 체계적으로 기술하기 위해서는 의미론이나 화용론의 개념들을 적극적으로 문법 기술에 도입할 필요가 있다.

본고는 다음과 같이 구성된다. 2장에서는 문법 형식의 의미를 기술할 때 고려해야 할 층위 구별 문제를 검토한다. 3장에서는 통사·의미론적 비문법성과 화용론적인 부적절성이 구별될 수 있는가의 문제를 다룬다. 4장에서는 의미·화용론적 개념을 한국어 문법 형식의 기술에 이용하는 방법에 대해 논의한다.

2. 의미 기술의 층위 구별

2.1. 기본 의미와 문맥 의미

문법 형식의 의미를 기술할 때 일반적으로 사용되는 방법은 최대한 많은 문맥을 수집하여 문제의 형식이 가지는 모든 '문맥 의미'를 아우를 수 있는 의미 기능을 '기본 의미'로 설정하는 것이다. 가령 손세모돌(1995)에서는 보조용언의 의미 기술에서 기본 의미와 문맥 의미를 구별한다.[1)] 기존의 논의에서 보조용언 '버리-'는 '부담의 제거' 혹은 '아쉬움'을 표현한다고 하였는데(이기동 1976), 손세모돌(1995: 193)에서는

1) 보조용언은 준 문법 형식이라고 할 수 있다.

이들은 문맥에서 산출되는 문맥 의미에 불과하다고 보았다.

(1) 가. 이슬이 아침 해에 녹듯 아침이 되어 녹아 버리면 어쩌나 겁을 냈죠.

나. 이슬이 아침 해에 녹듯 아침이 되어 녹아 버리면 좋겠어요.

'버리-'는 (1가)의 문맥에서는 '아쉬움'을 표현하고 (1나)의 문맥에서는 '마음의 부담 제거'를 표현한다. 이는 '아쉬움'이나 '부담의 제거'가 '버리다'의 기본 의미가 아니라 문맥 의미에 불과함을 말해 준다. 이 논의에서는 보조용언 '버리-'의 기본 의미는 '종결'이라고 본다.[2)]

한국어 시제 형식의 의미를 기술한 문숙영(2005: 42~57)에서는 기본 의미와 문맥 의미를 '의미'와 '함축'으로 더욱 엄밀하게 구별하였다. 이 논의에서는 그간 시제 형식의 의미에 대한 논쟁이 끊이지 않은 것은 해당 형식의 함축적 의미에 불과한 것을 기본 의미로 드는 논의가 많았기 때문이라고 보고(문숙영 2005: 45, 각주 38), '의미 차원'과 '사용 차원'을 구별하는 것이 중요함을 강조하였다. 가령 "빨리 먹기나 하셔."와 같은 발화에서의 '-시-'의 용법을 '주체 높임'이라는 의미로 설명하지 못한다고 하여 '-시-'가 주체 높임의 기능을 발휘한다는 주장을 폐기할 필요는 없다.

함축은 문맥 의존적 추론으로 도출되는 것으로서 취소 가능한 것이다.[3)] 문숙영(2005: 126)에서는 '-었었-'의 고유 기능을 '대과거'로 규정하면서 대과거의 기본 기능은 '사건 순서를 역순으로 제시하는 것'에 있다고 본다. 이에 따라 문맥에서 나타나는 '단속, 두 개의 사건 관련, 반대되는 후속 상황' 등의 의미는 함축적 의미로 규정한다.

---

2) 단 이때 '종결'이 구체적으로 어떤 것인가에 대해서는 의문의 여지가 있다. 손세모돌(1995: 189)에서는 '버리-'가 '완료'의 상적인 의미 외에 '그 밖의 의미'를 덧붙여 가지고 있다고 하면서 그 기본 의미는 '종결'이라고 보았다. 그런데 '완료'의 상적 의미와 '종결'의 의미가 어떻게 구별되는지는 밝혀져 있지 않다.

3) 함축의 취소 가능성에 대해서는 Levinson (1983: 119) 참조.

(2) 가. 선거의 뒷면에서 관청 공사를 독점하던 건설업자와 독점에 도전하는 신생 건설업자의 피나는 대결이 벌어졌었다.

나. 선거의 뒷면에서 관청 공사를 독점하던 건설업자와 독점에 도전하는 신생 건설업자의 피나는 대결이 당시에도 벌어졌었다.

(2가)에서 '-었었-'은 과거 상황과 현재 상황이 다르다는 '단속'의 의미를 표현한다. 그러나 이는 문맥에 의해 쉽게 취소된다. (2나)에서와 같이 '당시에도'가 들어가면 '단속'의 의미는 사라지고 말기 때문이다. 따라서 '단속'은 '-었었-'의 기본 의미가 아니라 함축에 불과하다.

이렇듯 기본 의미는 통사·의미론적 차원에서의 것이고 문맥 의미는 화용론적 차원에서의 것이다. 따라서 문법 형식의 의미를 기술할 때에는 통사·의미론적 차원의 고정적인 의미와 화용론적 차원에서의 임시적인 의미를 분명히 구별할 필요가 있다. 그러나 한국어 문법 논의를 검토해 보면 기본 의미와 문맥 의미가 명확히 구별되지 않은 연구가 이따금 발견된다. 이를 세 유형으로 나누어 살펴보기로 한다.

첫째, 사용 차원에서 파악되는 문맥 의미와 의미 차원에서 파악되는 기본 의미를 혼동하는 경우이다. 윤석민(2000: 147)에서는 '의문법'을 의미론적으로 접근하여 다음과 같은 문장들을 의문문에서 제외한다.

(3) 가. 창문 좀 닫을 수 없겠니?

나. 얼마나 아름다운 금수강산인가!

다. 어떻게 내가 시계를 만드니?

이 논의에서는 의문법을 "화자가 청자에게 자신은 전혀 모르거나 불완전하게 알지만 청자는 완전하게 알고 있다고 생각하는 상태 정보를 요구하는 문장종결법"이라고 정의한다. 이러한 정의에 입각하면, (3가~다)는 모두 의문문이 아니다. (3가)는 명령문, (3나)는 감탄문, (3다)는 설명문이다. 위에 제시한 의문법의 의미를 충족시키지 못하기 때문이다. 그러나 문장 유형을 온전히 의미론적으로만 정의하면 그것은 '화행(speech act)'의 하위 유형과 구별되지 않는다.[4)]

(4) 나는 네가 내일 어떻게 될지 궁금하다.

(5) 가. 이 문제에 대해 궁금한 마음을 가지고 있음을 너에게 전달한다.(평서)

나. 이 문제에 대한 정보를 알려 달라.(의문 혹은 명령)

다. 오늘 조심하지 않으면 내일 큰코다칠 것이다.(경계)

라. 내일 너를 보러 꼭 오마.(약속)

(4)의 문장은 화자의 의도에 따라 다양한 화행을 수행할 수 있다. (5가)와 같이 단순한 정보 전달의 기능을 가질 수도 있지만 (5나)와 같이 의문이나 명령과 관련한 함축적 의미를 가질 수도 있다. 문맥에 따라서는 (5다)와 같은 경계, (5라)와 같은 약속의 의미도 표현할 수 있다. 윤석민(2000)의 입장에서라면 (4)는 문맥에 따라 평서문도, 의문문도, 명령문도, 경계문도 약속문도 될 수 있다.

문장 유형 범주는 화행의 종류를 기반으로 하여 만들어진 것이나, 문장 유형의 형식적 실현과 그 기능 사이에 일대일 대응 관계가 성립하지 않는 것은 지극히 당연한 일이다.[5)] 저 위의 (3)의 문장들이 다양한 화행을 수행함에도 불구하고, 이를 의문문이라는 통사 범주로 묶을 수 있는

---

4) 윤석민(2000: 51)에서는 한국어의 문장종결법을 '화자가 화행을 통하여 청자에게 전달하려고 하는 화행 의도가 특정의 법칙성을 띤 채 (즉 문법범주화하여 특정의 형태로 수행되면서) 국어의 문장에서 실현되는 언어현상'으로 봄으로써 화행과의 구별을 꾀하였으나 논의의 세부에서는 구별되지 않는 듯하다.

5) 노용균(1984: 22)에서는 '물음'이라는 언표내적 행위를 수행하는 데에 전형적으로 쓰이는 문장들이 물음 이외의 언표내적 행위를 수행하는 데에 전형적으로 쓰이는 문장들과 구별되는 특성을 드러낼 때 그 문장들을 의문문이라고 부른다고 하였다. 여기에서 '전형적으로'라는 한정어를 쓰는 까닭은 언표내적 행위와 문장 유형 곧 통사적 서법 사이에 일대일 대응이 성립하지 않기 때문이라고 하였다.

근거는 일정한 형식이 사용되고 그것이 의문문의 일정한 특성[6]을 공유하기 때문이다.[7]

둘째, 이와는 반대로 문맥 의미를 추상화하여 기본 의미를 제시하는 과정에서 지나친 일반화를 꾀하는 경우가 있다. 한길(1991: 63)에서는 종결어미 '-지'의 의미를 기술하였다. 이 논의에서는 평서문의 '-지'는 '약속, 회상서술, 친근하거나 부드러운 서술'의 의미를, 의문문의 '-지'는 '추정확인 물음, 친근하거나 부드러운 물음', 청유문, 명령문의 '-지'는 '부드럽게 제의 혹은 권유'하는 의미를 가진다고 보고 그 공통적인 의미 특성으로 '부드러운 반말'을 추출하였다. 그러나 화자가 의사소통 과정에서 '-지'를 선택하는 이유가 부드럽게 말하기 위해서라고 볼 수 있을까? 형사가 범인을 취조하는 과정에서 사용하는 "그 강도 사건도 네 소행이지?"라는 문장에 '-지'를 사용한 것이 '친근하고 부드러운 물음'을 위해서라고는 볼 수 없을 것이다. 문맥 의미를 기술한 메타 언어에서 공통점만을 추출하여 기본 의미로 삼는 것은 상당히 위험한 일이다.

기본 의미와 문맥 의미를 설정할 때 지나치게 추상화한 의미를 기본 의미로 설정하는 것도 신중해야 한다고 본다. 장경희(1998: 285)에서는 기존의 논의에서 '-겠-'의 의미를 '추정'과 '의도'로 나누어 기술한 것을 비판하고 이를 '사유' 혹은 '생각'으로 일반화하였다.

(6) 가. 우리도 테레비나 샀으면 참 재미있겠어요. (신창순 1972: 156, 장경희 1998: 284)
나. 저 산이면 우리도 넘겠다. (신창순 1972: 150, 장경희 1998:

6) 상향 억양을 가진다든가, 의문사가 개재할 수 있다든가 하는 점을 들 수 있다.

7) 하나의 문장 유형이 여러 가지 화행을 수행하는 현상은 화용론 논의에서 간접 화행(indirect speech act)으로 다루어진 것이다. 윤석민(2000)과 비슷한 입장에 서 있는 연구로 박영순(1996)을 들 수 있는데, 이 논의에서도 "(이러한 현상을) 구태여 간접화행으로 볼 것이 아니라 좀 더 근본적인 차원에서 언어의 내용이라는 차원에서 다시 보아야 한다."고 하였다. 그러나 그 근거와 필연성이 무엇인지는 밝혀져 있지 않다.

284)

다. 내가 사람을 죽이겠다. (이정민 1975: 303, 장경희 1998: 285)

신창순(1972: 156)에서는 (6가)의 '-겠-'은 '추측'을 표현하지 않으며, 이 문장은 자기의 견해를 말한 것에 불과하다고 본 바 있다. 기존의 논의에서는 '-겠-'의 이러한 용법을 주변적인 것으로 간주하였으나 장경희(1998: 284)에서는 이런 예야말로 '-겠-'의 핵심 의미인 '사유'가 문맥에 의해 굴절되지 않은 경우라고 본다. (6나)는 '가능'의 의미를 표현한다고 논의된 예로서 이 논의에서는 '-겠-'의 '가능'의 의미도 '사유'의 의미에 포함될 수 있다고 하였다. (6다)는 '추정'과 '의도'의 해석이 모두 가능한 예인데 역시 '사유'로는 잘 설명된다고 하였다.

'-겠-'의 의미의 근저에 '사유' 혹은 '생각'이 자리 잡고 있다는 주장은 매우 의미심장하다. 이는 범언어적으로 발견되는 인식 양태-의무 양태 다의성(epistemic-deontic modality polysemy)의 본질을 설명해 주는 논의이기도 하다.[8] 그러나 '사유'의 의미 속성은 '-겠-'의 의미의 차원으로 파악되어야 하는 것이 아니라 양태라는 범주 차원에서 다루어야 할 속성이라고 생각된다. '추정'과 '의도'가 '사유'의 일종인 것은 분명하지만 '사유'가 '-겠-'의 속성을 충분히 드러냈다고 보이지 않는다. '지금 비가 올 수도 있다.'에 사용된 '-을 수 있-'에서도 화자의 '가능성 판단', 즉 화자의 사유가 표현된다. 심지어는 양태적으로 무표적인 "그분은 훌륭한 선생님이야."라는 문장에서도 화자의 사유가 표현된다고 할 가능성이 있다. '-겠-'이 가진 '추정'과 '의도'의 속성이 문맥에서 도출되는 화용론적 의미에 불과한 것이라고 보기는 어렵다.

셋째, 기본 의미와 문맥의 상호 작용에서 문맥 의미가 도출되는 과정에 대해 설명이 불충분한 경우이다. 보조용언 구성 '-어지-'의 의미에 대한 손세모돌(1995: 255)의 기술을 예로 들어 보자. '-어지-'는 '피동',

8) 인식 양태 · 의무 양태 다의성에 대해서는 Sweetser (1990: 3장), 임동훈(2003: 142), 박재연(2006: 73) 참조.

'기동', '가능성' 등의 다양한 의미를 나타낸다. "그 아이가 가족에게 보내졌다."와 같이 '-어지-'가 타동사에 통합되면 '피동'과 관련한 기능을 발휘하고, "밝아지는 방안"과 같이 형용사에 통합되면 '기동'의 의미를 표현한다. "그 방에서 다 자지니?"에서처럼 자동사에 통합되면 '-어지-'는 '가능성'과 관련한 의미를 나타낸다(연재훈 1994, 우인혜 1997, 박재연 2007나).

손세모돌(1995)에서는 이러한 의미들을 모두 문맥 의미로 보고 '-어지-'의 기본 의미는 '변화'라고 주장한다. 그러나 '-어지-'가 타동사에 통합할 때 왜 '변화'가 '피동'으로 해석되는지, '-어지-'가 자동사에 통합할 때 왜 '말할이의 심리적 태도'를 나타내는지는 설명되어 있지 않다.[9] '변화'를 나타내는 우언 형식인 '-기 시작하-'가 타동사에 결합한다고 해서 피동의 의미를 나타내는 일은 없는 것을 감안하면 이러한 기술은 불충분한 것이다. 기본 의미에서 문맥 의미가 도출되는 과정을 명확히 설명할 수 있어야 할 것이다.

2.2. 통사 · 의미론적 비문법성과 화용론적 부적절성

2.1.에서는 문법 형식의 의미 기술에서 통사 · 의미론적 층위와 화용론적 층위의 구별이 반드시 필요함을 주장하였다. 이 절에서는 반대로 문법 형식의 의미 기술에서 통사론과 의미론, 그리고 화용론이 엄밀히 구별되지 않는 측면에 대해 논의한다. 논의를 위하여 비문법적인 문장을 표시하기 위한 부호인 '*'의 사용에 대해 생각해 보기로 한다.

Radford (1988/1990: 39)에서는 통사론적, 의미론적, 화용론적으로 기묘한 문장을 다음과 같이 구별한다.

---

9) 손세모돌(1995: 258)에서 '피동'을 문맥 의미로 보고 '변화'를 기본 의미로 보는 근거를 세 가지로 제시한다고 하였으나 그 내용은 '피동'을 '-어지-'의 기본 의미로 보았을 때의 문제점에 불과할 뿐 '변화'의 의미에서 '피동'의 의미가 어떻게 도출되는지에 대한 설명은 아니다. 유혜원(2000: 173)에서도 손세모돌(1995)에서 '-어지-'의 기본 의미와 문맥적 의미가 어떻게 관련을 맺는지 분명치 않으며 오히려 각각의 현상에 대하여 개별적 논의를 하고 있다고 비판한 바 있다.

(7) 가. *Killed Mary John.

나. John killed Mary, but she didn't die.

다. John killed stone.

(7가)는 영어에서 과거형의 동사가 문두에 오는 어순은 허용되지 않기 때문에 통사적으로 비문법적인 문장이다. (7나)는 모순을 표현하기 때문에 의미론적으로 부적격한 문장이다. (7다)는 화용론적으로 기묘한 문장이다. 이 문장은 돌이 살아 있었음을 전제하고 있으므로 이 문장은 돌이 살아 있는 개체로 다루어지는 동화의 문맥에서만 받아들일 수 있다. 생성문법에서는 통사적인 비적격성(ill-formedness)과 의미론적, 화용론적 비적격성을 구별하기 위해 비문 부호 '*'를 통사적으로 비적격인 표현에 국한하여 사용한다(조의연 1996: 478).

그러나 실제 언어학 논의에서 비문 부호는 통사론적인 비문에만 사용되지 않고 의미론적 비문에도 사용된다.

(8) 가. *철수가 진리를 먹었다.(임홍빈 · 장소원 1995: 198)

나. *명수가 내일 부산에 떠나도록 영수가 모레 표를 준비할 것이다.(한동완 1996: 119)

다. *John regret doing a useless Ph.D. because in fact he never did do one.(Levinson 1983: 194)

(8가)는 '먹다'의 선택 제약을 위반하여 의미론적으로 비적격한 문장이다.[10] (8나)는 한동완(1996: 119)에서 '-도록'이 이끄는 선행절이 후행절보다 선시적인 사건인 경우 비적격한 문장이 된다는 것을 보이기 위

10) 임홍빈 · 장소원(1995: 195)에서는 문장을 "원칙적으로 단어들이 결합되어 이룬 자립적인 통사적 구성으로 서술어가 요구하는 성분을 완전히 갖추어야 하며, 그 의미 관련이 온전해야 함과 동시에 발화 상황과 관련하여 화자가 의도하는 의미 내용을 전달할 수 있어야 한다."라고 규정하는데 이러한 파악에 의하면 의미론적으로 온전하지 못한 문장도 비문이라 할 수 있다.

해 든 예이다. '내일'과 '-도록' 그리고 '모레'의 의미론적 속성이 충돌하면서 만들어진 의미론적 비적격문이다. (8다)는 'regret'가 생성하는 사실성 전제가 후행절의 의미와 충돌하는 비적격문이다. 이러한 문장에 비문 부호를 사용하는 것은 언어학 논의에서 어느 정도 일반적이다.

그러나 화용론적으로 부적절한 문장에 비문 부호를 사용하는 경우도 많다.

(9) 누가 왔어요?/영희{가, *는} 왔단다. (유동석 1984: 50)

(10) (손자에게) *이거 네 형한테 드려라. (형이 5살짜리인 경우) (임홍빈 · 장소원 1995: 398)

(11) (꽃봉오리가 피어 오른 것을 보고) *꽃이 필걸. (이해영 1996: 152)

(12) 목기는 나무로 만든 {그릇이다, *그릇이구나.} (이익섭 2004: 200)

(9)는 보조사 '는'이 새로운 정보에는 사용되지 못함을 보여 준다. 그러나 "영희는 왔단다." 자체는 통사 · 의미론적으로 완전한 문장이다. (10)은 '드리-'가 표현하는 객체 높임의 성격을 보이기 위한 예이다. '드리-'가 단순히 객체가 주체보다 상위의 인물임을 표시하는 데에 그치는 것이 아니라 화자가 객체를 높이려는 의사를 가지고 있음을 표현한다는 것을 보여 준다. 이는 청자가 3살이고, 문장의 객체가 5살인 경우 사용하기에 부적절한 문장일 뿐 통사 · 의미론적인 비문은 아니다. (11)는 '-을걸'이 짐작의 근거가 제시되어 있는 상황에서 사용되기 어렵다는 것을 보여 주는 예문인데, 완전히 문법적인 문장이다. (12)도 마찬가지다. 목기가 나무로 만든 그릇이라는 것은 새로울 것이 없는 당연한 사실이므로, '-구나'가 사용되지 못하는 것이다. 이것은 세상사의 지식과 관련되는 화용론적인 문제이다.

그렇다면 통사 · 의미론적으로 문제가 없고 단지 화용론적으로 부적절한 문장에 비문 부호를 사용하는 것은 부당한 일일까? "*창 밖에 꽃을 피었어요."라는 형식이 가진 비문법성과 해당 문맥에서 "영희는 왔단다."가 부적절하게 쓰인 현상을 동일한 것으로 간주한 것은 온당치 못하다고 생각하기 쉽다.[11] 그러나 적어도 한국어의 문법 형식의 의미를 기술할 때 이 문제는 그리 단순하지 않다. 다음은 『표준국어대사전』에서 몇몇 문법 형식의 의미를 가져온 것이다.

(13) 가. '를': 동작이 미친 직접적 대상을 나타내는 격조사.
  나. '이나마': 어떤 상황이 이루어지거나 어떻다고 말해지기에는 부족한 조건이지만 아쉬운 대로 인정됨을 나타내는 보조사.
  다. '-구나': 화자가 새롭게 알게 된 사실에 주목함을 나타내는 종결 어미.

(14) 가. *영희를 밥을 먹는다.
  나. *영희가 최우수상이나마 받아 다행이다.
  다. *사과는 과일이구나.

(13가)는 격조사 '를'의 뜻풀이이다. 이 뜻풀이에 따르면 (14가)는 동작이 미친 대상이 아니라 동작의 주체에 '를'이 붙었기 때문에 비문법적인 문장이다. 이 문장의 문법성을 판단하는 데에 화자, 청자, 문맥 등, 화용론적 요소는 필요하지 않다. (13나)는 보조사 '이나마'의 뜻풀이이다. 이를 바탕으로 우리는 (14나)가 의미에 이상을 가진다고 판단할 수 있다. 그런데 이러한 판단에는 '최우수상'의 의미와 '이나마'가 가진 '부족하지만 아쉬운 대로 인정한다'는 의미가 서로 어울리지 않는다는 세상사의 지식이 필요하다.[12] '이나마'의 의미에는 이미 '상황'이라

11) Radford (1988)에서는 의미 · 화용론적으로 부적절한 문장에 대해 '!'를 사용하지만 '#'를 사용하는 논의도 종종 발견된다. 가령 Creider (1979: 6)은 "What did John do?"라는 질문에 대해 "#The artwork was done by John."이라는 대답이 부적절함을 보이기 위해 '#'를 사용하였다.

12) "영희는 장려상이나마 받아 다행이다."와 같은 문장은 전혀 이상을 가지지 않는데 이는 '장려상'이 일반적으로 상 중에서 낮은 단계라는 사실을 많은 사람들이 알고 있

든가 '화자의 판단'이라는 화용론의 요소가 포함되어 있다고 하겠다. (13다)에 따르면 (14다)는 거의 사용될 수 없는 문장이다. 사과가 과일의 한 종류라는 것을 화자가 새롭게 알게 되는 문맥을 상상하기 어렵기 때문이다.

위의 '이나마'와 '-구나'의 예에서 볼 수 있듯 한국어의 문법 형식 가운데에는 의미 내용에 이미 화용론적 요소가 들어가 있는 것이 적지 않다. 따라서 어떤 문법 형식의 의미 특성을 보이기 위해서는 그것이 어떤 문맥에서 적절하게 사용될 수 있고, 어떤 문맥에서 부적절한지를 보이는 것이 필수적이다. 그렇다면 통사 · 의미론적으로 부적절한 문장뿐 아니라 화용론적으로 부적절한 문장에도 비문 부호를 붙이는 것이 완전히 부당한 일은 아니다.

통사 · 의미론적 비문법성과 화용론적 부적절성을 지나치게 구별하는 일은 때때로 한국어 문법 기술에서 혼선을 초래하기도 한다. 한 예로 선어말어미 '-더-'의 의미 기술과 관련한 문제를 살펴보자. 기존의 논의에서 '-더-'는 주어의 인칭에 제약을 가진다는 사실이 지적되어 왔다.

(15) 가. *나는 운동장을 뛰더라.
　　나. *나는 예쁘더라.
(16) 가. 다른 사람은 뛰지 않는데 나만 운동장을 뛰더라.
　　나. 모인 사람 중에서 내가 제일 예쁘더라.

(15가, 나)는 '-더-'가 일인칭 주어와 함께 쓰일 수 없다는 이른바 '인칭 제약'을 보여 주는 예이다. 그러나 (16가, 나)의 문맥에서는 이러한 제약이 해소된다(고영근 1965/1989: 179, 김차균 1980: 77, 김영희 1980: 47 등). 이를 근거로 '-더-'의 인칭 제약은 엄밀한 통사론적 제약이 아니라 화용론적 제약에 불과하다고 논의되었다(한동완 1996: 87, Lee

---

기 때문이다.

1991: 289 등).

박재연(1999: 210)에서는 이러한 현상이 '-더-'의 의미 속성 가운데 '새로 앎'의 의미가 포함되어 있기 때문이라고 보았다. 즉 '-더-'는 화자의 지식 체계에 완전히 통합되지 않은 지식을 표현하기 때문에 자신의 지식 체계에 이미 안정적으로 통합되어 있는 화자 자신의 일에 대해서는 사용하기 어렵다. 다만 예문 (16가, 나)에서는 화자 자신의 일이지만 새로이 깨달은 정보를 표현하기 때문에 '-더-'를 사용할 수 있다.

그런데 (15가, 나)가 통사 · 의미론적인 비문이 아니라 화용론적으로 부적절한 문장에 불과하다고 해서, 다시 말해서 '-더-'의 인칭 제약이 화용론적 제약에 불과하다고 해서 이 현상을 부차적인 것으로 간주해도 될까?[13] 필자는 그렇지 않다고 생각한다.

(17) 가. *영희가 최우수상이나마 받아 다행이다.
　　나. (1등상은 최고상, 2등상은 대상, 3등상이 최우수상인 경우)
　　　영희가 최우수상이나마 받아 다행이다.

우리는 앞에서 '이나마'의 사전 뜻풀이를 근거로 (17가)가 의미에 이상을 가진다고 판정한 바 있다. 그러나 이 문장조차도 (17나)에서는 적절한 문장으로 사용될 수 있다. '이나마'가 '부족하지만 아쉬운 대로 인정하는 대상'만을 선행 요소로 가진다는 '제약'을 가진다면, 그것은 어디까지나 '화용론적인 제약'일 것이다. 그렇다고 해서 '이나마'가 가진 '부족하지만 아쉬운 대로 인정하는' 의미가 화용론적인 것이고, 통사의미론에서 다룰 필요가 없는 것은 아니다. '이나마'가 사용된 문장의 문법성을 판정하려면 화용론을 참고해야 하지만 그것은 '이나마'의 의미 내용에 상황이나 화자의 판단이라는 요소가 들어 있기 때문이다.

---

13) 한동완(1996: 81~87)에서는 '-더-'의 의미를 '인식시의 선시성'으로 파악하는데 '-더-'의 인칭 제약과 관련한 속성과 그 외 '-더-'의 양태적인 속성을 화용론적인 것이라 하여 '-더-'의 의미 기술에서 부차적인 사실로 간주한다.

요컨대 '-더-'의 인칭 제약이 통사 제약이 아니라 화용론적 제약에 불과하다고 해서, 그와 관련된 속성까지 통사 · 의미론 논의에서 제외하여서는 안 된다. 한국어 문법 논의에서 비문 부호를 엄밀하게 통사적인 비문에만 적용하기는 어려우며, 한국어 문법은 필연적으로 화자, 청자, 문맥 등의 화용론적 요소를 참조해야 하는 성격을 지녔음을 재확인한다.[14)]

3. 의미 · 화용론적 개념을 이용한 문법 형식의 의미 기술

3.1. 성분 분석

이 절에서는 어휘의미론에서의 성분 분석 이론이 문법 형식의 의미 기술에 어떻게 이용될 수 있는지를 보이고자 한다. 성분 분석 이론(Componential Analysis theory)은 프라그 학파 음운론의 구조주의적 방법을 의미론에 적용한 것이다. 구조주의 음운론에서는 각각의 음소의 성질을 분석하여 몇 가지 자질로 표시하고자 하였는데 성분 분석 이론은 단어의 의미도 이와 같은 자질(성분)로써 분석할 수 있다고 보았다.[15)]

성분 분석은 기본적으로 어휘 항목을 대상으로 한 것이기에 문법 형식의 의미는 성분 분석의 대상이 될 수 없다는 것이 일반적인 견해이다(이익환 1984: 79, 각주 44, 임지룡 1992: 52 참조). 가령 "영희가 밥을 먹는다."에서 조사 '을'은 선행 명사구가 '목적어'임을 표시할 뿐 다른 의미 기능은 없다고 여겨진다. 문법 형식의 의미는 고도의 추상화 과정을 겪은 것이므로 어휘 의미처럼 복잡하지도 않고 더 작은 의미 자질

14) 이렇게 볼 때 적어도 한국어에서 '화자, 청자, 문맥'은 화용론의 요소임과 동시에 통사 · 의미론의 요소이기도 하다. 이와 관련하여 조의연(1996: 487)에서는 '비문법성'이라는 의미 자체가 해당 문법 모형이 무엇인가에 따라 달라져야 한다고 주장한다. 가령 "We saw a man and the woman."이라는 문장의 용인성이 화용적 요소와 관계되어 있더라도, 기능주의 문법 모형 안에서는 문법 내의 담화 인지적 원칙에 의해 허용되지 않는 문장이므로 비문법적인 문장이라고 하였다.

15) 성분 분석 이론에 대해서는 이익환(1984: 77~89), 임지룡(1990), Saeed (1997: 9장) 등 참조.

로 분해되지 않는다고 생각해 왔다.[16] 그러나 문법 형식 중에도 의미가 비교적 복잡한 것이 있다.

(18) 가. 영희가 언제 집에 옵니까?
　　나. 내가 먹을 밥이 없네.
　　다. 원래 수원이 갈비가 유명하거든.

(18가)에서 '-습니까'의 의미 기능은 '문장 종결, 의문형, 합쇼체' 등 적어도 세 가지 범주에 걸쳐 있다. (18나)의 '-을'은 '관형사화'라는 통사적 기능과 '비현실'과 관련된 서법적 의미를 함께 표현한다. (18다)의 '-거든'은 화자가 예전부터 알고 있던 사실을, 그것을 모르는 청자에게 알려 준다는 복잡한 의미를 표현한다(박재연 2006: 236).

그렇다면 어휘 항목의 의미를 성분 분석하듯, 문법 형식의 의미를 성분 분석할 수는 없을까? 물론 성분 분석 이론은 사용되는 메타 언어의 의미가 다시 명료하지 않다든가, 해당 단어의 모든 의미를 포괄하지 못하든가 하는 문제와 무엇보다도 구조적으로 잘 짜여진 일부 어휘군에만 적용될 수 있다는 문제점 때문에(임지룡 1990: 26 참조) 최근 논의에서는 큰 주목을 받지 못하고 있다. 성분 분석의 방법이 모든 문법 형식의 의미 기술에 이용될 수 있다고 단언하기는 힘들지만 일부 문법 형식의 의미를 기술하는 도구로는 이용될 가능성이 있다.[17] 여기서는 보조사 '도, 까지, 조차, 마저'의 예를 들기로 한다.

(19) 너{도/까지/조차/마저} 대학에 못 갔구나.

---

16) 그래서 문법 형식은 전통적으로 허형식(empty word form)이라고 불리기도 하였다(Lyons 1995: 65, 71 참조).

17) 박재연(1999)에서는 인식 양태의 의미 속성의 체계를 설정한 후 '-더-, -네, -구나, -지, -거든'의 의미를 성분 분석과 유사한 방법으로 기술한 바 있다.

'도, 까지, 마저, 조차'는 공통적으로 '역동(亦同)'의 의미, 즉 선행 요소가 자매 항목이 있음을 암시한다(고영근 1976: 138). 그런데 '도'가 자매 항목을 전제하는 일반적인 형식임에 비해 '까지, 조차, 마저'에는 그 외의 의미가 덧붙여져 있다. 이들의 의미 차이는 다음과 같이 파악될 수 있다.

(20) 가. 도: [역동]
 나. 까지: [역동], [비기대]
 다. 조차: [역동], [비기대], [비예측]
 라. 마저: [역동] [마지막]

이들은 모두 [역동]의 의미를 공통적으로 표현한다. 그러나 '까지'와 '조차'가 선행 요소가 화자가 예측하지 못한 대상임을 적극적으로 표현하는 반면 '도'와 '마저'는 이 속성에 대해 무표적이다. 또한 '까지'는 가능성이 가장 적다 하더라도 화자가 기대할 수 있는 대상에 대해 쓰이지만 '조차'는 화자의 예상 목록에 없는 대상에 쓰인다(채완 1998: 133). 한편 '마저'는 자매 항목 중의 마지막 항목임을 표현한다. 다음 예에서 이를 확인해 보자.

(21) 가. 철수도 시험에 떨어졌구나. (그럴 줄 알았지/그럴 줄 몰랐는데.)
 나. 철수까지 시험에 떨어졌구나. (*그럴 줄 알았지/그럴 줄 몰랐는데.[18])
 다. 철수조차 시험에 떨어졌구나. (*그럴 줄 알았지/그럴 줄 몰랐는데.)
 라. 철수마저 시험에 떨어졌구나. (그럴 줄 알았지/그럴 줄 몰랐는데.)

18) 이는 '그럴 줄 알았다'는 문맥에서 "철수까지 시험에 떨어졌구나."가 사용되지 못한다는 뜻이다. 지면을 줄이기 위해 이렇게 표시한다.

(22) 가. 걔 외시{까지, *조차} 떨어졌대.

나. 사시, 행시는커녕 운전면허시험{까지, 조차} 떨어졌다.

(23) 작은 딸{도, 까지, 마저} 시집을 보내니 마음이 허전하다.

(21가~라)에서 보는 바와 같이 '도'와 '마저'는 철수가 시험에 떨어질 것으로 예상한 문맥에서나, 붙을 것으로 예상한 문맥에서나 모두 사용될 수 있다. 그러나 '까지'와 '조차'는 철수만은 시험에 붙을 것으로 예상했는데 그렇지 못한 경우에만 사용할 수 있다. 이는 '까지'와 '조차'가 [비기대]의 속성을 공유하고 있음을 말해 준다. 그런데 (22가, 나)를 보면 '까지'와 '조차'의 의미도 완전히 같지 않다. (22가)의 문맥에서는 '까지'는 가능하지만 '조차'는 사용되기 어렵다. '조차'가 사용되면 외무고시가 누구나 당연히 합격할 수 있는 쉬운 시험이라는 함축이 생성되는데, 이는 사법고시나 행정고시 못지않게 외무고시도 어려운 시험이라는 세상사의 지식에 부합하지 않는다. (22나)에서처럼 대부분의 사람들이 무난히 합격할 수 있는 운전면허시험에는 '조차'가 사용될 수 있다. 이는 '조차'가 '까지'와는 달리 화자의 예상 목록에 없는 대상을 취함을 말해 준다. 한편 '마저'는 '도, 까지'와는 달리 선행 요소가 자매 항목 중의 마지막 항목임을 표현한다.[19] (23)에서 '마저'를 사용하면 '마저'의 [마지막]이라는 의미 속성에 힘입어, "'작은 딸'이 출가시키지 않은 유일한 딸이다"라는 함축이 생성된다.

3.2. 전경과 배경

이 절에서는 화용론적 개념이 문법 기술에 어떻게 이용될 수 있을지 생각해 본다. 담화화용론에서의 전경(foreground)과 배경(background) 개념을 문법 기술에 이용하려 한 박재연(2007가)의 주장을 소개한다.

전경과 배경을 구별하는 것은 20세기 초반에 등장한 게슈탈트 심리

19) 이는 물론 '마저'에 어휘적 의미가 남아 있기 때문이다.

학의 '형상/바탕 정렬(figure/ground alignment)'을 근거로 한다.[20] 담화화용론에서는 정보를 그 기능에 따라 전경 정보와 배경 정보로 구별한다. 전경 정보는 이야기를 구성하는 주요 사건이나 실체, 또는 등장인물에 관한 정보로서 이야기를 추진시키는 의사소통 부담량(communicative dynamism)이 높은 정보이다. 배경 정보는 배경, 평가, 해설, 사소한 사건이나 등장인물 등에 대한 정보로서 이야기의 진전에 간접적인 역할을 하는, 의사소통 부담량이 낮은 정보이다. 화자는 배경 정보를 바탕(ground)으로 하고 전경 정보를 초점화하여 형상(figure)으로 두드러지게 표현함으로써 청자의 주의를 끌어들인다(Wallace 1982: 208, Givon 1984: 287~288, 정희자 2002: 30~33). 가령 "내가 어제 심심해서 서점에 나가 봤거든. 새로 나온 책 뭐 있나 보고 있는데 거기서 초등학교 친구를 만난 거야."와 같은 이야기에서 심심했다거나 서점에 갔다거나, 서점에서 책을 구경했다는 정보는 화자가 궁극적으로 전달하고자 하는 정보, 즉 우연히 초등학교 친구를 만났다는 정보를 전달하기 위한 예비적 정보에 불과하다. '초등학교 친구를 만났다'는 정보가 전경 정보라면, 나머지는 배경 정보이다.[21]

전경과 배경의 구별은 담화나 문장 차원뿐 아니라 단어의 의미에도 적용될 수 있다. 3.1.에서 살펴본 성분 분석 이론에서는 단어의 의미가 더 분석될 수 있다고 본다. 그런데 단어의 의미가 분석될 수 있다면 우리는 각각의 구성 성분의 지위가 완전히 동일하지 않을 수 있다는 가능성을 제기할 수 있다. 즉 해당 단어의 의미 성분 중에 더 부각되는 의미와 덜 부각되는 의미가 있을 수 있다. Cruse (2000/임지룡 · 김동환 역

20) 어떤 대상을 지각할 때 형상과 바탕을 구별하는 것은 인간의 주요한 인지 능력 중의 하나이다(Taylor 2002: 10). 인지언어학에서는 이를 화자가 세계를 언어로 개념화(conceptualization)하는 방식의 하나로 간주한다.

21) 텍스트뿐만 아니라 문장이 전달하는 정보에서도 전경 정보와 배경 정보를 구별할 수 있다(Cruse 2000/임지룡 · 김동환 역 2002: 111). 가령 "오늘 캐나다에 살고 계시던 우리 삼촌이 귀국하셨어."에서 전경 정보는 '삼촌의 귀국'과 관련한 것이고 '삼촌의 캐나다 거주'는 배경이다.

2002: 113)은 다음과 같은 예를 들어 어휘 항목의 의미에서도 전경 의미와 배경 의미를 구별할 가능성을 제시하였다.

(24) 가. Blonde: [HUMAN BEING, FEMALE, FAIR-HAIRED]
　　나. It wasn't a blonde that I saw.

영어 어휘 항목인 'blonde'는 (24가)에서와 같은 세 가지 의미 성분을 가진다. 그런데 (24나)의 문장에서 부정의 작용역 내부에 있는 것은 [FAIR-HAIRED]라는 성분뿐이다. (24나)의 화자는 어떤 여성을 보았으나, 그녀의 머리카락 색깔이 금색이지는 않았던 것이다. 이 논의에서는 이를 근거로 하여 [HUMAN BEING, FEMALE]의 속성은 배경이며, [FAIR-HAIRED]가 전경 속성이라고 주장한다.

박재연(2007가)에서는 전경 의미와 배경 의미의 구별을 문법 형식의 의미에 적용해 보았다. 한국어의 연결어미 중 '-으면서, -느라고, -고서, -자마자' 등의 연결어미는 전통적으로 '동시, 계기' 등 선행절과 후행절의 관계를 나타내는 의미를 나타낸다고 논의되었다. 그런데 이들 연결어미에서 상적인 특성을 기술한 연구도 있다(고영근 1986/1995: 244~245, 박소영 2003).

(25) 가. 영희는 집을 지으면서 틈틈이 책을 읽었다.
　　나. 영희는 집을 짓느라고 여행을 가지 못했다.
(26) 가. 영희는 집을 짓고서 여행을 갔다.
　　나. 영희는 집을 짓자마자 바로 여행을 갔다.

상의 관점에서 위 예를 검토하면, (25가, 나)의 '-으면서'와 '-느라고'는 집을 짓는 상황의 일부만을 조망한 것이고, (26가, 나)의 '-고서'와 '-자마자'는 상황의 끝점을 포함한 전 과정을 조망한 것이라는 차이를 확인할 수 있다. 이는 (26가, 나)는 집의 완성 여부에 대해서는 아무런 정보를 주지 않지만 (26가, 나)는 집이 완성되었음을 함의한다는 사실에서도 알 수 있다. 이러한 의미를 '미완결'과 '완결'의 상적 대립으로 파악할 가능성이 있다.

김성화(1990: 54)에서는 상적 기능이 있는 것으로 기술된 몇몇 연결어미들은 '의사 상의 형태'일 상 논의의 대상이 될 수 없다고 보았다. 필자 역시 '미완결'와 '완결'의 의미가 '동시, 이유, 선행, 계기' 등의 선후행절 관계 의미를 대신할 수 있는 것은 아니라고 본다. 가령 '-으면서'에 상적인 의미가 있다는 것을 인정한다 하더라도 '-으면서'를 사전에서 "미완결을 나타내는 연결어미"라고 기술하기는 어렵다. 또한 일반적인 한국어 화자에게 한국어에서 '미완결'을 나타내는 형식이 무엇이냐는 질문을 던졌을 때 '-고 있-'과 같은 형식을 지적할 것을 기대할 수는 있어도 '-으면서'라는 대답을 기대하지는 못한다.

이러한 직관은 '-으면서, -고서, -자마자' 등을 선택하는 화자의 의도가, '동시'나 '계기'의 선후행절 관계를 표현하는 데에 있지 '미완결'이나 '완결'의 상적 의미를 표현하는 데에 있지 않다는 것을 반영한다고 본다. 박재연(2007가)에서는 이 두 종류의 의미가 이들 연결어미의 의미로서 모두 유효하다고 보고, 이들이 전경 의미와 배경 의미의 관계를 가지고 있다고 주장하였다. 즉 이들 연결어미의 선후행절 관계 의미와 상적 의미 중 화자의 일차적 의사소통 의도와 직접 관련을 맺는 의미, 부각되는 의미는 선후행절 관계 의미이며, 상적 의미는 이에 비하면 화자의 일차적 의사소통 의도와 직접 관련을 맺지 않는 의미, 뒤서는 의미라고 보았다.

다른 문법 형식의 의미에서도 전경과 배경이 구별될 수 있다. 가령 기존의 논의에서 '-어서'는 '이유'의 연결어미로, '-으면'은 '조건'의 연결어미로 기술되어 왔다.

(27) 가. 비를 맞아서 옷이 젖었다.
　　나. 비를 맞으면 옷이 젖을 것이다.

박진호 · 박병선(1999: 4)에서는 (27가, 나)의 차이를 대조하면서, '-어서'는 '사실로서의 단언'을 나타내고 '-으면'은 '사실 판단의 유보'를 나타낸다고 보았다. 그러나 '사실성'과 '비사실성' 등의 서법적 의미가 '이유'나 '조건' 등의 선후행절 관계 의미를 온전히 대신할 수는 없다. '-어서'의 의미 기능을 '사실로서의 단언'을 나타내는 연결어미로, '-으면'의 의미 기능을 '사실 판단의 유보'를 나타내는 연결어미로 기술하는 것은 한국어 화자의 직관에 부합되지 않는다. 필자는 이때 '사실성'과 '비사실성'의 의미는 배경 의미로, '이유, 조건'의 의미는 전경 의미로 기술됨으로써 이들의 의미 기술이 더욱 정교해질 수 있다고 본다.

4. 결론

지금까지 문법 형식의 의미 기술과 관련한 통사론 · 의미론 · 화용론의 접면 현상을 다루어 보았다. 본론의 내용을 요약하면 다음과 같다.

2장에서는 통사론 · 의미론 · 화용론의 경계를 어떻게 규정할 것인가와 관련된 문제를 다루었다. 2.1.에서는 문법 형식의 의미를 기술할 때 기본 의미와 문맥 의미를 구별하는 문제를 생각해 보았다. 기본 의미와 문맥 의미가 분명히 구별되어야 한다는 것, 기본 의미로의 일반화가 정당하게 이루어져야 한다는 것, 문맥 의미는 기본 의미와 문맥의 상호 작용에서 도출 가능한 의미여야 한다는 것 등을 강조하였다.

2.2.에서는 통사 · 의미론적 비문법성과 화용론적 부적절성을 구별하는 문제를 다루었다. 한국어의 문법 형식의 의미에는 화자, 청자, 문맥이 이미 포함되어 있기 때문에 이 둘을 구별하는 것이 실제로 어려운 일임을 지적하였다. 어떤 문장이 그 자체로는 문법적이고 해당 담화에서 수용되기 어렵다고 해서 이러한 현상을 야기하는 문법 형식의 속성이 통사 · 의미적인 것이 아니라 화용적인 것에 '불과하다'고 해서는 안 된다고 주장하였다.

3장에서는 의미 · 화용론적 개념을 한국어 문법 형식의 기술에 이용하는 방법의 예를 들었다. 문법 형식의 기술에도 어휘 의미론의 성분 분석 방법이 적극적으로 도입될 수 있음을 보였고, 화용론의 전경과 배경 개념을 문법 형식의 기술에 이용할 수 있다고 주장하였다.

참고논저

고영근(1965), 현대국어의 서법체계에 대한 연구: 선어말어미의 것을 중심으로, 『국어연구』 15, 국어연구회. [“선어말어미에 기댄 문법범주”라는 제목으로 고영근(1989)에 실림, 143-224.]

고영근(1976), 특수조사의 의미 분석: '까지, 마저, 조차'를 중심으로, 『문법연구』 3, 문법연구회. [고영근(1989)에 실림, 126-140.]

고영근(1986), 국어의 시제와 동작상, 『국어생활』 6, 국립국어연구원. [고영근(1995)에 실림, 235-246.]

고영근(1989), 『국어 형태론 연구』, 서울대학교 출판부.

고영근(1995), 『단어 · 문장 · 텍스트』, 한국문화사.

고영근(1993), 『우리말의 총체서술과 문법체계』, 일지사.

국립국어연구원 편(1999), 『표준국어대사전』, 두산동아.

김성화(1990), 『국어의 상 연구』, 한신문화사.

김영희(1980), 회상문의 인칭 제약과 책임성, 『국어학』 10, 국어학회, 37-80.

김차균(1980), 국어 시제 형태소의 의미. 『한글』 69, 한글학회, 45-116.

남기심 · 고영근 · 이익섭 편(1975), 『현대국어문법』, 계명대학교 출판부.

노용균(1984), 국어 의문문의 통사와 의미. 서울대학교 대학원 언어학과 석사학위논문.

문숙영(2005), 한국어 시제 범주 연구, 서울대학교 대학원 박사학위논문.

박소영(2003), 연결어미의 관점 상 기능, 『형태론』 5: 2, 297-326.

박영순(1996), 『한국어 의미론』, 고려대학교 출판부.

박재연(1998), 현대국어 반말체 종결어미 연구, 『국어연구』 152, 국어연구회.

박재연(1999), 국어 양태 범주의 확립과 어미의 의미 기술: 인식 양태를 중심으로, 『국어학』 34, 국어학회, 199-225.

박재연(2006), 『한국어 양태 어미 연구』, 국어학총서 56, 태학사.

박재연(2007가), 문법 형식의 전경 의미와 배경 의미: '-으면서, -느라고, -고서, -자마자'의 의미 기술을 위하여, 『한국어 의미학』 22, 한국어 의미학회, 73-94.
박재연(2007ㄴ), 보조용언 구성 '-어지-'의 양태 의미에 대하여, 2007년 국어학회 여름학술대회 발표자료집, 145-158.
박진호(1994), 통사적 결합 관계와 논항 구조,『국어연구』123, 국어연구회.
박진호 · 박병선(1999), 서법의 정의 및 한국어 서법 범주의 체계화, 제19차 한국어학회 전국학술대회 발표요지, 1-6.
서정수(1977), "더"는 회상의 기능을 지니는가,『언어』2: 1, 한국언어학회. ["'더'와 회상시제: 종결법과 인용법의 '더'를 중심으로"라는 제목으로 서정수(1990)에 실림, 231-265.]
서정수(1990),『국어 문법의 연구』, 한국문화사.
손세모돌(1995),『국어 보조용언 연구』, 한국문화사.
신창순(1972), 현대 한국어의 용언보조어간「겠」의 의미와 용법,『조선학보』65. [남기심 외 편 (1975)에 실림, 145-163.]
우인혜(1997),『우리말 피동 연구』, 한국문화사.
유동석(1984), 양태 조사의 통보 기능에 대한 연구: '이', '은', '을'을 중심으로,『국어연구』60, 국어연구회.
유혜원(2000), '-아/어지다'의 의미기능 연구,『논항구조란 무엇인가』, 월인, 165-188.
윤석민(2000),『현대국어의 문장종결법 연구』, 집문당.
이기동(1976), 조동사의 의미 기술,『문법연구』3, 문법연구회.
이익섭(2004),『한국어 문법』, 서울대학교 출판부.
이익환(1985),『의미론 개론』, 한신문화사.
이정민(1973), The Korean Modality in the Speech Act, The University of Michigan Papers in Linguistics 1: 2. ["언어행위에 있어서의 양상구조"라는 제목으로 남기심 외 편(1975)에 국역되어 실림, 301-309.]
이해영(1996), 현대 한국어 활용어미의 의미와 부담줄이기의 상관성, 이화여자대학교 대학원 박사학위논문.
임동훈(2000),『한국어 어미 '-시-'의 문법』, 국어학총서 37. 태학사.
임동훈(2003), 국어 양태 체계의 정립을 위하여,『한국어 의미학』12, 한국어의미학회, 127-153.
임지룡(1990), 의미의 성분분석에 대한 종합적 검토,『국어교육연구』22, 경북대학교 사범대학 국어교육연구회, 101-131.
임지룡(1992),『국어의미론』, 탑출판사.
임홍빈(1997), 국어 굴절의 원리적 성격과 재구조화: '교착소'와 '교착법'의 설정을 제안하며, 『관악어문연구』 22, 서울대학교 국어국문학과. 93-163.
임홍빈 · 장소원(1995), 『국어문법론 1』, 한국방송대학교 출판부.
장경희(1985), 『현대국어의 양태범주 연구』, 탑출판사.
장경희(1998), 서법과 양태, 『문법 연구와 자료』, 태학사, 261-303.
정희자(2002), 『담화와 추론』, 한국문화사.
조의연(1996), 문법성과 문법관: 기능주의를 중심으로, 『어학연구』 32: 3, 서울대학교 언어교육원, 477-489.
채완(1998), 특수조사, 『문법연구와 자료』, 태학사. 115-138.
한길(1991), 『국어 종결어미 연구』, 강원대학교 출판부.
한동완(1996), 『국어의 시제 연구』, 국어학총서 24, 태학사.
Creider, C. A. (1979), On the Explanation of Transformations, *Syntax and Semantics 12: Discourse and Syntax.* Academic Press. 3-21.
Cruse, A. (2000), *Meaning in Language: An Introduction to Semantics and Pragmatics.* Oxford University Press. [임지룡 · 김동환 역(2002), 『언어의 의미: 의미 · 화용론 개론』. 태학사.]
Givon, T. (1984), *Syntax: A Functional-Typological Introduction Volume I,* John Benjamins Publishing Company.
Hopper, P. J. *ed.* (1982), *Tense-Aspect: Between Semantics & Pragmatics,* John Benjamins Publishing Company.
Lee, H. S. (1991), Tense, Aspect, Modality: A Discourse-Pragmatic Analysis of Verbal Affixes in Korean from a Typological Perspective, Ph. D. Dissertation, University of California Los Angeles.
Levinson, S. C. (1983), *Pragmatics,* Cambridge University Press.
Lyons, J. (1995), *Linguistic Semantics: An Introduction,* Cambridge University Press.
Radford, A. (1988), *Transformational Grammar: A first Course,* Cambridge University Press. [서정목 · 이광호 · 임홍빈 역(1990), 『변형 문법: 그 만남의 첫 강좌』, 을유문화사.]
Saeed, J. (1997), *Semantics.* Blackwell Publisher.
Sweetser, E. (1990), *From Etymology to Pragmatics,.* Cambridge University Press.
Talor, J. (2002), *Cognitive Grammar,* Oxford University Press.
Wallace, S. (1982), Figure and Ground: The Interrelationships of Linguistic Categories, in Hopper *ed. (1982)*, 201-223.

Yeon, J. H.(1994), Grammatical Relation Changing Constructions in Korean: A Functional-Typological Study. Ph. D. Dissertation, University of London.

한국어 어미 결합에서 나타나는 비합성적 의미 해석

1. 서론

이 논문은 '-겠네, -더구나, -던가요, -군요, -겠습니다, -었던가' 등의 한국어 어미 결합에서 비합성적 의미 해석이 발생하는 현상을 기술하고 이러한 현상에서 일정한 작동 방식(mechanism)을 찾아보는 것을 목적으로 한다.[1)]

복합적 언어 표현은 기본적으로 합성성의 원리(principle of compositionality)에 따라 의미가 해석된다. 즉 둘 이상의 구성 요소로 이루어진 언어 표현의 의미는 구성 요소의 의미와 구성 요소들의 결합 방식에 의해 결정된다. 합성성의 원리에 의하면 의미는 예측 가능하다.[2)]

그러나 합성성의 원리가 언제나 유효한 것은 아니다. 관용 표현, 비유 표현 등에서 의미가 비합성적으로 해석된다는 사실은 이미 잘 알려져 있다.[3)] 일반적인 합성어나 통사적 구성 역시 그 의미가 반드시 합

---

1) '요'는 어미가 아니라 보조사이다. '요'는 동사 어간에 직접 통합될 수 없기 때문에 결코 어미가 아니며 엄밀히는 '요'가 포함된 형식의 비합성성을 어미 결합의 비합성성으로 다룰 수 없다. 그러나 '요'는 조사로서는 상당히 특이한 존재이다. '요'의 가장 전형적인 출현 위치는 종결어미나 연결어미 뒤라는 점, 종결어미처럼 청자대우법에 관여한다는 점, 기원적으로 하오체 종결어미 '-오'를 포함한다는 점에서 '요'는 조사보다 어미와 더 가까운 면이 있다. 또한 '-던가요, -군요'에서 발생하는 비합성성에는 '-더-, -군, -은가'와 같은 어미가 관계되어 있으므로 이들을 편의상 어미 결합의 비합성성에서 함께 다루어 보고자 한다.

2) 합성성의 원리는 프레게(G. Frege)의 언명으로 알려져 있다. 합성성에 대해서는 Langacker (1987: 452~466), Taylor (2002: 6장), Cruse (2000: 4장), 김윤신(2013), 정한데로(2014나) 등 참조.

3) '비행기 태우다'는 관용 표현으로서 '과장되게 칭찬하다'의 의미를 가지는데 이러한

성적이지만은 않다.[4)]

(1) 가. 감기약, 설사약, 구두약, 모기약, 쥐약
나. 노후 보장, 생계 보장, 암 보장, 질병 보장

(1가)의 '감기약, 설사약'은 감기나 설사를 치료하는 약이지만 '구두약'은 구두를 치료하는 약이 아니다. '모기약'이나 '쥐약'은 모기나 쥐를 치료하는 약이 아니라 모기나 쥐를 죽이는 약이다. (1나)에서 '노후 보장, 생계 보장'은 '노후 혹은 생계를 보장함'을 의미하지만 '암 보장, 질병 보장'은 '암 혹은 질병을 보장함'의 의미가 아니다.[5)] 이러한 예에서 복합 표현의 의미는 구성 성분과 그 결합 방식으로 예측되지 않는다.[6)]

한편 조사나 어미와 같은 문법 형식의 결합은 합성적으로 해석되는 것이 기본이다. 가령 '부터는'은 '부터'와 '는'의 의미의 합으로 해석된다. '-으시겠다'의 의미는 '-으시-'와 '-겠-'과 '-다'의 의미의 합으로 결정

의미는 구성 성분의 의미의 합으로 설명되지 않는다. "그는 깊은 잠에 빠져들었다."에서는 '잠은 물이다'라는 은유가 사용되었고 "영문과가 제일 늦게 왔다."에서는 '영문과'로 '영문과 구성원'을 지시하는, 전체로 부분을 지시하는 환유가 사용되었다. 이러한 표현에서 전체 의미는 구성 성분의 의미의 합 이상이다.

4) 복합 명사의 의미 해석에서 나타나는 합성성 문제는 김광해(1982), 채현식(2003: 150~151), 이영길 · 김동환(2005), 황화상(2010), 김백기 · 강병창(2013), 정한데로(2014가, 나) 등 많은 연구에서 다루어졌다. 김광해(1982)는 복합 명사의 비합성적 해석에 대한 비교적 이른 시기의 논의이다. 이 논의에서는 '이빨내기, 호박마차, 토끼옷' 등의 예를 들면서 상황적 요인과 화자의 의도 없이는 이러한 단어의 의미가 결정되지 않는다고 지적하였다(김광해 1982/1995: 49). 최근의 정한데로(2014가, 나)에서는 복합어의 의미 해석이 비합성적이라는 주장을 재검토하면서 정합성과 합성성을 구별하여 합성성의 개념을 보다 넓게 이해하고자 하였다. 즉 합성성을 '구성 성분의 합'이 아닌 '구성 성분의 함수'로 이해하면 '국그릇(국을 담는 그릇), 가마꾼(가마를 메는 사람)'과 같은 복합어도 합성성을 준수한다고 주장한다. 이러한 견해를 따르면 '모기약, 쥐약' 등도 정합적이진 않지만 합성적인 것으로 보게 된다.

5) '암 보장'은 '피로 회복'과 같은 표현과 함께 규범을 중시하는 관점에서는 언어의 잘못된 사용이라고 볼 수도 있다. 그러나 이러한 표현이 일상적으로 무리 없이 통용되는 것이 사실이다.

6) Cruse (2000/임지룡 · 김동환 역 2002: 144)에서는 'tablecloth'는 테이블을 덮는 데 사용되고 'dishcloth'는 접시를 닦는 데 사용된다는 점을 예측할 수 있는 방법은 없다고 하였다.

된다. 조사와 어미는 통사적인 요소이므로 이들의 결합은 통째로 기억되는 것이 아니라 문장 산출 과정에서 온라인으로 연산되며 그 의미 해석도 합성적인 것이 일반적이다.

그러나 본고에서는 지극히 통사적으로 보이는 어미들의 결합에서도 비합성적 해석이 발견된다는 점을 주목한다.[7] 다음에서 '-었더-' 연쇄의 의미를 생각해 보자.

(2) 가. 아기가 밥을 먹더라.
　　나. 아기가 밥을 먹었더라.
(3) 가. 라스트 콘서트에서 주인공이 죽던가?
　　나. 라스트 콘서트에서 주인공이 죽었던가?(박재연 2008: 200)

(2가)의 '-더-'는 흔히 과거의 지각을 나타낸다고 기술된다. 그리고 (2나)와 같이 '-더-' 앞에 '-었-'이 통합되면 과거의 지각시를 기준으로 더 이전 사태의 흔적을 지각함을 나타낸다. 즉 (2가)는 아기가 밥을 먹는 장면을 직접 보았음을 의미하지만 (2나)는 빈 그릇 등 아기가 밥을 먹은 흔적을 지각하였다는 뜻이다. 이때 '-더-'의 작용역은 '-었-'을 포함하며 이러한 해석은 '-었더-'의 합성적인 의미라고 볼 수 있다.

그러나 '-었던가'의 어미 연쇄에서는 '-었더-'가 '흔적 지각'이라는 합성적인 의미 해석을 가지지 않는다. (3가)와 (3나)는 큰 의미 차이를 가지지 않으며 모두 과거에 지각한 사실을 회상하는 의미를 표현한다. 즉 이때의 '-었-'은 다소 잉여적이다. '-었-'과 '-더-'가 의문문에서 쓰일

7) 본고의 논의는 '-더라도, -느라고, -답시고, -다면서, -다고' 등 둘 이상의 형태소가 융합되어 하나의 기능을 하는 복합 어미에 대한 논의와 구별된다. 본고에서 논의하려는 '-겠네, -더구나, -던가요, -군요, -겠습니다, -었던가'는 하나의 어미로 간주될 만큼 독자적 의미 기능이 확립된 것은 아니지만 의미를 정교하게 분석해 보면 비합성성이 발견되는 경우이다. 물론 관습화가 진행되면 이러한 형태들이 복합 어미가 될 가능성이 있다. 본고에서 논의하는 어미 결합의 비합성적 해석 현상은 복합 어미의 형성과 같은 통시적 절차와 뚜렷이 구별되지는 않지만, 기본적으로는 공시적 현상이다.

때 비합성적인 해석이 발생하는 경우이다.[8)]

한국어 어미 결합에서 발견되는 의미의 비합성성에 대해서는 아직 본격적인 논의가 이루어지지 않은 듯하다. 다만 어미 결합이 어휘부에서 가지는 성격과 관련한 연구로 최석재(2012)와 정한데로(2012)가 주목된다. 최석재(2012: 4장)에서는 '-었다, -었던, -었습니다'와 같이 빈도가 높은 결합형 어미는 화자에게 하나의 의미 단위처럼 인식되면서 통사부에서 어휘부로 그 위치가 이전되었을 가능성이 높으며 그 의미에 있어서도 변화를 겪을 가능성이 높다고 하였다. 정한데로(2012)에서는 어휘적 복합어와 마찬가지로 조사나 어미의 복합 형태도 형성, 등재, 변화의 과정을 거칠 수 있음을 논의하였다. 지극히 통사적인 요소들의 결합이 한 덩어리로 행동할 가능성이 있다면 이러한 형식에서 비합성적 해석이 발생하는 것도 충분히 예상할 수 있다.

본고에서는 어미 결합에서 비합성적 해석이 발생하는 예로 '-겠네, -더구나, -던가요, -군요, -겠습니다, -었던가'의 어미 연쇄를 살펴보고자 한다. 2장에서는 어미 결합에서 발생하는 비합성적 해석의 작동 방식을 '활성 성분 현상, 빈자리 채우기 현상, 새 자리 찾기 현상'으로 나누어 살펴본다. 3장에서는 '-겠네, -더구나'의 결합에서 '활성 성분 현상'이 나타난다는 것을 지적한다. 4장에서는 '-던가요, -군요, -겠습니다'에서 나타나는 비합성적 해석을 '빈자리 채우기 현상'의 관점에서 검토한다. 5장에서는 '-었던가'에서 나타나는 비합성적 해석을 '새 자리 찾기 현상'의 관점에서 살펴본다. 6장은 결론으로서 논의를 요약한다.

2. 비합성적 의미 해석의 작동 방식

소위 형식주의 언어학에서는 언어학의 하위 부문이 모듈(module)을 형성한다고 보고 음운론, 통사론, 의미론 등에 각각 독립적인 원리

---

8) 이 현상에 대한 자세한 기술은 박재연(2008) 참조. 본고는 이 현상을 비합성적 해석의 관점에서 다시 설명하고자 한다.

가 관여한다고 보았다. 그러나 인지언어학에서는 은유(metaphor)와 환유(metonymy) 등 언어 전반에서 공통적으로 작동하는 인지적 원리가 존재한다고 가정한다(Evans & Green 2006/임지룡 김동환 역 2008: 30, Taylor 2002/임지룡 김동환 역 2005: 31, Saeed 1997/2009: 356 등 참조). 본고에서 제안하는 비합성적 의미 해석의 작동 방식인 '활성 성분 현상, 빈자리 채우기 현상, 새 자리 찾기 현상'은 모두 인접 의미로 이동하는 환유의 인지적 과정과 관련된다. 본고는 이러한 현상이 문법 형식에서뿐 아니라 어휘 형식에서도 발생하며 공시적 현상뿐 아니라 통시적 변화에서도 두루 나타난다고 본다. 2장에서는 주로 어휘 형식의 예를 들어 활성 성분 현상, 빈자리 채우기 현상, 새 자리 찾기 현상의 작동 방식을 살펴본다.

2.1. 활성 성분 현상

본고에서 제안하는 '활성 성분(active components) 현상'은 Langacker (1987: 271)의 '활성 지역(active zones) 현상'에서 착안한 개념이다.[9] 먼저 활성 지역 현상의 예를 보자.

(4) 가. John kicked the table. (Taylor 2002/임지룡 · 김동환 역 2005: 118)
나. I finally blinked. (Langacker 1987: 271)
다. This red pen isn't red. (Langacker 1987: 274)

(4가)의 동작주는 'John'이지만 'John'의 몸 전체가 탁자를 차는 사건에 관여하는 것은 아니다. 이 문장에서 활성화되는 부분은 John의

9) Langacker (1987)에서는 문장의 의미가 화자가 의도한 대로 해석되기 위해서는 합성성 원리 외에도 구성 성분의 개념 구조의 결합이 필요하다고 본다. 그리고 개념 구조가 결합할 때 각각의 개념적 구조는 다른 개념 구조에 의해 '조정(accommodation)'된다고 본다. 문장 의미 해석에서 발생하는 활성 지역 현상은 이러한 조정의 일종이다.

'발'이다. 또한 탁자 전체가 차임을 당하는 것도 아닐 것이다. 탁자의 상판보다는 탁자의 다리가 활성화될 가능성이 높다. 즉 'John'과 탁자의 각각의 개념 구조가 상호작용하면서 필요한 의미가 활성화된다. 이와 유사하게 (4나)에서 'I'의 지시대상 중 활성화되는 것은 '눈꺼풀'이다. (4다)가 모순 없이 해석될 수 있는 것은 앞의 'red'는 펜의 심을, 뒤의 'red'는 펜의 몸체를 활성화하기 때문이다.[10)]

Langacker (1987: 271)의 활성 지역 현상은 문맥에 따라 언어 표현이 지시하는 지시대상의 일부분이 활성화되는 현상이다. 이는 근본적으로는 환유의 인지적 원리에 기반한다(Radden & Kövecses 1999: 31, Taylor 2002/임지룡 · 김동환 역 2005: 120 참조). 가령 (4가)에서는 '탁자'로 '탁자의 다리'를 지칭하는 환유적 인지 과정이 발생한다.[11)]

그런데 지시대상이 아닌 의미의 개념적 국면에서도 이와 유사한 현상을 관찰할 수 있다.

(5) 가. 젤리슈즈, 초콜릿복근, 총알택시
　　나. 여우원숭이, 곰보빵, 국화빵

(5가)의 '젤리슈즈'는 '말랑말랑한 고무 재질의 신발'을 가리킨다. '젤

10) 활성 지역 현상은 Cruse (2000/임지룡 · 김동환 역 2002: 217)의 '부분적 풍부화(partial enrichment)'와도 통한다. 부분적 풍부화는 문맥에서 어떤 어휘 항목의 지시대상의 일부분만을 지시하는 현상이다. 이 논의에서는 "자동차가 펑크가 났다."에서 '자동차'는 '자동차의 타이어'를 가리키는 것이 일반적이라는 점을 지적한다.

11) 박재연(2014다)에서는 환유가 발생하는 인접성의 유형에 따라 '지시대상의 인접성에서 발생하는 환유', '개념적 인접성에서 발생하는 환유', '언어 표현에서 발생하는 인접성에 의한 환유'를 구별하였다. 이때 '지시대상, 개념, 언어 표현'은 Ogden & Richards (1923: 11)의 의미 삼각형을 기반으로 한다. 지시대상의 인접성에서 발생하는 환유는 지시대상의 일부가 전체를 지시하거나 지시대상 전체로 일부를 지시하는 환유 등을 말한다. 개념적 인접성에서 발생하는 환유는 상위어가 하위어를, 하위어가 상위어를 지시하는 환유 등을 말한다. 가령 "인간은 빵만으로 살 수 없다."에서 '빵'은 상위어인 '먹을 것' 전체를 가리킨다. 또한 '개강 총회'를 '개총'으로 줄이는 것과 같은 줄임말 표현은 언어 표현의 부분으로 언어 표현 전체를 나타내는데, 박재연(2014다)에서는 이를 언어 표현에서 발생하는 인접성에 의한 환유라고 보았다.

리'는 '달콤한 맛, 말랑말랑한 질감, 식용 가능' 등의 속성을 가지고 있지만 '젤리슈즈'는 '달콤한 신발'이나 '먹을 수 있는 신발'의 의미가 아니라 '말랑말랑한 신발'을 의미한다. '젤리'의 일부 의미 성분만이 활성화되는 것이다. '초콜릿'은 '달콤한 맛, 격자무늬 모양, 딱딱한 질감, 식용 가능' 등의 속성을 가지고 있다. 이 중 '초콜릿 복근'에서는 '격자무늬 모양'의 의미 성분만이 활성화된다.[12] '총알택시'에서는 '총알'의 모양이나 크기가 아닌 '빠르다'는 속성이 활성화된다. (5나)와 같은 명명은 '여우, 곰보, 국화'의 여러 가지 속성 중 각각의 모양의 성분만을 활성화한 것이다.[13]

이러한 현상은 지시대상의 일부가 활성화되는 현상이 아니라 의미 성분의 일부가 활성화되는 현상이다. 이를 본고에서는 언어의 개념적 국면에서 발생하는 '활성 성분 현상'이라고 규정하겠다. 활성 성분 현상 역시 전체로 부분을 지시하는 환유적 과정의 일종이다. 본고에서는 이러한 활성 성분 현상이 어미 결합과 같은 문법 형식들의 비합성적 해석에서도 발생한다고 본다.[14]

12) 초콜릿이 모두 격자무늬를 가지는 것은 아닌데도 '초콜릿 복근'이 이러한 의미를 가지는 점이 흥미롭다.

13) 황화상(2010: 70)에서 든 '다람쥐택시(다람쥐가 쳇바퀴를 도는 것처럼 일정한 구간만 왕복하는 택시), 개구리관광(개구리가 땅과 물에서 사는 것처럼 땅에서의 관광과 물에서의 관광을 함께 하는 과정)'에서도 '다람쥐'와 '개구리'의 일부 속성만이 활성화되는 활성 성분 현상이 나타난다.

14) Langacker (1987)의 활성 지역 현상이 지극히 정상적인 문장에서 나타나는 일반적인 현상이듯이, 활성 성분 현상도 합성어 등에서만 나타나는 예외적인 현상이 아니다. 박재연(2007나: 79, 각주 11)에서는 어떤 단어가 사용될 때 모든 의미 성분이 활성화되지는 않는다는 점을 지적하였다. 가령 '총각'은 [+성인], [+총각], [+미혼]의 의미 성분을 가지고 있지만 "저 머리 묶은 사람은 총각이 아니고 처녀야."에서 활성화되는 것은 '총각'의 의미 성분 중 [+남성]의 성분이다. 박재연(2007나)에서는 이때 활성화되는 의미 성분을 '전경 의미'라고 부르고 활성화되지 않는 의미 성분을 '배경 의미'라고 불렀는데 이때의 '전경 의미'는 본고의 '활성 성분'과 통하는 점이 있다. 또한 활성 성분 현상은 박재연(2014나: 132)에서 논의한 '의미 성분 삭제' 절차와도 관련된다. 의미 성분 삭제는 기존의 문법화 논의의 '탈색(bleaching)'을 가리키는데 '의미 성분 삭제'와 '탈색'은 활성 성분 현상이 통시적으로 관습화한 결과라고 하겠다.

2.2. 빈자리 채우기 현상과 새 자리 찾기 현상

어휘적 빈자리(lexical gap)는 어휘 체계상 있을 법한 단어가 존재하지 않는 현상을 말한다(임지룡 1992: 125~134). 가령 '강아지, 송아지, 망아지'가 있는 것을 미루어 보면 '돼지의 새끼'를 뜻하는 말도 있을 법한데 현대 한국어에 '돼지의 새끼'를 뜻하는 단어는 존재하지 않는다.[15] 이러한 빈자리는 '새끼 돼지'라는 구 표현으로 채워진다.[16]

빈자리 채우기 현상은 의미 변화의 방식으로도 간주될 수 있다. 규범적인 용법은 아니지만 재귀대명사 '자기'가 일부 상황에서 2인칭 대명사로 사용되는 현상은 일종의 빈자리 채우기이다.

(6) 가. (연인에게) 자기 오늘 영화 안 볼래?
　　나. (직장 동료에게) 자기는 오늘 회식 갈 거지?
　　다. (옆 반 동료 교사에게) 자기 반에 엄윤주라는 애 있잖아.

이러한 현상은 (6가)와 같이 연인 사이에서 특징적으로 발견되었으나 최근에는 직장 동료 등의 사회적 관계에서도 사용되는 듯하다. (6나, 다)와 같이 직함을 부르지 않아도 될 만큼 친근하지만 이름을 부르거나 '너'로써 지칭할 수 없는 직장 동료, 혹은 하급자에게 '자기'를 지칭어로 사용하는 현상을 관찰할 수 있다.[17] 한국어에는 이러한 상황에서 사용할 수 있는 2인칭 대명사가 없기 때문에 재귀대명사인 '자기'를 끌

---

15) '돼지'는 원래 돼지를 뜻하는 '돝'에 접미사 '-아지'가 결합한 '도야지'에서 온 말인데 '돝'이 세력을 잃으면서 '돝'의 자리로 '돼지'가 이동함으로써 '돼지의 새끼'를 뜻하는 자리가 빈자리로 남게 된 것이다(심재기 2000: 40, 윤평현 2008: 93).

16) 임지룡(1992: 130~134)에서는 빈자리 채우기가 외래어, 상위어, 하위어, 통사 요소에 의해 이루어진다고 하였다.

17) 필자는 초・중등학교 여자 교사들이 서로 '자기'라는 지칭을 사용하는 것, 대학 교직원 사이에서 (연인 사이가 아닌데도) 여자 상사가 남자 직원에게 '자기'라는 지칭을 사용하는 것을 들은 적이 있다. 최근에는 무술 감독 정두홍 씨(49세)가 영화 감독 류승완 씨(42세)를 '자기야'라고 부른다는 기사를 보았다(조선일보 2015년 8월 17일자 "'톰과 제리' 같은 천적… 서로 믿으니까 늘 도전하죠").

어다가 2인칭 대명사로 사용하는 것이다. 이는 체계상의 빈자리를 채우기 위해 인접 단어를 끌어다 쓰는 빈자리 채우기 현상이다. 이 경우 빈자리 채우기로 인해 '자기'의 의미 항목이 늘어나는 의미 변화가 발생한다.[18)]

한편 새 자리 찾기 현상은 존재 가치가 희미해진 요소가 독자성을 인정받을 수 있는 의미 영역을 개척해 나가는 현상이다. 한국어 단어 '세수(洗手)'를 예로 들어 보자. 중국어에서 '洗手[xǐshǒu]'는 당연히 '손을 씻다'의 의미로 쓰인다. 그러나 한국어에서는 '세수'가 '손을 씻음'이 아니라 '얼굴을 씻음'의 의미로 쓰여 '세면, 세안'과 유의어 관계에 있다.[19)] '손 씻기'에 해당하는 단어는 한자어는 물론이고 고유어에서도 아직까지 존재하지 않는 것을 보면 '세수(손 씻기)'라는 말이 명사로서 큰 존재 가치가 없었던 것으로 추측된다. 이에 따라 '세수'는 인접한 '얼굴 씻기'의 의미로 이동하여 자기 자리를 찾음으로써 존재 가치를 유지한 것이 아닌가 한다.

선어말어미 '-더-'의 역사적 변화는 새 자리 찾기 현상의 전형적인 예를 보여 준다. '-더-'는 본래 '과거 미완료'의 의미를 표현하여 과거 시제의 일부분을 담당하였으나 '-었-'의 등장으로 시제 체계에서 존재 가치가 줄어들게 되었다. 비슷한 상황에 처한 '-느-'가 쇠퇴의 길을 걸은 것과는 달리 '-더-'는 '새로 앎'과 '지각'이라는 양태 의미를 새롭게 획득하여 독자적인 의미 영역을 개척했다(구본관 외 2015: 333~334).

빈자리 채우기 현상과 새 자리 찾기 현상은 역사음운론 논의의 '잡아당기기 사슬(drag chain)'과 '밀어내기 사슬(push chain)'과도 흡사하

18) 재귀대명사가 2인칭 대명사로 전용되어 쓰이는 일은 한국어에서 반복적으로 발생하였다. 황문환(2001)에서는 '자네, 당신, 이녁, 자기' 등이 모두 재귀대명사에서 전용되어 2인칭 대명사로 쓰이는 단어라고 하였다.

19) 『표준국어대사전』에서는 '세수'를 "손이나 얼굴을 씻음"이라고 풀이하였다. 그러나 일상적으로 손을 씻는 데에 '세수'라는 말을 쓰는 일은 없는 듯하다. 참고로 일본어에서는 '顔を 洗う(얼굴을 씻다)'라고 하고 하거나 '洗面'이라는 명사를 사용하고 '세수'나 '세수하다'는 사용되지 않는다.

다.[20] 마르티네(A. Martinet)는 언어는 대칭적 음운 체계를 선호하며 일부 음 전이는 비대칭적인 덜 자연스러운 체계에 더 자연스러운 대칭성을 만들기 위해 일어난다고 보았다. 잡아당기기 사슬은 음운 체계에 빈자리(즉 비대칭성)가 존재하고 일부 음소의 조음이 그 빈자리를 메울 때 생겨난다. 이는 본고의 빈자리 채우기 현상의 과정과 거의 같다. 한편 어떤 음소 'x'를 화자가 조음할 때 그것이 다른 음소 'y'와 관련된 음운론적 영역을 침범하기 시작하면 'y'는 합류를 피하기 위해 'x'와 같은 방향으로 이동하기 시작한다. 이것이 밀어내기 사슬이다. 이는 본고의 새 자리 찾기 현상과 유사하다.[21] 유사한 원리가 음운과 의미라는 상이한 층위에서 작동한다는 것이 흥미롭다.

빈자리 채우기 현상과 새 자리 찾기 현상은 모두 개념적으로 인접한 의미로 의미가 이동하는 현상이라는 점에서 모두 환유의 인지적 과정과 관련된다. 본고는 이러한 현상이 어미 결합의 비합성적 해석에서도 발생한다고 본다.

3. '-겠네, -더구나'에서 나타나는 활성 성분 현상

'-겠네'는 '개연성 판단(추측)'을 표현하는 '-겠-'과 '새로 앎, 현재 지각'의 의미를 표현하는 '-네'가 결합한 것이다.[22] 장경희(1985)에서는

20) 이와 관련한 이하의 내용은 Jeffers & Lehiste (1979: 94)와 김주원(1990)을 참조하였다.

21) 다만 '새 자리 찾기 현상'은 어떤 요소가 다른 요소와의 합류를 피하기 위해 이동하는 것은 아니라는 점에서 밀어내기 사슬과 다르다.

22) 본고는 문법 형식의 의미도 어휘 형식처럼 성분 분석(componential analysis)될 수 있다는 관점을 취한다. 본고에서는 선어말어미 '-겠-, -더-, -었-', 종결어미 '-네, -군, -구나, -은가, -습니다', 보조사 '요'가 포함된 형식들을 다루는데 이 중 '-겠-, -더-, -네, -군, -구나'의 의미 기능에 대해서는 논자마다 조금씩 다른 견해를 가지고 있다. 본고에서 이들의 의미 기능을 다시 검토할 여유는 없으므로 일단 이러한 형식들이 다음과 같은 의미 성분을 가지고 있다고 가정한다(장경희 1985, 박재연 1999, 2006, 2014가, 송재목 2007, 임채훈 2008 등 참조). 이들은 세부적으로는 (좁은 의미의) 양태(modality), 증거(evidentiality), 내면화(assimilation, mirativity)의 속성들과 관련되는데 본고에서는 이들이 모두 넓은 의미에서 양태 범주로 간주될 수 있다고 본

'-겠네'가 짐작의 근거를 목격한 경우에 사용된다고 하였다. 즉 '-겠네'는 화자가 개연성 판단을 내리게 된 근거가 현재의 지각을 통하여 새로 알게 된 사태임을 표현한다.

(7) 전화가 고장 난 걸 보니 또 순이한테 전화 못 하겠네.(장경희 1985: 136)

(7)은 '전화가 고장 난 사태'를 '현재에 지각'하고서 '순이한테 전화를 못함'을 추측한다는 의미로 해석된다. '-겠-'의 의미 성분과 '-네'의 의미 성분이 온전히 발휘되므로 이때 '-겠네'는 합성적으로 해석된다고 할 수 있다.

그러나 화자의 지각 행위가 존재하지 않은 상황에서도 '-겠네'가 사용될 수 있다. 즉 순수한 추론에 의해 어떤 사실을 알게 됐을 경우에도 '-겠네'가 사용된다.

(8) 영희가 내년에 유학을 가면 철수는 혼자 남게 되겠네.

위의 (7)은 추측의 근거를 지각하고 판단을 내리는 상황이었지만 (8)에서는 추측의 근거가 화자의 순수한 추론일 뿐이다.[23] 이때 '-네'의

다. 단 종결어미인 '-네, -군, -구나'는 이러한 양태 의미 외에도 고유의 표현적 의미(expressive meaning)를 추가로 가지고 있다. 이에 대해서는 해당 어미를 다루는 과정에서 더 논의하겠다.

(가) '-겠-': 개연성 판단(추측) 혹은 의도
(나) '-더-': 과거 지각, 새로 앎
(다) '-네': 현재 지각, 새로 앎
(라) '-군': 추론, 새로 앎
(마) '-구나': 추론, 새로 앎

23) '개연성 판단'은 '인식 양태적 판단(epistemic judgement)'의 영역이지만 '추론'은 정보의 출처, 즉 증거 범주와 관계된다. '-겠-'은 '추측'을 나타내기 때문에 일반적으로 '추론'을 통한 정보에 사용되지만 반드시 그런 것은 아니다. '-겠-'이 표현하는 '추측'과 '-구나'의 '추론' 범주에 대한 의미론적 구별은 박재연(2014가: 239~242) 참조.

'현재 지각'의 의미는 활성화되지 않는다. '-네'의 의미 성분 '현재 지각'과 '새로 앎' 중에서 '새로 앎'의 의미만이 활성화되는 활성 성분 현상이 나타난다.

'-겠네'에 비해 '-더구나'에서는 활성 성분 현상이 더욱 확연하게 나타난다.

(9) 가. 네가 돌아왔다는 사실을 그 애가 알려주더구나.
　　나. 네가 돌아왔다는 사실을 그 애가 알려주더라.

'-더-'는 '과거 지각'과 '새로 앎'의 의미를 나타내고 '-구나'는 '추론'과 '새로 앎'의 의미를 나타낸다. 그러나 (9가)의 문맥은 화자의 '추론'과 무관하다. '-더구나'에서 증거(evidentiality) 범주와 관련한 '지각'의 의미와 '추론'의 의미가 충돌할 때 '-구나'의 '추론' 의미는 삭제된다고 볼 수 있다. 이 경우에는 증거 속성의 충돌이 발생하기 때문에 활성 성분 현상은 '-겠네'의 경우와는 달리 필수적으로 발생한다. 그 결과 (9가)는 '과거 지각'에 의해 '새로 알게 된' 사실을 표현한다.

그런데 (9가)에서는 '-구나'의 '새로 앎' 역시 의미론적으로 잉여적이다. '새로 앎'의 의미는 '-더-'로도 표현되기 때문이다. 결국 적어도 양태적인 면에서 (9가)는 '-더라'가 사용된 (9나)와 다를 바가 없다.

(9가)와 (9나)의 차이가 있다면 그것은 표현적 의미(expressive meaning)의 차이이다. '-더라'가 사용된 (9나)에 비해 '-더구나'가 사용된 (9가)는 다정하고 우호적인 느낌을 표현한다. 화자가 (9나) 대신 (9가)를 선택한 것은 '-구나'만이 가지고 있는 표현적 의미 때문이다. 요컨대 '-더구나'의 결합에서는 '-구나'의 '새로 앎', '추론'의 양태 의미와 '다정함'의 표현적 의미 중 표현적 의미만을 활성화하는 활성 성분 현상이 나타난다.

'-겠더구나'의 결합도 마찬가지다. '-겠더구나'와 '-겠더라'는 표현적 의미를 제외하면 의미 차이가 없다.

(10) 가. 내일은 비가 오겠더구나.

나. 내일은 비가 오겠더라.

(10가)와 (10나)는 동일한 상황에서 거의 유사한 의미로 사용될 수 있다. 이때 '-구나'에서 활성화되는 것은 표현적 의미뿐이다.

'-겠네, -더구나'의 예를 통해 어떤 어미의 의미가 모든 문맥에서 온전히 발휘되는 것은 아니라는 점을 알 수 있다.[24)]

4. '-던가요, -군요, -겠습니다'에서 나타나는 빈자리 채우기 현상

4.1. '-던가요'의 비합성적 해석

'-던가요'는 선어말어미 '-더-'에 '-은가'가 결합하고 다시 높임의 조사 '요'가 결합한 형식이다. 그런데 '-던가'와 '-던가요'는 '요' 유무 이상의 차이가 있다는 것이 본고의 관찰이다.[25)]

---

24) 활성 성분 현상이 둘 이상의 양태 어미가 결합될 때에만 나타나는 것은 아니다. 특히 양태적 기능을 하는 어미들 중에는 고유의 표현적 의미를 가지는 어미들이 많은데 어떤 어미는 그 표현적 의미만을 겨냥하여 사용되기도 한다. 가령 '-네'는 여성어 특유의 느낌을 표현한다. 그런데 '현재 지각, 새로 앎'의 의미가 필요하지 않은 맥락에서도 "오늘 남대문 시장에 다녀왔네요, 사람이 무척 많았네요."와 같이 '-네'를 사용하는 경우가 있다(박재연 2014가: 227). 이 경우 '-네'의 표현적 의미만이 활성화되는 활성 성분 현상이 나타난다. 그러나 이러한 예가 있다고 해서 '-네'가 '현재 지각'이나 '새로 앎'을 기본적 의미로 가지지 않는다고 볼 필요는 없다. 한편 종결어미 '-지'는 '-어'와 구별되는 유표적인 의미를 가지는데도 불구하고 '-어'를 사용하여도 되는 상황에서 '-지'를 사용하기도 한다. 가령 유치원 교사가 "여러분, 제가 지금 무슨 그림을 그렸지요?"라고 할 때 '-지'는 '-어'로도 교체될 수 있다. '-어'에 비해 '-지'는 좀더 부드러운 어감을 표현하기 때문에 그 표현적 의미를 겨냥하여 사용된 것으로 볼 수 있다.

25) '요'의 가장 전형적인 기능은 반말체 종결어미에 붙어 문장을 해요체로 만드는 것이다. 그러나 '요'는 반말체 종결어미는 물론이고 연결어미 뒤, 명사구 뒤, 문장 파편에도 붙을 수 있다. '요'가 어디에 붙건, '요'가 붙은 형식은 청자대우법상 해요체이다. '먹어'와 '먹어요'는 '요'가 표현하는 청자대우법을 제외하면 동일한 의미를 표현하며, '먹어요'의 의미는 '먹어'와 '요'의 의미의 결합으로서 합성적이다.

'-던가'와 '-던가요'가 어떠한 차이를 가지는지 알아보기 전에 먼저 평서문과 의문문에서 '-더-'의 양태 의미의 담지자[26]가 어떻게 바뀌는지를 살펴보자.

(11) 가. 창원에는 벚꽃이 3월에 피더라.
　　나. 창원에는 벚꽃이 3월에 피더냐?
　　다. (장인이 사위에게) 사돈어른께서는 잘 지내시던가?
　　라. 창원에는 벚꽃이 3월에 핍디까?

(11가)의 평서문에서 '-더-'는 당연히 화자의 지각을 표현한다. (11나)의 의문문의 '-더-'는 청자의 지각을 묻는 용법을 가진다. 하게체 의문형 종결어미 '-은가'가 사용된 (11다)의 '-더-' 역시 청자인 사위가 지각한 내용을 묻는다.[27] (11라)에서 보는 바와 같이 '-더-'가 기원적으로 포함되어 있는 하오체 의문형 종결어미 '-읍디까'도 마찬가지로 청자의 지각을 묻는다.

그런데 '-더-'와 반말체 종결어미 '-은가'가 사용된 의문문은 청자의 지각을 묻는 의문문이 아니다.

(12) 가. 창원에는 벚꽃이 3월에 피던가?
　　나. 근처에 약국이 없던가?
　　다. 종훈이가 당근을 안 먹던가?

이때의 '-던가'는 화자 스스로의 지각을 회상한다. 이는 '-은가'가 자문(自問)의 의문문을 이끄는 종결어미이기 때문이다.[28] 즉 '-은가'는

26) '양태 의미의 담지자'는 가령 '-더-'가 과거 지각을 표현한다고 할 경우 지각의 주체가 누구인가를 말한다(박재연 2006: 51). 일반적으로 어미가 표현하는 양태 의미의 담지자는 평서문에서 화자, 의문문에서는 청자가 된다.

27) 이때의 하게체 '-은가'는 본고에서 주목하는, '-던가요'에 사용된 반말체 '-은가'와 구별되는 형식이다.

일차적으로는 자기 자신을 청자로 삼아 질문하는 데 사용되는 종결어미이기 때문에 '-더-' 역시 화자 자신의 지각 행위를 표현한다. 따라서 '-던가' 의문문은 일반적인 양태 담지자의 전환을 겪지 않아 화자 자신의 회상을 의문으로 표시한다(박재연 2008: 203).[29)]

'-던가요'의 의미가 합성적이라면 '-던가'의 이러한 특성 역시 '-던가요'에서 유효해야 할 것이다. 그런데 '-던가'에 '요'가 결합되면 이러한 특성이 유지되지 않는다. 즉 많은 경우 '-던가요'는 화자가 아닌 청자의 지각을 묻는 의미로 사용된다.

(13) 가. 창원에는 벚꽃이 3월에 피던가요?
나. 근처에 약국이 없던가요?
다. 종훈이가 당근을 안 먹던가요?

'-던가요'가 합성적 해석이 아예 불가능한 것은 아니다. 가령 (13가)는 화자가 과거에 벚꽃이 피는 것을 보았던 일을 회상하는 자문을 존댓말로 표현하는 의미를 표현할 수도 있다. 그러나 (13가~다)의 의문문은 모두 청자의 지각을 묻는 것이 더 일반적이다.[30)] 가령 (13다)는 청자에게 '종훈이가 당근을 먹는지 안 먹는지를 보았는지'를 묻는다. 이렇게 해석될 때 '-던가요'의 의미는 '-던가+요'의 결합이 아니라 '-더냐+요'[31)]

28) 『표준국어대사전』은 반말체의 '-은가'에 대해 "(주로 '-은가 하다', '-은가 싶다', '-은가 보다' 구성으로 쓰여) 자기 스스로에게 묻는 물음이나 추측을 나타내는 종결 어미"라고 뜻풀이하였다. '-은가'가 모문의 종결어미로 쓰이는 것도 얼마든지 가능하기 때문에 이러한 뜻풀이가 정확하지는 않다. 그러나 '-은가'가 '자문'의 의미를 가지고 있다는 기술은 타당하다.

29) 이희자 · 이종희(1999: 182)에서는 "지나간 일을 회상하면서 스스로에게 묻는 형식을 취하여 상대방의 주의를 환기시키는 뜻을 나타냄"이라고 풀이하였다.

30) 이희자 · 이종희(1999: 183)에서는 '-던가요'를 "상대방이 한 경험을 회상하게 하여 그에 대해 물어 보는 뜻을 나타냄"이라고 풀이하였다. 백봉자(2009: 221)에서도 "청자가 과거에 경험한 행위의 진행을 회상하여 말하도록 질문하는 형식"이라고 기술하였다.

31) 물론 '*더냐요'는 형태론적으로 성립하지 않는다.

의 의미에 가깝다. 청자의 지각을 묻는 해요체 문장이기 때문이다.

이러한 비합성성이 발생한 동기는 무엇일까? 그것은 청자의 과거 지각을 물을 수 있는 해요체 의문문이 '-던가요' 외에 따로 존재하지 않는, 청자대우법 체계의 빈자리 때문이다. 청자의 과거 지각을 물을 수 있는 의문문은 위의 (11나~라)에서 본 바와 같이 해라체, 하오체, 하게체 형식만 존재하고 해요체, 하십시오체에서는 존재하지 않는다. 높임말로서의 하오체가 쇠퇴한 상황이므로 청자의 지각을 묻는 '-더-' 의문문은 높임말에서 나타날 수 없다. 이에 따라 합성적으로는 '화자의 지각을 묻는 자문의 해요체 의문문'을 표현해야 하는 '-던가요'를 '청자의 지각을 묻는 해요체 의문문'으로 '잡아당겨' 사용한다. 이는 '-더냐+요'의 의미에 해당하는 빈자리를 채우기 위한 비합성적 해석이다.[32]

4.2. '-군요'의 비합성적 해석

'-군요'는 반말체 종결어미 '-군'에 높임의 보조사 '요'가 결합한 형식이다. 그러나 '-군요'의 의미는 합성적이지 않다. 결론부터 말하면 '-군요'의 의미는 '-군'과 '요'의 의미의 합이 아니라 '-구나+요'에 가깝다.

먼저 '-군'과 '-구나'의 의미 차이에 대해 알아보자. '-군'은 전통적으로 '-구나'와 관련 있는 형식으로 다루어졌으며 '-군'을 '-구나'의 준말로 보는 경향이 있었다(한글학회 편 1991). 박재연(1999)에서는 '-군'과 '-구나'가 '새로 앎'과 '추론'의 의미를 공유하는 것으로 보았다. 이희자 · 이종희(1999)에서도 '-군'과 '-구나'는 '새롭게 인식된 사실에 대해 감탄하는 뜻을 나타내는' 의미를 공유한다고 보았다. 단 '-구나'와 '-군'은 모두 '낮춤'의 등급을 표현하지만 '-구나'와 달리 '-군'은 '요'와 통합할 수 있다. 따라서 청자대우법의 관점에서 '-구나'는 해라체, '-군'은 반말체로 간주된다.

---

32) 이러한 현상은 '-던가요'가 '-더-', '-은가', '요'의 순차적 결합이 아니라는 것을 말해준다. 즉 '-던가요'는 하나의 단위로 재구조화되어 한국어 화자의 심리적 어휘부에 존재할 가능성이 있다.

'-군'과 '-구나'가 기원적으로 관련됨에도 불구하고 현대 한국어의 실제 쓰임에서 '-구나'와 '-군'의 의미는 청자대우법 이상의 차이가 있다.[33)]

(14) 가. 꽃이 피는 건 힘들어도
지는 건 잠깐이더군
골고루 쳐다볼 틈 없이
님 한번 생각할 틈 없이
아주 잠깐이더군(최영미,「선운사에서」1연)

나. 꽃이 피는 건 힘들어도
지는 건 잠깐이더구나
골고루 쳐다볼 틈 없이
님 한번 생각할 틈 없이
아주 잠깐이더구나

(14가)의 시에는 종결어미 '-군'이 반복적으로 사용되었다.[34)] (14가)의 '-군'을 (14나)와 같이 '-구나'로 바꾸어 보면 '-군'과 '-구나'가 상당히 다른 어감을 표현한다는 사실을 쉽게 발견할 수 있다. 이 차이는 적어도 반말체와 해라체의 차이 이상이다.

구현정(1995: 60)에서는 '-구나'와 '-군'의 차이가 청자와 관련되어 있다고 본다. 직접적이든 간접적이든 청자를 대화에 참여시키고 청자를 의식하는 경우에는 '-구나'가 쓰이지만 청자를 배제하는 상황에서는 '-군'이 쓰인다고 하였다. 박재연(1998: 124)에서는 '-군'이 '이성적이고 단호한 서술'에 사용되고 '놀람'에 잘 쓰일 수 없다고 한 바 있다. 이익섭(2003: 177~178)에서는 '-군'이 '-구나'에 비해 혼잣말의 특성을 지니

33) 현대 한국어에서 해라체와 반말체의 청자대우법적 차이가 일부 맥락을 제외하고는 사실상 중화된 것이 '-군'과 '-구나'의 의미 분화의 주요한 원인일 것이다.

34) 이익섭(2003: 178)에서도 이 시를 인용하여 '-군'과 '-구나'의 차이를 부각한 바 있다.

는 때가 많다고 하였다. 장경현(2010: 179)에서는 "참 아프겠구나."와 "참 아프겠군."을 비교하여 전자는 위로가 되지만 후자는 다소 야속하게 들린다고 하고 '-군'이 화자 지향성이 강하기 때문이라고 하였다.[35)]

요컨대 '-군'과 '-구나'는 '새로 앎'과 '추론'의 양태 의미를 공유하면서도 표현적 의미에서 상당한 차이가 있다. '-군'은 청자를 배려하지 않는 단호한 독백의 어감을 가지는 반면 '-구나'는 다정하게 청자를 배려하는 표현적 의미를 가진다.

그런데 '-군'에 '요'가 통합되면 '-군'이 가진 다소 부정적인 어감이 거의 사라진다.

(15) 가. 학생이 참 힘들었구나.
나. 학생이 참 힘들었군.
다. 학생이 참 힘들었군요.

장경현(2010: 179)에서 지적한 바와 같이 (15나)는 (15가)에 비해 청자를 배려하고 공감하는 느낌이 없어서 야속하게 들릴 수 있다. 그러나 '-군요'가 쓰인 (15다)는 '-군'의 부정적인 어감을 전혀 가지지 않는다.

'-구나'와 '-군'은 공통적으로 '감탄'의 뜻이 있다고 사전에 풀이되어 있다. 그러나 갑작스러운 '놀람'의 상황에서 '-군'으로는 '-구나'만큼 화자의 고조된 감탄이 충분히 표현되지 않는다.

(16) 가. 아이고, 우리 딸 드디어 합격했구나!
나. 아이고, 우리 딸 드디어 합격했군!
다. 우와, 따님이 드디어 합격하셨군요!

35) 이때 화자 지향성은 청자를 배제한 독백의 성격을 나타낸 것으로 이해할 수 있다.

(16가)와 동일한 상황에서 (16나)로는 감탄이 충분히 표현되지 않는다. 그런데 '-군요'가 사용된 (16다)는 이러한 상황에서 사용되기에 부족함이 없다.

또한 '-군'은 '-구나'와 달리 유사의문문에 사용되는 것이 조금 어색한데,[36] '-군요'는 지극히 자연스럽다.

(17) 가. 아, 네가 인숙이 아들이구나?

나. ?아, 네가 인숙이 아들이군?

다. 아, 인숙이 어머님이시군요?

(18) 가. 너 지금 춥구나.

나. ?너 지금 춥군?

다. 언니 지금 추우시군요?

(17)에서 '-구나'와 '-군요'는 자연스럽게 쓰이지만 '-군'은 그리 자연스럽지 않다. (18)에서도 '-군'은 조금 부자연스럽다. '-군'이 쓰인 문장은 기본적으로 독백적이어서 유사의문문에 사용되는 것이 약간 어색하지만 '요'가 통합되면 더 이상 독백의 성격을 가지지 않기 때문에 유사의문문에서도 자연스럽게 사용되는 것이다.

요컨대 '-군요'의 '-군'은 단독으로 쓰인 '-군'보다는 오히려 '-구나'에 가깝다. '-군요'는 청자를 고려하는 표현으로서 '-구나'와 비슷한 특성을 보이며 '-구나'의 해요체 대응 형식으로 사용된다. '-군요'는 '-군+요'의 의미의 합으로 해석되지 않는다는 점에서 비합성적 해석을 보인다고 할 수 있다.

그렇다면 왜 이러한 비합성적 해석이 발생하게 되었을까? 기본적으로 '-군'의 독백적 성격이 '요'의 높임 자질과 충돌한다는 점도 영향을

36) 박재연(2005: 3장)에서는 "이제 같이 놀기도 어렵겠네?"와 같이 상향 억양을 가지면서 청자의 확인을 요구하는 문장은 엄밀히는 의문문이 아니라 평서문이라고 보고 이를 유사의문문(pseudo-interrogative)이라고 불렀다.

미쳤을 것으로 생각된다. 그러나 가장 중요한 이유는 표현적 의미를 포함한 '-구나'의 온전한 의미를 유지하면서 상위자에게 사용될 수 있는 높임말이 없다는 것이다. '*-구나요'의 결합이 불가능하기 때문이다.

'-구나'는 구어에서 상당히 비중이 높은 어미이기 때문에 실제 담화 상황에서 '-구나'의 양태 의미와 표현적 의미를 보전하면서 높임말로 표현할 형식이 필요하다. 따라서 인접한 형식인 '-군요'를 '잡아당겨서' '-구나+요'의 의미에 해당하는 체계상의 빈자리를 채우는, 빈자리 채우기 현상이 나타난다.[37] 결과적으로 낮춤 화계에서는 '-구나', 높임 화계에서는 '-군요'가 쓰이는 것으로 역할 분담을 하게 된다.[38]

4.3. '-겠습니다'의 비합성적 해석

'-겠습니다'는 '의도'의 '-겠-'과 하십시오체 종결어미 '-습니다'가 결합한 형식이다.[39] 그런데 이때의 '-겠습니다'는 단순히 '화자의 의도를 하십시오체로 표현하는' 것이 아니라 '약속'에 가까운 의미로 사용된다(박재연 2013: 271, 각주 31).

(19) 가. 제가 크면 이곳에 꼭 좋은 집을 짓겠습니다.
나. 내가 크면 이곳에 꼭 좋은 집을 {짓겠다, 짓겠어, 짓겠어요}.

(19가)를 (19나)와 비교해 보면 청자대우법 이상의 차이가 있음을 알 수 있다. (19가)는 약속형 어미가 사용되지 않았음에도 불구하고 청

37) 최근의 이미지(2015: 44)에서는 '-구먼'과 '-구만'의 의미를 비교하였다. '-구먼'과 '-구만'이 의미와 용법에서 상당한 차이가 있음에도 불구하고 '-구만요'는 '-구먼요'의 의미와 다르지 않다고 한 점을 눈여겨볼 만하다. 이 현상 역시 '-구만'에 '요'가 통합하면서 비합성적 해석이 발생하는 경우이다.

38) '-구나'와 '-군'이 하나의 형식에서 분화된 것이 사실이라면 '-군요'의 '-군'은 '-구나'와 분화되기 이전의 '-군'의 의미를 보존하고 있는 것으로 볼 수도 있다. '-구나'와 '-군'의 통시적 관계에 대해서는 본고에서 다루지 못한다. 그러나 적어도 공시적으로는 '-군요'가 '-구나+요'의 빈자리를 채운다고 기술할 수 있다.

39) 이때의 '-겠-'은 인식 양태적인 '개연성 판단(추측)'을 표현하는 '-겠-'이 아니라 '의도'를 표현하는 '-겠-'이다.

자에 대한 약속을 표현한다. 이때의 '짓겠습니다'는 약속 표현인 '지을게' 혹은 '지을게요'의 하십시오체 표현에 해당한다.[40] 그러나 (19나)는 청자가 그 행위를 어떻게 생각하는가는 상관없이 화자의 의지나 의도를 표명할 뿐이다.[41]

'-겠습니다'가 단순한 의도 표현이 아니라 '-겠-'과 '-습니다'의 의미의 합 이상이라는 것은 '-겠습니다'를 '-을 것입니다'와 비교해 보아도 확인할 수 있다. '-겠-'은 '-을 것이-'와 많은 의미를 공유하여 서로 넘나들며 쓰일 수 있는 맥락이 많다. 그러나 하십시오체의 '-겠습니다'와 '-을 것입니다'는 상당히 다른 의미를 표현한다.

(20) 고시만 합격하면 누가 뭐래도 나는 영자와 {결혼하겠어, 결혼할 거야}.

(21) 가. 고시만 합격하면 누가 뭐래도 저는 영자와 결혼하겠습니다.
나. 고시만 합격하면 누가 뭐래도 저는 영자와 결혼할 겁니다.

(22) 가. (해외에 있는 대학원생이 지도교수에게) 귀국하면 바로 선생님을 찾아뵙겠습니다.
나. (해외에 있는 대학원생이 지도교수에게) *귀국하면 바로 선생님을 찾아뵐 겁니다.

반말체 문장인 (20가)의 '-겠-'과 '-을 것이-'는 모두 의도나 의지를 표

---

40) '-겠습니다'가 '약속'을 표현하기도 하지만 '-을게' 역시 '약속'이 아닌 단순한 의도 표현으로 쓰이기도 한다(박재연 2013: 265). "(버스 안에서) 기사님, 저 내릴게요."와 같은 예가 그것이다. '-겠습니다'와 '-을게'의 연관성에 대해서는 좀더 복잡한 문제가 있지만 본고에서는 더 들어가지 않는다.

41) '약속'은 '의도'의 의미 성분에 청자가 그 행위를 바람직하게 생각한다는 것과 화자가 그 행위에 대해 의무를 가진다는 의미 성분이 추가된 것이다. 박재연(2013: 264)에서는 Searle (1969: 63)의 '약속'의 의미론적 규칙을 바탕으로 '의도'와 '약속'의 의미를 다음과 같이 성분 분석하였다.
(가) 의도: [화자의 행위], [화자는 행위를 실현하고자 하는 의지를 가짐]
(나) 약속: [화자의 행위], [화자는 행위를 실현하고자 하는 의지를 가짐], [청자는 화자의 행위를 바람직하게 생각함], [화자는 행위의 수행에 대한 의무를 짐]

현하여 유사한 맥락에서 교체될 수 있다.[42] 그러나 '-겠습니다'와 '-을 것입니다'는 상당히 다르다. (21가)는 예비 장인에게 하는 약속으로 더 적합하고 (21나)는 결혼을 반대하는 자신의 부모에게 하는 의지 표명으로 더욱 적합하다.[43] 마찬가지로 약속이 표현되어야 하는 (22가)의 상황에서 (22나)는 적합하지 않다.[44] 요컨대 단순한 의도를 표현하는 '-을 것입니다'와는 달리 '-겠습니다'는 '약속'의 비합성적 의미를 표현한다고 볼 수 있다.

박재연(2013: 271, 각주 31)에서는 '의도'의 '-겠-'이 청자가 바람직하다고 생각하는 행위에 빈번히 쓰이면서 함축의 관습화 과정에 의해 약속과 유사한 의미를 획득하게 되었다고 보았다. 그렇다면 왜 약속의 맥락에 이러한 의도 표현이 빈번히 사용되게 되었을까? 그것은 한국어 종결어미 체계에 하십시오체 약속형 종결어미가 없기 때문이다. 약속형 형식은 해라체, 반말체, 해요체에서만 존재한다.

(23) 가. 내가 가마.
　　나. 내가 갈게.
　　다. 제가 갈게요.

(23가~다)는 차례로 약속을 나타내는 해라체, 반말체, 해요체 형식을 보인 것이다. 그러나 격식을 갖춘 높임을 나타내는 하십시오체를 써야 할 상황에서 쓸 수 있는 약속형은 존재하지 않는다.[45] 따라서 의

42) '-겠-'이 보다 즉각적인 결심과 관계되고 '-을 것이-'는 이미 결심이 있는 상황과 관련된다는 차이점이 있기는 하다. 이는 영어의 'will'과 'be going to'의 차이와도 유사하다.

43) '-겠습니다'의 합성적 해석이 전혀 불가능한 것은 아니다. (21가) 역시 결혼을 반대하는 부모에게 의지를 표명하는 표현으로 사용될 수 있다. 그러나 '-을 것이-'에 비해 훨씬 덜 자연스럽다.

44) 이러한 현상은 기존의 논의에서 '-겠-'의 공손성과 관련하여 다루어졌으나 모든 맥락의 '-겠-'이 공손함을 표현하는 것은 아니라는 점에서 재고의 여지가 있다. "이건 제가 하겠어요."는 "이건 제가 할게요."에 비해 그리 공손하지 않다.

45) "제가 일을 맡아 하오리다."와 같은 예의 '-오리다'가 하십시오체의 약속을 나타내지

미상 인접한 의도 표현인 '-겠습니다'를 '잡아당겨서' 하십시오체 약속형의 역할을 맡기는 것이다.[46] 이는 하십시오체 약속형 종결어미의 빈자리를 '-겠습니다'로 채우는 빈자리 채우기 현상이다. 반면 해라체나 반말체를 쓸 수 있는 낮춤 상황에서는 '-을게'가 약속형 어미로 존재하기 때문에 '-겠어'나 '-겠다'를 약속의 상황에서 쓸 필요가 없다.

5. '-었던가'에서 나타나는 새 자리 찾기 현상

'-었던가'는 '-었-', '-더-', '-은가'가 결합한 형식이다. '-었-'은 과거 시제를 표현하고 '-더-'는 '과거 지각'과 '새로 앎'의 의미를 가진다. 그리고 서론에서 잠시 살펴보았듯이 '-었-'과 '-더-'가 결합되면 더 이전 사태의 흔적을 과거에 지각하는 의미를 표현한다.

(24) 가. 아기가 밥을 다 먹더라.
　　나. 아기가 밥을 다 먹었더라.
　　다. 아기가 밥을 다 먹었더냐?

(24가)는 아기가 밥을 다 먹는 사태를 직접 본 후에 할 수 있는 발화이다. 그러나 (24나)는 아기가 밥을 먹은 사태를 본 것이 아니라 다 먹은 흔적인 빈 그릇 따위를 보고 하는 말이다. 지각 시점보다 더 이전의 사태에 대한 지각은 보통 그 흔적을 통해 이루어지기 때문이다. 한편 의문문인 (24다)는 아기가 밥을 다 먹은 흔적을 지각하였는지를 청자에게 묻는다.

만 이는 예스러운 표현으로서 일상어에서 쓰이지 않는다. '-오리다'의 존재를 일깨워 주신 심사위원 선생님께 감사드린다.

46) 어미가 비합성적으로 해석되는 것이 관습화되면 하나의 어미처럼 기능하게 된다. 채숙희(2011)에서는 '-겠다고'가 '-겠-', '-다', '-고'의 통사적 결합이 아니라 '목적'의 연결어미처럼 기능하는 현상을 지적한 바 있다. '-겠다고' 역시 비합성적 해석에서 이러한 변화가 시작되었을 것이다. 그러나 '-겠습니다'는 합성적으로 해석되는 문맥이 전혀 없지는 않으므로 아직 하나의 어미라고 보기 어렵다.

'-었더라'의 '-었-'의 기능은 여전히 과거 시제 표시지만 이때의 '과거'는 '-더-'의 지각 시점을 기준으로 한 과거라는 점을 유의할 필요가 있다. 아기가 밥을 다 먹은 사태는 '-더-'의 지각 시점보다 더 이전이다. 즉 이때 '-더-'는 "아기가 밥을 다 먹었-"이라는 과거 사태를 대상으로 한 지각을 표현하며 '-더-'는 '-었-'으로 하여금 지각 시점을 기준시로 한 상대시제 과거로 해석되게 한다. 이렇듯 '흔적 지각'을 나타내는 (24나, 다)의 '-었더-'의 의미 기능은 '-었-'과 '-더-'의 합으로 설명될 수 있다.

그런데 '-었더-'가 비합성적인 해석을 가지는 경우가 있다. '-었던가'의 '-었더-'는 '-었더라'의 '-었더-'와는 성격이 다르다.

(25) 가. 라스트 콘서트에서 주인공이 죽었던가?
나. 라스트 콘서트에서 주인공이 죽던가?

(25가)와 같이 '-었더-' 연쇄가 '-은가'와 통합하면 '-었더-'는 흔적 지각 용법을 가지지 않는다. 앞의 4.1.의 예문 (12)에서 본 바와 같이, '-더-'가 자문의 '-은가' 의문문에 사용되면 '-더-'는 화자 자신의 과거의 지각 행위를 회상하여 자문하는 데에 이용된다. 따라서 (25가)가 합성적으로 해석된다면 '주인공이 죽은 흔적을 보았는지'를 자문하는 의문문이어야 한다. 그런데 (25가)는 주인공이 죽은 흔적을 보았는지를 묻는 것이 아니며, 이 문장의 의미는 '-었-'이 없는 (25나)의 의미와 크게 다르지 않다(박재연 2008: 200~201).

위의 합성적인 '-었더-'에서 '-었-'이 '-더-'의 지각시를 기준으로 한 상대시제 과거로 해석되는 것을 보았다. 그러나 '-었던가'의 '-었-'은 '-더-'에 영향 입음 없이 절대시제적으로만 해석된다. 위의 (25)에서 '-었-'의 통합이 잉여적으로 느껴지는 것은 이 때문이다. '-더-'가 사용되면 '-었-'이 따로 사용되지 않아도 사태가 대부분 과거에 위치 지어지므로 '-었-'이 없어도 과거 사태를 표현할 수 있다.47)

그렇다면 이때의 '-었-'은 아무런 문법적 기능을 하지 않는 것일까?

'-었던가'와 '-던가'가 모든 문맥에서 완전히 같은 의미를 가지는 것은 아니다.[48]

(26) 가. 비행기가 내일 떠나던가?
　　나. *비행기가 내일 떠났던가?
(27) 가. 영희가 지금 안국동에 살던가?
　　나. *영희가 지금 안국동에 살았던가?

(26나)에서 볼 수 있듯이 '-었던가'는 '-던가'와는 달리 미래 사태에 쓰일 수 없고 (27나)처럼 현재를 뜻하는 부사가 명시적으로 출현하는 경우에도 쓰일 수 없다. 이는'-던가'는 거기에 통합되어 있는 '-더-'로 인해 과거 시제 '함축'만을 가지지만 '-었던가'는 '-었-'을 포함하고 있어서 과거 시제 '의미'를 가지기 때문이다(박재연 2008: 213). 즉 '-었던가'는 '-던가'에 비하면 미래와 현재를 배제한 확실한 과거 시제를 표시한다.

또한 '-었던가'의 해석에는 결합된 상황 유형(situation type)이 영향을 미치는데,[49] '상태, 동작, 순간, 달성' 상황 유형에서와는 달리 '완성'의 사태에 '-었던가'가 사용되면 '-던가'와 상당히 다른 의미를 표현한다.

(28) 가. 영희가 아까 개집을 만들던가?
　　나. 영희가 아까 개집을 만들었던가?

---

47) '-더-'는 과거 지각을 나타내므로 대부분 해당 사태는 과거의 사태이다. 그러나 "비행기가 내일 1시에 떠나더라."와 같이 지각 시점은 과거여도 해당 사태가 미래의 일인 경우에도 '-더-'가 쓰인다. 이런 이유로 '-더-'의 과거 의미는 과거 지각의 의미에서 산출되는 함축이라고 보아야 하며 '-더-'를 과거 시제 형식으로 볼 수는 없다. 그러나 '-더-'는 보통 과거 사태에 사용되는 것이 사실이다.

48) 이하의 내용은 박재연(2008)에서 밝혀진 '-던가'와 '-었던가'의 차이를 간추려 정리한 것이다.

49) 본고에서는 사건의 상황 유형을 '상태(State), 동작(Activity), 순간(Semelfactive), 달성(Achievement), 완성(Accomplishment)'으로 나눈 Smith (1991)의 분류를 사용한다.

'-던가'가 사용된 (28가)는 영희가 집을 짓는 상황을 목격하였을 뿐, 그 완성 여부는 모르는 상황에서의 물음이다. 반면 '-었던가'가 사용된 (28나)는 영희가 집을 다 지은 상황을 염두에 둔 것이다. 앞서 지적한 바와 같이 '-더-'는 '과거 지각'의 속성 덕택에 과거 시제적인 함축을 가질 수 있는데 그렇다고 해서 '-었-'이 가지는 완결상적 함축까지는 가질 수 없다. 따라서 '완성' 사건의 경우에는 '-던가'와 '-었던가'가 해석에 있어서 차이를 가지게 된다.

그 외의 상황 유형에서는 '-던가'와 '-었던가'는 결정적인 의미 차이를 가지지 않는다. 그러나 선호되는 해석의 차이가 있다.

(29) 가. 그 집 딸이 얼굴이 예쁘던가?
　　나. 그 집 딸이 얼굴이 예뻤던가?
(30) 가. 아기가 그네를 타던가?
　　나. 아기가 그네를 탔던가?

(29가, 나)는 '상태' 상황 유형의 예이고 (30가, 나)는 '동작' 상황 유형의 예이다. 이때 각각의 '가'와 '나'는 결정적인 의미 차이가 없다.[50] 그러나 '-던가'가 사용된 (29가)와 (30가)는 현재까지 지속되는 상태나 주어의 성향이나 능력을 문제 삼는 해석이 되기 쉽고 '-었던가'가 사용된 (29나)와 (30나)는 과거의 특정한 사건을 겨냥한 질문으로 해석되기 쉽다.

사실 (29가)는 그 자체로는 중의성을 가진다. 의문의 대상이 되는 사태 '그 집 딸이 얼굴이 예쁘다'는 현재까지 지속되는 사태일 수도 있고 과거에 국한된 사태일 수도 있다. 그런데 '-었던가'가 사용된 (29나)

50) '순간' 상황 유형과 '달성' 상황 유형에서도 '-던가'와 '-었던가'는 의미 차이가 거의 없다. 순간과 달성의 상황은 시폭을 가지지 않기 때문에 '-던가'가 사용되어도 현재까지 이어진다는 지속의 함축을 가지지 못하기 때문이다. 다만 '-었-'은 '-더-'가 표현하는 중의성을 어느 정도 해소하여 과거에 국한되는 특정 사건으로 해석되기 쉽게 한다(박재연 2008: 219).

는 이러한 중의성을 어느 정도 해소한다. 과거 사태만을 염두에 둔 해석 쪽으로 유도하는 것이다. 이렇게 보면 (29가)가 현재까지 지속되는 사태로 해석되기 쉬운 것은 '-었던가'의 존재와 관련이 있다. 즉 '-었던가'가 과거에 국한된 해석을, '-던가'가 현재까지 지속되는 해석을 하는 것으로 역할 분담을 하고 있는 것이다.

이상의 사실을 바탕으로 하면 '-었던가'의 의미는 '-던가'보다 좁은 의미, 구체적인 의미를 표현한다고 볼 수 있다. 즉 '-었던가'는 '-던가'가 포괄하는 의미 중 일부인 '지각한 상황이 현재나 미래와 관계없이 과거에 국한된 사실임'을 명시적으로 표현하는 기능을 한다.

그렇다면 왜 '-었던가'는 일반적인 '-었더-'의 합성적인 흔적 지각 해석을 거부하게 되었을까? 그것은 '-었던가'의 합성적 의미를 필요로 하는 과거의 흔적 지각에 대한 자문의 상황, 다시 말해서 '과거의 지각시 이전에 있었던 사태의 흔적을 지각한 일을 회상하여 자문하는' 상황이 그리 일반적이지 않기 때문이다.

(31) 가. 사진을 보니 영희가 초등학생 때는 정말 키가 작았더라.[51)]
나. 사진을 보니 영희가 초등학생 때 정말 키가 작았던가?

(31가)의 상황은 얼마든지 가능한 상황이다. 영희가 초등학생 때 키가 작은 흔적인 사진을 지각하였음을 표현한다. '-었던가'가 사용된 의문문인 (31나)도 합성적으로 해석되는 것이 불가능하지는 않다. '과거의 흔적(사진)을 지각한 일을 회상하여 자문하는' 의미로 해석될 수 있을 것이다. 그러나 이러한 의미가 필요한 상황은 그리 일반적이지 않다. 이와 관련하여 다음을 보자.

(32) 라스트 콘서트에서 주인공이 왜 {죽더라, 죽었더라}?

51) 이러한 문맥에서 '~ 키가 작더라.'를 사용하는 것도 가능하다. 이는 해당 상황을 흔적 지각이 아닌 단순 과거 사태에 대한 지각으로 간주한 것이다.

(32가)는 '-던가, -었던가'와 유사하게 자문을 표현하는 '-더라, -었더라'가 사용된 문장이다.[52] -었던가'와 마찬가지로 '-었더라'도 흔적 지각에 대한 자문을 표현하지 않고 '-더라'와 유사한 의미를 표현한다.

흥미로운 것은 앞에서 살펴본 '-었더냐' 의문문도 반드시 합성적인 흔적 지각의 의미로 해석되는 것은 아니라는 점이다.

(33) 가. 영희가 초등학생 때 키가 {작더냐, 작았더냐}?

나. 김중배의 다이아몬드가 그렇게 {좋더냐, 좋았더냐}?

(33가)의 '작았더냐'는 사진 등에서 키가 작았던 흔적을 보았느냐는 의미로 해석될 수도 있지만 '작더냐'와 유사하게 단순히 과거의 사태에 대한 지각을 묻는 의미로도 해석 가능하다. (33나)의 '좋았더냐' 역시 흔적 지각의 의미가 없어 '좋더냐'와 교체 가능하다. 자문이 아닌 청자에 대한 질문에서도 흔적 지각의 의문문이 확고한 존재 가치를 가지지 않음을 볼 수 있다.

이렇듯 '-었던가, -었더라, -었더냐'에서 모두 비합성적 해석이 발생할 수 있는 것은 '과거의 흔적 지각에 대한 질문'의 의미가 실제 담화 상황에서 별다른 쓸모를 가지지 않는다는 점을 말해 준다. 다시 말해서 '-었던가'가 합성적으로 해석되면 실제로 사용될 때 어미 체계에서 차지하는 기능 부담량이 매우 적다. 결국 '-었던가'는 자신의 입지를 유지하기 위해 합성적 해석을 포기하고 '-던가'의 중의성을 해소하는 방향으로 비합성적 해석의 길을 택했다고 볼 수 있다.

요컨대 '-었던가'는 과거 시제적 의미를 함축할 수 있는 '-더-'가 통합되었는데도 절대시제 과거로 해석되는 '-었-'이 잉여적으로 통합한 구성이다. 이때의 '-었-'은 '-던가'의 중의성을 해소하여 과거의 특정 사건

52) 본고에서는 편의상 '-었던가' 의문문을 주로 논의하였으나 '-었더라' 의문문 역시 판정의문문에 사용될 수 없는 점만 제외하면 '-었던가'와 거의 유사한 문법적 특성을 가진다. 자세한 내용은 박재연(2008) 참조.

으로 해석되게 하는 역할을 한다. 즉 '-었던가'의 '-었-'은 절대시제 과거로 해석됨으로써 현재까지 지속되는 상황과 과거에 국한된 상황을 구별하고자 하는 담화 참여자의 욕구를 충족시키고 '-던가'와 대립됨으로써 그 존재 가치를 유지한다.

앞에서 본 '-군요, -던가요, -겠습니다'의 비합성적 해석을 체계상의 빈자리의 요청에 따른 '빈자리 채우기 현상'의 예라고 한다면 '-었던가'의 비합성적 해석은 반대로 존재론적 허약함에도 불구하고 살아남기 위해 자신의 자리를 개척한 '새 자리 찾기 현상'의 예라고 할 수 있다.[53)]

6. 결론

이상에서 논의한 바를 요약하면 다음과 같다.

① 어미는 통사적인 요소이므로 어미들의 결합은 합성적으로 해석되는 것이 보통이다. 그러나 '-겠네, -더구나, -던가요, -군요, -겠

---

53) '-었던가'에 '요'가 통합된 '-었던가요'의 문제는 더욱 복잡하다. 4.1.에서 살펴본 '-던가요'의 비합성적 해석이 함께 관여하기 때문이다.

(1) 가. 아기가 밥을 다 먹었던가요?
    나. 아기가 밥을 다 먹던가요?
(2) 가. 종훈이가 원래 당근을 안 먹었던가요?
    나. 종훈이가 원래 당근을 안 먹던가요?

(1가)에서는 '-었던가요'가 사용되었다. 이때 '-더-'는 '-었던가'의 경우와는 달리 일반적으로 청자의 지각을 물으며 '-었더-'가 흔적 지각 해석을 가질 수 있다. 즉 (1가)는 아기가 밥을 다 먹은 흔적을 보았는지를 묻는 것이며 (1나)는 아기가 밥을 다 먹는 광경을 보았는지를 묻는 것으로서 각기 다른 의미를 표현한다. 이 경우 '-었던가'의 비합성적 해석은 발생하지 않고 '-던가요'의 비합성적 해석만이 발생한다고 볼 수 있다.

그러나 이러한 구별이 언제나 유효하지는 않다. (2가)는 굳이 흔적 지각의 의미를 가지지 않으며 단순히 청자의 과거 지각을 묻는 (2나)와 큰 의미 차이가 없다. 더욱이 (2가, 나)는 화자 스스로의 지각을 회상하는 의미로도 쓰일 수 있다. '-었던가요'의 해석에는 상황 유형도 깊숙이 관여하며 그 의미를 일관되게 규정하기 어려운 점이 있다.

습니다, -었던가' 등 일부 어미 결합에서는 그 의미가 구성 요소의 합으로 이해되지 않는다.

② 어미 결합에서 나타나는 비합성적 해석의 작동 방식을 활성 성분 현상, 빈자리 채우기 현상, 새 자리 찾기 현상의 세 가지로 나누어 살펴볼 수 있다. 이들은 모두 인접 의미로 이동하는 환유적 과정에 속한다.

③ '-겠네, -더구나'의 비합성적 해석에는 '활성 성분 현상'이 관여한다. 일부 문맥에서는 '-겠네'에서 '-네'의 '현재 지각'의 의미가 삭제되고 '새로 앎'의 의미만 활성화된다. '-더구나'와 '-더라'는 표현적 의미를 제외하고는 큰 차이가 없는데, 이는 '-더구나'에서는 '-구나'의 양태 의미는 활성화되지 않고 다정하고 우호적인 어감 등의 표현적 의미만이 활성화되기 때문이다.

④ '-던가요, -군요, -겠습니다'에서는 해당 어미 결합의 의미가 청자대우법 체계의 빈자리로 이동하여 비합성적 해석이 발생한다. '-던가요'는 '-던가+요'가 아닌 '-더냐+요'의 의미로 해석되는 경우가 많다. 이는 청자의 과거의 지각을 묻는 해요체 형식이 존재하지 않기 때문에 '-던가요'를 '-더냐+요'의 의미로 사용함으로써 그 빈자리를 메우는 빈자리 채우기 현상이다. '-군요'의 '-군'은 '-구나'에 가까운 특성을 보인다. '-구나'의 양태 의미를 가진 해요체 표현의 부재로 인해 빈자리 채우기가 발생한 것이다. '-겠습니다'는 '의도'의 '-겠-'과 하십시오체 종결어미 '-습니다'의 결합이지만 많은 문맥에서 '약속'의 의미로 해석된다. 하십시오체 약속형 종결어미의 빈자리를 '-겠습니다'가 채운 결과이다.

⑤ '-었던가'에서는 '-었-'이 절대시제 과거로 해석된다. '-었-'이 상대시제 과거로 해석되는 흔적 지각의 의미가 합성적 해석이지만 의문문에서 이러한 해석은 실제 담화에서 용도가 크지 않다. 이에 따라 '-었던가'는 '-던가' 의미 중 일부, 즉 과거에 국한된 사태에 대한 회상을 나타내는 의미로 새로운 자리를 개척했다. 이는 새

자리 채우기 현상이라고 볼 수 있다.

이상의 논의에서 한국어 어미 결합에서 나타나는 비합성적 해석 현상을 활성 성분 현상, 빈자리 채우기 현상, 새 자리 찾기 현상의 관점에서 살펴보았다. 본고에서 제시한 작동 방식이 어미 결합에서 나타나는 비합성적 해석 현상을 모두 설명하는 것은 아니며 특히 비합성적 해석이 발생하는 환경을 일반화하기 위해서는 좀더 정교한 고찰이 필요하다. 조사 결합이나 어휘 형식의 결합 등 다른 부문에서 이러한 작동 방식이 나타나는 현상을 찾아보는 일도 필요하다. 이들을 필자의 이후의 과제로 삼는다.

참고논저

구본관 · 박재연 · 이선웅 · 이진호 · 황선엽(2015), 『한국어 문법 총론 Ⅰ』, 집문당.

구현정(1995), 반영적 경청에 쓰이는 '-구나'의 담화기능, 『어문학연구』 4, 상명대학교 어문학연구소, 49-72.

김광해(1982), 복합명사의 신생과 어휘화 과정에 대하여, 『국어국문학』 88, 국어국문학회. [김광해(1995)에 "합성명사의 신생과 어휘화 과정"이라는 제목으로 실림, 36-59.]

김광해(1995), 『어휘연구의 실제와 응용』, 집문당.

김백기 · 강병창(2013), 합성명사에 의한 명명의 비유적 동기관계: 한국어와 독일어의 예를 중심으로, 『언어와 언어학』 59, 한국외국어대학교 언어연구소, 1-22.

김윤신(2013), 생성어휘부 이론과 합성성의 기제, 『한국어 의미학』 41, 한국어의미학회, 1-25.

김주원(1990), 한국어 모음추이 연구사, 『언어학연구사』, 서울대학교 출판부, 173-194.

박재연(1998), 현대국어 반말체 종결어미 연구, 『국어연구』 158, 국어연구회.

박재연(1999), 국어 양태 범주의 확립과 어미의 의미 기술: 인식 양태를 중심으로, 『국어학』 34, 국어학회, 199-225.
박재연(2005), 인식 양태와 의문문의 상관관계에 대하여, 『어학연구』 41-1, 서울대학교 언어교육원, 101-118.
박재연(2006), 『한국어 양태 어미 연구』, 국어학총서 56, 태학사.
박재연(2007가), 문법 형식의 의미 기술과 통사론 · 의미론 · 화용론, 『한국어학』 37, 한국어학회, 181-206.
박재연(2007나), 문법 형식의 전경 의미와 배경 의미: '-으면서, -느라고, -고서, -자마자'의 의미 기술을 위하여, 『한국어 의미학』 22, 한국어 의미학회, 73-94.
박재연(2008), '-던가', '-더라' 의문문의 특성에 대한 연구, 『국어학』 53, 국어학회, 199-227.
박재연(2013), 한국어 의도 관련 어미의 환유적 의미 확장, 『국어학』 68, 국어학회, 253-288.
박재연(2014가), 한국어 종결어미 '-구나'의 의미론, 『한국어 의미학』 43, 한국어 의미학회, 219-245.
박재연(2014나), 한국어 연결어미 의미 확장에서의 환유와 은유, 『국어학』 70, 국어학회, 117-155.
박재연(2014다), 한국어 환유 표현의 체계적 분류 방법, 『한국어 의미학』 45, 한국어 의미학회, 1-30.
백봉자(2009), 『외국어로서의 한국어 문법 사전』, 하우.
송원용(2009), 국어 선어말어미의 심리적 실재성 검증, 『어문학』 104, 83-102.
송재목(2007), 증거성과 주어제약의 유형론: 한국어, 몽골어, 티벳어를 예로 들어, 『형태론』 9: 1, 1-23.
심재기(2000), 『국어어휘론신강』, 태학사.
윤평현(2008), 『국어의미론』, 역락.
이미지(2015), '-구먼/-구만'의 의미와 사용에 대한 연구, 『한국어 의미학』 48, 한국어 의미학회, 27-47.
이영길 · 김동환(2005), 복합적 표현의 비합성성과 의미구성, 『현대영미어문학』 23: 3, 현대영미어문학회, 167-185.
임지룡(1992), 『국어의미론』, 탑출판사.
임채훈(2008), '감각적 증거' 양태성과 한국어 어미 교육: '-네, -더라, -더니, -길래' 등을 중심으로, 『이중언어학』 37, 이중언어학회, 199-234.
이희자 · 이종희(1999), 『사전식 텍스트 분석적 국어 어미의 연구』, 한국문화사.

장경현(2010), 『국어 문장 종결부의 문체』, 역락.
장경희(1985), 『현대국어의 양태범주 연구』, 탑출판사.
정한데로(2012), 조사 · 어미 복합형태의 등재와 변화, 『언어와 정보 사회』 18, 서강대학교 언어정보연구소, 101-131.
정한데로(2014가), 국어 등재소의 형성과 변화 연구, 서강대학교 대학원 박사 학위논문.
정한데로(2014나), 단어형성과 의미 합성성: 통합 관계와 계열 관계를 중심으로, 『한국어 의미학』 44, 한국어 의미학회, 263-289.
채숙희(2011), 목적의 '-겠다고'에 대하여, 『정신문화연구』 34: 3, 한국학중앙연구원, 205-225.
채현식(2003), 『유추에 의한 복합명사 형성 연구』, 국어학총서 46, 태학사.
채현식(2012), 계열관계에 기반한 단어 분석과 단어 형성, 『형태론』 14: 2, 208-232.
최석재(2012), 결합형 어미의 양상 연구, 『국어학』 63, 국어학회, 275-311.
한글학회 편(1991), 『우리말 큰사전』, 어문각.
황문환(2001), 이인칭대명사 '자네'의 기원, 『국어학』 37, 국어학회, 197-217.
황화상(2010), 단어 형성 기제로서의 규칙에 대하여, 『국어학』 58, 국어학회, 61-91.
Cruse, E. (2000), *Meaning in Language: An Introduction to Semantics and Pragmatics*, Oxford University Press. [임지룡 · 김동환 역(2002), 『언어의 의미: 의미 · 화용론 개론』, 태학사.]
Evans, V. & M. Green (2006), *Cognitive Linguistics: An Introduction*, Edinburgh University Press. [임지룡 · 김동환 역(2008), 『인지언어학 기초』, 한국문화사].
Gibbs, R. W. Jr. (1994), *The Poetics of Mind: Figurative Thought, Language, and Understanding*, Cambridge University Press.
Jeffers, R. & I. Lehiste (1979), *Principles and Methods for Historical Linguistics*, The MIT Press.
Langacker, R. W. (1987), *Foundations of Cognitive Grammar 1: Theoretical Prerequisites*, Stanford University Press.
Ogden, C. K. & I. A. Richards (1923), *The Meaning of Meaning*, A Harvest.
Panther, K. U. & G. Radden *eds.* (1999), *Metonymy in Language and Thought*, John Benjamins Publishing Company.
Radden, G. & Z. Kövecses (1999), Toward a Theory of Metonymy, in

Panther, & Radden *eds*. (1999), 17-59.
Saeed, J. I. (1997/2009), *Semantics*, *3rd edition*, Wiley-Blackwell.
Searle, J. R. (1969), *Speech Acts: An essay in the Philosophy of Language,* Cambridge University Press.
Smith, C. (1991), *The Parameter of Aspect,* Kluwer Academic Publisher.
Taylor, J. R. (2002), *Cognitive Grammar,* Oxford University Press. [임지룡 · 김동환 역(2005), 『인지문법, 한국문화사.]

한국어 어미의 의미 기능과 문법 범주

1. 서론

이 글은 한국어 어미의 의미 기능의 종류를 개관하고 종결어미, 연결어미, 전성어미, 선어말어미에서 구현되는 문법 범주에 어떤 것들이 있는지 알아본다. 구체적으로는 다음과 같은 문제에 대해 답하고자 한다.

(1) 가. 한국어 어미의 의미 기능에는 어떤 것이 있으며 어떤 문법 범주와 관련되는가?
나. 한국어 어미에서 구현되는 문법 범주의 종류는 어떻게 식별할 수 있는가?
다. 문장 유형(sentence type)과 양태(modality)는 어떤 관련이 있는가?
라. 현실(realis)과 비현실(irrealis)의 구별이 한국어 어미 연구에서 어떻게 다루어질 수 있는가?

한국어 어미의 의미 기능에 대해서는 이미 많은 논의가 있었다. 본고에서는 기존의 논의를 위의 문제를 중심으로 정리하면서 앞으로의 연구 과제도 함께 제시해 보고자 한다.

2. 한국어 어미의 의미 기능

이 장에서는 한국어 어미에서 구현되는 기능을 개관하고 특히 지금까지 깊이 논의되지 않은 담화 관련 기능에 대한 앞으로의 연구 방향을 제안하고자 한다.

어미는 조사와 더불어 한국어의 대표적인 문법 형식이다. 한국어 어미의 의미 기능은 매우 다양한 범주에 걸쳐서 복잡하게 나타난다. 한국어 어미에서 구현되는 기능은 대체로 다음과 같이 분류할 수 있다.

(2) 가. 통사적 기능
나. 사태 관련 기능
다. 화자 관련 기능
라. 청자 관련 기능
마. 담화 관련 기능

(2가)의 통사적 기능은 문장이나 절의 통사적 성격이나 지위를 표시하는 기능이다. 종결어미는 문장을 종결하는 통사적 기능을 가지고, 연결어미는 절과 절을 일정한 관계로 연결하는 통사적 기능을 가진다. 전성어미는 절의 통사적 지위를 변환하는 기능을 한다. 선어말어미는 특별한 통사적 기능을 가지지 않으며 그 출현이 통사적으로 필수적이지 않다. 그런데 한국어 어미는 순수히 통사적 요소이기만 한 것이 아니어서 (2나~마)의 의미적 기능을 더 가진다.

(2나)의 사태 관련 기능은 명제가 표상하는 사태의 성격과 관련되는 기능이다. 대표적인 것이 시제(tense)와 상(aspect) 표시 기능이며 주체높임법도 여기에 포함된다. '-었-'과 같은 선어말어미는 사태가 발생한 시간적 위치가 과거임을 표시하는 대표적인 시제 형태소이다. 연결어미에서 완료상이나 미완료상의 상적 의미가 나타나기도 한다. 가령 '-고서'는 완료상과 관련되고 '-으면서'는 미완료상과 관련이 있다(박소

영 2003, 고영근 2004, 박재연 2007). 선어말어미 '-으시-'는 사태의 주체인 주어의 지시 대상이 화자가 높여야 할 대상임을 표시하는데 이 역시 크게 보아 사태 관련 기능이라고 할 수 있다.

(2다)의 화자 관련 기능은 명제가 표상하는 사태에 대한 화자의 주관적 태도를 나타내는 기능으로서 양태 범주가 대표적이다. 한국어의 양태 범주는 '-네, -구나' 같은 종결어미, '-더-, -겠-'과 같은 선어말어미, '-으려고, -고자' 등의 연결어미에서 두루 나타난다.[1)]

(2라)의 청자 관련 기능은 문장 유형(sentence type) 표시 기능과 청자대우법 표시 기능을 말한다. 문장 유형은 화자가 청자에게 가지는 의사소통 목적(communicative goal)을 나타내고 한국어에서는 '-습니다(평서문), -니(의문문), -게(명령문)' 등의 종결어미로 표시된다. 청자대우법 역시 종결어미에서 함께 표시된다. '-습니다, -니, -게'는 차례로 하십시오체, 해라체, 하게체를 표시한다. 다만 '다름이 아니옵고'와 같은 의고적 예에서 선어말어미 '-옵-'이 청자에 대한 높임을 표현하기도 한다.[2)]

(2마)의 담화와 관련되는 기능으로는 담화 결속(discourse cohesion)의 기능과 문체(style) 표시 기능을 들 수 있다. 담화와 관련된 기능은 주로 종결어미에서 나타나지만 문체 표시 기능은 종결어미뿐 아니라 연결어미나 선어말어미에서도 나타난다. 지금까지의 어미 연구는 주로 (2가)~(2라)의 기능에 대해서 이루어져 왔다. 담화 관련 기능에 대해서는 앞으로 더 많은 연구가 가능할 것으로 생각되므로 몇 가지 흥미로운

---

1) 관형사형 전성어미 '-은, -을'이나 명사형 전성어미 '-음, -기'의 현실성 관련 속성 역시 양태의 범위 안에서 다룰 수 있다. 또한 연결어미에서도 해당 사태가 현실적인 사태냐 비현실적인 사태냐가 표시되기도 한다. 가령 "네가 간들 문제가 해결되겠느냐?"에서 '-은들'은 선행절 내용이 비현실적인 사태임을 표현한다. 이러한 현실성 관련 속성은 사태 자체의 특성이라는 점에서 양태와 구별되는 면이 있는데 이에 대해서는 5장에서 논의한다.

2) 선어말어미 '-옵-'에 대하여 『표준국어대사전』에서는 "(예스러운 표현으로) 서술이나 의문에 공손함을 더해 주는 어미."라고 뜻풀이하고 있다. 이때의 '공손함'은 청자에 대한 것으로 이해될 수 있으며 높임과 확연히 구별되지 않는다고 생각된다.

현상을 지적해 두고자 한다.

먼저 종결어미가 수행하는 담화 결속 기능에 대해 생각해 보자. 담화 결속 기능은 문장과 문장 사이의 연결성을 명시적으로 드러내는 기능을 말한다. 전형적으로는 '그리고, 그러나'와 같은 접속 부사가 이 기능을 담당한다. 그런데 몇몇 종결어미는 단순히 문장을 종결시키는 것에 그치지 않고 선행 문장 혹은 후행 문장과의 연결성을 함의한다.

종결어미에서 담화 결속이 나타나는 경우로 '-거든'의 예를 들 수 있다. '-거든'은 본래 연결어미였고, 현대 한국어에서도 여전히 조건 연결어미로 쓰이는 동시에 반말체의 종결어미로도 쓰인다. 그런데 종결어미 '-거든'에는 본래 연결어미였던 기능이 남아 있어서 단순히 문장을 종결하는 기능뿐 아니라 문장과 문장의 관계를 느슨하게 연결하는 담화 결속의 기능도 가지고 있다(박재연 1998: 99 참조).

(3) 가. 내가 어제 시장에 갔거든(↗). 새로 나온 봄나물들이 많더라.
　 나. 생각보다 시간이 좀 많이 걸릴 거야. 우리 동네가 원래 차가 많이 막히거든(↘).

(3가)의 첫 문장은 보통 상향 억양으로 발화된다. 이것은 후행 문장과의 느슨한 연결성을 표시한다. 즉 첫 문장은 둘째 문장의 내용에 대해 '배경'의 역할을 한다. 따라서 이때의 '-거든'을 배경의 연결어미 '-는데'와 바꿔도 큰 차이가 없다. 한편 (3나)의 둘째 문장은 보통 하향 억양으로 발화된다. '-거든'이 하향 억양으로 발화될 때는 선행 문장과 연결성을 가질 때가 많다. 이때 '-거든'은 선행 문장에 대한 이유를 표시하는 기능을 하며 연결어미 '-으니까'로 바꿀 수도 있다.

'-거든'과 함께 살펴볼 형식으로 '-잖아'를 들 수 있다. '-잖-'은 '-지 아니하-'의 축약 형식이지만 현대 한국어에서는 선어말어미와도 유사한 기능을 발휘한다. 화자가 전달하는 정보가 청자가 이미 알고 있는 정보임을 가정한다는 의미를 가진다. 그런데 '-잖아'가 상향 억양을 가지고 쓰이는 경우 해당 문장과 후행 문장이 결속되는 현상이 구어 담화에서 종종 관찰된다.

(4) 가. 내가 옷을 좀 잘 차려 입고 회사에 가잖아(↗). 그럼 사람들이 죄다 옷 어디서 샀냐고 물어봐.
나. 내가 옷을 좀 잘 차려 입고 회사에 가면 사람들이 죄다 옷 어디서 샀냐고 물어봐.

(4가)의 첫 번째 문장은 후행 문장에 대해 조건의 기능을 발휘한다. (4가)와 (4나)를 비교해 보면 알 수 있듯이 이때 '-잖아'는 연결어미 '-으면'과 매우 유사한 기능을 가진다.[3] 그러나 이때의 '-어'는 연결어미가 아니며 반말체 종결어미로 보아야 한다. 화자가 전달하는 정보를 이미 청자가 알고 있음을 표현하는 '-잖-'은 의문형 종결어미 혹은 의문의 기능을 수행하는 반말체 종결어미에만 붙을 수 있기 때문이다.[4] 이러한 용법은 '-잖아, -잖니' 정도에서 나타나는 듯한데 '-잖아, -잖니' 전체가 종결어미처럼 사용되어 후행 문장과의 결속 기능을 발휘하는 예로 볼 수 있다.[5]

본래 연결어미지만 현대국어에서 종결어미처럼 기능하는 다른 어미로 '-는데'를 들 수 있다.

---

3) 물론 후행 문장에 '그럼'과 같은 접속 표현이 등장하는 경우가 많아 완전히 연결어미의 기능을 가진다고 볼 수는 없다.

4) "오늘 비 {오잖니, 오잖아, 오잖습니까, 오잖나, *오잖다, *오잖습니다, *오잖고}"에서 볼 수 있듯이 이러한 성격의 '-잖-'은 의문형 종결어미 혹은 의문문을 이끌 수 있는 반말체 종결어미 '-어'와만 쓰인다. 이는 '-잖-'이 완전히 생산적인 선어말어미로 문법화하였다고 볼 수 없는 이유이기도 하다.

5) '-잖아, -잖니'가 조건의 연결어미로 문법화되었을 가능성도 고려할 수 있다. 그러나 조건 연결어미 '-으면'이 이끄는 절이 주절 뒤로 도치될 수 있는 반면 '-잖아'가 이끄는 문장은 도치되면 조건의 기능을 발휘하지 않는다. 따라서 '-잖아, -잖니'가 '-으면'과 같은 연결어미로 문법화되었다고 보기는 어렵다("사람들이 죄다 옷 어디서 샀냐고 물어봐. 내가 옷을 좀 잘 차려 입고 회사에 {가면, *가잖아}."

(5) A: 김 선생, 오늘 점심 같이 할 수 있어요?

B: 오늘 점심 때 회의 있는데요. 무슨 하실 말씀이 있으신가요?

B': 오늘 점심 때 회의 있는데요?

B": 뭐 드실 건데요?

(5)의 화자 B의 발화에서 '-는데'가 연결어미인지 종결어미인지를 구별하는 것은 사실상 불가능하다.[6] 연결어미라면 선후행절의 관계가 지극히 느슨하다고 하겠고, 종결어미라면 담화 결속의 기능을 가진다고 하겠다. 더욱 흥미로운 것은 (5B')의 예이다. 이러한 발화는 보통 상향 억양으로 발화되지만 이 문장이 '오늘 점심 때 회의가 있는지'를 묻는 의문문은 아니다. 이때의 상향 억양은 상대방의 발화 목적을 묻는, 생략된 주절의 의문 억양이다. 이때의 '-는데'가 종결어미인지 연결어미인지는 불분명하다.[7] 박재연(1998: 60)에서는 (5)의 화자 B'의 발화의 '-는데'는 연결어미이며 화자 B"의 발화의 '-는데'는 종결어미라고 보았으나 두 종류의 '-는데'가 구별된다는 기술이 직관에 잘 부합되지는 않는다. 종결어미의 담화 결속 기능에 대해서는 앞으로 더 많은 연구가 필요하다.

다음으로 어미가 발휘하는 문체 표시 기능에 대해 생각해 보자.[8] 한

6) 『표준국어대사전』에서는 '-는데'가 연결어미 용법과 종결어미 용법의 두 가지 용법을 가지는 다의어로 기술하고 있다. "해할 자리에 쓰여, 어떤 일을 감탄하는 뜻을 넣어 서술함으로써 그에 대한 청자의 반응을 기다리는 태도를 나타내는 종결 어미."라고 뜻풀이하고 "잘 달리는데.", "성적이 많이 올랐는데?"와 같은 예문을 들었다. 그러나 '-는데'가 감탄하는 상황에만 종결어미적 용법으로 쓰이는 것은 결코 아니다.

7) 물론 연결어미로 끝난 파편문이 주절의 의문 억양을 동반하는 것은 일반적이다.

(가) 배가 고파서 (김밥 먹으려는 거야)?

(나) 비 오면 (빨래 걷으라고)?

위의 (가), (나)와 같은 예에서 연결어미에 상향 억양이 실현되는 것은 생략된 주절이 의문문이기 때문이다. 그런데 이러한 파편문과 (5)의 화자 B'의 발화는 다소 성격이 다르다. (가), (나)는 문맥 안에서 주절이 복원되는 경우인데 '-는데'의 경우 문맥 안에서 주절이 복원되지 않는다. 자세한 내용은 박재연(1998: 41~42) 참조.

8) 박재연(1998)에서는 구어체와 문어체의 구별에 대해 '어체'라는 용어를 사용하였다. 문체라는 용어가 언어학은 물론 문학과 수사학에 이르는 상당히 다양한 용법을 가

국어에서는 구어체와 문어체의 구별이 어미에서 표시된다.

(6) 한국어는 {교착어이므로, *교착어니까, *교착어길래} 조사와 어미가 매우 풍부하게 발달하여 있다.

(7) 가. 그가 죄가 없을진대 어찌 단죄할쏘냐!

나. 화 있을진저.

(8) 한류 열풍은 한국 문화의 우수성이 세계적으로 입증되었음을 의미한다.

(9) 가. 오늘 개나리꽃이 피었더라.

나. 오늘 개나리꽃이 피었다.

(6)에서 '-으므로, -으니까, -길래'는 모두 유사한 의미를 가지는 연결어미지만 '-으므로'는 문어체 담화에만 사용되고 '-으니까'와 '-길래'는 주로 구어체 담화에서 사용된다. (7가, 나)의 '-을진대, -을쏘냐, -을진저' 등도 현대 구어체 담화에서는 사용되지 않는다.[9] 명사형 어미 '-음'이 사용된 (8)은 구어체 발화로는 상당히 어색하다. (9가)에서 종결형의 '-더-' 역시 구어체 담화에서 사용되며 이를 문어체에서 사용하려면 (9나)와 같은 무표적인 평서문을 쓸 수밖에 없다. 이렇듯 구어체와 문어체의 구별은 종결어미, 연결어미, 전성어미, 선어말어미에서 두루 나타난다. 그러나 이러한 구별이 적절히 반영되어 있지 않은 것은 현재 한국어 사전의 심각한 문제이다.[10] 앞으로 이 방면의 연구가 시급하다

지기 때문이었는데 여기에서는 보다 친숙한 '문체'라는 용어를 사용하기로 한다.

9) 구어체 및 문어체와 의고적 문체의 관련성에 대해서도 더 논의될 필요가 있다. 모든 의고체가 문어체라고 볼 수 있는지 의문이다. 의고적 문체에 대한 정보는 "예스러운 표현으로"라는 형식으로 『표준국어대사전』 뜻풀이에 포함되어 있다.

10) 『표준국어대사전』에서는 '-으므로'와 '-으니까'에 대해 다음과 같은 뜻풀이와 예문을 제공하고 있다.

(1) 가. '-으므로': 까닭이나 근거를 나타내는 연결 어미.

나. 강물이 깊으므로 배 없이는 건널 수 없다./자네도 보았으므로 잘 알 게 아닌가?/그는 모범 학생이었으므로 늘 칭찬을 받았다.

(2) 가. -으니까: '-으니'를 강조하여 이르는 말.

고 본다.

혼잣말에 사용되는 종결어미가 따로 존재한다는 것도 한국어 어미의 문체적 특징이다. 박재연(2000)에서는 이를 독백문 종결어미라고 불렀다.

(10) 가. 아이고 예뻐라.
나. 오늘 언제부터 비가 {오나, 올까}?
다. 걔 이름이 뭐였더라?
라. 내가 어제 뭘 했지?
마. 나는 라면이나 끓여먹어야지.

(10가~마)에서 보인 '-어라, -은가(나), -을까, -더라, -지, -어야지' 등은 기본적으로 혼잣말의 속성을 가진 문장에 사용된다. 이들은 잠재적인 청자가 있는 상황이라 하더라도 청자대우법을 합법적으로 위반하여 사용할 수 있다는 공통점이 있다.

(11) A (교수): 자네 내가 준 책 가지고 있나?
B (제자): 예, 가지고 있습니다. (가방을 열어 찾으며) 아니 내가 그 책을 어디에 {뒀더라, *뒀니}?

한국어 화자들에게는 Grice의 대화 격률(Conversational Maxims) 외에도, 청자에게 청자대우법의 관점에서 적절한 등급의 문장을 사용하라는 격률이 따로 필요하다. 그런데 '-어라, -은가(나), -을까, -더라, -지, -어야지' 등 해당 문장이 독백임을 표시하는 어미를 사용할 경우에

나. 그렇게 음식을 마구 먹으니까 배탈이 나지./약속을 했으니까 만나야 한다.
(1가)는 '-으므로'에 대한 뜻풀이인데 이것이 문어체 상황에서만 한정되어 쓰인다는 정보가 포함되어 있지 않다. 더구나 예문에는 명백한 구어체 예문("자네도 보았으므로 잘 알게 아닌가?")이 실려 있다. (2나)는 '-으니까'에 대한 뜻풀이인데 역시 이것이 주로 구어체 담화에 쓰인다는 정보가 제시되지 않았다.

는 이 격률이 어느 정도 무시될 수 있다. 상위의 청자가 잠재적으로 존재하는 상황에서도 해라체나 반말체의 문장을 사용할 수 있는 것이다. (11)에서 상위자인 교수 앞에서 해라체 '-더라'가 사용될 수 있는 것은 '-더라' 의문문이 기본적으로 혼잣말의 속성을 가지기 때문이다. 이때 '됬니'를 사용하는 것은 거의 불가능하다.

이상에서 논의한 바를 바탕으로 한국어 어미가 수행하는 의미 기능을 표로 나타내면 다음과 같다.

[표] 한국어 어미의 의미 기능과 문법 범주

	종결어미	연결어미	전성어미	선어말어미
통사적 기능	문장 종결	절 연결 절 관계	절의 통사적 지위 변환	(미약)
사태 관련 기능	(미약)	상 양태[1]	시제-상 양태	시제-상 주체높임법
화자 관련 기능	양태	양태	(미약)	양태
청자 관련 기능	청자대우법 문장 유형	(미약)	(미약)	(미약)
담화 기능	담화 결속 문체	문체	(미약)	문체

주1) 이 표에서 '양태'가 사태 관련 기능으로도 제시되고 화자 관련 기능으로도 제시되었다. 사태 관련 기능으로 제시한 양태는 개념적으로 서법(mood)에 가까운 현실성 양태(reality modality)를 말한다. 이에 대해서는 5장에서 더 논의한다.

위의 표가 암시하듯 한국어에서는 하나의 어미의 의미 기능이 여러 범주에 걸쳐 있는 경우가 많다.

(12) 가. 오늘은 날씨가 맑습니다.
나. 내가 오늘 늦거든(↗).
다. 별을 따려고 하늘로 올라갔니?

라. 내가 도대체 뭘 그렇게 잘못했을까?

(12가)에서 종결어미 '-습니다'는 문장 종결의 기능, 하십시오체 높임 표시 기능, 평서문 표시 기능을 표시한다. (12나)에서 '-거든'은 문장 종결의 기능, 양태 표시 기능,[11] 반말체 높임 표시 기능, 평서문 표시 기능, 담화 결속 기능, 구어체 표시 기능 등을 모두 가진다. (12다)의 '-으려고'는 절 연결 기능, '목적'의 절 관계 표시 기능, '의도'의 양태 표시 기능을 가진다.[12] (12라)의 '-을까'는 문장 종결의 기능, 청자의 추측을 묻는 양태 표시 기능, 의문문 문장 유형 표시 기능, 독백문 표시 기능 등을 모두 가진다.

3. 문법 범주 식별 방법

어미들의 의미 기능이 여러 문법 범주에 걸쳐 있기 때문에 문법 범주 판정 역시 중요한 문제가 된다. 특히 시제, 상, 양태는 개념적으로 매우 긴밀한 연관성을 가지기 때문에 구별하는 것이 쉽지 않다. 이때 테스트로 요긴하게 이용되는 것이 여러 가지 통사적 제약들이다. 용언 제약, 주어 인칭 제약, 주어 유정성 제약, 결합 순서, 담지자 전환 등을 범주 식별 방법으로 들 수 있다.

3.1. 용언 제약

시제 요소와 상 요소는 용언 제약의 차이로 구별할 수 있다. 시제 요소는 결합하는 용언에 제약이 없으나 상 요소는 동사와만 결합한다는 제약이 있다.

---

11) 박재연(1998, 2006)에서는 '-거든'이 '이미 앎'과 '미지가정'의 양태적 의미를 가진다고 보았다.

12) 이때 '목적'과 '의도'는 서로 다른 의미가 아니다. 선행절에서 의도의 양태가 표현되면 그것은 후행절에 대해 목적의 역할을 하게 된다. '-으려고'의 의미는 양태적 관점에서는 '의도'로, 절 관계적 관점에서는 '목적'으로 파악될 수 있다.

(13) 가. 영희는 계속 {뛰었다, 조용했다, 학생이었다}.
　　나. 영희는 계속 {뛴다, *조용한다, *학생인다}.
(14) 가. 영희는 {뛰자마자, *조용하자마자, *학생이자마자} 숨을 헐떡였다.
　　나. 영희는 {밥을 먹고서, *조용하고서, *학생이고서} 학교에 갔다.
　　다. 영희는 {노래하면서, *조용하면서, *가수이면서} 춤을 춘다.
　　라. 영희는 {공부하느라고, *예쁘느라고, *대학생이느라고} 돈을 많이 썼다.

(13가)에서 과거 시제 형식 '-었-'은 통합하는 용언에 제약을 가지지 않는다. 반면 현재 시제 형식 '-는-'은 동사에만 결합하는데 이는 '-는-'이 단순히 현재를 표시하지 않고 미완료의 상적 의미도 표현하기 때문이다. 연결어미 중에서도 상적 의미를 포함하는 '-자마자, -고서, -으면서'는 동사에만 결합할 수 있다. '-자마자, -고서'는 완료상을, '-으면서, -느라고'는 미완료상을 표현한다(고영근 2004, 박재연 2007).

또한 인식 양태 요소는 용언에 제약을 가지지 않지만 행위 양태 요소는 동사에만 결합한다.[13)]

(15) 가. 철수가 {자더라, 귀엽더라, 학생이더라}.
　　나. 나는 {잘래, *예쁠래, *학생일래}.
(16) 가. 영희는 {교사가 되려고, *훌륭하려고, *대학생이려고} 사범대학에 진학했다.
　　나. 영희는 {교사가 되고자, *훌륭하고자, *대학생이고자} 사범대

13) 이때 인식 양태는 인식 양태적 판단(epistemic judgement), 증거(evidentiality), 내면화(assimilation) 범주를 모두 포괄하는 개념이다. 박재연(2006)에서 행위 양태(act modality)는 의무, 의도, 소망 등 행위의 성립과 관련한 조건을 부과하는 양태를 가리킨다. 행위 양태는 명령문, 청유문, 약속문 어미가 동사에만 결합하는 이유도 이것이 궁극적으로 행위 양태적 의미를 표현하기 때문이다. 행위 양태와 문장 유형의 관계에 대해서는 4장에서 더 논의한다.

학에 진학했다.

(15가)에서 '-더-'는 인식 양태 형식이므로 결합하는 용언에 제약을 가지지 않는다. (15나)의 '-을래'는 행위 양태 형식이므로 동사에만 결합한다. (16가, 나)의 '-으려고, -고자'는 연결어미에서 의도가 표현되는 예인데 역시 행위 양태 형식이므로 동사에만 결합한다.

3.2. 주어 제약

다음으로 범주에 따른 주어의 제약에 대해 알아보자. 인식 양태 요소는 대부분 주어에 대한 제약이 없지만 행위 양태 요소는 주어의 인칭에 대해 강한 제약을 가진다.

(17) 가. {내가, 네가, 영희가} 이번에 꼴찌겠다.
　　나. {나는, *너는, *영희는} 기어코 일등을 하겠다.
(18) 오늘은 꼭 라면을 {먹을래, 먹어야지}.

(17가)에서 보듯이 '-겠-'이 추측의 인식 양태 의미로 사용되면 주어의 인칭에 아무런 제약이 없다. 그러나 (17나)에서처럼 '-겠-'이 의도의 행위 양태 의미로 사용되면 평서문에서는 1인칭 주어만을 취하고 의문문에서는 2인칭 주어만을 취한다. (18)에서 보듯 의도의 '-을래'와 결심의 '-어야지' 역시 1인칭 주어와 쓰인다.[14)]

단 인식 양태 형식 가운데에서도 '새로 앎'의 의미 성분을 포함하는 형식은 1인칭 주어와 자연스럽게 결합하지 않는 경우가 있다.[15)]

---

14) '-을래'는 평서문에서는 1인칭 주어와만 쓰이고 의문문에서는 2인칭 주어만을 허용한다. 한편 "{너도, 형진이도} 이제 장가 가야지."과 같은 문장에서 2인칭이나 3인칭 주어가 사용된다고 할 수도 있다. 그런데 이때의 '-어야지'는 '결심'의 종결어미로 문법화한 '-어야지'가 아니라 당위를 나타내는 통사적 구성 '-어야 하-'와 종결어미 '-지'가 통사적으로 결합한 형식이라고 판단된다.

15) 박재연(2018나)에서는 '-길래'는 종결형의 '-더-'와 유사한 인칭 제약을 보이므로 '-더-'

(19) 가. {*내가, 네가, 김 선생이} 퇴근하더라.

나. {내가, 네가, 김 선생이} 가던 미용실이 문을 닫았다.

다. 내가 우리 반에서 키가 제일 크더라.

(19가)에서 보듯 종결형의 '-더-'는 주어의 인칭에 민감한 양상을 보이지만 (19나)의 관형사절의 '-더-'는 그렇지 않다. 이는 종결형의 '-더-'와 관형사형의 '-더-'가 다른 범주에 속한다는 것을 말해 주며 관형사형의 '-더-'는 양태 요소가 아니라 시제-상 요소일 가능성을 암시한다. 이는 종결형의 '-더-'가 가진 새로 앎 특성 때문인데 자기 자신의 일을 새로 알게 되는 경우가 일반적이지 않기 때문이다.[16] (19다)에서처럼 종결형의 '-더-'도 화자가 자신의 일을 새로 알게 된 경우에는 얼마든지 사용할 수 있다.[17] 새로 앎 형식의 주어 제약은 통사적 제약이 아님을 알 수 있다.

주어의 유정성에 대한 제약도 범주의 종류를 파악하는 데 사용될 수 있다.

(20) 가. 오늘은 일찍 집에 가려고 서둘러 일을 마쳤다.

나. 단추가 떨어지려고 한다.

(21) 가. 어제 과제 하느라고 밤을 새웠다.

나. 김 감독은 영화를 찍느라고 빚을 졌다.

다. 키 크느라고 살이 빠지는구나.

와 유사한 인식 양태적 의미를 가진다고 보았다. 그러나 '-자'는 인칭 제약을 보이지 않으므로 증거 의미를 가지지 않는다고 보았다.

16) 새로 앎 속성은 지각 등 증거 속성과 함께 나타나기 때문에 '-더-'의 인칭 제약은 지각 속성과 연관 지어 설명하는 것이 일반적이다. 그러나 박재연(2006, 2013)에서는 자신의 일을 지각하는 것은 얼마든지 가능하나 그것을 새로 알게 되는 것이 일반적인 상황이 아니기 때문에 인칭 제약은 새로 앎 속성 때문이라고 주장한다.

17) 흔히 '-더-'만이 이러한 제약을 가지는 것으로 알려져 있지만 새로 앎의 의미를 가지는 형식은 대부분 이와 같은 특성을 보인다. "내가 {퇴근하는구나, 퇴근하네, 퇴근한대}." 등의 문장은 통사적 비문은 아니지만 일반적으로 잘 사용되지 않는다.

(20가)의 '-으려고'는 원래 목적(의도)의 연결어미로서 선행절 주어가 유정물일 것을 요구하는데[18] (20나)에서는 이러한 유정성 제약이 사라진 것을 볼 수 있다. 이때의 '-으려고'는 의도의 행위 양태 의미를 버리고 '기동상(inceptive)'과 같은 상적 의미로 발전했다고 볼 수 있다. (21가)의 '-느라고'는 본래 목적의 연결어미로서 역시 의도를 포함하고 있기 때문에 유정물 주어를 요구한다. 그런데 (21나)와 같은 예의 '-느라고'는 목적의 의미라고 보기 어렵다. 의도적 행위만이 목적을 가질 수 있기 때문에 목적의 연결어미는 후행절에 의도성을 가진 사태를 요구한다. 그런데 (21나)의 후행절 내용 '빚을 졌다'는 의도적 사태가 아니므로 선행절 역시 목적으로 이해할 수 없다. 박재연(2014)에서는 이때의 '-느라고'가 원인 의미로 확장되었다고 본다. 이에 따라 원인의 '-느라고'는 (21다)에서처럼 무정물 주어에도 사용된다.[19]

3.3. 결합 순서

시제, 상, 양태는 서로 밀접히 연관되는 개념이어서 그 범주를 식별하기 쉽지 않지만 이들이 결합할 때 대체로 상-시제-양태의 순서로 나타난다는 점을 이용해 구별할 수도 있다.

(22) 아기가 그때 밥을 먹고 있었겠다.

(22)에서 '-고 있-'은 미완료상, '-었-'은 과거 시제, '-겠-'은 추측의 양태를 표현하는데 상-시제-양태의 순서로 나타난다는 것을 확인할 수 있다.

(23) 가. 미국 출장은 김 대리가 {갔겠다, *가겠었다}.
나. 미국 출장은 김 대리가 {갔을 것이다, 갈 거였다}.

---

18) 의도의 '-겠-'이나 '-을래' 등도 모두 주어가 유정물이어야 한다.
19) 자세한 내용은 박재연(2014: 135~136) 참조.

위의 예에서 '-겠-'은 반드시 과거 시제 형식인 '-었-'에 후행하여야 하지만 '-을 것이-'는 '-었-'에 후행할 수도 있고 선행할 수도 있다. 박재연(2018가)에서는 '갈 거였다'와 같이 '-었-'에 선행하는 '-을 것이-'는 양태일 수 없으므로 이때의 '-을 것이-'의 범주는 추측(개연성 판단)의 양태 의미가 아니라 예정의 상 의미에 속한다고 보았다.

3.4. 담지자 전환

양태 의미는 평서문에서는 화자의 태도와 관련되고 의문문에서는 청자의 태도와 관련된다. 이를 박재연(2006: 52)에서는 양태 담지자의 전환이라고 불렀다.

(24) 가. 이 상자에는 과자가 들어 있겠다.
　　나. 이 상자에는 무엇이 들어 있겠니?
(25) 가. 이 상자에는 과자가 들어 있더라.
　　나. 이 상자에는 무엇이 들어 있더냐?

(24가, 25가)의 '-겠-'과 '-더-'는 화자의 태도와 관련되며 (24나, 25나)의 '-겠-'과 '-더-'는 청자의 태도와 관련된다.

그러나 이러한 담지자 전환 현상은 화자의 주관적 태도를 나타내는 양태에서만 나타나고 시제나 상과 같은 객관적 범주에서는 나타나지 않는다.

(26) 가. 오늘 비가 왔다.
　　나. 오늘 비가 왔니?
(27) 가. 지금 아이가 집에 가고 있다.
　　나. 지금 아이가 집에 가고 있니?

(26가, 나)의 '-었-'은 시제 형식이고 (27가, 나)의 '-고 있-'은 상 형식

이므로 평서문이든 의문문이든 변함없이 사태에 대한 객관적 속성을 일관되게 표현한다.

이를 바탕으로 어떤 형식이 시제나 상인지 양태인지를 구별할 수 있다.

(28) 가. 이 상자에는 과자가 들어 있을 거다.
나. *이 상자에는 무엇이 들어 있을 거니?
다. 영희가 이번에 상 받을 거니?

(28가)에서 '-을 것이-'는 평서문에서는 화자의 추측을 나타낼 수 있다. 그러나 (28나)에서 볼 수 있듯이 의문문에서는 청자의 추측을 물을 수 없다. 단 (28다)와 같이 예정 상황을 나타내는 문맥에서는 '-을 것이-'가 의문문에 사용되는 것도 가능하다. 박재연(2018가)에서는 이를 근거로 의문문에 나타나는 '-을 것이-'는 추측의 양태 의미가 아닌 예정의 상 의미를 표현하며 '-을 것이-'의 추측 용법은 양태 담지자의 전환을 일으키지 못하여 아직 의문문에까지 세력을 확장하지 않았다고 보았다.

4. 문장 유형과 양태의 구별

이 장에서는 문장 유형과 양태가 범주적으로 어떠한 관련성을 가지며 어떻게 구별될 수 있는지를 생각해 보고자 한다. 문장 유형은 화자가 청자에 대해 어떤 의사소통 목적을 가지고 발화하는가를 표현하는 문법 범주이다. 이는 Austin (1962)의 발화 수반 행위(illocutionary act)의 종류를 그 의미 영역으로 한다고 볼 수 있다. 담화에서 수행할 수 있는 발화 수반 행위의 종류는 그 수를 한정 지을 수 없지만 그 중의 주요한 일부가 개별 언어에서 문법적 수단으로 표현되는 것이 문장 유형이다.

문장 유형은 기본적으로 청자에 대한 화자의 의사소통 목적과 관련되므로 사태에 대한 화자에 대한 주관적 태도와 관련되는 양태와는 개념적으로 구별되며 한국어에서 인식 양태와 행위 양태는 문장 유형과는 독립적으로 표현된다.

(29) 가. 내일 눈이 오겠다.
　　나. 내일 눈이 오겠니?
(30) 가. 나는 이제 공부 안 할래.
　　나. 너 내일 서울 갈래?

(29가, 나)는 양태 형식인 '-겠-'이 평서문에도 사용되고 의문문에도 사용되는 것을 보여 준다. (30가, 나)는 양태 형식인 '-을래'가 평서문에도 사용되고 의문문에도 사용되는 것을 보여 준다.

그런데 문장 유형과 양태는 매우 밀접한 관련을 가진다. 사실 평서문, 의문문, 명령문 등의 문장 유형 개념을 양태적 관점에서 해석하는 것이 얼마든지 가능하다. Palmer (1986: 96)에서는 평서문을 인식 양태의 무표적 실현으로, 명령문을 의무 양태(deontic modality)의 무표적 실현으로 간주한다.

청자에 대한 화자의 의사소통 목적의 관점에서 평서문은 청자에게 정보를 제공하는 것이지만 인식 양태적 관점에서는 화자의 앎을 표현하는 것이라고 볼 수도 있다. 의문문은 청자에게 정보를 요구하는 것이지만 인식 양태적 관점에서는 화자의 무지를 표현한다고 할 수 있다 (Lyons 1977: 754, 박재연 2005: 105).

더구나 명령문, 청유문, 약속문 등의 의미 영역은 행위 양태의 의미 영역과 완전히 일치한다. 박재연(2006)에서는 행위 양태를 화자가 동작주의 행위에 대해 일정한 조건을 부여하는 것으로 정의하였는데 여기에는 명령, 청유, 약속이 당연히 포함될 수 있다. 따라서 국어의 명령형 어미 '-어라', 청유형 어미 '-자, -읍시다' 등을 행위 양태적 관점에서 파악하는 것은 충분히 가능하다.[20]

---

20) Bybee *et al.* (1994: 177~181)은 기존의 의무 양태를 동작주 지향 양태(agent-

따라서 어떤 어미를 문장 유형을 나타내는 어미로 보느냐 양태를 나타내는 어미로 보느냐를 결정하는 데에는 다소의 편의적 선 긋기가 불가피하다. 종결어미 '-을게', '-어야지', '-을래'의 경우를 생각해 보자.

(31) 가. 나 이제 공부할게.
나. 나 이제 공부해야지.
다. 나 이제 공부할래.

'-을게'는 '약속', '-을래'는 '의도', '-어야지'는 '결심'의 의미를 가진다고 볼 수 있는데 이들의 의미는 상당히 많은 공통점을 가진다. 모두 청자높임법상 반말체를 표현하며 화자가 화자 스스로에게 행위에 대해 일정한 조건을 부과하는 의미를 표현한다.

'약속'에 대해서는 양태와의 구별 이전에 약속문을 평서문의 일종으로 보려는 입장도 있어서 먼저 살펴볼 필요가 있다. 본고는 기본적으로 약속문은 평서문과는 근본적인 성격이 다르다고 본다. 평서문은 청자에게 정보를 제공하고자 하는 것으로서 기본적으로 정보의 교환과 관련한 의사소통 목적을 가지며 청자에게 정보를 요구하는 의문문과 짝을 이룬다. 그러나 약속문은 화자가 스스로에게 행위에 대한 조건을 부과하는 것으로서 청자에게 정보를 요구하는 명령문과 짝을 이루는 것이다.

약속은 청자에 대한 직접적인 의사소통 목적을 가지며 한국어에는 '-으마, -을게, -음세, -으리다, -으오리다' 등의 청자대우법 등급이 대체로 갖추어져 있다. 따라서 약속은 문장 유형의 일종으로 파악하는 것이 온당하다고 본다. '-을게'는 반말체 등급의 약속문 어미라고 할 수 있다. '결심'은 화자 자신에게 하는 약속이므로 '-어야지' 역시 약속문

oriented modality)와 화자 지향 양태로 나누어 파악하였다. 이 논의의 설정한 '화자 지향 양태(speaker-oriented modality)'는 화자가 청자에게 어떤 조건을 부과하는 명령, 금지, 기원 등을 가리키는데 역시 문장 유형의 의미 영역과 구별되지 않는다.

종결어미에 속한다.

그런데 '-을래'는 '-을게'와 매우 유사한 의미를 가지지만 '의도문'이라는 문장 유형을 설정할 수 없다. '의도'의 의미 자체가 청자에 대한 것이 아닐 뿐 아니라 앞의 예문 (30)에서 보았듯이 '-을래'는 평서문에도 사용되고 의문문에도 사용되기 때문이다.[21)]

다음으로 종결어미 '-을라'의 문제를 보기로 하자. 한국어 논의에서 "이러다가 우리 늦을라."와 같은 문장을 경계문으로 불러 왔다. 윤석민(2000: 193)에서는 이를 '화자가 청자에게 일어날 행동에 대하여 걱정이나 안타까움 등의 주관적 정서를 담아 전달하는 문장종결법'이라고 하였다. 고영근 · 구본관(2008/2018: 465)에서는 '화자가 청자에게 잘못될까 염려하면서 경계하는 문체법'이라고 하였고 박재연(2006: 253)에서는 '화자가 미래의 사태가 이루어지지 않기를 바라는 태도를 표현하는 재귀적 혹은 대타적 조건 부과'라고 하였다. 『표준국어대사전』의 뜻풀이는 "해라할 자리에 쓰여, 혹 그렇게 될까 봐 염려됨을 나타내는 종결 어미"이다.[22)]

윤석민(2000)과 고영근 · 구본관(2008/2018)에서는 '경계'를 문장 유형의 일종으로 본 반면 박재연(2006)에서는 양태의 일종으로 보았다. 경계는 문장 유형으로도 파악할 수 있고 양태로도 파악할 수 있다. 그러나 '-을라'는 고영근 · 구본관(2008/2018: 465)에서 지적되었듯이 해라체에서만 고유의 형식이 있다. 한국어의 문장 유형은 청자대우법

---

21) 의도와 약속은 모두 화자의 미래 행위를 대상으로 한 조건을 표현하지만 약속은 의도의 의미에 화자의 행위가 청자에게 이득이 되며 그것을 반드시 수행하겠다는 의미가 추가된 것이다.

22) 그런데 기존의 기술은 조금씩 부정확한 데가 있다.
    (가) 자꾸 밀지 마. 나 넘어질라. (박재연 2006: 254)
    (나) 어어 저 놈 넘어질라. (고영근 1974/1989: 341)
    (다) 우리는 가지 말자, 그 귀찮은 놈도 왔을라. (『표준국어대사전』)
    윤석민(2000)과 고영근 · 구본관(2008/2018: 465)에서는 '경계'가 청자를 대상으로 한 것으로 보았으나 (가), (나)에서 볼 수 있듯이 1인칭과 3인칭 동작주에 대해서도 경계가 성립한다. 또한 박재연(2006)에서는 '-을라'의 경계가 미래의 사태를 대상으로 한다고 하였으나 (다)에서 볼 수 있듯이 과거의 사태에 대해서도 쓸 수 있다.

등급을 모두 갖춘 것에 대해 설정하는 것이 바람직하다고 보면, 경계는 양태의 일종으로 보는 편이 낫다고 본다. 물론 이는 어느 정도는 편의적인 조치이다.[23)]

요컨대 '-을게, -어야지, -을래, -을라'가 표현하는 '약속, 결심, 의도, 경계' 등은 그 의미 자체로는 양태로도 파악할 수 있고 문장 유형으로 파악될 수도 있다. '약속'은 청자에 대한 의사소통 목적과 직접 연관되는 의미이며 청자대우법의 각 등급이 각각 고유의 형식을 가지고 있으므로 문장 유형 범주로 파악하는 것이 온당하다. 그러나 '의도'는 청자와의 관련이 직접적이지 않고 평서문과 의문문에서 모두 나타날 수 있어서 양태로 파악하는 것이 합리적이다. '-을라'는 청자대우법 등급별로 형식을 갖추고 있지 않기 때문에 문장 유형보다는 양태로 파악하는 것이 낫다.

5. 현실성 속성과 서법

4장에서 문장 유형과 양태가 개념적으로 겹치는 현상에 대해 살펴보았다. 그런데 한동안 한국어 문법 연구에서는 문장 유형과 양태에 '서법(mood)' 개념까지 가세하여 '서법, 양태, 문장 유형'의 용어 사용과 관련하여 상당한 혼란이 있었다. 양태와 서법의 관계는 시간[time, 혹은 시간 지시(time reference)]과 시제의 관계와 같다는 입장에서 양태는 서법의 의미 범주라는 견해도 있었고(Lyons 1977, 고영근 1986) 평서문, 의문문, 명령문 등 문장 유형 범주를 서법이라고 부르는 일도 있

23) 고영근 · 구본관(2008/2018: 464)에서는 "좀 더 놀다가 가려무나."와 같은 문장에서 '-으려무나, -으렴, -으려마'가 허락법을 나타낸다고 보았다. 역시 해라체에서만 나타난다는 점에서 문장 유형의 일종으로 보기 어렵다. 그러나 더 중요한 사실은 '-으려무나' 등이 나타내는 것이 결코 '허락'이라고 할 수 없다는 점이다. '허락'은 동작주에게 행위를 불가능케 하는 내적 외적 조건이 없음을 말한다. "조심해서 길 건너렴."과 같은 문장이 화자가 청자의 행위를 허락하는 뜻을 나타낸다고 보기 어렵다. "조심해서 길 건너도 된다."의 의미가 아니기 때문이다. '-으렴'은 부드러운 어감을 가진 명령을 표현한다고 생각되며 명령형 어미에 속한다고 본다.

었다(장경희 1985: 13~14, 임홍빈 · 장소원 1995: 352). 서법을 양태의 하위 개념으로 쓰는 연구도 있었다(임동훈 2008).[24]

서법, 양태, 문장 유형의 개념적 혼란은 한국어 연구의 문제이기 이전에 이들 범주 자체의 문제였다고 생각된다. 양태에 대하여 가장 일반적으로 통용되는 정의인 '명제에 대한 화자의 태도'라는 정의가 지극히 모호한 것은 물론이고 무엇보다도 서양 언어 서법의 직설법, 명령법, 가정법(접속법) 등의 개념적 기반이 정합적이지 못하고 문장 유형과 양태에 걸쳐 있다는 점이 가장 큰 이유였다. 서법과 양태가 서로 다른 전통을 가지고 발달해 온 개념이라는 점도 문제였다. 서법은 전통 라틴 문법에서 인구어의 동사 활용 체계를 기술하는 데 사용된 문법 용어인 반면, 양태는 명제의 필연성과 가능성을 다루는 양상 논리학(modal logic)에서 발달한 철학 용어로서 문법 연구에서는 인구어의 양태 조동사(modal verbs)의 의미를 기술하는 데에 사용된 범주였다.[25] 서양 언어 문법 연구에서 서법과 양태는 동일한 대상을 기술하는 범주가 아니었기 때문에 이를 동전의 양면과 같은 관계로 파악하는 것은 애당초 무리였다고 생각된다.

이러한 상황에서 박재연(2006: 19~23)에서는 '서법'이라는 용어를 아예 쓰지 말자고 제안하였다. 이 용어를 사용하는 이익보다 이 용어가 초래하는 손해가 훨씬 더 많다고 보았기 때문이었다.[26] 그런데 한

---

24) 임동훈(2008)에서는 양태를 크게 '서법'과 '문법적 양태'로 구별하고, 굴절형으로 실현되면서 화행과 관련되거나 필수성을 동반하는 경우만 서법으로 보고 비굴절형으로 실현되거나 굴절형으로 실현되더라도 화행과 무관하고 필수성을 동반하지 않은 경우는 문법적 양태로 본다. 이에 따르면 '굴절형으로 실현되면서 화행과 관련되고 필수성을 동반한' 문장 유형 어미 '-다, -어라, -니, -냐' 등은 서법을 표현한다. 또한 '굴절형으로 실현되지만 화행과 관련되지 않으며 필수성을 동반하지 않는' '-겠-', '-더-', '-으리-' 등은 '문법적 양태'를 표현한다. '-을 것 같-, -을 듯하-' 등은 굴절형도 아니고 화행과도 무관하며 필수적이지도 않기 때문에 또한 '문법적 양태'를 표현한다. 이는 서법 개념을 최대한 서양 언어의 직설법, 가정법, 명령법 등의 영역과 유사하게 사용하고자 한 것이다.

25) Lyons (1995: 293)에서 이러한 사실과 관련한 정보를 얻을 수 있다.

26) 최근 양태 논의를 살펴보면 서법이라는 용어는 거의 찾아보기 어렵다. 최근의 박사 학위논문인 손혜옥(2016), 오승은(2017)에서도 양태라는 용어만을 사용한다. 문장

국어에는 일반적인 양태 현상과 구별되는, 서양 언어의 서법 개념에 근접한 특성을 보이는 현상이 존재하는 것도 사실이다. '현실'과 '비현실'의 구별이 그것이다. 이 장에서는 현실성 관련 속성의 특성과 이를 어떻게 다루어야 할지의 문제에 대해 생각해 보기로 한다.

한국어에서 현실성 속성을 나타낸다고 논의된 대표적인 형식은 관형사형 어미 '-은'과 '-을'이다. '-은'과 '-을'의 의미는 시제나 상적 관점에서 논의되기도 했고(임홍빈 · 장소원 1995: 416) 추측이나 의도의 양태 의미를 나타내는 것으로 기술되기도 했지만(이익섭 · 임홍빈 1983: 194, 고영근 2004: 220) 현재까지의 연구에서 '-은'과 '-을'의 대립은 현실과 비현실의 대립으로 기술되는 것이 우세하다.[27]

현실과 비현실의 대립은 인식 양태의 확실성과 불확실성의 대립과 유사해 보이나 엄밀히는 구별된다. 박재연(2006, 2009)에서는 현실성 속성은 인식 양태나 행위 양태로 발달하기 전의 미분화 상태의 의미 속성으로서 '-겠-'이 표현하는 의미는 명제에 대한 화자의 주관적 판단과 관련이 있지만 '-을'이 표현하는 의미는 화자의 판단이 아닌 명제 자체의 성격, 즉 명제 내용이 실제 세계에 지시대상을 가지지 않음을 표현한다고 보았다.[28] 따라서 양태를 명제에 대한 화자의 주관적 태도로 본다면 현실과 비현실의 구별은 사태 자체의 성격이라는 점에서 '화자에 대한 것'이라기보다는 '사태에 대한 것'에 해당하며, 양태 아닌 별도의 범주, '서법'으로 처리할 가능성이 충분하다.

본고에서 더 지적하고자 하는 것은 한국어에서 현실과 비현실의 속

유형을 서법으로 부르는 일도 이제는 별로 없는 듯하다.

27) 심재기(1979/1982), 서태룡(1980: 114), 안명철(1983: 20)에서는 '-은'과 '-을'이 '결정성' 혹은 '확실성' 자질과 관련한 인식 양태적인 대립을 가진다고 하였다.

28) 박재연(2006, 2009)에서는 '-겠-'의 추측과 '-을'의 비현실이 다음과 같은 차이를 가진다고 보았다.

(가) '-겠-'의 의미에는 화자가 개입되고 '-을'에는 화자가 적극적으로 개입하지 않는다.
(나) '-겠-'은 중의성(ambiguity)을 가지지만 '-을'은 모호성(vagueness)을 가진다.
(다) '-겠-'은 주관적 선택에 의해 사용되지만 '-을'은 통사적 요구에 의해 선택된다.
(라) 정보의 확실성 정도는 척도적(scalar) 개념이지만 현실과 비현실의 구별은 범주적(categorical) 개념이다.

성은 전성어미뿐 아니라 다른 어미에서도 광범하게 나타난다는 것이다. 먼저 연결어미에서 나타나는 현실성 관련 속성을 살펴보자.

(32) 가. 비가 오더라도 소풍은 간다.
나. 비가 온들 소풍을 못 가겠느냐.
다. 비가 왔더라면 소풍을 못 갔을 것이다.

(33) 가. 영어 공부를 하자마자 {잠이 왔다, 잠이 올 것이다}.
나. 영어 공부를 하자 {잠이 왔다, *잠이 올 것이다}.

(32가~다)에서 조건 혹은 양보 연결어미 '-더라도, -은들'은 비현실 속성을 포함하며, '-었더라면'은 실제와는 다른 과거 사실, 즉 반현실 속성을 포함한다. 후행절에 추측의 '-을 것이-'가 사용된 경우 '-자마자'가 사용된 (33가)와는 달리 '-자'가 사용된 (33나)는 성립하지 않는데 이는 '-자'가 현실 속성을 포함하기 때문이라고 생각된다. '-자'는 실제 세계에 지시 대상을 가지는 사태에 대해 성립하는 듯하다.

또한 일반적인 양태와 문장 유형의 개념적 속성에도 현실성 관련 속성이 포함되어 있다. 추측 표현은 모두 비현실 속성을 포함한다. 지각 증거 표현은 현실 속성을 포함한다. 문장 유형의 명령이나 청유 역시 비현실 속성을 포함한다.[29] 물론 한국어에 현실성 관련 속성을 부호화하는 일정한 표지가 존재하는 것은 아니다. 즉 '-은들, -겠-, -어라' 등 비현실 속성을 가지는 다양한 범주의 어미들이 비현실 표지를 공유하는 것은 아니다.

요컨대 한국어에서 현실성 관련 속성은 관형사형 어미에서 독자적

29) 여기에서 한 가지 더 지적할 수 있는 것은 현실성 관련 속성이 대부분의 어미에서 전경 의미 성분이 아닌 배경 의미 성분으로 기능한다는 것이다. 박재연(2007)에서는 문법 형식의 의미 성분들을 전경 의미 성분과 배경 의미 성분으로 나눌 수 있다고 보았는데 이때 배경 의미 성분이란 화자의 의사소통 의도와 직접 관련되지 않는 의미를 말한다. 가령 '-겠-'이 비현실 속성을 포함한다 하더라도 '-겠-'을 사용하는 목적이 사태의 비현실 속성을 나타내기 위해서는 아니라는 것이다.

으로 구현되며 시제, 양태, 문장 유형 등 다른 범주에서도 의미 성분의 일부로 광범하게 나타난다. 이는 화자의 태도라기보다는 사태 자체의 특성을 나타내는 것이어서 양태와 구별되는 서법으로 파악할 가능성이 충분하다. 그러나 서법 개념이 기존의 논의에서 야기한 혼란을 생각하면 별도의 서법 범주를 두는 일이 주저되는 것이 사실이다. 현재로서는 박재연(2009)에서처럼 '현실성 양태(reality modality)'로 보는 것이 최선이라고 생각되지만 이 속성이 인식 양태, 행위 양태, 감정 양태 등의 다른 양태와는 구별되는 특성을 보이는 것을 유의할 필요가 있다. 한국어의 현실성 관련 속성에 대해서는 앞으로도 더 깊은 논의가 필요하다고 본다.

6. 결론

지금까지 논의한 바를 요약하면 다음과 같다.

① 한국어의 어미의 의미 기능에는 통사적 기능, 사태 관련 기능, 화자 관련 기능, 청자 관련 기능, 담화 기능 등이 있다. 이에 따라 시제, 상, 양태, 서법, 문장 유형, 청자대우법 등의 문법 범주가 한국어 어미에서 구현된다.

② 어미에서 실현되는 문법 범주가 어디에 속하는지를 판별하는 데에 용언 제약, 주어 인칭 제약, 주어 유정성 제약, 결합 순서, 담지자 전환 등의 특성을 이용할 수 있다.

③ 문장 유형과 양태는 개념적으로 겹침이 있다. 문장 유형은 청자를 대상으로 하여 화자가 어떤 의사소통 목적을 가지느냐를 표현하는 것이고 양태는 화자의 주관적 태도라는 점에서 개념적으로 구별된다. 그러나 문장 유형을 양태적 관점에서 해석할 수도 있다. 인식 양태는 문장 유형과 어느 정도 독립성을 가지고 나타난다고 볼 수 있으나 명령, 청유, 약속, 제안, 경계, 결심 등은 본질

적으로 행위 양태의 개념적 영역과 완전히 일치한다. 한국어의 경우 문장 유형 어미는 청자대우법 등급에 따라 분화되어 있으므로 청자대우법에 따른 분화를 보이는 명령, 청유, 약속은 문장 유형 범주로 다루고 제안, 경계, 결심 등은 행위 양태 범주로 다룰 수 있으나 개념적으로 구별되는 것은 아니다.

④ 한국어의 현실성 관련 속성은 일반적인 양태와 구별되어 '서법' 개념에 근접한 특성을 보인다. 관형사형 어미 '-을'이 표현하는 비현실은 사태 자체의 특성으로서 화자의 태도와 관련되는 '-겠-'의 추측과는 성격이 다르다. 현실성 관련 속성은 서법으로 다루는 것이 더욱 적합하지만 한국어 논의에서 서법 개념이 불러일으킨 혼란을 고려하면 서법이라는 용어의 유용성을 더 따져볼 필요가 있다.

참고논저

고영근(1974), 현대국어의 종결어미에 대한 구조적 연구, 『어학연구』 10.1, 서울 대학교 어학연구소. [고영근(1989)에 실림, 143-224.]

고영근(1986), 서법과 양태의 상관관계, 『국어학 신연구』, 탑출판사. [고영근(1995)에 실림, 247-263.]

고영근(1989), 『국어 형태론 연구』, 서울대학교 출판부.

고영근(1995), 『단어 · 문장 · 텍스트』, 한국문화사.

고영근(2004), 『한국어의 시제 서법 동작상』, 태학사.

고영근 · 구본관(2008/2018), 『개정판 우리말 문법론』, 집문당.

박소영(2003), 연결어미의 관점 상 기능, 『형태론』 5: 2, 297-326.

박재연(1998), 현대국어 반말체 종결어미 연구, 『국어연구』 152, 국어연구회.

박재연(1999), 국어 양태 범주의 확립과 어미의 의미 기술: 인식 양태를 중심으로, 『국어학』 34, 국어학회, 199-225.

박재연(2000), 독백과 독백문 종결어미에 대하여, 『국어학논집』 4, 서울대학교 국어국문학과, 25-48.

박재연(2005), 인식 양태와 의문문의 상관관계에 대하여, 『어학연구』 41: 1,

서울대학교 어학연구소, 101-118.
박재연(2006), 『한국어 양태 어미 연구』, 국어학총서 51. 태학사.
박재연(2007), 문법 형식의 전경 의미와 배경 의미: '-으면서, -느라고, -고서, -자마자'의 의미 기술을 위하여, 『한국어 의미학』 22, 한국어 의미학회, 73-94.
박재연(2009), 한국어 관형사형 어미의 의미 기능과 그 문법 범주, 『한국어학』 43, 한국어학회, 151-177.
박재연(2013), 한국어의 인식론적 범주와 관련한 몇 문제, 『국어학』 66, 국어학회, 79-107.
박재연(2014), 한국어 연결어미 의미 확장에서의 환유와 은유, 『국어학』 70, 국어학회, 117-155.
박재연(2018가), '-겠-'과 '-을 것이-'의 비대립 환경과 대립 환경, 『국어학』 85, 국어학회, 113-149.
박재연(2018나), 한국어 인식론적 범주의 안과 밖, 『언어학』 81, 한국언어학회, 77-102.
서태룡(1980), 동명사와 후치사 {은} {을}의 기저의미, 『진단학보』 50, 진단학회, 97-120.
손혜옥(2016), 한국어 양태 범주 연구, 연세대학교 대학원 박사학위논문.
심재기(1979), 관형화의 의미 기능, 『어학연구』 15: 2, 서울대학교 어학연구소. [심재기(1982)에 실림. 333-350.]
심재기(1982), 『국어어휘론』, 집문당.
안명철(1983), 현대 국어의 양상 연구, 『국어연구』 56, 국어연구회.
오승은(2017), 한국어 양태 표현 연구, 서강대학교 대학원 박사학위논문.
윤석민(2000), 『현대국어의 문장종결법 연구』, 집문당.
이익섭 · 임홍빈(1983), 『국어문법론』, 학연사.
임동훈(2008), 한국어의 서법과 양태 체계, 『한국어 의미학』 26, 한국어 의미학회, 211-249.
임홍빈(1998), 『국어 문법의 심층 Ⅰ: 문장 범주와 굴절』, 태학사.
임홍빈 · 장소원(1995), 『국어문법론 Ⅰ』, 한국방송통신대학교 출판부.
장경현(2010), 『국어 문장 종결부의 문체』, 역락.
장경희(1985), 『현대국어의 양태범주 연구』, 탑출판사.
Austin, J. L. (1962), *How To Do Things With Words*, Clarendon Press.
Bybee, J. & S. Fleischman *eds*. (2005), *Modality in Grammar and Discourse*, John Benjamins.

Bybee, J., R. Perkins, & W. Pagliuca (1994), *The Evolution of Grammar: Tense, Aspect, and Modality in the Language of the World,* The University of Chicago Press.

Chafe, W. (1995), The Realis-Irrealis Distinction in Caddo, the Northern Iroquoian Language, and English. in J. Bybee & S. Fleischman *eds. (2005)*, 349-365.

Palmer, F. (1986), *Mood and Modality,* Cambridge University Press.

Lyons, J. (1977), *Semantics* 2. Cambridge University Press.

Lyons, J. (1995), *Linguistic Semantics: An Introduction,* Cambridge University Press.

제2부 선어말어미의 의미

과거 시제를 나타내는 '-었더-'

1. 서론

본고는 한국어의 '-었더니, -었던, -었더라면, -었던들'의 어미 구성에 나타나는 '-었더-'가 선어말어미 '-었-'과 '-더-'의 공시적 통합체가 아니라 '-었더-' 전체가 과거 시제의 기능을 갖는 하나의 단위로 기술될 가능성을 제시하는 것을 목적으로 한다.

한국어 문법 연구에서 '-었-'은 '과거'를 나타내는 선어말어미로, '-더-'는 '화자가 과거에 어떤 사실을 지각에 의해 새로이 알게 되었음'과 관련한 양태 의미를 표현하는 선어말어미로 다루어져 왔다.[1] '-었-'과 '-더-'는 통합 관계를 이룰 수 있는데, '-었더-'의 연쇄는 일반적으로 인식의 시점 이전에 발생한 사태의 결과 혹은 흔적을 과거에 지각하였다는 의미를 표현한다.[2] 즉 '-었-'과 '-더-'가 모두 통합된 구성을 '-더-'만이 통합된 구성과 비교하면 '-었-'의 유무에 따른 사태 발생 시점의 대립을 발견할 수 있다.

(1) 가. 할머니는 예쁘시더라.
　　나. 할머니는 젊었을 때 예쁘셨더라.
(2) 가. 선생님께서는 퇴근하시던데, 진작 찾아가 보지 그랬니?

---

1) '-더-'는 시제 선어말어미로 다루어지기도 하였으나(최현배 1937/1955: 457, 나진석 1971) 최근 논의에서는 '-더-'의 의미가 '양태'라는 쪽으로 의견이 모아지고 있는 듯하다(임홍빈 1982, 1993, 장경희 1985, 박재연 1999).

2) 임홍빈(1982/1998: 357)에서는 이를 "흔적의 확인"이라고 불렀다.

나. 선생님께서는 퇴근하셨던데 너는 몰랐구나.

(1가)는 '-더-'만이 통합된 문장이고 (1나)는 '-었-'과 '-더-'가 차례로 통합된 문장이다. (1가)는 '할머니는 예쁘시-'가 표현하는 사태를 화자가 과거에 지각하였음을 표현한다. 반면 (1나)는 해당 사태 이후의 결과 혹은 흔적을 화자가 과거에 지각하였음을 표현한다. 예컨대 (1나)는 할머니의 젊었을 때 사진을 보고서 할머니가 옛날에 예쁘셨음을 알게 된 경우에 할 수 있는 발화이다. (2가, 나)의 경우도 마찬가지여서 (2가)는 '선생님께서 퇴근하시-'가 표현하는 사태를 화자가 직접 지각했음을 표현하는 반면 (2나)는 선생님의 책상이 비어 있음을 보거나 해서 인식의 시점 이전에 일어난 사태의 결과 혹은 흔적을 지각하였다는 의미를 표현한다. (1가)와 (1나), (2가)와 (2나)는 각각 '-었-'의 유무에 의한 사태 발생 시점의 차이를 보여 준다.

그런데 이러한 '-었-'의 유무에 의한 대립이 '-었더니, -었던, -었더라면, -었던들' 구성에서는 발견되지 않는다. 먼저 '-었더니' 구성에 대해 살펴보자.

(3) 가. 어제 내가 학교에 갔더니 사람들이 많이 있었다.
나. *어제 내가 학교에 가더니 사람들이 많이 있었다.
나'. 어제는 {네가, 철수가} 학교에 가더니 오늘은 영희가 갔다.

(3가)는 '-었더니' 구성의 예를 보인 것이다. (3나)는 (3가)의 문장에서 '-었-'을 뺀 문장인데 이러한 문장은 성립하지 않는다. 일반적으로 '-더니' 구성이 사용된 경우 1인칭 주어를 취할 수 없고, (3나')과 같이 이인칭 주어나 3인칭 주어가 사용되어야 문법적인 문장이 된다. 그런데 서정수(1978/1990: 299), 최동주(1995: 169 각주 84)에서 지적된 바와 같이, (3가)와 (3나')는 '-었-'의 유무에 의한 사태 발생 시점의 대립을 가진다고 보기 어렵다. (3가)에서 '-었더니' 구성이 이끄는 절이 표현하

는 사태와, (3나')에서 '-더니' 구성이 이끄는 절이 표현하는 사태는 모두 과거의 사태라고 생각되기 때문이다.

다음으로 관형사형에 나타나는 '-었던'의 예를 살펴보자.

(4) 가. 이것은 내가 어제 먹었던 음식이다.
  나. 이것은 내가 어제 먹던 음식이다.

(4가)는 '-었던' 구성이 사용된 예를 보인 것이고 (4나)는 '-던' 구성이 사용된 예를 보인 것이다. 이때 '-었던' 구성의 의미는 '-던'에 단순히 '-었-'이 부가된 것으로는 설명되지 않는다(최동주 1995: 278). (4가)의 의미와 (4나)의 의미가 동일한 것은 아니나, 그 차이가 사태 발생 시점의 차이는 아니기 때문이다.[3] (4가, 나)의 관형사절이 표현하는 사태는 모두 과거이다. 요컨대 '-었던'과 '-던'의 관계도 단순한 '-었-'의 유무 대립으로 설명되지 않는다.

다음으로 연결형에 나타나는 '-었더라면'과 '-었던들' 구성의 예를 살펴보자.

(5) 가. 내가 조금만 일찍 {왔더라면, *오더라면} 너를 도와 줄 수 있었을 텐데.
  나. 내가 거기에 {갔던들, *가던들} 그 일이 해결되진 않았을 것이다.

3) 이지양(1982: 42)에서는 '-었던' 구성의 '-었-'은 과거가 아닌 '완결'을 표현한다고 본다. 예컨대 "어제 부산에 {가던, 갔던} 사람이 우리 아저씨다."에서 '가던'은 아저씨가 부산에 가는 사건이 끝나지 않아도 사용될 수 있지만 '갔던'은 아저씨가 부산에 가는 사건이 마무리되지 않으면 쓰일 수 없다는 것이다. 즉 이 논의에 의하면 '-었던'과 '-던'은 '완결'의 '-었-'의 유무에 따른 대립을 갖는다. 그러나 필자의 직관으로는 아저씨가 부산에 도착한 것을 확인하여야만 '갔던'이 사용될 수 있는 것은 아닌 듯하며, '갔던'은 '가던'이 가지는 '진행'의 의미를 배제한다는 차이만을 갖는 듯하다.

(5가, 나)는 각각 반사실적 조건 및 양보 표현인 '-었더라면'과 '-었던들'의 예를 보인 것이다. 그런데 이 표현들은 항상 '-었-'을 선접한 형식으로 사용된다. '-더라면'과 '-던들'이라는 형식은 한국어에 존재하지 않는 것이다. 즉 '-었더라면'과 '-었던들'도 '-더라면'과 '-던들'에 단순히 '-었-'이 부가된 구성으로 설명할 수 없다.

요컨대 '-었더니, -었던, -었더라면, -었던들'은 '-더니, -던, -더라면, -던들'과 '-었-'의 유무에 의한 사태 발생 시점의 차이를 가지지 않는다. 또한 이때의 '-었더-'는 '-었더라, -었던데' 등에서 나타나는 '-었더-'의 의미, 즉 인식 시점 이전의 사태의 결과 혹은 흔적을 과거에 지각하는 의미를 나타내지 않는다. 따라서 우리는 이들 구성에서의 '-었더-'의 성격을 좀더 면밀히 고찰해 볼 필요가 있다.

본고에서는 '-었더니, -었던, -었더라면, -었던들' 구성에 나타나는 '-었더-'는 '-었-'과 '-더-'의 공시적 통합체가 아니라, 전체가 하나의 단위로서 과거 시제를 나타내는 기능을 수행한다고 주장하고자 한다. 이하의 논의는 다음과 같이 구성된다. 2장에서는 '-었더니'에 나타나는 '-었더-'에 대하여 논의하고 3장에서는 '-었던'에 나타나는 '-었더-'에 대하여 논의한다. 4장에서는 '-었더라면, -었던들'의 '-었더-'의 성격을 검토한다. 5장은 결론으로서 논의를 요약하고 미진한 점을 제시한다.

2. '-었더니'의 '-었더-'

1장에서 우리는 '-었더니'와 '-더니'의 관계가 '-었-'의 유무 대립으로 설명될 수 없으므로 이때의 '-었-'과 '-더-'는 공시적으로 통합한 것이 아닐 가능성이 있다고 하였다. 이를 보다 구체적으로 논의하기 위하여 이 장의 1절에서는 '-었더니'의 '-더-'와 '-더니'의 '-더-'가 서로 다른 성격을 가진다는 것을 논의하고 2절에서는 '-었더니' 구성 전체가 '-더니' 구성과 비교할 때 어떠한 문법적 차이를 가지는지를 검토해 본다. 이를 바탕으로 3절에서는 '-었더니'의 '-었더-'가 하나의 단위로서 과거 시제를 표현한다는 사실을 주장한다.

2.1. '-었더니'의 '-더-'의 성격

기존의 논의에서 현대 한국어의 '-더-'가 인칭 제약을 가진다는 사실은 많은 주목을 받아 왔다. 즉 '-더-'는 일반적으로 평서문에서는 1인칭 화자를, 의문문에서는 2인칭 청자를 주어로 취할 수 없다는 인칭 제약을 갖는다(서정수 1977/1990: 242 등 참조). 이러한 '-더-'의 인칭 제약은 종결형 '-더라' 및 연결형 '-던데, -더니' 등에서 발견된다.[4)]

(6) 가. *내가 동생을 {찾더라, 찾았더라}.
　나. *내가 동생을 {찾던데, 찾았던데} 사람들이 쳐다본다.
　다. *내가 동생을 찾더니 지금은 포기했다.

(6가~다)는 '-다'가 이끄는 평서종결형 및 '-은데, -으니'가 이끄는 연결형에서 '-더-'가 사용될 때 1인칭 주어를 취할 수 없음을 보인 것이다. (6가, 나)에서 볼 수 있듯이 이는 종결형과 '-은데'가 이끄는 연결형에서 '-었더-'가 통합되어도 마찬가지이다. 이러한 인칭 제약은 '-더-'가 '과거에 어떤 사실을 지각에 의해 새로이 알게 됨'과 관련한 양태적 의미를 갖는 데에서 기인한 것으로 설명되었다(장경희 1985: 71~76, 김차균 1980: 310, 박재연 1999: 210 등). 화자가 자기 자신과 관계된 일을 지각에 의해 새로이 깨닫는 것은 일반적으로 자연스러운 일이 아니기 때문이다.[5)]

---

4) '-더-'가 기원적으로 융합되어 있는 종결어미인 '-데, -습디다' 등도 '-더-'의 인칭 제약을 갖는다.

5) '-더-'의 인칭 제약이 엄격한 통사적 제약이 아님은 이미 여러 논의에서 강조된 바 있다. 이것은 "나는 소주가 좋더라."에서와 같이 '인간 내부의 일을 문제삼는 표현(임홍빈 1993/1998: 294)'이 사용된 경우에는 해소될 수 있으며, "내가 꿈 속에서 춤을 추더라."에서와 같이 사태가 화자 자신의 일이라 하더라도 새로 알게 된 것이라는 전제가 성립되면 '-더-'가 사용될 수 있다. 본고에서는 "*내가 동생을 찾더라."와 같은 문장이 이상을 가지는 문맥을 '일반적인' 문맥으로 간주하고 이때 '-더-'의 인칭 제약

(6다)에서 볼 수 있듯이, '-더니' 구성의 '-더-'는 '-더라, -던데'의 '-더-'와 인칭 제약을 공유한다. 이는 '-더니'의 '-더-'가 '-더라, -던데'의 '-더-'와 유사한 양태 의미를 갖는다는 사실을 암시한다. 그렇다면 '-었더니'의 '-더-'는 어떠한가? '-었더니'가 단순히 '-더니'에 '-었-'이 덧붙은 형식이라면 '-었더니' 역시 '-더니'가 갖는 이러한 인칭 제약을 가져야 할 것이다. 그러나 '-었더니' 구성은 '-더니'의 '-더-'가 갖는 인칭 제약을 가지지 않는다. 오히려 '-었더니'는 평서문에서는 1인칭 화자 주어를, 의문문에서는 2인칭 청자 주어를 취하는 것이 더 자연스러운 듯하다.

(7) 가. 내가 외국에 갔더니 한국 상품이 많았어요.
나. 자네가 그 물건을 샀더니 딴 사람들이 썼어?(이상 서정수 1978/1990: 309)

(7가)는 '-었더니'가 통합된 평서문인데 1인칭 화자 주어를 취하고 있으며, (7나)의 의문문은 2인칭 청자 주어를 취하고 있다. '-었더니'의 '-더-'는 '-더니'의 '-더-'와는 달리 종결형의 '-더-'가 갖는 인칭 제약을 가지지 않는 것이다. 앞에서 말한 바와 같이 '-더-'가 인칭 제약을 가지는 것이 '과거에 어떤 사실을 지각에 의해 새로이 알게 됨'을 표현하는 '-더-'의 양태 의미 때문이라면, '-었더니' 구성이 인칭 제약을 가지지 않는 것은 이때의 '-더-'가 그러한 양태 의미를 가지지 않기 때문이라고 할 수 있다.

'-었더니'의 '-더-'는 '지각'이나 '새로 앎'과 관련한 양태 의미를 가지지 않으므로, '-었더니'의 '-었더-' 연쇄는 당연히 종결형 '-었더라'의 '-었더-' 연쇄가 표현하는 의미, 즉 어떤 사태가 발생한 후의 결과를 화자가 지각하였다는 의미를 표현하지 못한다. 다음을 보자.

이 성립한다고 보며, '-더-'의 인칭 제약의 조건에 대해서는 자세히 논의하지 않는다.

(8) 가. 영희가 그 책을 읽었더라.

나. 그 책을 읽었더니 아인슈타인의 이론이 이해가 된다.

(9) 가. 영희가 밥을 많이 먹었더라.

나. 밥을 많이 먹었더니 졸음이 온다.

(8가)와 (9가)에서 '-었더라' 구성의 '-었더-'는 사태가 발생한 후의 결과 혹은 흔적을 화자가 지각하였다는 의미를 표현한다. 즉 (8가)는 영희가 이미 책을 읽어서 그 내용을 알고 있는 것을 화자가 확인했다든가 하는 경우에 사용될 수 있는 발화이며, (9가)는 영희가 밥을 많이 먹어서 밥이 조금밖에 남지 않은 것을 본 경우 등에 사용될 수 있는 발화이다. 그러나 (8나)와 (9나)에서는 '-었더-'가 그런 의미를 표현하지 않는다. 가령 (8나)에서 "그 책을 읽었더니"라는 절이 화자가 자신이 책을 읽은 흔적을 새로이 지각하였다는 의미를 표현하는 것은 아니다.[6]

이상의 논의에서 우리는 '-더니'와 '-었더니'가 기본적 성격에서 차이를 가지고 있음을 알 수 있다. 즉 '-더니'의 '-더-'는 종결형의 '-더-'와 같이 '지각'이나 '새로 앎'과 관련된 양태 의미를 가지고 있는 '-더-'인 반면 '-었더니'의 '-더-'는 종결형의 '-더-'와 다른 특성을 보인다는 것이다. 따라서 '-었더니'의 의미 기능은 '-더니'에 단순히 '-었-'이 부가된 것으로는 설명되지 않는다.

2.2. '-었더니' 구성과 '-더니' 구성의 문법적 차이

이 절에서는 '-었더니' 구성의 문법적 특성을 '-더니' 구성의 문법적

---

6) 주의할 것은 이때의 '-었더니'가 선행절의 행위 결과, 후행절 사태를 '지각'하게 된다는 의미를 가지기 때문에 '-더-'가 '지각'과 관련한 의미를 가지는 것으로 잘못 해석될 수 있다는 것이다. 그러나 '-었더니'의 '-더-'가 '지각'의 의미를 갖는다면 그때의 '지각'은 후행절 사태가 아닌 '-더-'가 사용된 절의 사태, 즉 선행절 사태를 지각한다는 의미로 해석되어야 할 것이다. 더구나 후행절 사태를 지각하는 의미는 '-으니'에 '-었더-'가 통합되지 않은 문장, 즉 "그 책을 읽으니 아인슈타인의 이론이 이해가 된다." 와 같은 문장에서도 표현되기 때문에 '-었더니'의 '지각'의 의미가 '-더-'에 의한 것이라고 볼 수 없다. 이와 관련하여서는 박재연(2002: 177~178) 참조.

특성과 대조해 보기로 한다. 먼저 이들 구성에 통합되어 있는 연결어미 '-으니'에 대하여 생각해 보자. 현대 한국어의 '-으니'의 의미 기능은 매우 복잡한 양상을 띤다. 서정수(1996: 1198)에서는 '-으니'의 기능을 '까닭', '상반된 상황 제시', '지각 상황 설정'[7]의 세 가지로 나누고 있다. 본고에서는 이 구분을 기본적으로 따르되, '상반된 상황 제시' 대신 '배경 제시'라는 좀더 포괄적인 의미 부류를 설정하기로 한다.

(10) 집이 좁으니 더 더운 것 같다.

(11) 가. 김 선비가 벼슬에 오르니 그 때 나이가 스물넷이었다.

나. 돈이 있으니 이제는 살 물건이 없군. (서정수 1996: 1201)

(12) 집에 가니 손님이 와 계셨다.

(10)의 '-으니'는 선행절이 후행절의 이유가 됨을 표현하고 있다. (11가)의 '-으니'의 용법은 다소 의고적인데, 선행절 사태가 후행절 사태의 기술을 위한 단순한 배경이 됨을 표현하고 있다. (11나)는 서정수(1996: 1201)에서 '상반된 상황 제시' 기능으로 다루어진 것이지만, 선행절과 후행절의 명제 내용이 상반된 것일 뿐 넓게 보면 (11가)의 '배경 제시' 용법과 통하는 것이라고 할 수 있다. 한편 (12)의 '-으니'는 후행절 사태를 화자가 지각하기 위한 상황 설정의 구실을 하고 있다(서정수 1996: 1198).

'-으니'의 의미가 '까닭', '배경 제시', '지각 상황 설정'이라는 세 부류로 분류된다는 사실을 염두에 두고 '-더니'와 '-었더니'의 문법적 차이를 생각해 보기로 하자. '-더니'와 '-었더니'는 각각의 '-으니'의 의미에서 차이를 가질 뿐 아니라 이들이 이끄는 절이 취하는 주어의 인칭에 대해서도 차이를 갖는다. 다음을 보자.

---

7) 이 용법의 '-으니'에 대하여 이은경(1990: 35)에서는 '설명'이라는 용어를 사용하였고 이현희(1994: 2장)에서는 '발견'이라는 용어를 사용하였다.

(13) 가. {*내가, 네가, 철수가} 녹용을 먹더니 병이 나았어.

나. 어제는 {*내가, 네가, 철수가} 오더니, 오늘은 영희가 왔네.

(14) 가. {내가, ?네가 ?철수가} 녹용을 먹었더니 병이 나았어.

나. 어제는 {?내가, ?네가, ?철수가} 지각했더니, 오늘은 영희가 지각했네.

다. {내가, ?네가, ?철수가} 부산에 갔더니, 비가 내리고 있었다.

'-더니'는 '까닭'과 '배경 제시'의 의미를 가질 수 있고, '-었더니'는 '까닭', '배경 제시', '지각 상황 설정'의 세 가지 의미를 모두 가질 수 있다.[8] (13가)는 '까닭'의 의미를 갖는 '-더니' 구성의 예이고 (13나)는 '배경 제시'의 의미를 갖는 '-더니' 구성의 예이다. 모두 2, 3인칭 주어는 취할 수 있지만 1인칭 주어를 취할 수는 없다. 한편 (14가~다)는 '-었더니' 구성이 차례로 '까닭', '배경 제시', '지각 상황 설정'의 의미를 가지는 예를 제시한 것이다. 그런데 필자의 판단으로, (14가~다) 중 문법성을 완전히 확신할 수 있는 경우는 '까닭'과 '지각 상황 설정'의 의미를 가지고 1인칭 주어를 취할 때뿐이다. 나머지 경우의 문장이 완전히 비문법적이라고 할 수는 없으나 조금씩 어색한 면이 느껴지는 것이다.

우리는 (13), (14)의 예에서 '-었더니'와 '-더니'가 상이한 문법적 특성을 가진다는 사실을 확인할 수 있다. '-더니'는 '배경 제시'의 의미로 자연스럽게 사용될 수 있으나, '-었더니'는 부자연스럽다는 점, '-었더

8) '-더니'와 '-었더니'의 의미 기능을 이렇게 분류한 것은 '-더니'와 '-었더니'에서 '-으니'가 분석될 수 있다는 전제를 바탕으로, 이들의 의미를 서정수(1994/1996: 1198)에서 설정된 '-으니'의 의미에 대응시키려 했기 때문이다. 그러나 '-더니'와 '-었더니'의 의미 기능은 어느 정도 특수화된 면이 있는 것이 사실이다. 가령 '-더니'와 '-었더니'가 모두 '까닭'의 의미를 가질 수 있다고는 하지만 '-으니'의 '까닭' 용법과 비교할 때 이들이 표현하는 선·후행절의 인과 관계는 상당히 느슨하다. '까닭'의 '-으니'가 '-으니까'로 대치가 가능한 것에 반해 '-더니'와 '-었더니'의 '-으니'는 '-으니까'로 대치되지 않는 것도 주목된다. 나아가 '-더니'의 두 가지 용법은 모두 '배경 제시' 용법으로, '-었더니'의 세 가지 용법은 모두 '지각 상황 설정'으로 파악될 가능성도 없지 않다. (13), (14)의 분류는 '-더니'와 '-었더니'의 비교를 위해 제시한 편의적인 것이며, 이와 관련한 문제에 대해서는 상론하지 않기로 한다.

니'는 '지각 상황 설정'의 의미로 사용되는 것이 가장 일반적이나 '-더니'는 '지각 상황 설정'의 의미로 사용되지 않는다는 점, 그리고 '-었더니'는 1인칭 주어와 사용되는 것이 가장 자연스러운 반면 '-더니'는 1인칭 주어와 사용되는 것이 불가능하다는 점 등이 그것이다. '-었더니' 구성이 사용된 문장과 '-더니' 구성이 사용된 문장이 그 문법적 특성을 달리하므로, '-었더니'와 '-더니'의 관계가 '-었더라'와 '-더라'의 관계와는 달리 '-었-'의 유무 대립만으로 설명될 수 없음을 예상할 수 있다.

2.3. '-었더니'의 '-었더-'

이제까지 우리는 '-었더니'와 '-더니'가 '-었-'의 유무 대립만으로는 설명되지 않으며, '-었더니'의 '-었더-'를 '-었-'과 '-더-'의 공시적 통합체로 볼 수 없음을 논의하였다. 그렇다면 '-었더니' 구성은 어떠한 방식으로 이해되어야 할 것인가? 본고에서는 위의 (14)에서 제시한 바 있는 2, 3인칭 주어를 취하거나 '배경 제시'의 의미를 가지는 (문법성을 확신할 수 없는) '-었더니' 구성의 성격에 대하여서는 논의를 유보하고자 하며, '까닭'이나 '지각 상황 설정'의 의미를 가지고 1인칭 주어를 취하는 '-었더니'를 대상으로 '-었더-'의 성격을 생각해 보고자 한다.

주목할 만한 것은 '-었더니'를 '-으니'로 바꾸어도 문장이 큰 의미 차이 없이 성립하는 경우가 있다는 것이다.

(15) 가. 어제 동생이 무슨 숙제를 하나 {보았더니, 보니} 그림 일기였다.
나. 오랜만에 어제 집에 {갔더니, 가니} 부모님이 반가워하셨다.

(15가, 나)는 '-었더니'가 사용되는 문맥에서 '-었더니' 대신 '-으니'만을 사용하여도, 문장의 의미는 크게 달라지지 않음을 보여 준다. 그러나 모든 환경에서 '-었더니'가 '-으니'로 대치되는 것은 아니다. 다음을 보자.

(16) 가. 어제 저녁에 언니 방을 {어질렀더니, *어지르니} 언니가 지금 화를 내고 있다.

나. 며칠 전에 할머니께 놀러 오시라고 {말씀드렸더니, *말씀드리니} 지금 정말 오신다고 하신다.

위에서 본 (15)의 예에서와는 달리 (16가, 나)에서는 '-었더니'는 사용될 수 있어도 '-으니'는 사용될 수 없다. 본고는 이것이 '-으니'에는 없는 과거 시제의 의미가 '-었더니'에 포함되어 있기 때문이라고 생각한다. (16가, 나)는 선행절에 각각 '어제 저녁에', '며칠 전에'라는 과거 시간 표현이 사용되어 있고 후행절에 '지금'이라는 현재 시간 표현이 사용되어 있어서 선행절 사태는 과거이고 후행절 사태는 현재임이 명시되어 있는 문장이다. 그런데 이러한 문맥에서 '-었더니'는 사용될 수 있고 '-으니'는 사용될 수 없다는 것은 '-었더니'만이 과거 시제 의미를 포함하고 있음을 말해 준다는 것이다.

위의 (15)의 예에서 '-었더니'가 '-으니'와 그대로 대치될 수 있는 것으로 보였던 이유는 무엇일까? 그것은 후행절 시제가 과거여서 '-으니'만이 실현되어도 선행절이 과거 해석을 받을 수 있기 때문이라고 생각된다. 그러나 (16가, 나)에서는 후행절 시제는 현재인데 선행절에 과거 시간 표현이 사용되었기 때문에, '-으니'만이 사용되면 선행절이 과거 해석을 받을 수 없어서 선행절의 과거 시간 지시 표현과 어울리지 않게 되는 것이다. '-었더니'의 의미를 '까닭' 혹은 '지각 상황 설정'의 '-으니'의 의미에 '과거 시제'의 의미가 덧붙은 것이라고 분석할 수 있다면, 이제 우리는 '-었더니'를 '-었더-'와 '-으니'로 분석하여, '-었더-'가 과거 시제를 표현하는 기능을 수행한다고 볼 수 있다.

그렇다면 '-었더니' 구성에 일반적인 과거 시제인 '-었-'이 사용되지 않고 '-었더-'가 사용되는 이유는 무엇인가? 본고는 '-었더니'의 '-었더-'를 한국어 시제 체계의 통시적 변화의 과정에서 형성된 산물이라고 파악한다. 최동주(1995: 4장)에서 자세히 논의된 바 있듯이 한국어의 시제 체계는 근대 한국어 이후, 과거 시제 선어말어미 '-었-(-엇-)'이 성립되면서 큰 변화를 겪게 된다. 그 중 가장 큰 변화는 과거 시제와 관련한 기능을 갖고 있던 '-더-'가,[9] 시제적 기능을 버리고 양태적 의미를 갖게 된 것이다. 그런데 '-더-'의 변화가 어느 순간 모든 환경에서 일사불란하게 일어난 것이 아니기 때문에 근대 한국어의 특정한 시기에 '-엇더-'의 연쇄는 현대 한국어의 '-었더라'에서 보이는 '-었더-'와는 다른 성격을 띠기도 하였다. 다음은 최동주(1995: 159)에서 제시한 예이다.

(17) 拜揖ᄒᆞ노니 형아 어ᄃᆡ 갓ᄃᆞᆫ다 모롱이에 비단 사라 갓ᄃᆞ니라.
(박통사언해 상: 14ㄱ)

(17)은 질문과 대답으로 이루어진 대화이다. 앞의 의문문에도 '-엇더(엇ᄃᆞ)-'가 통합되어 있고 뒤의 평서문에도 '-엇더(엇ᄃᆞ)-'가 통합되어 있다. 주목되는 것은 앞의 의문문의 주어는 2인칭이고 뒤의 평서문의 주어는 1인칭이라는 점이다. 즉 이들 예는 현대 한국어의 '-더-'가 가지는 인칭 제약을 따르지 않고 있다. 그런데 '-더-'가 인칭 제약을 가지는 것이 '-더-'의 양태 의미 때문이라면(이 장의 1절 참조), (17)의 예는 인칭 제약을 가지지 않으므로 이때 '-더-'의 기능은 여전히 시제 혹은 상일 가능성이 높다고 할 수 있다.

최동주(1995: 160)에서는 이러한 예의 '-엇더-'가 현대 한국어의 '-었더-'와는 성격이 다르며 단순한 과거를 나타낸다고 본 바 있다. 그런데 이 논의에 따르면 이렇게 단순한 과거를 나타내는 '-엇더-'는 근대 한국어의 '-엇더니'에서도 발견된다.

(18) 가. "이러면 진실로 앏픠 사ᄅᆞᄆᆡ 믈긴거ᄂᆞᆯ 보다니 일즉 ᄇᆡ호디 아니호니 오ᄂᆞᆯ우터 알와라. (번역노걸대 상: 35ㄴ~36ㄱ)

---

9) 최동주(1988, 1995)에서는 중세 한국어의 '-더-'가 '과거 비완료상'의 의미를 갖는다고 본 바 있다.

나. 이러면 진실로 재전에 사ᄅᆞᆷ의 믈긷기ᄅᆞᆯ 보와시되 일즙 ᄇᆡ호디 아니ᄒᆞ엿더니 오ᄂᆞᆯ븟터 알괘라. (노걸대언해 상: 32ㄱ~ㄴ)

(19) 小人이 어제 張火卿의 慶賀 잔채에 갓더니 ᄆᆞᄋᆞᆷ 됴흔 형 아ᄋᆞ들히 내게 빌거늘(박통사언해 중: 15ㄴ) (이상 최동주 1995: 165~166)

(18가, 나)의 예에서 주목되는 것은 '번역노걸대'의 '아니호니'를 '노걸대언해'에서 '아니ᄒᆞ엿더니'로 바꾼 것이다. '아니호니'에 과거 시제가 실현되면 '아니ᄒᆞ여시니'가 되는 것이 일반적임에도 불구하고 '-더-'를 잉여적으로 부가하여 '아니ᄒᆞ엿더니'로 표현한 것이다. 따라서 이때의 '-엇더-'는 그 전체가 마치 '-엇-/-어시-'와 같은 과거 시제의 기능을 수행하고 있다고 볼 수 있다. (18나)의 근대 한국어의 '-엇더니'는 '배경 제시'의 의미로 해석되지만 (19)의 '-엇더니'는 '까닭'이나 '지각 상황 설정'의 의미 관계를 보이는 현대국어의 '-었더니'와 성격이 거의 같은 것으로 보인다. 결국 현대 한국어의 '-었더니'의 '-었더-'는 과거 시제 요소 '-엇-'의 성립과 '-더-'의 기능 변화 가운데에서 과도기적으로 생겨난 '-엇더-'가 한국어 시제 체계의 재편 후에도 화석적으로 남은 결과일 가능성을 추측해 볼 수 있다. 이때의 '-었더-'는 이전 시기의 과거 시제 요소인 '-더-'와 새로운 과거 시제 요소인 '-었-'이 중복되어 나타난 형식이라는 것이다.

이 장의 논의를 요약하면 다음과 같다. '-었더니' 구성은 '-었-'과 '-더-', '-으니'가 공시적으로 통합한 형식이 아니라 '-었더-'가 '-으니'에 통합된 형식이다. 이때의 '-었더-'는 전체가 과거 시제 기능을 수행한다. 이는 이전 시기의 과거 시제 형식인 '-더-'와 새로운 과거 시제 형식인 '-었-'이 중복되어 출현한 후 굳어지게 된 결과이다.

3. '-었던'의 '-었더-'

이 장에서는 관형사절의 '-었던' 구성에 나타나는 '-었더-'의 성격에 대하여 살펴보기로 한다.

관형사절에 나타나는 '-더-'가 종결형의 '-더-'와는 구별되는 의미 속성을 지니고 있다는 사실은 여러 논의에서 지적된 바 있다(서정수 1979/1990: 325, 최동주 1995: 276~281 등).[10] 관형사절에 나타나는 '-더-'는 '과거에 어떤 사실을 지각에 의해 새로 알게 됨'과 같은 양태 의미를 갖지 않고,[11] 따라서 "내가 먹던 밥은 찰밥이었다."와 같은 예문에서 볼 수 있듯이, 인칭 제약도 가지지 않는다. 그렇다면 관형사형의 '-더-'의 기능은 어떤 범주에 속한다고 볼 수 있을까?

이에 대한 본고의 견해는 '-던'의 '-더-'의 기능은 양태보다는 시제 · 상에 가깝다는 것이다. '-던'의 '-더-'가 종결형의 '-더-'와는 달리 시제적 기능을 가지고 있다는 사실은 다음 예에서 확인할 수 있다.

(20) 가. 내일부터 기차 요금이 오르더라.
나. *내일부터 오르던 기차 요금

10) 종결형에 나타나는 '-더-'와 관형사형에 나타나는 '-더-'를 동일한 것으로 볼 것인가, 별개의 것으로 볼 것인가 하는 문제에 대해서는 이견이 존재하는 것이 사실이다. 임홍빈(1982, 1993), 한재영(1986), 한동완(1996) 등은 전자의 입장을 취하고 서정수(1977), 최동주(1995) 등은 후자의 입장을 취한다. 이 중 한재영(1986)과 한동완(1996)은 각각 '시점의 체계'와 '시점의 체계', '상황 시제'와 '인식 시제'라는 개념으로 국어의 시제 체계를 이원적으로 설정한 후, 모든 환경에서의 '-더-'를 '시점의 체계' 혹은 '인식 시제'에 속하는 단일한 요소로 이해하고자 하였다. 그러나 형태소적 동일성 문제를 차치하고서라도, 종결형의 '-더-'와 관형사형의 '-더-'가 문법적 특성에서 차이를 가지는 것은 사실이다.

11) 김차균(1980: 318)에서는 관형사절의 '-더-'는 종결형의 '-더-'와는 달리 '새로 알게 됨'이라는 의미를 가지지 않는다고 하였다. 그러나 관형사형의 '-더-'가 '지각'의 의미도 가지지 않는지는 다소 불투명하다. 임홍빈(1993/1998: 322)에서는 종결형의 '-더-'가 표현하는 인식 방법과 관형사절의 '-더-'가 표현하는 인식 방법에 차이를 발견할 수 없다고 한 바 있다.

(20가)에서 확인할 수 있듯이 종결형의 '-더-'는 미래의 시간 지시를 가지는 사태에도 사용될 수 있다. 종결형의 '-더-'가 표현하는 '과거'는 사태의 발생 시점을 지시하는 것이 아니라 화자의 인식 시점을 지시하기 때문이다. 그러나 (20나)에서와 같이 관형사절에서는 미래 시간 지시를 가지는 사태에 '-더-'를 사용할 수 없다. 관형사형 '-던'의 '-더-'는 분명히 사태가 과거에 발생한 것임을 지시한다.

최동주(1995: 280)에서도 관형사절의 '-더-'는 '과거 비완료상'이라는 시제 · 상적 의미를 표현한다고 본 바 있다.[12] 그런데 문제는 관형사절의 '-더-'의 의미 기능이 양태가 아니라 시제 · 상이라면, 왜 다시 과거 시제를 나타내는 '-었-'이 통합하여 '-었던' 구성을 만들 수 있는가 하는 것이다. 종결형에 나타나는 '-었더-'의 통합 관계는 '-었-'이 시제를 표현하고 '-더-'가 양태를 표현하기 때문에 가능한 것이기 때문이다. 따라서 '-었던'의 '-었더-'는 '-었-'과 '-더-'가 공시적으로 통합한 것이 아닐 가능성이 높다. 실제로 최동주(1995: 278)에서 제시된 바와 같이 현대 한국어의 '-던'과 '-었던'은 '-었-'의 유무에 의한 대립을 보이지 않는다.[13]

(21) 가. 여기가 내가 어렸을 때 {살았던, 살던} 집이야.
　　나. 결혼 전에 우리가 {만났던, 만나던} 그 집에 가 볼까?(이상 최동주 1995: 278)

(21가, 나)에서 '-었던'과 '-던'이 표현하는 의미를 비교해 볼 때 이들

---

12) 관형사절의 '-더-'가 과거 비완료상을 표현한다는 견해도 문제가 없지 않다. 이러한 견해의 문제점은 첫째, '-느-'가 형용사에 통합하지 못하는 것은 '-느-'가 '현재 비완료상'을 나타내기 때문인데, '과거 비완료상'을 나타내는 관형사절의 '-더-'는 왜 형용사에 통합될 수 있는가 하는 점이다("눈이 예쁘던 영희"). 둘째, 일반적으로 '비완료상'을 나타내는 형식은 '죽-, 다치-'와 같은 순간동사에 통합될 수 없는데(Comrie 1976: 42), 관형사절의 '-던'은 왜 순간동사에 통합될 수 있는가 하는 점이다("그 애가 죽던 날"). 본고의 논의는 이러한 문제를 그대로 안고 진행된다.

13) 최동주(1995: 170)에서는 근대 한국어 단계에 출현한 '-엇던'도 현대 한국어의 '-었던'과 그 성격이 다르지 않다고 본 바 있다.

의 차이가 사태 발생 시점의 차이라고 보기는 어렵다. '살았던, 만났던'이 표현하는 시제도 과거이고, '살던, 만나던'이 표현하는 시제도 과거인 것이다. 최동주(1995: 278)에서 언급한 바와 같이 '살았던'이 '살던'에 비해 '지금은 그곳에 살고 있지 않다.'는 의미가 좀더 강하고 '만났던'이 '만나던'에 비해 '반복성'이 약하게 느껴질 뿐이다. '-었던'과 '-던'이 '-었-'의 유무에 의한 대립을 보이지 않음에도 불구하고, 최동주(1995)에서는 '-었던'의 '-더-'가 '-던'의 '-더-'와 동일한 요소라는 것에 대해서는 의문을 품지 않았다. 그러나 본고는 '-었던'과 '-던'이 '-었-'에 의한 유무 대립을 보이지 않는다면 '-었던'의 '-더-'와 '-던'의 '-더-'가 동일하다고 보거나, '-었던'에서 '-었-'을 분석하는 것을 일단 유보할 필요가 있다고 본다.

이제 '-었던'에 대한 분석을 유보한 상태에서 '-었던' 전체가 한국어 관형사절의 시제 체계에서 담당하고 있는 역할을 생각해 보기로 하자. '-었던'이 동사에 통합된 경우와 형용사에 통합된 경우로 나누어 살펴보자.

한국어의 관형사절에서 동사에 관형사형 어미 '-은'이 직접 통합되면 과거 시제가 무표적으로 실현된다. 그런데 동사에 통합된 '-었던'은 동사에 '-은'이 직접 통합된 형식과 그 의미 기능이 중복된다.

(22) 가. 이 곳이 내가 {다녔던, 다닌} 학교이다.
　　나. 나는 어제 이 강을 {건넜던, 건넌} 사람들의 운명을 생각해 보고 있다.
　　다. 철수가 손가락을 {다쳤던, 다친} 날 집안이 온통 시끄러웠지.

(22가~다)에서 '-었던'이 사용된 예와 '-은'이 동사에 직접 통합된 예의 의미가 완전히 동일한가 하는 데에는 의문의 여지가 있지만 적어도 시제적인 차이는 가지지 않는다고 판단된다. 즉 '-은'이 동사에 통합될 때 과거 시제를 표현한다면, '-었던'도 과거 시제를 표현한다고 볼 수 있다는

것이다.

그러나 모든 문맥에서 '-었던'과 '-은'이 동일한 시제적 의미를 표현하는 것은 아니다.

(23) 가. 빨간 옷을 {입은, *입었던} 사람이 걸어 오고 있다.
 나. 버스에 {탄, *탔던} 사람이 손을 흔들었다.
 다. 밥을 다 {먹은, *먹었던} 사람은 자리에서 일어나라.

(23가~다)의 경우, '-은'이 사용되는 문맥에서 '-었던'은 사용될 수 없다. '-었던'이 '-은'과 대치되는 경우도 있고 대치되지 않는 경우도 있는 것은 '-었던'과 '-은'이 공히 과거 시제를 표현하되, '-었던'이 표현하는 과거 시제와 '-은'이 표현하는 과거 시제가 성격을 달리하기 때문이라고 생각된다. Comrie (1985: 41)에서는 과거 시제의 의미를 다음과 같은 세 가지로 구별한 바 있다. 첫째, 문제의 상황이 현재 시점에 앞선 한 지점만을 점유하는 경우이다. 둘째, 현재 시점에 앞선 확장된 시간을 점유하는 경우이다. 셋째, 현재 이전의 모든 시간을 점유하는 경우이다. 다음 예문을 보자.

(24) 가. 우리 집 강아지가 병으로 죽었다.
 나. 영희가 책을 읽었다.
 다. 오늘 김 선생님은 빨간 옷을 입었다.

(24가)는 '죽-'과 같은 순간동사를 포함하는 사태에 '-었-'이 통합된 예이다. 이때 '-었-'이 표현하는 과거는 시폭을 가지지 않는 과거의 한 지점이라고 할 수 있다. (24나)는 '읽-'을 포함하는 사태에 '-었-'이 통합된 예이다. 이때 '-었-'이 표현하는 과거는 과거의 한 지점이 아니라 시간의 폭을 가지는 확장된 시간이다. (24다)는 '입-'을 포함하는 사태에 '-었-'이 통합된 예이다. 이때 '-었-'이 표현하는 과거는 과거의 일정 지

점에서부터 현재까지의 시간, 즉 현재와의 접점을 갖는 과거이다.

동사에 관형사형 어미 '-은'이 직접 통합하여 과거 시제가 무표적으로 표현되는 경우에도 이 세 가지 종류의 과거가 모두 표현될 수 있다. 그런데 '-었던'이 이끄는 관형사절은 (24다)의 과거 의미를 표현하지 못한다. 즉 현재와의 접점을 갖는 과거를 표현하지 못한다. 다음을 보자.

(25) 가. 병으로 {죽은, 죽었던} 우리 집 강아지가 생각난다.
나. 영희가 {읽은, 읽었던} 책은 어려운 책이다.
다. 빨간 옷을 {입은, *입었던} 김 선생님이 걸어오고 있다.

(25가~다)는 (24가~다)의 문장이 표현하는 사태를 관계관형사절 구성으로 바꾸어 본 것이다. 위에서 본 세 가지 종류의 과거 의미가 '-은'에 의해서는 표현될 수 있음을 알 수 있다. 그런데 (25가, 나)에서 볼 수 있는 바와 같이 '-었던'은 과거의 일정 시점이나 일정 시폭을 갖는 과거의 구간을 표현할 수는 있으나 (25다)에서 확인할 수 있는 바와 같이 현재와의 접점을 갖는 과거를 표현할 수는 없다. (25다)의 '-었던'은 과거에 김 선생님이 빨간 옷을 입는 동작 자체를 보아서 그 사태를 표현하거나, 옷을 입은 후의 상태를 '과거에' 본 경우에는 사용될 수 있지만,[14] 현재 빨간 옷을 입고 있는 상태를 표현할 수는 없다는 것이다. 즉 '-었던'과 대치되지 않는 '-은'은 현재의 상태를 나타내는 '-은'이다. 앞의 예문 (23가~다)의 '-은'이 바로 현재의 상태를 나타내는 '-은'이었던 것이다. 이렇게 보면 '-었던'은 현재와의 접점을 갖지 않는 과거만을 나타내는 기능을 갖는다고 볼 수 있다. Comrie (1985)의 세 가지 과거 의미 중 첫째와 둘째의 과거 의미만을 표현하고 셋째의 과거 의미는 배제한다는 것이다.[15]

---

14) 가령 '어제 모임에 빨간 옷을 입고 나타난 바 있는 김 선생님'의 의미로는 해석이 가능하다.

15) 최동주(1995: 279)에서도 '-던'은 기준 시점 이전의 상황이나 기준 시점 이전에 발생

요컨대 동사에 통합된 '-었던'은 과거 시제 의미를 표현한다. 그런데 그 과거는 '-었-'이 표현하는 과거나 관형사절에서 무표적으로 표현되는 과거와는 달리 현재와의 접점을 가지지 않는 과거이다. 이렇게 볼 때 위의 (22가~다)의 예에서의 '-은'과 '-었던'이 기본적으로 동일한 시제적 의미를 나타내면서도 그 의미가 완전히 같지는 않았던 이유를 추측할 수 있다. '-었던'은 현재와의 접점을 가지지 않는 과거를 표시하는 특성이 있기 때문에 '-은'에 비해 사태의 '과거성'을 보다 분명히 부각시키는 효과를 발휘하는 것이다.

이제 형용사에 통합된 '-었던'이 어떤 의미를 갖는지를 생각해 보자. 관형사절의 과거 시제는 동사가 통합된 경우 관형사형 어미 '-은'이 직접 통합됨으로써 무표적으로 표현되는 것에 반해 형용사가 사용되는 경우에는 '-은'에 '-더-'를 통합시켜 표현된다. 그런데 형용사에 '-었던'이 통합된 문장은 '-던'이 통합된 문장과 시제적으로 다르지 않다.

(26) 그때 우리 반에서 얼굴이 제일 {예쁘던, 예뻤던} 아이는 영희였다.

(26)은 형용사에 '-던'과 '-었던'이 통합된 문장을 보인 것이다. '-던'이 사용된 경우의 관형사절이 주절과 동일한 과거 시제를 가진다면 '-었던'의 관형사절 역시 시제는 과거라고 생각된다. 즉 '-었던'이 지시하는 시간은 '-던'이 지시하는 시간과 기본적으로 다르지 않다. 서정수(1978/1990: 337)에서는 형용사에 통합된 '-었던'이 '-던'과는 달리 과거의 어느 시점에서의 상태를 지적한다고 한 바 있다. 이는 '-었던'이 '-던'에 비해 현재와의 접점을 갖지 않는 과거를 표현하여 현재와 단절된 시점을 보다 분명히 지적하는 기능을 한다는 본고의 주장과 통한다.[16)]

하여 기준 시점까지 지속되어 온 상황에 모두 쓰일 수 있음에 반하여, '-었던'은 전자의 경우에만 제한된다고 한 바 있다.

16) '-었던'의 '-었더-'가 나타내는 시제적 의미는 '-었었-'의 의미와도 유사하다. 가령 "영희는 얼굴이 예뻤다."와 "영희는 얼굴이 예뻤었다."의 의미 차이는 "얼굴이 예쁘던 영희"와 "얼굴이 예뻤던 영희"의 차이와 비슷하다. '-었던'의 '-었더-'와 '-었었-'은 모

'-은'을 관형사화의 통사적 기능을 갖는 어미로 분석한다면, '-었던'은 과거 시제의 기능을 갖는 '-었더-'와 '-은'으로 분석된다고 할 수 있다. 요컨대 한국어의 관형사절에서 과거를 표시하는 방법에는 동사의 경우와 형용사의 경우에 각각 두 가지가 있다. 동사의 경우 과거 시제는 기본적으로 동사 어간에 '-은'이 직접 통합하여 (ø에 의해) 무표적으로 표시되나 '-었더-'가 보완적으로 존재하여 특히 현재와의 접점을 가지지 않은 과거를 보다 분명히 표시할 때에 사용된다. 형용사의 경우 관형사절의 과거 시제는 기본적으로 '-더-'에 의해 표시되나 역시 '-었더-'가 분명한 과거 표시를 위해 보완적으로 사용된다.[17)]

4. '-었더라면'과 '-었던들'의 '-었더-'

1장에서 언급한 바와 같이 국어에는 '-었더라면, -었던들' 구성은 존재하지만 '-었-'을 뺀 '-더라면, -던들'의 형식은 존재하지 않는다.[18)] 따라서 '-었더라면'과 '-었던들'의 경우에도 '-었-'과 '-더-'가 공시적으로 통합되어 있다고 보기 어렵다.

'-었더라면'과 '-었던들'이 사용된 조건절과 양보절은 모두 과거 사실에 대한 반사실적 조건과 양보를 나타낸다. 다음을 보자.

(27) 가. 철수가 왔더라면 일이 잘 되었을 텐데.

두 과거를 나타내는 형식이 중복되어 나타난 것이라는 형식적인 공통점도 가진다. 이에 관하여서도 세밀한 논의가 필요하다고 판단되지만 앞으로의 과제로 남기기로 한다.

17) 최근에는 언어 사용에 있어서 관형사절의 과거 시제를 표시할 때 '-은'이나 '-던'보다는 '-었던'을 선호하는 경향이 있는 듯하다. 사실 "우리 반에서 키가 제일 {크던, 컸던} 아이"에서 형용사에 '-던'이 직접 통합된 '크던'은 '컸던'에 비해 어색하게 느껴지기도 한다. 화자들이 '-었던'을 선호하는 이유는 유표적인 형식을 사용함으로써 보다 분명히 과거 시제를 표시하고자 하는 의도를 가지기 때문인 듯하다. 또한 모든 환경에서 과거 시제 표시에 '-었-'을 공통적으로 사용하고자 하는 의도도 개입되는 것 같다.

18) 이는 '-더라도'가 '-었-'을 통합시킬 수도 있고 통합시키지 않을 수도 있다는 것과 대조적이다.

나. 철수가 오면 일이 잘 될 것이다.

다. 철수가 왔으면 일이 잘 되었을 것이다.

(28) 가. 철수가 왔던들 일이 잘 되지는 않았을 것이다.

나. 철수가 온들 일이 잘 되지는 않을 것이다.

(27가)를 (27나)와 비교하면, '-었더라면' 구성은 '-으면'과는 달리 과거 사실에 대한 조건을 표현한다는 사실을 알 수 있다. 또한 (27가)를 (27다)와 비교해 보면 '-었더라면' 구성은 '-었으면' 구성과는 달리 반사실적인 조건을 표현한다는 사실을 알 수 있다. 즉 (27가)는 화자가 '철수가 왔음'을 사실이 아닌 것으로 전제할 때에만 사용될 수 있지만 (27다)는 철수가 온 경우에도 사용될 수 있고 철수가 오지 않은 경우에도 사용될 수 있다. 한편 (28가)를 (28나)와 비교해 보면 '-었던들' 구성은 '-은들'과는 달리 과거 사실에 대한 조건을 표현하는데, 이 역시 화자의 반사실성 전제를 가린다.[19] 이렇게 볼 때 '-었더라면'과 '-었던들'에 나타나는 '-었더-'는,[20] '과거'와 '반사실성'의 의미를 가지고 있다고 볼 수 있다.

그런데 '반사실성'의 의미는 과거 시제 형식과 조건 혹은 양보 표현이 함께 나타날 때 흔히 산출되는 의미이다(Palmer 1986: 191).[21] 한국어의 경우에도 이전 시기에는 과거 시제적 기능을 가졌던 '-더-'와 조건・양보의 연결어미가 통합된 '-더든, -던댄, -던들, -더면'[22]과 같은

19) "*철수가 왔은들 일이 잘 되지는 않았을 것이다."의 비문법성에서 보듯, '-었은들'이라는 형식은 국어에 존재하지 않는다.

20) '-었더라면'에서는 '라'라는 형식도 문제가 된다. 반사실적 조건 표현이 '-었더면'이 아니고 '-었더라면'이 된 것은 또다른 통시적 기술을 요하는 문제이다. 이에 대해서는 이지영(2002)에서 다루어진 바 있다.

21) 물론 과거 시제 형식과 조건 및 양보 표현이 사용된 형식이 무조건 반사실적 의미를 산출하는 것은 아니다. 가령 국어의 '-었으면' 구성은 "나도 아내가 있었으면 좋겠다."에서는 반사실적 의미를 갖지만, (27다)와 같은 문장에서는 사실성에 대해 무표적인 양상을 보인다.

22) '-더든, -던댄' 등은 중세한국어 시기에서도 발견되지만 '-더면, -던들' 등은 17세기 이후에 출현한다(최동주 1995: 174~177).

형식이 과거 사실에 대한 반사실적 조건 및 양보를 나타냈었다(장윤희 1991: 4장, 이지영 1999: 26, 62). 그런데 이지영(2002: 44~45)에서 주장된 바와 같이 과거 시제를 나타내는 '-엇-'이 성립되고 '-더-'가 시제적 기능을 잃으면서 반사실적 표현들은 '-엇-'을 선행시켜 출현하는 경향을 보이게 된다. 다음을 보자.

(29) 가. 그 어려우믈 니ᄅᆞ디 아니ᄒᆞ더든 말ᄉᆞ미 시러 원티 몯ᄒᆞ리러니(김강경삼가해 3: 20ㄱ)(장윤희 1991: 43)

나. ᄀᆞ장 밥 먹기 못ᄒᆞᆯ돠 짓기ᄅᆞᆯ 일 ᄒᆞ던ᄃᆞᆯ 져기 먹기 됴흘러니 밤이니 감히 먹기ᄅᆞᆯ 만히 못ᄒᆞᆯ로다(박통사언해 하: 45)(이지영 1999: 64)

(30) 가. 이 날의 수ㅣ 주리임이 업섯던든 아모 사ᄅᆞᆷ도 구ᄒᆞᆷ을 엇지 못ᄒᆞᆯ 번 ᄒᆞ엿다(성경직해 119ㄴ)(이지영 2002: 35)

나. 진실로 져년 ᄀᆞᆺ치 됴히 거두엇던들 너희 두세 사ᄅᆞᆷ은ᄏᆞ니와 열아믄 사ᄅᆞᆷ이라 ᄒᆞ야도 ᄯᅩ 다 ᄡᆞᆯ 주어 먹일러니라(몽어노걸대 3: 22ㄱ)(이지영 1999: 64)

(29가, 나)는 '-더든, -던ᄃᆞᆯ'이 반사실적 조건과 반사실적 양보를 나타내는 예이다. 이때 '-더-'는 과거 시제 표현의 기능을 수행하기 때문에 조건 혹은 양보의 연결어미와 통합되어 과거 사태에 대한 반사실적 조건과 반사실적 양보를 나타낼 수 있었던 것이다. 그런데 과거 시제를 나타내는 '-엇-'이 생겨나면서, 이러한 표현들은 (30가, 나)에서 보는 바와 같이 '-엇던든, '-엇던들'과 같은 형식으로 출현하게 된다. '-더-'의 과거 시제 기능이 쇠퇴하면서 새로운 과거 시제 형식인 '-엇-'을 덧붙인 형식이 발달하게 된 것이다.[23] 이상의 사실을 미루어 볼 때 '-었더라

23) 당시의 화자들에게 '-던든, -던들' 등이 반사실적 표현으로 어느 정도 굳어져 인식되어 있었기 때문에 '-던든, -던들' 등의 형식을 보존하면서 '-엇-'을 덧붙이기만 한 형식이 발달하게 된 것으로 추측된다.

면'과 '-었던들'에 나타나는 '-었더-' 역시 '-었더니'와 '-었던'의 '-었더-'와 마찬가지로 이전 시기의 과거 시제 표현과 새로운 과거 시제 표현이 중복되어 나타난 형식이라고 볼 수 있다.

이 장의 논의를 요약하면 다음과 같다. 반사실적 조건 표현인 '-었더라면'과 반사실적 양보 표현인 '-었던들'에 나타나는 '-었더-'는 하나의 단위로서 과거 시제를 표현하는 형식이다. 이는 이전 시기에 반사실적 조건과 반사실적 양보를 표현하던 '-더면'과 '-던들'에서 '-더-'가 과거 기능을 잃게 되어 새로운 과거 시제 형식인 '-었-'을 덧붙이게 된 데에서 생겨난 형식으로 이해된다.

5. 결론

이상의 논의를 요약하면 다음과 같다.

과거 시제를 나타내는 선어말어미 '-었-'과 '과거에 어떤 사실을 지각에 의해 새로이 알게 됨'과 관련한 양태 의미를 표현하는 선어말어미 '-더-'가 통합된 어미 구성은 일반적으로 화자의 인식 시점 이전에 발생한 사태의 결과 혹은 흔적을 과거에 지각하였다는 의미를 표현한다. '-더-'는 과거의 인식을 표현하고 '-었더-'는 인식 시점 이전에 발생한 사태임을 표현하므로 '-었더-'가 통합된 구성을 '-더-'만이 통합된 구성과 비교하면 '-었-'의 유무에 의한 사태 발생 시점의 대립을 발견할 수 있다. 그러나 '-었더니, -었던, -었더라면, -었던들'의 어미 구성에서는 '-었-'의 유무에 의한 대립이 발견되지 않기 때문에 이때의 '-었더-'를 '-었-'과 '-더-'의 공시적 통합체로 보기 어렵다.

본고에서는 '-었더니, -었던, -었더라면, -었던들'의 어미 구성에 나타나는 '-었더-'는 '-었-'과 '-더-'로 분석된다기보다는 전체가 하나의 단위로 파악되어야 하며, 이는 과거 시제 표시의 기능을 갖는다고 주장하였다. '-었더니'의 경우, '-었더니'와 '-더니'가 '-었-'의 유무에 의한 대립 관계를 갖는 것이 아니라 '-었더니'와 '-으니'가 '-었더-'의 유무에 의한 시제적 대립을 갖기 때문에, 이때의 '-었더-'의 기능은 과거 시제를 표현하는 것이라고 보았다. '-었던' 역시 '-던'에 '-었-'의 부가된 형식이 아니라, '-은'에 '-었더-'가 부가된 형식으로 보았다. 일반적으로 관형사절에서 과거 시제는 동사의 경우 ø에 의해, 형용사의 경우 '-더-'에 의해 표현되지만, '-었던'의 '-었더-'는 다양한 과거 시제 의미 중 현재와의 접점을 갖지 않는 과거 의미 표시를 위해 특별히 사용된다고 파악하였다. '-었더라면, -었던들' 구성에 나타나는 '-었더-' 역시 전체가 하나의 단위로서 과거 시제를 나타내는 기능을 한다고 주장하였다. 이들 구성의 '-었더-'는 한국어 시제 체계의 재편 과정에서 이전 시기의 과거 시제 요소인 '-더-'와 새로운 과거 시제 요소인 '-었-'이 중복되어 출현한 결과라고 해석하였다.

본고의 논의를 통하여 '-었더니' 구성과 '-더니' 구성이 왜 상이한 문법적 특성을 가지는지, 그리고 '-었던'의 의미 기능을 어떻게 파악하여야 하는지 등과 관련한 문제들이 해결의 실마리를 찾을 수 있게 되기를 기대한다. 그러나 본고의 논의는 미진한 점을 가지고 있다. 본고에서는 '-었더니, -었던, -었더라면, -었던들' 구성에 나타나는 '-었더-'가 과거 시제 기능을 담당한다고 주장하였으나, 이러한 '-었더-'의 형태론적 성격을 분명히 하지는 못하였다. 이때의 '-었더-'는 이전 시기의 과거 시제 요소인 '-더-'와 새로운 과거 시제 요소인 '-었-'이 중복되어 형성된 형식이라는 형식적 공통점과, 모두 과거 시제를 표현한다는 의미론적 공통점을 가지고 있지만, 그 의미 기능이 완전히 일치하지는 않는다. 예컨대 '-었던'의 '-었더-'는 현재와의 접점을 가지는 과거 해석을 배제하지만 '-었더니'의 '-었더-'는 그렇지 않다.[24] 본고의 논의는 이들 구성에서 '-었더-'가 하나의 단위로 분석될 가능성을 제기하는 데에서 그친다. 여러 구성에 나타나는 '-었더-'의 관계를 어떻게 규정할 것인가의 문제는 이후의 과제로 삼기로 한다.

---

24) '-었더니, -었더라면, -었던들'의 '-었더-'는 '-었-'의 이형태로, '-었던'의 '-었더-'는 '-었었-'의 이형태로 기술될 수 있는 가능성이 있다고 생각된다.

참고논저

김차균(1980), 국어 시제 형태소의 의미: 회상 형태소 '더'를 중심으로, 『한글』 169, 한글학회, 263-334.

나진석(1971), 『우리말의 때매김 연구』, 과학사.

박재연(1999), 국어 양태 범주의 확립과 어미의 의미 기술: 인식 양태를 중심으로, 『국어학』 34, 국어학회, 199-225.

박재연(2002), 서평: 한동완(1996), 국어의 시제 연구, 『형태론』 4: 1, 163-180.

서정수(1977), "더"는 회상의 기능을 지니는가? 『언어』 2: 1, 한국언어학회. [서정수(1990)에 "'더'와 회상시제"라는 제목으로 실림, 231-365.]

서정수(1978), "(었)더니"에 관하여, 『허웅박사 환갑 논문집』. [서정수(1990)에 실림, 363-394.]

서정수(1979), "(었)던"에 관하여, 『서병국박사 환갑기념 논문집』. [서정수(1990)에 실림, 395-421.]

서정수(1990), 『국어 문법의 연구 I 』, 한국문화사.

서정수(1994/1996), 『수정증보 국어 문법』, 한양대학교 출판원.

이지양(1982), 현대국어의 시상형태에 대한 연구, 『국어연구』 51, 국어연구회.

이지영(1999), 선어말어미 '-더-'에 대한 통시적 연구, 『국어연구』 159, 국어연구회.

이지영(2002), 근대국어 이후 반사실적 가정 표현의 발달: '-더면', '-던들'을 중심으로, 『한국문화』 30, 한국문화연구소, 33-59.

이현희(1994), 『중세국어구문연구』, 신구문화사.

임홍빈(1982), 선어말 '-더-'와 단절의 양상, 『관악어문연구』 7, 서울대학교 국어국문학과. [임홍빈(1998)에 실림, 339-376.]

임홍빈(1993), 다시 '-더-'를 찾아서, 『국어학』 23, 국어학회. [임홍빈(1998)에 실림, 272-338.]

임홍빈(1998), 『국어 문법의 심층 I : 문장 범주와 굴절』, 태학사.

장경희(1985), 『현대국어의 양태범주 연구』, 탑출판사.

장윤희(1991), 중세국어의 조건 접속어미에 대한 연구, 『국어연구』 104, 국어연구회.

최동주(1988), 15세기 국어의 안맺음씨끝 '-더-'에 관한 연구, 서울대학교 대학원 석사학위논문.

최동주(1995), 국어 시제체계의 통시적 변화에 관한 연구, 서울대학교 대학원 박사학위논문.

최현배(1937/1955), 『우리말본』, 정음문화사.
한동완(1996), 『국어의 시제 연구』, 국어학총서 24, 태학사.
한재영(1986), 중세국어 시제체계에 대한 관견: 선어말어미 {더}의 위치정립을 중심으로, 『언어』 11: 2, 한국언어학회, 258-284.
Comrie, B. (1976), *Aspect*, Cambridge University Press.
Comrie, B. (1985), *Tense*, Cambridge University Press.
Palmer, F. (1986), *Mood and Modality*, Cambridge University Press.

'-던가', '-더라' 의문문의 특성

1. 서론

본고는 선어말어미 '-더-'가 통합된 의문문 중 '-던가' 의문문과 '-더라' 의문문의 문법적 특성을 정밀하게 기술하는 것을 목적으로 한다. 선어말어미 '-더-'는 한국어 문법 연구에서 집중적인 관심을 받은 문법 형식이다. '-더-'가 형태론적, 통사론적, 의미론적 측면에서 매우 특이한 존재로 인식되어 왔기 때문이다. '-더-'의 기능은 종결형에 출현할 때, 연결형에 출현할 때, 관형사형에 출현할 때 각각 다른 형태론적, 통사론적, 의미론적 특성을 드러낸다고 논의되었다(서정수 1977, 1978, 1979, 장경희 1985, 최동주 1994, 1995, 이홍식 1995, 2003, 박재연 2003, 2006 등). '-더-'의 기본 기능이 무엇인가에 대해서는 여전히 논쟁이 계속되고 있으나 '-더-'가 '과거의 지각 행위'와 관련한 의미를 가진다고 보는 데에는 어느 정도 의견이 모아졌다.[1)]

그런데 종결형의 '-더-'에 대한 기존의 논의는 주로 평서문을 대상으로 하여 이루어졌기 때문에, '-더-'가 의문문에 출현할 때의 특성에 대해서는 별다른 관심을 두지 않았다.[2)] 본고에서는 특히 '-더-'가 반말체 어미 '-은가'에 통합한 경우와,[3)] '-다'에 통합하여 의문문을 이끄는 경우

---

1) '-더-'의 의미를 과거의 지각과 관련하여 파악하는 논의에는 장경희(1985), 송재목(1998, 2007), 이홍식(1995), 박재연(1999, 2006) 등이 있다. '-더-'에 대한 자세한 연구사는 박재연(2006: 36~38, 152~154)으로 미룬다.

2) 박재연(2006: 164~166)에서는 '-더-'가 의문문에 나타날 때 보여 주는 특성을 정리하였으나, 현상에 대한 관찰에 머물렀다. 본고는 그때 제기한 문제를 해결하기 위한 후속 논의이다.

에 나타나는 특수성에 주목한다.

(1) 가. {*내가, 네가, 철수가} 안국동에 살더라.
　나. {내가, *네가, 철수가} 안국동에 살더냐?
　다. 네가 안국동에 살던가?
(2) 가. 김 선생님은 벌써 퇴근하셨더라.
　나. 김 선생님은 벌써 퇴근하셨더냐?
　다. 라스트 콘서트에서 주인공이 죽었던가?
　다'. 라스트 콘서트에서 주인공이 죽던가?
(3) 가. 네가 어디 살더라?
　나. 라스트 콘서트에서 주인공이 누구였더라?
　나'. 라스트 콘서트에서 주인공이 누구더라?

(1가, 나)에서 알 수 있듯이 '-더-'는 평서문에서는 1인칭 주어를, 의문문에서는 2인칭 주어를 취할 수 없는 인칭 제약을 가지고 있다(서정수 1977, 김차균 1980, Lee 1991, 송재목 2007 등). 그러나 (1다)에서 보는 바와 같이 '-은가'가 이끄는 의문문에서는 이러한 인칭 제약이 유지되지 않아 '-더-'가 의문문에 통합되었는데도 2인칭 주어를 취할 수 있다. 한편 (2가, 나)는 '-더-'가 선어말어미 '-었-'을 선행시켜 나타난 문장들이다. (2가)의 '-었더-' 연쇄는 임홍빈(1982/1998: 357)에서 '흔적 확인' 용법을 가지는 것으로 기술되었다. 이는 화자가 어떤 사태가 발생한 후의 결과 혹은 흔적을 지각함을 뜻한다. (2가)에서 화자는 김 선생님이 퇴근하는 장면을 지각한 것이 아니라 김 선생님이 퇴근한 후의 흔적, 즉 연구실 문이 잠겨 있다든가, 책상이 치워져 있고 가방이 없다든가 하는 장면을 지각한 것이다.[4] '-더-'가 의문문에 사용되면 '-더-'는

3) 본고에서 다루는 반말체 어미 '-은가'는 흔히 '의심'이나 '의혹'을 나타낸다고 기술된 어미로서 "자네 이름이 뭔가?"에서의 단순한 의문을 나타내는 하게체 어미와는 성격이 다르다.

청자의 지각 행위를 묻는 데에 이용되므로(박재연 2006: 52), (2나)에서 화자는 청자에게 '김 선생님이 퇴근하신 흔적'을 보았는지를 묻게 된다. 그런데 (2다)와 같이 '-었더-' 연쇄가 '-은가'와 통합하면 '-었더-'는 이러한 흔적 확인 용법을 가지지 않는다. (2다)는 주인공이 죽은 흔적을 보았는지를 묻는 것이 아니며, 이 문장의 의미는 '-었-'이 없는 (2다')의 의미와 대동소이하다.

이러한 특성은 '-더라' 의문문인 (3가)에서도 발견된다.[5] '-다'가 평서형 종결어미임에도 불구하고 '-더-'와 통합하여 의문문을 이끄는 현상도 흥미롭거니와, 이때의 '-더-'가 의문문에서 갖는 2인칭 주어에 대한 제약을 유지하지 않는 점이 주목된다. 또한 (3나)에서 보는 바와 같이 이때의 '-었더-'는 '흔적 확인'을 표현하지 않는다. (3나)는 '-었-'이 없는 (3나')과 동일한 문맥에서 사용될 수 있다.

요컨대 '-던가' 의문문과 '-더라' 의문문은 일반적인 의문문과 성격이 다르며, '-었던가'와 '-었더라' 의문문의 '-었더-' 연쇄는 일반적인 '-었더-' 연쇄와 성격이 다르다. 이러한 현상에 대해서는 이홍식(2003), 박재연(2006: 164~166)에서 일부 관찰되었으나 본격적으로 다루어진 적은 없었다. 본고는 '-던가', '-더라' 의문문의 특수성을 면밀히 관찰하여 이를 합리적으로 기술 · 설명하고자 한다.

본고는 다음과 같이 구성된다. 2장에서는 '-던가' 의문문에 나타나는 일반적인 문법 현상을 관찰한다. 3장에서는 '-던가'에 '-었-'이 통합한 '-었던가' 의문문의 특수성을 기술하고 설명한다. 4장에서는 '-더라' 의

---

4) 만약 '퇴근하는' 장면을 지각하였다면 "김 선생님은 벌써 퇴근하시더라."와 같은 문장을 발화하였을 것이다.

5) 연세대학교언어정보연구원 편(1998)에서는 이때의 '-라'를 평서형 종결어미 '-다'의 이형태로 간주한다. 여기에 대해서는 이견도 있어서 Lee (1991: 424~433)에서는 '-라'를 '-다'의 이형태가 아닌 독립된 하나의 종결어미로 다루면서 "화자의 내성(introspection)을 독백으로 표현하는" 요소로 본다. 이 논의의 특징은 '-더라'가 "그 장면을 보니까 되게 슬프더라."에서처럼 평서문에 사용되는 경우를 예외로 다루고 (3)에서와 같이 의문문으로 쓰이는 것을 기본적인 것으로 다룬다는 점이다. 한편 국립국어연구원 편(1999)의 '-더라' 항에는 이러한 의문문 용법을 기술하지 않고 있다.

문문의 문법 현상을 기술한다. 5장은 결론으로서 논의를 요약하고 미진한 점을 제시한다.

2. '-던가' 의문문의 문법 현상

2.1. 양태 담지자의 전환과 관련된 특성

'-더-'는 최현배(1937/1955: 457)에서 '회상 시제'라는 시제 형식으로 다루어졌다. 그러나 고영근(1965/1989: 191)에서 '-더-'가 시제 요소일 수 없음이 지적된 후 이후의 논의에서는 '-더-'가 양태(modality) 혹은 서법(mood)을 나타낸다는 쪽으로 의견이 모아지고 있다.

'-더-'의 의미 기능이 양태로 파악될 수 있다면 선어말어미 '-더-'는 '양태 담지자의 전환' 현상을 나타낼 것으로 기대할 수 있다. 양태 담지자의 전환은 '지각'이나 '추측' 등의 양태적 수행 행위의 주체가 문장 유형 등 출현 환경에 따라 바뀌는 현상을 가리킨다(박재연 2006: 52). '추측'의 양태를 나타내는 선어말어미 '-겠-'을 예로 들면, "이 상자에는 과자가 들어 있겠다."의 '-겠-'은 화자의 추측을 표현하고 "이 상자에는 무엇이 들어 있겠니?"의 '-겠-'은 청자의 추측을 표현한다.[6] '-더냐, -던가(하게체), -습디까'에 의한 의문문에서는 이러한 양태 담지자의 전환 현상이 '-겠-'과 동일하게 나타난다. 평서문인 "냉장고에는 아무것도 없더라/없네/없습니다."에서는 화자의 지각 행위와 관련한 의미가 표현되고, "냉장고는 무엇이 있더냐/있던가/ 있습디까?"는 청자의 지각 행위와 관련한 의미가 표현된다.

---

6) 이러한 현상은 다른 언어에서도 나타나는 양태 표현들의 일반적 특징이다. 영어 양태 조동사가 나타내는 양태 담지자의 전환 현상에 대해서는 Quirk *et al.* (1985: 815) 참조. 그런데 특히 한국어에서 양태 담지자의 전환은 평서문과 의문문에 따라 발생하기도 하지만 '-겠-'이 종속절에 사용될 때 더욱 복잡한 양상을 띠며 나타난다. 즉 평서문이라 할지라도 '-겠-'이 종속절에 사용되면 양태 담지자는 화자가 될 수도 있고 청자가 될 수도 있으며 후행절 주어가 될 수도 있다. 자세한 내용은 박재연(2006: 128~143) 참조.

그런데 '-던가' 의문문에서는 일반적인 의문문에서와 같은 양태 담지자의 전환 현상이 일어나지 않는다.

(4) 가. 벚꽃이 4월에 피더냐?
나. 벚꽃이 4월에 피던가?
(5) 가. 맥주라는 게 취하기 전에 배부터 불러오는 술 아닙디까?
나. 맥주라는 게 취하기 전에 배부터 불러오는 술 아니던가?

'-더냐'가 사용된 (4가)가 청자의 지각 행위를 겨냥하여 청자에게서 정보를 구하는 의문문인 데 반하여 '-던가' 의문문인 (4나)는 화자가 자신의 과거 지각 행위에 대하여 기억을 더듬는 의문문이다. (5가, 나) 역시 마찬가지다. '-읍디까'가 사용된 (5가)는 청자의 지각 행위에 대해 묻는 의문문이지만 '-던가' 의문문인 (5나)는 화자의 지각 행위를 대상으로 삼는 의문문이다. 기존의 논의에서 '-은가' 의문문은 '자문(自問)'으로 특징지어졌다.[7] '자문'은 청자를 상정하지 않고 독백으로 쓰이는 의문으로서, 응답을 절대적으로 요구하는 '질문'의 상대 개념이다(Lyons 1977: 756, 이성구 1983: 41).[8] 즉 (4나, 5나)는 화자 스스로를 청자로 삼아 질문하는 것이기에 이때 사용된 '-더-' 역시 청자 아닌 화자 스스로의 지각을 문제 삼는다. '-은가'의 자문의 속성이 '-더-'의 양태 담지자 전환을 저지한 것으로 이해된다.[9]

---

7) 국립국어연구원 편(1999)에서는 '-던가'에 대하여 "과거의 사실에 대하여 자기 스스로에게 묻는 물음이나 추측을 나타내는 종결어미"라고 풀이한다. 박재연(2000)에서는 '-은가'를 '독백문 종결어미'의 일종으로 다루었다.

8) 물론 화자는 실제 대화 상황에서 청자에게서 정보를 구하려는 의도를 가지고 '-은가'를 사용할 수 있다. 그러나 '-은가'가 표현하는 의문의 의도는 다른 의문형 어미에 비해 간접적이다.

9) 오해를 피하기 위해 덧붙여 두자면, '-던가' 의문문에서 양태 담지자의 전환이 저지된다는 것은 '-더-'의 의미 기능이 사라져 '-더-'가 없는 '-은가'와 가치가 동일해짐을 의미하는 것이 결코 아니다. '-더-'가 평서문에서와 같이 '화자의 지각'을 표현한다는 뜻이다. 한편 '-던가'에 '요'가 통합된 '-던가요'는 '-던가'와는 달리 일반적인 양태 담지자의 전환 현상을 따른다는 점을 지적해 둔다. 가령 "부모님도 그걸 아시던가요?"

2.2. 인칭 제약과 관련된 특성

'-더-'가 나타내는 여러 가지 문법 현상 중 가장 많은 주목을 받은 것이 소위 '인칭 제약 현상'이다. 즉 '-더-'는 평서문에서는 1인칭 주어를 취하지 않고, 의문문에서는 2인칭 주어와 어울리지 못한다(김차균 1980, 김영희 1981 등).

(6) 가. *나는 옷을 입더라.(서정수 1977/1990: 243)
  나. *나는 동생을 찾더라.(김차균 1980: 92)
(7) 가. *네가 밥을 먹더냐?(서정수 1977/1990: 247)
  나. *네가 거기에 가던가?(서정수 1977/1990: 247)
  다. *당신이 거기에 갑디까?

(6가, 나)는 '-더-'가 통합된 평서문에 1인칭 주어가 사용되지 못함을 보인 것이고 (7가, 나, 다)는 '-더-'가 통합된 의문문에 2인칭 주어가 사용되지 못하는 것을 보인 것이다.[10] 흔히 '-더-'의 인칭 제약은 '-더-'가 '과거의 지각'의 양태 의미를 가지고 있기 때문이라고 설명된다. 가령 장경희(1985: 73)는 지각 작용은 감각 기관을 통하여 감각 정보를 획득한 이후에 이루어지는 앎의 행위이므로 주어가 1인칭인 문장이 뜻하는 내용은 '-더-'가 통합될 수 있는 지각 명제가 되지 못한다고 본다.[11]

우리는 '-던가' 의문문이 의문문임에도 불구하고 청자 아닌 화자의 지각을 문제 삼는다는 사실을 위에서 보았다. 이에 따라 '-던가' 의문문의 인칭 제약은 일반적인 의문문에서와 반대로 나타난다.

와 같은 문장에서 '-더-'는 청자의 지각을 묻는다. '-은가'는 자문의 종결어미지만 '요'가 붙어 청자를 의식하는 문장이 되면 이러한 자문의 특성이 사라지고 일반적인 의문문이 된다.

10) (7나)의 '-은가'는 하게체 어미로서 '자문'의 성격을 가지지 않는다.

11) 그러나 본고는 '-더-'의 인칭 제약은 '지각'이 아닌 '새로 앎'에 기인한다고 본다. 3장 논의 참조.

(8) 가. 내가 그때 화를 많이 내더냐?

나. *네가 그때 화를 많이 내더냐?

(9) 가. *내가 그때 화를 많이 내던가?

나. 네가 그때 화를 많이 내던가?

(8가, 나)는 일반적인 의문문의 인칭 제약 현상을 보인 것이다. (8가)는 화자가 화를 내는 장면을 목격한 청자에게 그 사실을 묻고 있는 것이다. 그러나 '-더냐'는 청자의 지각에 대한 물음이므로 (8나)와 같이 청자의 행위에 대한 물음에는 잘 쓰이지 못한다. 즉 '-더냐'는 2인칭 주어에 대해 제약을 가진다.[12] 그러나 (9가, 나)에서 '-은가'는 자문의 종결어미이므로, 화자 자신의 지각 행위에 대한 물음을 표현한다. 따라서 '-던가'는 1인칭 주어에 대해 제약을 가지고 2인칭 주어는 통합할 수 있다.[13]

여기서 중요한 사실은 '-던가'에 '-었-'을 선행시키면 인칭 제약이 완전히 해소되어 1인칭 주어를 취할 수 있다는 것이다.

(10) 가. *내가 작년에 영어 학원에 다니던가?

12) 이지영(1999: 19)에서 지적된 바와 같이 '-더냐'에 '-었-'이 통합하면 인칭 제약이 해소된다. "네가 그렇게 나를 미워했더냐?"의 예를 들 수 있다. 박재연(2003)에서는 '-었더니, -었던' 등에 나타나는 '-더-'는 양태 의미가 없으며, '-었더-'가 하나의 단위로 과거 시제를 나타낸다고 주장하였는데 '-었더냐'의 '-었더-' 역시 이와 유사한 성격을 가진다고 본다.

13) (9가)의 문법성 판단에 대해 이의를 가지거나 다른 문맥의 예를 들어 '-던가'가 1인칭 주어를 취할 수 있다고 반박할 수도 있다. 주지하다시피 '-더-'의 인칭 제약은 엄밀한 통사적 제약이 아니기 때문에 심리 형용사가 사용된 경우나 새로 알게 된 사실을 언급하는 문맥에서는 인칭 제약이 해소되는 특징이 있다. 가령 "나는 설악산이 좋더라.", "(알고 보니) 내가 혼자 가고 있더라.", "(알고 보니) 너만 춤을 추더냐?"와 같은 문장이 성립한다. 따라서 "그때 내가 소주가 제일 싫던가?" 혹은 "(문득 깨달았었는데) 그때 내가 혼자 가던가?"와 같은 문맥에서 '-던가'가 1인칭 주어와 함께 사용될 수도 있다. 요컨대 '-더-'의 인칭 제약이라는 것이 원래 특수한 문맥을 배제한 상태에서 성립되는 것이기 때문에 '-던가'가 1인칭 주어를 취하지 못한다는 것도 이러한 경우를 배제할 때에만 성립하는 진술이다.

나. 내가 작년에 영어 학원에 다녔던가?

(11) 가. *내가 그때 비빔밥 시키던가?

나. 내가 그때 비빔밥 시켰던가?

(10가), (11가)가 성립하지 않는 것과는 달리 (10나), (11나)는 자연스럽게 성립한다. 인칭 제약은 흔히 '-더-'가 역사적으로 시제 · 상 형식에서 양태 형식으로 발달했다고 할 때 그 기능 변화의 기준이 되는 특성이며(최동주 1995, 이지영 1999), 공시적 논의에서도 양태 의미를 갖는 '-더-'와 다른 기능을 하는 '-더-'를 구별하는 중요한 특성이기도 하다.[14] 따라서 '-었던가'에서 인칭 제약이 발견되지 않는 이유를 면밀히 조사해 볼 필요가 있다(3장에서 논의함).

2.3. 흔적 지각과 관련된 특성

1장에서 언급하였다시피, 양태 선어말어미 '-더-'가 시제 선어말어미 '-었-'을 선행시키면 화자가 사태 자체를 지각한 것이 아니라 사태의 흔적을 지각하였다는 의미를 표현한다. 이를 '흔적 지각'이라 부르기로 하자.[15]

(12) 가. 김 선생님이 퇴근하시더라.

나. 김 선생님이 퇴근하셨더라.

14) 가령 서정수(1977, 1979)는 인칭 제약이 있는 종결형의 '-더-'는 '보고'의 의미를 가지는 것으로 보고 인칭 제약이 없는 관형사형의 '-더-'는 '지속상'의 의미를 가지는 것으로 본다. 이러한 논의에 대하여 고영근(2004: 204)에서는 주어에 대한 인칭 제약이 "설명법의 1인칭, 의문법의 2인칭, 연결어미 '-더니, -던데, -던지'" 등 극히 일부에만 국한되어 나타나는 것이어서 '-더-'의 기능을 인칭 제약과 연관시키는 것은 바람직하지 않다고 하였다. 그러나 송재목(2007: 3, 각주 4)에서 지적되었듯이 비록 일부 환경이라 하더라도 인칭 제약 현상이 존재하는 것은 엄연한 사실이며, 증거성을 나타내는 형식이 인칭 제약을 보이는 것은 다른 언어에서도 관찰되는 현상이므로 '-더-'의 인칭 제약을 의미 있는 현상으로 간주하는 것이 옳다고 본다.

15) 임홍빈(1982/1998: 357)에서는 '흔적 확인'이라는 표현을 사용하였으나 여기에서는 '-더-'의 '지각'의 의미 속성을 고려하여 '흔적 지각'으로 바꾸어 부른다.

(13) 가. 김 선생님은 퇴근하시더냐/하시던가(하게체)/하십디까?
　　나. 김 선생님은 퇴근하셨더냐/하셨던가(하게체)/하셨습디까?

(12가)는 김 선생님이 퇴근하는 모습을 직접 본 경우 사용될 수 있는 문장인 반면 (12나)는 김 선생님이 퇴근하는 모습을 직접 본 것이 아니라, 퇴근한 후의 흔적, 즉 책상이 정리되어 있고, 가방이 없는 등의 광경을 지각한 경우 사용되는 문장이다. (13가)와 (13나)는 의문문에 사용된 '-더-'와 '-었더-'의 차이를 보여 준다. (13나)에서 청자가 지각하였다고 가정되는 것은 사태 자체가 아니라 사태의 흔적이다.

흥미로운 것은 '-었던가' 의문문은 흔적 지각을 물어보는 의문문이 아니라는 점이다.

(14) 가. 영희가 안국동에 살던가?
　　나. 영희가 안국동에 살았던가?
(15) 가. 영희가 안국동에 삽디까?
　　나. 영희가 안국동에 살았습디까?

2.1.에서 논의한 바와 같이 (14가, 나)는 화자 스스로를 청자로 삼아 과거의 지각 행위에 대해 묻는 의문문이다. 그런데 만약 '-었더-'가 흔적 지각 용법을 가지고 있다면, (14나)는 '영희가 안국동에 산' 흔적을 지각했던 일을 회상하는 의미일 것이다. (15가)와 (15나)의 차이는 사태를 직접 지각한 것과 사태의 흔적을 지각한 것의 차이를 보여 준다.[16] 그런데 (14가)와 (14나)의 차이는 이와는 다르다. 동일한 문맥에서 사용될 수 있어 의미 차이가 없는 것처럼 생각되기도 한다.

요컨대 '-었던가'는 '-던가'와는 달리 인칭 제약을 가지지 않으며, '-었던가'의 '-었더-'는 일반적인 '-었더-' 구성이 보이는 '흔적 지각' 용법도

16) (15나)는 가령 영희의 주민등록등본을 확인한 결과를 물을 때 사용될 수 있는 문장이다.

보이지 않는다. 이제 장을 달리하여 '-었던가'의 특성을 면밀히 분석해 보기로 한다.

3. '-었던가'의 특수성

3.1. '-었던가'의 '-더-'의 특수성

먼저 '-었던가' 연쇄에 나타나는 '-더-'의 특성에 대해서 생각해 보자. 2장에서는 '-었던가'가 인칭 제약을 가지지 않는다는 사실을 확인하였다. 앞에서 말했듯이 '-더-'의 인칭 제약의 유무는 종결형에 나타나는 양태적인 '-더-'와 관형사형에 나타나는 시제 · 상적인 '-더-'를 구별하는 근거이다. 따라서 '-었던가'의 '-더-' 역시 관형사형의 '-더-'와 마찬가지로 과거의 지각 행위와 관련한 양태 의미를 가지지 않는 것은 아닌지 확인해 볼 필요가 있다.

그러나 '-었던가' 구성에서 '-더-'는 '지각'과 관련한 양태 의미를 표현하는 것이 분명해 보인다.

(16) 가. 나는 먹어 보지 못했지만 빙그레 아이스크림이 {*맛있었던가, 맛있었나}?
나. 나는 들어 보지 못했지만 영희가 노래를 잘 {*불렀던가, 불렀나}?
다. 나는 그때 듣지 못했지만 이 곡이 영희가 {불렀던, 부른} 노래니?

(16가, 나)의 문맥에서 '-었던가'가 사용되기 어려운 것은 '-더-'가 직접 경험한 사태에만 쓰일 수 있기 때문이다. '-더-'가 없는 '맛있었나, 불렀나'와 비교하면 이 차이를 확인할 수 있다.[17] 이는 (16다)에서 관형

---

17) '맛있었나, 불렀나'의 '-나'는 '-은가'에 선어말어미 '-느-'가 통합한 '-는가'가 축약된 형

사형 '-었던'이, 지각하지 않은 사태에 대해서도 자유롭게 쓰여, 시제 · 상적 의미만을 표현하는 것과 대조적이다. 요컨대 '-었던가'의 '-더-'는 관형사형의 '-더-'와는 성격이 다르다.

그렇다면 왜 '-었던가'의 '-더-'는 주어에 대한 인칭 제약을 가지지 않는가? 앞에서 언급하였듯이 '-더-'의 인칭 제약은 흔히 '-더-'의 '과거의 지각' 속성으로 설명된다. 그런데 박재연(2006: 154)에서는 '-더-'의 의미가 '과거 지각', '새로 앎', '미지가정' 등의 속성으로 성분 분석될 수 있다고 보고,[18] '-더-'가 인칭 제약을 가지는 것은 더 구체적으로 말하면 '지각'의 의미 속성이 아닌 '새로 앎'의 속성에 기인하는 것이라고 보았다. "*내가 빨간 옷을 입었더라."와 같은 문장이 일반적인 문맥에서 부적격하다면, 이는 화자가 스스로 빨간 옷을 입은 것을 지각하는 것이 불가능하기 때문이 아니라 그 사실을 새로이 알게 되는 상황이 일반적이지 않기 때문이다.

'-더-'의 의미를 '과거의 지각'과 '새로 앎'으로 분석하고서 '-었던가'의 예를 관찰하면 '-었던가'의 '-더-'는 위에서 본 바와 같이 '지각'의 의미는 있으나 '새로 앎'의 의미가 없다는 것을 알 수 있다.

(17) 가. 내가 아이스크림을 맛있게 먹었던가?
가'. *내가 아이스크림을 맛있게 먹었더라.
나. 내가 92년 대선 때 야당을 찍었던가?
나'. *내가 92년 대선 때 야당을 찍었더라.

(17가)에서 내가 아이스크림을 먹은 것은 지각이 불가능한 사태는 아니지만, 화자 스스로에 대한 일이므로 새로 깨달은 사태는 아니다. (17나) 역시 화자가 경험한 사태일 뿐 새로 알게 된 사태는 아니다. 이

식이다(이현희 1982: 95).

18) 단 여기서 '미지가정'의 의미는 '-더-'가 평서종결형에 통합할 때에만 나타나는 특성이라고 보았다.

러한 문맥에서 '-었더라'가 사용되지 못함에도 불구하고 '-었던가'가 사용될 수 있는 것은 이때의 '-더-'가 '새로 앎'의 의미 속성을 가지지 않기 때문이라고 할 수 있다.[19)]

정리하면 '-었던가'의 '-더-'는 '지각'의 양태 의미를 가지고 있다는 점에서 관형사형의 '-더-'와 다르며 '새로 앎'의 의미를 가지고 있지 않아 인칭 제약을 유발하지 않는다는 점에서 평서종결형 '-더라'의 '-더-'와 차이가 있다.

3.2. '-었던가'의 '-었-'의 특수성

다음으로 '-었던가' 구성에 사용되는 '-었-'의 특수성에 대해 생각해 보자. 앞에서 보았듯이 '-던가'와 '-었던가'는 일부 문맥에서 큰 의미 차이 없이 교체될 수 있다.

(18) 가. 영희가 안국동에 살던가?
　　나. 영희가 안국동에 살았던가?
(19) 가. 영희가 고향이 광주던가?
　　나. 영희가 고향이 광주였던가?

(18), (19)의 각각의 두 문장은 영희가 안국동에 산다든가, 고향이 광주라든가 하는 사실을 과거에 지각한 적이 있고, 그것을 다시 회상하며 자문하는 문맥에서 어느 쪽이든 사용될 수 있다.[20)] 이때 '-었-'의 의미는 언뜻 사라진 듯 보이기도 하며 '-었-'과 '-더-'의 통합이 잉여적으로

19) '-었던가'의 '-더-'의 의미는 일상언어적으로는 '지각'보다는 '경험'에 가깝다. 송재목(2007: 17)에서는 한국어의 '-더-'를 몽골어의 증거성 표지 '-laa'와 비교하면서 '-더-'와는 달리 '-laa'가 인칭 제약을 가지지 않는 것은 '-더-'가 화자의 '관찰'을 나타내는 데 반해 '-laa'는 화자의 '경험'을 나타내기 때문이라고 본다. 위에서 '-었던가'의 '-더-'가 대상으로 삼는 사태는 '지각'한 사태이되, '새로 깨달은' 사태는 아니라고 보았는데, 이는 다른 말로 바꾸면 '경험'한 사태라고 할 수 있다.

20) 엄밀히 말하면 '-던가'의 '-더-'는 '-었던가'의 '-더-'와는 달리 '새로 앎'의 의미를 가지나, 그 차이가 크게 부각되지는 않는 듯하다.

느껴지기도 한다. 이는 2.3.에서 본 "김 선생님이 퇴근하셨더라."와 같은 문장에서의 일반적인 '-었더-' 구성이 '흔적 지각'의 용법을 보이는 것과 대조적이다.[21)]

이러한 현상이 나타나는 이유는 무엇일까? '-었더-'의 흔적 지각 용법은 이때의 '-었-'이 '-더-'의 영향으로 상대시제적 해석을 받기 때문이라고 기술할 수 있다.[22)] '-었더라'에서 '-었-'은 '-더-'가 표현하는 지각 시점, 즉 과거 시점을 기준으로 한 과거를 표현하므로 이는 상대시제 과거이다. "김 선생님은 퇴근하셨더라."에서 실제로 김 선생님이 퇴근한 것은 화자가 그 사실을 지각한 과거 시점보다 이전 시점이므로, 화자가 지각한 것은 그 흔적일 뿐이라는 해석이 도출된다.

그런데 (18나), (19나)에서 보이는 '-었던가'의 '-었-'은 '-었더라'의 '-었-'과는 달리 '-더-'의 지각시를 기준으로 한 상대시제 해석을 보이지 않는다. 즉 이때의 '-었-'은 '-더-'에 영향 입음 없이 절대시제적으로만 해석된다. 이에 따라 '-었더-'의 통합이 잉여적으로 느껴진다. '-더-'가 사용되면 '-었-'이 따로 사용되지 않아도 사태가 과거에 위치지어지기 때문이다. 다음을 보자.

(20) 영희가 학교에 가더라.

위 문장에는 과거 시제를 나타내는 '-었-'이 사용되지 않았지만 상황의 과거성이 드러난다. '과거의 지각'을 나타내는 '-더-'가 통합되어 있기 때문이다. '-더-'는 상황시의 위치를 나타내는 온전한 시제 형식은

---

21) 물론 (18가, 나), (19가, 나)의 의미가 모든 문맥에서 동일하다고 보는 것은 아니다. 그 차이에 대해서는 3.3.에서 논의한다.

22) 일반적으로 상대시제 해석은 주절이 아닌 접속절이나 내포절에서 나타나는 것으로 논의되나 이익섭(1978/1991: 271)에서는 '-었더-'나 '-었었-'이 사용된 주절에서 상대시제 해석이 발생함을 지적한 바 있다. 한편 최동주(1995: 214~237)에서는 '-었더라'의 '-더-'가 사태에 대한 인식 시점(視點)을 발화시로부터 과거의 어느 시점(時點)으로 이동하였음을 나타내고, 그 시점을 기준으로 하여 'Ø'와 '-었-'이 시제적 대립을 보인다고 하였는데 모두 비슷한 인식을 보인다 하겠다.

아닐지라도 그 '과거의 지각' 의미가 상황의 과거성을 자연스럽게 추론하게 한다. 그러나 '-더-'가 가지는 과거시제적 의미는 어디까지나 함축에 불과하여 문맥에 따라 취소될 수 있다.[23)]

(20)' 영희가 학교에 가더라. 내일이 입학식이더라.

(20)'의 첫 번째 문장만 들을 때 청자는 '과거 지각'의 '-더-'로 인해 영희가 학교에 간 것이 과거라고 판단할 수 있다. 과거에 지각된 사실은 과거의 사태이기가 쉽기 때문이다. 그러나 두 번째 문장까지 듣게 된다면 과거에 일어난 일은 영희가 학교에 가는 사태가 아니라 영희가 학교에 간다는 사실을 알게 된 것에 불과함을 깨닫게 된다. 즉 '과거의 사태'라는 함축은 쉽게 취소된다.

요컨대 '-었던가'에 통합한 '-었-'은 일반적인 '-었더-' 연쇄, 즉 '-었더라, -었더냐, -었습디까' 등에 나타난 '-었-'과 달리 '-더-'의 지각 시점을 기준으로 한 상대시제 과거 해석을 받지 않고 절대시제 과거로 해석된다. '-더-'는 과거 시제 형식은 아니지만 과거의 지각을 표현함으로 인해 과거 시제적인 함축을 가질 수 있다. 저 위의 (18가, 나)와 (19가, 나)가 각각 동일한 문맥에서 유사한 의미로 사용될 수 있는 것은 '-더-'의 과거 시제 함축이 '-었-'의 과거 의미를 잉여적인 것으로 만들어 버리기 때문이다. '-었더-'의 '-었-'이 절대시제 과거로 해석되는 것은 일반적인 종결형에서 발견되지 않는 '-었던가'에서의 특성이다.

3.3. '-던가'와 '-었던가'의 차이

3.1.과 3.2.에서는 '-었던가'의 '-더-'가 '새로 앎'의 의미 없이 '지각'의

---

23) 함축의 가장 기본적인 특성은 취소가능성(defeasibility)이다(Levinson 1983: 119). 문법 형식의 의미 기술에서 문맥 독립적인 의미론적 의미(semantic meaning)와 문맥에 따라 추론 가능한 함축(implication)의 구별의 중요성을 강조한 논의로는 Smith (1991: 106), 문숙영(2005: 45), 박재연(2007: 185) 등이 있다.

의미만을 가진다는 점, '-었-'이 절대시제 과거로 해석된다는 점을 확인하였다. 또한 일부 문맥에서 '-던가'와 '-었던가'가 의미 있는 차이를 보여 주지 않는다는 점을 확인하였다. 그러나 '-던가'와 '-었던가'가 '-더-'의 양태 의미의 차이만 가지는 것은 아니다.[24] 이 절에서는 '-던가'와 '-었던가'의 차이를 더욱 면밀히 조사해 보기로 한다.

'-던가'와 '-었던가'가 가지는 기본적인 차이는, '-던가'는 거기에 통합되어 있는 '-더-'로 인해 과거 시제 '함축'만을 가지지만 '-었던가'는 '-었-'을 포함하고 있기 때문에, 과거 시제 '의미'를 가진다는 것이다. 따라서 '-던가'는 미래 상황에 사용하는 것이 가능하지만 '-었던가'는 불가능하다.

(21) 가. 비행기가 내일 떠나던가?
　　　나. *비행기가 내일 떠났던가?

(21가)는 '내일'이라는 미래 시간 부사로 인해 사태의 과거성에 대한 함축이 취소되어 성립할 수 있다.[25] 그러나 (21나)에서 '-었-'의 과거 시제 의미는 '내일'에 의해 취소될 수 있는 함축이 결코 아니므로 부적격한 문장이 된다.

'-던가'와 '-었던가'가 명백한 의미 차이를 가지는 또 하나의 문맥은 이들이 '완성' 사건에 통합하였을 경우이다. 사건의 상황 유형을 '상태(State), 동작(Activity), 순간(Semelfactive), 달성(Achievement), 완성(Accomplishment)'으로 나누어 볼 때(Smith 1991),[26] '완성' 상황 유형은 '동작'과 마찬가지로 [+지속]의 속성을 가지지만 자연적인 끝점을

---

24) 이하의 논의에서 '-던가'와 '-었던가'의 각각의 '-더-'가 가지는 양태 의미상의 차이, 그리고 이로 인하여 발생하는 인칭 제약의 차이는 논외로 한다. 따라서 3.3.에서는 '-던가'를 취할 수 없는 1인칭 주어 예는 들지 않는다.

25) (20)'과 같은 예는 '-더-'가 시제 요소가 아니라는 증거로 이용되어 왔다(고영근 1965/1989: 191, 송재목 1998: 142~147, 박재연 2006: 156).

26) '상태'는 [+상태, +지속]의 속성을, '동작'은 [-상태, +지속, -끝점]의 속성을, '순간'은 [-상태, -지속, -끝점]의 속성을, '달성'은 [-상태, -지속, +끝점]의 속성을, '완성'은 [-상태, +지속, +끝점]의 속성을 갖는 것으로 특징지어진다.

가진다는 점에서 '동작' 상황 유형과 구별된다. 그런데 '집을 한 채 짓다'와 같은 '완성' 사건에 '-었-'이 사용되면 상황의 과거성뿐 아니라 동작의 완성까지를 함의한다. "영희가 집을 짓는다."와는 달리 "영희가 집을 지었다."는 집이 완성되었음을 의미하는 데에서 이를 알 수 있다. 이에 따라 '완성' 사건의 경우 '-던가'와 '-었던가'는 현격한 의미 차이를 드러낸다.

(22) 가. 영희가 아까 개집을 만들던가?
　　나. 영희가 아까 개집을 만들었던가?

'-던가'가 사용된 (22가)는 영희가 집을 짓는 상황을 목격하였을 뿐, 그 완성 여부는 모르는 상황에서의 물음이다. 반면 '-었던가'가 사용된 (22나)는 영희가 집을 다 지은 상황을 염두에 둔 것이다.[27] 앞에서 말했듯이 '-더-'는 '과거 지각'의 속성으로 말미암아 과거 시제적인 함축을 가질 수 있는데 그렇다고 해서 '-었-'이 가지는 완결상적 함축까지는 가질 수 없다. 따라서 '완성' 사건의 경우에는 '-던가'와 '-었던가'가 해석에 있어서 차이를 가지게 된다.[28] 또한 '-었-'의 완결상적 함축이 '완성' 사건의 결과 상태를 나타내기 때문에, '완성' 사건의 경우 '-었던가'에서 '-었더-'의 의미는 '-었더라'의 '-었더-'가 표현하는 흔적 지각과 명확히 구별되지 않는다.[29]

이들을 제외하면 '-던가'와 '-었던가'는 많은 문맥에서 결정적인 의미

---

27) 가령 "보나마나 만들다 말았겠지?"와 같은 문장을 후행시킬 수 있는 문장은 (22가)이다.

28) 이호승(1997: 25~26)에서는 "아까 철수는 이 개집을 만들고 있었다."와 "아까 철수는 이 개집을 만들어 버렸다."를 비교하면서 미완결의 '-고 있-'이 통합한 전자는 개집의 완성 여부에 대해 중립적이지만 완결의 '-어 버리-'가 통합한 후자는 개집이 완성되었음을 명시적으로 드러낸다고 하였다.

29) 그러나 (22나)의 의미를 '흔적 지각'과 완전히 동일하다고 볼 수는 없다. (22나)의 화자는 개집의 완성을 염두에 두고 있지만, 완성된 장면을 목격하지 않았을 수 있기 때문이다.

차이가 없다. 이는 '-더라'가 사태를 직접 지각함을 나타내고 '-었더라'가 사태의 흔적만을 지각하는 현격한 차이를 보여 주는 것과 대조적이다. 그러나 다른 문맥에서도 '-던가'와 '-었던가'는 미세한 함축 의미의 차이를 드러내는 경우가 있다. '-던가'와 '-었던가'가 모든 문맥에서 유사한 의미로 해석되지 않는다면 어떤 경우에 유사한 의미로 해석되고 어떤 경우에 해석의 차이를 가지는지를 면밀히 검토할 필요가 있다. 여기에는 상황의 상적 특성이 관여하는 것으로 생각된다.[30]

먼저 '상태'와 '동작' 상황에 '-던가'와 '-었던가'가 통합한 경우를 살펴보자.

(23) 가. 그 집 딸이 얼굴이 예쁘던가?
　　 나. 그 집 딸이 얼굴이 예뻤던가?
(24) 가. 아기가 그네를 타던가?
　　 나. 아기가 그네를 탔던가?

(23)의 '얼굴이 예쁘다'는 '상태' 상황 유형이다. (23가)는 과거의 지각 행위를 통하여 '그 집 딸의 얼굴이 예쁜지'의 여부를 안 적이 있었고, 이 사실에 대해 스스로에게 물어보는 의문문이다. 동일한 문맥에서 (23나)도 사용될 수 있다. 단지 두 문장에 차이가 있다면 (23가)가 현재까지도 지속될 수 있는 상태에 대한 물음인 데 반해, (23나)는 과거의 특정한 시점에서의 상태를 겨냥한 물음으로 해석되기 쉽다는 것이다.[31] 그러나 이것은 어디까지나 해석의 선호의 문제여서 현재까지 지속되는 상태에 대한 질문에도 (23나)가 사용될 수 있고, (23가)가 과거의 특정한 시점에서의 상태를 겨냥한 물음에도 사용될 수 있다.

30) 박소영(2002)에서는 '-었-'과 '-었었-'이 서로 다른 상황 유형에 통합될 때 어떠한 해석의 차이가 나타나는지를 고찰한 바 있다.

31) 시제를 상황시와 발화시의 관계가 아닌 주제시(topic time)와 발화시의 관계로 새롭게 이해하고자 한 Klein (1994)의 술어를 빌리면, '-었-'이 사용되면 화자가 단언하고자 하는 시간, 즉 주제시가 과거의 어느 시점으로 한정된다고 할 수 있다.

한편 (24)의 '그네를 타다'는 '동작' 상황 유형이다. (24가)와 (24나)는 모두 과거의 지각 행위에 대해 스스로에게 의문을 던지는 의문문인데 이때 화자가 염두에 두는 대상은 과거의 특정한 사건일 수도 있고 주어의 성향이나 능력일 수도 있다. (24가)와 (24나)가 각각의 경우에 모두 사용될 수 있으나 (24가)는 현재까지 지속되는 주어의 성향이나 능력을 나타내는 해석을, (24나)는 특정한 사건을 문제 삼는 해석을 가지기 쉽다는 차이가 있다.

'상태, 동작' 상황 유형의 공통점은 [+지속]이다. 또한 이들은 자연적인 끝점을 가지지 않아, 임의적으로 끝내지 않는다면 지속될 수 있는 사태이다. 그렇다면 [+지속]의 사건에서 '-던가'가 사태가 현재까지 유효하다는 해석을, '-었던가'가 특정 사건만을 문제삼는 해석을 선호하는 이유는 무엇일까? 이는 '-더-'가 가진 일반적인 중의성과 연관된다.

(25) 가. 영희가 라틴어로 된 책을 읽더라.
　　 나. 영희가 라틴어로 된 책을 읽었다.
　　 다. 영희가 라틴어로 된 책을 읽던가?

(25가)의 문장에 대해서는 두 가지 해석이 가능하다. 첫 번째 해석은 특정한 과거의 사건을 염두에 둔 해석이다. 두 번째 해석은 동작의 반복성을 함의하여 현재까지 지속되는 주어의 성향이나 능력으로 해석되는 경우이다. 이는 (25나)의 '-었-'이 통합한 문장이 과거의 특정 사건에 대한 것으로 해석되기 쉬운 것과 대조적이다. 이와 같은 '-더라'의 중의성은 문맥에 의해 해소될 수 있다.[32] 이러한 맥락에서 (25다)의 '-던가'의 예문을 보면 '-던가'가 유발하는 중의성은 '-더라'의 연장선상에서 설명될 수 있음을 알 수 있다.[33]

---

32) "영희는 어제 라틴어로 된 책을 읽더라."처럼 '어제'라는 특정 시간이 표시되면 특정 사건으로 해석되고, "영희는 보통 라틴어로 된 책을 읽더라."에서처럼 '보통'이라는 부사가 사용되면 일반적인 성향으로 해석된다.

문제는 '-었던가'이다. 앞에서 주장했듯이 '-었던가'는 과거 시제를 함축할 수 있는 '-더-'가 통합되었는데도 절대시제 과거로 해석되는 '-었-'이 잉여적으로 통합한 구성이다. 이때 '-었-'은 (25다)에서 본 '-던가'의 중의성을 어느 정도 해소시켜 과거의 특정 사건을 문제 삼는 해석을 가지게 한다. '-었-'은 기본적으로 과거 시제 어미이므로 과거 시제의 전형적인 함축, 즉 상황이 종료되었다는 함축을 가지기 때문이다(문숙영 2005: 91).[34] 그러나 이것은 어디까지나 함축이어서 취소될 수 있다. '-었던가'의 특정 사건 해석이 어디까지나 해석의 선호 문제일 뿐, 현재까지 지속되는 사태에 대하여서도 '-었던가'가 사용될 수 있는 것은 이 때문이다.[35]

재미있는 현상은 '상태' 사건이어도 그것이 항구적 속성인 경우에는 '-던가'와 '-었던가'가 의미 차이를 가지지 않는 듯 보인다는 것이다.[36]

---

33) Smith (1991: 99~100)에서는 미완결상(imperfective)과 완결상(perfective)의 차이를 '가시성'의 관점에서 구별한다. 완결상은 상황의 끝점을 보여 주는 '닫힌' 관점상이지만 미완결상은 상황의 끝점을 보여 주지 않아 부가적인 정보나 추론에 '열린' 관점상이다. '-더-'가 이러한 중의성을 갖는 이유는 '-더-'가 본래 '과거 미완결'을 나타내는 형식이었고(최동주 1995), 현재에도 미완결적 함축을 가지고 있기 때문으로 이해된다.

34) '-었-'은 기본적으로 시제 형식이기 때문에 완결상의 의미는 어디까지나 '-었-'의 함축에 불과하다. "방울이는 그림을 한 점 그렸다."는 '-었-'의 완결상 함축으로 인해 그림의 완성을 함축하지만 이러한 완성 함축은 "방울이는 그림을 한 점 그리고 있었다."에서와 같이 미완결의 '-고 있-'이 통합하면 취소된다. 이호승(1997: 27) 참조.

35) '-더라'가 이 두 가지 해석에서 중의적인 데 반해 '-던가'의 경우에는 현재까지 지속된다는 해석에 많은 비중이 있는데 그것은 '-었던가'의 존재 때문으로 이해된다. '-더라'와 '-었더라'는 직접 지각과 흔적 지각으로 대립되지만 '-던가'와 '-었던가'는 이런 대립을 가지지 않기 때문에 '-었던가'가 과거의 특정 사건 해석의 영역을 담당하고, '-던가'가 현재까지 지속된다는 해석 쪽을 담당하는 것으로 역할 분담을 하고 있는 것이다. 특히 현재를 뜻하는 부사가 명시적으로 출현한 경우 '-었던가'는 사용될 수 없다. "영희가 지금 안국동에 살던가?"는 가능하지만 "*영희가 지금 안국동에 살았던가?"는 불가능한 것을 확인할 수 있다.

36) '-더-'에 대한 논의가 이루어진 것은 아니지만 문숙영(2005: 95~101)에서 항구적 속성의 사태에 과거 시제가 사용되는 현상이 논의되었다. 이 논의에서는 Klein (1994)의 주제시 개념을 부분적으로만 수용하여 화자가 말하려고 하는 시간을 '화제시'라고 규정하는데, 화제시가 과거일 때 항구적 속성에 대해서도 과거 시제가 사용된다고 하였다.

(26) 가. 동생 이름이 은수던가?

나. 동생 이름이 은수였던가?

(27) 가. 영희가 고향이 안동이던가?

나. 영희가 고향이 안동이었던가?

(26), (27)에서 각각의 두 문장의 의미는 기본적으로 다르지 않다. 사람의 이름이나 고향은 대부분 한번 정해지고 나면 변화하지 않는 속성이기에 '-던가'를 사용하건 '-었던가'를 사용하건 모두 현재까지 지속된다는 함축을 가진다. 이것은 항구적 속성의 특징적 현상이다. 그런데 '-었던가'와는 달리 '-던가'의 지속 함축이 취소되지 않는 현상이 주목된다.

(28) 가. *동생이 이름이 은수던가? 작년에 연수로 이름을 바꾼 것으로 알고 있지만.

나. 동생이 이름이 은수였던가? 작년에 연수로 이름을 바꾼 것으로 알고 있지만.

(28)의 문맥에서 (28가)는 불가능하고 (28나)는 가능하다. 즉 '동생의 이름이 은수'라는 것이 과거에만 국한된 사실이라는 것이 분명한 문맥에서 '-던가'를 사용하는 것은 부적절하다. '-던가'의 지속 함축이 취소되지 않는 것이 흥미롭다.

반면 '순간'과 '달성' 상황 유형에서는 '-던가'와 '-었던가'의 차이를 거의 발견할 수 없다.

(29) 가. 영희가 철수 뺨을 때리던가?

나. 영희가 철수 뺨을 때렸던가?

(30) 가. 그때 기차가 3시에 도착하던가?

나. 그때 기차가 3시에 도착했던가?

(29)는 '순간' 상황 유형, (30)은 '달성' 상황 유형의 예를 든 것이다. 이 예들에서 각각의 두 문장은 큰 의미 차이를 가지지 않는다. 즉 '순간' 혹은 '달성' 상황 유형에서는 '-던가'를 사용하건 '-었던가'를 사용하건 모두 과거에 국한된 사실이라는 함축을 가진다.[37] '순간' 상황 유형과 '달성' 상황 유형은 [-지속]을 갖는 것으로 특징지어진다. 즉 '순간'과 '달성'의 상황은 시폭을 가지지 않기 때문에 '-던가'가 사용되어도 현재까지 이어진다는 해석을 도저히 가질 수가 없다.[38] 따라서 '순간'과 '달성' 상황 유형에서 '-던가'와 '-었던가'는 모두 과거의 특정한 사건을 표현하는 데 이용된다.

이상에서 논의한 바를 요약하면 다음과 같다. '-었던가'에서 '-었-'은 절대시제 과거로 해석되어 '-던가'와 '-었던가'는 미래 사태에 통합한 경우와 '완성' 사건에 통합한 경우를 제외하고는 서로 기본적인 의미 차이를 가지지 않는다. 그러나 이런 경우에도 '-더-'가 과거 시제 함축만을 가질 수 있는 데 반해 '-었-'은 온전한 과거 시제 의미를 표현할 수 있기 때문에 '-었-'은 '-더-'가 표현하는 중의성(과거의 특정 사건을 문제 삼는 해석과 현재까지 지속되는 사태를 문제 삼는 해석)을 어느 정도 해소하여 과거에 국한되는 특정 사건으로 해석되기 쉽게 한다.

4. '-더라' 의문문의 문법 현상

'-더라'가 "내가 어제 뭘 샀더라?"와 같은 의문문에 쓰일 수 있다는 사실은 기존의 논의에서 이미 지적되었다. Lee (1991: 283)에서는 문제의 정보가 화자의 기억 속에 있기는 하지만 어떤 이유로 지식으로서 전달

37) 다만 선호되는 쪽은 '-었던가'이다.

38) 이에 대하여 '-던가'의 경우에도 "보통 기차가 3시에 도착하던가?"와 같이 '보통'이라는 부사와 함께 쓰이면 특정 사건을 뜻하지 않고 반복적인 상황을 나타낸다는 반론이 있을 수 있다. 그러나 '보통'이 사용되면 이는 '달성' 사건이 아니라 '동작' 사건이다. 한편 '순간' 사건에 '-던가'가 통합될 수 있는 것은 '-던가'의 '-더-'가 미완결적 의미를 함축으로 가질 뿐 온전한 미완결상 형식은 아니라는 증거이다.

되지 않는 경우 '-더라'를 사용한다고 하였으며 이희자 · 이종희(1999: 170)에서는 "지난 일의 기억을 더듬으면서 스스로에게 물어 보는 뜻을 나타냄"이라고 기술하였다. 이 외에도 '-더라'는 설명의문문에만 사용되고, 인용절에 안기지 못하고, '-겠-'과 통합하지 않는다는 특징이 있다(박재연 2006: 166). 주목해야 하는 사실은 '-더라' 의문문 역시 '-던가' 의문문과 마찬가지로 '자문'의 성격을 띤다는 것이다. 따라서 '-더라' 의문문은 '-던가' 의문문과 유사한 특성을 가질 것을 예상할 수 있다. '-던가' 의문문과 '-더라' 의문문의 공통점을 정리하면 다음과 같다.

첫째, '-던가' 의문문에서와 마찬가지로 '-더라' 의문문에서도 양태 담지자의 전환이 일어나지 않는다. 즉 '-더라' 의문문은 의문문임에도 불구하고 여전히 '화자의 지각'과 관련한 의미를 표현한다.

(31) 가. 그 사람이 전화한 게 언제더라?
　　나. 그 사람이 전화한 게 언제던가?
　　다. 그 사람이 전화한 게 언제더냐?
(32) 가. 그 영화 주인공이 누구더라?
　　나. 그 영화 주인공이 누구던가?
　　다. 그 영화 주인공이 누구더냐?

(31가)에서 '-더라' 의문문은 화자 스스로에게 과거의 지각 사실을 묻고 있는데 이는 (31나)의 '-던가' 의문문과 같으며 (31다)의 '-더냐' 의문문이 청자의 지각 사실을 묻는 것과 대조적이다. 또한 (32가)의 의미 역시 '-던가'가 사용된 (32나)와 유사하고 '-더냐'가 사용된 (32다)와 구별되는 특성을 보인다. 이는 '-더라'와 '-던가'가 모두 자문을 표현하는 공통점을 가진다는 것을 보여 준다.

둘째, '-던가' 의문문과 마찬가지로 '-더라' 의문문에서도 '-더-'의 인칭 제약은 일반적인 의문문에서와 반대로 나타난다. 즉 2인칭 주어에 대해 제약을 가지지 않고 1인칭 주어에 대해 제약을 가진다.

(33) 가. *내가 누굴 만나더라?(이홍식 2003: 244)

나. 네가 그때 뭘 먹더라?

다. 철수가 어딜 가더라?

(33가)는 '-더라' 의문문이 1인칭 주어를 취하지 못하는 제약을 가지는 것을 보여 준다. 반면 (33나, 다)에서 알 수 있듯이 '-더라'는 2인칭, 3인칭 주어에 대해서는 제약이 없다. 이는 자문이 갖는 일반적인 제약으로 볼 수 있다.[39)]

셋째, '-었던가' 의문문에서 이러한 인칭 제약이 해소되는 것과 마찬가지로 '-더라' 의문문에 '-었-'이 통합되면 인칭 제약이 완전히 해소된다(이홍식 2003: 244).[40)]

(34) 가. 내가 무슨 말을 했더라?

나. 내가 누굴 만났더라?

위의 (33가)에서 '-더라' 의문문이 1인칭 주어를 취할 수 없었던 것과 대조적으로 (34가, 나)의 '-었더라' 의문문은 1인칭 주어를 취하는 것이 가능하다. 본고는 3장에서 '-던가'가 1인칭 주어를 취할 수 없음에도 불구하고 '-었던가'가 1인칭 주어를 취할 수 있는 이유를 이때의 '-더-'의 양태 의미가 미세하게 다르기 때문이라고 보았다. 만약 이 논의가 정당하다면 '-었더라'의 경우에도 '-더라'의 '-더-'와는 달리 이때의 '-더-'가 '새로 앎'의 의미 속성을 결하고 있다고 할 수 있다.

---

39) 남기심(2001: 340)에서는 "내가 무슨 말을 했더라?"에서 인칭 제약이 해소되는 것을 "(거울에 비춰 보니) 내가 꽤 미남이더군."에서처럼 '나'를 3인칭화한 것으로 설명하였다. 그러나 전자는 어디까지나 의문사를 가진 의문문이므로 평서문에서의 현상과 동일하게 처리할 수 없다.

40) 이홍식(2003: 244)에서는 "내가 왜 그랬더라?, 내가 누굴 만났더라?"가 가능한 데 반하여 "*내가 왜 그러더라?, *내가 누굴 만나더라?"가 용인되지 않는 현상의 특수성을 지적한 바 있다.

넷째, '-었던가'와 마찬가지로 '-었더라'의 '-었더-'도 '흔적 지각'을 표현하지 않는다.[41)]

(35) 가. 김 선생님이 언제 퇴근하시더라?
나. 김 선생님이 언제 퇴근하셨더라?

(36) 가. 김 선생님은 퇴근하시더냐?
나. 김 선생님은 퇴근하셨더냐?

(35가)와 (35나)의 차이는 (36가)와 (36나)의 차이와 같지 않다. (35나)는 김 선생님이 퇴근한 흔적을 지각한 사실을 떠올리려는 것이 아니다. 오히려 (35나)는 (35가)와 동일한 문맥에서 의미 차이 없이 교체될 수도 있다.[42)] 이는 (36가, 나)와 같은 일반적인 의문문에서 '-었더-'가 흔적 지각을 표현하는 것과는 구별되는 현상이다. 3장에서 평서문 '-었더라' 혹은 '-었더냐'의 '-었-'이 상대시제 과거로 해석되어 흔적 지각 현상을 유발하는 것과는 달리 '-었던가'의 '-었-'은 절대시제 과거로 해석된다는 사실을 본 바 있는데, '-었더라' 의문문에서도 '-었-'은 절대시제 과거로 해석되어 '-었더-'의 통합이 잉여적으로 느껴지게 한다.

다섯째, 미래 사태와 '완성' 사태에서는 '-더라'와 '-었더라'가 차이를 가진다.

(37) 가. 김 선생님이 내일 어디로 떠나시더라?
나. *김 선생님이 내일 어디로 떠나셨더라?

(38) 가. 영희가 개집을 뭘로 만들더라?
나. 영희가 개집을 뭘로 만들었더라?

41) 이홍식(2003: 245)에서 '-었더라' 의문문에서의 '-었더-'와 '-었더라' 평서문에서의 '-었더-'가 성격이 다르다는 암시가 있었다.

42) 차이가 있다면 (35가)는 (35나)와는 달리 과거에 알게 된 '김 선생님'의 습관을 상기할 때 사용될 수도 있다는 것뿐이다.

(37가)가 성립하는 것과 달리 (37나)는 성립하지 않는다. '-었-'의 과거 시제 의미로 인해 '-었더라'는 미래의 사태에 쓰일 수 없기 때문이다. 또한 '개집을 만들다'와 같은 '완성' 사태에서는 '-더라'와 달리 '-었더라'가 개집의 완성을 함의하는 차이가 있다.

여섯째, '완성' 이외의 상황 유형에서는 '-더라'와 '-었더라'는 기본적인 의미 차이가 없으나, '-던가', '-었던가'의 경우와 마찬가지로 선호되는 해석에 있어서는 차이가 있다. 먼저 '동작' 상황 유형과 '상태' 상황 유형의 경우를 보자.

(39) 가. 영희가 어디가 예쁘더라?
　　나. 영희가 어디가 예뻤더라?
(40) 가. 영희가 어디서 그네를 타더라?
　　나. 영희가 어디서 그네를 탔더라?

(39), (40)은 각각 '상태'와 '동작' 상황 유형에 '-더라'와 '-었더라'가 통합된 예이다. 모두 과거 어느 시점의 기억을 회상하려는 것이지만 '-더라'가 사용된 (39가), (40가)는 현재까지 지속되는 사태로 해석되기 쉬운 반면 '-었더라'가 사용된 (39나), (40나)는 과거의 특정 사건으로 해석되기 쉽다. 이는 '-던가'와 '-었던가'의 차이와 유사하다.

'순간, 달성' 상황 유형과 항구적 속성을 나타낼 때 의미 차이가 크지 않은 것도 '-던가, -었던가'와 유사하다.

(41) 가. 영희가 누구 빰을 {때리더라, 때렸더라}?
　　나. 기차가 언제 {도착하더라, 도착했더라}?
　　다. 영희가 고향이 {어디더라, 어디였더라?}

(41가)는 '순간' 상황 유형, (41나)는 '달성' 상황 유형, 그리고 (41다)는 항구적 속성을 나타내는 문장에 '-더라'와 '-었더라'가 통합한 예이

다. '순간'과 '달성' 상황 유형의 경우에는 '-더라'와 '-었더라'가 모두 과거의 특정한 사건에서의 지각을 표현하며 항구적 속성의 경우에는 '-더라'와 '-었더라'가 모두 현재까지 지속되는 사태를 표현한다. 이는 '-던가'와 '-었던가'에서 발견되었던 속성과 정확히 일치한다. 이상의 논의에서 '-던가', '-었던가' 의문문과 '-더라', '-었더라' 의문문은 그 문법적 속성이 유사하다는 것을 확인할 수 있다.[43]

5. 결론

본고는 지금까지 선어말어미 '-더-'가 통합된 '-던가' 의문문과 '-더라' 의문문의 문법적 특수성을 기술하였다. 이상에서 논의된 바를 정리하면 다음과 같다.

'-던가' 의문문은 '-더-'가 통합된 일반적인 의문문과는 달리 '-더-'에서 양태 담지자의 전환이 일어나지 않아 의문문임에도 화자의 지각과 관련한 의미를 표현하고 인칭 제약도 반대로 나타난다. 이는 '-던가' 의문문이 자문이기 때문이다. 자문은 화자 스스로를 청자로 삼아 질문하는 것으로서 자문에서 양태 의미의 담지자는 청자가 아닌 화자 자신이 되기 때문이다. 한편 일반적인 '-었더-' 구성의 '-었-'이 '-더-'가 표현하는 지각시를 기준으로 한 상대시제 과거를 표시하는 데 반하여 '-었던가' 의문문에서 '-었-'은 '-더-'에 독립적으로 절대시제 과거를 표시한다. '-었던가' 의문문이 '흔적 지각' 용법을 보이지 않는 것은 이 때문이다. 또한 '-었던가' 의문문이 '-던가' 의문문과는 달리 인칭 제약을 가지지 않는 것은 이때의 '-더-'가 '지각'의 의미만을 가지고 '새로 앎'의 의미를 가지지 않기 때문이다.

43) '-(었)더라'와 '-(었)던가'는 청자를 상정하는 정도나 간접적으로 청자에게 대답을 요구하는 정도에 있어서는 차이가 있다. 가령 상위자 앞에서 "그 책 제목이 뭐였더라?"라고 하는 것은 가능하나 동일한 문맥에서 "그 책 제목이 뭐였던가?"라고 하기는 어렵다. '-(었)더라'가 더 독백성이 강하다고 볼 수 있다.

'-었던가' 의문문에서 '-었-'이 절대시제 과거를 표시함에 따라 많은 문맥에서 '-던가'와 '-었던가'는 기본적인 의미 차이 없이 교체 가능하다. '-더-'만으로도 과거 시제를 함축할 수 있기 때문이다. '-던가'와 '-었던가'가 기본적인 차이를 가지는 것은 이들이 미래 사태나 '완성' 사태에 통합한 경우이다. 이외의 경우에는 '-던가'와 '-었던가'는 함축의 차원에서만 차이를 가지는데 '상태'나 '동작'과 같이 [+지속]의 속성을 가지는 상황 유형에 '-었던가'가 사용되면 이 문장은 과거에 국한된 특정 사건을 가리키기 쉽고 '-던가'가 사용되면 일반적인 성향이나 능력으로 해석되기 쉽다. 반면 '순간'이나 '달성' 상황 유형과 같이 [-지속]의 속성을 가지는 상황에서는 '-었던가'와 '-던가'는 해석에서 차이가 없다. '-더라' 의문문 역시 자문의 성격을 가져 '-던가' 의문문과 유사한 특성을 보여 주며, '-었더라'의 문법적 특성 역시 '-었던가'와 유사하다.

본고에서 설명되지 못한 것은 '-었던가, -었더라'의 '-었-'이 다른 '-었더-' 연쇄에서와 달리 왜 '-더-'에 영향 입음 없이 절대시제적으로 해석되는가, 그리고 이때의 '-더-'가 왜 '새로 앎'의 의미를 가지지 않는가이다. 이는 '-었-'이 생성되고 '-더-'의 기능이 변화하여 시제 · 상 · 양태 체계가 재편된 근대 이후의 통시적 변화에 대한 정밀한 논의를 통하여 설명되어야 한다. 이와 관련한 논의는 이후의 과제로 삼는다.

참고논저

고영근(1965), 현대국어의 서법체계에 대한 연구: 선어말어미의 것을 중심으로, 『국어연구』 15, 국어연구회. ["선어말어미에 기댄 문법범주"라는 제목으로 고영근(1989)에 실림, 143-224.]

고영근(1989), 『국어형태론연구』, 서울대학교 출판부.

고영근(2004), 『한국어의 시제 서법 동작상』, 태학사.

국립국어연구원 편(1999), 『표준국어대사전』, 두산동아.

김영희(1981), 회상문의 인칭 제약과 책임성, 『국어학』 10, 국어학회, 37-80.

김차균(1980), 국어 시제 형태소의 의미, 『한글』 169, 한글학회, 45-116.

김차균(1999), 『우리말의 시제 구조와 상 인식』, 태학사.
남기심(2001), 『현대국어 통사론』, 태학사.
문숙영(2005), 한국어 시제 범주 연구, 서울대학교 대학원 박사학위논문.
박소영(2002), 한국어 시제 형태 '-었-'과 '-었었-' 새로 보기, 『형태론』 4: 1, 박이정, 11-35.
박재연(1999), 국어 양태 범주의 확립과 어미의 의미 기술: 인식 양태를 중심으로, 『국어학』 34, 국어학회, 199-225.
박재연(2000), 독백과 독백문 종결어미에 대하여, 『국어학논집』 4, 서울대학교 국어국문학과, 25-48.
박재연(2003), 과거 시제를 나타내는 '-었더-'에 대하여, 『어문연구』 120, 한국어문교육연구회, 85-109.
박재연(2006), 『한국어 양태 어미 연구』, 국어학총서 56, 태학사.
박재연(2007), 문법 형식의 의미 기술과 통사론 · 의미론 · 화용론, 『한국어학』 37, 181-206.
서정수(1977), "더"는 회상의 기능을 지니는가, 『언어』 2: 1, 한국언어학회. ["'더'와 회상시제"라는 제목으로 서정수(1990)에 실림, 231-265.]
서정수(1978), "(었)더니"에 관하여, 『눈뫼허웅박사 환갑기념논문집』. [서정수(1990)에 실림, 299-324.]
서정수(1979), "(었)던"에 관하여, 『서병국박사 화갑기념논문집』, [서정수(1990)에 실림, 325-346.]
서정수(1990), 『국어 문법의 연구』, 한국문화사.
송재목(1998), 안맺음씨끝 '-더-'의 의미 기능에 대하여: 유형론적 관점에서, 『국어학』 32, 국어학회, 135-169.
송재목(2007), 증거성과 주어제약의 유형론, 『형태론』 9: 1, 1-23.
연세대학교언어정보개발연구원 편(1998), 『연세한국어사전』, 두산동아.
이병근 · 서태룡 · 이남순 편(1991), 『문법 Ⅰ』, 태학사.
이성구(1983), 국어 의문의 유형에 대한 연구, 서울대학교 대학원 국어교육과 석사학위논문.
이익섭(1978), 상대 시제에 대하여, 『관악어문연구』 3, 서울대학교 국어국문학과. [이병근 · 서태룡 · 이남순 편(1991)에 실림, 267-278.]
이지영(1999), 선어말어미 '-더-'에 대한 통시적 연구, 『국어연구』 159, 국어연구회.
이현희(1982), 국어 의문법에 대한 통시적 연구, 『국어연구』 52, 서울대학교 대학원 국어연구회.

이호승(1997), 현대국어 상황유형 연구,『국어연구』149, 서울대학교 대학원 국어연구회.

이홍식(1995), '-더-'의 의미에 관하여,『관악어문연구』20, 서울대학교 국어국문학과, 327-353.

이홍식(2003), 선어말 어미 '-더-'의 의미에 대하여,『한국어 의미학』13, 한국어 의미학회, 229-255.

이희자 · 이종희(1999),『사전식 텍스트 분석적 국어 어미의 연구』, 한국문화사.

임홍빈(1982), 선어말 {-더-}와 단절의 양상,『관악어문연구』7, 서울대학교 국어국문학과. [임홍빈(1998)에 실림, 339-376.]

임홍빈(1993), 다시 {-더-}를 찾아서,『국어학』23, 국어학회. [임홍빈(1998)에 실림, 271-338.]

임홍빈(1998),『국어 문법의 심층 Ⅰ, Ⅱ, Ⅲ』, 태학사.

장경희(1985),『현대국어의 양태범주 연구』, 탑출판사.

최동주(1994), 현대국어의 선어말 {-더-}의 의미에 대하여: 마침법의 경우,『어학연구』30: 1, 서울대학교 어학연구소, 41-73.

최동주(1995), 국어 시상체계의 통시적 변화에 대한 연구, 서울대학교 대학원 언어학과 박사학위논문.

최현배(1937/1955),『우리말본』, 샘문화사.

Klein. W. (1994), *Time in Language*, Routledge.

Lee, H. S. (1991), Tense, Aspect, Modality: A Discourse-Pragmatic Analysis of Verbal Affixes in Korean from a Typological Perspective, Ph. D. Dissertation, University of California Los Angeles.

Levinson, S. C. (1983), *Pragmatics*, The M.I.T. Press.

Lyons, J. (1977), *Semantics I · II*, Cambridge University Press.

Smith, C. (1991), *The Parameter of Aspect*, Kluwer Academic Publisher.

Quirk, R., S. Greenbaum, G. Leech, J. Svartvik (1985), *A Comprehensive Grammar of the English Language*, Longman.

'-겠-'과 '-을 것이-'의 비대립 환경과 대립 환경

1. 서론

본고는 한국어 선어말어미 '-겠-'과, 이와 유사한 의미를 표현하는 통사적 구성인 '-을 것이-'의 분포상의 특징에 주목하고 이를 바탕으로 두 형식의 의미론적 변별점을 고찰하는 것을 목적으로 한다.

'-겠-'과 '-을 것이-'는 모두 '추측'과 '의도'의 다의성을 가지는 양태 형식으로서 그 의미의 공통점과 차이점에 대해서 이미 많은 논의가 있었다(이기용 1978, 서정수 1977, 1978, 성기철 1979, 임홍빈 1980, 김차균 1981, 안명철 1983, 이병기 1997, 이필영 2012, 전혜자 2013, 정경미 2016, 손혜옥 2016 등).[1]

(1) 가. 곧 비가 오겠다.
　　나. 곧 비가 올 거다.

(1가, 나)의 의미는 거의 비슷하지만 (1가)는 하늘의 먹구름을 보고 하는 말로 더 자연스럽고 (1나)는 일기예보를 통해 비가 올 것을 미리 알고 있었던 경우에 더 자연스럽다. 기존의 논의에서 '-겠-'과 '-을 것이-'의 차이를 변별하는 도구로 제안된 개념은 '확실성, 주관성, 현장성' 외에도 매우 다양하였는데 '-겠-'은 주관적 판단 혹은 현장 근거를 바탕으

---

1) '-겠-'과 '-을 것이-'에 대한 자세한 연구사는 최근의 박사학위논문인 손혜옥(2016), 정경미(2016)으로 미룬다. 특히 추측 용법의 '-겠-'과 '-을 것이-'에 대한 논쟁은 정경미(2016: 23~27)에 자세히 정리되어 있다.

로 새로 가지게 된 판단을 표현하고 '-을 것이-'는 객관적 판단 혹은 원래 가지고 있던 판단 등을 표현한다는 것이 기존 연구의 대체적 흐름이었다. 그러나 '-겠-'과 '-을 것이-' 중 어느 것이 더 확실한 판단을 나타내는가에 대해서 의견이 갈리기도 하였고[2] 주관성과 현장성 등의 특성에 대해서도 반례가 등장하곤 하였다. 오랜 논의가 있었음에도 불구하고 두 형식의 의미를 예외 없이 변별할 수 있는 의미 기술이 확립된 것은 아니다.

본고는 기존 연구의 한계를 '-겠-'과 '-을 것이-'의 다양한 양상을 포괄적으로 검토하지 않은 데에 있다고 파악한다. 우선 이들은 크게 추측과 의도의 다의성을 가지는 양태 표현임에도 불구하고 추측 혹은 의도 어느 한 쪽의 의미에 초점을 맞추어 다른 추측 형식 혹은 다른 의도 형식과 비교한 연구가 많았다. 더구나 주로 추측 용법의 차이에만 큰 관심이 모아졌고 의도 용법에 대한 논의는 상대적으로 많지 않았다.[3]

또한 기존의 연구에서는 평서문의 예만을 주로 관찰하였고 의문문에서 나타나는 유표적 현상에 대해서는 큰 관심을 두지 않았다. 특히 '-겠-'과 '-을 것이-'는 '-더-, -네, -구나, -지' 등 다른 인식 양태 어미와 결합할 때 상당한 용법의 차이를 보이는데 이러한 다양한 결합 관계에서 보이는 양상도 면밀히 검토되지 못했다.

무엇보다 기존의 연구에서는 '-겠-'과 '-을 것이-'가 모든 출현 환경에서 단일한 속성으로써 정연한 대립을 보인다고 가정하였다. 본고는 '-겠-'과 '-을 것이-'가 대립을 아예 가지지 않는 출현 환경도 있다는 점을 주목한다. 즉 두 요소의 출현 환경 중에는 두 요소가 계열 관계를 가

---

2) 대표적으로 같은 시기, 같은 지면(『국어학』 6)에 실린 이기용(1978)과 서정수(1978)을 들 수 있다. 이기용(1978: 62)에서는 '-겠-'은 화자의 확신이 있는 강한 짐작, '-을 것이-'는 약한 짐작을 표현한다고 하였다. 반면 서정수(1978: 108)에서는 객관적인 근거를 바탕으로 한 짐작을 나타내는 '-을 것이-'가 '-겠-'보다 확실성이 높다고 하였다.

3) '확실성, 주관성' 등의 속성은 의도 용법에는 잘 적용되지 않는다. '-겠-'과 '-을 것이-'가 의도의 의미로 해석되는 "나는 꼭 대통령이 되겠어."와 "나는 꼭 대통령이 될 거야"의 차이가 '주관적 판단'과 '객관적 판단'의 차이로 설명되지는 않는다. 두 표현 모두 주관적 의도를 표현한다고 보는 것이 상식적이기 때문이다.

지고 나타나 의미론적 대립을 보이는 '대립 환경'도 있지만 둘 중의 하나만 나타날 수 있는 '비대립 환경'도 존재한다는 것이다. 먼저 대립 환경의 예를 살펴보자.

(2) 가. 영희는 이번에 합격하겠어요.
    나. 영희는 이번에 합격할 거예요.
(3) 가. 나는 계속 이렇게 살진 않겠어.
    나. 나는 계속 이렇게 살진 않을 거야.

(2가, 나)는 '-겠-'과 '-을 것이-'가 모두 추측과 관련된 유사한 양태 의미를 나타내지만 그 의미가 완전히 같지는 않음을 보여 준다.[4] 양태는 화자의 주관적 태도를 나타내는 수의적인 범주이기 때문에 화자의 표현 의도에 따라 '-겠-'을 쓰느냐, '-을 것이-'를 쓰느냐(혹은 아무것도 쓰지 않느냐)를 결정할 수 있다. 이때의 '-겠-'과 '-을 것이-'는 계열 관계를 가지고 출현하며 이에 따라 의미론적으로도 대립된다.[5] (3가, 나)에서는 '-겠-'과 '-을 것이-'가 모두 의도의 의미를 표현하며 미세한 의미 차이를 가지고 대립한다. 의도의 의미로 사용될 때 평서문에서 1인칭 주어만을 취하는 인칭 제약을 가지는 것도 유사하다.[6] 기존의 논의는 주로 이러한 대립 환경의 '-겠-'과 '-을 것이-'의 의미를 비교하였다.

그런데 '-겠-'과 '-을 것이-'가 계열 관계를 가지고 출현하지 않는 환경도 존재한다.

---

4) 그 의미 차이에 대해서는 3장에서 논의한다.

5) '-겠-'은 완전한 문법 형식인 어미이고 '-을 것이-'는 문법화가 완료되지 않은 통사적 구성이기 때문에 계열 관계를 가질 수 없다고 보는 관점도 있을 수 있다. 그러나 한국어에는 완전히 문법화가 이루어지지 않은 형식들이 어미처럼 쓰이는 예가 많이 존재한다. '-기 때문에, -기 위하여, -은 바람에' 등은 연결어미처럼 쓰이는 통사적 구성이고, '-은 것'은 명사형 어미처럼 쓰이는 통사적 구성이다. 이들은 다른 어미들과 계열 관계를 가지고 출현한다. '먹는다'의 '-는-'과 '먹었다'의 '-었-'처럼, 형태통사적으로 계열 관계를 가지는 요소는 의미론적으로도 대립된다.

6) (3나)에서 2인칭이나 3인칭 주어가 오면 이는 의도 표현으로 해석되지 않고 추측 표현으로 해석된다.

(4) 가. 내 생각에는 이 상자에 과자가 들어있겠다.

나. 내 생각에는 이 상자에 과자가 들어있을 것이다.

(5) 가. 네 생각에 이 상자에는 무엇이 들어있겠니?

나. *네 생각에 이 상자에는 무엇이 들어있을 거니?

(4가, 나)에서 보는 바와 같이 평서문에서는 추측의 의미를 나타내는 '-겠-'과 '-을 것이-'가 계열 관계를 가지고 출현한다. 그러나 의문문인 (5나)에서 '-을 것이-'는 아예 사용될 수 없다. 즉 추측을 표현하는 의문문에서는 '-겠-'과 '-을 것이-'가 계열 관계를 가지고 출현하지 않으며 의미론적으로도 대립을 가지지 않는다. 요컨대 '청자의 추측을 묻는 의문문'은 '-겠-'과 '-을 것이-'의 비대립 환경이기 때문에 (5나)가 불가능한 것을 주관성의 차이 등으로 설명하는 것은 불가능하며 무의미하다.

다시 말해서, 대립 환경에서는 두 요소 중 어느 요소가 더욱 적합한가를 논할 수 있지만 비대립 환경에서는 어느 한 요소가 아예 사용될 수 없기 때문에 의미 차이도 논할 수 없다. 대립 환경의 '부적합성'과 비대립 환경의 '사용 불가능성'의 차이를 보이면 다음과 같다.[7]

(6) 가. (계단을 혼자 올라가는 아기를 보고) 저러다가 아기 {넘어지겠다, #넘어질 거다}.

나. 내가 너한테 뭘 해 주면 {좋겠니, *좋을 거니}?

(6가)에서 '넘어질 거야'는 일반적으로 위의 상황에서 덜 적합한 표현이지만 화자의 표현 의도에 따라 사용할 수도 있다.[8] 그러나 (6나)의 '좋을 거니'는 이 상황에서는 아예 사용될 수 없다. '확실성, 주관성,

7) 본고에서는 일반적인 비문 표시 '*'와 구별하여 덜 자연스러운 표현을 표시하기 위해 '#'를 따로 사용하고자 한다. 그러나 본고에서는 '*'도 해당 문맥에서의 사용 불가능성을 가리키며, 문장의 문맥 독립적 비문법성을 가리키지는 않는다.

8) 일반적으로는 '넘어지겠다'를 사용하겠지만 화자가 이미 가지고 있는 근거를 바탕으로 한 판단임을 표현하려 한다면 '넘어질 거다'를 사용하는 것도 가능하다.

현장성' 등을 이용한 기존의 의미 기술이 모두 어느 면에서는 타당성을 가지고 있음에도 불구하고 예외 없는 기술이 되지 못했던 이유는 이러한 비대립 환경이 존재하는 데 있다고 본다.

본고에서는 '-겠-'과 '-을 것이-'의 출현 환경을 이 두 형식이 의미론적 대립을 가지는 '대립 환경'과 의미론적 대립을 보이지 않는 '비대립 환경'으로 나누어 각각에서 '-을 것이-'와 '-겠-'이 보이는 특성을 더욱 정밀하게 기술해 보고자 한다. 특히 본고에서는 '-을 것이-'가 일부 환경에서 추측이나 의도의 양태 의미와는 구별되는 '예정(prospective)', 혹은 '계획된 미래(scheduled future)'의 시제 · 상(tense · aspect) 의미로 사용되며 이때에는 '-겠-'이 사용되지 못한다는 점을 새롭게 주목한다. '-겠-'과 '-을 것이-'의 비대립 환경에는 '-겠-'만 사용되고 '-을 것이-'가 아예 사용되지 않는 환경과 '-을 것이-'만 사용되고 '-겠-'은 아예 사용될 수 없는 환경이 있다. 본고의 관찰에 의하면 위의 (6나)와 같이 '-겠-'만 사용되는 비대립 환경은 '-겠-'이 추측의 의미로 쓰일 때 일부 발견된다.[9] '-을 것이-'만 사용되는 비대립 환경은 '-을 것이-'가 예정의 의미로 쓰일 때이다. 반면 '-겠-'과 '-을 것이-'가 의도를 나타내는 경우는 두 요소가 모두 나타날 수 있는 대립 환경에 해당한다.

본고는 다음과 같이 구성된다. 2장에서는 '-겠-'과 '-을 것이-'가 의미론적 대립을 가지지 않아 두 요소 중 하나만이 배타적으로 출현하는 비대립 환경에 대해 기술한다. 3장에서는 '-겠-'과 '-을 것이-'가 의미론적 대립을 가지는 대립 환경에서 두 형식이 어떠한 의미 기능의 차이를 가지는지를 보인다. 4장은 결론으로서 논의를 요약한다.

---

9) '-겠-'과 '-을 것이-'의 비대립 환경에는 '-겠-'이 능력(ability)이나 기동(inceptive)의 의미로 쓰이는 다음과 같은 특수 환경도 있다. 본고에서는 논의가 더 복잡해지는 것을 막기 위해 이러한 예는 자세히 다루지 않는다.

(가) 아까는 어두워서 보이지 않았는데 지금은 좀 {보겠습니다, *볼 것입니다.}(임홍빈 1980/1998: 246)

(나) 예, {알겠습니다, *알 것입니다.}

2. '-겠-'과 '-을 것이-'의 비대립 환경

2.1. '추측'의 비대립 환경

2.1.1. 의문문 환경

1장에서 보았듯이 '-겠-'은 의문문에서 청자의 추측을 묻는 용법을 가질 수 있지만 '-을 것이-'는 일반적인 의문문에서 추측의 의미로 쓰이기 어렵다.

(7) 가. 선생님 생각은 어떠십니까? 우리 아이가 합격하겠습니까?
　　나. 선생님 생각은 어떠십니까? *우리 아이가 합격할 겁니까?
(8) 가. 네 생각에는 어느 쪽이 낫겠니?
　　나. *네 생각에는 어느 쪽이 나을 거니?
(9) 가. 나 이 옷 입으면 예쁘겠니?
　　나. *나 이 옷 입으면 예쁠 거니?

(7가, 나)에서 보듯이 '-겠-'으로는 청자의 추측을 물을 수 있지만 '-을 것이-'로는 물을 수 없다.[10] '-을 것이-'는 평서문에서는 추측을 표현할 수 있지만 이러한 용법이 의문문까지 확대되지는 않았다고 할 수 있다.

이러한 특성은 '-을 모양이-, -을 터이-' 등 다른 추측의 통사적 구성에서도 발견된다.

(10) 가. 곧 비가 올 {모양입니다, *모양입니까}?
　　나. 이제 형님은 부산에 도착하셨을 {터이다, *터이냐?}

---

10) 이필영(2012: 191)에서 "*너는(네 생각엔) 누가 이길 것이냐?"가 성립하지 않음을 지적하였다. '-을 것이-'는 '-을 것 같-, -을 듯하-' 등과 달리 객관적 표현들이어서 청자의 판단을 나타내지 못한다고 하였다. 이의종(2012: 43)에서도 이 현상에 대한 지적이 있었으나 그 이유가 설명되지는 않았다. '-겠-'과 '-을 것이-'의 차이를 '단정성' 자질의 유무로 구별하는 정경미(2016: 188)에서는 이 현상을 지적하면서 단정은 화자의 확신과 관련된 태도이기 때문에 타인이 관여할 수 없다고 하였다.

(10가)에서 보듯이 '-을 모양이-'는 평서문에서는 추측을 나타내지만 의문문에서는 청자의 추측을 물어보는 용법을 가지지 못한다. (10나)에서 '-을 터이-'도 마찬가지 특성을 보인다.[11] 그러나 "곧 비가 올 것 같습니까?"와 같이, 형식적 문법화가 완료되지 않은 '-을 것 같-'이 추측 의문문에 자연스럽게 쓰이는 것을 고려하면 '-을 것이-, -을 터이-, -을 모양이-' 등이 의문문에 잘 쓰이지 않는 것은 형식적 측면에서 문법화가 완성되지 않았기 때문이라기보다는 추측 의미의 확립 문제와 관련이 되는 것으로 생각된다.

그런데 '-을 것이-'가 일부 수사의문문이나 자문(自問)의 의문문에서는 추측의 용법으로 사용되기도 한다.

(11) 가. 대청마루에 풍경 걸어놓고, 여름에는 수박 먹으면 얼마나 좋겠어?
나. 대청마루에 풍경 걸어놓고, 여름에는 수박 먹으면 얼마나 좋을 거야?

(12) 가. 자식이 부모의 마음을 알 수 있겠는가?
나. 자식이 부모의 마음을 알 수 있을 것인가?

(11나), (12나)와 같은 문장은 실제 자료에서 쉽게 발견된다. 수사의문문은 형식상 의문문이지만 의미상 평서문이기 때문에 청자의 추측을 물으려는 화자의 의사소통적 의도가 강조되지 않아 '-을 것이-'가 사용될 수 있는 것이라고 생각된다. '-은가'가 사용된 자문의 의문문 역시 의문을 제기하는 뜻이 강하고 청자에게 답을 요구하는 뜻이 약하기 때문에 '-을 것이-'가 의문문에서도 사용될 수 있는 듯하다.

요컨대 '-을 것이-'는 일반적으로 의문문에서 추측을 표현하지 못하

11) '-을 터이-'의 경우 의도의 용법으로 쓰일 때는 "너는 갈 테냐?"와 같이 의문문에 사용될 수 있는 것이 흥미롭다. 3.2.에서 보겠지만 '-을 것이-'도 의도를 나타내는 의문문에서는 자유롭게 사용된다.

며 '-겠-'과 계열 관계를 가지고 출현하지 않는다. '-을 것이-'의 추측 용법이 아직 의문문에까지 분포를 넓히지 못했음을 알 수 있다.

2.1.2. 다른 인식 양태 어미 결합 환경

'-겠-'이 추측의 의미로 사용되면 '-더-, -네, -구나, -지' 등 다른 인식 양태 형식과 함께 사용될 수 있다.[12] 그런데 이때의 '-겠-' 자리에는 '-을 것이-'가 올 수 없다.[13] 이는 평서문과 의문문 모두 동일하다. 먼저 선어말어미 '-더-'와 결합하는 경우를 살펴보자

(13) 가. 영희가 이번에는 합격하겠더라.
나. *영희가 이번에는 합격할 거더라.
(14) 가. 영희가 이번에는 합격하겠더냐?
나. *영희가 이번에는 합격할 거더냐?

(13가, 14가)에서 볼 수 있듯이 '-겠더-'의 연쇄는 평서문에서도 의문문에서도 자연스럽게 쓰인다. 그러나 이 문맥의 '-겠더-'의 자리에 '-을 것이더-'를 사용하는 것은 불가능하다. 즉 이 경우 추측의 '-겠-'은 '-을 것이-'와 계열 관계를 가지지 않는다.

이러한 특성은 '-을 것이-'가 종결어미 '-네, -구나, -지'와 결합할 때도 동일하게 나타난다.

(15) 가. 너 요즘 밤에도 {일하겠네, 일하겠구나}.
나. *너 요즘 밤에도 {일할 거네, 일할 거구나}.
(16) 가. 그럼 영희는 {좋겠네, 좋겠구나}.

12) '-겠-'은 추측 용법으로 쓰일 때에만 '-더-, -네, -구나, -지'와 결합될 수 있다. '-더-, -네, -구나, -지' 등은 인식 양태 어미이기 때문에 '-겠-'의 인식 양태적 용법과만 어울린다.
13) '-을 것이-'가 다른 인식 양태 형식과 어울리려면 예정의 의미로 해석되어야 한다. 이 문제는 2.2.에서 다시 논의한다.

나. *그럼 영희는 {좋을 거네, 좋을 거구나}.

(17) 가. 미자 딸은 {착하겠지, 착하겠지?}.

나. *미자 딸은 {착할 거지, 착할 거지?}[14)]

(15가, 16가, 17가)에서 볼 수 있듯이 추측 용법의 '-겠-'은 '-네, -구나, -지' 등의 다른 인식 양태 어미와 아주 자연스럽게 결합한다. 그러나 이때 '-겠네, -겠구나, -겠지' 대신 '-을 것이네, -을 것이구나, -을 거지'를 쓸 수는 없다. 즉 이러한 경우에도 '-겠-'과 '-을 것이-'는 계열 관계를 가지고 나타나지 않는다.[15)]

연결어미 '-길래'는 화자가 선행절 내용에 대해 '지각(perception)' 증거를 가질 때 쓰이므로 인식 양태 형식에 속한다(임채훈 2008, 박재연 2009가 참조). '-길래' 역시 다른 인식 양태 어미와 마찬가지로 '-겠-'과만 결합하고 '-을 것이-'와는 거의 결합이 불가능하다는 것이 흥미롭다.

(18) 가. 이 바지 서윤이 입히면 귀엽겠길래 사 왔어요.

나. *이 바지 서윤이 입히면 귀여울 거길래 사 왔어요.

(18가)의 추측의 '-겠-' 자리에 '-을 것이-'를 쓰는 것은 거의 불가능하다. '-길래'가 추측 용법의 비대립 환경이 되는 것을 확인할 수 있다.[16)]

14) "너 오늘 밤에도 일할 거구나."나 "영희는 내일 올 거지?"는 가능하다. '-을 것이-'가 예정의 의미로 해석될 수 있기 때문이다. 여기에 대해서는 2.2.에서 다시 논의한다.

15) 이와 같은 현상은 일찍이 안명철(1983: 44, 82)에서도 지적되었다. 이 논의에서는 '-을 것이더-'가 불가능한 것은 '-을 것이-'가 화자의 인식 태도에 대한 기술이어서 '-더-'의 경험의 대상이 되지 못하기 때문이라고 설명하였다. 박진호(2011: 18), 손혜옥(2016: 193)에서는 '-을 것이-'의 '이미 앎'의 의미와 '-더-, -구나, -네' 등이 가진 '새로 앎' 의미가 서로 충돌하기 때문이라고 보았다. 그러나 3.1.에서 논의하겠지만 '-을 것이-'가 정확히 '이미 앎'을 나타낸다고 보기는 어려우며, 나아가 '-을 것이-'와 '-더-, -네, -구나' 등이 결합하는 경우도 있다. 이에 대해서는 2.2.에서 논의한다.

16) '-길래'는 의도 용법의 '-겠-'과 '-을 것이-'에는 결합할 수 없다. '-길래'는 지각 증거와 관련된 인식 양태적 의미가 있기 때문에 의도의 행위 양태 요소와 결합할 수 없는 것이다.

즉 '-을 것이-'가 '-길래'와 결합하여 추측의 의미를 나타내지 못하는 것은 '-을 것이-'가 '-더-, -네, -구나, -지' 등의 인식 양태 어미와 결합하지 못하는 것과 동궤의 현상이다.

이상에서 본 바와 같이 다른 인식 양태 어미와 결합하는 환경은 '-겠-'과 '-을 것이-'의 의미론적 대립을 논할 수 없는 비대립 환경이다. 이때 '-을 것이-'가 다른 인식 양태 어미들과 결합하는 환경에까지 분포를 넓히지 못한 이유는 무엇일까? 먼저 '-을 것이-'가 '-겠-'과는 달리 형식적으로 완전히 문법화되지 않았기 때문일 가능성을 생각해 볼 수 있다. 그러나 추측을 표현하는 통사적 구성인 '-을 것 같-'이나 '-을 듯하-, -을 모양이-' 등은 다른 인식 양태 어미들과 자연스럽게 어울린다.

(19) 가. 비가 올 것 같더라.
나. 오늘 점심은 김치찌개일 듯하네.
다. 그 두 사람이 곧 결혼할 모양이구나.
라. 그 애는 엄마 닮은 것 같지?
마. 오늘 비가 올 것 같길래 우산을 들고 나왔죠.

(19가~마)가 모두 성립한다. '-을 것 같-'이나 '-을 듯하-'는 문법화가 덜 진행되었지만 '-더-, -네, -구나, -지, -길래' 등의 다른 인식 양태 어미들과 자연스럽게 어울린다. 추측의 '-을 것이-'가 다른 인식 양태 어미와 결합하지 않는 것은 '-을 것이-'의 추측 의미가 '-겠-'이나 '-을 것 같-'만큼 의미론적 측면에서 안정적으로 확립되지는 못했기 때문이라고 생각된다.[17]

17) 형식면에서 '-을 것이-'는 '-을 것 같-, -을 듯하-'에 비해 문법화가 확실히 더 진전된 듯 보인다. '-을 것 같-'이나 '-을 듯하-'는 여전히 보조사가 삽입될 수 있는 등 통사적 구성의 성격을 더 많이 가지기 때문이다. 심사위원 중의 한 분께서는 '-을 것이-'가 형식면에서 문법화가 더 진전되었음에도 불구하고 의미면에서 추측 의미가 완전히 확립되지 않았다고 보는 본고의 견해에 의문을 제기하셨다. 문법화 과정에서 의미 변화는 대개 형태 변화를 수반하지만 그 변화가 항상 동시에 발생하는 것은 아니다

2.1.3. 조건 및 양보 연결어미 결합 환경

연결어미 중에는 '-겠-'이 결합할 수 있는 것과 결합할 수 없는 것이 있다. 그 중 비교적 자주 사용되는 어미들을 정리하여 보이면 다음과 같다.

(20) 가. -고, -으며, -지만, -은데, -으나, -거든, -으면, -길래, -으니까, -어서, -어도, -더라도

나. -으려고, -으러, -고자, -느라고, -게, -도록

(20가)는 '-겠-'이 결합할 수 있는 연결어미이고 (20나)는 '-겠-'이 결합할 수 없는 연결어미이다(이은경 2000: 157~165, 박재연 2006: 130). '-겠-'이 결합할 수 없는 어미에는 대부분 '-을 것이-'도 결합되지 않는다. 그런데 '-겠-'과 결합할 수 있는 (20가) 중에는 '-을 것이-'와 결합할 수 있는 것도 있고 그렇지 않은 것도 있다.

(21) 가. 영자 딸은 {착하겠고, 착하겠으며, 착하겠지만, 착하겠는데, 착하겠으나} 명자 딸은 똑똑하겠다.

나. 영자 딸은 {착할 거고, 착할 것이며, 착할 거지만, 착할 건데, 착할 것이나} 명자 딸은 똑똑할 거다.

(22) 가. 너는 피부가 하얘서 빨강색이 {어울리겠으니까, 어울릴 거니까} 빨강으로 사.

나. 철수는 {매력적이겠어서, 매력적일 거라서} 모든 사람이 다 좋아하겠다. (이은경 2000: 161 참조)

(21)~(22)에서 볼 수 있듯이 '-겠-'이 추측 의미로 '-고, -으며, -지만,

(이성하 1998/ 2016: 224 참조). '-을 것 같-'과 '-을 듯하-'는 형식면에서는 여전히 통사적 구성의 성격을 보이지만 '같-'이나 '듯'이 가진, 추측과 쉽게 연결되는 '유사함' 관련 의미 덕분에 추측의 의미 속성만큼은 '-을 것이-'에 비해 더욱 안정적으로 표현한다고 생각된다.

-은데, -으나, -으니까, -어서' 등의 연결어미에 결합된 경우에는 '-겠-'을 '-을 것이-'로 바꾸어 쓸 수 있으며 이때 '-겠-'과 '-을 것이-'는 미세한 의미 차이를 가지고 대립한다. 즉 이상의 연결어미가 '-겠-', '-을 것이-'와 결합한 환경은 대립 환경이다.

그러나 '-거든, -으면, -어도, -더라도' 등 조건 및 양보[18]의 연결어미가 쓰인 경우는 '-겠-'과 '-을 것이-'가 계열 관계를 가지지 않는 비대립 환경이다.[19] 즉 이러한 연결어미로 이어진 문장의 선행절에는 추측 의미의 '-겠-'이 사용될 수 있지만 '-을 것이-'는 추측 의미를 표현하지 못한다.[20]

(23) 가. 빨강색이 {낫겠거든, 낫겠으면} 그걸로 사라.
　　나. *빨강색이 {나을 거거든, 나을 거면} 그걸로 사라.
(24) 가. 빨강색이 {낫겠어도, 낫겠더라도} 그건 사지 마라.
　　나. *빨강색이 {나을 거여도, 나을 거더라도} 사지 마라.

(23가)는 조건의 '-거든, -으면'에 '-겠-'이 결합하여 추측을 나타내는 경우이다. (23나)에서 볼 수 있듯이 이때의 '-겠-'은 '-을 것이-'로 대체되지 못한다. 즉 '-을 것이-'는 '-거든, -으면'에 결합할 때에는 '추측'을 나타내지 못한다. 양보의 '-어도 -더라도'의 경우도 마찬가지임을 (24

18) 박재연(2011)에서는 '양보'의 성격을 '비관여적 조건'으로 규정하고 양보를 조건의 일부라고 보았다. 여기에서는 관습적으로 사용되는 양보라는 용어를 그대로 사용하기로 한다.

19) 앞에서 '-길래'가 쓰인 환경도 비대립 환경이 되는 것을 보았다. 그러나 '-길래'가 비대립 환경이 되는 것은 '-길래'가 이유 연결어미여서가 아니라 인식 양태적 의미를 표현하기 때문이다. '-으니까, -어서'와 같은 다른 이유 연결어미에서는 '-겠-'과 '-을 것이-'가 모두 추측을 나타낼 수 있다.

20) 여기에서는 '-겠-'이 '추측' 용법을 가질 때의 비대립 환경에 대해 논하고 있으므로 불필요한 중의성 발생을 피하기 위해 '-겠-'과 '-을 것이-'가 형용사에 결합하는 예만을 들었다. 동사가 결합한 경우에는 언뜻 '-을 것이-'도 조건 연결어미에 결합하는 것처럼 보인다. "집에 일찍 {갈 거거든, 갈 거면} 나한테 연락해."과 같은 문장이 그 예이다. 그러나 이때의 '-을 것이-'는 의도 혹은 예정의 의미로 쓰인 것이다. 본고에서는 '-을 것이-'가 '추측'으로 쓰이지 못함을 주장한 것이다.

가, 나)에서 확인할 수 있다.

'-을 것이-'가 조건 및 양보의 연결어미에서 사용되지 못하는 현상은, 앞에서 살펴본 '-을 것이-'가 의문문에서 청자의 추측 판단을 물을 수 없는 현상과 별개의 현상이 아니다. 이는 '-을 것이-'가 '-겠-'과는 달리 '양태 담지자의 전환' 현상을 보이지 못하는 것으로 일관되게 설명된다. (23가, 24가)에서 '빨강색이 낫다'라는 명제에 대한 추측 판단은 청자의 것이다. 즉 '-겠-'은 의문문이나 조건 및 양보 연결어미에 사용되면 양태 담지자의 전환이 일어나 '-겠-'이 청자의 태도를 표현할 수 있다.[21] 그러나 '-을 것이-'가 사용되면 이와 같은 청자 쪽으로의 전환이 일어나지 않는다. 이는 '-겠-'과 달리 '-을 것이-'의 추측 의미가 완전히 확립되지 않은 것과 연관된다고 본다.[22]

2.2. '예정'의 비대립 환경

앞에서 우리는 '-겠-'과 '-을 것이-'가 모든 환경에서 대립을 가지지 않으며 '-겠-'만이 배타적으로 출현하는 환경이 있음을 보았다. '-을 것이-'는 문법화 과정에서 추측과 의도의 양태 의미를 표현하는 방향으로 발달하였지만 이 두 의미가 모든 환경에서 일사불란하게 확립된 것은 아니어서 '-을 것이-'가 추측 형식으로서 온전한 기능을 발휘하지 못하는 환경이 남아 있다고 볼 수 있다. '-을 것이-'는 어떤 문맥에서는 여전히 주관적인 양태 의미로 발달하기 이전의 객관적 의미를 표현하는데 본고는 그것이 '예정'이라고 본다. '-을 것이-'가 예정의 의미를 나타내

21) 박재연(2006: 52)에서는 "너는 무엇이 좋겠니?"와 같은 의문문의 '-겠-'이 청자의 태도를 표현하는 현상을 '양태 담지자의 전환'이라고 불렀다. 이러한 현상은 조건 및 양보의 연결어미에 '-겠-'이 결합하고 후행문으로 명령문이나 청유문이 올 때도 일어난다. 가령 "네가 가는 게 낫겠으면 네가 가라."에서 '-겠-'은 청자의 태도를 표현한다. 자세한 내용은 박재연(2006: 128~143) 참조.

22) 3.1.에서 보겠지만 추측 의미의 대립 환경에서 '-겠-'과 '-을 것이-'는 '현장 근거에 의한 추측 판단'과 '비현장 근거에 의한 추측 판단'의 속성으로 구별된다. 그러나 비대립 환경에서 '-겠-'은 현장 근거와 같은 세분화된 속성을 표현하지 않는다. 즉 "우리 아이가 나아지겠습니까?"가 현장 근거에 의한 판단만을 묻는 것은 아니다. 비대립 환경에서는 '-겠-'과 '-을 것이-'가 추측의 의미 영역을 분할하지 않기 때문이다.

는 환경은 '-겠-'이 사용될 수 없는 비대립 환경이다.

2.2.1. '-을 것이-'의 '예정' 의미

'-을 것이-'가 예정을 표현하는 출현 환경에서는 '-겠-'이 사용될 수 없다.[23] 다시 말해서 문맥상 예정의 의미가 요구되는 상황은 '-을 것이-'만 사용되는 비대립 환경이다.

(25) 김 과장, 이번에 회장님 표창은 누가 받는 것으로 되어 있나요?
가. 총무과 이수진 계장이 받습니다.
나. 총무과 이수진 계장이 받을 겁니다.
다. *총무과 이수진 계장이 받겠습니다.

이미 정해진 상황에 대한 문답이 이루어지는 위와 같은 상황에서 적절한 대답은 무표적인 평서문인 (25가)이거나 '-을 것이-'가 사용된 (25나)이다. (25다)는 추측의 의미로는 사용될 수 있지만 이러한 상황에서는 사용될 수 없다. 이때의 '-을 것이-'는 '추측의 객관성, 비현장성' 등을 표현하기 위해 사용된 것이 아니며 이때 '-겠-'이 사용되지 못하는 것을 '-겠-'이 가진 '추측의 주관성, 현장성' 등의 속성을 이용해 구별하려 하는 것은 큰 의미가 없다. 추측 상황이 아니기 때문이다.

---

23) '-겠-' 역시 일부 문맥에서는 예정 의미로 쓰이기도 한다. "곧 대통령께서 입장하시겠습니다."와 같은 예이다. 임동훈(2001), 고광모(2002: 38)에서는 '-겠-'의 기원 형식으로서 문법화한 '-게 ᄒᆞ엿-'이 최초에 가졌던 의미는 예정이라고 본다. 위와 같은 문장은 문법화 과정에서 얻은 예정 의미가 잔존하는 것으로 볼 수 있는데(임동훈 2001: 117, 고광모 2002: 41), 고광모(2002: 41~42)에서는 이를 격식적인 상황에서 사용되는 보수적 용법으로 해석하였다.
한편 문병열(2007: 80~82)은 추측과 의지의 기본 양태 의미 외에 '-을 것이-'의 특수 용법으로 '계획된 미래'와 '예언'을 들었는데 '-을 것이-'의 '계획된 미래' 용법은 '-겠-'의 '계획된 미래'에 비해 더 먼 시구간을 지시한다고 지적하였다. 즉 "곧 대통령께서 {입장하시겠습니다, 입장하실 것입니다.}"에서 '-겠-'과 '-을 것이-'는 시간적 속성으로 대립한다. 이때의 '-을 것이-'는 일반적인 예정 용법으로 쓰인 것이지만 '-겠-'은 문법화 과정에서 잔존한 특수 용법으로 쓰인 것이라고 하겠다.

2.1.1.에서 '-겠-'이 의문문에서 청자의 추측을 물을 때 '-겠-' 대신 '-을 것이-'를 쓰기는 어렵다는 것을 보았다. 그러나 추측을 묻는 상황에서 '-을 것이-'를 사용하는 것이 부적합할 뿐 명백히 예정된 상황에서는 '-을 것이-'가 의문문에서도 자연스럽게 사용된다.

(26) 가. 이번에 졸업생 대표 인사는 진현이가 할 겁니까?
　　나. 이번에 졸업생 대표 인사는 진현이가 합니까?
(27) 가. 장롱이 오늘 배달될 거니?
　　나. 장롱이 오늘 배달되니?
(28) 가. 이번에 졸업생 대표 인사는 진현이가 하겠습니까?
　　나. 이번에 졸업생 대표 인사는 진현이가 할 것 같습니까?
(29) 가. 장롱이 오늘 배달되겠니?
　　나. 장롱이 오늘 배달될 것 같니?

(26가, 27가)의 '-을 것이-'가 주관적 의도를 표현한다고 보기는 어렵다. 의도 형식은 의문문에서 2인칭 주어를 가진다는 점도 참고할 수 있다. (26가, 27가)는 무표적인 현재 시제 표현이 사용된 (26나, 27나)의 의미에 가깝다. 이를 '-겠-'이 사용된 (28가, 29가)와 비교해 보자. '-겠-'이 사용된 의문문은 예정되어 있는 사실에 대한 질문이 아니라 청자에게 주관적인 추측 판단을 요구하는 질문이다. 이때의 '-겠-'과 '-을 것이-'를 같은 범주로 취급하여 그 의미 차이를 비교하려는 시도는 무의미하다. (26가, 27가)의 '-을 것이-'는 예정이라는 시제 · 상 범주에 속하고 (28가, 29가)의 '-겠-'는 추측의 인식 양태에 속하기 때문이다. (28가, 29가)는 추측의 '-을 것 같-'이 쓰인 (28나, 29나)의 의미에 가깝다는 것을 참고할 수 있다.

또한 위에서 '-을 것이-'와 '-더-, -네, -구나, -지, -길래' 등 인식 양태 어미의 결합이 불가능한 것을 보았는데 '-을 것이-'가 예정으로 해석될 수 있는 문맥에서는 '-을 것이-'가 대체로 자연스럽게 사용된다.

(30) 가. 영희가 내년에 미국으로 유학 갈 거더라.
나. 너 이번에는 토론 대회 안 나갈 거네?
다. 짐 다 싸 놓은 거 보니 너 내일 출발할 거구나.
라. 너 내일 학교 안 갈 거지?
마. 일정표 보니 너 내일 수행 평가 볼 거길래 체육복 빨아 놨어.

이 경우 '-을 것이-'와 '-더-, -네, -구나, -지, -길래'의 결합은 대체로 자연스럽다. 모두 추측 상황이 아니라 이미 정해진 상황이라는 공통점이 있다.[24)]

추측의 상황과 예정의 상황의 차이를 들어 보면 다음과 같다.

(31) 가. 시가 너무 좋더라. 이번에 너 꼭 상 {받겠더라, *받을 거더라, *받더라}.
나. 내가 수상자 명단 미리 봤거든. 이번에 너 상 {*받겠더라, 받을 거더라, 받더라}.

(31가)는 전형적인 추측 상황이다. 이때에는 '받겠더라'는 가능해도 '받을 거더라, 받더라'는 쓰이지 않는다. 반면 수상자 명단을 이미 본 (31나)의 상황에서는 '받을 거더라' 혹은 '받더라'는 자연스러워도 '받겠더라'는 적합하지 않다. 추측이 불필요한 확정된 상황이기 때문이다.

2.2.2. '예정' 의미의 성격

2.2.1.에서 '-을 것이-'가 예정의 의미를 표현하는 것을 보았다. 그렇다면 이러한 예정의 문법 범주적 성격은 어떻게 파악할 수 있을까? 예정 의미는 추측이나 의도와 같은 주관적 양태 의미가 아니다. 이것은

---

24) 조건 및 양보 연결어미가 사용될 때에도 예정의 '-을 것이-'는 사용될 수 있다. "그 일을 영희가 {맡을 거거든, 맡을 거면, 맡을 거어도, 맡을 거더라도} 네가 도와주면 좋겠다."와 같은 문장이 가능하다.

화자의 태도를 표현하는 형식으로 주관화되기 이전의 객관적 의미이다.[25] 예정은 시제적 속성과 상적 속성을 모두 가지며 예정상(prospective aspect)은 계획된 미래(scheduled future), 기대 미래(expected future)와 잘 구별되지 않는데 본고에서는 '-을 것이-'가 표현하는 '예정'은 상에 조금 더 가깝다고 본다.[26] '-겠-'과 교체되지 않는 비대립 환경의 '-을 것이-'의 의미가 예정의 상적 의미라는 증거는 다음과 같다.

첫째, 이때의 '-을 것이-'는 무표적인 현재 시제와 교체될 수 있다.

(32) 가. 영희 내년에 졸업할 거니?
나. 영희 내년에 졸업하니?

---

25) 예정은 추측과 같은 화자의 태도가 아니라 사태 자체의 특성이므로 객관적 성격을 가진다. 임홍빈(1980/1998: 262)에서는 '-을 것이-'가 문제 삼는 것은 사태의 내면성이며 '-겠-'은 사태의 외면성과 관련된다고 하였는데 '-을 것이-'는 사태의 특성을, '-겠-'은 사태 밖의 화자의 태도를 나타낸다는 점을 지적한 것으로 해석된다. 물론 본고의 논의는 주관적 추측과 객관적 추측을 대조한 기존의 논의와는 구별된다. 추측이나 의도는 당연히 모두 주관적이다.

26) 한국어의 시제와 상 체계 안에서의 예정상 개념은 고영근(2004: 2장, 7장)를 참고할 수 있다. 이 논의에서는 보조용언 구성 '-게 하-', -게 되-'와 연결어미 '-고자, -도록, -으러, -으려고'를 한국어의 예정상 요소로 보았다. 예정상 형식으로 기술되는 대표적인 형식은 영어의 'be going to'이다(Comrie 1976: 64, Dahl 1985: 111 등). 한편 '계획된 미래'는 현재 시제 형식이 보통 미래 시간 표현과 함께 사용되어 이미 정해진 미래 사태를 표현하는 용법을 기술하는 데 사용된다. 사건이 발생하는 과정에 초점을 맞추면 예정상이라 할 수 있고 사태가 실제로 발생하는 시간이 미래라는 점에 초점을 맞추면 미래 시제라고 할 수 있다.

다른 언어에서도 예정상은 보통 우언 형식으로 많이 나타난다(Dahl 1985: 91). 형식적으로나 의미적으로나 '-을 것이-'와 가장 유사한 영어 표현은 'be to'이다. 'be to' 역시 시제 · 상적 용법(예정)과 양태적 용법(의도, 가능, 의무, 운명 등)을 모두 가지며, 과거에 예정되었던 사태를 나타내기도 한다(Palmer 1979/1990: 165~166). "Maria is to sing in Aida tomorrow tonight."(Bybee *et al.* 1994: 250)과 같은 예는 '-을 것이-'의 예정 용법과 정확히 일치하며 상당한 모호성을 가진다는 점도 '-을 것이-'와 유사하다. '-을 것이-' 역시 "너희의 대대로 모든 남자는 (중략) 난 지 팔 일 만에 할례를 받을 것이라(창세기 17장 12절)", "모름지기 마음보를 곱게 쓸 것이다(임홍빈 1980/1998: 263)."와 같은 의고적 예에서는 의무를 나타낼 수 있으며 "면접일에 도시락 지참할 것"과 같은 명사형 종결문에도 의무 용법이 남아 있다.

(32가)의 의미는 주관적 요소가 전혀 개입하지 않은 (32나)와 거의 같다. 한국어를 포함한 여러 언어에서 특히 미래를 나타내는 부사어가 함께 사용될 경우 이미 계획된 사태에 현재 시제를 쓰는 것이 일반적이다(Bybee *et al.* 1994: 250~251).

둘째, 앞에서 살펴본 바와 같이 '-을 것이-'는 의문문 환경 및 다른 양태 어미 결합 환경에서 예정의 의미를 가지고 사용될 수 있는데 이러한 용법은 형용사적 사태에서는 발견되지 않는다.

(33) 가. 철수는 유학 갈 거니?
　　나. 철수는 유학 갈 거더라.
(34) 가. *내일 날씨가 좋을 거니?
　　나. *내일 날씨가 좋을 거더라.
(35) 가. *영희가 3조 조장일 거니?
　　나. *영희가 3조 조장일 거더라.

(33가, 나)는 예정의 의미로 사용된 '-을 것이-'가 의문문 환경이나 다른 양태 요소 결합 환경에서 동사를 취할 수 있음을 보여 준다. 그러나 (34가, 나), (35가, 나)에서 볼 수 있듯이 이러한 '-을 것이-'는 형용사나 계사를 취할 수 없다. 본래 상 요소는 형용사적 사태에서 잘 나타나지 않을 뿐 아니라 형용사적 사태는 계획되기 어려운 특성을 가지기 때문에[27] 예정 혹은 계획된 미래의 성격을 가지는 '-을 것이-'가 형용사나 계사에 결합하지 않는다고 할 수 있다.

셋째, 예정 용법의 '-을 것이-'는 인칭 제약을 가지지 않는다.

(36) 내일 수업에서 {내가, 네가, 철수가} 발표할 거더라.

---

27) Comrie (1985: 118)에서는 현재 시제 형식이 미래로 해석되기 위해서는 사태 자체가 '계획될 수 있어야' 한다는 점이 중요하다고 하였다. 가령 날씨는 계획될 수 없기 때문에 "It rains tomorrow."가 미래 시제 해석을 받기는 어렵다고 하였다.

이는 '-을 것이-'의 의미가 의도의 양태 의미와 구별된다는 점을 말해준다. 수행적 성격을 가지는 의도 표현은 평서문에서 1인칭 주어를 요구하지만[28] 시제나 상 요소는 인칭에 제약을 가지지 않는다.

넷째, 간혹 '-을 것이-'는 과거에 예정되었던 상황에 쓰일 수도 있다.[29] 다음은 '-을 것이-'가 과거 상황에 쓰이는 예이다.

(37) 가. 곧 그 문제를 논의할 회의가 각 단과대학 차원에서 열릴 것이었다.
　　나. *곧 그 문제를 논의할 회의가 각 단과대학 차원에서 열리겠었다. (박재연 2015가: 98, 각주 47)

(38) (김 대리가 파리 출장을 가기로 했었으나 취소된 상황)
　　가. 파리 출장은 원래 김 대리가 갈 거였어요.
　　나. *파리 출장은 원래 김 대리가 가겠었어요.

(37가)의 '-을 것이었-'은 과거에 예정된 바 있는 사태를 기술한다. 이때 (37나)와 같이 '-겠었-'은 잘 사용되지 않는다. (38가)의 '-을 것이었-'은 예정의 '-을 것이-'와 과거 시제 '-었-'이 결합된 형식이라고 보아야 한다. 이렇듯 '-을 것이-'는 일부 문맥에서 과거에 예정된 사태를 나타낼 수 있기 때문에 그 범주적 성격은 시제보다는 상에 가깝다고 볼 수 있다.[30]

---

28) '-을래'가 평서문에서 1인칭 주어를, 의문문에서 2인칭 주어를 요구하는 것을 참고할 수 있다.

29) '-을 것이-'는 과거 시제의 '-었-'을 선행시킬 수도 있고 후행시킬 수도 있다.
　(가) 3시에 회의가 열렸을 것이다.
　(나) 3시에 회의가 열릴 것이었다.
일반적으로 양태 요소는 시제 요소에 후행한다. 그런데 '-을 것이-'가 '-었-'에 선행할 수 있다는 것은 '-을 것이-'가 아직 양태 요소로 완전히 확립되지 않았다는 증거이다. 위의 (가)의 '-을 것이-'는 추측의 의미로 해석되지만 '나'의 '-을 것이-'는 추측이라기보다는 예정에 가깝다.

30) 그렇다면 '추측, 의도, 예정'의 의미 속성은 어떤 관계를 가지고 있을까? 이들의 공통점은 이들이 모두 '비현실(irrealis)' 자질을 가진다는 것이다. 이때의 비현실은 당연

이때의 예정 의미는 추측 및 의도와 선명히 구별되지 않는 모호성(vagueness)을 지닌다. 특히 세 가지 해석의 가능성이 모두 열려 있는 1인칭 주어 문장에서 그러하다.

(39)

<table>
<tr><td>화자 A</td><td colspan="3">“너 졸업하면 뭐 하니?”</td></tr>
<tr><td rowspan="2">화자 B</td><td rowspan="2">(39가) “저는 유학 가겠어요.”</td><td>의도</td><td>① 저는 기필코 유학을 가겠어요.</td></tr>
<tr><td>추측</td><td>② 저는 아무래도 유학 갈 것 같아요.</td></tr>
<tr><td rowspan="3">화자 B'</td><td rowspan="3">(39나) “저는 유학 갈 거예요.”</td><td>의도</td><td>① 저는 기필코 유학을 가겠어요.</td></tr>
<tr><td>추측</td><td>② 저는 아무래도 유학 갈 것 같아요.</td></tr>
<tr><td>예정</td><td>③ 저는 유학 가기로 되어 있어요.</td></tr>
</table>

(39가)는 ‘의도, 추측’의 두 가지 의미로 해석될 수 있고 (39나)는 ‘의도, 추측, 예정’의 세 가지 의미로 해석될 수 있다. 의도와 추측의 해석은 두 표현이 모두 가질 수 있지만 ‘-을 것이-’는 화자의 의도가 포함되지도 않고 화자의 주관적 판단이 포함되지도 않은 ③과 같은 의미로도 사용될 수 있다. 즉 (39가)와는 달리 (39나)는 자신의 의지의 개입 없이 단순히 예정된 사실을 표현할 수도 있다. 그런데 ‘-겠-’은 의도와 추측의 의미가 상당히 명확히 분화되어 있는 반면 ‘-을 것이-’의 ‘의도, 추측, 예정’의 경계는 상당히 모호하며 중의성 해소가 필수적이지도 않다.[31] 가령 화자 A는 (39나)와 같은 대답을 들은 경우 그것이 화자의

히 ‘-을 것이-’에 포함된 관형사형 어미 ‘-을’의 속성이다(박재연 2009나). 예정이 비현실 자질에 사태의 계획과 관련한 객관적 속성을 더한 것이라면, 추측은 인식론적 판단의 주관성이 추가된 것이고 의도는 화자의 실현 의지라는 주관성이 추가된 것이다. 박재연(2014)에서는 통시적 의미 확장 과정에서 의미 성분 추가에 의한 확장과 의미 성분 삭제에 의한 확장을 구별하였는데 ‘-을 것이-’의 의미 분화는 의미 성분 추가에 의한 확장에 해당한다.

31) 이를 보이기 위해 ‘-겠-’의 두 의미의 경계는 실선으로 표시하고 ‘-을 것이-’의 세 의미의 경계는 점선으로 표시하였다. 장채린(2017: 6, 각주 8)에서는 “의지 · 의도 용법으로서의 ‘-을 것이-’에 호응 가능한 주어로 1인칭이 가장 알맞으나 2, 3인칭이 오

추측인지 의지인지 혹은 자의든 타의든 단순히 예정된 사태인지를 말한 것인지를 궁금해하지 않을 것이라고 생각된다.

요컨대 문법화 과정에서 '-을 것이-'는 일부 출현 환경에서 추측과 의도의 의미로의 분화가 어느 정도 일어났으나 그 의미가 '-겠-'처럼 모든 출현 환경에 파급된 것은 아니어서 주관화 이전의 의미인 예정으로 기능하는 문맥이 상당히 폭넓게 존재한다. 이때의 '-을 것이-'는 '-겠-'과 의미론적 대립을 보이지 않는다.[32)]

3. 대립 환경의 '-겠-'과 '-을 것이-'의 차이

대립 환경은 비대립 환경의 나머지 환경이다. 인식 양태 요소와 결합하지 않은 추측의 평서문, 조건과 양보의 연결어미를 제외한 다른 연결어미 접속문, 그리고 의도를 표현하는 일반적인 평서문과 의문문에서 '-을 것이-'와 '-겠-'은 의미론적 대립을 보인다. '-겠-'과 '-을 것이-'가 교체되어 쓰일 수 있는 대립 환경에서의 '-겠-'과 '-을 것이-'의 차이점은 이미 대체적으로 밝혀져 있다. 이 장에서는 기존의 논의의 성과를 확인하면서 '-겠-'과 '-을 것이-'의 범주적 성격에 대해서 좀더 생각해 보고자 한다.

는 경우도 가끔 발견된다."라고 하였다. 엄밀히는 1인칭 주어가 올 때는 '의도'와 '예정'의 중의성을 가지고 2, 3인칭 주어일 때는 '예정'이라고 할 것이나, 장채린(2017)의 기술은 의도와 예정이 명확히 변별되지 않음을 보여 주는 것으로 해석된다.
'-을 것이-'의 의미론적 모호성은 '-을 것이-'에 포함되어 있는 관형사형 어미 '-을'의 모호성을 기반으로 한다. 박재연(2009나)에서는 '-을'의 속성을 '비현실'로 파악하였고 '-을'은 '-겠-'과 달리 모호성을 가지는 어미라고 주장하였다. '-을' 역시 '추측'이나 '의도'의 의미를 가질 수 있지만 "내가 점심 때 먹을 샌드위치 준비해 줘."에서 '-을'이 표현하는 것이 '추측'인지 '의도'인지를 따지는 것은 불필요하다고 보았다.

32) 예정과 추측은 범주를 달리하는 것이므로 이론적으로는 예정 의미의 '-을 것이-'는 추측 의미의 '-겠-'과 결합하는 것도 전혀 불가능하지는 않다. "아마도 내일 영희가 1등상을 받을 것이겠다."와 같은 문장이 성립할 수 있다. 이 논문을 제44회 국어학회 전국학술대회에서 발표할 당시 이러한 사실을 지적해 주신 임홍빈 선생님께 감사드린다.

3.1. '추측' 용법의 '-겠-'과 '-을 것이-'의 차이

최근 논의에서 '-겠-'과 '-을 것이-'의 차이를 설명하는 가장 유용한 개념은 '현장성'인 듯하다. '-겠-'은 담화 현장에서 얻은 판단에 사용되고 '-을 것이-'는 이미 가지고 있던 판단에 사용된다는 것이다. 그런데 이때의 현장성 개념도 세부적으로는 두 가지로 해석할 수 있다. 하나는 판단의 현장성이고 다른 하나는 판단 근거의 현장성이다.[33]

일찍이 김차균(1981)에서는 '-겠-'은 발화시와 동시에 상황 판단이 이루어진 경우에 사용되며 '-을 것이-'는 발화 이전에 이미 상황에 대한 판단이 이루어진 경우에 사용된다고 하였는데 이는 '판단의 현장성'을 기준으로 삼은 것이다.[34] 한편 성기철(1979)에서는 '-겠-'은 현재 경험을 근거로 하는 추론에 사용되고 '-을 것이-'는 과거의 경험을 근거로 하는 추론에 쓰인다고 하였다. 이는 '판단 근거의 현장성'을 기준으로 삼은 것이다.[35]

'-겠-'이 사용되는 예를 검토해 보면 판단도 현장에서 이루어지고 판

33) '-겠-'과 '-을 것이-'가 표현하는 '추측' 의미의 문법 범주가 인식 양태적 판단(epistemic judgement)인지, 증거(evidentiality) 범주인지, 내면화(의외성, mirativity) 관련 범주인지에 대해서는 본고에서 깊이 논의할 여유가 없다. 기존의 논의에서는 이를 인식 양태적 판단 범주로 보아 왔으나 최근의 정경미(2016)은 이 두 형식이 판단 범주가 아닌 증거성에 속한다고 주장하였다. 정경미(2016)은 '-겠-', '-을 것이-, -을 모양이-, -은가 보-' 등의 형식을 추측 증거성 형식으로 묶어 다루었는데 이 논의에서는 '-을 것 같-, -을 듯하-, -을 법하-' 등이 인식 양태적 판단을 나타내는 형식인 데 비해 앞의 형식들은 판단 형식이 아니라 증거 범주의 형식이라고 보았다. 인식 양태적 판단과 증거는 개념적으로 지극히 밀접한 관련을 가지기 때문에 하나의 형식을 판단 범주로도 증거 범주로도 볼 가능성은 충분하다. 그러나 '-겠-'과 '-을 것이-'는 추측 의미만을 가지는 것이 아니라 의도 의미도 가진다. 일반적으로 인식 양태적 판단의 형식은 인식 양태-행위 양태 다의성을 가지지만 증거 요소('-더-, -네' 등)는 그러한 다의성을 가지지 않는 점을 고려하면 '-겠-'과 '-을 것이-'는 기본적으로 판단 형식일 가능성이 높다.

34) 전혜자(2013)의 '현장성'도 '판단의 현장성'에 가깝다. 백봉자(1999/2006: 91)에서는 '-겠-'은 '현재 상황과 관련이 있고 사적이고 직접적', '-을 것이-'는 '현장성이 약하고 공식적이고 형식적'이라고 구별하였다.

35) 안명철(1983)에서도 가능 세계의 사건이 참이 될 근거가 발화 현장의 상황에 있는 경우 '-겠-'이 사용된다고 하였다. 이와 유사한 견해로는 이병기(1997), 임동훈(2008), 박진호(2011) 등이 있다.

단의 근거도 현장에 존재하는 경우가 많다.

(40) (시계를 보고) 아, 벌써 7시네. 나 학교 {늦겠다, #늦을 거다}.

(40)의 상황에서는 '-을 것이-'보다는 '-겠-'이 선호된다. 학교에 늦겠다는 판단도 현장의 것이고 그 근거도 현장의 것이기 때문이다.

판단의 근거가 발화 현장에 있는 경우 당연히 판단 역시 현장에서 이루어진다. 그러나 발화 현장에서 즉각적으로 내려진 판단이라고 해서 모두 근거가 현장에 있는 것은 아니다. 예전부터 가지고 있던 근거를 이용하여, 현장에서 판단을 내리는 경우도 충분히 가능하기 때문이다. 만약 '예전부터 가지고 있던 근거'를 이용해 '현장에서 이루어진' 판단에 '-겠-'이 사용된다면 '-겠-'과 '-을 것이-'를 구별하는 기준은 '판단의 현장성'이 될 것이고 이 경우 '-을 것이-'가 사용된다면 두 형식을 구별하는 기준은 '판단 근거의 현장성'이 될 것이다.

(41) 가. 내가 알고 있기로는 혜림이는 아마 아직 담배인삼공사에서 {일할 거야, #일하겠어}.
나. 내 의학지식에 의하면 지금 네 상처는 내일이면 {나을 거야, #낫겠어}.

(41가)는 판단 근거와 판단을 이미 예전부터 가지고 있던 경우이고 (41나)는 판단 근거는 예전의 지식이지만 판단은 현장에서 이루어진 경우이다. 모두 '-을 것이-'가 더 자연스럽게 쓰인다.[36] 이러한 예를 참고하면 '-겠-'과 '-을 것이-'를 변별하는 기준으로는 '판단 근거의 현장성' 쪽이 더 타당해 보인다.

이전부터 가지고 있던 근거에 의한 현장 판단의 전형적인 예는 '위

36) (41나)의 상황에서 '낫겠어'를 사용하는 것이 불가능한 것은 아니다. 뒤의 예문 (43)에 대한 설명 참조.

로'의 상황이다.

(42) 가. (지하철에서 지갑을 잃어버렸다는 얘기를 들은 후) 걱정 마세요. 분실물 센터 가시면 꼭 {찾으실 거예요, #찾으시겠어요}.

나. (간호사가 어린이에게 주사 놓으면서) 이 주사 안 {아플 거다, #아프겠다}. (이필영 2012: 185)

다. 걱정 마. 다 {잘 될 거야, #잘 되겠어}.

'위로'의 상황에서는 보통 현장에 존재하는 직접적 근거를 가지지 못하고, 과거의 경험이나 기존의 지식을 기반으로 한 막연한 판단을 표현할 뿐이기 때문에 '-을 것이-'가 더 잘 어울린다.[37] 이상의 관찰을 바탕으로 하면 '-겠-'은 현장의 근거를 기반으로 한 판단에, '-을 것이-'는 예전의 근거를 기반으로 한 판단에 쓰인다고 볼 수 있다.[38]

그러나 판단 근거의 현장성이 큰 문제가 되지 않는 문맥에서는 '-을 것이-'와 '-겠-'이 혼용될 수 있다.

(43) 가. 내일이면 상처에 딱지가 앉을 겁니다.

---

37) 황주하(2015)에서는 '-겠-', '-을 것이-', '-을 것 같-'의 세 가지 추측 표현이 어떤 상황에서 사용되는지를 드라마 대본을 통해 살펴보았다. 이 논의에서는 '-은 것 같-'은 '무관심한 투로 말하는 상황, 자신의 생각을 완곡하게 표현하는 상황, 의례적인 인사말을 하는 상황'에 쓰이며 '-을 것이-'는 '화자의 강한 확실성을 드러내는 상황, 상대방을 안심시켜야 하는 상황'에 쓰이고 '-겠-'은 '지각하거나 현재 상황을 토대로 즉각적으로 판단하는 상황, 다른 사람의 마음을 이해하며 공감하는 상황'에서 쓰인다고 하였다.

38) 이병기(1997: 31)에서는 판단의 근거가 없는 예언과 같은 문장에는 '-을 것이-'만 사용될 수 있다고 하였다.

(가) 1999년에 지구는 {멸망할 것이다, #멸망하겠다}. (이병기 1997: 31)

(나) 동쪽이 {길하겠어, 길할 거야}.

(가)에서 '-을 것이-'가 사용되는 것은 현장의 근거에 기반하지 않은 추측이기 때문이다. 그러나 방금 나온 점괘를 보고 (나)와 같은 문장을 사용하는 것도 가능하다. 판단 근거의 현장성이 관여한다는 증거이다. 박진호(2011: 19)에서도 이와 유사한 예를 들고 '-겠-'이 지각 증거에 의한 추측을 표현한다고 하였다.

나. 내일이면 상처에 딱지가 앉겠습니다.

의사가 환자의 환부를 보고 나서 예후를 말할 때 (43가, 나)가 모두 가능하다. (43가)는 화자의 의학 지식을 근거로 한 판단이라는 점에 초점이 있고 (43나)는 환자의 환부를 근거로 한 판단이라는 점에 초점이 있다. 실제 판단은 의학 지식과 환자의 상태 모두를 근거로 하여 내려지므로 어느 쪽이나 이 문맥에서 사용할 수 있다.

일기예보에서는 주로 '-을 것이-'보다는 '-겠-'을 사용한다.

(44) 가. 내일은 전국에 눈이 {오겠습니다, #올 것입니다}.

나. 무더위는 앞으로 30년간 {계속되겠습니다, 계속될 것입니다}.

기존의 논의에서는 일기예보의 정보는 지극히 객관적 근거에 의한 정보이고 감각 경험을 통해 얻은 정보도 아니기 때문에 일기예보에 '-겠-'이 사용되는 것을 예외로 간주하는 경우가 많았다.[39] '-을 것이-'가 사용되는 것이 더욱 적절한 맥락이라는 것이다(박진호 2011: 18, 구본관 외 2015: 317 등). 그러나 '-겠-'과 '-을 것이-'의 변별 기준을 판단 근거의 현장성으로 삼는다면 일기예보의 '-겠-'도 굳이 예외로 볼 필요가 없다. 일기예보에서는 위성사진 등 현장 데이터를 가지고 있는 판단임을 표현하기 위해 '-을 것이-'가 아닌 '-겠-'을 쓰는 것이다. 사실 이 문맥은 대립 환경에 속하기 때문에 '-겠-'과 '-을 것이-' 중 하나를 화자의 표현 의도에 따라 선택하여 사용할 수 있다. 동일한 정보라도 기존의 데이터에 입각한 것으로 표현할 수도 있고 현장 데이터에 입각한 것처럼 표현할 수도 있다. 실제로 (44나)와 같이 장기적 예상을 말할 때는 두 요소가 모두 사용될 수 있다. 장기적 예상은 보통 현장 데이터뿐 아니라

39) 백봉자(1999/2006: 91)에서는 일기예보에서의 '-겠-'은 "현재 상황으로 볼 때 내일 비가 오겠다고 화자가 직접적인 확신의 표현을 함으로써 시청자에게 신뢰감을 주고자 하는 것"이라고 하였다.

화자가 가지고 있던 지식도 근거로 삼게 되기 때문이다.

요컨대 추측의 '-겠-'과 '-을 것이-'의 차이는 현장 근거에 의한 추측 판단이냐, 비현장 근거에 의한 추측 판단이냐의 차이이다. 현장 근거는 내면화되지 않은 근거, 비현장 근거는 내면화된 근거라고 할 수 있는데 이는 기존 논의에서 다루어진 내면화 범주의 '새로 앎'과 '이미 앎'의 차이와는 성격이 조금 다르다. '새로 앎'과 '이미 앎'은 판단의 현장성과 관련되기 때문이다. 본고의 논의에 따르면 '-겠-'은 판단 근거가 현장에 있는 경우 사용되므로 '-겠-'이 표현하는 판단도 당연히 현장의 것이다. 따라서 '-겠-'에 '새로 앎' 성분이 있다고 보는 것은 대체로 타당하다.[40] 그러나 '-을 것이-'는 '이미 앎'의 의미를 가진다고 보기 어렵다. 이미 가지고 있던 판단 근거를 가지고 현장에서 내린 판단에 사용될 수도 있어 새로 앎 상황에서도 쓰일 수 있다고 보아야 하기 때문이다.

또한 현장 근거에 의한 추측 판단과 비현장 근거에 의한 추측 판단의 구별은 일반적으로 논의되는 증거 범주적 차이와도 구별된다. 증거 범주는 증거의 종류를 구별하는 것이지만 현장 근거에 의한 추측 판단과 비현장 근거에 의한 추측 판단의 구별은 근거가 증거의 종류가 지각이냐 추론이냐 전해들은 말이냐 등을 따지는 것이 아니다. 가령 '지각'에 근거하여 예전에 가지게 된 판단인 경우에도 '-을 것이-'를 사용할 수 있다("어제 희영이 그림을 봤는데 아마 이번에 상 받을 거야."). 요컨대 '-겠-'과 '-을 것이-'를 구별하는 기준은 엄밀히는 기존 논의의 '증거'나 '내면화'과는 구별된다.

---

40) 그런데 '-겠-'이 '새로 앎'의 의미 성분을 가진다면 '이미 앎'의 의미 성분을 가지는 '-지'와 자연스럽게 결합하는 것이 문제가 된다. 흥미로운 사실은 '-겠-'이 '-지'와 결합하면 '-을 것이-'에 해당하는 의미를 표현한다는 것이다. "내일은 비가 오겠지."는 마치 "내일은 비가 올 거야."와 유사하게, 이미 가지고 있던 증거에 의한 판단을 표현한다. 박재연(2015나)에서는 어미들이 결합할 때 그 의미가 반드시 합성적으로 해석되지는 않음을 지적하고 비합성적인 해석이 발생하는 예를 다루었다. 이 논의에서는 가령 '-겠네'의 어미 연쇄에서 '-네'의 '현재 지각'이 속성이 활성화되지 않는 현상을 다루었는데 '-겠지'에서도 '-겠-'의 속성 중 일부가 활성화하지 않는 현상이 발생한다고 볼 수 있다.

3.2. '의도' 용법의 '-겠-'과 '-을 것이-'의 차이

'-겠-'과 '-을 것이-'의 의도 용법은 다른 의도 어미들과 유사하게 평서문에서는 1인칭 주어, 의문문에서는 2인칭 주어와 결합하고 시제 요소가 아무것도 쓰이지 않을 때, 동사 서술어일 때 나타난다. 의도 용법의 '-겠-'과 '-을 것이-'의 차이에 대해서는 추측 용법에 비해 논의된 바가 많지 않다.[41] 전혜자(2013), 손혜옥(2016), 장채린(2017) 등에서 논의된 바는 현장에서 가지게 된 의도에 '-겠-'이 사용되고 이전부터 가지고 있던 의도에 '-을 것이-'가 사용된다는 것이다.

(45) 가. 김 과장, 지금 당장 식당을 예약할 수 있나?
　　나. 네, 지금 하겠습니다. (장채린 2017: 12)
(46) (식당에서 음식을 주문하는 상황)
　　가. 저는 짜장면 먹겠습니다.
　　나. 저는 짬뽕 먹을 겁니다.

(45나)는 현장에서 가지게 된 의도에 '-겠-'이 쓰이는 것을 보여 준다. '-겠습니다'가 쓰인 (46가)와 비교하면 '-을 것입니다'가 쓰인 (46나)는 식당에 오기 전부터 먹을 메뉴를 생각해 온 경우라고 할 수 있다. 이러한 견해는 대체로 타당하다.

그런데 하십시오체의 '-겠습니다'와 '-을 것입니다'의 용법은 의도의 현장성의 차이로 대체로 변별되지만 다른 종결어미가 사용된 환경에서는 '-겠-'과 '-을 것이-'의 차이가 아주 뚜렷하지는 않다.

(47) 가. 나 결심했어! 난 대통령이 되겠어!

41) 백봉자(1999/2006: 91)에서는 의도 용법의 '-겠-'과 '-을 것이-'의 차이를 주관적 의지/화자 의지의 객관화로 보았다. 손혜옥(2016: 172)에서는 "'-겠-'은 1인칭 주어와 함께 사용될 경우 의도의 동적 양태 표지로 사용되며 언제나 주관적 양태를 나타낸다. 또한 '-겠-'은 다른 의도의 동적양태 표지와 비교했을 때 화자의 발화시 현재의 의도임을 전달하는 맥락에서 더 적절히 사용될 수 있다."라고 하였다.

나. 나 결심했어! 난 대통령이 될 거야!

(48) (식당에서 음식을 주문하는 상황)

가. 나는 짜장면 먹겠다.

나. 나는 짜장면 먹을 거다.

(49) 가. 당신을 영원히 잊지 않겠어요.

나. 당신을 영원히 잊지 않을 거예요.

(50) 가. 너는 기어이 영희랑 결혼하겠니?

나. 너는 기어이 영희랑 결혼할 거니?

(47)~(50)은 '-겠-'과 '-을 것이-'가 반말체, 해라체, 해요체에 쓰인 예이다. 이때 '-겠-'과 '-을 것이-'의 의미 차이는 그리 뚜렷하지 않다. 가령 (47나)와 같이 즉각적으로 결심한 내용에도 '-을 것이-'가 사용될 수 있다.[42] (50가, 나)의 경우 (50가)에 비해 (50나)가 청자가 이미 가지고 있는 의도를 물어보는 느낌이 강하기는 하나 반드시 그런 것은 아닌 듯하다.[43]

이렇게 볼 때 (45), (46)에서 본 '-겠습니다'와 '-을 것입니다'의 확연한 차이는 '-겠습니다'의 특수성과 연관될 가능성이 있다. 박재연(2015나)에서는 '-겠습니다'에서 비합성적 해석이 발생한다고 보았다. '-겠습니다'가 '-겠-'과 '-습니다'의 합성적 의미로 해석되지 않고 '약속'의 의미 성분이 추가되어 '-을게'나 '-을게요'의 의미에 해당하는 하십시오체 등급을 담당한다는 것이다.[44]

---

42) 사실 (47가, 48가)의 문장은 실제 담화에서 많이 사용되지 않는다. 이 경우 "대통령이 될래."나 "짜장면 먹을게."가 훨씬 자연스럽다. 의도의 '-겠-'은 '-을래'나 '-을게'가 사용되지 못하는 하십시오체에서만 큰 세력을 가진다.

43) (49나)에서 '기어이'가 없는 "너는 영희랑 결혼할 거니?"는 객관적 예정 표현으로 해석되기 쉽다. '-을 것이-'의 의도 의미는 객관적 예정 표현과 잘 구별되지 않는 모호성을 가진다는 점을 2.2.2.에서 보았다. '이미 예정되어 있는 사태'와 '화자가 이미 가지고 있던 의도'의 의미적 거리는 그다지 멀지 않다.

44) '-겠습니다'는 약속 표현인 '-을게요'와 의미가 유사하지만 '-겠어, -겠다'는 의도 표현인 '-을래'와 유사하다는 점도 하십시오체에 사용된 '-겠-'과 다른 곳에 사용된 '-겠-'이 다르다는 증거이다.

(51) 가. 고시만 합격하면 누가 뭐래도 저는 영자와 결혼하겠습니다.

나. 고시만 합격하면 누가 뭐래도 저는 영자와 결혼할 겁니다.

(52) (해외에 있는 대학원생이 지도교수에게)

가. 귀국하는 대로 교수님을 찾아뵙겠습니다.

나. #귀국하는 대로 교수님을 찾아뵐 겁니다.(이상 박재연 2015나: 237)

다. 귀국하는 대로 교수님을 찾아뵐게요.

(51가)는 미래의 장인에게 하는 약속으로 더욱 적합하고 (51나)는 결혼을 반대하는 자신의 부모에게 하는 의지 표명으로 더욱 적합하다. 여기서 (51가)는 새롭게 가지게 된 의도를 표현하고 (51나)는 원래부터 가지고 있던 의도를 표현하는 것으로 구별된다고 보기는 어렵다. (52가)는 (52다)와 유사한 '약속'을 표현하는 하십시오체 문장이다. 그러나 (52나)는 이 상황에서 적합하지 않다. '-겠습니다'는 '-을게, -을게요'에 해당하는 비합성적 의미를 획득하였지만 '-을 것입니다'는 그렇지 않기 때문이다. 이러한 사실을 확인한 후 위의 (45), (46)의 예를 다시 살펴보면 (45나, 46가)에서 '-겠습니다'는 '-을게, -을게요'에 해당하는 수행적 효력을 발휘하기 때문에[45] '-을 것입니다'의 의미와 더욱 확연한 차이를 보인다는 것을 확인할 수 있다.

이상의 논의를 바탕으로 하면 '-겠-'과 '-을 것이-'의 의미는, '-겠습니다'에서 비합성적 해석이 발생하는 하십시오체의 경우를 제외하면 상당히 근접해 있다고 할 수 있다. 그러나 '-겠-'이 현장에서 가지게 된 의

가. 귀국하는 대로 교수님을 {찾아뵙겠습니다, 찾아뵐게요}.

나. 귀국하면 좀 {쉬겠어, 쉬겠다, 쉴래}.

45) "저는 짜장면 먹겠습니다."의 '-겠습니다'가 '약속'을 나타내는 것은 아니다. 박재연(2013)에서 사용한 용어를 빌리면 이때의 '-겠습니다'의 의미는 '청자를 고려한 의도'이다. '-을게, -으마'와 같은 약속형 종결어미도 "(버스 안에서) 기사님, 저 내릴게요.", "나 잠깐 나갔다 오마."에서는 온전한 약속이 아닌 '청자를 고려한 의도'를 표현한다. 본고가 강조하고자 하는 것은 '-겠습니다'의 용법이 다른 청자 대우 등급의 '-겠-' 결합형과는 달리 약속형 종결어미의 용법과 거의 일치한다는 것이다.

도를 표현하고 '-을 것이-'가 이미 가지고 있던 의도를 표현한다는 구별은 여전히 유효한 면이 있다. 의도의 '-겠-'과 '-을 것이-'가 화용론적 기능면에서 차이를 보이기 때문이다. '-을 것이-'는 요청의 간접 화행에 잘 사용되지 않는다(박재연 2015가: 97).

(53) 가. 냅킨 좀 집어 주겠니?
　　나. #냅킨 좀 집어 줄 거니?
(54) 가. 여기 오셔서 커피 드시겠어요?
　　나. #여기 오셔서 커피 드실 거예요?

한국어에서 의도 표현은 '소망, 능력, 허가, 금지, 의무' 표현과 함께 관습적 간접 화행(conventional indirect speech act)에 사용되는 양태 표현이다(박재연 2015가).[46] (53나)는 냅킨을 집어 주기로 미리 약속이 되어 있던 상황에서 주의 환기의 의미로 사용될 수는 있을 것이지만 (53가)와 같은 새로운 의무 부과를 표현하는 데에는 자연스럽지 않다. 마찬가지로 '-을 것이-'가 사용된 (54나)는 '-겠-'이 사용된 (54가)와 달리 요청의 간접 화행을 수행하는 것이 자연스럽지 않다.[47] 박재연(2015가: 97~98)에서는 '-겠-'이 포함된 의문문은 의도 자체를 묻지만 '-을 것이-'에 의한 의문문은 엄밀히는 의도를 가진 사태의 성립에 대해 물으며, '-겠-'이 간접 화행에서 더 자연스럽게 사용되는 것은 어미로 표현되는 양태가 통사적 구성으로 표현되는 양태에 비해 수행성(performativity)이 높기 때문이라고 보았다. 이러한 설명은 '-겠-'이 현장에서 가지게 된 의도를 표현하고 '-을 것이-'가 이미 가지고 있던 의도를 표현한다는 사실과 무관하지 않다. 즉 '-겠-'은 '-을 것이-'에 비해

46) 관습적 간접 화행은 직접 화행의 명제 내용을 유지한 채로 문장 유형을 달리 취한 경우를 말한다. 자세한 내용은 박재연(2015가) 참조.
47) (53나, 54나)가 요청의 간접 화행을 수행하는 것이 전혀 불가능한 것은 아니다. 그러나 '-겠-'처럼 관습적으로 사용되지는 않는다.

의도의 현장성이 강하기 때문에 화자의 현재 행위와 관련한 수행성도 높으며 간접 화행에 사용되기가 더욱 용이하다고 할 수 있다.

4. 결론

본고의 논의를 요약하면 다음과 같다.

기존의 논의에서는 '-겠-'과 '-을 것이-'가 모든 출현 환경에서 계열 관계를 가지고 '확실성, 주관성, 현장성' 등의 속성으로써 의미론적으로 대립한다고 가정하였다. 그러나 본고에서는 '-겠-'과 '-을 것이-'가 모든 출현 환경에서 의미론적 대립을 보이지는 않는다는 점을 주목하였다. '-겠-'과 '-을 것이-'가 계열 관계를 가지고 나타나 의미론적 대립을 보이는 '대립 환경'도 있지만 둘 중의 어느 한 요소만 배타적으로 나타나는 '비대립 환경'도 있다는 것이다. 대립 환경에서는 '-겠-'과 '-을 것이-'에서 자연스러움의 차이가 있을 뿐이고 화자의 주관적 표현 의도에 따라 두 요소 중 하나를 선택하여 사용할 수 있다. 그러나 비대립 환경에서는 둘 중의 한 요소가 나타나는 것이 아예 불가능하다.

'-겠-'이 추측 의미로 쓰일 때 '-을 것이-'와 대립하지 않는 비대립 환경에는 의문문인 경우, 다른 인식 양태 어미와 결합하는 경우, 조건 및 양보의 연결어미와 결합하는 경우가 있다. 이때에는 '-겠-'은 나타날 수 있지만 '-을 것이-'는 아예 출현하지 못하므로 의미론적으로 대립되지 않는다. 한편 '-을 것이-'만 사용되고 '-겠-'은 아예 쓰이지 않는 환경도 존재한다. 이 출현 환경은 예정의 의미를 요구하는 상황이라는 공통점이 있다.

'-겠-'과 '-을 것이-'가 모든 환경에서 의미론적 대립을 보이지는 않는 것은 '-겠-'은 문법화가 거의 완료된 어미임에 비하여 '-을 것이-'는 아직 통사적 구성의 성격을 가지고 양태의 주관적 의미가 아직 완전히 확립되지 않았다는 사실과 연관된다. '-을 것이-'는 추측과 의도의 주관적 양태 의미로 완전히 확립되지 않은 상태여서 어떤 환경에서는 기원적 의미에 가까운 객관적 예정 의미로 사용되는 것이다.

한편 위에서 말한 비대립 환경을 제외한 나머지 환경은 '-겠-'과 '-을 것이-'가 모두 나타날 수 있는 대립 환경이다. 이때에는 '-겠-'과 '-을 것이-'는 크게 추측과 의도 두 의미 범주에서 세부적 의미 차이를 가지고 대립한다. 추측 의미일 때 '-겠-'은 현장에 존재하는 근거에 의한 판단을 표현하고 '-을 것이-'는 예전부터 가지고 있던 근거에 의한 판단을 표현한다. 의도 의미일 때 '-겠-'은 기본적으로 현장에서 새롭게 가지게 된 의도를, '-을 것이-'는 예전부터 가지고 있던 의도를 나타내는 데 쓰이지만 이 차이는 하십시오체에 나타난 경우를 제외하면 그리 뚜렷하지 않다.

'-겠-'과 '-을 것이-'의 의미 차이를 논한 연구는 이미 더 보탤 논의가 없을 정도로 많지만 본고에서는 특히 '-겠-'과 '-을 것이-'의 비대립 환경이 존재한다는 점, '-을 것이-'는 일부에서만 추측과 의도의 의미를 나타낼 수 있고 적지 않은 출현 환경에서 예정의 객관적 상 의미를 나타낸다는 점을 강조하고자 하였다.

참고논저

강현주(2010), 추측과 의지의 양태 표현 '-겠-'과 '-(으)ㄹ 것이다'의 교육 방안 연구, 『이중언어학』 43, 이중언어학회, 29-53.

고광모(2002), '-겠-'의 형성 과정의 그 의미의 발달, 『국어학』 39, 국어학회, 27-47.

고영근(2004), 『한국어의 시제 서법 동작상』, 태학사.

구본관 · 박재연 · 이선웅 · 이진호 · 황선엽(2015), 『한국어 문법 총론 Ⅰ』, 집문당.

김차균(1981), 「을」과 「겠」의 의미, 『한글』 173, 174 합본, 한글학회, 65-114.

문병열(2007), 한국어의 보문 구성 양태 표현에 대한 연구, 『국어연구』 193, 국어연구회.

박재연(2006), 『한국어 양태 어미 연구』, 국어학총서 56, 태학사.

박재연(2009가), 연결어미와 양태: 이유, 조건, 양보의 연결어미를 중심으로, 『한국어 의미학』 30, 한국어 의미학회, 119-141.
박재연(2009나), 한국어 관형사형 어미의 의미 기능과 그 문법 범주 『한국어학』 43, 한국어학회, 151-177.
박재연(2011), 연결어미 의미기술의 메타언어 연구: 조건, 양보, 배경의 연결어미를 중심으로, 『국어학』 62, 국어학회, 165-197.
박재연(2013), 한국어 의도 관련 어미의 환유적 의미 확장, 『국어학』 68, 국어학회, 253-288.
박재연(2014), 한국어 연결어미 의미 확장에서의 환유와 은유, 『국어학』 70, 국어학회, 117-155.
박재연(2015가), 양태와 관습적 간접 화행의 환유적 연계: 요청 화행을 중심으로, 『국어학』 73, 국어학회, 69-108.
박재연(2015나), 한국어 어미 결합에서 나타나는 비합성적 의미 해석, 『언어와 정보 사회』 26, 서강대학교 언어정보연구소, 215-250.
박진호(2011), 한국어에서 증거성이나 의외성의 의미성분을 포함하는 문법요소, 『언어와 정보 사회』 15, 서강대학교 언어정보연구소, 1-25.
백봉자(1999/2006), 『외국어로서의 한국어 문법 사전』, 하우.
서정수(1977), "겠"에 관하여, 『말』 2, 연세대학교 한국어학당. [서정수(1990)에 실림, 185-205.]
서정수(1978), 'ㄹ 것'에 관하여: '겠'과의 대비를 중심으로, 『국어학』 6, 국어학회, 85-110.
서정수(1990), 『국어 문법의 연구』, 한국문화사.
성기철(1979), 경험과 추정: '-겠-'과 '-을 것이-'를 중심으로, 『문법연구』 4, 문법연구회, 109-129.
손혜옥(2016), 한국어 양태 범주 연구, 연세대학교 대학원 박사학위논문.
안명철(1983), 현대국어의 양상연구, 『국어연구』 56, 국어연구회.
이기용(1978), 언어와 추정, 『국어학』 6, 국어학회. [이기용 (1998), 시제와 양상: 가능세계 의미론에 실림, 151-189.]
이병기(1997), 미래 시제 형태의 통시적 연구, 『국어연구』 146, 국어연구회.
이성하(1999/2016), 『문법화의 이해』, 한국문화사.
이의종(2012), 증거성과 정보 관할권의 상호작용, 『국어연구』 236, 국어연구회.
이은경(2000), 『국어의 연결어미 연구』, 국어학총서 31, 태학사.
이필영(2012), 추정과 비추정의 '-겠-'의 의미, 『어문연구』 73, 어문연구학회, 109-126.

임동훈(2001), '-겠-'의 용법과 그 역사적 해석,『국어학』37, 국어학회, 115-147.
임동훈(2008), 한국어의 서법과 양태 체계,『한국어 의미학』26, 한국어 의미학회.
임채훈(2008), '감각적 증거' 양태성과 한국어 어미 교육: '-네, -더라, -더니, -길래' 등을 중심으로,『이중언어학』37, 이중언어학회, 199-234.
임홍빈(1980), {-겠-}과 대상성,『한글』170, 한글학회. [임홍빈(1998)에 실림, 231-269.]
임홍빈(1998),『국어 문법의 심층 I : 문장 범주와 굴절』, 태학사.
장채린(2017), 한국어 의지 · 의도 표현들의 의미 비교: '-겠-', '-을 것이-' '-을게(요)', '-을래(요)'를 중심으로,『한국어 의미학』56, 한국어 의미학회, 1-34.
전혜자(2013), 선어말어미 '-겠-'이 사용된 문장의 세 가지 특징 : 구어에서 보이는 '현장성', '주체의 고정성' 및 '전제성'에 대하여,『한글』301, 한글학회, 43-82.
정경미(2016), 한국어 추론 증거성 연구, 고려대학교 대학원 박사학위논문.
정인아(2010), 한국어의 증거성 범주에 관한 연구, 상명대학교 대학원 박사학위논문.
황주하(2015), 상황 맥락을 고려한 한국어 추측 표현 연구: '-것 같다', '-을 것이다', '-겠-'을 중심으로-,『새국어교육』102, 한국국어교육학회, 365-389.
Bybee, J., R. Perkins, & W. Pagliuca (1994), *The Evolution of Grammar: Tense, Aspect, and Modality in the Language of the World*, The University of Chicago Press.
Comrie, B. (1976), *Aspect*, Cambridge University Press.
Comrie, B. (1985), *Tense*, Cambridge University Press.
Dahl, O. (1985), *Tense and Aspect Systems*, Basil Blackwell.
Palmer, F. R. (1979/1990), *Modality and the English Modals*, 2nd *edition*, Longman.

제3부 종결어미의 의미

한국어 종결어미 '-구나'의 의미론

1. 서론

한국어 종결어미 중에서 '-구나'만큼 다양한 초점에서 관심을 받은 형식도 드물다. 전통적으로 '-구나'는 감탄형 종결어미로 기술되었다(최현배 1937/1961, 노대규 1983).[1] 한국어 문법 논의에 양태(modality) 범주가 도입된 후로는 '-구나'는 감탄형 어미가 아니라 '처음 앎'의 의미를 가지는 양태 어미인 것으로 기술되었다(장경희 1985). 이후 증거(evidentiality)나 내면화(mirativity, assimilation) 등의 범주가 소개되면서 '-구나'의 의미의 세부적인 국면이 '지각(perception)'이나 '추론(inference)'의 증거 의미, '새로 앎'의 내면화 의미와 관련하여 다시 조명을 받았다(Lee 1991, 박재연 1999, 2006, 정인아 2010).[2] '-구나'가

---

1) 최현배(1937/1961: 266)에서는 감탄문이라는 문장 유형이 따로 설정되지 않았기 때문에 '-구나'는 '-도다'와 함께 평서형(베품꼴)이되 '느낌에서만 쓰이는 것'으로 분류되어 있다.

2) 증거는 정보의 출처, 즉 화자가 해당 정보를 어떻게 얻게 되었는지를 표시하는 범주이다(Dendale & Tasmowski 2001, Aikhenvald 2004 참조). 한국어에서는 '과거의 지각'에 얻은 정보를 표현하는 '-더-', '현재의 지각'에 의한 정보를 표현하는 '-네' 등이 증거와 관련된 범주를 표현하는 것으로 다루어졌다(Lee 1991, 박재연 1999, 2006, 송재목 2007, 임채훈 2008, 정인아 2010, 박진호 2011). 한편 화자의 발화에서 표현되는 정보에는 화자가 원래부터 알고 있던 정보도 있고 어느 시점에서 새롭게 알게 된 정보도 있다. 화자가 정보를 자신의 지식 체계에 내면화한 정도를 표시하는 이러한 의미 속성은 처음에는 증거 요소의 '새로 앎 확장(mirative extension)'의 차원에서 다루어졌지만 이후 'mirativity'라는 독자적인 범주로 논의되었다(DeLancey 1997). 'mirativity'는 '의외성'으로 번역되는 일이 많지만 박재연(2013)에서는 한국어에는 '-네, -더-, -구나' 등 '새로 앎'의 의미를 나타내는 형식은 물론 '-지', '-거든'과 같이 '이미 앎'의 의미를 나타내는 형식들도 존재한다는 점, 그리고 한국어에서 '새로 앎'을 표현하는 형식이 반드시 '놀람'이나 '기대하지 않음'을 표현하는 것은 아니라는 점

담화에서 보이는 독특한 쓰임을 주목한 연구도 있었다(구현정 1995, 박나리 2004, 김유정 2006).

그동안의 논의에서는 한국어 어미의 의미론적 체계화 과정에서 '-구나'가 가지는 위상을 규정하거나 언어유형론적 관점에서 '-구나'를 바라봄으로써 개별적인 문법 형식으로서 '-구나' 자체가 가진 의미의 섬세한 국면이 간과된 면이 있었다고 생각된다. 또한 '-구나'에 대한 논의가 활발해진 만큼 연구자마다 의견을 달리 하는 쟁점들도 생겨났다. 여러 문법 범주에 대한 이해가 깊어짐에 따라 '-구나'에 대한 보다 정교한 의미 기술이 가능한 시점이 되었다고도 할 수 있겠다. 본고에서는 '-구나'의 의미론적 특성에 대해 다음과 같은 두 가지 관점에서 접근해 보고자 한다.

첫째, 범주적 체계화 이전의 '-구나'의 기본 의미를 정교화하고자 한다. '-구나'는 내면화의 관점에서 '새로 앎'의 속성을 가지고 증거의 관점에서 '지각' 혹은 '추론'의 의미를 가진다고 논의되었다.[3)]

(1) 가. *한국의 수도는 {서울이구나, 서울이네}.
　　나. 서울에는 신사동이 세 군데나 {있구나, 있네}.

(2) 가. 방에 들어오니까 좋은 냄새가 {나는구나, 나네}.
　　나. (밖에서 들어온 딸의 코끝이 빨간 것을 보고) 날씨가 꽤 {춥구나, *춥네}.

을 들어 '내면화'라는 중립적인 용어를 사용하였다.

3) 인식 양태적 판단(epistemic judgement), 증거, 내면화는 서로 밀접한 관련이 있는 범주로서 함께 뒤섞여 나타나는 일이 흔하다. Tsafiki 어와 같이 세 범주가 모두 독자적으로 표시되는 언어도 있지만(Dickinson 2000), 터키어는 하나의 표지가 '새로 앎'과 '추론' 혹은 '전언'을 함께 표현한다(Aksu & Slobin 1986). 영어의 'must'가 '추론된 확실성'을 표시한다고 본다면 영어는 인식 양태적 판단과 증거 범주가 융합되어 나타나는 언어라고 할 수 있다(Dickinson 2000: 417). 한국어에서 이 세 범주가 어떤 관계를 가지고 있는지에 대해서는 논란이 있지만 인식 양태적 판단은 '-겠-', '-을 것이-'에 의해 독립적으로 표시되고 증거와 내면화는 '-더-, -네, -구나' 등에서 함께 표시되기도 한다는 것이 본고의 기본적인 입장이다. '-거든, -지'와 같이 내면화 속성과만 관련을 맺는 형식도 있다.

(1가)는 '-구나'가 '-네'와 함께 '새로 앎'의 의미를 가진다는 것을 보여 준다. '한국의 수도가 서울'이라는 사실은 한국어 화자라면 대개 이미 잘 알고 있는 사실이므로 이러한 사태에 '-구나'를 사용할 상황은 별로 없다. 반면 '서울에 신사동이 세 군데나 있다'는 사실을 새로 알게 된 상황에서는 (1나)와 같은 문장을 사용할 수 있다.

이때 화자가 새로 알게 된 정보는 (2가)에서와 같이 '지각'에 의한 것일 수도 있고, (2나)에서와 같이 '추론'에 의한 것일 수도 있다. (2가)의 상황에서는 '좋은 냄새가 나는' 사태를 화자가 직접 지각하였지만 (2나)의 상황에서는 '날씨가 추운' 사태를 화자가 직접 지각한 것은 아니다. 이는 '딸의 코끝이 빨간' 사태를 통해 추론한 사실이다. (2가)의 상황에서는 '-네'도 쓰이지만 (2나)에서 '-네'는 잘 쓰이지 않는다.[4] 이러한 파악을 통해서 '-구나'가 '-네'와 변별되는 지점이 '추론'의 속성임을 알 수 있다.

문법 범주적 속성의 대립에 근거한 이러한 의미 기술은 어떤 언어에서 일정한 의미 영역을 표현하는 형식은 무엇인가를 묻는 표현론적(onomasiological) 접근법이라고 할 수 있다. 이러한 방법은 어미들의 의미의 공통점과 변별점을 보여 주는 장점이 있다.

이와 같은 의미 기술 방법은 문법 형식의 의미에 대한 성분 분석(componential analysis)이기도 하다. 일정한 의미 범주와 의미 성분을 설정하여 해당 형식의 의미를 분석하는 방법이기 때문이다. 성분 분석은 의미의 변별점을 보여 준다는 점에서 유용한 도구이지만, 어휘 의미론 연구에서 이미 밝혀진 바와 같이 어떤 언어 형식의 의미를 총체적으로 기술하지는 못한다. '총각'은 [미혼], [남자], [성인] 이외의 더

4) (2나)에서 '-네'를 사용하는 것이 전혀 불가능한 것은 아니다. '-구나'와 '-네'가 선호하는 문맥을 어느 정도 구별할 수 있으나, '-구나'가 사용되는 환경에서는 많은 경우 '-네'도 사용될 수 있다는 것을 이하의 논의에서 계속 관찰할 수 있다. '-구나'가 선호되는 문맥에서도 일정한 담화 효과를 위해 '-네'가 사용되기도 한다. 논의의 성격상 본고에서는 통사적 비문법성을 따져야 하는 경우가 없으므로 '*'나 '?'를 해당 문맥에서 선호되지 않는 문장이라는 의미로 사용한다.

많은 의미를 가진다. 문법 형식에 있어서도 마찬가지이다. 한국어의 어미들은 통사적 기능 이상의 섬세한 의미를 표현하기 때문에 '-구나'의 의미는 [지각], [추론], [새로 앎] 등의 의미 성분만으로는 의미의 세부적인 국면이 온전히 기술되지 않는다. 따라서 본고에서는 먼저 '-구나'가 표현하는 의미는 무엇인가를 묻는 해석론적(semasiological) 관점에서 '-구나'의 범주 이전의 의미를 생각해 보고자 한다.

둘째, 다시 표현론적 관점에서, '-구나'가 증거 범주와 관련하여 어떤 특성을 가지는가를 재검토하고자 한다. '-구나'가 '새로 앎'의 특성을 보인다는 점이 대체로 받아들여졌던 것에 비하면 '-구나'가 표현하는 정보의 출처가 무엇인가에 대해서는 상당한 이견이 있었다. '-구나'는 '지각'과 '추론'에 의한 정보를 표현한다고 논의되기도 하였고(박재연 1999, 박나리 2004, 정인아 2010), 혹은 '전언(hearsay)'에 의한 정보를 표현한다고 보기도 하였으며(김유정 2006), 증거 속성과 무관하다고 보는 논의도 있었다(박진호 2011, 임동훈 2011). 본고에서는 '-구나'가 과연 증거의 속성을 명세화(specification)하는지, 만약 그렇다면 어떤 개별적 특성을 가지는지를 검토하고자 한다.

2장과 3장에서 위 두 가지 문제를 차례로 살펴보겠다.

2. '-구나'의 기본 의미

증거나 내면화 범주에 대한 고려 이전에 '-구나'의 의미가 무엇인가를 고려한다면 그것은 '새로운 사실에 대한 깨달음'일 것이다. 이는 한글학회 편(1992)에서 '-구나'를 "풀이씨 줄기에 널리 붙어 '해라' 할 자리나 혼잣말에서 느낌이나 깨달음 따위를 나타내는 맺음씨끝"이라고 풀이하거나 국립국어원 편(1999)에서 "해라할 자리나 혼잣말에 쓰여, 화자가 새롭게 알게 된 사실에 주목함을 나타내는 종결 어미"라고 풀이한 것, 장경희(1985: 101~103)에서 '-구나'의 기본 의미를 '처음 앎'으로 본 것에서 이미 밝혀져 있다.

'-구나'가 새로운 사실에 대한 깨달음과 관련한 의미를 표현한다는 점에 대해서는 반론의 여지가 없다고 생각한다. 다만 '-구나'뿐 아니라 '-네'도 '새로 알게 된' 사실을 표현하기 때문에 이러한 의미 기술만으로 '-구나'가 '-네'와 어떤 차이를 가지는지가 분명히 드러나지는 않는다.

본고에서는 '-구나'가 가진 '깨달음'의 의미를 구체화하여 '-구나'가 '사유 과정을 동반한 인식'을 표현한다고 보고 의미의 세부적인 양상들을 기술하고자 한다. 즉 '-구나'가 표현하는 인식에는 '사유 과정'이 포함되어 있다는 것이 본고의 주장이다.

먼저 '-구나'와 '-네'가 모두 사용될 수 있는 문맥에서 '-구나'와 '-네'가 보이는 미세한 의미 차이에 대해 생각해 보는 것으로 논의를 시작하고자 한다.[5] '-네'가 결합한 명제는 지각한 내용 그 자체를 표현하지만 '-구나'는 인식한 사실 외에도 인식에 동반된 사유 과정이 있음을 더 표현한다는 차이가 있다.

(3) 가. 반찬 뚜껑이 열려 있네.
　　나. 반찬 뚜껑이 열려 있구나.
(4) 가. 어머, 양말에 구멍이 났네.
　　나. 어머, 양말에 구멍이 났구나.

식탁 위에 반찬 뚜껑이 열려진 채로 방치된 것을 발견한 상황에서 (3가)와 (3나)가 모두 사용될 수 있다. 즉 '지각'에 의해 새롭게 발견한 사실에 '-구나'와 '-네'가 모두 쓰일 수 있다. (3가)는 단순히 '반찬 뚜껑이 열려 있는' 사태를 지각한 것에 대해서 말한다. 그런데 같은 상황에서 (3나)는 지각에 동반한 사유가 있음을 표현한다. 가령 아까부터 음식 냄새가 나서 이상하다고 생각했는데 그 이유가 바로 이것이었다든가,

5) '-네'는 '현재의 지각을 통해 새로 알게 된 사실'을 표현한다고 보는 것이 일반적이다. '-네'의 의미에 대해서는 장경희(1985), Lee (1991), 박재연(1998, 1999), 박나리(2004), 임채훈(2008), 정인아(2010), 정경숙(2012) 등 참조.

반찬 뚜껑이 열려 있는 것을 보니 누군가가 식사를 하였을 가능성이 높겠다든가 하는, 지각한 사태와 관련 있는 사유가 있음을 더 표현한다.

한편 양말에 구멍이 난 것을 처음 발견하는 상황에서는 (4나)보다는 (4가)가 선호된다. 오로지 '지각'한 내용 자체만을 표현하는 데에는 '-구나'가 잘 쓰이지 않기 때문이다. 그러나 '아까부터 느낌이 이상했는데 양말에 구멍이 난 것이었다'와 같은 사유 과정이 포함된 상황에서는 (4나)가 사용될 수도 있다. 물론 사유가 동반된 상황에서도 (3가)나 (4가)를 쓸 수 있다. 그것은 '지각'의 상황에 초점을 맞추어 표현한 경우이다.[6] '-네'는 의미의 초점이 '지각한 사실'에 있는 반면 '-구나'는 '사유 과정'에 초점이 있으므로 '-네'는 비교적 순간적으로 일어나는 인식에 사용되고 '-구나'는 대체로 시폭을 가지고 천천히 일어나는 인식에 사용된다.[7]

이때 '-구나'에서 표현되는 '사유'는 반드시 정보 획득의 경로나 출처를 의미하지는 않는다는 점을 주의하여야 한다. "반찬 뚜껑이 열려 있구나."에서 이 사태의 인식과 관련한 화자의 사유가 표현되기는 하지만 '사유'를 통해서 이러한 사실을 알게 된 것은 아니다. 따라서 '-구나'의 일차적인 기능을 '증거' 범주와 직접적으로 연결시킬 수는 없으며 '-구나'에 포함된 '사유'는 '-네'가 표현하는 정보의 출처로서의 '지각'과 같은 층위에서 의미론적 계열 관계를 가진다고 볼 수 없다.

'-구나'가 표현하는 인식에 사유 과정이 포함된다는 것은 다음 예에서도 확인할 수 있다.

---

6) 인식 양태적 판단, 증거, 내면화 속성들을 포함한 인식론적 범주는 수의적인 성격을 가진다. 즉 해당 상황에서 해당 언어 표현이 반드시 출현해야 하는 것은 아니며 그 표현이 반드시 객관적 사실과 일치해야 하는 것도 아니다. 동일한 상황을 (3가)와 같이 '지각' 행위에 초점을 맞추어 표현할 수도 있고 (3나)와 같이 '사유' 행위에 초점을 맞춰 표현할 수도 있다. "반찬 뚜껑이 열려 있어."와 같이 무표적인 형식을 사용할 수도 있다. 이와 관련하여서는 박재연(2013: 98, 각주 30 참조).

7) '-구나'와 '-네'는 공통적으로 긴급한 상황에서 무의식적으로 내뱉는 발화에는 사용되지 않는다. 즉 "앗, 뜨거(워)라" 대신 "*앗 뜨겁구나.", "*앗, 뜨겁네"를 사용하지는 않는다(박나리 2004: 99, 103, 모리모토 2004: 122). 긴급한 상황에서 인식론적 수식(epistemic modification)을 할 여유는 없기 때문이다. 한편 박진호(2011: 13)에서는 '-구나'는 '-네'보다도 덜 즉각적인 인식을 표현한다고 하였다.

(5) (영희의 빈자리를 보고)

가. 영희가 집에 갔구나.

나. 영희가 집에 갔네.

(6) (영희의 빈자리를 보고)

가. 영희가 제주도에서 한다는 학회에 갔구나.

나. ??영희가 제주도에서 한다는 학회에 갔네.

(7) A: 철수는 편식이 심해서 야채는 입에도 안 대더라.

B: 그렇게 음식을 가리니까 살도 안 찌고 키도 안 크는구나.

B': ??그렇게 음식을 가리니까 살도 안 찌고 키도 안 크네.

영희 자리에 가방이 없다든가 말끔히 치워진 책상을 보고 (5가) 혹은 (5나)와 같은 발화를 할 수 있다. 이 경우 '-구나'와 '-네'가 모두 사용될 수 있다. 그런데 같은 상황에서 '-구나'가 사용된 (6가)와는 달리 '-네'가 사용된 (6나)는 부자연스럽다. '-네'는 본 것만을 이야기할 때 쓰는 것이 보통이어서 본 것 이상의 사전 지식을 말할 때는 '-구나'가 선호된다. (7)의 화자 B의 발화는 원인 연결어미 '-으니까'로 접속된 문장인데 여기에서도 '-네'보다는 '-구나'가 선호된다. 즉 인식 내용에 인과 관계나 추론한 내용이 포함된 경우에는 사유 과정의 의미를 포함하는 '-구나'가 훨씬 자연스럽다.[8)]

'-구나'가 주어에 대한 인칭 제약에서 '-네'와는 약간 다른 양상을 보인다는 점도 '-구나'가 표현하는 인식에 사유 과정이 포함된다는 사실과 관계가 있다. '-네, -더-, -구나'[9)] 등 '새로 앎'을 표현하는 형식은 1인칭 주어와 잘 호응하지 않는다는 특징이 있다.[10)]

8) (6가), (7가)는 앞의 (3나), (4나)와 달리 인식에 동반된 사유 과정이 문면에 직접 표현된 경우라고 하겠다.

9) '과거 지각'과 '새로 앎'의 의미를 가지는 '-더-'는 종결형 및 '-던데, -더니'에 출현하는 '-더-'로 한정된다. 이하의 논의에서도 '-더-'는 이러한 '-더-'만을 가리킨다.

10) 증거 범주와 관련한 국내외 논의에서 관련 형식들이 가지는 주어에 대한 인칭 제약을 증거적 속성과 연관 지어 설명하는 경우가 많으나 박재연(2013: 91~93)에서는

(8) 가. *내가 노래를 {부르네, 부르더라, 부르는구나}.

나. 내가 노래를 제일 못 {부르네, 부르더라, 부르는구나}.

(8가)와 같은 문장은 잘 쓰이지 않는다. 화자 자신의 의도적 행위와 관련한 사실을 새롭게 알게 되는 일은 일반적이지 않기 때문이다. 그러나 (8나)의 상황에서는 자기 자신의 일이라도 새롭게 알게 된 일이기 때문에 '-네, -더-, -구나'와 같은 '새로 앎' 형식을 사용할 수 있다.

그런데 '-네'나 '-더-'는 주관적인 경험을 표현하는 감각 형용사('아프다, 덥다, 춥다' 등)나 심리 형용사('좋다, 기쁘다, 슬프다, 외롭다' 등)가 사용되면 1인칭 주어를 취하는 것이 가능하며 오히려 2인칭이나 3인칭 주어를 취하는 것이 부자연스럽다.

(9) 가. 나는 요즘 어깨가 {아프네, 아프더라}.

나. ??너는 요즘 어깨가 {아프네, 아프더라}.

다. ??선생님께서는 요즘 어깨가 {아프시네, 아프시더라}.

(9가)는 자연스럽게 성립하지만 (9나, 다)는 잘 쓰이지 않는다. 간혹 (9나, 다)를 쓸 수도 있는데 이는 다른 사람이 아프다는 사실을 알 수 있는 확실한 상황을 지각했을 때 이를 지각에 의한 정보로 취급할 수 있기 때문이다.

그런데 '-구나'는 '-네'와는 달리 주관적 감각 형용사나 일부 심리 형용사와 결합할 때 1인칭 주어를 취하는 것이 완전히 자연스럽지는 않은

인칭 제약이 '새로 앎' 의미 때문이라고 주장하였다. 화자 자신에 대한 일을 '지각'하거나 '추론'하는 것이 부자연스럽다기보다는 화자 자신에 대한 일을 '새로 알게 되는' 일이 부자연스럽다고 보는 것이 합리적이기 때문이다. 가령 (8가)의 상황에서 '내가 노래를 부르는' 사태를 화자 스스로 '지각'하는 일이 불가능한 것은 아니다. 불가능한 것은 자신의 의도적인 행위를 새삼스럽게 알게 되는 일이다. 증거 속성이 인칭 제약을 유발한다고 보는 입장에서는 '지각'이나 '추론'의 개념에 '알게 되는' 행위가 이미 포함되어 있다고 보는 듯하다. 그러나 '지각'이나 '추론'을 오로지 정보의 출처와 관련된 개념으로 받아들이면 이들을 인칭 제약에 관여하는 요인으로 볼 수 없다.

경우가 있다. 먼저 주관적 감각 형용사인 '아프다'가 사용된 예를 보자.

(10) 가. ?나는 지금 어깨가 아프구나.
나. 너 지금 어깨가 아프구나.
다. 영희는 지금 어깨가 아프구나.

(10가)는 분명히 문법적이다. 그러나 필자의 직관으로는 이러한 문장이 실제로 자연스럽게 발화되지는 않는다고 판단된다.[11] 적어도 '-네'나 '-더-'가 사용된 위의 (9가)나 2인칭, 3인칭 주어가 사용된 (10나, 다)가 완전히 자연스러운 것과 대조적이다.[12]

'외롭다, 기쁘다, 슬프다'와 같은 심리 형용사가 사용되어도 비슷한 어색함이 있다.

---

11) 주관적 감각 형용사나 심리 형용사가 1인칭 주어를 취하여 '-구나'에 통합된 예는 실제 언어 자료에 출현하는 것이 사실이다. 그러나 필자의 언어 감각으로 이러한 문장은 소설의 대화문이나 드라마 대사에서나 나올 법하고 실제로 필자 스스로가 (10가)와 같은 발화를 하는 일을 좀처럼 상상할 수 없다. 심사위원 중의 한 분께서는 이러한 직관에 의문을 표시하시고 객관적인 통계 자료에 의한 논증이 필요하다고 하셨다. 타당한 지적이나 본고의 초점이 모국어 화자로서의 '-구나'에 대한 직관을 최대한 충실하게 기술해 보려는 것에 있는 만큼 더 이상의 고찰은 이후의 연구로 미루고자 한다.

언어 자료에서 (10가)와 같은 '-구나'가 발견되는 것은 어느 정도 문체적이라고 생각한다. 화자가 인식론적 목적과는 별도의 표현적 목적(다정하고 우호적인 느낌의 표현 등)을 가지고 '-구나'를 사용한다는 것이다. 가령 "제가 오늘 남대문 시장에 다녀왔네요, 사람이 무척 많고 다리가 무지 아팠네요."와 같은 발화에서 '-네'가 쓰이는 것이 드라마 대사 등에서 이따금 관찰되는데 이러한 용법은 '지각에 의해 새로 알게 된' 사실을 표현하는 '-네'의 본래적 용법과는 잘 부합하지 않는다. 여성스러운 느낌 등 표현적 목적을 위해서 사용되었다고 볼 수 있다.

'-구나'가 주관적 감각 형용사나 심리 형용사에 쓰일 때와 비슷한 문체적인 문제를 야기하는 것이 "그 애가 알려주더구나, 내일은 비가 오겠더구나."에서의 '-더구나', 혹은 '-겠더구나'의 연쇄이다. 이러한 표현도 실제 발화에서는 잘 사용되지 않는다. 이때 '-구나'는 의미론적으로 잉여적이며 문체적인 목적을 위해 사용된다고 생각된다. 이 문제는 다른 논문에서 좀 더 자세히 다루기로 한다.

12) (10나, 다)는 하향 억양을 가질 수도 있지만 상향 억양을 가지고 청자의 확인을 구하는 용법으로도 빈번히 사용된다. 박재연(2005)에서는 이러한 용법을 '유사의문문'이라고 불렀다.

(11) 가. ?나는 요즘 많이 외롭구나.
　　나. 너 요즘 많이 외롭구나.
　　다. 영희가 요즘 많이 외롭구나.

(11)은 심리 형용사 '외롭다'가 사용된 문장이다. 역시 2인칭, 3인칭 주어를 취한 (11나, 다)에 비하면 1인칭 주어를 취한 (11가)에서는 어색함이 느껴진다.[13)]

주관적 감각 형용사나 일부 심리 형용사에 '-구나'가 통합할 때 1인칭 주어를 취하는 것이 어색하게 느껴지는 이유는 화자 스스로의 감각적, 심리적 경험이 사유를 동반하지 않기 때문이라고 생각된다.[14)] 일반적으로 사유를 동반하지 않는 대상에 '-구나'의 사유가 표현됨으로써 어색하거나 다소 가식적인 느낌이 드는 것이다.[15)] 반면 2, 3인칭 주어가 사용된 경우 '-네'를 쓰는 것은 거의 불가능하고 '-구나'만이 가능하다. 2, 3인칭 주어의 감각적, 심리적 경험에 대한 인식에는 추론적 사유가 필수적이기 때문이다.

앞에서 '-구나'가 '사유 과정을 동반한 인식'을 표현한다고 하였는데 '-구나'는 '새로 알게 되는 사유 과정' 그 자체를 표현하기도 한다. 이때

---

13) '-구나' 대신 '-군'을 쓰면 (10가), (11가)에서 발견되는 어색한 느낌이 많이 사라진다.
　(가) 나는 지금 어깨가 아프군.
　(나) 나는 요즘 많이 외롭군.
'-군'은 '요'가 붙을 수 있는 반말체 종결어미의 특성을 보이고 '-구나'는 해라체 종결어미의 특성을 보이는데 사전의 기술을 포함한 기존의 논의에서는 '-군'을 '-구나'의 준말로 보는 경향이 있었다. 그러나 현대 한국어에서 해라체와 반말체의 높임법상의 차이가 중화되면서 '-구나'와 '-군'이 다소간 의미 분화를 일으킨 것으로 생각된다. '-군'은 '-구나'와 달리 부정적인 어감을 가진다는 점이 지적되기도 했다(구현정 1995: 59, 장경현 2010: 179). '-군'과 '-구나'의 차이에 대해서도 앞으로 의미 · 화용론적 검토가 필요하다.

14) 소망이나 감정은 선행 의식이나 명확한 이유를 이해하는 과정 없이 즉각적으로 일어난다(Dickinson 2000: 402).

15) '좋다, 무섭다' 등 사유를 동반하는 경험을 나타내는 심리 형용사에는 '-구나'를 쓰는 것이 가능한 것 같다. 가령 "아무리 생각해 봐도 나는 여기가 더 좋구나.", "나는 앞으로 혼자 살아갈 일이 무섭구나." 등은 위의 (10가, 11가)에 비해 어색함이 덜하다.

는 알게 되는 과정 자체가 사유 과정인 셈이다. '-구나'가 다음과 같은 상황에서 독점적으로 사용된다는 점이 주목된다.

(12) A: 내가 요즘 좀 바빴어. 아버지도 편찮으시고.
B: 너 {*바빴다, *바빴어, *바빴네, 바빴구나}.

(13) (전화 통화의 상황)
A: 서울에는 비가 많이 와.
B: 응, 서울은 비가 많이 {*와, *온다, *오네, 오는구나}.

(12), (13)에서 화자 B는 화자 A의 정보 제공에 대한 대답으로 화자 A의 발화를 반복하고 있다. 이때 특징적으로 사용되는 것이 '-구나'이다. 위와 같은 상황에서 '-어'나 '-다'와 같은 무표적인 의미를 가지는 어미는 물론이고 '-네'도 사용되지 않는다. '-구나'는 새로 알게 되는 사유 과정 그 자체를 표현할 수 있기 때문에 이러한 독특한 담화 기능을 수행한다고 볼 수 있다.[16)]

---

16) 구현정(1995)에서는 '-구나'가 의사소통 상황에서의 '반영적 경청(active listening)'에 쓰인다고 하였는데 이와 관련한 특성을 주목한 것이다. 반영적 경청이란 상대방을 존중하고 상대방의 생각을 알고자 하는 마음을 상대방이 느낄 수 있도록 열심히 듣는 것을 의미하는 상담심리학의 용어인데(구현정 1995: 51), 영어에서는 이를 나타내는 발화가 특별한 표지를 가지지 않지만 한국어에서는 '-구나'가 특징적으로 사용된다고 하였다. 그러나 반영적 경청의 모든 상황에서 '-구나'만 사용될 수 있는 것은 아니다.

(1) A: 제가 요즘 마음이 많이 힘들었어요.
B: 학생 많이 {힘들었구나, *힘들었네, *힘들었어,}.

(2) A: 제가 요즘 살이 많이 빠졌어요.
B: 정말 살이 많이 {빠졌구나, 빠졌네, 빠졌어}.

상담의 상황은 상대방의 심리 상태를 듣는 과정이어서 심리 형용사(힘들다, 괴롭다, 슬프다)가 많이 사용된다. 따라서 (1)의 상황에서 유일하게 사용될 수 있는 것은 '힘들었구나'이고 '*힘들었네, *힘들었어'는 사용되지 않는다. 앞에서 논의했듯이 2인칭 주어의 심리적 경험을 인식하려면 추론적 사유가 필수적이기 때문이다. 그러나 (2)와 같은 상황에서는 '-네'나 '-어'도 쓸 수 있다. 상대방의 제공한 정보를 화자가 즉시 지각할 수 있거나 이미 알고 있는 상황에서는 다른 어미들이 쓰일 수도 있다. 어쨌든 '-구나'는 상대방이 제공한 정보를 새롭게 입수하였음을 표시하는 표지로서 독특한 기능을 발휘하는 것은 사실이다.

'그렇구나'와 '그렇네'는 담화에서 상대방이 제공한 정보를 새롭게 입수함을 나타내는 표현으로 쓰인다.[17] 이 두 표현이 사용되는 문맥의 차이는 '-네'와 구별되는 '-구나'의 특성을 단적으로 보여 준다.

(14) A: 카자흐스탄어에도 한국어처럼 조사나 어미 같은 문법 형태소들이 많아.
B: 아, {그렇구나, *그렇네}.

(15) A: 여기가 충무공 이순신 장군이 태어난 곳이야.
B: {그렇구나, *그렇네}.

(16) A: 이 자리가 도서관에서 제일 밝아.
B: {그렇구나, 그렇네}.

(14)~(16)은 모두 화자 B가 화자 A의 정보 제공으로 어떤 사실을 새로 알게 되는 상황이다. '그렇구나'는 어느 경우에나 쓰일 수 있다. '그렇네'는 '지각'에 의한 확인이 포함되는 (16)의 상황에서만 사용될 수 있다. 물론 (15)의 상황에서도 충무공 생가의 뚜렷한 징표를 지각한 경우에는 '그렇네'가 쓰일 수 있다. 이때 '-구나'는 '새로 알게 되는 사유 과정' 그 자체를 나타낼 뿐 '지각'이나 '추론' 등의 증거 속성에 대해 말하지 않는다는 점에서 '지각'을 명세화하는 '-네'와 분명히 구별된다.

서론에서 이미 '-구나'가 '추론'의 의미를 표시하는 것을 본 바 있다.[18] '추론'은 '사유'의 일종이므로 '-구나'가 '추론'의 의미와 관련이 있다는 사실 역시 '-구나'의 의미가 '사유 과정'을 포함한다는 중요한 근거이다. '-구나'가 표현하는 '사유'는 매우 포괄적이고 일반적인 의미에서의 사유이다. 그것은 지각에 동반된 사유일 수도 있고, 지각 이후의 추

17) 하십시오체에서는 평서형 표현 '그렇습니다'가 아닌 하향 억양을 가지는 의문형 표현 '그렇습니까'가 이러한 기능을 수행한다. '새로 앎'의 의미가 '의문'의 의미와 통하는 점이 있음을 보여 준다. '새로 앎'과 '의문'의 의미론적 상관관계에 대해서는 박재연(2005) 참조.

18) "(밖에서 들어온 딸의 코끝이 빨간 것을 보고) 날씨가 꽤 춥구나."와 같은 예이다.

론일 수도 있으며 어떤 사실을 새로 알게 되는 과정 그 자체일 수도 있다. 또한 그 사유 과정은 문장 표면에 드러날 수도 있으며 단지 암시되기만 할 수도 있다.

이상의 논의를 바탕으로 하면 '-구나'는 '정보의 내면화 정도'를 표시한다기보다는 '정보의 내면화 과정' 그 자체를 표시한다고 볼 수 있다.[19] 즉 '-구나'를 사용하는 일차적 목적은 해당 정보가 새로 알게 된 것임을 표현하는 것이라기보다는 어떤 사유를 동반하여 해당 정보를 알게 되는 과정 자체를 표현하는 것이다. 그러나 화자가 어떤 정보의 내면화 과정을 굳이 언어 형식으로 부호화하여 표현하는 것은 당연히 그것이 새로 알게 된 정보일 때이다. 따라서 '-구나'는 화자에게 새로운 정보인 명제에 결합하며 적어도 표현론적 관점에서는 '새로 앎'의 속성을 가진다고 기술할 수 있다.[20]

'-구나'가 표현하는 정보가 내면화의 관점에서 '새로 앎'의 속성을 표현한다는 사실에 비하면 '-구나'가 표현하는 정보의 출처에 대해서는 좀 더 논란이 많다. 증거 범주의 관점에서 '-구나'를 어떻게 이해하여야 하는가에 대해서는 3장에서 자세히 다루기로 한다.

3. 증거 범주의 관점에서 본 '-구나'의 의미

3.1. '-구나'와 '추론'

2장에서 논의하였듯이 '-구나'의 기본 의미는 '사유 과정을 동반한 인식'을 표현하는 데 있고 증거의 속성을 명세화하는 것이 주된 기능은 아니다.[21] 즉 화자가 '-구나'를 사용하는 의사소통 목적(communicative

19) 임동훈(2011: 119)에서는 '-구나'가 경험이나 인식을 자기의 의식 속으로 종합하고 통일하는 내면화 과정을 표현한다는 직관을 피력한 바 있다.

20) 김경애(2002: 56)에서는 '-구나'는 '커다란 놀람이나 의외성을 보이지 않으므로 증거성이 더 주요한 의미'라고 하였는데 이는 'mirativity' 혹은 '새로 앎'의 속성을 '놀람'의 관점에서만 이해한 결과라고 생각된다.

21) '-구나'는 증거 범주보다는 내면화 범주와 상대적으로 더 밀접한 연관을 가진다는 것

goal)이 정보의 출처를 제한하기 위한 것은 아니다. 그러나 '-구나'는 사유 과정을 포함한 인식을 나타내기 때문에 사유의 하위 유형인 '추론'에 의한 인식을 나타낼 때 유용하게 '이용된다.' 이 절에서는 '-구나'가 표현론적 관점에서 '지각'이나 '전언'의 속성보다는 '추론'의 속성과 더 밀접하게 연관된다는 사실을 논증하고자 한다.

서론에서 지적한 바와 같이 '-구나'가 '-네'와 구별되는 가장 확실한 문맥은 다음과 같은 '추론'의 상황이다(박재연 1999, 박나리 2004, 임채훈 2008, 정인아 2010).

(17) (귀가한 동생의 어두운 표정을 보고)
가. 너 무슨 일 있구나.
나. *너 무슨 일 있네.

'무슨 일이 있는' 사태는 화자가 지각한 사태가 아니라 시각적 증거를 통해 추론한 사태인데 이때 '-네'보다는 '-구나'가 자연스럽다.[22] '-네'는 지각한 사실만을 나타내지만 '-구나'는 추론에 의한 인식을 나타낼 수 있다. '-구나'가 '사유 과정을 동반한 인식'을 나타내기 때문에 사유의 일종인 '추론'의 증거를 표현할 수 있는 것이다.

이 본고의 입장이다. 사실 '추론'과 '새로 앎'의 의미는 다른 언어에서도 하나의 형식으로 표현되는 경향이 있어서 처음에 '추론'의 증거 요소로 소개되었던 형식이 나중에 '새로 앎'이 근본적인 의미라고 재분석되는 일이 흔하다. DeLancey (2001: 375~377)은 Hare, Tibetan, Turkish 어의 '추론' 형식의 의미는 기본적으로 '새로 앎' 의미에서 나왔다고 하였다. Tsafiki 어의 'nu'도 처음에는 '추론'의 증거 표지로 분석되었으나 Dickinson (2000: 410)에서는 '새로 앎' 표지로 분석한다. de Reuse (2003: 81)는 Western Apache 어의 '추론' 표지가 일차적으로는 '새로 앎' 요소라고 주장한다.

22) 이때 '-네'를 쓰는 것도 불가능하지는 않다. '동생의 어두운 얼굴'이 좋지 않은 일이 있다는 사실을 명백하게 말해 준다고 판단한다면 '-네'를 쓸 수 있다. 즉 이때의 '-네'는 사태의 확실성을 강조하는 기능을 한다. 다른 언어에서도 '지각'의 형식이 확실성(certainty)의 인식 양태적 확장(epistemic extension)을 가지는 일은 흔하다. Quechua, Moséten, Tariana 어 모두 화자가 명백하다고 생각하는 추론에 대해 직접 지식 형식을 쓴다(Aikhenvald 2004: 160~161, 170). 한국어에서도 다른 방에서 아기가 우는 소리를 들었을 때 "아기가 깼구나." 대신 "아기가 깼네."라고 할 수 있다.

그런데 '-구나'가 '-네'처럼 '지각'을 통해 얻은 정보를 표현할 수도 있다고 본 논의도 있다(박재연 1999, 박나리 2004, 정인아 2010).

(18) 가. 과자를 많이도 먹는구나.
  나. 좋은 냄새가 나는구나.
  다. 어디서 음악이 들리는구나.

이때의 '-구나'는 '지각'에 의한 정보에 쓰인 것이 분명하며 '-네'와 대치되어도 큰 의미 차이를 유발하지 않는다. 2장에서는 이러한 문장에서 지각 사실과 관련한 '사유'가 더 포함된다고 본 바 있는데 문제는 이러한 문맥에서 '-구나'가 과연 '지각'의 증거 속성을 명세화한다고 보아야 하는가이다.

'지각'의 상황에서 '-구나'가 쓰일 수 있는 것은 사실이다. 그런데 '지각'의 상황에서 '-구나'를 사용할 수 있다는 사실이 곧 '-구나'가 '지각'의 속성을 명세화한다는 것을 의미하지는 않는다. '-다'나 '-어'처럼 증거 속성에 대해 무표적인 형식도 '지각, 추론, 전언'에 의한 정보에 두루 쓰일 수 있기 때문이다.[23] 가령 (18가)의 상황에서 "과자를 많이도 먹는다."라고 발화하는 것도 가능하다. "영희가 결국 합격했어."는 '지각'에 의한 정보일 수도 있고 '추론'에 의한 정보일 수도 있으며 '전언'에 의한 정보일 수도 있다.

또한 '-네'는 '지각'의 증거 속성을 명세화하는 것이 거의 분명해 보이지만 '지각'은 물론 '추론' 상황에도, '전언' 상황에도 쓰일 수 있다.

23) Tsafiki 어와 같이 증거가 필수적으로 표시되는 언어의 경우 형태론적으로 무표지된 동사는 직접 지각한 사태를 표시하는 경우가 많다. 그러나 Turkish, Qiang, Western Apache 어 등의 형태론적 무표지 동사는 의미론적으로 무표적인 의미를 가진다(Dickinson 2000: 407, Johanson 2003: 276, LaPolla 2003: 65, Aikhenvald 2004: 73~74). 한국어에서도 무표지 형식은 증거의 관점에서 무표적인 의미로 사용되며 모든 증거적 상황에 쓰일 수 있다.

(19) 가. (냄새를 맡아 보며) 옷에 냄새가 나네.
　　나. (상대방의 초췌한 안색을 보고) 너 많이 피곤하네(↗)[24].
　　다. (결혼 소식을 들은 후 다른 사람에게 전하며) 영희가 내년에 결혼하네.

(19가)는 '지각'에 의한 정보를 표현하는 '-네'의 전형적인 용법이다. (19나)의 상황에서는 "너 피곤하구나(↗)"와 같은 문장이 더 자연스럽지만 '-네'를 쓰는 것도 가능하다. 상향 억양으로 사용되어 청자의 확인을 구하는 용법으로 사용되면 더 자연스럽다. (19다)의 상황에서는 '결혼한대, 결혼한다네'가 더 일반적이지만 '-네'만을 쓰는 것도 가능하다. 들은 사실을 지각 정보로 취급할 수 있기 때문이다.[25] 따라서 '-구나'가 '지각' 상황에 쓰일 수 있다고 해서 '-구나'의 의미에 '지각'이 포함되어 있다고 쉽게 단정하기는 어렵다.

한편 '-구나'는 '-네, -더-'처럼 과거 시제의 '-었-'과 통합하여 '흔적 지각' 상황에 쓰일 수 있다(박재연 2006, 2013). 그런데 '-구나'가 '흔적 지각'의 의미를 표현한다면 '-구나' 역시 '-네, -더라'처럼 기본적으로 '지각'의 의미를 가지는 것이 아닌가를 물을 수 있다.

(20) 가. 선생님께서 퇴근하셨더라.
　　나. 어젯밤에 비가 왔네.
　　다. 아기가 밥을 깨끗이 다 먹었구나.

이때의 화자는 '선생님이 퇴근하시는' 사태나 '어젯밤에 비가 오는' 사태, '아기가 밥을 깨끗이 다 먹는' 사태를 지각한 것이 아니라 '깨끗이

---

24) '↗'는 상향 억양을 표시한다.
25) 정경숙(2012)에서는 '-네'가 '지각' 상황은 물론 '추론'의 상황('-었-'에 후행하는 '흔적 지각'의 상황) 및 '전언'의 상황에도 사용될 수 있다는 점을 들어 '-네'가 증거 요소가 아니라고 본다. 그러나 이러한 특성은 지각 요소의 담화 효과나 지각 요소가 다른 어미와 결합할 때 나타나는 특성으로 설명하는 것이 온당하다고 생각한다.

치워져 있는 책상, 젖어 있는 땅, 밥을 다 먹은 빈 그릇' 등을 지각한 것이다. 박재연(2013: 98)에서는 이러한 용법이 '지각'의 증거 형식과 과거 시제 형식이 통합할 때 나타나며 여기에는 과거의 사태가 남긴 흔적을 '지각'하고 과거의 사태를 '추론'한 과정이 모두 포함되어 있다고 하였다. 이 논의에서는 (20)에 포함된 '추론'의 의미는 '흔적 지각'의 함축이라고 보았다.

그러나 '-었구나'의 '추론' 의미가 '-었네'의 경우처럼 단순히 함축에 불과한 것인지는 더 논의할 여지가 있다. '-구나'는 '추론'의 속성과 긴밀한 관계를 가지므로 '-었네'와는 달리 '-었구나'에서 나타나는 '추론'은 '-구나'가 독자적으로 가진 의미일 가능성도 있기 때문이다. 본고에서는 '-었네'에서 나타나는 '추론'은 '흔적 지각'의 함축이지만 '-었구나'에서 나타나는 '추론'은 '-구나'가 가진 의미의 일부라고 본다.[26] 즉 본고는 '-구나'의 의미는 증거 범주의 관점에서 볼 때 '지각(직접 지식)'보다는 '추론(간접 지식)'에 가깝다고 본다. 그 근거는 다음과 같다.

첫째, 2장에서 '-구나'가 1인칭 주어를 취할 때 주관적 감각 형용사나 일부 심리 형용사와 함께 사용되는 것이 완전히 자연스럽지 못하다는 것을 본 바 있다. 화자 자신의 느낌이나 인지적 과정을 나타내는 데에는 직접 지식 형식이 쓰이는 것이 일반적이므로(Aikhenvald 2004: 160), "?나는 어깨가 아프구나, ?나는 외롭구나" 등이 자연스럽지 않은 것은 '-구나'가 '지각'을 명세화하는 기능이 없음을 말해 준다.[27]

---

26) Plungian (2001: 354)의 의미 범주화에서 '흔적 지각'에 해당하는 의미는 '회상 추론(retrospective inference)'으로 다루어진다. '직접 지식'과 '간접 지식'의 두 종류의 증거 속성을 구별하는 언어에서 흔적 지각 상황에 간접 지식을 사용하는 경우는 Yukaghir, Mansi 어 등 많이 발견된다(Maslova 2003: 222, Aikhenvald 2004: 154~155) '지각, 추론, 전언'의 세 종류의 증거 속성을 구별하는 언어에서도 '흔적 지각'에 '추론' 형식을 사용하는 일이 흔하다(Aikhenvald 2004: 163). 한국어에서 '-었네'는 '흔적 지각'의 상황을 '지각' 상황으로 이해한 것이고 '-었구나'는 '추론' 상황으로 이해한 것이라는 것이 본고의 인식이다.

27) Quechua 어에서도 자신의 내적인 경험에 대해서는 직접 지식 형식을 사용하고 화자 아닌 다른 사람의 내적인 경험(감정, 생각 등)에 대해 이야기할 때에는 추론 형식이 선호된다. 단 한국어에서도 화자가 다른 사람의 감정에 확신이 있는 경우 "그 사

또한 담화에서 발견되는 다음과 같은 현상은 이러한 주장을 뒷받침한다.

(21) (A는 부산에 있고 B는 서울에 있는, 전화 통화의 상황)
A: 날씨가 너무 추워.
B: 응, 여기도 춥네, 거기도 춥구나.
B': *응, 여기도 춥구나, 거기도 춥네.

(21)의 상황에서 "여기도 춥네, 거기도 춥구나."는 자연스럽지만 "*여기도 춥구나, 거기도 춥네."는 자연스럽지 못하다. '-구나'가 '지각'의 속성도 명세화할 수 있다면 이러한 차이는 발견되지 않을 것이다. '-구나'가 '지각'의 속성과 관련을 맺지 않는다는 증거이다.[28]

둘째, '-네'는 '-었-'과 결합해야 '흔적 지각', 즉 '추론'의 의미와 연관을 맺지만 -구나'는 '-네'와 달리 '-었-' 없이도 독자적으로 추론의 의미를 표현할 수 있다.

(22) (물이 뚝뚝 떨어지는, 젖은 우산을 들고 들어오는 아들을 보며)
가. 밖에 비가 오는구나.
나. *밖에 비가 오네. (임채훈 2008: 212)
(23) 가. (세련이랑 닮은 것을 보니) 세원이가 세련이 동생이구나.
나. *(세련이랑 닮은 것을 보니) 세원이가 세련이 동생이네.

(22가)의 '-구나'는 '-었-'이 통합되지 않았는데도 '추론'을 표현한다.

람 지금 슬프네."로 쓰는 것이 가능한데 이와 동일한 현상이 Quechua 어에도 있다 (Aikhenvald 2004: 160~161).

28) '-구나'가 위의 (19)와 같은 '지각'의 상황에 자주 쓰이는 것은, '-구나'는 기본적으로 새로 알게 되는 인식의 과정을 표현하는데 '지각'에 의해 어떤 사실을 새로 알게 되는 상황이 일상생활에서 매우 빈번하기 때문이다. 2장에서 논의했듯이 이런 경우에도 '-구나'는 '-네'와 비교하면 지각 사실 이외에도 거기에 동반된 사유를 더 표현한다.

이러한 상황에서 '-네'는 잘 쓰이지 않는다. '-네'는 보통 '-었-'을 통합한 '흔적 지각'의 상황에서만 '추론'을 표현할 수 있기 때문이다. (23가)에서 '세원이가 세련이 동생'이라는 사실은 '추론'에 의한 것인데 역시 '-구나'만이 독자적으로 '추론'을 표현할 수 있다.[29)]

셋째, '-었-'이 포함된 '-었구나'가 '흔적 지각'의 의미가 아닌 지각 행위 없는 순수한 과거 사실에 대한 '추론'을 표현하는 예도 있다.

(24) A: 작년에 내 동생 겨우 세 번 만난 여자한테 반해서 결혼한다고 난리였어.

B: 여자가 {예뻤구나, *예뻤네}.

(24)에서 화자 B의 발화에서는 흔적에 대한 '지각' 행위는 존재하지 않으며 오직 과거 사실에 대한 화자의 '추론'만이 존재한다. '여자가 예뻤다'는 정보는 화자의 추론에 의한 것이다. 지각한 사실이 없기 때문에 이러한 상황에서 '예뻤네'는 무척 어색하며 거의 쓰이지 않는다.

넷째, '-네'와 달리 '-구나'가 간접 지식 형식이 가지는 '비참여(non-participation)'의 효과를 나타내는 문맥이 발견된다. Dickinson (2000: 409)에서는 Tsafiki 어에서 화자가 이야기하는 대상과 얼마나 가까운지에 따라 증거 형식을 달리 사용하는 현상을 소개하였다. 가령 자기 남편에 대한 일은 비록 그것을 직접 목격하지 않았다 하더라도 직접 지식 형식을 사용할 수 있다. 그러나 이웃 사람은 그것을 직접 목격하지 못했다면 직접 지식 형식을 사용할 수 없다. 한국어로는 다음과 같은 예이다.

(25) 가. 윤서 아빠가 오늘 테니스를 치네.

나. 윤서 아빠가 오늘 테니스를 치는구나.

29) 이 상황에서 사태에 대한 확신을 강조하기 위해 '-네'를 사용하는 것은 가능하다. 앞의 각주 23 참조.

'윤서 아빠가 테니스를 치는' 사태를 직접 목격했다면 화자가 누구건 (25가)와 같은 문장을 사용할 수 있다. 그런데 윤서 엄마라면 남편이 테니스 치는 광경을 직접 보지 않았더라도 (25가)와 같이 말할 수 있다.[30] 그러나 화자가 이웃 사람이라면 해당 사태를 직접 목격하지 못하고서는 (25가)와 같이 말할 수 없다. '-네'는 직접 지식 형식에 가깝고 '-구나'는 간접 지식 형식에 가깝다는 방증이다.

이상의 논의에서 '-구나'가 명세화하는 증거 속성은 '지각'이라기보다는 '추론'임을 주장하였다. 그런데 서론에서 밝힌 바와 같이 '-구나'가 '전언'의 정보를 표현할 수 있으며 나아가 증거의 속성을 명세화하지 않는다는 주장도 있다(김유정 2008, 임동훈 2011, 박진호 2011).[31]

(26) A: 합격자 명단 보니까 철수도 있더라.
　　B: 철수도 합격했구나. (박진호 2011: 10)

(26)에서 화자 B가 가진 정보는 화자 A에게서 들어서 알게 된 정보이므로 화자 B의 발화는 '-구나'가 '전언'의 정보에 쓰인 예라고 볼 수도 있다(박진호 2011: 10). 즉 '-구나'는 '지각', '추론'의 상황은 물론 '전언'의 상황에도 쓰일 수 있으므로 특정한 증거의 속성을 명세화하지 않는다는 것이다.

그러나 (26)은 전형적인 전언 상황의 발화가 아니라는 점에서 재고의 여지가 있다. 오히려 이 상황에서 전형적인 '전언' 표현인 '-단다, -대'를

30) 만약 이 경우 아내가 추론 형식을 쓴다면 '자신의 승인이 이루어지지 않음, 자신이 참여하지 않음' 등을 포함하는 '거리 두기 효과(distancing effect)'가 있다고 한다. 한국어에서도 이러한 특성이 비슷하게 나타난다.

31) 김유정(2008: 252)에서는 "네 삼촌이 새로 수입하는 슈퍼 슬림이라는 건데 다이어트 효과라는구나. 건강에도 지장이 없고."와 같은 예에서의 '-구나'가 '전언' 정보를 표현한다고 하였다. 그러나 '다이어트 효과라는구나'는 '다이어트 효과라고 하는구나'에서 '-고 하-'가 생략된 형식이므로 이때의 '전언'은 인용 구성이 가지는 의미가 분명하다. 한편 임동훈(2011: 118)에서도 '비가 오는구나.'는 남의 얘기를 전해 듣고도 이러한 표현이 가능하다고 하였다. 정확한 문맥이 제시되지 않았으나 위의 (26)과 같은 상황을 염두에 둔 것이 아닌가 한다.

사용한 '철수도 합격했단다, 합격했대.'는 자연스럽지 못하다. '합격했단다, 합격했대.'는 제삼자에게 이 소식을 전할 때 사용할 수 있을 뿐이다. '전언'의 출처를 명세화하는 것은 청자에게 그것이 의사소통적 정보로서의 가치가 있는 경우인데 정보의 출처가 청자 당사자인 경우 '전언'이라는 속성을 명세화하는 일은 불필요하기 때문이다.

'-구나'가 '전언'에 의한 지식을 표현하는 듯 보이는 문맥은 매우 제한적이어서 위의 (26)과 같이 상대방의 정보 제공에 대한 즉각적인 반응으로 쓰이는 경우뿐이다.[32] 전형적인 '전언' 상황에서 '-구나'는 쓰이지 못한다.

(27) A: 내일 레미제라블 개봉이야.
　　B: 그래?
　　B': (잠시 후 C를 만나서) 내일 레미제라블 {개봉한대, 개봉하네, 개봉해, 개봉한다, *개봉하는구나}.

남에게 들은 정보를 제삼자에게 전하는 위와 같은 상황이 전형적인 '전언' 상황이다. 이때는 '-다고 하-'를 포함한 '-단다' 혹은 '-대'를 쓰는 것이 가장 일반적이다. 그런데 앞의 예문 (19다)에서 보았듯이 이 상황에서 '지각'을 나타내는 '-네'를 쓰는 것도 가능하다. 들은 내용을 지각 정보로 취급할 수 있기 때문이다. 나아가 증거 속성을 명세화하지 않는 '-어'나 '-다'를 쓸 수도 있다. 그러나 이러한 상황에서 '-구나'는 쓰이기 어렵다. '-구나'가 '전언' 혹은 '지각'의 증거 속성을 명세화하지 않는 것은 물론이고 증거 속성에 대해 무표적이라고 하기도 어렵다는 사실을 말해 준다.[33]

32) 2장에서 '-구나'가 상대방의 정보 제공에 대한 대답으로 상대방의 발화를 반복하는 (12), (13)의 예를 보았다 (26)도 이와 유사한 예이다.

33) Tariana, Tsafiki 어처럼 '일반적 추론(generic inference, assumption)'과 '특정적 추론(specific inference)'을 구별하는 언어도 있다(Dickinson 2000: 407, Aikhenvald 2003: 139~140, Aikhenvald 2004: 175). 일반적 추론은 일반적 지식이나 상식에 근

요컨대 '-구나'의 주요 기능이 정보의 출처를 표시하는 것은 아니다. 이는 '-네'의 주요 기능이 '지각'의 출처를 표시하는 것과 다른 점이다. 그러나 '-구나'는 사유 과정이 동반된 인식을 표현하고 '추론'은 사유의 일종이기 때문에 '-구나'는 '추론'의 증거를 가지는 정보에 특징적으로 '이용된다.' 따라서 적어도 표현론적 관점에서는 '-구나'가 '추론'의 증거 속성을 명세화한다고 기술할 수 있다.

3.2. '-구나'의 '추론'과 '-겠-'의 '추측'

3.1. 에서는 '-구나'가 명세화하는 증거의 속성이 '추론'임을 논의하였다. 그렇다면 '-구나'의 '추론'의 의미는 '-겠'의 '추측'과 어떻게 구별될까? 실제로 '-겠-'이 '추론'의 증거 의미를 나타낸다고 보는 논의도 있다(정인아 2010, 이의종 2012). 그러나 '-구나'의 '추론' 의미는 '-겠-'의 '추측'과는 근본적으로 성격이 다르다. '-구나'의 '추론'은 증거의 속성이지만 '-겠-'의 '추측'은 기본적으로 '개연성 판단' 즉 인식 양태적 판단(epistemic judgement)의 속성이다.[34)]

'-구나'는 '추론'에 의한 정보를 표현하기는 하지만 인식 양태적 판단의 요소가 아니기 때문에 그 자체로는 불확실성을 표현하지 않는다.[35)]

거한 추론이고 특정적 추론은 물리적 증거에 대한 지각을 기반으로 한 추론이다. '-구나'는 포괄적인 사유 과정을 표현하므로 '-구나'가 추론의 하위 부류를 제한하지는 않는 듯하다. 가령 "지금이 10시니까 영수는 학교에 있구나."와 같이 지각 행위 없는 추론에 의해 얻은 정보에도 '-구나'가 쓰일 수 있다. 물론 일반적 추론은 특정적 추론에 비해 확실성이 떨어지므로(Aikhenvald 2003: 139~140), 이 경우 '-겠-'을 사용한 "영수는 학교에 있겠구나."가 훨씬 자연스럽기는 하다.

34) '추측', 즉 사태의 실현에 대한 개연성 판단은 많은 경우 '추론'에 의해 얻어지므로 '-겠-'에는 자연스럽게 '추론'의 의미가 포함되어 있다고 볼 수도 있다. '-겠-'이 '추론'의 증거 속성과 가지는 관계에 대해서는 좀 더 세밀한 논의가 필요할 것이다. 그러나 '-겠-'은 '추측'의 의미뿐 아니라 '의도'의 의미도 가진다는 점, 즉 보편적인 양태 형식이 가지는 인식 양태-의무 양태 다의성을 가지는 형식이라는 점을 고려하면 '-겠-'은 기본적으로 인식 양태적 판단의 요소라고 생각된다.

35) 증거 요소는 화자의 확신과 관련한 확장을 겪는 일이 많다. 추론의 상황에서 화자의 확신을 표현하기 위해 '-네'가 사용되는 예를 앞의 각주 23에서 본 바 있다. Shipibo-Konibo 어의 경우 특정적 추론의 형식과는 달리 일반적 추론(가정적 추론)의 형식은 '의심'의 확장 의미를 가진다(Aikhenvald 2004: 176 참조). '-구나' 역시 평서문의

'-구나'는 판단의 측면에서 무표적인 확실성을 표현하며 '-겠-'을 통합하여야만 불확실한 추측을 나타낼 수 있다.

(28) 가. 영희가 공부를 이렇게 열심히 하니 내년에 합격하겠다.
나. 영희가 공부를 이렇게 열심히 하니 내년에 {*합격하는구나, 합격하겠구나}.

(29) 가. (5살 난 여자아이를 보며) 크면 예쁘겠다.
나. (5살 난 여자아이를 보며) 크면 {*예쁘구나, 예쁘겠구나}.

(28)의 상황에서 '-겠-'이 사용된 (28가)는 사용될 수 있지만 (28나)에서 보듯이 '-구나'만을 사용할 수는 없다. 반드시 '-겠-'을 통합하여야 한다. (29)의 조건문의 후행절에서도 '-겠-'을 사용하는 것이 필수적이다. '-구나'는 추론에 의해 얻게 된 확실한 정보를 말할 수 있으나 불확실한 사실에 대해 '-겠-' 없이 말할 수 없다.[36)]

'-구나'와 '-겠-'이 추론된 정보의 확실성 측면에서 차이를 가진다는 점을 몇 가지 예를 통해 확인할 수 있다.

(30) A: (자신의 학생증을 보여 준다.)
B: 너 진짜 {학생이구나, 학생이네, *학생이겠다}.

위의 (28), (29)의 상황과는 달리 (30)의 상황에서 화자 A가 학생인

단언 효과가 강하지 않기 때문에 무표적인 '-다'와 비교하면 확실성이 떨어지는 효과가 있는 것은 사실이다. 또한 "너 피곤하구나(↗)"와 같이 상향 억양을 가지면서 청자의 확인을 구하는 용법에서는 '-구나'가 반드시 확실한 정보를 표현한다고 볼 수 없다. 고창운(1995)에서 '-구나'를 [-사실성 보장]의 의미를 가지는 종결어미에 포함시킨 것은 이러한 점을 주목한 것이다. 그러나 '-구나'가 표현하는 의미는 '개연성 판단'을 명세화하는 '-겠-'의 의미와는 분명히 구별되어야 한다.

36) 이때 '-구나'가 '불확실한' 추론에 쓰이지 못하는 것이 아니라 미래 사태에 쓰이지 못하는 가능성을 생각해 볼 수 있다. 그러나 '-구나'는 "한 달만 지나면 드디어 한국으로 가는구나.", "앞으로 세상이 많이 달라지는구나."와 같은 예에서 미래 사실에 쓰일 수 있다.

것은 완전히 확실하다. 학생증이 있는 것은 학생임을 추론할 수 있는 강력한 증거이다. 그런데 이런 상황에서는 '-겠-'이 쓰이지 않는다. '-겠-'은 기본적으로 불확실성과 관련이 있기 때문이다.

'-겠-'이 '개연성 판단'을 나타내고 '-구나'가 '추론'에 의한 (무표적) 확실성 판단을 나타낸다는 사실은 다음 대조에서도 확인할 수있다.

(31) 가. (골키퍼인 아들이 축구공에 맞는 것을 보고)
아이구, 우리 아들 {아프겠다, *아프구나}.
나. (다가온 아들의 고통스러워하는 표정을 보고)
너 많이 {아프구나, 아프겠다}.

(31가)의 상황에서는 축구공에 맞는 것을 본 것만으로 아들이 아프다고 단언할 수는 없기 때문에 이때 화자는 '-겠-'을 사용한다. 이때에는 '-겠-' 없이 '-구나'를 사용할 수 없다. 그러나 (31나)와 같이 고통스러워하는 표정을 본 상황에서는 아들이 아프다는 것을 확신할 수 있다. 이 경우 '아프겠다'를 사용하는 것도 가능하지만 추론에 의한 확실한 판단을 표현하는 '-구나'를 사용할 수도 있다. 즉 '-구나'가 표현하는 정보는 확실한 정보이며 '-구나'는 그 확실한 판단에 도달한 과정이 '추론'임을 표현한다. 이는 '-겠-'의 개연성 판단과 구별된다.

흔적 지각의 상황에서 '-구나'는 사용될 수 있지만 '-겠-'은 사용되지 않는다는 점도 '-구나'는 증거와 관련된 요소이고 '-겠-'은 일차적으로 증거 요소가 아니라는 근거이다.

(32) 가. (빈 그릇을 발견하고) 애들이 밥을 다 {먹었구나, *먹었겠다}.
나. (음식 맛을 보고) 장조림이 맛있어서 애들이 밥을 다 {먹었겠다, *먹었구나, 먹었겠구나}.

(32가)와 같은 흔적 지각의 상황에서 '-었구나'는 사용될 수 있지만

'-었겠다'가 사용되지는 않는다. 반면 (32나)와 같이 확실성이 떨어지는 추측 상황에서는 반드시 '-겠-'을 사용하여야 한다. '-구나'는 증거 범주와 관련 있는 형식이지만 '-겠-'은 어디까지나 인식 양태적 판단의 요소임을 말해 준다. 따라서 '-구나'와 '-겠-'을 모두 '추론'의 증거 속성으로 파악하는 기술은 재고의 여지가 있다.

4. 결론

이상의 논의를 요약하면 다음과 같다.

첫째, '-구나'의 기본 의미는 '사유 과정을 동반한 인식'으로 기술할 수 있다. 이때의 '사유'는 포괄적인 의미로서 지각에 동반된 사유일 수도 있고, 지각 이후의 추론일 수도 있으며 어떤 사실을 새로 알게 되는 과정 그 자체일 수도 있다.

둘째, '-구나'는 어떤 사실을 새로 알게 되는 과정, 즉 '내면화 과정' 자체를 표현하므로 그 의미의 초점이 '내면화 정도'를 표현하는 것에 있는 것은 아니다. 그러나 '-구나'가 화자의 지식 체계에 아직 내면화되지 않은 정보에 사용되는 것은 사실이다. 따라서 내면화 범주의 관점에서 '새로 앎'의 속성을 표현한다고 기술할 수 있다.

셋째, '-구나'는 '사유 과정을 동반한 인식'을 표현하는 어미로서 정보의 출처를 표현하는 것이 주된 기능은 아니다. 다만 '-구나'가 표현하는 인식은 사유 과정을 포함하므로 '추론'에 의한 정보를 표현할 때 특징적으로 '이용된다'.

넷째, '-구나'에서 표현되는 '추론'은 -겠-'의 '추측'과는 분명히 구별된다. '-겠-'이 기본적으로 인식 양태적 판단 범주의 '개연성 판단'을 표현하는 반면 '-구나'의 '추론'은 '증거' 범주의 속성이다. '-구나'는 인식 양태적 판단의 속성에 대해서는 무표적인 특성을 보인다.

증거와 내면화 범주가 소개된 후 한국어 어미의 의미에 대해서도 많은 관심이 쏟아졌다. 그러나 어미의 의미가 정교하게 기술되기 위해서는 범주나 이론이 아닌 어미를 연구의 중심에 놓고 그 의미를 있는 그대로 바라보는 노력도 필요하다고 생각한다. 또한 '-구나, -네, -더-' 등 화자의 인식론적 태도와 관련 있는 어미들은 주관적이고 수의적인 성격을 가져서, 담화 효과와 문체적인 목적과 관련된 다채로운 용법을 보인다. 이에 대한 보다 자세한 고찰은 이후의 과제로 삼는다.

참고논저

고창운(1995), [-사실성 보장] 서술씨씨끝의 의미 분석 연구, 『건국어문학』 19·20 합집, 623-236.

구현정(1996), 반영적 경청에 쓰이는 '-구나'의 담화기능, 『어문학연구』 4, 상명대학교 어문학연구소, 49-72.

국립국어원 편(1999), 『표준국어대사전』, 두산동아.

김경애(2002), 증거 표지와 정보의 출원, 『한경대학교 논문집』 33, 51-58.

김유정(2008), 담화 분석을 통해 본 '-구나' 용법 연구(1): 담화 분석 범주 설정과 담화 맥락 분석 결과를 중심으로, 『한국어학』 41, 한국어학회, 229-256.

김진웅(2012), 한국어 증거성의 체계: 유형론을 중심으로, 『한국어 의미학』 39, 한국어 의미학회, 101-124.

노대규(1983), 국어의 감탄문 문법 연구, 연세대학교 대학원 박사학위논문.

모리모토 가츠히코(2004), 한국어와 일본어의 양태에 관한 의미론적 대조 분석: "-겠-, -더-, -지, -구나"와 "-う, -っけ, -よ, -ね, -な"를 중심으로, 『한국어학』 22, 한국어학회, 95-129.

박나리(2004), 한국어 교육문법에서의 종결어미 기술에 대한 한 제안: '-어, -네, -지, -다, -구나, -단다'의 담화 화용적 의미를 중심으로, 『이중언어학』 26, 이중언어학회, 91-116.

박재연(1998), 현대국어 반말체 종결어미 연구, 『국어연구』 158, 국어연구회.

박재연(1999), 국어 양태 범주의 확립과 어미의 의미 기술: 인식 양태를 중심으로, 『국어학』 34, 국어학회, 199-225.

박재연(2005), 인식 양태와 의문문의 상관관계에 대하여, 『어학연구』 41: 1, 서울대학교 어학연구소, 101-118.

박재연(2006), 『한국어 양태 어미 연구』, 국어학총서 56, 태학사.
박재연(2013), 한국어의 인식론적 범주와 관련한 몇 문제, 『국어학』 66, 국어학회, 79-107.
박진호(2011), 한국어에서 증거성이나 의외성의 의미성분을 포함하는 문법요소, 『언어와 정보 사회』 15, 서강대학교 언어정보연구소, 1-25.
송재목(2007), 증거성과 주어제약의 유형론: 한국어, 몽골어, 티벳어를 예로 들어, 『형태론』 9: 1, 1-23.
이의종(2012), 증거성과 정보 관할권의 상호작용, 『국어연구』 236, 국어연구회.
임동훈(2011), 체계적인, 너무나 체계적인: 박재연(2006)을 중심으로, 『형태론』 13: 1, 107-123.
임채훈(2008), '감각적 증거' 양태성과 한국어 어미 교육: '-네, -더라, -더니, -길래' 등을 중심으로, 『이중언어학』 37, 이중언어학회, 199-234.
장경현(2010), 『국어 문장 종결부의 문체』, 역락.
장경희(1985), 『현대국어의 양태범주연구』, 탑출판사.
정경숙(2012), 한국어 종결어미 '-네'의 의미: 증거성 및 의외성과 관련해서, 『언어』 37: 4, 한국언어학회, 995-1016.
정인아(2010), 한국어의 증거성 범주에 관한 연구, 상명대학교 대학원 박사학위논문.
최현배(1937/1961), 『우리말본』, 정음문화사.
한글학회 편(1991), 『우리말 큰사전』, 어문각.
Aikhenvald, A. Y. (2003), Evidentiality in Tariana, in Aikhenvald & Dixon *eds*. (2003), 131-164.
Aikhenvald, A. Y. & R. M. W. Dixon *eds*. (2003), Studies in Evidentiality, John Benjamins Publishing Company.
Aikhenvald, A. Y. (2004), *Evidentiality*, Oxford University Press.
Aksu, A. & D. I. Slobin (1986), A Psychological Account of the Development and Use of Evidentials in Turkish, in Chafe & Nichols *eds*. (1986), 159-167.
Chafe, W. & J. Nichols *eds*. (1986), *Evidentiality: The Linguistic Coding of Epistemology*, Ablex Publishing Corporation.
de Reuse, W. J. (2003), Evidentiality in Western Apache, in Aikhenvald & Dixon *eds*. (2003), 79-100.
DeLancey, S. (1997), Mirativity: The Grammatical Marking of Unexpected Information, *Linguistic Typology 1*, 33-52.

DeLancey, S. (2001), The Mirative and Evidentiality, *Journal of Pragmatics* 33, 369-382.

Dendale, P. & L. Tasmowski (2001), Introduction: Evidentiality and Related Notions, *Journal of Pragmatics 33*, 339-348.

Dickinson, C. (2000), Mirativity in Tsafiki, *Studies in Language* 24: 2, 379-421.

Johanson, L. (2003), Evidentiality in Turkic, in Aikhenvald & Dixon *eds*. (2003), 273-290.

LaPolla, R. J. (2003), Evidentiality in Qiang, in Aikhenvald & Dixon *eds*. (2003), 63-78.

Lee, H. S. (1991), Tense, Aspect, Modality: A Discourse-Pragmatic Analysis of Verbal Affixes in Korean from a Typological Perspective, Ph.D. Dissertation, University of California Los Angeles.

Maslova, E. (2003), Evidentiality in Yukaghir, in Aikhenvald & Dixon *eds*. (2003), 219-235.

Plungian, V. A. (2001), The Place of Evidentiality within the Universal Grammatical Space, *Journal of Pragmatics* 33, 349-357.

종결어미 '-을까'의 뜻풀이

1. 서론

이 글은 한국어 사전에서 종결어미 '-을까'의 뜻풀이가 가져야 하는 바람직한 형식을 제시하는 것을 목적으로 한다. 구체적으로는 『표준국어대사전』과 『연세한국어사전』의 '-을까' 항목의 뜻풀이가 갖는 문제점을 검토해 보고, 그 개선 방향을 제시하고자 한다.1)

사전의 뜻풀이는 사전의 용도에 따라 그 상세함의 정도에 차이가 있을 수 있지만, 어떤 경우에도 해당 표제어에 대한 필요 충분한 정보를 담고 있어야 한다. 가령 표제어 '-을까'의 뜻풀이는 사전 사용자가 한국어를 모국어로 사용하는 한국인이든, 한국어를 모르는 외국인이든, 그들이 적절한 문맥에서 정확한 용법으로 '-을까'를 사용할 수 있도록 이끌어 주어야 한다. 그러나 현재 출판되어 있는 한국어 사전의 기술에서 문법 형식, 특히 어미류의 기술은 크고 작은 문제를 가지고 있다고 판단된다. 본고가 여러 어미 중에서도 종결어미, 그 중에서도 '-을까'를 대상으로 삼아 그 뜻풀이를 검토해 보려는 이유는 '-을까'의 의미 기능이 매우 복잡하고, 사전의 뜻풀이에서도 그만큼 많은 문제점이 발견되

---

1) 주로 어휘 항목의 예를 들어 사전의 뜻풀이가 가질 수 있는 유형 및 정밀한 정의를 위한 원칙들을 검토한 논의에는 이병근(1992/2000)이 있다. 한편 사전에서 어미 항목을 어떻게 기술할 것인가에 대한 전반적인 논의로는 이희자 · 이종희(1996), 임동훈(1998)이 있다. 이희자 · 이종희(1996)에서는 어미에 나타나는 동음이의 및 다의성 처리 문제와 축약 형식의 처리 문제를 다루었고, 임동훈(1998)에서는 표제어의 범위나, 이형태 관계 및 준말 관계의 표시 문제, 각 어미의 결합 정보와 뜻풀이의 제공 방식 문제를 전반적으로 다루었다. 그러나 본고와 같이 하나의 어미 항목을 대상으로, 그 뜻풀이를 검토한 연구는 없는 듯 보인다.

기 때문이다.

한국어의 종결어미는 문장의 종결이라는 통사적 기능 외에도 다양한 문법 범주를 표현한다. 문장이 평서문인가, 의문문인가 등을 가르는 문장 유형(sentence type), 청자에 대한 화자의 대우 의도를 표현하는 청자대우법 등을 동시에 표현하고(고영근 1974/1989: 246, 한길 1991: 20, 윤석민 2000: 24~25 등), 양태와 관련되는 의미가 부가적으로 표현되기도 한다(장경희 1985, 박재연 1998, 2004). 해당 문장이 구어체적인지 문어체적인지를 말해 주는 단서도 흔히 종결어미에서 발견된다(장소원 1986: 20).[2] 이처럼 종결어미의 의미 기능이 복잡한 양상을 띠는 것은, 연결어미의 의미가 '나열, 선행, 인과' 등의 단일한 기능으로 이해되거나 선어말어미의 의미가 '과거'나 '추측'과 같이 시제 혹은 양태라는 하나의 문법 범주로 이해되는 것과는 대조적이다. 복잡한 의미 기능을 갖는 종결어미들의 의미를 정연한 방식으로 정확하게 풀이하는 것이 쉽지 않을 것임을 짐작할 수 있다.

또한 종결어미 중에서도 '-을까'만큼 복잡한 의미의 국면을 드러내는 어미는 별로 없다. '-을까'는 반말 정도의 청자 대우 등급을 표현하는 의문문을 만든다. 그런데 '-을까'는 청자대우법이나 문장 유형과 관련한 의미 외에도 '추측' 혹은 '의도'와 관련된 양태적 의미를 표현한다(김하수 1976, 박재연 2004: 155~161). 게다가 '-을까'는 글에서는 일반적인 문제를 제기하는 의미로 사용되기도 하고(이희자 · 이종희 1999: 204), 혼잣말의 성격을 갖는 문장에서 사용되기도 한다(박재연 2000: 40). 따라서 본고는 최대한 복잡한 의미를 갖는 '-을까'의 뜻풀이 방법을 검토함으로써 종결어미의 사전 기술 방법론이 구체화할 수 있다고 생각한다.

임홍빈(1995/1998: 445)에서는 사전 뜻풀이의 충실성 문제를 논의하면서 충실성의 점검 방법으로 '역방향 점검법'을 제안한 바 있다. 이

2) 이희자 · 이종희(1999: 14~16)에서는 사전의 어미 항목의 뜻풀이에 서법 정보, 화계 정보, 입말 · 글말투 정보가 포함되어야 한다고 하였다.

방법은 뜻풀이를 역으로 적용하여 문제의 대상이 표제항의 지시 대상으로 환원될 수 있는가를 검토하는 것이다. 가령 일반적인 한국어 사전에서 어휘 항목 '가시'의 뜻풀이는 '음식물에 생긴 구더기'라고 되어 있다. 그러나 밥을 먹다가 남겨둔 그릇에 생긴 구더기를 '가시'라고 하지는 않는다. 대개 '가시'라는 말은 된장이나 고추장에 생긴 구더기만을 가리킨다. 즉 뜻풀이가 지시하는 대상이 표제항의 지시대상보다 외연이 크므로, 이러한 뜻풀이는 충실하다고 볼 수 없다.[3] 본고에서는 이러한 역방향 점검법을 염두에 두고『표준국어대사전』과『연세한국어사전』의 '-을까' 항목 기술의 정확성과 충실성을 검토해 보고자 한다.

2장에서는『표준국어대사전』과『연세한국어사전』의 '-을까' 항목 뜻풀이의 문제점을 지적한다. 3장에서는 기존의 논의에서 제시된 '-을까'의 특성을 바탕으로, '-을까'의 뜻풀이에서 반드시 제공되어야 할 속성을 지적한 후, '-을까' 항목의 뜻풀이가 가질 수 있는 기본 구조를 보인다. 4장은 결론으로서, 논의를 요약한다.

2.『표준국어대사전』과『연세한국어사전』의 '-을까'의 뜻풀이에 대한 검토

이 장에서는『표준국어대사전』과『연세한국어사전』의 '-을까'에 대한 뜻풀이에서 발견되는 문제점을 지적하기로 한다.

『표준국어대사전』의 '-을까' 항목의 뜻풀이를 옮겨 오면 다음과 같다.[4]

---

3) 이 논의에서는 '가시'의 뜻풀이가 충실한 것이 되려면 "주로 집안의 주부들이 장차 먹을 된장이나 고추장과 같은 음식물에 생긴 구더기를 완곡하게 이르는 말"과 같은 것이 되어야 한다고 제안하였다.

4) 온라인으로 서비스되는『표준국어대사전』은 계속 수정이 이루어진다. 2018년 1월 현재 '-을까'의 뜻풀이는 다음과 같다.

① 해할 자리에 쓰여, 어떤 일에 대한 물음이나 추측을 나타내는 종결 어미.

② 해할 자리에 쓰여, 어떤 일에 대하여 상대편의 의사를 묻는 종결 어미.

즉 "현재 정해지지 아니한 일"이 "어떤 일"로 바뀌어 있고 상대방의 의사를 묻는 ②의 용법이 주로 '-을까 하다, -을까 싶다, -을까 보다' 구성에 나타난다는 기술이 빠졌다.

(1) ①[5] ('ㄹ'을 제외한 받침 있는 용언의 어간이나 어미 '-었-' 뒤에 붙어) 해할 자리에 쓰여, 현재 정해지지 아니한 일에 대한 물음이나 추측을 나타내는 종결 어미.

② (주로 '-을까 하다', '-을까 싶다', '-을까 보다' 구성으로 쓰여) 해할 자리에 쓰여, 현재 정해지지 아니한 일에 대하여 자기나 상대편의 의사를 묻는 종결 어미.

(1)에서 보는 바와 같이 『표준국어대사전』에서 '-을까'는 두 가지 의미를 가지는 것으로 기술되어 있다. 뜻풀이 ①, ②에 공통적으로 포함되어 있는, '해할 자리에 쓰여'는 이 어미가 표시하는 청자 대우 등급이 '해체'임을 표시한다. 역시 공통적인 '종결어미'라는 부분은 '-을까'가 문장을 종결하는 기능을 가지는 종결어미임을 표시한다. 괄호 안의 설명은 '-을까'의 형태통사론적 출현 환경에 대한 정보를 제공한다. 따라서 "현재 정해지지 아니한 일에 대한 물음이나 추측을 나타내는"과 "(주로 '-을까 하다', '-을까 싶다', '-을까 보다' 구성으로 쓰여) 현재 정해지지 아니한 일에 대하여 자기나 상대편의 의사를 묻는"이라는 뜻풀이가 '-을까'를 다른 해체의 종결어미와 충분히 구별시켜 주는지가 검토의 대상이 된다.[6]

한편『연세한국어사전』의 '-을까' 항목의 뜻풀이는 다음과 같다.

2006년에 씌어진 이 글에서는 2.1.1.에서 "현재 정해지지 아니한 일에 대한"이라는 기술은 부적절하고 불필요하다고 지적하고, 2.1.2.에서 "주로 '-을까 하다, -을까 싶다, -을까 보다' 구성으로 쓰여"라는 기술의 부적절함을 지적하는데 현재 수정된 뜻풀이에는 이러한 문제점이 개선되어 있다고 할 수 있다.

5) 본래는 뜻풀이 번호가 ○가 아니라 [ ]로 에워져 있다.

6) "('ㄹ'을 제외한 받침 있는 용언의 어간이나 어미 '-었-' 뒤에 붙어)"는 표제어 '-을까'의 뜻풀이에서 제시된 출현 환경이다, '-ㄹ까'의 뜻풀이에서는 "('이다'의 어간, 받침 없는 용언의 어간, 'ㄹ' 받침인 용언의 어간 또는 어미 '-으시-' 뒤에 붙어)"라고 되어 있다.

(2) '해체의 종결어미'

① (의문사와 같이 쓰이어)[7] 스스로의 의문이나 의심을 나타냄.

② ('이다'나 상태를 나타내는 동사에 붙어) 추측이나 짐작을 나타냄.

③ 상대방의 의사를 물어 허락을 구하거나 제의함을 나타냄.

④ 짐짓 물어보는 꼴을 취하여 기술된 내용을 강조함을 나타냄.

⑤ (주로 '~라고나 할까'의 꼴로 쓰이어) 자신의 견해를 직접적으로 말하지 않고 완곡하게 표현함을 나타냄.

⑥ ('-을까, -을까'의 꼴이나 '-을까 한다'의 꼴로, 동작을 나타내는 동사에 붙어서) 말하는 이의 의사나 망설임을 나타냄.

(2)에서 보는 바와 같이 『연세한국어사전』에서는 먼저 '해체의 종결어미'와 같이 청자대우법 등급과 표제어의 문법적 지위를 먼저 제시한다. 각괄호 안에 형태통사론적 출현 환경이 제시되며, 총 6개의 뜻풀이가 나열되어 있다. 본고에서는 각각이 제공하는 출현 환경 정보와 뜻풀이가 정당한지와 이러한 의미 분류가 적절한지를 검토하게 될 것이다.

임동훈(1998: 85)에서는 어미의 뜻풀이에는 그 뜻과 기능뿐만 아니라 선후행 환경의 제약, 통사상의 특징, 유사한 어미들과의 미세한 문법적 차이 등이 잘 제시되어야 한다고 지적한 바 있다. 이제 이러한 점을 염두에 두고서 각 사전의 뜻풀이의 정확성과 충실성을 검토해 보기로 한다.

2.1. 『표준국어대사전』의 뜻풀이에 대한 검토

2.1.1. 뜻풀이 ①에 대한 검토

『표준국어대사전』의 뜻풀이 ①을 아래에 가져오도록 하자.

7) 본래는 소괄호가 아니라 대괄호 [ ]가 사용되어 있다.

(3) ① ('ㄹ'을 제외한 받침 있는 용언의 어간이나 어미 '-었-' 뒤에 붙어) 해할 자리에 쓰여, 현재 정해지지 아니한 일에 대한 물음이나 추측을 나타내는 종결 어미.

이 뜻풀이는 '-을까'가 '정해지지 아니한 일에 대한 물음'이나 '정해지지 아니한 일에 대한 추측'을 나타내는 데에 사용된다는 정보를 제공하는 것으로 해석할 수 있다.[8] 먼저 '정해지지 아니한 일에 대한 물음'이라는 뜻풀이의 정당성을 검토해 보자. '-을까'가 사용된 다음의 문장을 보자.

(4) 영희는 지금쯤 부산에 도착했을까?

이때 영희가 부산에 도착했는지 도착하지 못했는지는 이미 현실 세계에서는 정해진 사실이다. 화자는 그 여부를 모르고 있을 뿐이다. 이것은 엄밀히 말하면 정해지지 않은 일에 대한 물음이 아니라, 확인되지 않은 일에 대한 물음일 뿐이다. 그런데 '정해지지 아니한'을 '확인되지 아니한'으로 바꾸어도 문제는 남는다. 모든 의문문은 일반적으로 확인되지 않은 사실에 대한 것이기 때문이다. 따라서 '정해지지 아니한 일에 대한'이라는 기술은 부적절할 뿐 아니라 불필요한 것이라 할 수 있다.

혹 이 부분이 의문형 종결어미의 의미를 밝히는 데 도움이 된다면, 다른 의문형 종결어미의 기술에서도 이러한 기술이 일관되게 사용되어야 할 것이다. 그러나 이 사전은 다른 의문형 종결어미의 뜻풀이에서 '정해지지 아니한 일에 대한'이나 '확인되지 아니한 일에 대한'이라는 표현을 사용하고 있지는 않다. 『표준국어대사전』에서 해라체의 의문형 종결어미 '-니'는 "해라할 자리에 쓰여, 물음의 뜻을 나타내는 종결 어미."로 풀이되어 있고 합쇼체의 의문형 종결어미 '-습니까'는 "합

8) '정해지지 아니한 일에 대한'은 '물음'뿐 아니라 '추측'도 수식하는 것으로 판단하였다.

쇼할 자리에 쓰여, 의문을 나타내는 종결 어미."로 풀이되어 있다. 따라서 '-을까'에 대해서만 "정해지지 아니한 일에 대한"이라는 표현을 사용할 이유는 특별히 없다고 할 수 있다.

이번에는 '정해지지 아니한 일에 대한 추측'이라는 뜻풀이의 정당성을 검토해 보자. 본고의 판단으로 '-을까'의 의미를 단순히 '추측'이라고 기술하는 것은 정당하지 못하다. 앞에서 소개한 '역방향 점검법'을 여기에 적용해 보자. 일반적인 한국어 화자가 "정해지지 아니한 일에 대한 추측"을 표현하는 종결어미로 '-을까'를 떠올릴 수 있을까? 일반적인 한국어 화자라면 '추측'과 관련한 의미를 표현하는 문법 형식으로 선어말어미 '-겠-'이나 종결어미 '-을걸', 그리고 우언 형식 '-을 것이-' 등을 먼저 떠올릴 것이다. '-을까'는 기본적으로 의문형 어미이므로, 단순히 '추측'을 나타내는 종결어미라는 뜻풀이로 '-을까'라는 형식에 도달하기는 쉽지 않다. 이는 '-을까'의 의미를 모르는 한국어 학습자에 있어서도 마찬가지다. "정해지지 아니한 일에 대한 추측"이라는 뜻풀이로 '-을까'의 의미를 '-겠-'이나 '-을걸'의 의미와 구별할 수 있을지 의문이다.[9]

물론 '-을까'는 '추측'이라는 의미 속성과 매우 밀접한 관련을 갖는 종결어미이다.[10] 그러나 '-을까'의 의미를 단순히 '추측'이라고 기술해서는 안 된다. 일반적으로 어떤 형식이 '추측'의 의미를 가진다고 하면 그것은 화자의 추측을 표현하는 것으로 이해될 가능성이 높다. 그러나 '-을까'가 표현하는 것은 '화자의' 추측 행위가 아니라, '청자의' 추측에 의한 판단을 묻는 행위이다(박재연 2004: 157). 다음을 보자.

(5) 가. (혼잣말로) 영희가 정말 오늘 학교에 올까?

9) 『표준국어대사전』에서 '-겠-'의 '추측' 용법은 "미래의 일이나 추측을 나타내는 어미"라고 뜻풀이 되어 있고, '-을걸'의 '추측' 용법은 "확실하지 않은 추측을 나타냄"이라고 뜻풀이 되어 있다. 어느 것이나 '-을까'의 뜻풀이와 어떻게 구별되는지 분명하지 않다.

10) 기존의 논의에서 '-을까'의 의미는 '말할이의 추정(김하수 1979),' '화자의 추측 판단(이성구 1983: 71)' 등으로 기술되어 왔다.

나. A: 영희가 오늘 학교에 올까?
B: 글쎄, 오늘쯤은 한 번 오겠지, 뭐.
다. A: 영희가 오늘 언제 학교에 올까?
B: 점심 먹을 때쯤 올 것 같은데.

(5가)는 화자가 혼자서 독백을 하는 상황을 가정해 본 것이다. 이러한 상황에서 (5가)는 영희가 학교에 오는 사실에 대한 화자의 추측을 표현하는 것처럼 생각되기도 한다. 실질적인 청자가 존재하는 대화의 상황에서도, (5나)의 화자 A의 발화와 같은 판정의문문은 언뜻 화자의 추측을 표현하는 듯 느껴진다. 그러나 (5다)의 화자 A의 발화와 같이 이 어미들이 설명의문문에 사용된 예에서는 이러한 해석이 성립되지 않는다. 이때의 화자는 무엇을 추측하는가? 추측은 그 대상이 되는 명제가 내용적으로 완성되어 있어야 성립하는 행위이다. 예컨대 '이것은 산수유 나무이다.'와 같은, 내용적으로 완성된 사태에 대해 확신을 가질 수 없을 때 화자는 "이것은 산수유 나무인 것 같아."라는 추측 표현을 사용하는 것이다. 그러나 설명의문문의 명제는 의문사로 표현되는 미지항을 갖기 때문에 추측의 대상이 될 수 없다. (5다)의 화자 A의 발화와 같은 의문문에서 우리가 간취할 수 있는 '-을까'의 의미는 '-을까'가 화자의 추측을 나타낸다기보다는 청자가 추측한 사실에 대해 묻는 뜻을 가진다는 것이다.

이러한 사실을 염두에 두고 다시 (5가)와 (5나)의 화자 A의 발화를 살펴보면, 이것은 결국 화자가 청자의 추측을 묻는 행위를 표현함을 알 수 있다. 혼잣말인 (5가)의 경우, 화자가 화자 자신을 청자로 삼아 '영희가 학교에 올 것인지'의 여부에 대한 추측 행위를 요구하는 것이라고 해석할 수 있다. '-을까'가 대화에 사용된 (5나)에서 화자는 '영희가 학교에 올 것인지'에 대해 스스로 의문을 제기하며, 청자에게 그 여부를 추측해 볼 것을 요구한다. 이와 마찬가지로 (5다)의 화자 A의 발화에서 화자는 영희가 학교에 오는 시간을 청자에게 추측해 볼 것을 요구한다.[11]

따라서 '-을까'가 "정해지지 아니한 일에 대한 추측"을 표현한다고 한 『표준국어대사전』의 뜻풀이는 미흡한 점이 있다고 판단된다. '-을까'가 표현하는 추측의 주체는 화자가 아니라 청자라는 사실이 강조되어야 할 것이다.

2.1.2. 뜻풀이 ②에 대한 검토

『표준국어대사전』의 뜻풀이 ②는 다음과 같다.

(6) ② (주로 '-을까 하다', '-을까 싶다', '-을까 보다' 구성으로 쓰여) 해할 자리에 쓰여, 현재 정해지지 아니한 일에 대하여 자기나 상대편의 의사를 묻는 종결 어미.

이 부분에서는 이러한 용법의 '-을까'가 "주로 '-을까 하다, 보다, 싶다'와 같이 쓰"인다고 한 출현 환경 정보의 타당성을 검토해 본다. 본고에서는 특히 '주로'라는 용어를 문제 삼고자 한다.

국립국어연구원(2000: 46)에 따르면, '주로'는 '자주 쓰이는 뜻풀이 용어'에서 그 용법을 정확히 규정하고 있는 중요한 뜻풀이 용어이다. '주로'는 "표제어가 특정 환경에서 많이 사용됨을 나타낼 때 사용"한다. 뜻풀이에 '주로'를 사용한 표제어를 찾아보면 다음과 같은 것들이 있다.

(7) 가. **오다01** 「II」「동」「보」 (주로 동사 뒤에서 '-어 오다' 구성으로 쓰여) 앞말이 뜻하는 행동이나 상태가 말하는 이 또는 말하는 이가 정하는 기준점으로 가까워지면서 계속 진행됨을 나타내는 말. ¶날이 밝아 {온다}.

---

11) 김하수(1976: 57)에서는 '-을까' 의문문에 대한 대답이 대개 추측 표현을 포함한다고 한 바 있다. 이는 '-을까'가 화자의 추측을 표현하는 것이 아니라 청자의 추측 판단을 묻는 기능을 갖는다는 사실을 뒷받침하는 지적이다. 이와 관련하여서는 박재연(2004: 156~159)에서도 논의한 바 있다.

나. **망정01** 「명」「의」((주로 어미 '-기에', '-니', '-니까', '-어서' 뒤에 쓰여)) (('망정이지' 꼴로 쓰여)) 괜찮거나 잘된 일이라는 뜻을 나타내는 말.

다. **가택01** 「명」 살고 있는 집. 또는 살림하는 집. 주로 법률상의 문맥에 쓴다. ¶{가택} 연금. (이상 밑줄 필자)

(7가, 나, 다)의 예를 살펴보면, 『표준국어대사전』에서 '주로'라는 표현은 어떤 표제어가 '대부분의 경우' 특정 환경에서 사용됨을 의미하는 것으로 판단된다. 가령 (7가)의 보조동사 '오다'가 동사 아닌 형용사 뒤에 붙는 경우는 거의 없으며(*예뻐 오다, *자상해 오다), (7나)의 의존명사 '망정' 역시 대부분 이유를 나타내는 연결어미와만 함께 쓰인다. 또한 (7다)와 관련하여, 법률상의 문맥이 아닌 상황에서 자기가 살고 있는 집을 말할 때 '가택'이라고 말하는 사람은 거의 없다.

그렇다면 이 사전에서는 '-을까'가 '-을까 하다, -을까 싶다, -을까 보다'와 같은 구성에 쓰일 때는 대부분 '자기나 상대방의 의사를 묻는' 용법을 가진다는 정보를 주고 있다고 볼 수 있다. 그리고 이 사전의 '-을까'의 뜻풀이 ①, ②를 종합해 보면 '-을까'는 모문의 종결어미가 될 때에는 '현재 정해지지 아니한 일에 대한 물음이나 추측'을 나타내고 '-을까 하다, 보다, 싶다' 구성으로 내포문에 사용되면 '자기나 상대편의 의사를 묻는' 용법으로 사용되는 것으로 이해하게 된다. 그러나 이는 명백히 잘못이다. '-을까'는 모문에 사용될 때에도 '자기나 상대방의 의사를 묻는' 용법을 가질 수 있으며, 내포문에 사용될 때에도 '현재 정해지지 아니한 일에 대한 물음이나 추측'과 관련된 의미를 가질 수 있기 때문이다. 실제로 '-을까'가 모문에 사용되어 '자기나 상대편의 의사를 묻는' 용법을 갖는 예문이 이 사전에도 둘이나 제시되어 있다.

(8) 가. 네 방은 언제 닦을까?

나. 이 과자는 내가 먹을까?

(8가, 나)는 모두 이 사전에서 제시한 예문이다. (8가)는 '방을 언제 닦을지'에 대해서 청자의 의사를 묻는 문장이며, (8나)는 '과자를 내가 먹어도 되는지'를 청자에게 물어보는 문장이다. 이와 관련한 예는 얼마든지 많이 들 수 있다.[12)]

또한 '-을까 하다, -을까 싶다'의 '-을까'가 '자기나 상대방의 의사를 묻는 용법'뿐만 아니라 '상대방의 추측을 묻는', 뜻풀이 ①과 관련한 의미를 가질 때도 있다.

(9) 가. 지금 밖에는 비가 오지 않을까 한다.
  나. 영희가 정말 올까 싶다.

(9가)는 '-을까 하-' 구성이 사용된 예이나, 누군가의 '의사'를 묻는다기보다는 현재 밖에 비가 오는지 어떤지에 대한 '추측'을 표현하는 문장이며, '-을까 싶-'이 사용된 (9나)도 마찬가지다.[13)] 결국 뜻풀이 ②에서 제공된 기술은 '-을까'에 대한 기술로서 정확하지도 않고 충실하지도 않다고 할 수 있다.[14)]

2.2.『연세한국어사전』의 뜻풀이에 대한 검토

2.2.1. 뜻풀이 ①에 대한 검토

다음으로『연세한국어사전』의 뜻풀이에 대해서 검토해 본다. 이 사전의 뜻풀이 ①을 옮겨 오면 다음과 같다.

---

12) 국립국어연구원(2000: 47)에 의하면 특정 환경에서의 출현 빈도가 '주로'라는 용어를 사용할 경우보다 낮은 경우 사용하는 뜻풀이 용어로는 '흔히'가 있다. 그러나 이 경우는 '흔히'를 사용할 만한 경우도 아니라는 것이 필자의 판단이다.

13) 본고에서는 '-을까'가 표현하는 것은 기본적으로 '청자의 추측을 묻는' 의미이고, '-을까 하다, 싶다, 보다' 구성은 '화자의 추측을 표현하는' 의미를 갖는다고 본다. 자세한 것은 3.1. 참조.

14) 물론 뜻풀이 ②는 '-을까 하다, -을까 싶다, -을까 보다'와 같은 문맥에서의 '-을까'에만 한정된 것이라고 읽을 가능성도 있다. 하지만 만약 그렇다면, (8가, 나)와 같은 문장에 대한 뜻풀이가 따로 제공되어야 할 것이다.

(10) ① (의문사와 같이 쓰이어) 스스로의 의문이나 의심을 나타냄.

여기에서는 괄호 속에 출현 환경의 제약을 기술한 부분이 문제가 된다. (10)에서는 '-을까'가 '스스로의 의문이나 의심'을 나타내는 용법이 의문사와 같이 쓰일 때만 가능하다고 보았으나, 이러한 용법은 의문사가 없을 때에도 성립하기 때문이다.

(11) 소망보다 더 소중한 것은 무엇일까?
(12) 가. 내가 정말 변호사가 될 수 있을까?
　　 나. 영희가 혼자서 그 일을 해낼 수 있을까?

(11)은 이 사전에서 ①번 뜻풀이에 해당하는 예문으로 든 문장으로서 의문사 '무엇'을 포함하고 있다. 그러나 이러한 용법은 (12가, 나)에서 보는 바와 같이 의문사가 없는 문장에서도 사용된다. (12가)는 '내가 변호사가 될 수 있을지 없을지'에 대해 의문을 제기하는 문장이고, (12나)는 '영희가 혼자서 그 일을 해낼 수 있을지, 없을지'에 대한 의문을 제기하는 문장이다. (12가, 나)에 사용된 '-을까'의 용법을 따로 기술하는 뜻풀이는, 이 사전에서 발견되지 않는다. 이상의 검토를 통하여 이 사전의 뜻풀이 ①에서 괄호 속에 제시한 출현 환경 정보는 타당하지 않다고 판단할 수 있다.

2.2.2. 뜻풀이 ②에 대한 검토

『연세한국어사전』의 뜻풀이 ②를 옮겨 오면 다음과 같다.

(13) ② ('이다'나 상태를 나타내는 동사에 붙어) 추측이나 짐작을 나타냄.

여기서도 문제가 되는 것은 괄호 안의 출현 환경이다. (13)에서는 '추측이나 짐작을 나타내는' 용법이 '-을까'가 계사 '이-'나 형용사에 통합될 경우에만 가능하다고 기술하였다. 그러나 '-을까'는 동사에 붙을 때에도 이러한 용법을 가질 수 있다. 사실 동사에 붙은 예문은 이 사전에도 제시되어 있다.15)

(14) 조는 사이에 짧은 꿈까지 꾸었던 새우잠을 맛보았기 때문일까, 의식은 많이 맑아져 있었다.

(15) 가. 결혼하고 십여 년, 아이 둘을 낳았으나 이들이 함께 산 일수는 이 년이나 될까?

나. 영희는 이제 학교에 다닐까?

(14)는 이 사전에 제시된 예문을 옮겨 온 것으로서 '-을까'가 '이-'에 통합되어 있는 예이다. (15가) 역시 이 사전의 예문인데, 이때의 '-을까'는 동사 '되-'에 통합되어 있으며, '함께 산 일수가 이년이 될지 어떨지'에 대하여 화자가 추측해 보는 의미를 표현한다.16) (15나)는 동사 '다니-'에 '-을까'가 결합된 예인데 역시 이와 같은 의미로 해석된다. 따라서 (13)에서 제공한 출현 환경 정보는 정확성을 결여하고 있다고 판단된다.

2.2.3. 뜻풀이 ③에 대한 검토

『연세한국어사전』의 뜻풀이 ③을 옮겨 오면 다음과 같다.

---

15) 『연세한국어사전』의 편찬과 밀접한 관련을 가지고 있는 업적인 이희자 · 이종희(1999)에서는 이 부분이 어느 정도 보완되어 있다. 이희자 · 이종희(1999)에서는 이 부분을 "'이다'나 상태를 나타내는 용언 뒤나, '-았-' 뒤에 쓰이어"로 되어 있어, 동사에 통합될 경우라도 과거 시제 선어말어미 '-었-'을 앞세우는 경우에는 '-을까'가 이러한 용법을 가지는 것으로 되어 있다. 그러나 '-을까'가 동사에 직접 통합되는 경우에도 이러한 용법을 가질 수 있다는 것이 본고의 관찰이다[본문의 예문 (15가, 나) 참조].

16) 엄밀히는 화자가 화자 스스로를 청자로 삼아 추측 판단을 묻는 것이다. 이와 관련하여서는 2.1.1.에서 논의한 바 있다.

(16) ③ 상대방의 의사를 물어 허락을 구하거나 제의함.

(16)의 뜻풀이는 『표준국어대사전』의 뜻풀이 ② "… 자기나 상대편의 의사를 묻는 종결 어미"라는 기술에 상응한다. "허락을 구하거나"라고 한 기술은 "내가 방 청소를 할까?"에서의 '-을까'를 위한 것이고, "제의함"이라는 기술은 일인칭 복수 주어를 가지는 "우리가 이 일에 도전해 볼까?"와 같은 문장에서의 '-을까'를 염두에 둔 것이다.

이러한 뜻풀이에서 문제가 있는 것은 '제의함'이라는 표현이다. '-을까'는 어디까지나 의문형 종결어미이므로 '-을까'의 뜻풀이는 반드시 '물음'과 관련한 속성을 포함하고 있어야 한다. 하지만 (16)에서의 '제의함'이라는 표현은 청유형 어미의 속성을 연상시킨다. '-을까'의 의미가 청유형 어미 '-자'의 의미와 같거나 유사한 것은 결코 아니기 때문에 이러한 뜻풀이는 문제가 된다. 가령 "우리가 이 일에 도전해 볼까?"라는 문장의 의미는 "우리가 이 일에 도전해 보자."와 같은 청유문과는 많이 다르다. 이것은 어디까지나 청자의 뜻을 묻는 것이기 때문이다.[17] 따라서 '-을까'의 뜻풀이에 '제의함'이라는 표현을 사용한 것은 부적절하다고 할 수 있다.

2.2.4. 뜻풀이 ④에 대한 검토

『연세한국어사전』의 뜻풀이 ④를 옮겨 오면 다음과 같다.

(17) ④ 짐짓 물어보는 꼴을 취하여 기술된 내용을 강조함을 나타냄.

(17)은 '-을까'가 수사의문문에 사용될 수 있음을 기술한 것이다. 이에 대해서는 두 가지 문제를 제기할 수 있다.

첫째, (17)이 수사의문문에 사용된 '-을까'의 뜻풀이로 적절한가 하는 것이다. 수사의문문을 '형식은 의문문이지만 내용은 평서문과 같은 성

17) 이와 관련하여서는 3.1.에서 좀더 논의하겠다.

격을 띠는 의문문(고성환 1998: 412)'으로 정의한다면 '-을까'가 사용된 수사의문문에는 다음과 같은 문장들이 포함된다.

(18) 가. 내 생에서 관객들이 사라져 버린다면 얼마나 쓸쓸할까?
나. 빌어먹는 놈이 콩밥을 마다할까?
다. 콩밥을 마다하는 거지가 어디 있을까?

(18가)는 이 사전에서 제시하고 있는 예문으로서 형식은 의문문이지만 실제로는 "내 생에서 관객들이 사라져 버린다면 정말 쓸쓸할 것이다." 정도의 평서문과 같은 의미를 표현한다. 즉 이 사전의 뜻풀이와 같이 "기술된 내용을 강조"하는 의미를 표현한다고 할 수 있다. 그러나 모든 수사의문문이 이러한 의미를 표현하는 것은 아니다. (18나) 역시 이 사전에서 제시하고 있는 예문으로서 형식은 의문문이지만 "빌어먹는 놈은 콩밥을 마다하지 않는다."와 같은 평서문적인 정보를 전달하는 문장이다. (18나)는 의문사 없는 의문문이지만 '-을까'를 사용하는 수사의문문에는 (18다)와 같이 의문사를 사용하는 문장도 있을 수 있다. (18다)는 "콩밥을 마다하는 거지는 어디에도 없다."와 같은 의미를 표현한다. 그런데 (18나, 다)와 같은 수사의문문은 모두 '기술된 내용을 강조'하는 의미를 표현하는 것이 아니라 '기술된 내용과 반대의 사실을 강조'하는 의미를 표현한다. 수사의문문이 '기술된 내용을 강조'하는 의미를 표현하는 것은 '얼마나'를 포함한 의문문에서만 가능한 것으로 보인다. 그 외의 대부분의 수사의문문은 '기술된 내용과 반대의 사실을 강조'한다. 따라서 (17)의 뜻풀이는 정확하지 못하다고 할 수 있다.

둘째, (17)의 뜻풀이에서 제기되는 보다 근본적인 의문은 과연 수사의문문 용법이 사전의 뜻풀이에서 제공될 필요가 있는가 하는 것과 관련된다. 수사의문문을 이끌 수 있는 것은 '-을까'만의 특이한 속성은 아니다. 거의 모든 의문형 종결어미가 수사의문문을 만들 수 있다.

(19) 가. 오늘 날씨가 얼마나 좋았니?
나. 어떻게 너를 잊겠느냐?
다. 그런 법이 어디 있습니까?

(19가)는 '-니'가 '얼마나'를 포함한 수사의문문에 사용된 문장이고, (19나)는 '-냐'가 사용된 수사의문문이다. (19다)는 '-습니까'의 예이다. 만약 사전에서 수사의문문 용법을 뜻풀이에서 제공해야 한다면, 모든 의문형 어미에 대해서 이 용법을 기술해 주어야 할 것이다. 그러나 『연세한국어사전』의 경우 '-습니까', '-은가'의 뜻풀이에서는 수사의문문 용법을 기술하고 있지만 '-니', '-냐'의 뜻풀이에는 수사의문문 용법을 기술하지 않고 있다. 이러한 용법을 기술할 것인지의 여부는 사전의 용도에 따라 달라질 수 있겠지마는 어느 경우에나 일관된 지침이 필요하다.

2.2.5. 뜻풀이 ⑤에 대한 검토

『연세한국어사전』의 뜻풀이 ⑤를 옮겨 오면 다음과 같다.

(20) ⑤ (주로 '~라고나 할까'의 꼴로 쓰이어) 자신의 견해를 직접적으로 말하지 않고 완곡하게 표현함을 나타냄.

(20)은 "요즘은 오염된 환경에 익숙해졌다고나 할까."와 같은 문장에서의 '-을까'에 대한 뜻풀이이다. 2.2.4.에서 검토한 수사의문문 용법과는 달리, 이러한 용법은 '-을까'만의 고유한 용법이라고 생각된다. 다음을 보자.

(21) 가. *요즘은 오염된 환경에 익숙해졌다고나 하겠니?
나. *요즘은 오염된 환경에 익숙해졌다고나 하겠는가?
다. *요즘은 오염된 환경에 익숙해졌다고나 하겠습니까?

(21가~다)는 차례로 '~라고나 하-'와 같은 표현이 '-니, -은가, -습니까'와 같은 의문형 어미와 함께 사용된 예를 만들어 본 것이나 이러한 문장은 실제로 사용되지 않는다. 따라서 (20)이 담고 있는 정보는 '-을까'만이 가지고 있는 특수한 용법으로서 사전에서 제공될 필요가 있다.

단 이러한 용법을 뜻풀이 번호를 달리 하여 별도의 의미로 기술해야 할 것인지는 의문이다. 이는 이 사전에서 규정한 '관용 표현'의 일종으로 처리하는 것이 낫다고 생각된다.

2.2.6. 뜻풀이 ⑥에 대한 검토

『연세한국어사전』의 뜻풀이 ⑥을 옮겨 오면 다음과 같다.

(22) ⑥ ('-을까, -을까'의 꼴이나 '-을까 한다'의 꼴로, 동작을 나타내는 동사에 붙어서) 말하는 이의 의사나 망설임을 나타냄.

위의 뜻풀이에 해당하는 용례로는 다음과 같은 문장이 제시되어 있다.

(23) 가. 깨울까 하다가 너무 곤히 자는 것 같아 내버려 두었지.
　　나. 이 사람을 택할까 저 사람을 택할까 고르다 보면 결국 노처녀가 되는 것이다.

(23가)는 '-을까 하다' 구성이 사용된 문장인데, '말하는 이의 의사'를 표현하는 예로 제시된 듯하고, (23나)는 '-을까, -을까'가 사용된 '말하는 이의 망설임'을 나타내는 예로 제시된 듯하다.[18] 그런데 이러한 기술은 '-을까 하다'의 '-을까'가 모두 '동사에 붙어서', '말하는 이의 의사나 망설임'을 나타내는 것은 아니기 때문에 문제가 있다. 위의 2.1.2.에서 논의한 바와 같이 '-을까 하다'의 '-을까'는 추측과 관련된 의미를 나

---

18) 그렇다면 출현 환경의 기술에서 '의사'를 나타내는 '-을까 한다'를 '망설임'을 나타내는 '-을까, -을까'보다 앞에 두는 것이 좋았을 것이다.

타내기도 하기 때문이다.[19] 따라서 이 부분에 대한『연세한국어사전』의 기술도『표준국어대사전』과 유사한 문제를 안고 있다고 볼 수 있다.

3. 개선 방향

지금까지 2장에서는『표준국어대사전』과『연세한국어사전』을 대상으로 '-을까' 항목의 뜻풀이의 정확성과 충실성 문제를 검토해 보았다. 이 장에서는 2장에서 지적된 문제점과 기존의 '-을까'에 대한 연구에서 논의되어 온 몇 가지 중요한 사실을 종합하여 '-을까'의 뜻풀이가 반드시 포함하여야 하는 정보를 정리해 보고, '-을까'의 뜻풀이가 기반해야 하는 기본 구조를 제안하고자 한다.

3.1. '-을까'의 뜻풀이가 포함하여야 하는 정보

'-을까'의 뜻풀이가 포함하여야 하는 정보를 다음과 같이 정리해 보기로 하자.

첫째, 무엇보다도 뜻풀이에서 '-을까'가 의문형 종결어미임이 분명히 밝혀져야 한다. 국립국어연구원(2000: 154)에 따르면『표준국어대사전』에서 뜻풀이에 사용되는 문법 용어는 '연결 어미, 종결 어미, 어말 어미, 격 조사, 보조사, 접속 조사'로 제한되어 있으며 그 외의 문법적 정보는 뜻풀이에 반영한다.[20] 따라서 뜻풀이에 문법적 정보를 반영할 때에는 동일한 문법적 속성에 대하여 일관된 표현을 사용할 필요가 있다.[21]

종결어미 표제어를 기술할 때 제공되는 중요한 정보인 문장 유형과

---

19) 2.1.2.에서 "지금 밖에는 비가 오지 않을까 한다."와 같은 문장을 예로 든 바 있다.

20) 가령 명사형 어미 '-음'의 뜻풀이는 '그 말이 명사 구실을 하게 하는 어미'이고, 의문형 종결어미 '-은가'의 뜻풀이는 '하게할 자리에 쓰여 현재의 사실에 대한 물음을 나타내는 종결어미'이다.

21) 국립국어연구원(2000: 155)은 가령 청자대우법 정보의 경우 "대우 정보는 문법 정보 다음에 제시하되, 대우 정보와 뜻풀이 사이에는 ',' 기호를 둔다"라고 하여, 일관된 기술을 도모하고 있다.

관련한 정보 역시 일관된 방법으로 제시되어야 한다. 『연세한국어사전』의 경우 평서문을 뜻하는 뜻풀이는 '알림'이며, 의문문을 뜻하는 뜻풀이는 '물음', 명령문을 뜻하는 뜻풀이 용어는 '명령'이다. 평서형 종결어미에는 예외 없이 '알림'이라는 표현이, 의문형 종결어미에는 예외 없이 '물음'이라는 표현이 들어간다는 것이다. 『표준국어대사전』의 경우에도 대체로 이와 유사한 방식의 뜻풀이를 채택하고 있으나, 그 일관성이 결여된 것도 이따금 발견된다.[22]

'-을까'에 대한 뜻풀이는 '-을까'가 의문형 종결어미라는 기본 속성을 표현하고 있는 경우라면,[23] 반드시 '의문'과 관련한 표현을 담고 있어야 한다. 즉 『표준국어대사전』의 뜻풀이처럼 '추측을 나타낸다'거나, 『연세한국어사전』의 뜻풀이처럼 '제의함을 나타낸다'고 기술하는 것은 바람직스럽지 못하다는 것이다. 따라서 '-을까'의 기본 용법에 대한 뜻풀이는 반드시 '묻는 뜻을 나타낸다', '의문을 나타낸다', '문제를 제기하는 뜻을 나타낸다' 중의 하나로 끝맺음되어야 한다고 생각한다.

둘째, '-을까'의 의미는 일차적으로 청자의 '추측'을 묻는 의미와 청자의 '의도'[24]를 묻는 의미로 대별되어야 한다.[25] 이는 『표준국어대사전』

---

22) 뜻풀이의 일관성이 결여된 예로 몇 가지 평서형 종결어미의 뜻풀이를 들 수 있다.

(가) '-다': 해라할 자리에 쓰여, 현재 사건이나 사실을 서술하는 뜻을 나타내는 종결 어미.

(나) '-네': 하게할 자리에 쓰여, 단순한 서술의 뜻을 나타내는 종결 어미.

(다) '-습니다': 합쇼할 자리에 쓰여, 현재 계속되는 동작이나 상태를 있는 그대로 나타내는 종결 어미.

(가)는 해라체 종결어미 '-다', (나)는 하게체 종결어미 '-네', (다)는 합쇼체 종결어미 '-습니다'의 기본 용법에 대한 『표준국어대사전』의 뜻풀이를 옮겨 온 것이다. '-다, -네, -습니다'는 청자대우법 상의 차이를 제외하고는 그 의미 기능에서 차이를 가지지 않는 평서형 종결어미인데, 그 뜻풀이는 '현재 사건이나 사실을 서술', '단순한 서술', '현재 계속되는 동작이나 상태를 있는 그대로 나타냄' 등과 같이 차이가 있다. 이러한 차이는 유의미한 정보를 제공하지 않는다는 점에서 바람직하지 못하다.

23) '-을까'가 의문형 종결어미라는 기본적인 사실에 대한 논증은 박재연(2005) 참조.

24) 박재연(2004: 57)에서는 행위 양태의 의미 영역의 하나로 '의도'를 설정하여 그 개념을 규정한 바 있다. 그러나 '-을까'가 표현하는 '의도'는 일상언어적으로는 '의사'나 '의견'에 가깝다. 따라서 일반인을 위한 사전이라면, '의도'보다는 '의사'나 '의견' 쪽의 용어를 사용하는 것이 나을 것이다. 이하의 논의에서도 '의도'와 '의사'라는 용어를

의 뜻풀이 ①, ②에도 반영되어 있는 사실이다. 『연세한국어사전』의 뜻풀이 ①, ②, ④는 전자의 용법과 관련되고, 뜻풀이 ③, ⑤, ⑥은 후자의 용법과 관련된다. 계층적인 기술이 가능한 사전이라면[26] 이 두 부류를 먼저 구별하고 각각의 부류를 하위 분류하는 것이 바람직할 것이다.

'-을까'의 의미가 일차적으로 청자의 '추측'을 묻는 의미와 청자의 '의도'를 묻는 의미로 나누어진다는 사실은 '-을까'가 '-을까 하다, -을까 싶다, -을까 보다'와 같은 구성에 사용될 때에도 적용된다. 이때의 '하다, 싶다, 보다'는 보조용언으로 기술되는 일이 많으나,[27] 박재연(1999)에서는 몇 가지 통사적 근거를 바탕으로 이 중 '-을까 하다'와 '-을까 싶다' 구성은 보조용언 구성으로 파악되기보다는 화자의 내적 사유를 나타내는 인용 구성으로 파악되는 것이 온당하다고 본 바 있다. 그런데 이 구성을 인용 구성으로 파악하고 나면 이때의 '-을까'는 모문에 사용되는 '-을까'와 본질적으로 다른 점이 없다. 즉 청자의 추측 판단을 묻거나 청자의 의사를 묻는 종결어미 '-을까'이다. 다음을 보자.

(24) 가. 소망보다 더 소중한 것은 무엇일까?
나. 여기서 박 서장 집이 지척인데 내가 한번 슬그머니 들여다보고 올까?

(25) 가. 소망보다 더 소중한 것이 무엇이 있을까 싶다.
나. 내가 한번 슬그머니 들여다보고 올까 한다.

함께 사용하기로 한다.

25) 이는 '-을까'가 인식 양태 · 행위 양태 다의성을 가지는 어미라는 사실과 연관된다. 인식 양태 · 행위 양태 다의성은 '-겠-', '-을 것이-', '-을 수 있-' 등 다른 양태 표현들도 가지는 일반적인 특성이다. 자세한 내용은 박재연(2004: 155~161) 참조.

26) 이희자 · 이종희(1999: 13)에서는 사전에서 용법을 계층적으로 분류하여 뜻풀이 하는 방식을 '다단계적 의미 배열 방식'이라고 불렀다.

27) 엄정호(1990)에서 이러한 구성을 "종결어미와 보조용언의 통합 구문(SEA 구문, sentence ending auxiliary construction)"으로 규정하고 그 문법적 특성을 자세히 검토한 바 있다.

(24가, 나)는 『연세한국어사전』에서 든 예문이다. (24가)에서 '-을까'는 화자가 청자에게 '소망보다 더 소중한 것이 무엇인지'를 추측해 볼 것을 요청하는 기능을 수행한다. (24나)의 '-을까'는 화자가 청자에게 자신의 행위에 대해 어떤 의사를 가지고 있는지를 묻는 기능을 수행한다. 한편 (25가, 나)는 (24가, 나)의 문장을 약간 변형시켜 '-을까'가 내포문에 사용된 경우를 보인 것이다. (25가)의 '-을까'는 '추측'과 관련된 의미를, (25나)의 '-을까'는 '의도'와 관련한 의미를 표현함을 알 수 있다. 좀더 구체적으로 말하면 (25가)의 '-을까'는 '소망보다 더 소중한 것이 무엇이 있는지'의 여부에 대해 의문을 제기한 화자의 내적 사유를 표현한다. 즉 (25가)의 화자는 "소망보다 더 소중한 것이 무엇이 있을까"라고 하는 의문을 마음속으로 가져 본 것이다. 내적 사유나 독백에서 청자는 화자 자신이므로, 엄밀히 말하면 이때의 화자는 스스로에게 '추측' 판단을 물었다고 볼 수 있다. 한편 (25나)의 '-을까'는 '내가 한번 슬그머니 들여다보고 올 것인지'의 여부에 대한 화자의 내적 사유를 표현한다. 이때의 화자는 스스로에게 의사를 물어 보았다고 할 수 있다.

그러나 '-을까 하다, 싶다, 보다' 구성이 보조용언 구성으로 처리되어 온 데에서도 알 수 있듯이, 이들 구성은 적극적으로 인용의 의미를 나타내지 않는다. '-을까 하다, 싶다, 보다' 전체가 화자의 추측이나 화자의 의도를 나타내는 것으로 굳어진 것이다.[28] 따라서 '-을까 하다, 싶다, 보다' 구성에 사용되는 '-을까'에 대해서는 별도로 기술할 필요가 있다.

셋째, 청자의 '의도'를 묻는 용법은 '-을까'가 반드시 동사에 통합될 때에만 가능하다는 정보(김하수 1979: 66)가 제공되어야 한다.

(26) 내가 직접 가서 확인할까?

(27) 가. 내가 지겨울까?

---

28) "소망보다 더 소중한 것이 무엇이 있을까 싶니?"와 같이 모문이 의문문인 경우가 가능하다면 이때의 '-을까 싶-'은 청자의 추측을 표현한다. 그러나 이러한 문장은 잘 사용되지 않는다.

나. 우리가 진정한 학생일까?

(26)은 동사 '확인하-'에 '-을까'가 통합된 예인데 해당 행위에 대한 청자의 의도를 묻는 의미로 해석될 수 있다. 그러나 형용사 '지겹-'이나 계사 '이-'가 '-을까'에 통합된 (27가, 나)에서 '-을까'는 청자의 의도를 묻는 의미로는 해석되지 못하고 청자의 추측을 묻는 의미로만 해석될 수 있다. 이러한 제약은 '-을까'를 이해하는 데에 있어서 매우 중요한 사실이다.

『표준국어대사전』의 경우, 이러한 출현 환경의 제약은 대괄호 안에 제공된다. 가령 '-으려고'가 동사에만 붙는다는 사실은 "['ㄹ'을 제외한 받침 있는 동사 어간 뒤에 붙어] 어떤 행동을 할 의도나 욕망을 가지고 있음을 나타내는 연결 어미."와 같이 제시된다.[29] 따라서 '-을까'에 대해서도 이 정보가 반드시 제공되어야 한다.

넷째, 청자의 '의도'를 묻는 용법의 '-을까'는 반드시 1인칭 주어만을 취할 수 있다는 정보가 제공되어야 한다(김하수 1976: 66). 『표준국어대사전』과 『연세한국어사전』 모두 상대방의 의사를 묻는 대상이 되는 사태의 성격에 대한 정보는 제공하지 않고 있다. 그러나 이 사태의 주어로 1인칭만이 가능하다는 점은 이 어미를 이해하는 데에 핵심적인 사실이다.

(28) 가. 내가 지금 그리로 갈까?
　　나. 우리가 지금 그리로 갈까?
(29) 가. *네가 지금 그리로 갈까?
　　가'. 네가 지금 그리로 갈래?
　　나. *철수가 지금 그리로 갈까?

29) 『연세한국어사전』에서는 이러한 통합 제약을 제공하지 않는 듯하다.

(28가)는 1인칭 단수 주어 '나'가 주어인 문장이고, (28나)는 1인칭 복수 주어 '우리'가 주어인 문장이다. 모두 '-을까'가 청자의 의도를 묻는 의미를 가질 수 있다. 그러나 (29가, 나)에서 확인할 수 있는 바와 같이 '-을까'가 2인칭 주어나 3인칭 주어를 취하면 '-을까'는 청자의 의도를 묻는 용법으로는 해석되지 못하고 청자의 추측을 묻는 의미로만 해석될 수 있다. 이인칭 주어의 행위에 대한 청자의 의사를 물을 때에는 (29가')에서와 같이 '-을래'가 사용된다.

이는 '-을까'가 갖는 가장 특이한 속성이다. 일반적으로 청자의 의도를 묻는 표현은 청자의 행위에 대한 청자의 의도를 묻는 것이 보통이다. 가령 '의도'의 의미를 갖는 '-겠-'이 사용된 "뭘 좀 더 먹겠니?"와 같은 문장은 청자의 '먹는' 행위에 대한 청자의 의도를 묻는다. 그러나 '-을까'는 화자의 행위에 대한 청자의 의도를 묻는다는 점에서 다른 의도 표현들과 구별된다. 이는 사전에서 반드시 제공해야 하는 정보이다. 문법 형식이 주어의 인칭에 제약을 가질 때 『표준국어대사전』은 그것을 문법 정보로서 제공하고 있다. 따라서 '-을까'에 대해서도 '1인칭 주어와 함께 쓰여'와 같은 정보가 제공될 필요가 있다.

다섯째, '-을까'의 문어체 용법이 기술되어야 한다. 다음을 보자.

(30) 가. 철학이란 무엇일까?(이희자 · 이종희 1999: 204)
　　나. 참으로 인간에게 고향이란 무엇일까?(이희자 · 이종희 1999: 204)

(30가, 나)는 문어에서 '-을까'가 사용된 예이다. 이희자 · 이종희(1999)에서는 이때의 '-을까'가 "일반적인 문제를 제기하는" 용법을 가진다고 보았다. '-을까'의 1차 의미 중 하나가 청자의 추측 판단을 묻는 것이라고 보는 본고의 입장에서 문어에서의 '-을까'의 이러한 용법은 결국 청자(독자)에게 어떠한 판단을 해 보기를 요구한다는 점에서 '-을까'의 기본 의미로 설명될 수 있는 용법이다. 그러나 문어에서 이러한

용법으로 사용될 수 있는 것은 '-을까'의 고유한 특성 중의 하나이다. 가령 '-니'는 오직 구어체 맥락에서만 사용될 수 있는 의문형 어미이다. 위와 같은 맥락에서 "철학이란 무엇이겠니?"와 같은 문장은 결코 사용될 수 없다. 또한 이러한 용법은 청자의 '추측'을 묻는 '-을까'에서만 발견되고, '의도'를 묻는 '-을까'에서는 나타나지 않는다는 정보도 사전이 제공할 필요가 있다. 따라서 '-을까'가 문어에서 갖는 용법도 뜻풀이에서 따로 기술할 필요가 있다고 판단된다.[30)]

3.2. '-을까'의 뜻풀이의 기본 구조

이상의 논의를 바탕으로 하면 한국어 사전에서 '-을까' 항목의 뜻풀이가 가질 수 있는 기본 구조를 다음과 같이 제시할 수 있다.

1차 뜻풀이	2차 뜻풀이	예문
듣는 이가 추측한 사실에 대하여 묻는 뜻을 나타냄.	① 듣는 이가 추측한 사실을 묻는 뜻을 나타냄.	저기 보이는 것이 학교일까?
	② (글말에 쓰여) 일반적인 문제를 제기함을 나타냄.	철학이란 무엇일까?
	③ ('-을까 하다, -을까 싶다'의 꼴로 쓰여) 말하는 이가 추측한 사실을 나타냄.	시련이 있는 것은 일어서는 법을 알게 되는 기회가 아닐까 한다.
(동사 어간에 붙어)(1인칭 주어와 함께 쓰이어)말하는 이의 미래 행위에 대하여 듣는 사람의 의사를 묻는 뜻을 나타냄.	① 말하는 이 혹은 말하는 이와 듣는 이 공동의 행위에 대하여 청자의 의사를 묻는 뜻을 나타냄.	내가 갈까? 우리 같이 학교에 가 볼까?
	② ('-을까 하다, -을까 싶다, -을까 보다'의 꼴로 쓰이어) 말하는 이가 앞으로 하고자 하는 행위를 나타냄.	나는 이제 학교에나 가 볼까 한다.

30) 이 외에도 '-을까'의 의문문은 청자를 적극적으로 상정하지 않는 혼잣말의 성격을 띤다는 정보도 제공될 수 있다. 그러나 그 기본 의미는 청자의 추측이나 청자의 의도를 묻는 용법과 통한다고 판단되므로 별도의 뜻풀이가 반드시 필요하지는 않다고 생각한다.

4. 결론

지금까지 종결어미 '-을까'에 대한 『표준국어대사전』과 『연세한국어사전』의 뜻풀이의 문제점을 지적하고, '-을까'의 뜻풀이가 갖추어야 할 바람직한 형식이 어떤 것인지를 생각해 보았다.

『표준국어대사전』과 『연세한국어사전』의 '-을까'의 뜻풀이에서는 역방향 점검법의 관점에서 표제항을 적절하게 불러내지 못하는 경우가 발견되었으며 각각의 의미에 따른 통합 용언의 제약이나 주어의 인칭 제약을 충실하게 제공하고 있다고 보기 어려웠다. 또한 '-을까 하다, 싶다, 보다' 구성에 대해서 체계적인 기술을 제공하지 못하고 있었다. 본고에서는 이러한 문제점을 지적하면서, '-을까'의 의미가 일차적으로 청자의 추측을 묻는 의미와 청자의 의도를 묻는 의미로 대별되어야 하다는 점, 청자의 의도를 묻는 '-을까'는 반드시 동사에만 통합되고 일인칭 주어를 취한다는 점, '-을까'의 구어체 용법과 문어체 용법이 구별되어야 한다는 점 등을 '-을까'를 기술하는 데 있어서 반드시 고려해야 할 사항으로 제시하였다.

본고의 논의가 앞으로 한국어 사전에서 어미 항목을 기술하는 데에 작은 보탬이 되기를 바라며 글을 마친다.

참고논저

고성환(1998), 문장의 종류, 『문법 연구와 자료(이익섭 선생 회갑 기념 논총)』, 태학사, 395-434.

고영근(1974), 현대국어의 종결어미에 대한 구조적 연구, 『어학연구』 10: 1, 서울 대학교 어학연구소. ["종결어미의 구조적 특성"이라는 제목으로 고영근(1989)에 실림, 246-301.]

고영근(1989), 『국어 형태론 연구』, 서울대학교 출판부.

국립국어연구원 편(1999), 『표준국어대사전』, 두산동아.

국립국어연구원(2000), 『표준국어대사전』 편찬 지침 Ⅱ, 국립국어원 홈페이지

"표준국어대사전 자료실". (http://www.korean.go.kr/000_new/50_dic_pds.htm#)
김하수(1978), '-ㄹ까'의 의미와 통사적 특징. 『말』 4, 연세대학교 한국어학당, 55-77.
박재연(1998), 현대국어 반말체 종결어미 연구, 『국어연구』 152, 국어연구회.
박재연(1999), "종결어미와 보조용언의 통합 구문"에 대한 재검토, 『관악어문연구』 24, 서울대학교 국어국문학과, 155-182.
박재연(2000), 독백과 독백문 종결어미에 대하여, 『국어학논집(서울대학교 국어국문학과)』 4, 25-48.
박재연(2004), 한국어 양태 어미 연구, 서울대학교 대학원 박사학위논문.
박재연(2005), 인식 양태와 의문문의 상관관계에 대하여, 『어학연구』 41: 1, 서울대학교 언어교육원, 101-118.
엄정호(1990), 종결어미와 보조동사의 통합구문에 대한 연구, 성균관대학교 대학원 박사학위논문.
연세대학교언어정보개발연구원 편(1998), 『연세한국어사전』, 두산동아.
윤석민(2000), 『현대국어의 문장종결법 연구』, 집문당.
이병근(1992), 사전 정의의 유형과 원칙, 『새국어생활』 2: 1. [이병근 (2000)에 실림, 362-391.]
이병근(2000), 『한국어 사전의 역사와 방향』, 태학사.
이성구(1983), 국어 의문의 유형에 관한 연구, 서울대학교 대학원 석사학위논문.
이희자 · 이종희(1999), 『사전식 텍스트 분석적 국어 어미의 연구』, 한국문화사.
임동훈(1998), 어미의 사전적 처리, 『새국어생활』 8: 1, 85-110.
임홍빈(1995), 규범성과 충실성의 문제: '종합국어대사전' 편찬에 바란다, 『새국어생활』 5: 1. [임홍빈(1998)에 실림, 441-453.]
임홍빈(1998), 『국어 문법의 심층 Ⅲ: 어휘범주의 통사와 의미』, 태학사.
장경희(1985), 『현대국어의 양태범주 연구』, 탑출판사.
장소원(1986), 문법 기술에 있어서의 문어체 연구, 『국어연구』 72, 국어연구회.
한길(1991), 『국어 종결어미 연구』, 강원대학교 출판부.

'-다고'류 어미에 대한 화용론적 접근

1. 서론

본고는 Sperber & Wilson (1986/1995: 4장)에서 제안된 '언어의 해석적 용법(interpretive use of language)'의 개념을 이용하여 국어의 '-다고'류 어미의 화용론적 특성을 설명하는 것을 목적으로 한다. 본고에서 '-다고'류 어미란 '-다고, -냐고, -으라고, -자고', '-다니까, -냐니까, -으라니까, -자니까', '-다면서, -으라면서, -자면서', '-다니, -냐니, -으라니, -자니', '-다나, -냐나, -으라나, -자나' 등 인용 구성의 융합에 의해 형성된 종결어미 전체를 가리킨다.1)

인용 구성의 융합에 의해 형성된 종결어미의 목록에는 "나는 정말 행복하단다."나 "이걸 어떻게 한다지?"와 같은 문장에 사용되는 '-단다, -다지' 등도 포함된다고 볼 가능성이 있다(이필영 1995: 5장). 그러나 이와 같이 인용의 뜻이 없는 '-단다'와 '-다지', 그리고 '-답니다, -다네' 등은 본고의 '-다고'류 어미들과 통사 · 의미적 속성을 달리할 뿐 아니라 각각이 가지는 종결어미로서의 자격도 불분명한 것으로 판단된다. 이와 관련한 논의는 박재연(1998: 34~35)로 미루며 본고에서는 위에서 든 어미들만을 검토의 대상으로 삼는다.

(1) 가. 내일은 비가 온다고.

---

1) 이하에서도 인용 구성의 융합에 의해 형성된 종결어미 전체를 가리킬 때 "'-다고'류 어미"라 칭한다. 단 "'-다고'류 어미"가 '-고'를 포함한 어미류, 즉 '-다고, -냐고, -으라고, -자고'만을 가리키는 경우도 있음을 유의하기 바란다.

나. 내일은 비가 온다고?

(2) 내일은 비가 온다니까.

(3) 내일은 비가 온다면서?

(4) 가. 내일 비가 온다니!

나. 내일 비가 온다니?

(5) 내일은 비가 온다나.

(1)~(5)는 차례로 '-다고, -다니까, -다면서, -다니, -다나'가 사용된 발화의 예를 보인 것이다. 박재연(1998: 61~71)에서는 이들 어미가 본래 인용 구성의 일부였으나 인용 동사 '하-'가 생략된 채 빈번히 사용되면서 의미의 변화를 겪어 별개의 종결어미로 발달하게 된 점을 주목하여 이들을 '인용 구성에서 형성된 반말체 종결어미'라고 부른 바 있다.[2] 이 어미들에 대하여서는 한길(1991), 김홍범(1987), 이필영(1995)에서 그 의미 기능에 대한 기술이 전부 혹은 일부 이루어진 바 있으나 대부분 각각의 어미가 가지는 용법에 대한 직관적인 기술이었기에 이들 어미가 가진 의미 기능의 공통점과 차이점이 뚜렷이 부각되지는 못하였다. 박재연(1998: 103~110)에서는 이러한 논의를 보완하고자 인식 양태(epistemic modality)의 의미 범주를 이용한 의미 기술을 시도하였으나 '-다면서'류 어미와 '-다나'류 어미가 증거(evidentiality) 범주의 [전언]과 관련된 의미를 갖는다는 사실을 지적하였을 뿐[3], 이들 어

---

2) '-다고, -다니까, -다면서, -다니, -다나' 등의 어미를 각각 분석 불가능한 하나의 종결어미로 다루지 않고 '-고, -니까, -면서, -니, -나' 등을 분석하여 이들을 종결된 문장에 덧붙는 요소로 파악하는 견해도 있을 수 있다. 예컨대 권재일(1983)에서는 '-니까, -고, -면서' 등을 국어의 '강조법'을 실현하는 요소로 본 바 있다. 이 문제에 대한 자세한 논의는 박재연(1998: 33~35) 참조.

3) '증거'란 본래 화자가 가지고 있는 정보의 출처를 표현하는 범주로서, 종종 인식 양태의 하위 부문으로 논의된다(Bybee 1985: 184, Palmer 1986: 51, 66). 화자가 가지고 있는 정보는 화자의 직접적인 지각에 의해 얻어진 것일 수도 있고 다른 누군가에게 들은 것일 수도 있으며, 추론에 의해 얻어진 것일 수도 있다. 즉 어떤 요소가 [전언]의 양태 의미를 가진다 함은 문제의 정보를 다른 누군가에게서 들어서 획득하게 된 것임을 문법적으로 표현한다는 것이다. Chafe & Nichols *eds.* (1986)에서 증

미를 전체적으로 파악할 수 있는 일관된 개념을 찾지는 못하였다. '-다고'류 어미가 국어의 구어체 담화에서 담당하는 비중을 고려한다면 이들 어미류의 의미·화용적 특성은 다른 구어체 종결어미들에 비해 많은 주목을 받지 못하였다고 할 수 있다.

'-다고'류 어미는 이필영(1995)적 의미에서의 '비환원적 융합형'이기는 하지만, 인용 구성을 기원으로 가지기 때문에 여전히 인용 구성의 성격을 많이 가지고 있을 것으로 예상된다. 즉 인용 구성의 융합에 의해 형성된 어미라는 형식적 유사성에 상응하는, 의미면에서의 공통점이 이들 어미에 존재하리라고 가정할 수 있다. 본고는 Sperber & Wilson (1986/1995)에서 제안된 언어의 두 가지 용법, 즉 기술적 용법(descriptive use)과 해석적 용법(interpretive use)의 구별이 인식 양태의 의미 범주로는 기술할 수 없었던 '-다고'류 어미의 공통된 속성에 대하여 일관된 화용론적 설명을 제공함을 보이려고 한다.[4)]

본고는 다음과 같이 구성된다. 이어지는 2장에서는 Sperber & Wilson (1986/1995)에서 제안된 언어의 해석적 용법의 개념에 대하여 간략하게 소개하고, 이 개념을 이론적 근거로 삼아 다른 언어를 기술한 몇몇 논의를 검토한다. 3장에서는 해석적 용법의 개념이 국어의 '-다고'류 어미의 기술에 어떻게 이용될 수 있는지 생각해 본다. 4장에서는 논의를 요약하고 미진한 점을 지적한다.

2. 언어의 해석적 용법과 전언 표지

Sperber & Wilson (1986/1995: 224~231)은 언어 혹은 생각의 사용에는 두 가지 용법이 있다고 주장한다. 발화 혹은 가정(assumption)은

거와 관련한 유형론적 논의가 이루어졌고 송재목(1998), 박재연(1998: 5장, 1999)는 이 개념을 한국어 자료의 기술에 도입한 바 있다.

4) 이들 어미와 관련된 형태소 분석의 문제나 종결어미로서의 자격을 검증하는 문제, 개별 어미의 의미 기능과 용법을 기술하는 문제 등은 박재연(1998)로 미룬다.

사태를 표상하는 데에 '기술적으로' 사용되기도 하고, 사태가 아닌 다른 발화나 생각을 표상하기 위해 '해석적으로' 사용되기도 한다는 것이다. 일반적으로 기존의 진리 조건적 의미론에서 고려되는 언어의 용법은 기술적 용법에 해당한다. 반면 해석적 용법은 일종의 유사성을 이용한 언어 사용으로서, 다른 발화나 생각을 모방하여 발화함으로써 의사소통을 달성하는 경우를 뜻한다. 비유컨대, 목이 마르다는 것을 표현하기 위하여 물을 마시는 시늉을 하거나, 그만 집으로 돌아가자는 의사를 전달하기 위하여 운전하는 흉내를 내는 경우 우리의 의사소통은 인간의 행동에 대한 모방에 의하여 달성된다. 이와 마찬가지로 우리는 다른 발화나 생각을 모방하여 발화함으로써 의사소통에 있어서의 적절성(relevance)[5]을 획득할 수도 있는데 이 때 사용된 언어는 '기술적으로' 사용된 것이 아니라 '해석적으로' 사용되었다고 할 수 있다.

나아가 Sperber & Wilson (1986/1995: 230)은 모든 발화는 화자 자신의 생각에 대한 해석이라고 주장한다. 즉 발화로써 표현된 명제는 화자가 의사소통하기를 원하는 생각의 모방이라는 것이다. 언어의 해석적 용법은 화자의 생각 자체가 다른 발화나 생각에 대한 해석인 경우로서 해석적 용법의 발화나 생각은 이차적인(second-degree) 해석, 혹은 이중의 해석이 된다.

해석적 용법의 언어 사용 중에서 가장 잘 알려진 현상은 직접 인용이다(Sperber & Wilson 1986/1995: 227~228). 먼저 다음의 예를 보자.

(6) A (어머니): 선생님께서 뭐라고 야단치시던?
B (아들): "너 같은 것은 공부할 필요 없으니까 집에 가서 잠이나 자!"

5) 어떤 가정은 그 문맥에서의 문맥적 효과(contextual effect)가 큰 만큼, 그리고 그것을 처리하는 데에 소요된 노력이 작은 만큼 적절하다. 자세한 논의는 Sperber & Wilson (1986/1995: 3장) 참조.

(6)에서 화자 B의 발화는 화자가 선생님이 자기에게 한 말, 즉 원발화를 그대로 흉내내어 발화한 것으로서 의미 내용은 물론 음성 형식까지도 원발화와 유사한 발화이다. 이 경우 화자 B는 다른 발화를 모방함으로써 의사소통을 달성하였기 때문에 언어를 해석적으로 사용한 것이라고 할 수 있다. 그러나 이렇게 거의 완전한 유사성을 가지는 발화만을 해석적 용법으로 간주할 필요는 없다. 즉 유사성에는 정도가 있다.

(7) A (어머니): 선생님께서 뭐라고 야단치시던?
B (아들): 저는 공부할 필요 없으니까 집에 가서 잠이나 자라고요.

(7)에서 화자 B의 발화는 일종의 간접 인용 구문으로서 원발화에 대한 완전한 모방은 아니지만 원발화와 명제 형식이 유사한 발화이기 때문에 해석적 용법으로 사용된 것이라고 볼 수 있다. 이러한 유사성은 심지어 명제 형식이 다른 경우에도 유지될 수 있다.

(8) A (어머니): 선생님께서 뭐라고 야단치시던?
B (아들): 학교에 나오지도 말고 집에서 동생이나 보라고요.

(8)에서 화자 B의 발화는 명제 형식이 선생님의 원발화와 전혀 다르지만 역시 원발화와의 유사성이 인정되기 때문에 해석적 용법으로 사용된 것이라고 볼 수 있다. 원발화가 가진 문맥적 함축(contextual implication)[6]과 동일한 문맥적 함축을 가질 수 있기 때문이다. 또한 언

6) Sperber & Wilson (1986/1996: 107~108)에서 '문맥적 함축'은 다음과 같이 정의된다.
"문맥 C에서 가정 P의 집합은 가정 Q를 다음과 같은 경우에만 문맥적으로 함축한다.
(가) P와 C의 결합(union)이 Q를 비자명적으로(non-trivially) 함축하고,
(나) P가 Q를 비자명적으로 함축하지 않으며,

어의 해석적 용법에는 특정인에게 귀속 가능한(attributable) 발화나 생각에 대한 해석뿐 아니라, 속담이나 격언을 인용하는 발화와 같이 대부분의 보통 사람들이 가질 수 있는 생각에 대한 해석도 포함된다.

Sperber & Wilson (1986/1995: 238)에 따르면, 해석적 발화가 적절성을 획득하는 상황에는 두 가지가 있다. 그 중 한 가지는 누군가가 어떠한 말이나 어떠한 생각을 했음을 청자에게 알려 준다는 사실 자체로써 적절성을 획득하는 경우, 즉 보고 발화(reported speech)의 상황이다. 다른 하나는 화자가 누군가가 말한 바를 염두에 두고 있음을, 그리고 그 발화에 대하여 어떠한 태도를 가지고 있음을 청자에게 알려 줌으로써 적절성을 획득하는 경우이다. Sperber & Wilson (1986/1995: 238)은 특히 두 번째 상황의 해석적 발화를 '반향적 발화(echoic utterance)'라고 부른다.

언어의 기술적 용법과 해석적 용법의 개념에 힘입어 Sperber & Wilson (1986/1995: 4장)은 전통적으로 전혀 관련이 없는 것으로 다루어져 왔던 화행(speech act)과, 비유법(trope)에 대하여 통일된 접근을 시도하고 있다. 예컨대 화행 중 단언은 화자의 생각과 사태 사이의 기술적 관계를, 질문과 감탄은 화자의 생각과 화자가 바라는 생각 사이의 해석적 관계를 나타내며, 비유법 가운데에서 은유법은 발화의 명제 형식과 그것이 표상하는 생각 사이의 해석적 관계를, 반어법은 화자의 생각과 다른 곳에 귀속되는 생각 혹은 발화 사이의 해석적 관계를 표현한다는 것이다.[7)]

Sperber & Wilson (1986/1995)에서 언어의 해석적 용법에 대한 개

(다) C가 Q를 비자명적으로 함축하지 않을 때."

다시 말해서 문맥적 함축이란 문맥에서 존재하는 구가정(old assumption)들과, 자극(stimuli)을 통해 새로이 얻어진 신가정(new assumption)들의 결합을 전제(premise)로 하여 추론된 결론으로서 구가정과 신가정 중 어느 하나만으로는 얻어질 수 없는 함축이라고 해석할 수 있다. 물론 여기에서는 '문맥적 의미'라는 정도로 소박하게 이해해도 무방하다.

7) 자세한 논의는 Sperber & Wilson (1986/1995: 4장) 참조.

념이 제안된 후, 기존의 논의에서 전언(hearsay)의 표지 혹은 증거성과 관련된 인식 양태 표지로 파악되어 왔던 요소들에 대하여 새로운 인식이 이루어지게 되었다. Blass (1990: 3장)은 Sissala 어의 첨사 'rɛ̀'의 자료를 제시하면서, 이 요소가 반어적 발화에 사용되기도 하고, 믿음이나 소망과 같은 명제적 태도를 나타내는 동사와 사용되기도 하며, 질문과 질문에 대한 대답에 모두 사용될 수 있는 것으로 미루어, 양태 요소로서의 전언 첨사라기보다는 해석적 용법의 표지일 가능성이 높다고 주장하였다.[8] 한편 Itani (1998)은 일본어의 첨사 'tte'를 해석적 용법의 표지로 파악하고 있다. 일본어의 'tte'는 'to'[9]의 구어체 형식으로서 전통적으로 보고(reporting)와 반향(echoing)의 두 가지 용법을 갖는 것으로 기술되었는데 이를 해석적 용법의 표지로 보면 모든 'tte'에 대하여 통일된 설명을 할 수 있다는 것이다.

이러한 논의에 기대면 한국어의 전언 관련 요소에 대하여서도 해석적 용법의 개념을 적용할 수 있을 것으로 가정할 수 있다. 그런데 이들 논의에서는 해석적 용법이라는 개념을 사용하는 이점을 부각시키기 위해, 인식 양태 혹은 증거 범주에 입각하여 여러 언어의 전언 표지를 기술한 Palmer (1986)의 논의를 비판하고 있는데 여기에는 논의의 여지가 있다. Blass (1990: 103~104)는 Palmer (1986)이 전언 요소의 주요 기능을 화자의 commitment[10]의 정도를 경감하는 것이라고 파악한 것은 잘못이라고 비판하면서 양태에 입각한 설명을 버리고 해석적 용법에 입각한 설명을 취해야 한다고 주장하고 있다. 예컨대 자기의 의견

8) Sissala 어의 'rɛ̀'는 문중에서 보문자의 역할을 하기도 하고 인용 동사가 생략된 채로도 흔히 사용되는 것으로 보아 한국어의 '고' 혹은 '-다고'와 성격상 유사한 점이 많은 것으로 생각된다. Blass (1990: 123)에서는 영어의 보문자 that가 해석적 용법 표지의 가능한 후보가 될 것이라고 한 바 있다.

9) 일본어의 'to'는 대체로 한국어의 인용 조사 '고'에 해당한다.

10) 필자는 다른 논의에서 'commitment'를 '책임'으로 번역하였지만 여기에서는 번역하지 않았다. Itani (1998)은 이 개념을 명제에 대한 화자의 믿음과 관련된 것으로 이해한 듯 보이기 때문이다. 필자는 'commitment'의 개념에는 '믿음'뿐 아니라 '책임(responsibility)'이나 '보증(guarantee)'의 속성이 들어간다고 본다.

을 강화하기 위하여 권위 있는 사람의 말을 인용할 경우에는 화자의 commitment가 줄어들지 않는다는 것이다. Itani (1998: 48) 역시 전언 첨사는 화자의 commitment의 정도와 무관한 요소라고 반박하고 있다.

(9) 가. Mary wa kashikoi tte. (메리는 영리하대.)
나. According to her teacher, Mary is smart tte. I always knew it. (그 애 선생님이 그러시는데, 메리는 영리하대. 난 원래 알고 있었지만.)
다. According to weather report, it is sunny today tte. I knew it would be.[11] (일기 예보에서 그러는데, 오늘 맑대. 나도 그럴 거라고 생각했지.) (Itani 1998: 48. 한국어 해석 필자)

'tte'는 (9나)에서처럼 화자가 원래부터 확신하고 있는 사실에 대하여서도 사용될 수 있고, (9다)에서처럼 그럴 것으로 추측하는 사실에 대하여서도 사용될 수 있다는 것이다. 이를 근거로 Itani (1998: 48)은 'tte'와 같은 전언 요소를 화자의 commitment의 정도와 관련된 인식 양태 범주로 파악한 Palmer (1986)의 논의는 잘못이라고 주장하고 있다.

그러나 이러한 비판은 정당하지 못한 것으로 보인다. 이들 논의는 Palmer (1986)이 증거 표지의 '주요' 기능을 화자의 commitment의 정도를 경감시키는 것이라고 하였다고 인용하였으나 Palmer (1986: 7)은 기본적으로 증거를 순수한 의미에서의 '증거'를 부호화하는 장치로 파악하였으며 화자의 commitment의 정도가 줄어드는 것은 그에 따른 결과로 보았다는 것이 필자의 판단이다. 게다가 본고의 관점에서, 적어도 인용과 관련한 전언 표지가 화자의 commitment의 정도의 약화를 나타낸다는 주장은 근본적으로 정당하다.

11) (9가, 나, 다)는 Itani (1998: 48)의 것을 그대로 옮긴 것이다. (9가)는 온전한 일본어 문장이지만 (9나, 다)는 'tte'를 제외한 부분을 영어로 해석해 두었는데, 이해를 돕기 위한 편의상의 조처로 생각된다.

(10) A: Is Tokyo worth visiting? (동경은 가볼 만하니?)
B: It is. (그래.)
B': They say it is. (그렇대.)(Blass 1990: 94. 한국어 해석 필자)

(10)은 Blass (1990: 94)에서 전언 표지("They say")가 화자의 commitment를 약화시킬 수 있다는 점을 보이기 위한 예로 제시된 것이다. 언뜻 보기에 화자 B의 발화가 확실히 그러하다고 단언하는 것에 비하면 화자 B'의 발화에서는 자신의 말에 대한 확신의 정도가 떨어진다고 느껴질 수 있다.

그러나 여기서 주의할 것은 전언 표지가 사용된 화자 B'의 발화가 모든 경우에 동경이 훌륭한 관광지라는 데에 대한 확신이 없음을 나타낸다고 보기는 어렵다는 것이다. 자신이 직접 동경에 가 본 적이 없다거나 자기 혼자의 판단보다는 여러 사람의 판단이 더 믿을 만하다고 생각할 경우에는 "They say it is." 쪽이 화자의 확신을 강하게 드러낼 수 있기 때문이다. 여기에서 줄어드는 것은 화자 자신의 믿음이 아니라 자신의 말에 대한 화자의 책임이다. 즉 화자는 자신의 말에 대한 책임을 남에게 전가시키는 것이라고 볼 수 있다. 화자의 commitment는 화자의 믿음과 일치되는 개념이 아니기 때문에, 이러한 현상을 commitment의 약화로 이해한다면 Itani (1998)이 Palmer (1986)의 논의를 반박하기 위하여 든 예 (9) 역시 화자의 commitment가 약화된 예로 이해할 수 있다. 자신의 의견을 강화시키기 위하여 다른 권위 있는 사람의 말을 인용할 경우 화자는 자신의 발화의 진실성에 대한 책임을 다른 사람에게 전가시키는 것인데 그 책임의 정도가 화자의 믿음의 정도와 반드시 일치하는 것은 아니다.

본고의 비판이 정당하다면 전언 관련 요소를 해석적 용법의 표지로 파악하려는 시도와 그것을 증거의 인식 양태 표지로 보는 논의는 얼마든지 양립 가능하다고 할 수 있다. 한국어의 '-다고'류 어미에 대하여서도 인식 양태 범주를 이용한 의미 기술과 해석적 용법의 개념을 이용한 화용론적인 설명이 동시에 가능하다는 것이다. 이제 이상의 논의를 바탕으로 한국어의 '-다고'류 어미의 화용론적 특성을 생각해 보기로 한다.

3. '-다고'류 어미의 화용론적 특성

직접 인용과 간접 인용이 해석적 용법의 전형적인 예라는 것은 2장에서 이미 본 바 있다. 따라서 한국어에서 인용 조사 '고, 이라고' 등이 해석적 용법의 표지가 된다는 주장은 지극히 당연한 것이다. 문법화가 완전히 이루어진 것은 아니지만 인용 구성에 쓰이는 '-단다, -대, -답니다' 등도 해석적 용법 표지의 성격을 띤다고 볼 수 있다. 이에 비해 '-다고'류 어미가 이끄는 문장은 인용 동사를 갖춘 완전한 인용 구문은 아니면서도 인용 구문의 속성을 여전히 많이 보유하고 있어서 해석적 용법이라는 개념과 관련하여 흥미로운 성격을 가지고 있을 것으로 기대된다.[12)]

'-다고'류 어미가 이끄는 문장은 정상적인 인용 구문의 구조를 갖지 못하고 [전언]의 증거 관련 의미도 '-다면서'류 어미와 '-다나'류 어미에서만 파악될 수 있을 뿐이지만, 이들 어미가 사용된 발화에는 인용 구문처럼 원발화를 상정할 수 있는 공통점이 있다.

(11) A: 이리 좀 와 봐요. 이게 잘 안 열리네.

B: 뭐라고?

A: 이리 좀 와 보라구요. 주스 뚜껑이 안 열린단 말이야.

(12) A: 리포트 마감이 언제야?

---

12) 최근 이윤하(1999: 67)에서 제시한 "문말 첨사"의 목록에도 본고의 '-다고'류 어미의 요소인 '-고, -니까, -면서, -니, -나' 등이 들어 있다. 이 논의에서의 문말 첨사는 인용 구성 요소를 기원으로 가지는 것 외에도 다른 이질적인 요소를 많이 포함하고 있는 것이지만, 문말 첨사의 의미 기능을 "선행 문장이나 명제 내용에 대한 제2차적인 해석에 기여하는 것(69면)"으로 가정하고 있어 '-다고'류 어미를 해석적 용법의 표지로 보려는 본고의 관점과 일면 통하는 점이 있다.

B: 나 아직 다 쓰려면 멀었는데.

A: 글쎄 리포트 마감이 언제냐니까.

(13) 혼식 검사한다면서? 밥에 보리 좀 섞었으니까 꼭꼭 씹어 먹어라. (은희경, 「새의 선물」)

(14) A: 이쪽의 텔레비나 라디오가 저쪽에도 나갈까?

B: 이쪽이 … 저쪽으로 나가다니요?(최윤, 「벙어리 창」)

(15) 우리 마누라가 뭐라는 줄 알아. 자기도 자유가 필요하다나?(은희경, 「빈처」)

(11)~(15)는 차례로 '-다고, -다니까, -다면서, -다니, -다나'류 어미가 사용된 발화들을 보인 것이다. (11)에서 화자 A의 두 번째 발화 "이리 좀 와 보라구요."는 화자 A의 첫 번째 발화 "이리 좀 와 봐요."를 원발화로 가진다. 즉 두 번째 발화는 화자 자신의 첫 번째 발화에 대한 반복이며, 그에 대한 해석이라고 할 수 있다. (12)에서 화자 A는 자신의 질문에 대하여 화자 B가 적절한 대답을 하지 않자, 종결어미 '-냐니까'를 이용하여 다시 동일한 질문을 던지고 있다. 역시 화자 자신의 발화에 대한 해석이다. (13)에서는 원발화가 문면에 드러나지 않았지만 아들이나 다른 누군가로부터 "학교에서 혼식 검사를 한다"는 내용의 문장을 들었음이 암시되고 있다. "혼식 검사한다면서?"는 원발화를 상정할 수 있는 해석적 용법으로 사용되었음을 알 수 있다. (14)에서 화자 B의 발화는 화자 A의 발화를 원발화로 가지며, 원발화와의 유사성에 의지하는 해석적 용법으로 사용된 것이다. (15)의 예에서 원발화는 문면에 드러나지 않았지만 화자의 아내가 "나는 자유가 필요하다"를 내용으로 가지는 문장을 발화한 사실이 있음이 문맥에서 암시되고 있다. 즉 (11)~(15)에서 '-다고, -다니까, -다면서, -다니, -다나'류 어미가 사용된 발화들은 사태를 표상하기 위하여 기술적으로 사용된 것이 아니라 다른 발화를 표상하기 위해 해석적으로 사용되었다고 할 수 있다. 이러한 발화가 공유하는 화용론적 성격을 '언어의 해석적 사용'이라고

규정할 수 있는바, 이제 '언어의 해석적 사용'이라는 관점에서 이들 어미가 사용된 발화의 성격을 보다 자세히 살펴보기로 하겠다.

인용 구성에서 형성된 종결어미들은 원발화의 문장 유형에 따라 '-다'계 어미, '-냐'계 어미, '-라'계 어미, '-자'계 어미로 분류할 수 있는데, 인용 구성에서 형성된 종결어미에 포함된 어미 형식과 이들 종결어미가 이끄는 문장의 문장 유형은 원칙적으로 무관하다.

(16) 가. 지각을 하지 말라면서?(이필영 1995: 135)

나. A: 영희 언제 미국 가니?

B: 영희가 언제 가냐고? 그걸 나한테 물어 보면 안 되지.

(16가)는 '-으라면서'가 사용된 문장이다. 이 문장이 '해석'하고 있는 원발화는 "지각을 하지 말아라."와 같은 명령문이었을 것이지만 (16가)는 의문문으로 파악된다.[13] 또한 (16나)에서 설명의문문인 화자 A의 발화를 원발화로 가지는 화자 B의 "영희가 언제 가냐고?"는 설명의문문이 아닌 판정의문문이다. 즉 이 발화는 청자의 말에 대한 해석이기에 청자의 질문 그 자체에 대한 자신의 파악이 옳은지 그른지를 묻는 판정의문문인 것이다.

이러한 논의를 염두에 두면 박재연(1998: 103)에서 제기되었던 '-다

13) 이필영(1995: 135~137), 박재연(1998: 107~108)에서는 '-다면서'류 어미가 사용된 (16가)와 같은 문장을 모두 의문문으로 파악한 바 있으나, 이에는 재론의 여지가 있다. 의문의 본질적 속성을 '화자의 무지의 표현'이라고 본다면(Lyons 1977: 754, 임홍빈 1988/1998: 141), 화자가 이미 정보를 가지고 있음을 표현하는 (16가)와 같은 문장은 정상적인 의문문이 아니라고 할 수 있다. (16가)와 같은 문장이 의문문과 같은 상향 억양을 가지고 화자의 응답을 요구하는 것은 사실이지만 이러한 특성은 "너 정말 좋겠다?"와 같은 평서문에서도 발견될 수 있기 때문이다. 물론 (16가)와 같은 문장을 평서문으로 다룬다고 하여도 원발화의 문장 유형인 명령문과는 구별되므로, '-다면서'류 어미에 포함된 어미 형식과 이들 종결어미가 이끄는 문장의 문장 유형은 무관하다는 논지에는 문제가 없다. 편의상 본고에서는 이를 의문문으로 다루며, 인식 양태와 의문문의 상관 관계를 다루는 별도의 논문을 통해 이 문제를 자세히 검토해 보고자 한다.

니까'류 어미와 '-다고'류 어미가 이끄는 문장의 문장 유형에 대한 문제를 보다 용이하게 설명할 수 있게 된다. 박재연(1998: 103)에서는 '-다니까'류의 어미 '-냐니까, -으라니까, -자니까'가 이끄는 문장을 모두 평서문으로 파악한 바 있다.

(17) 가. 내가 어제는 죽을 뻔했다니까.
나. 철수는 학교 갔느냐니까.
다. 여행을 가려면 나랑 같이 가자니까.
라. 제발 책도 좀 읽으면서 살라니까. (박재연 1998: 103)

이들 문장의 발화수반력(illocutionary-force)은 각기 달라서 (17가)는 진술, (17나)는 질문, (17다)는 청유, (17라)는 명령의 효력을 가진다. 따라서 논자에 따라서는 이들이 각각 평서문, 의문문, 청유문, 명령문의 성격을 가진다고 주장할 수 있다.[14] 그러나 박재연(1998: 104)에서는 예컨대 질문의 효력을 가진 (17나)는 이미 앞에서 화자가 '질문'한 내용을 알려 주기 위해 다시 '진술'하는 것이라는 점에서 일반적인 의문문과 다르며, 일반적인 판정의문문이 갖는 상향 억양을 가지기 어렵기 때문에 의문문으로 볼 수 없다고 주장하였다. 그러나 해당 발화의 문장 유형을 그 문장이 가장 일반적인 경우에 가지는 발화수반력과 일치시키지 않는 이러한 처리는 부담을 가질 수밖에 없었다. 하지만 이들이 해석적 용법의 어미라는 사실을 인정할 수 있다면 이들이 가지는 발화수반력의 문제는 원발화의 것으로 돌리고, '-냐니까, -으라니까, -자니까'가 쓰인 발화는 차례로 의문문, 명령문, 청유문인 원발화에 대한 해석으로서, 그 내용을 다시 한번 전달하는 평서문의 성격을 가진다고 설명할 수 있게 된다.[15]

14) 허웅(1995)에서 '-다니까', '-냐니까', '-으라니까', '-자니까'는 차례로 '서술법', '물음법', '시킴법', '함께법' 어미 목록에 들어 있다.

15) 인용 구성의 융합에 의해 형성된 어미들이 사용된 모든 발화의 발화수반력이 원발

이러한 주장은 다음과 같은 '-다고'류 어미들에 대해서도 유지된다.

(18) 가. A: 영희는 얼굴이 예쁘니?

B: …

A: 영희가 예쁘냐고.

나. A: 영희는 얼굴이 예쁘니?

B: 영희가 예쁘냐고? 웃기지 마라.

(18가)의 화자 A의 두 번째 발화는 질문의 발화수반력을 가지지만 문장 유형은 평서문이라고 파악할 수 있다. 화자 자신의 의문문 발화에 대한 평서문적 해석이라는 것이다. 이는 (18나)의 '-냐고'가 가진 의문문 용법과 확연히 구별되며, (18가)의 "영희가 예쁘냐고."를 평서문으로 파악함으로써 그것을 (18나)의 "영희는 예쁘냐고?"와 쉽게 구별하여 기술할 수 있는 이점을 얻게 된다.

해석적 용법의 표지로서의 '-다고, -다니까, -다면서, -다니, -다나'류 어미들이 가지는 또 다른 특성은 이들 어미로 원발화에 대한 화자의 태도를 표현할 수 있다는 것이다. 평서문 용법의 '-다고'류 어미와 '-다니까'류 어미가 사용된 발화는, 이전에 화자가 유사한 발화를 하였다는 사실로써 적절성을 획득하기 때문에 반드시 부가적인 태도가 덧붙여지는 것은 아니지만[16] 의문문 용법의 '-다고'류 어미와 '-다면서, -다니, -다나'류 어미가 사용된 발화는 화자가 원발화에 대해 어떠한 태도를 가지고 있다는 사실을 표현함으로써 적절성을 획득하는 경우가 많다. 먼저 의문문 용법을 가지는 '-다고'류 어미의 예를 보자.

화의 문장 유형과 관련되는 것은 아니다. 그것은 '-다니까'류 어미와 평서문 용법의 '-다고'류 어미의 고유한 특성이라고 할 수 있다.

16) 같은 발화를 반복하는 데에 따른 화자의 부정적 감정이 표출될 수는 있다. 위의 예 (18가)와 (17)을 참조하기 바란다.

(19) A: 영희가 요즘 아픈가 봐.

B: 영희가 아프<u>다고</u>? 그렇게 보이지 않던데?

(19)에서 화자 B의 첫 번째 발화는 화자 A의 발화에 대한 반문(echo question)으로 해석된다. 그런데, 이 발화가 해당 문맥에서 적절성을 가지는 이유는 단순히 화자 B가 화자 A의 발화를 인지하여 그것을 확인하는 데에만 있지 않다. 오히려 '-다고'에 의한 반문은 많은 문맥에서 화자가 선행 화자의 발화에 대한 놀람이나 이의와 관련한 태도[17]를 표현하는 데에 이용된다.[18]

다음은 '-다면서'류 어미가 사용된 발화의 예이다.

(20) 가. A: 요새는 한강 내려다보이는 고급 아파트들 인기가 떨어진다고 하데?

B: 글쎄 말야. 신문 보니까 아줌마들이 강을 내려다보고 있노라면 삶을 비관하고 자살 충동까지 생겨서 그렇<u>다며</u>? (은희경, 「빈처」)

나. 장군이 너 똥통에 빠졌<u>다며</u>? 괜찮냐?(은희경, 「새의 선물」)

(20가, 나)에서 '-다면서'류 어미가 사용된 발화[19]는 화자가 제3자로

---

17) 이와 관련한 태도를 평가 양태(evaluative modality)로 파악할 수도 있다(Palmer 1986: 119~121).

18) Sperber & Wilson (1986/1995: 238)에서는 다음과 같은 예를 들고 있다.

Peter: The Joneses aren't coming to the party.

Mary: <u>They aren't coming, hum</u>. If that's true, we might invite the Smiths.

이 때 밑줄 친 'Mary'의 발화는 단순히 'Peter'가 말한 것을 보고함으로써 적절성을 획득하는 것이 아니라 'Mary'가 'Peter'의 발화에 귀를 기울이고 있고, 그 신빙성을 신중히 평가하고 있다는 증거를 제공함으로써 적절성을 획득한다. 한국어에서라면 이러한 문맥에서 "그 사람들이 안 온다고?"와 같은 문장이 사용될 법한데 이 경우 '-다고'에 의한 발화도 동일한 이유에서 적절성을 획득한다고 말할 수 있을 것이다.

19) (20가)의 화자 B의 발화와 (20나)의 발화에는 '-다면서'가 아닌 '-다며'가 사용되어 있지만 '-다며, -다매'는 '-다면서'와 자유롭게 교체되어 사용될 수 있으므로(박재연 1998: 63), 이를 '-다면서'의 예로 간주하였다.

부터 입수한 정보가 담긴 원발화에, 그 정보를 청자도 알고 있을 것으로 가정하면서 청자에게 확인하는 태도를 덧붙여 표현하는 것으로 파악된다. 이러한 태도는 증거와 관련한 양태의 의미 범주로도 파악할 수 있는 것으로서 '정보의 획득 방법'은 [전언], '청자의 지식에 대한 가정'은 [기지가정]이라고 할 수 있다.[20]

이제 '-다니'류 어미가 이끄는 문장을 살펴보자.

(21) 가. A: 지선인 이민 갈 건가 봐.

B: 아니, 멀쩡하게 학교 잘 다니던 애가 유학도 아니고 이민을 가다니? 말도 안돼.

나. A: 이쪽의 텔레비나 라디오가 저쪽에도 나갈까?

B: 이쪽이 … 저쪽으로 나가다니요?(최윤, 「벙어리 창」)

(22) 가. A: 아이고, 이제 봄인가 했는데 벌써 장마철이라니!

B: 그러게 말이다. 큰 빨래나 미리 해 둬야지.

나. 내가 상을 타다니!

(21)은 의문문 용법의 '-다니'가 사용된 발화를 보인 것이고, (22)는 평서문(혹은 감탄문) 용법의 '-다니'가 사용된 발화를 보인 것이다. '-다니'가 이끄는 의문문도 청자의 원발화에 대한 반문의 성격을 가지지만 그 축자적 의미를 묻는다기보다는 영문을 알고자 하는 태도를 표현하는 것이라고 할 수 있다. 한편 '-다니'가 이끄는 평서문에는 반드시 화자의 감

---

20) 朴재연(1998: 5장, 1999)에서는 한국어의 어미 기술에 유용한 인식 양태의 의미 범주로서 '정보의 확실성 정도', '정보의 획득 방법', '정보의 내면화 정도', '청자의 지식에 대한 가정' 등을 제안한 바 있다. 위의 '-다면서'류 어미에 대한 의미 파악도 이에 입각한 것이다. 단, 朴재연(1998: 107)에서는 '-다면서'류 어미가 청자가 말한 것을 제3자로부터 전해 듣고 그것을 다시 청자에게 확인하는 용법으로 사용된다고 보았으나 이는 정확하지 못한 기술이었다. (20)의 예에서 보는 바와 같이 '-다면서'류 어미는 청자가 한 말이 아니더라도 문제의 정보를 청자가 알고 있다고 가정할 수 있으면 사용될 수 있다. 따라서 본고에서는 '-다면서'류 어미의 의미를 [전언], [기지가정]으로 수정하고자 한다.

정이 표현되는데 그것은 부정적 감정일 수도 있고(22가), 긍정적 감정일 수도 있다(22나).

'-다나'류 어미에도 화자의 감정과 관련한 태도가 표현된다.

(23) 가. 우리 마누라가 뭐라는 줄 알아. 자기도 자유가 필요하다나?
(은희경, 「빈처」)
나. A: 너 정외과 여자애들 나와서 말하는 거 봤니? 원수에다가 괴뢰도당에다가 와, 겁난다. 꼭 광신도들 같지 않냐? 무조건 동참하래. 아니, 정당성을 갖고 동참하라나?
B: 그래. 우리들은 이렇게 한다. 그런데 너희들은 뭐냐, 하는 식의 단죄는 우습지?(강규, 「마당에 봄꽃이 서른 번째 피어날 때」)

(23)의 예에는 각각 '-다나'와 '-라나'가 사용된 발화가 들어 있다. '-다나'류 어미가 이끄는 문장은 제3자의 원발화에 대한 해석으로서 [전언]의 증거 관련 의미를 가지는데, 화자가 원발화 혹은 원발화자에 대하여 경멸이나 못마땅함, 비아냥 등의 부정적 감정을 가지고 있음을 동시에 전달한다. (23가)의 화자는 자기 아내의 '자유가 필요하다'는 주장에 대한 못마땅한 감정을, (23나)의 화자 A는 '정외과 여자애들'의 발언에 대한 조소(嘲笑)를 표현하고 있다.

'-다고, -다니,- 다나, -다니까, -다면서'류 어미가 사용된 발화는 원발화에 대한 해석이지만 반드시 원발화의 온전한 반복이어야만 하는 것은 아니다. 2장에서 언어의 해석적 사용에 있어서 유사성의 정도가 있음을 살펴본 바 있는데, 이들 어미 역시 원발화와 명제 형식이 다른 발화에 사용되기도 한다.

(24) A: 영희는 학교 갔나 봐.
B: 뭐? 영희가 집에 없다고? 정말 확인해 본 거니?

(25) 남편들은 이 눈치 저 눈치 봐 가며 빠빠지게 벌어다주면 마누라들은 한가하게 인생 타령이나 하고. 수준들 높다니까.(은희경, 「빈처」)

(24)에서 화자 B의 발화 "영희가 집에 없다고?"는 "영희는 학교 갔나 봐."라는 원발화와 명제 형식이 같지 않다. 하지만 원발화와 동일한 문맥적 함축을 가질 수 있으므로 해석적 용법의 발화라고 볼 수 있다. (25)에서도 "수준들 높다니까."는 화자 자신의 이전 발화와 다른 명제 형식을 가지지만 역시 동일한 문맥적 함축을 가지기 때문에 유사성에 입각한 해석적 발화로 볼 수 있다.

특히 평서문 용법의 '-다고'류 어미와 '-다니까'류 어미는 원발화가 굳이 상정되지 않는 문맥에서도 사용이 가능하다.

(26) 왔군! 앉으라구. 식사 전이지?(임영태, 「우리는 사람이 아니었어」)

(27) (…) 하지만 안에 누가 같이 산다는 건 이젠 의심할 나위가 없어요. 접때 그 집에서 나온 쓰레기를 보니까 구멍이 뚫려서 버린 낡은 남자 양말이 나오더라니까요.(안정효, 「백합은 이렇게 죽는다」)

(26)에서 '-으라고'는 재차 명령하는 발화에 사용된 것이 아니지만 자연스럽게 쓰일 수 있다. (27)에서도 '-다니까'가 원발화를 상정하기 어려운 발화에 사용되고 있다. 평서문 용법의 '-다고'류 어미와 '-다니까'류 어미가 화자 자신의 말을 반복하는 데에 사용된다는 공통점이 있음은 이미 본 바 있거니와, 반복은 대개 강조의 의미를 부가적으로 갖게 되므로, 때로는 반복이 아닌 경우에도 화자의 감정을 강하게 표현하거나 강조할 때 사용될 수 있는 것이다(박재연 1998: 105). 특히 명령과 청유의 효력을 가지는 '-으라고', '-자고'는 직접적인 명령이나 청유의 강

한 어조를 약화시키기 위한 화용론적 책략으로 흔히 이용된다.

4. 결론

지금까지 본고는 Sperber & Wilson (1986/1995)의 '언어의 해석적 용법'의 개념을 이용하여 한국어의 '-다고'류 어미의 화용론적 특성을 설명해 보았다. 이 개념을 이용함으로써 양태의 개념을 이용하여 이들을 기술하고자 했던 박재연(1998)에서의 취약점이 다소간 보완되었다고 믿는다.

이상의 논의를 요약하면 다음과 같다.

① Sperber & Wilson (1986/1995)의 논의에 의하면, 언어의 사용은 기술적 용법과 해석적 용법으로 나뉘어진다. 언어의 해석적 사용은 다른 발화나 생각과의 유사성을 기반으로 하여 이루어지며 직접 인용 발화가 그 전형적 예가 된다.

② 해석적 용법의 개념은 기존의 전언 표지들에 대한 새로운 설명을 가능케 하였다. 그러나 본고는 몇몇 학자들의 주장과는 달리, 증거 혹은 양태에 기반한 기존의 논의와 해석적 용법에 입각한 논의는 서로 양립 가능하다고 주장한다.

③ 인용 구성의 융합에 의해 형성된 한국어의 '-다고'류 어미는 언어의 해석적 사용을 나타낸다는 화용론적 공통점을 갖는다. 이들은 해석의 대상인 원발화의 문장 유형에 따라 '-다'계 어미, '-냐'계 어미, '-라'계 어미, '-자'계 어미로 구별된다. 그러나 이들 어미가 쓰인 문장은 원발화에 대한 해석을 표현하기 때문에 그 문장 유형이 원발화의 문장 유형과 원칙적으로 무관하다.

④ 반향적 발화에는 흔히 화자의 태도가 표현될 수 있기 때문에 인용 구성의 융합에 의해 형성된 한국어의 종결어미에도 화자의 태도가 표현될 수 있다.

⑤ 언어의 해석적 사용에 있어 기반이 되는 유사성에도 정도가 있듯이 이들 어미가 사용된 발화는 원발화에 대한 해석이기는 하지만 반드시 원발화의 온전한 반복일 필요는 없다. 문맥적 함축을 공유하는 경우에는 명제 형식이 달라도 이들 어미가 사용될 수 있다.

참고논저

권재일(1983), 현대국어의 강조법 연구, 『대구어문론총』 1, 대구어문학회, 23-48.

김홍범(1987), '-다면서, -다고, -다니'의 구조와 의미, 『말』 12, 연세대학교 한국어학당, 71-92.

박재연(1998), 현대국어 반말체 종결어미 연구, 『국어연구』 152, 국어연구회.

박재연(1999), 국어 양태 범주의 확립과 어미의 의미 기술: 인식 양태를 중심으로, 『국어학』 34, 국어학회, 199-225.

송재목(1998), 안맺음씨끝 '-더-'의 의미 기능에 대하여: 유형론적 관점에서, 『국어학』 32, 국어학회, 135-169.

이윤하(1999), 문말 첨사의 통사 · 의미적 특징에 대하여, 『국어학』 34, 국어학회, 59-85.

이필영(1995), 『국어의 인용구문 연구』, 탑출판사.

임홍빈(1988), '무슨'과 '어떤'-의문에 대하여: 의문의 통사론과 의미론을 중심으로, 『말』 13, 연세대학교 한국어학당. [임홍빈(1998)에 실림, 131-234.]

임홍빈(1998), 『국어 문법의 심층 Ⅲ: 어휘 범주의 통사와 의미』, 태학사.

한길(1991), 『국어 종결어미 연구』, 강원대학교 출판부.

허웅(1995), 『20세기 우리말의 형태론』, 샘문화사.

Blass, R. (1990), *Relevance Relations in Discourse: A Study with Special Reference to Sissala,* Cambridge University Press.

Bybee, J. L. (1985), *Morphology: A Study of the Relation between Meaning and Form,* John Benjamins Publishing Company.

Carston, R. & S. Uchida *eds.* (1998), *Relevance Theory: Applications and Implications,* John Benjamins Publishing Company.

Chafe, W. & J. Nichols *eds.* (1986), *Evidentiality: The Linguistic Coding of Epistemology,* Ablex Publishing Company.

Chafe, W. (1986), Evidentiality in English Conversation and Academic Writing, in Chafe, W. & J. Nichols *eds*. (1986), 261-272.

Itani, R. (1998), A Relevance-Based Analysis of Hearsay Particles: With Special Reference to Japanese Sentence-final Particle *tte*, in Carston, R. & S. Uchida *eds*. (1998).

Lyons, J. (1977), *Semantics 2,* Cambridge University Press.

Palmer, F. (1986), *Mood and Modality,* Cambridge University Press.

Sperber, D. & D. Wilson (1986/1995), *Relevance: Communication and Cognition*, *2nd edition,* Blackwell.

독백과 독백문 종결어미

1. 서론

본고는 한국어 문법 체계에서 '독백(獨白, soliloquy)'이라는 개념이 가지는 성격과 독백문(獨白文)[1] 설정의 의의를 생각해 보고, 이를 바탕으로 독백문에 사용되는 종결어미의 특성을 검토하는 것을 목적으로 한다.

한국어의 종결어미는 문장의 종결이라는 본질적 기능 이외에도 화자와 청자의 관계를 나타내는 다양한 문법 범주를 표시하는 기능을 아울러 가지고 있다. 화자와 청자의 사회적 관계를 나타내는 청자대우법, 화자와 청자의 통보적 관계를 나타내는 문장 유형, 그리고 화자의 통보적 · 심리적 태도를 나타내는 양태 범주 등이 종결어미에 실현되는 문법 범주이다. 그런데 한국어의 종결어미 중에는 화자가 발화의 청자를 적극적으로 상정하지 않음을 나타내는 종결어미도 존재한다. 다음과 같은 독백의 텍스트를 살펴보자.

(1) 에이 또 집에 가면 9시네. 9시까지 갈 수 있을까? …[2] 으잉? 몇 번이지? 이런 걸 까먹다니! 에이 몇 번이야? … 미치겠구나. …

---

1) '독백'은 혼잣말의 발화를 총칭하는 개념으로 완전한 문장의 형식을 갖춘 발화만을 가리키는 용어는 아니다. 본고에서는 종결어미를 갖춘 완전한 문장이 독백의 성격을 가질 때 이를 '독백문'이라고 부르기로 한다.

2) ' … '은 발화의 생략이 아니라 시간의 간격을 뜻하며 이는 이하에서도 동일하다. 문장 부호로서의 말줄임표 ' …… '와 구별하여 사용하기로 한다.

새로운 편지가 네 건이나 와 있구나. … 언제까지 해야 될라나? [대학원생 S씨가 교내 통신망에 접속하려 하나 비밀번호를 잊어버려서 변경 신청을 한 후 결국 접속에 성공하는 상황(1999. 6. 서울대학교 국어학 연구실)]

(1)은 화자가 컴퓨터를 들여다보면서 혼자 하고 있는 말이다. 잠재적인 청자가 존재하였지만 청자를 염두에 둔 말은 아니다.[3] 이 텍스트에 사용되고 있는 종결어미는 '-네, -을까, -지, -다니, -어, -구나, -나[4]'로서 평서문, 의문문, 감탄문 어미가 다양하게 나타나며, 또한 청자대우법상 반말체 어미도 있고 해라체 어미도 있다. 그러나 (1)과 같은 독백의 텍스트에 위에서 든 어미들이 출현한 것은 결코 우연이 아니다. 예컨대 해라체 의문형 종결어미 '-니'라든가 합쇼체 평서형 종결어미 '-습니다'는 지극히 예외적인 경우를 제외하면 이와 같은 독백의 상황에 좀처럼 나타나지 못할 것이기 때문이다. 따라서 (1)의 예에서 출현한 '-네, -을까, -지, -다니, -어, -구나, -나' 등의 종결어미들은 어떠한 공통된 문법적 속성을 가지고 있을 것으로 추측된다. 한국어에는 자신이 이끄는 문장이 독백의 성격을 갖게 하는 일련의 종결어미가 존재한다고 가정할 수 있다는 것이다.

본고는 이러한 가정을 바탕으로 하여 한국어의 독백과 독백문 종결어미의 성격을 생각해 보고자 한다. 2장에서는 독백과 관련한 기존의 연구를 차례로 검토하면서 독백의 성격과 독백문 설정의 의의를 생각해 본다. 3장에서는 한국어의 독백문에 사용되는 종결어미를 그 의미론적 속성에 따라 분류하고 각각의 종결어미가 가지는 특성을 살펴본

---

3) 당시 잠재적 청자는 모두 화자보다 상위자였으므로 그들을 청자로 상정하였다면 (1)에서와 같이 해라체나 반말체 문장을 사용할 수 없었을 것이다.

4) (1)에서 마지막 문장의 '될라나'는 '되려(고) 하나'가 줄어든 '되려나'의 구어체 형식이다. 이 형식은 본디말로의 복원이 가능한, 이필영(1995)적 의미에서의 '환원적 융합형'이므로 종결어미는 '-나'로 본다. 이때 '-나'는 선어말어미 '-느-'와 종결어미 '-은가'가 융합된 형식이다(이현희 1982: 95, 박재연 1998: 72).

다. 4장에서는 논의를 요약하고 미진한 점을 제시한다.

2. 독백의 성격

'독백', 혹은 '혼잣말'은 문장의 종류와 관계 깊은 개념으로 한국어 종결어미 기술에 이따금 등장하는 용어이기는 하지만 이에 대한 연구가 본격적으로 이루어졌다고 보기는 어렵다. 종결어미 기술에 "단독적 장면"과 "상관적 장면"의 개념을 적용한 고영근(1976/1989)에 일부 종결어미가 쓰인 문장의 독백적 성격이 지적되어 있는 것, 장소원(1986)에서 문어체의 일종으로 "혼잣말"이 다루어진 것, 한길(1991)의 종결어미 연구에 "높낮이없음 종결접미사"가 설정되어 "홀로말"의 성격이 지적되어 있는 것, 그리고 노대규(1983)에서 감탄문의 한 종류로서 "독백감탄문"이라는 범주가 제안된 것이 독백과 관련한 얼마 안 되는 업적들이다.

그러나 전통문법 학자들의 문법서에서는 오히려 독백과 관련한 개념이 쉽게 발견된다. 주시경(1910: 94)의 "홀로끗," 김두봉(1916: 124, 1922: 85), 이규영(1920: 54), 김윤경(1948: 126)의 "홀로맺," 홍기문(1947: 411)의 "혼잣말文," 정렬모(1946: 144)의 "홀로가름" 등의 개념은 모두 독백문을 염두에 둔 것이었다. 그런데 이들 연구에서 독백문이 차지하는 체계내적인 위치가 서로 일치하지 않는다는 점을 주목할 필요가 있다.

주시경(1910: 94)에서 "홀로끗"은 "이름끗(평서문)," "물음끗(의문문)," "시김끗(명령문)"과 계열을 이루는 개념으로서, 문장 유형의 한 가지로 파악되었다. 이 논의에서는 홀로끗에 쓰이는 어미로 "-다, -도다, -고나, -지, -냐, -은가, -뇨, -랴[5]"를 들고 있는데, 이름끗, 물음끗의 어미와 중복이 있다는 점이 주목된다. 이어지는 "잡이"에 "홀로하는 말에는 스스

5) 제시된 예에서 종결어미 이형태와 선어말어미 결합형을 제외하여 필자가 간추린 것이다.

로 이르는 끗과 스스로 뭇는 끗이 잇나니라."라는 언급을 덧붙이고 있기는 하지만, 이름끗, 물음끗과 대비되는 개념으로서의 홀로끗의 설정에는 모순이 있는 것으로 생각된다. 용어는 다르지만 김두봉(1916: 124, 1922: 85), 이규영(1920: 54), 김윤경(1948: 126)의 "홀로맺"도 문장 유형의 일종으로 파악된 것이다. 이들 연구에 제시되어 있는 예는 대개 "꽃이 붉도다," "달이 밝고나"와 같은 감탄문이다. 반면 홍기문(1947: 411)은 "혼잣말文"에 대하여 "對象이 업시 혼자하는 말이니 全然 語階를 초월해 있다."라고 하면서 혼잣말文을 다른 어계(語階)들, 즉 "존대文," "하오文," "하게文," "해라文," "반말文"과 대비시키고 있다.

그러나 감탄문뿐 아니라 평서문, 의문문도 독백문이 될 수 있기 때문에 독백을 문장 유형의 일종으로 파악할 수는 없으며, 독백문에도 여러 등급의 어미가 사용될 수 있기 때문에 이를 단순히 청자대우법의 한 등급으로 파악하기도 어렵다. 정열모(1946: 144)의 "홀로가름"은 여기서 매우 유용한 개념이라 할 수 있다. 이 연구에서는 "홀로가름은 듣는 상대자를 알은 곳 없이 사물에 대한 자기 단정을 나타냄이니, 일반 저서, 공개문장 들은 이 빛을 쓰는 것인데 여러 가지 보람이 있다."라고 하고, "더불가름은 상대자와 대화할 때 쓰는 것이니 (중략) 무름빛, 시김빛 끌음빛은 모두 더불썽을 가진 것인데 (중략) 해라, 하게, 하오, 합쇼, 반말의 차별이 있다."라고 하고 있다. 또 "물음빛 가운데 반문과 감동뜻은 대화에는 쓰이지 아니하고 홀로가름으로 쓰인다."라고 하면서 "눈이 어찌 검으랴," "죽은들 갈손가"와 같은 예문을 제시하고 있다. 이러한 태도는 독백의 개념이 문장 유형, 청자대우법과는 다른 체계 안에 위치하고 있음을 암시하는 것인데 이 홀로가름의 개념은 고영근(1976/1989)의 "단독적 장면," 장소원(1986)의 "문어체"의 개념으로 계승되었다.

고영근(1976/1989: 303)에서는 화자와 청자의 관계와 관련한 상황의 유형을 다음과 같이 다섯 가지로 나누고 있다.

(2) 가. 화자가 실제의 대화에서 청자와 공동으로 이야기를 주고 받는 상황
나. 화자가 청자를 직접 의식하지 않고 獨白(혼잣말)하는 상황
다. 演士가 공식석상에서 聽衆을 향하여 이야기하는 상황
라. 當局이나 企業主가 大衆이나 顧客에게 媒體를 통하여 공개적으로 알리는(告示) 상황
마. 문장에서 필자가 독자를 상대로 자기의 사상을 표현하는 상황

이 논의에서는 (2가)의 상황에서는 화자와 청자의 사회적 관계가 성립할 수 있음을 들어 이를 "상관적 장면"이라고 부르고 (2마)의 상황에서는 말듣는 이를 직접 의식함이 없어 화자와 청자 사이에 일정한 관계가 맺어질 수도 없고 존비의 등분도 나타날 수 없다는 점에서 이를 "단독적 장면"이라고 부른다. 한편 (2나~라)의 상황은 약간의 논의의 소지가 있으나 대체로 상황이 공개적이요, 존비의 등분 선택에 대한 권한이 화자에게 소속되어 있다고 할 수 있으므로 크게는 단독적 장면의 영역에 들어온다고 하고 있다. 즉 (2나)와 같은 독백의 상황을 '단독적 장면'의 용법으로 파악하고 있다.

독백에 관한 장소원(1986)의 입장도 이와 맥을 같이 한다. 이 논의에서는 화자와 청자 사이에 상하 관계가 성립하여 이것이 발화에 반영되는 유형을 구어체로, 화자가 청자를 중립적으로 대우할 때 표현되는 발화의 유형을 문어체로 규정하고 있는데 이에 따르면 화자가 자기 자신에게 말하는 자문자답은 구어체 발화에, 순수한 의미에서의 독백은 문어체 발화에 속하게 된다.[6]

---

6) 한길(1991: 9장)의 "높낮이없음 종결접미사"는 문어체(이 저서의 용어로는 "글말")에만 쓰이면서 청자에 대하여 중립적인 대우를 표현하는 종결어미를 지칭하는 것이며, Lee (1991: 138)도 "중립체(neutal style)는 특정한 수신자가 없거나, 의도된 수신자가 아예 없어서 화계(speech level)가 관여적이지 않은 경우이며, 이들은 대개 문어에서 나타난다."라고 하고 있다. 이들은 모두 장소원(1986)의 파악과 유사한 관점에 서 있다고 볼 수 있다.

이러한 논의는 기본적으로 정당한 것이지만, 독백의 상황을 연사의 연설이나 일반 저서와 동일한 단독적 장면으로, 혹은 청자에 대한 중립적 대우를 표현하는 문어체 발화로 규정하는 데에는 적지 않은 난점이 존재한다. (2)의 다섯 가지 상황 중에서 독백의 상황을 제외한 (2가, 다~마)의 상황에서는 화 · 청자의 관계가 간접적일 수는 있으나 모두 청자가 존재하며, 화자가 엄연히 청자를 상정하고 있다는 공통점이 있다. 물론 (2가)와는 달리 (2다~마)의 상황은 화자가 청자를 중립적으로 대우한다는 특성을 갖기 때문에, 이러한 상황은 단독적 장면이며 여기에 사용되는 문장은 문어체 문장이라고 할 수 있다. 그러나 (2나)와 같은 독백의 상황에서 청자는 아예 상정되지 않는다. 청자를 중립적으로 대우하는 것이 아니라, 청자에 대한 대우를 아예 하지 않는 것이며, 혹 잠재적 청자가 존재해도 그를 청자로서 대우하지 않는 것이다. 독백의 문장은 입 밖으로 발화되지 않은 마음속에서의 문장과도 기본적으로 성격이 같다. 따라서 독백은 청자대우법과 유관한 개념이되 청자대우법을 초월해 있다는 점에서 의의를 가진다. 이런 점에서 본고는 (2나)와 같은 독백의 상황이 (2다~마)와 같은 단독적 장면, 문어체 용법과 구분되어 논의되어야 한다고 주장한다.

독백의 상황에 대하여 좀더 깊이 생각해 보자. 엄밀히 말하면 독백에도 여러 가지 종류가 있다. 첫째, 독백의 수신자(addressee)가 화자 자신이 되는 경우가 있다. 화자가 혼자서 자기 머리를 쥐어박으며 "야, 너는 왜 그렇게 공부를 못하니?"라고 말하는 경우가 있다고 해 보자. 이때 화자는 화자인 동시에 청자이기도 한 자기 자신을 '너'로 대상화하고 있으며 '너'에 대한 청자대우법을 실현시키고 있다. 이러한 문장은 청자가 좀 특수할 뿐 일반 문장과 다를 것이 없다. 따라서 이러한 문장은 우리의 논의에 포함되지 않는다.

둘째, 순수한 의미에서의 독백, 즉 잠재적 청자도 존재하지 않는 상황에서 무심결에 튀어나오는 혼잣말이 있을 수 있다. 주전자에 손을 데어 "아, 뜨거(워)라."라고 혼자서 소리치는 상황을 생각해 보자. 화자가 어떤 청자도 염두에 두지 않음은 물론, 청자가 아예 존재하지 않는 이런 경우가 가장 전형적인 의미에서의 독백의 상황이라고 할 수 있다. 그러나 아무도 없는 곳에서 혼자 말하는 이런 상황은 인간의 언어 행위에서 일반적인 경우는 아니다. 따라서 독백의 논의에서 보다 많은 비중을 차지하는 상황은 셋째, 잠재적 청자가 존재하는 상황이지만 화자가 청자를 적극적으로 상정하지 않고 독백의 형식을 빌려 발화하는 경우이다. 1장에서 예로 든 독백 텍스트도 이러한 유형의 독백에 속한다. 또는 자신의 선생님과 같은 방에 있는 제자가 "어? 이 책이 여기 있었네."라고 중얼거리는 상황을 생각할 수 있다. 이러한 발화는 상위자에 대한 청자대우법을 실현시키지 않은 것으로 보아 분명히 독백이라고 할 수 있지만, 특정 문맥에서는 잠재적 청자인 선생님에 대하여 "이 책이 여기 있었어요."와 동일한 발화수반력(illocutionary force)을 가질 수도 있다. 이때 화자는 청자를 적극적으로 상정한 발화를 하는 대신 독백의 형식을 빌려 동일한 정보를 전달하였다고 할 수 있다.

위에서 보인 독백의 발화는 청자를 적극적으로 상정하지 않는 발화이므로 가장 전형적인 단독적 장면의 발화라고 할 수 있다. 상관적 장면으로 일반적인 대화가 전개되다가도 독백의 발화가 있는 그 순간에는 단독적 장면으로의 일시적인 전환이 일어나는 것이다. 그러나 위에서 보인 상황 중 특히 세 번째의 상황을 주목한다면, "어? 이 책이 여기 있었네."와 같은 독백의 발화를 문어체 발화라고 하기는 어려울 것이다. 구어체 발화와 문어체 발화가 동일한 상황에서 섞여 쓰인다는 것은 아무래도 자연스럽지 못한 설정이기 때문이다. 따라서 본고는 독백의 상황은 단독적 장면이기는 하지만, 독백을 곧 문어체 발화로 규정할 수는 없다고 주장한다. 단독적 장면의 모든 발화를 문어체 발화로 간주할 수는 없다는 것이다.

한국어 화자들에게는 Grice의 대화 격률(Conversational Maxims) 외에도, 청자에게 청자대우법의 관점에서 적절한 등급의 문장을 사용하라는 격률이 따로 존재한다. 그런데 독백문을 사용할 경우에는 이 격률이 어느 정도 무시될 수 있다. 상위의 청자가 존재하는 상황에서도 해라체나 반말체의 문장을 사용할 수 있는 것이다.[7)]

(3) A (할아버지): 철수야, 더운데 선풍기 좀 켜 봐라.

B (손자): 네. 잠시만 기다리세요. … 그런데 선풍기가 안 보이네.

(3)' A (할아버지): 철수야, 더운데 선풍기 좀 켜 봐라.

B (손자): #[8)]네. 잠시만 기다리세요. … 그런데 선풍기가 안 보여.

(4) A (선배): 그러니까 네 주장에는 이런 문제가 있는 거야.

B (후배): 그런가? 그럼 이제 어쩌죠?

(4)' A (선배): 그러니까 네 주장에는 이런 문제가 있는 거야.

B (후배): #그래? 그럼 이제 어쩌죠?

(3)에서 손자인 화자 B는 할아버지인 화자 A에게 일반적인 상황에서는 합쇼체 혹은 해요체를 사용해야 하지만, 두 번째 문장에서 반말체 종결어미 '-네'를 사용하고 있다. 그러나 감탄과 관련한 의미를 가지는 '-네'가 사용된 이 발화는 독백의 성격을 가지기 때문에, 청자대우법과 관련한 대화 격률을 위반하는 것이 합법적이다. 만약 (3)'에서와 같이 '-네' 대신 '-어'가 사용되면 청자를 적극적으로 상정한 발화로 받아들여지기 때문에 상위의 청자인 할아버지에 대한 발화로서는 적절하지 못하게 될 것이다. (4)에서 선배인 화자 A에 대한 화자 B의 발화에는 '은가'가 사용되고 있다. '-나가'는 의문문을 이끌기는 하지만 그 의문의 성격이 청자에게 정보를 강하게 요구하지 않는 자문(自問)에 가깝기 때

7) 고영근(1976/1989: 305)은 "아아니, 연애가 무슨 연애예요? 온 큰일 나겠네."(심훈, 「직녀성」)와 같은 예를 들고 화자가 (상위의) 청자를 직접 의식하지 않고 예상 밖의 일에 대해 스스로 놀라워함을 표현하는 '-네'의 용법을 지적한 바 있으며, 김명운(1996: 60)에는 종결어미 '-구나'와 "오늘이 무슨 요일이더라?"와 같은 문장에서의 '-더라'가, 해라체이면서도 청자를 간접적으로 상정할 경우 상위자에게도 사용될 수 있다는 지적이 있다.

8) '#'는 문맥상 부적절한 발화를 가리키는 뜻으로 사용한 기호이다.

문에, 자신이 이끄는 문장이 독백의 성격을 갖게 하여 (4)의 화자 B의 발화를 가능케 하는 것이다. (4)'의 화자 B의 발화와 같이 '-어'가 사용되면 역시 청자에 대한 직접적인 질문이 되어 상위자 앞에서는 부적절한 발화가 된다. 요컨대 독백문의 설정은 청자대우법과 관련한 격률의 합법적 위반이 가능한 한국어 문장의 발굴이라는 의의를 가진다고 할 수 있다.

어떤 발화가 독백의 성격을 띠게 되는 형식적 요인에는 여러 가지가 있다. 문장을 미처 끝맺지 못하고 말을 흐리는 경우에는 청자대우법이 제대로 표시되지 않음에도 불구하고 적절한 발화가 되는데 이는 중단된 발화가 기본적으로 독백의 성격을 가지기 때문이라고 할 수 있다.[9] 감탄사 하나로 문장이 종결되는 "아이고!", "어머나!" 등도 기본적으로 독백이며 "(아이고,) 팔이야."와 같이 명사에 조사가 붙어 이루어진 문장도 독백의 성격을 띤다.[10] 한편 종결어미를 갖춘 온전한 문장의 경우, 한국어에서 문장의 성격을 결정짓는 것은 종결어미이므로, 대부분의 경우 어떤 문장의 독백적 성격은 종결어미의 의미 · 화용론적 속성에 기인하리라고 예상할 수 있다.[11] 이제 3장에서는 독백문을 이끄는 종결어미들이 어떤 문법적 속성을 공유하고 있는지 살펴보기로 하자.

---

9) 예컨대 선생님 앞에서 "어제까지만 해도 책이 여기 있었는데 …….''라고 말하는 경우를 생각해 볼 수 있다.

10) 이때의 '이야'의 정체가 무엇인지는 분명하지 않다. "아이고 깜짝이야.", "내 팔자야." 에 나타나는 '야/이야'도 같은 요소인데, 본래는 계사의 활용형이라고 생각된다. 조사로 발달하였다고 보면 '감탄 조사'라고 할 수 있을 것이다.

11) 종결어미를 갖춘 완전한 문장의 경우에도 종결어미 아닌 다른 요소의 문법적 특성이 해당 문장을 독백문으로 만들기도 한다. "국이 너무 짜겠다."라든가 "아무래도 이게 아닌가 봐." 등에서 볼 수 있는 선어말어미 '-겠-'이나 보조용언 구성 '-나가 보-'에 의한 추측 표현도 경우에 따라 독백과 같은 기능을 발휘하여, 상위자 앞에서도 청자대우법과 관련한 격률을 어기고 발화될 수 있다. 이는 일반적인 진술이 청자에게 정보를 전달하려는 의도를 가지고 있는 데에 비해 추측 표현은 어느 정도 '비제보적(non-informative)'인 속성을 가지고 있기 때문으로 풀이할 수 있다. Lyons (1977: 595)에서 영어의 'may'에 의한 추측 표현인 "It may be raining."이 비제보적인 속성을 가진다고 한 것이 참고가 된다.

3. 독백문 종결어미의 종류

우리는 2장에서 독백문이 문장 유형의 일부로 간주될 수 없다고 주장한 바 있으나, 종결어미가 표시하는 문장 유형과 아주 무관한 것은 아니다. 명령문, 청유문, 그리고 일반적인 의문문과 같이, 화 · 청자의 관계가 적극적으로 고려되어야 하는 문장은 독백문이 되기가 어렵다.[12] 예컨대 아무도 없는 상황에서 "오늘 날씨가 좋니?"라는 질문을 한다는 것은 아무래도 정상적이라고 보기 어려우며 할아버지 앞에서 청자에 대한 적절한 대우를 하지 않은 "이제 집에 가자."와 같은 문장을 독백으로 발화한다는 것은 용납되기 어렵기 때문이다. 따라서 독백문은 보통 화자와 청자의 관계가 문제되지 않는 감탄문이나 화 · 청자의 관계가 비교적 덜 고려될 수 있는 평서문, 그리고 자문과 같은 특수한 의문문에서 많이 나타난다.

또한 종결어미가 가진 청자대우법 등급도 독백문과 연관이 없지 않다. 예컨대 합쇼체 종결어미나 하오체 종결어미같이 청자에 대한 높임을 나타내는 등급의 종결어미는 독백문을 이끌 가능성이 별로 없다. 본래 청자를 낮추지도 높이지도 않는 등급이었던 반말체 등급이나 낮추는 등급인 해라체 등급의 어미가 독백에서 빈번히 나타난다.

어떤 문장이 독백문이 되는 데에는 종결어미가 가진 양태적 의미도 많은 영향을 미친다. 예컨대 종결어미가 '후회', '결심', '기원(祈願)' 등, 청자와의 통보적 관계와는 무관한 화자의 심리적 태도를 표현할 경우에 그 종결어미가 쓰인 문장은 청자를 직접 의식하지 않는 독백문이 될 가능성이 많다. 이 장에서는 독백문에 사용되는 종결어미를 그 의미론

---

12) Wilson & Sperber (1988: 81)은 청자 없이 발화하는 "Please, don't rain."과 같은 문장을 들고 동작주 혹은 청자 없는 명령문이 가능하다는 것을 제시하고 있다. 그러나 이는 영어에서 날씨를 나타내는 동사가 형식 주어 it를 취한다는 사실과 관련 있는 것이다. 한국어에서 "비야, 제발 오지 마라." 혹은 "제발 비를 내리지 말아 주세요."와 같은 명령문은 의인화된 '비'나 신적인 존재를 청자로 한 일반적인 명령문에 불과하다.

적 속성에 따라 '감탄, 자문, 결심, 후회, 기원'의 종결어미로 나누어 살펴보기로 한다.

3.1. '감탄'의 종결어미

주시경(1910), 김두봉(1916, 1922), 이규영(1920), 김윤경(1948) 등에서 "홀로끗" 혹은 "홀로맺"을 문장 유형의 일종으로 파악하고 대개 감탄문에 속하는 문장을 여기에 소속시켰던 것에서 볼 수 있듯, 한국어의 감탄문은 기본적으로 독백의 성격을 가지고 있다. 평서문이 화자가 청자에게 정보를 전달하는 것으로, 반대로 의문문은 화자가 청자에게 정보를 요구하는 것으로, 명령문 · 청유문이 화자가 청자에게 어떠한 용역(service)을 요구하는 것으로, 반대로 약속문은 화자가 청자에게 어떠한 용역을 제공하겠다는 의사를 표현하는 것으로 파악한다면(Halliday 1885/1994: 69, 박재연 1998: 43), 이에 비해 감탄문은 화자의 감정을 단순히 표현하는 문장으로서 화자와 청자의 관계가 직접적으로 문제되지 않는 문장 유형이기 때문이다.[13)]

따라서 가장 전형적인 감탄형 종결어미인 '-어라'는 가장 전형적인 독백문을 이끈다.[14)]

(5) 가. (아무도 없는 방 안에서) 아이고 추<u>워라</u>.

---

13) 노대규(1983: 30~33)에서는 전달 감탄문과 독백 감탄문을 구분하여 논의하고 있지마는 본고의 관점에서 감탄문의 1차적인 기능은 어디까지나 화자의 감정의 표현이고 그 전달은 2차적인 문제이다.

14) 노대규(1983)을 비롯한 많은 논의에서 '-구나'를 한국어의 대표적인 감탄문 종결어미로 들고 있으나 '-구나'의 기본 의미가 '감탄'이 될 수 없음이 이미 장경희(1985)에서 분명하게 드러난 바 있다. 가장 전형적인 감탄의 상황은 화자가 청자를 의식함이 없이 어떤 새로운 사태(주로 '동작'보다는 '상태')를 지각하고 그에 대한 놀람을 표시하는 상황인데, '-구나'가 일부 문맥에서 이러한 용법을 보이는 것은 사실이지만 그렇지 않은 용법도 마찬가지로 일반적이다. 반면 '-어라'는 전형적인 감탄의 용법만을 가지는 종결어미이다. 고영근(1976/1989: 322)에서 지적되었듯이 '-어라'는 언제든지 청자를 의식하지 않는 독백에서 나타나므로 청자대우법을 상정할 수 없으며 '나 몰라라'와 같은 예외적인 용법과 시에서와 같은 문학적 용법을 제외하면 주로 사물의 상태를 표현하는 형용사에 통합된다.

나. 어머나 예쁘라. 할머니, 아기가 참 예쁘네요.

다. 애고, 망측해라. 「아이비끼」가 뭐야요? (심훈, 「직녀성」)(고영근 1974/1989: 365)

(5가)는 청자가 없는 상황에서 '-어라'의 감탄문이 사용된 것을 보인 것이다. 청자가 아예 없으므로 전형적인 독백문으로 파악된다. 한편 (5나)와 같이 청자가 있는 상황에서 이러한 감탄문이 발화되는 경우, 상위의 청자 앞에서도 '-어라'의 독백문은 적절하게 사용될 수 있다. (5다)는 20세기 초기의 문헌에 나타난 예이기는 하지만 그 용법은 (5나)와 같다.

최근에는 그 쓰임이 줄어들었지만 하게체 어미로 분류되는 '-을세'도 감탄문을 이끌어 독백적 용법을 보인다.

(6) 가. (아무도 없는 집에서, 아내가 없는 것을 보고) 어지간히도 토라진 모양일세 …… 쩝쩝. (김소진, 「쐬주」)

나. 아이참, 나쁜 어른일세 … 우리 아버지 이름까지 다 알어요. (이단구, 「어머니의 힘」)(고영근 1976/1989: 305)

(6가)는 청자가 아예 존재하지 않는 상황에서 '-을세'가 사용될 수 있음을 보인 것이다. 또한 (6나)는 해요체를 사용해야 하는 상위의 청자를 염두에 둔 발화임에도 불구하고 감탄의 의미를 가진 독백문이기에 '-을세'가 사용될 수 있음을 보여 준다.

한편 '-네, -군, -구나, -다니' 등은 반드시 감탄문 종결어미라고 할 수만은 없지만, 그들이 가진 양태와 관련한 의미론적 속성 때문에 독백문을 이끄는 용법을 보이기도 한다. '-네'는 [지각]을 통한 [새로 앎]의 양태 의미를,[15] '-군, -구나'는 [지각] 혹은 지각 후의 [추론]을 통한 [새로 앎]

15) 이때의 '-네'는 물론 하게체 어미로서의 '-네'가 아니라 반말체 어미로서의 '-네'이다.

의 양태 의미를 가지는 것으로 파악되는데(박재연 1998: 4장, 1999),[16] 문맥에 따라서는 감탄과 유관한 의미를 가질 수 있다. 한편 '-다니'는 아직 완전히 종결어미로 발달한 것이라고 보기 어려운 점이 있지만[17] 역시 화자의 긍정적·부정적 감정을 나타낼 때 사용된다. 이들 중 '-네, -군, -다니'는 본래 청자대우법상 반말체 등급을, '-구나'는 해라체 등급을 갖는 종결어미이지만, 독백으로 사용되면 이러한 등급상의 특성은 표면에 드러나지 않는다. 다음 예를 보자.

(7) 가. 아아니, 연애가 무슨 연애예요? 온 큰일 나겠네. (심훈, 「직녀성」)(고영근 1976/1989: 305)

나. A (후배): 저도 스터디 들어가도 돼요?
B (선배): 그럼. 지금 책 가지고 302호로 와.
A (후배): (책을 찾아 본 후) 어머나, 오늘 그 책을 안 가지고 왔네. 어떡하죠?

(8) 가. 문짝에 기대어 이마에 자국이 생길 때까지 가만히 서 있으면 실망감이 지루하게 덮쳐 왔고, 나는 대단하군, 하는 혼잣말을 했다. (김이태, 「식성」)

나. "근데 … 무슨 일이시죠?"
이렇게 물어보긴 했지만 여자로서의 나의 직감이 크게 빗나가고 있지 않음을 알았다. 영권 씨가 스쳐가듯 말했던 바로

---

16) 장경희(1985: 80)에서는 '-네'가 [현재지각]의 의미를, '-구나'가 [처음 앎]의 의미를 가진다고 파악된 바 있으며, Lee (1991: 5장)에서는 '-네'와 '-군'이 모두 새로 알게된 정보를 전달하는데, '-네'는 반드시 "사실적 실현(factual realization)"을 표현하고, '-군'은 그렇지 않다고 하였다. 박재연(1998: 4장, 1999)에서의 의미 파악도 이와 맥을 같이 하나, 이들 논의에서는 다음과 같은 인식 양태 의미 체계를 바탕으로 이를 보다 체계화하고자 하였다[용어는 박재연(1999)의 것을 따름].

(가) 정보의 확실성의 정도: [확실성] [개연성] [가능성]
(나) 정보 획득의 출처: [지각] [추론] [인용]
(다) 정보의 내면화 정도: [이미 앎] [새로 앎]
(라) 청자의 지식에 대한 가정: [기지가정(旣知假定)] [미지가정(未知假定)]

17) 이에 대하여서는 박재연(1998: 64~68) 참조.

그 여자군!(김소진, 「벌레는 단 과육 속에 깃들인다」)

다. 엔장 이 집구석엔 먹을 거라곤 개뿔도 없군.(김소진, 「쐬주」)

(9) 으잉? 몇 번이지? 이런 걸 까먹다니!(1장의 독백 텍스트)

(7)은 '-네'가 사용된 독백문을 예로 든 것이다. 역시 상위자인 청자 앞에서 해요체와 섞여 사용된 것이다. (8가, 나)는 1인칭 시점의 소설에서 지문과 섞여 1인칭 화자의 혼잣말이 사용된 것이다.[18] 역시 스스로의 감탄에 사용되고 있으며 청자는 전혀 고려되지 않는다. (9)에서의 '-다니'도 청자와 관계없는 화자 자신의 한탄에 사용된 것이다.

그런데 반말체 종결어미 '-어'나 해라체 평서형 종결어미 '-다'가 쓰인 다음과 같은 문장도 독백의 성격을 가질 수 있다.

(10) 가. 아이고, 더워.

나. A (아버지): 이번 일요일에는 놀이동산에 데리고 갈게.

B (딸): 야, 신난다. 아빠, 고맙습니다.

(10)은 종결어미 '-어'와 '-다'가 사용된 문장이 독백적 용법으로 사용된 예이다. 반말체 종결어미 '-어'는 문맥에 따라 거의 모든 문장 유형으로 사용될 수 있기 때문에 (10가)에서는 감탄문적 용법을 보여 독백으로 사용된 것으로 볼 수 있다. (10나)에서 화자 B의 "신난다."는 상위자 앞에서 청자 대우 격률을 무시한 채 사용된 것인데, 역시 그 감탄문적 쓰임에 기댄 것이다.[19]

---

18) 독백이 지문과 같은 단독적 장면으로 파악되어야 하는 것은 이러한 용법에서 잘 알 수 있다.

19) '-다'는 가장 무표적인 해라체 평서형 종결어미라고 인식되어 왔지만 이는 문어체에서의 용법에 국한된 사실일 가능성이 많다. Lee (1991: 133)에서는 '-다'를 문어에 쓰이는 중립체 '-다1'과 구어에서 평교체(blunt style)로 사용되는 '-다2'를 구분하고, '-다2'는 증거(evidentiality)의 표지로서 새로 얻게 된 정보를 전달하며, 화자의 흥미를 유발시킨 특기할 만한 정보의 보고에 사용된다고 주장하고 있다(168면). 노마 히데키(1996: 20)에서도 구어체의 '한다'를 '선언의 한다'로 규정하고 "나 간다.", "저

3.2. '자문'의 종결어미

'-은가(-나),[20] -을까, -을꼬, -은지, -을지' 등의 어미들이 이끄는 문장은 의문문의 일종이기는 하지만 매우 유표적인 의문문이다. 일반적인 질문을 위한 의문문에서 화자는 청자가 해당 정보에 대하여 어떠한 지식을 가지고 있음을 가정하지만, 이들 어미가 이끄는 의문문에서 화자는 청자의 앎을 가정하지 않으며, 따라서 청자에게 정보를 강하게 요구하지 않는다. 이들은 '자문'이라기보다는, 차라리 화자 자신의 의심이나 무지를 표현하는 것에 불과한 의문문이라고도 할 수 있다. 이러한 특성 덕분에 이 어미들이 이끄는 문장은 독백문이 될 수 있다.[21]

(11) 가. 어이 혜정 엄마, 혜정 엄마! 사람도 참 고 틈을 못 참고 ……. 벌써 야유회를 갔나? 나 참. (김소진, 「쐬주」)

나. "비가 올라나 ……." 나는 딴전을 펴며 벽에 걸린 달력을 쳐다 보았다. (김소진, 「지붕 위의 남자」)

다. 그럼 나는 오늘 누굴 만나 시간을 보내나?

(12) 가. 어린 처녀가 악착같이 살아보려고 하던데 왜 그랬을까 ……. (은희경, 「새의 선물」)

나. 왜 이리 집안이 쥐 죽은 듯 할꼬?(연세대학교 언어정보개발연구원 편 1998)

(13) 지금쯤 그 분은 어디에서 무얼하고 계시는지?

(14) 그에게 무슨 궂은 일이나 없을지?(허웅 1995: 677)

기 버스가 온다." 등의 예를 제시하면서 청자에 대한 선언을 나타낸다고 하였다. 이러한 논의에 기대면, (10나)의 "신난다."의 감탄문적 용법이 어느 정도 설명될 수는 있을 듯하나 "나 어제 시골 할머니 댁에 갔다(↗). 그런데 거기서 ……"의 예에서처럼 문미에 상향 억양이 걸리는 '-다'의 용법만을 살펴보아도 이들 논의에서 주장된 '-다'의 의미가 지나치게 문맥의존적이라는 것을 알 수 있다. 구어체에서 쓰이는 '-다'의 의미와 용법에 대한 포괄적인 논의가 이루어져야 할 것이다.

20) 이때의 '-은가(-나)'는 하게체 어미가 아니라 '의심'의 의미를 가지는 반말체 어미이다.

21) 이성구(1983: 41)에서도 자문은 청자를 상정하지 않아 주로 청자의 응답을 요구하지 않는 독백으로 쓰인다고 한 바 있다.

(11가)에서 '-나'는 청자가 아예 존재하지 않는 상황에서 사용되었으며, (11나, 다)는 잠재적 청자가 존재하기는 하지만 그에게 어떤 정보를 요구하기 위해 적극적으로 청자가 상정되지는 않은 것이다. (12가)는 자신보다 상위자에게 하는 말인데 직접적인 질문이 아닌 독백의 성격을 띠기 때문에 청자 대우 격률의 위반이 합법적이다. (12나)도 스스로에게 던져보는 의심일 뿐 질문이라고 볼 수 없다. '-은지, -을지'가 사용된 (13), (14)의 예 역시 청자를 적극적으로 상정한 질문이라고 보기 어렵다.

한편 평서형 종결어미 '-다'에 선어말어미 '-더-'가 결합한 형식인 '-더라'나 종결어미 '-지'가 자문의 성격을 가지는 의문문을 이끄는 경우가 있다.

(15) A (시어머니): 그럼 그 사람이 전화한 게 언제란 말이냐?
B (며느리): 글쎄요. 그게 언제였<u>더라</u>? 아마 지난 목요일이었을 거예요.

(16) A (선배): 이게 누구 가방이니?
B (후배): 글쎄요, 이게 누구 거<u>지</u>? 철수 거 같기도 하고 …… .

(15)는 '-더라'가 의문문에 쓰인 특수한 용법을,[22] (16)은 '-지'가 자문에 쓰인 용법을 보여 준다. 이러한 문장의 특징은 반드시 의문사가

---

22) Lee (1991: 424~433)에서도 (15)와 같은 예에서의 '-더라'가 독백적 용법을 보인다는 사실을 지적하고 있다. 그러나 이 논의에서는 (15)와 같은 용법인 "76(학번)이 몇 명이었더라?"의 '-라'와 "음, 70불이라 … ", "놀래라.", 그리고 "내가 내일 가리라."의 '-라'를 '-다'의 이형태가 아닌 독립된 하나의 종결어미로 다루면서 "화자의 내성(內省, introspection)을 독백으로 표현하는" 요소로 보고 있다. 선어말어미 '-더-', '-리-'나 계사 어간 뒤에 통합되는 '-라'가 '-다'의 이형태가 아니라는 주장에 대한 검토는 일단 접어둔다 하더라도, "놀래라."의 경우 동사 '놀라-'에 통합되어 있는 종결어미는 '-라'가 아니라 감탄문 종결어미 '-어라'라는 사실은 지적되어야 할 것으로 생각된다. 또한 이 논의에서는 (15)와 같은 '-더라'의 의문문 용법을 기본적인 것으로 다루고, "그 장면을 보니까 되게 슬프더라."와 같은 일반적인 평서문 용법을 예외로 다루고 있는데, 이에 대하여서도 좀더 논의가 필요할 것으로 보인다.

있는 설명의문문 형식이라는 것이다. '-더라'의 경우 의문사가 없으면 "*그게 목요일이었더라?"와 같이 문장이 아예 성립하지 않으며, '-지'의 경우 의문사가 없으면 "이게 철수 거지?"와 같이 청자를 직접 의식하는 확인의문문이 되고 만다.[23]

3.3. '결심'의 종결어미

종결어미의 의미가 화자의 '결심'을 나타내는 경우에도 청자를 의식하지 않는 독백의 문장이 된다. 한국어의 '-어야지'가 사용된 문장을 예로 들 수 있다.[24]

(17) 가. (혼자서) 이제 절대 놀지 말고 밤새워 공부해야지.
　　나. (책가방을 싸면서) 나는 이제 집에나 가야지. 그럼 내일 뵙겠습니다.

'-어야지'는 1인칭 주어만을 가지고 약속문에서만 사용된다(박재연 1998: 122). 이때 약속은 청자가 아니라 화자 자신을 향해 수행된다는 점에서 약속 중에서도 '결심'의 의미를 가진다고 할 수 있다. (17가)는 순수한 독백의 상황, (17나)는 잠재적 청자가 존재하는 상황에서의 '-어야지'의 용법을 보인 것이다. (17나)의 경우, 잠재적 청자가 상위자일지라도 '-어야지'의 사용은 합법적임을 알 수 있다. 오히려 '결심'의 의

---

23) 1장의 (1)에서 제시한 독백 텍스트에는 "에이, 몇 번이야?"와 같은 문장이 나온다. '-어'는 흔히 가장 광범위한 분포를 가지는 무표적인 반말체 종결어미로 파악되어 왔기 때문에, 독백문에 사용된 '-어'의 용법을 그 양태적 의미로 설명하기는 어렵다. "도대체, 어떻게 된 거야.", "이 여편네가 어딜 간 거야."와 같이 '-어'가 청자가 없거나 청자의 대답을 기대하지 않는 상황에서 사용되는 것은 어느 정도 일반적인 용법이라고 생각되는데 이는 3.2.에서 제시한 '자문'의 용법과는 좀 구별되는 면이 있다. 본고는 이에 대한 설명 방법을 아직 찾지 못하였다.

24) '-어야지'는 '의무'의 의미를 가지는 통사적 구성 '-어야 하지'가 융합된 형식이나 '결심'의 의미로 해석되면 '-어야 하지'로의 환원이 불가능하다. 이를 근거로 박재연(1998: 86)에서는 '결심'의 의미를 가지는 '-어야지'를 더 이상의 분석이 불가능한 하나의 종결어미로 보고 이를 반말체 종결어미 목록에 넣은 바 있다.

미로만 사용되는 '-어야지'에 높임의 조사 '요'가 붙는 것은 상당히 어색하다.

(17)' 나. (책가방을 싸면서) 나는 이제 집에나 가야지요. 그럼 내일 뵙겠습니다.

(17'나)의 "나는 이제 집에나 가야지요."가 그 자체로 비문법적인 것은 아니나, 이 경우에는 '결심'의 의미로 해석되기보다는 '의무'의 의미로 해석되기 쉽다. '결심'이라는 의미 자체가 독백과 관련되기 때문에 청자에 대한 대우를 표시하는 요소와 어울리기가 어려운 것이다.

3.4. '후회'의 종결어미

'후회'의 의미를 가지는 종결어미도 청자를 의식하지 않는 독백의 문장을 이끈다. 한국어에서 '후회'의 의미를 가지는 '-을걸'은 언제나 1인칭 주어만을 가지며 독백문을 이끈다.[25]

(18) 가. 이럴 줄 알았으면 잠이나 자 둘걸.
　　나. 정말 죄송해요. 제가 좀 일찍 올걸.

(18가, 나)의 '-을걸'은 화자 자신의 '후회'를 표현하기 때문에 청자와의 관계가 문제되지 않아 독백문을 이끈다. (18나)에서 '해요체'를 사용하는 상위의 청자에 대해서도 '-을걸'이 사용될 수 있음을 볼 수 있다. 그런데 '-을걸'이 이미 종결어미화하였다고 볼 수도 있지만, 예컨대 (18가)는 "이럴 줄 알았으면 잠이나 자 둘걸 그랬어."에서 '그랬어'가 생략된 것에 불과하다고 볼 수도 있다. '-을걸'이 '-을것을'로 환원될 수 있다

---

25) '-을걸'은 '후회'뿐 아니라 '추측'의 의미로 사용되기도 한다. 문미에 상향 억양을 가진 "아마 지금쯤은 도착했을걸(↗)."과 같은 문장이 그 예이다. '추측'의 '-을걸'은 인칭 제약을 가지지 않으며, 독백문을 이끌지도 않는다.

는 사실도 종결어미로서의 자격이 불충분함을 보여 준다고 할 것이다(박재연 1998: 79~80). '-을걸'을 종결어미로 인정하는 전자의 입장에서라면 '-을걸'은 '후회'라는 양태적 의미에 기대어 독백문을 이끈다고 볼 수 있을 것이고, 후자의 입장에서라면 '-을걸'로 끝나는 발화들이 중단된 문장이기 때문에 독백이 된다고 주장하게 된다.[26]

3.5. '기원'의 종결어미

인구어(印歐語)와는 달리 한국어에는 기원문이 독립된 문장 유형으로 존재하지 않지만 '-지'로 문장이 종결되는 경우, '기원'과 관련되는 의미, 즉 3인칭을 동작주로 하는 어떤 행위에 대한 바람이나 과거 상황에 대한 유감을 표현한다.

(19) 가. (버스 안에서) 차도 밀리는데 여기서 좀 내려 주시<u>지</u>.
　　나. 그 상황에서 얄미운 말이나 하지 말<u>지</u>.
　　다. 인호처럼 병실 복도에 나가 눈물이라도 흘려 버릴 일이<u>지</u> ……
　　　(은희경, 「이중주」)

(19가)는 청자가 없어도 혼자 중얼거릴 수 있는 문장이다. 버스 운전기사에 대한 바람을 나타내지만 그를 청자로 삼고 있는 것은 결코 아니다.[27] (19나, 다)는 과거 상황에 대한 유감을 표현하는데 청자가 있는 경우도 있을 수 있으나 기본적인 성격은 독백으로 파악된다. 단, 3.4.의 '-을걸'의 예와 마찬가지로 이때의 '-지' 역시 완전한 종결어미로서의 자격을 갖춘 것은 아니기 때문에, 중단된 문장의 성격을 가진다고도 볼 수 있다.

한편 연결어미 '-으면'에 선어말어미 '-었-'이 통합된 형식인 '-었으면'

---

26) 이에 대해서는 2장의 후반부와 각주 9를 참조하기 바란다.

27) 잠재적 청자로서의 버스 운전기사가 우연히 그 말을 들어, 명령의 효력을 발휘하기를 원할 수는 있으나 그를 청자로 상정한 것은 아니다.

으로 문장이 종결되면 화자의 소망을 나타내는데 이런 문장도 독백의 성격을 띤다.

(20) 가. 나도 어서 어른이 되었으면!
　　나. 시집이고 뭐고 …… 그냥 죽어버렸으면 …… .(김인숙, 「칼날과 사랑」)

이러한 문장은 '-었으면 좋겠다'와 같은 형식에서 '좋겠다'가 흔히 생략되면서 형성된 것이다. 역시 청자에 대한 고려 없이 화자 자신의 소망만을 표현하기 때문에 독백의 성격을 가진다.

4. 결론

한국어에는 종결어미가 매우 다양하게 발달되어 있어서 이들이 문장의 종결이라는 본질적인 통사적 기능뿐 아니라 다양한 의미·화용론적 기능을 아울러 수행하고 있기 때문에 한국어 화자들은 문장의 여러 종류를 매우 섬세한 수준까지 표현해 낼 수 있다. 독백문에 사용되는 종결어미가 따로 존재한다는 사실도 이와 관련한 한국어의 언어특정적 특성에 기인하는 것이다. 이상에서 논의된 바를 요약하면 다음과 같다.

① 한국어 문법에서 독백이라는 개념은 문장 유형이나 청자대우법과 다른 차원에서 이해되어야 한다. 단독적 장면의 언어 사용으로 파악되지만, 청자에 대한 중립적 대우가 아니라 청자를 아예 대우하지 않는다는 점에서 문어체 발화와 구별된다.
② 한국어의 독백문의 설정은 한국어에 존재하는 청자 대우 격률의 합법적 위반이 가능한 문장의 발굴이라는 의의를 가진다.
③ 독백문은 보통 화자와 청자의 관계가 문제되지 않는 감탄문이나

화 · 청자의 관계가 비교적 덜 고려될 수 있는 평서문, 그리고 자문과 같은 유표적인 의문문에서 많이 나타나며, 청자대우법상 반말체나 해라체 문장에서 많이 나타난다. 또한 종결어미가 양태적으로 화 · 청자의 관계가 적극적으로 문제되지 않음과 관련한 의미를 가질 때에 독백문 종결어미가 된다. 예컨대 '결심,' '후회,' '기원'의 의미를 가지는 종결어미는 청자와의 관계와는 무관한 화자의 심리적 태도를 드러내기 때문에 독백문을 이끌게 된다.

참고논저

고영근(1974), 현대국어의 존비법에 대한 연구, 『어학연구』 10: 2, 서울대학교 어학연구소. [고영근(1989)에 실림, 359-400.]

고영근(1976), 현대국어의 문체법에 대한 연구, 『어학연구』 12: 1, 서울대학교 어학연구소. [고영근(1989)에 실림, 302-358.]

고영근(1989), 『국어형태론연구』, 서울대학교 출판부.

김두봉(1916), 『조선말본』, 신문관. [한국역대문법대계 ①-22]

김두봉(1922), 『깁더조선말본』, 새글집. [한국역대문법대계 ①-23]

김명운(1996), 현대국어 청자대우법에 대한 사회언어학적 연구: 드라마 대본(1978-1994)을 대상으로, 『국어연구』 137, 국어연구회.

김윤경(1948), 『나라말본』, 동명사. [한국역대문법대계 ①-54]

노대규(1983), 국어의 감탄문 문법 연구, 연세대학교 대학원 박사학위논문.

노마히데키[野間秀樹](1996), 현대 한국어의 대우법 체계, 『말』 21, 연세대학교 한국어학당, 15-54.

박재연(1998), 현대국어 반말체 종결어미 연구, 『국어연구』 152, 국어연구회.

박재연(1999), 국어 양태 범주의 확립과 어미의 의미 기술: 인식 양태를 중심으로, 『국어학』 34, 국어학회, 199-225.

연세대학교언어정보개발연구원 편(1998), 『연세한국어사전』, 두산동아.

이규영(1920), 『現今朝鮮文典』, 신문관. [한국역대문법대계 ①-27]

이성구(1983), 국어 의문의 유형에 대한 연구, 서울대학교 대학원 석사학위논문.

이필영(1995), 『국어의 인용구문 연구』, 탑출판사.

이현희(1982), 국어 의문법에 대한 통시적 연구, 『국어연구』 52, 국어연구회.

장경희(1985), 『현대국어의 양태범주 연구』, 탑출판사.

장소원(1986), 문법기술에 있어서의 문어체 연구, 『국어연구』 72, 국어연구회.

정열모(1946), 『신편고등국어문법』, 한글문화사. [한국역대문법대계 ①-61]

주시경(1910), 『국어문법』, 박문서관. [한국역대문법대계 ①-11]

한길(1991), 『국어 종결어미 연구』, 연세대학교 출판부.

허웅(1995), 『20세기 우리말의 형태론』, 샘문화사.

홍기문(1947), 『조선문전연구』, 서울신문사. [한국역대문법대계 ①-39]

Dancy, J., Moravcsik, J. & C. Taylor *eds*. (1988), *Human Agency: Language, Duty and Value,* Stanford University Press.

Halliday, M. A. K. (1985/1994), *An Introduction to Functional Grammar, 2nd edition*, Edward Arnold.

Lee, H. S. (1991), Tense, Aspect, Modality: a Discourse-Pragmatic Analysis of Verbal Affixes in Korean from a Typological Perspective, Ph. D. Dissertation, University of California Los Angeles.

Lyons, J. (1977), *Semantics II,* Cambridge University Press.

Wilson, D. & D. Sperber (1988), Mood and the Analysis of Non-Declarative Sentences, in Dancy, J., Moravcsik, J. & C. Taylor *eds*. (1988).

한국어 의도 관련 어미의 환유적 의미 확장

1. 서론

본고는 한국어 의도 관련 어미에서 발견되는 의미 확장 현상에 대해 논의하고자 한다. 본고에서 먼저 주목한 예는 최근 서비스업 현장의 안내 상황을 중심으로 증가하고 있는 다음과 같은 발화이다.

(1) 가. (주차 안내원의 안내) 3층으로 올라가실게요.
　나. (간호사의 안내) 2번 방에서 적외선 치료 받으시고요, 끝나시면 주사실로 들어가실게요.
　다. (여행 가이드의 안내) 3시 30분까지 이 자리로 다시 모이실게요.

(1가~다)와 같은 용법의 '-을게'는 일반적인 '-을게'의 용법과 전혀 다른데도 불구하고 서비스업 현장을 중심으로 확산되고 있다. '-을게'는 본래 약속형 어미로서 "내가 도와줄게.", "6시까지는 꼭 들어올게요."와 같은 약속의 발화에 사용되는 것이 일반적이다.[1] 이러한 규범적인 용법과 비교하면 (1)의 예들은 다음과 같은 점에서 명백히 비규범적이다.

1) '-을게'에 대한 『표준국어대사전』의 뜻풀이는 "(구어체로) 해할 자리에 쓰여, 어떤 행동을 할 것을 약속하는 뜻을 나타내는 종결 어미"이다.

(2) 가. 규범적인 '-을게'는 1인칭 주어만을 취하는 제약이 있다. 그러나 (1가~다)의 주어는 (보통 생략되지만) 2인칭이다.

나. 규범적인 '-을게'는 1인칭 주어만을 취하기 때문에 '-을게'에는 주체 높임 선어말어미 '-으시-'가 통합되는 일이 없다. 그러나 (1가~다)에서는 '-으시-'가 '-을게'에 통합된다.

다. 규범적인 '-을게'는 약속형 어미이다. 그러나 (1가~다)의 발화는 일반적인 '약속'의 화행을 수행하는 일이 없고 대부분 '명령'의 화행을 수행한다.

이러한 '-을게'의 새로운 용법은 상업·서비스업 현장에서의 '-으시-'의 남용과 더불어 바람직하지 않은 언어 사용으로 지적되고 있다.[2)]

(1)과 같은 문장을 사용하는 1차적인 동기는 명시적인 명령을 회피하고자 하는 것이다. '명령'은 대표적인 체면 위협(face threatening) 행위이므로 (1)은 다음과 같은 문장을 회피하는 완곡한 표현을 위해 사용된다.

(3) 가. 3층으로 올라가세요.

나. 2번 방에서 적외선 치료 받으시고요, 끝나시면 주사실로 들어가세요.

다. 3시 30분까지 지금 이 자리로 모이세요.

그런데 명시적인 명령을 회피하는 데에는 이미 다양한 수단이 동원되어 왔다. 대표적인 것이 간접 화행(indirect speech act)이다.

---

2) 한국일보 '임철순 칼럼(2011년 11월 4일자)'에서는 "'-실게요'라는 말 듣기 싫다"라는 제목으로 이러한 문장의 사용을 비판하였다. 동아일보 기사 "현대카드의 고객만족 혁신(2013년 6월 13일자)"에서도 "손님 앉으실게요."를 "한도가 나오셔서요."와 같은 문장과 함께 어법에 맞지 않는 것으로 비판하였다. 필자 역시 이러한 문장에 거부감을 느낀다.

(4) 가. 3층으로 올라가시겠어요?
나. 주사실로 들어가시면 됩니다.
다. 3시 30분까지 이 자리로 모이셨으면 합니다.

(4가)는 '의도'의 '-겠-'을 포함한 의문문 형식의 발화가 명령의 화행을 수행하는 간접 화행의 예이다. (4나)에서는 '-으면 되-'를 포함하는 평서문이 명령의 화행을 수행한다. (4다)는 '소망' 표현인 '-었으면 하-'가 포함된 평서문을 사용함으로써 직접적인 명령을 회피한다.

그렇다면 (1)의 예 역시 약속문이 명령의 화행을 수행하는 간접 화행의 예로 볼 가능성은 없을까? 그럴 가능성은 없다. (4가~다)는 어디까지나 문장 의미론적 관점에서 정상적인 의문문 혹은 평서문의 자격을 가진다. 그러나 (1가~다)는 기본적으로 명제 내용이 화자의 행위가 아닌 청자의 행위이기 때문에 정상적인 약속문이라고 볼 수 없다.[3] 따라서 이러한 용법은 '약속'의 '-을게'의 화용론적 사용으로는 설명할 수 없고 '-을게'가 새로운 의미 항목(sense)을 획득하여 의미를 확장한 것으로 보아야 한다.

(1)과 같은 용법이 잠시의 유행으로 머물다가 소멸할지, '-을게'의 확장된 의미로 정착할지는 알 수 없다. 본고는 이러한 용법을 옹호하거나, 반대로 비규범적 사용을 비판하려는 목적을 가지지 않는다. 본고에서 주목하는 것은 대부분의 의미 확장이 그러하듯 이러한 현상이 결코 우발적으로 출현한 것이 아니라는 것이다. 즉 한국어의 '의도'와 관련된 의미를 표현한 형식들에서 이와 유사한 현상이 이미 있어 왔다는 것이 본고의 관찰이다.[4]

---

3) "청소는 내가 할게."가 '그러니까 빨래는 네가 해.'라는 명령의 화행을 수행하기 위해 사용된다면 약속문이 명령의 간접 화행을 수행하는 예로 간주될 수 있다.

4) '-을게'의 새로운 용법을 오용으로 간주한다면 이를 국어학 논의의 대상으로 삼는 것은 성급하다고 볼 수도 있다. 그러나 본고에서 '-을게'의 새로운 용법은 논의의 출발점일 뿐이다. 본고의 초점은 의도 관련 어미들에서 나타나는 다의성의 양상을 일관되게 기술하고 설명하는 것에 있음을 밝혀 둔다.

그 중 하나가 청유형 어미에서 나타나는 행위주 축소 현상이다. 청유문은 화자의 동참 의사가 있는 행위를 청자에게 권하는 문장으로서 그 주어는 청자를 포함하는 1인칭 복수인 것이 일반적이다. 그런데 이따금 행위주가 청자 혹은 화자로만 한정되는 용법을 보이기도 한다.

(5) 가. (만원버스에서 운전기사가) 문 앞에 계신 분들, 옆으로 좀 비킵시다. (윤석민 2000: 226)
나. 거 진료 좀 빨리 합시다. (임동훈 2011: 353)
다. 이제 그만 울자.

(6) 가. 나 그 책 좀 보세.
나. 나 좀 내립세다.
다. 당신 말도 좀 들어 봅세다. (이상 최현배 1937/1961: 869)

(5가~다)는 문맥상 행위주가 청자만으로 한정되는 경우이고 (6가~다)는 행위주가 화자만으로 한정되는 경우이다.[5] 청유형 어미 '-읍시다, -세, -자'가 취하는 주어의 지시대상의 범위가 축소된 것인데[6] '-을게'의 주어가 1인칭에서 2인칭으로 바뀐 비규범적 용법과 비슷한 점이 있다.

본고는 (1)과 같은 약속형 어미 '-을게'의 비규범적 용법에서 일어난 행위주 전환 현상과 (5), (6)의 청유형 어미의 확장된 용법에서 발생한 행위주 축소 현상을 의도 관련 어미의 행위주 변동 현상으로 묶고자 한다.[7]

5) 임동훈(2011: 354)에서는 (5)와 같은 예는 명령의 효력을 완화시키거나 상대방의 부담을 덜어주기 위해 청유 형식이 쓰인 것이고 (6)과 같은 예는 자기가 행위를 할 수 있으려면 상대방의 협조가 필요하기 때문에 상대에게 청하는 청유 형식이 쓰인 것이라고 하였다.

6) 정확히 말하면 본고에서는 청유문 어미의 의미 확장은 두 차례 일어나며 첫 번째 확장은 행위주 축소, 두 번째 확장은 행위주 전환으로 기술되어야 한다고 본다. 이에 대해서는 4장에서 논의한다.

7) '의도'는 명제가 표현하는 사태를 성립시키고자 하는 행위주의 의지와 관련되는 의미 영역으로서 일반적으로 '양태(modality)'의 의미 영역의 하나로 간주된다. 반면 '약속'과 '청유'는 문장 유형(sentence type)의 한 종류로 다루어진다. '의도'는 평서문

그리고 이 현상이 약속형, 청유형 어미뿐 아니라 선어말어미 '-겠-', 종결어미 '-을까, -으련, -으랴' 등 의도를 포함하는 의미를 가지는 다른 어미에서도 광범하게 나타나는 의미 확장 현상임을 기술하고[8] 이러한 행위주 변동 현상이 궁극적으로는 환유의 인지적 원리에 기반한 것으로 설명하고자 한다.

본고는 다음과 같이 구성된다. 2장에서는 문법 형식의 의미 확장에서 환유가 어떤 역할을 하는지를 논의한다. 3장에서는 약속형 어미 '-을게'의 의미 확장 과정을 '-겠-'의 다의성과 비교하면서 논의한다. 4장에서는 청유형 어미 '-읍시다, -세, -자'의 의미 확장을 논의한다. 5장에서는 의문형 어미 '-을까, -으련, -으랴'의 의미 확장 과정을 논의한다. 6장은 결론으로서 논의를 요약하고 과제를 제시한다.

2. 문법 형식의 다의성과 환유

환유(metonymy)는 전통적인 수사법 논의에서 한 사물이나 개념을 그것의 속성을 가지고 있거나 그것과 연관되어 있는 다른 사물이나 개념의 이름으로 부르는 비유법(trope)으로 다루어져 왔다(김욱동 1999: 210). 은유와 환유에 대한 인식의 전환을 가져온 Lakoff & Johnson (1980) 이후, 인지언어학 연구에서 환유는 은유와 더불어 중요한 개념화 과정으로 이해된다. 환유를 은유의 하위 부류로 보는 관점도 있었고 은유보다 덜 중요한 보조적 기제로 보는 관점도 있었으나 환유에 대

에서 나타날 수도 있고 의문문에서 나타날 수도 있다는 점에서 문장 유형과 독립적이다. '-을까'와 같은 의문형 어미는 '의도'와 '의문'의 의미를 융합하여 '화자의 행위에 대한 청자의 의도를 묻는' 의미를 표현한다. 그런데 '명령, 청유, 약속'의 문장 유형의 의미에는 기본적으로 화자의 '의도'가 포함되어 있다. 가령 '학교에 가라.'라는 명령문에는 청자의 행위에 의무를 부과하려는 화자의 의도가 포함된다.

8) 문법화에서의 '일관성 원리(uniformitarian principle)'는 언어 변화에서 일정한 유형의 변화가 반복되어 나타난다는 것이다(Hopper & Traugott 1993: 38, Traugott & König 1991: 192). 어떤 변화가 다른 곳에서도 자주 관찰되는 것이라면 그 변화의 기제는 자연스러운 것으로 간주할 수 있다.

한 최근 논의들은 환유와 은유는 상호 독립적이라고 보며 나아가 환유가 은유보다 더욱 근본적인 성격을 가진다고 보기도 한다(Evans & Green 2006/임지룡 · 김동환 역 2008: 329).[9]

Kövecses (2002/2010: 173)은 환유를 "하나의 개념적 실체(vehicle, 매체)가 동일한 영역 안에 있는 다른 개념적 실체(target, 목표)에 정신적 접근을 제공하는 인지적 과정"으로 정의한다. 은유가 독립된 두 영역에서 유사성(similarity)에 근거하여 일어나는 인지적 과정이라면 환유는 동일한 영역의 인접한 하위 영역 사이에서 인접성(contiguity)에 근거하여 일어나는 인지적 과정으로 구별된다.[10] '시간을 낭비하지 말라.'에서 '시간'을 '돈'의 관점에서 개념화하는 것이 독립된 두 영역의 유사성에 근거한 은유적 과정이라면 '햄 샌드위치가 계산서를 기다리고 있다.'에서 '햄 샌드위치'로 인접한 개념인 '햄 샌드위치를 주문한 사람'을 가리키는 것은 '식당'이라는 동일한 영역 안에서 일어나는 환유적 과정이다. 은유와 환유는 그 목적에서 있어서도 구별된다. '시간'을 '돈'으로 개념화하는 것은 '시간'을 돈의 관점에서 '이해'하기 위한 것이다. 반면 환유는 '햄 샌드위치'로 '햄 샌드위치를 주문한 사람'을 '지시'하기 위한 것이다(Lakoff & Johnson 1980: 36, Kövecses 2002/2010: 176 참조).[11]

어휘 항목이 다의성을 획득하는 의미 확장 과정에서 은유와 환유가 중요한 역할을 한다는 점은 일반적으로 받아들여져 왔다(Ullmann 1962:

9) 환유 현상에 대한 한국어 예는 임지룡(2006)을 참조할 수 있다.

10) 이때 '영역(domain)'은 인지언어학적 개념으로서 어떤 의미 단위를 이해할 때 필요한 배경 지식 형상(configuration)이다. '영역'은 '틀(frame)', 스크립트, 혹은 '이상적 인지 모형(Idealized cognitive model)'으로도 이해될 수 있다. 가령 '빗변'은 직각삼각형을 참조하지 않고는 개념화할 수 없고 이런 개념은 다시 더 일반적인 공간적 개념화에 의존한다. 즉 '공간'은 삼각형 및 그 특징을 개념화하는 영역을 구성한다(Taylor 2002: 195/임지룡 · 김동환 역 2005: 214).

11) 환유가 발생하는 인접성의 유형에는 사회 · 물리적, 사회 · 문화적 경험에 있어서의 인접성(tongue→language), 발화에서의 인접성(연어)(painting by Picasso→Picasso), 부분-전체 관계의 인접성(redbreast→robin) 등이 있다(Traugott & König 1991: 210~211).

8장, Lakoff 1987, Kövecses 2002/2010: 251). '여우'에 '약은 사람'의 의미가 있는 것은 여우와 약은 사람의 유사성에 기댄 은유적 확장이고 '동궁'이 '왕자'를 가리키는 것은 인접성에 의한 환유적 확장이다. 본래 '목'은 '척추 동물의 머리와 몸통을 잇는 잘록한 부분'을 의미하지만 '적이 도망칠 만한 목을 지켰다.'에서 '목'이 '통로 가운데 다른 곳으로 빠져 나갈 수 없는 중요하고 좁은 곳'의 의미를 나타내는 것은 은유적 확장에 의한 것이다. 한편 '목을 가다듬고 노래를 했다.'에서의 '목'이 '목소리'를 의미하는 것은 환유적 확장에 의한 것이다(임지룡 2009: 199 참조).

은유 혹은 환유는 주로 어휘적 의미 변화에 관여하는 것으로 논의되어 왔으나 문법 형식의 의미 변화에서도 은유나 환유가 주요한 역할을 한다는 것이 인식되었다(Sweetser 1990, Heine *et al.* 1991가: 2~3장, 1991나: 2장, Hopper & Traugott 1993/2003: 85~93 등). 문법 형식에서 발생하는 다의성이나 의미 변화는 전통적으로 문법화(grammaticalization), 즉 어휘 형식이 문법 형식으로 변화하거나 덜 문법적인 형식이 더 문법적인 형식으로 발전하는 과정과 연관 지어 다루어졌다. 문법화하는 요소는 의미의 추상화나 탈색(bleaching)을 겪는다는 것이 전통적으로 받아들여진 견해였으나 인지언어학자들은 문법화에서 발생하는 의미 변화가 단순히 추상화나 탈색으로만 기술되기에는 미흡한 점이 있다고 본다(Heine *et al.* 1991나: 156, Traugott & König 1991: 190). 문법 형식의 의미 변화를 '탈색'으로 보는 것은 '의미의 약화(attenuation)', '의미의 감소(depletion)' 등을 의미할 것이나 문법 형식의 의미 변화에서 새로운 의미가 추가되는 과정도 얼마든지 발생하기 때문이다.[12)]

12) 가령 프랑스 어의 부정 표지 'pas, personne, point, rien' 등은 차례로 '발자국, 사람, 점, 물건' 등의 의미를 지니다가 부정 표지로 문법화한 것이다. 이 경우 기존 의미가 추상화되거나 탈색되었다기보다는 전혀 다른 의미로 교체되거나 다의성을 획득하였다고 하는 편이 온당하다(Heine *et al.* 1991나: 156).

Heine *et al.* (1991가: 29, 1991나: 150, 158, 161)에서는 문법화를 개념에 대한 새로운 표현이 요구될 때 (신어 생성이나 단어 차용 같은 다른 전략과 함께) 화자가 사용하는 문제 해결 전략(problem solving strategy)이라고 본다.[13] 즉 문법화는 인간 경험에서 덜 접근 가능한 추상적인 개념을 즉각적으로 접근 가능한 구체적인 개념의 관점에서 표현하는 전략이다. 그런데 이러한 기능은 문법화만의 성격이 아니라 일반적인 은유(혹은 환유)의 성격이다. 따라서 이 논의에서는 문법화 과정에서 보다 근본적인 층위에서 작동하는 기제는 은유와 환유라고 본다.[14]

Sweetser (1990)는 문법 형식의 의미 확장을 은유적 기제로 설명한 대표적인 연구이다. 예컨대 양태 요소가 의무(근본) 양태에서 인식 양태로 의미를 확장하는 과정은 사회물리적 세계에서 추론과 믿음의 세계로의 의미 전이로 설명할 수 있다고 본다. 가령 'may'는 사회물리적 세계에서 잠재적인 장벽이 없음을 나타내는데 추론의 세계에서는 결론을 이끌어내는 화자의 추론 과정에 장벽이 없음을 나타내는 것으로 확장이 일어난다(59면). 이는 독립된 두 영역의 경계를 넘나드는 은유적 확장이다.[15]

한편 영어의 미래 표현 'be going to'의 문법화에는 환유적 과정이 포함되어 있다고 논의된다(Heine *et al.* 1991가: 70~71, Hopper &

---

13) 나아가 Traugott & König (1991: 212)은 언어 형식의 의미 변화 자체가 일종의 문제 해결 과정이라고 본다.

14) Heine *et al.* (1991가: 4장)에서는 문법화를 바라보는 여러 가지 관점들을 탈색 모형, 소실-획득 모형, 중복 모형, 원형 확대 모형, 환유-은유 모형 등으로 정리하였다. 이 중 환유-은유 모형이 앞의 모형들의 여러 문제들을 극복하는 대안이라고 본다. 한편 Traugott & König (1991: 207)에서도 '은유적 추론'과 '정보성의 강화(strengthening of informativeness)'가 문법화에서 일어나는 추론의 두 유형이라고 보았다. 정보성의 강화는 함축의 관습화 과정을 말하는데 이는 문법화의 더 일반적인 원리 중 환유의 일종이라고 본다(210면).

15) Sweetser (1990: 4장)에서는 영어 접속사의 다의성을 은유적 확장으로 기술하였다. 이를 한국어에 적용하여 연결어미의 다의성을 기술한 논의로 임은하(2003), 박재연(2011)이 있다.

Traugott 1993/2003: 88).[16)]

(7) 가. Are you going to the library?

나. No, I am going to eat.

다. I am going to do my very best to make you happy.

라. The rain is going to come. (Heine *et al.* 1991가: 70)

(7가)에서 'go'는 문자적인 장소 이동의 의미를 나타낸다. 그런데 (7나)는 (7가)에 대한 대답으로 쓰일 수 있고 여전히 장소 이동의 의미를 나타내지만 '의도'의 의미를 함축할 수 있다. 이동 행위는 행위주의 의도와 밀접하게 연관되기 때문에 의도의 의미로 쉽게 전이된다. 즉 이동 해석에서 의도 해석으로의 전이는 환유적이다. (7다)는 장소 이동의 의미 없이 의도의 의미를 나타내며 (7라)는 의도를 가지지 못하는 무정물 주어를 취하므로 미래의 의미를 나타내게 된다. 의도는 일반적으로 미래 행위를 대상으로 하므로 의도는 그 인접 개념인 미래로 쉽게 전이된다. 이러한 변화는 연속적이며 (7나)와 같이 중의적 해석을 가지는 일도 있다. 이러한 과정은 문맥 유도적 재해석(context-induced reinterpretation)에 의한 환유적 확장으로 볼 수 있다.[17)]

---

16) Hopper & Traugott (1993/2003: 84)에서는 이를 공간궤도에서 시간궤도로의 은유적 확장으로 이해할 수도 있으나 이러한 설명은 왜 굳이 목적의 'to'가 여기에 포함되어야 하는지를 설명하지 못한다고 지적한다. 목적지로 이동하는 경험과 거기에 도달하고자 하는 의도 사이에는 밀접한 상관성이 있으며 이러한 경험적 상관성은 환유적인 것으로 기술될 수 있는데 이것은 'be going to'로 기술되는 '이동'의 사건이 그와 밀접하게 관련되는 '의도'를 '대표한다'는 의미에서이다. 이 논의에서는 'be going to'의 문법화는 [[be going] [to S]]→[[be going to] V]의 재분석에 의한 것이며 재분석은 근본적으로 환유적 과정이라고 본다(89면). Heine *et al.* (1991가: 46~47)에서는 이 현상은 구체적인 동작을 추상적인 시제 범주로 사용한 것이라는 점에서 일면 은유적인 성격을 가지지만(46~47면) 이것이 연속적이라는 점에서 정확히는 환유의 성격을 가진다고 하였다(71면).

17) Heine *et al.* (1991가, 나)의 '문맥 유도적 재해석'은 문법화 논의에서 일반적으로 사용되는 함축의 관습화(conventionalization of implicature), 대화 추론의 의미화(semanticization of conversational inference)(Hopper & Traugott 1993/2003)

'의도'는 양태 범주의 하위 영역이므로 본고에서 관심 가지는 의도 표현의 의미 확장 현상도 크게 보아 양태 의미의 다의성과 관련된다. 그러나 Sweetser (1990)에서 논의한 인식 양태-의무 양태 다의성과는 그 성격이 다르다. 인식 양태-의무 양태 다의성은 개념 영역을 횡단하는 은유적 확장의 결과이지만 의도 표현의 다의성은 '의도'라는 동일 영역 안에서의 확장의 결과이기 때문이다. 이는 개념적 유사성에 기반한 은유적 확장이 아니라 기본적으로 개념적 인접성에 기반한 환유적 확장일 가능성이 높다.

3. 약속형 어미 '-을게'의 의미 확장

본고는 서론의 (1)에서 언급한 '-을게'의 비규범적 용법은 '약속' 용법에서 직접 의미 확장이 일어난 것이 아니라 한 차례의 의미 확장 과정이 중간에 개재된 2차적 확장의 결과라고 본다. 즉 '약속'이 1단계 기본 의미라면 '-을게'의 비규범적 용법은 2단계 확장 의미를 경유하여 등장한 3단계 확장 의미이다. 이 장에서는 '-을게'의 의미를 1단계 의미 '약속', 2단계 의미 '청자를 고려한 화자의 의도', 3단계 의미 '청자의 행위에 대한 화자의 의도'로 나누어 '-을게'의 다의성 획득 과정을 살펴본다.

3.1. 1단계 기본 의미: '약속'

'-을게'는 '-으마'와 함께 약속문을 이끄는 종결어미로 다루어진다.[18]

와 통하는 것이다. 영어 접속사 'since'가 본래 시간적 관계만을 나타냈으나 인과 함축이 관습화되면서 인과 관계까지 나타내게 된 것이 이와 관련한 대표적인 예로 거론된다. Kövecses (2002/2010: 259)에서는 이탈리아어의 지소접사(diminutive suffix) '-ina'가 'mamma (엄마)'에 붙어서 'mammina'가 되면 화자의 애정을 표시하는데 이를 환유에 기반한 것으로 본다. 즉 물리적으로 작은 것, 즉 어린 아이나 동물은 돌봄과 애정을 필요로 하기 때문에 인접 개념으로의 확장이 일어난다고 본 것이다. 문법 형식의 의미 확장을 환유와 연관시켜 본격적으로 논의한 한국어 논의는 아직 찾지 못하였다.

18) 한국어 문장 유형 체계에서 약속문을 설정하지 않는 연구도 있으나(최현배 1937/1961, 허웅 1995), 독립적인 문장 유형으로 취급되는 경우가 더 많다(이희승 1949,

'약속'은 청자가 바람직하다고 판단하는 행위에 대하여 화자가 그 행위를 실현하겠다는 의무를 스스로에게 부과하는 의미 영역이다.[19] 따라서 약속형 어미는 1인칭 주어와 동사만을 취한다. 그리고 청자가 바람직하다고 판단하지 않는 행위에는 사용되지 않는다.

(8) 가. {내가, *네가, *철수가} 퇴근하고 나서 청소할게.
　　나. ??네 그림을 내가 망쳐 놓을게.

(8가)는 '-을게'가 1인칭 주어만을 취하는 것을 보인다. (8나)는 '-을게'가 일반적으로 청자에게 바람직하지 않은 사태에는 사용되지 않는다는 것을 보인다. 물론 (8나)는 화자와 청자가 어떤 상황을 모의하는 등의 특수한 문맥에서는 수용적이다.

Searle (1969: 60)에 의하면 '화자가 그 행위를 하기를 의도한다'는 '약속(commissive)'을 성립시키는 성실성 조건이다. 즉 '약속'은 '의도'의 의미 성분을 포함한다. '의도'와 '약속'의 의미를 성분 분석의 방법으로 표현하면 다음과 같다.[20]

고영근 1976, 윤석민 2000 등).

19) 윤석민(2000: 171)에서는 약속법을 "화자가 청자에게 문장에 담긴 명제 내용이 자신이 반드시 실행해야 할 행동에 대한 것임을 전달하려는 문장종결법"이라고 정의하였다. '약속'의 대상이 청자가 바람직하게 생각하는 행위라는 점이 빠져 있는 것이 본고의 논의와 다르다. 윤석민(2000)의 정의는 "나는 반드시 공부를 열심히 해야 한다."와 같은 1인칭 의무 표현의 정의에 가깝다고 본다.

20) 이는 Searle (1969: 63)의 '약속'의 효력에 대한 분석을 바탕으로 한 것이다. 이 논의에서 제시한 '약속'의 사용에 대한 의미론적 규칙은 다음과 같다.
(가) 명제 내용 규칙: 발화된 문장의 명제 내용은 화자의 미래 행위를 서술한다.
(나) 예비 규칙 1: 청자는 화자의 행위를 긍정적으로 생각하고 화자도 그렇다고 믿는다.
(다) 예비 규칙 2: 보통의 상황에서 화자가 그 행위를 하는지에 대해서는 화자와 청자 모두에게 분명하지 않다.
(라) 성실성 규칙: 화자는 그 행위를 하기를 의도한다.
(마) 본질적 규칙: 명제 내용을 발화함으로써 화자는 그 행위를 해야 하는 의무를 갖게 된다.

(9) 가. 의도: [화자의 행위], [화자는 행위를 실현하고자 하는 의지를 가짐]
나. 약속: [화자의 행위], [화자는 행위를 실현하고자 하는 의지를 가짐], [청자는 화자의 행위를 바람직하게 생각함], [화자는 행위의 수행에 대한 의무를 짐]

이에 따르면 '약속'은 '의도'의 의미 성분을 포함하면서 '의도'보다 더 많은 의미 성분을 가진다. 즉 '의도'는 보다 일반적인 의미를 가지는 상위 개념이고 '약속'은 더 구체적인 의미를 가지는 하위 개념으로서 '의도'와 '약속'은 개념적으로 상하 관계에 있다.[21)]

공통적으로 반말체 종결어미의 지위를 가지면서 그 의미가 구별되는 '-을게'와 '-을래'를 비교해 보면 '의도'와 '약속'의 차이를 분명하게 알 수 있다.

(10) 가. 나 다시 돌아갈래.
나. 나 다시 돌아갈게.

(10가)는 영화 「박하사탕」에 나오는 대사이다. 주인공이 과거에 대한 향수를 느끼며 독백으로 외친 말인데 이 문맥에서 (10나)는 적절치

21) 약속문이 간접인용절로 안길 때 피인용문에 의도 표현이 사용되는 것도 '약속'이 '의도'를 포함하기 때문이다.
(1) 가. 영희: 내가 철수를 도와주마.
나. 영희는 자기가 철수를 {도와주마고, 도와주겠다고} 약속했다.
(2) 가. 영희: 제가 할아버지를 도와 드리겠습니다.
나. 영희는 할아버지께 할아버지를 {*도와 드리마고, 도와 드리겠다고} 약속했다.
원발화가 약속문인 경우 (1나)와 같이 '-으마'를 이용해 간접인용문을 만들 수 있다. 그러나 '-으마'의 세력은 현재 많이 미약하기 때문에 '-겠다'를 사용하는 것이 일반적이다. 더구나 원청자가 상위자인 경우에는 (2나)와 같이 '-으마'를 사용한 간접인용문은 아예 허용되지 않는다. 피인용문이 약속문일 때 '-겠다'를 사용하는 것은 원발화의 약속이 가지는 일부 의미 성분, 즉 [청자는 화자의 행위를 바람직하게 생각함]과 [화자는 행위의 수행에 대한 의무를 짐]을 희생하면서 그와 가장 유사한 의도 표현을 사용하는 문제 해결 전략으로 볼 수 있다.

않다. '-을게'는 청자의 존재를 강하게 요구하며 청자가 그 행위에 대해 바람직하게 생각한다는 것, 그리고 화자는 그 발화를 통해 행위의 수행에 대한 의무를 지니게 됨을 표현한다. '약속'은 [청자는 화자의 행위를 바람직하게 생각함]과 [화자는 행위의 수행에 대한 의무를 짐]의 의미 성분을 더 가진다는 점에서 '의도'와 구별되는 것을 알 수 있다.

3.2. 2단계 확장 의미: '청자를 고려한 화자의 의도'

3.1.에서는 '-을게'가 가진 '약속'의 의미를 '의도'의 의미와 비교해 보았다. 그런데 '-을게'가 '약속'의 구체적 의미를 삭감한 채 단순한 '의도' 표현으로 사용되는 듯 보이는 예도 있다.[22)]

(11) 가. 기사님, 저 내릴게요.
나. 저 이만 자러 들어갈게요.
다. 여보, 나 다녀올게.

(11가)의 '-을게'는 청자에 대한 약속을 표현한다고 보기 어렵다. 화자가 버스를 내리는 행위는 버스 기사의 이해 관계와 아무런 관련이 없으며 화자 스스로에게 의무를 부과한다고 보기도 어렵다. (11나~다)에도 '-을게'가 사용되었으나 [청자는 화자의 행위를 바람직하게 생각함]과 [화자는 행위의 수행에 대한 의무를 짐]이라는 의미 성분을 가지지 않기 때문에 '-을게'가 온전한 약속을 표현한다고 보기 어렵다.[23)]

---

22) '-을게'에는 본래 '의도'를 뜻하는 '-을 것이-' 구성이 포함되어 있다. 따라서 '-을게'의 '청자를 고려한 화자의 의도' 용법이 '약속'을 경유한 의미가 아니라 '-을 것이-'의 '의도'에서 곧바로 나온 용법일 가능성도 고려해 볼 수 있다. 심사위원 중의 한 분께서도 이러한 가능성을 제기하셨는데 이에 대해서는 통시적 검토가 필요할 것이다. 그러나 본고에서 상정한 '-을게'의 2단계 의미가 단순한 '의도'가 아닌 '청자를 고려한 의도'인 점, 본래적인 약속형 어미 '-으마'에서도 '청자를 고려한 의도' 용법('나 시장에 좀 다녀오마.')이 발견된다는 점, 그리고 '추측'과 '의도'를 모두 표현하는 '-을 것이-'와는 달리 '-을게'는 의도 용법만을 가지는 점 등을 고려하면 (11)의 용법은 '약속'의 '-을게'를 경유하여 나온 의미라고 판단하게 된다.

23) 이러한 예는 '알림'으로 기술되기도 한다. 가령 이희자 · 이종희(1999)에서는 '-을게'

그러나 이 경우에도 '-을게'의 의미가 순수한 의도를 표현하는 '-을래'의 의미에 그대로 대응되는 것은 아니다.

(12) 가. 기사님, 저 내릴래요.
나. 기사님, 저 내릴게요.

(13) 가. 저 이만 자러 들어갈래요.
나. 저 이만 자러 들어갈게요.

(12가)와 (12나)를 비교하면 (12가)가 단순히 화자의 의도를 선언하는 것이어서 이러한 문맥에서 덜 적합한 발화인 데 비해 (12나)는 청자에 대한 고려가 포함되어 있기 때문에 '문을 열어 달라'는 간접 화행을 수행하기에 더 적합함을 알 수 있다. (13가)는 일방적인 선언이지만 (13나)는 청자에게 양해를 구하는 표현이다. 이는 [청자는 화자의 행위를 바람직하게 생각함]이라는 의미 성분이 [청자를 고려함]이라는 모호한 의미 성분으로 잔존하는 현상이다.[24] 이러한 현상은 의미 성분의 감소와 관련된다는 점에서 전통적인 문법화 논의에서의 의미의 추상화에 해당한다.[25]

가 "① 자기의 의사를 드러내어 상대편에게 약속하는 뜻을 나타냄. ② 자신의 의사를 상대편에게 알리는 뜻을 나타냄"의 두 가지 의미를 가진다고 기술한다. 그러나 이러한 기술은 그리 바람직하지 못하다. 평서문이 일반적으로 '정보를 제공'하려는 의사소통 목적을 가진다면 '알림'이라는 메타언어는 평서문의 일반적 특성을 가리킬 뿐이다. 나아가 더 넓은 의미에서의 '알림'은 모든 발화의 특징이기도 하다. '명령' 역시 '명령을 청자에게 알림'으로 특징지어질 수 있기 때문이다.

24) 이는 문법화 과정에서 발생하는 의미 잔존(retention of earlier meaning) 현상이다. 문법화가 진행되는 과정에서 어떤 문법 형식의 의미가 다른 영역으로 변화했다 하더라도 본래 의미의 흔적을 간직하는 일은 일반적이다. 가령 영어에서 미래 의미로 'shall'은 'will'에게 거의 자리를 내주어서 둘 사이의 의미 차이가 분명하지 않지만 "Shall I call you a cab?"은 의무가 외부에서 부과된 것임을 내포한다. 이와 관련한 현상에 대해서는 Traugott & König (1991: 198), Bybee *et al.* (1994: 15~17) 참조.

25) 추상화는 Bybee *et al.* (1994)에서의 일반화(generalization)에 해당한다. 추상화 혹은 일반화는 의미 성분의 수가 감소하면서 분포를 확장하는 문법화의 기제이다. 이에 대한 여러 학자들의 견해에 대해서는 이성하(1998: 258~264) 참조.

본고는 '-을게'의 2단계 확장 의미를 '청자를 고려한 화자의 의도'로 규정한다. 이는 다음과 같이 표시할 수 있다.

(14) 청자를 고려한 화자의 의도: [화자의 행위], [화자는 행위를 실현하고자 하는 의지를 가짐], [화자는 행위의 수행과 관련하여 청자를 고려함]

3.3. 3단계 확장 의미: '청자의 행위에 대한 화자의 의도'

3.2.에서는 '-을게'가 '약속'에서 '청자를 고려한 화자의 의도'로 의미 확장을 겪은 현상을 살펴보았다. 서론에서 언급한 비규범적 용법의 '-을게요'는 '청자를 고려한 화자의 의도'의 '-을게'가 또 한 번 의미 확장을 겪은 결과이다. 서론의 예 (1)을 다시 가져온다.

(15) 가. (주차 안내원의 안내) 3층으로 올라가실게요.
나. (간호사의 안내) 2번 방에서 적외선 치료 받으시고요, 끝나시면 주사실로 들어가실게요.
다. (여행 가이드의 안내) 3시 30분까지 이 자리로 다시 모이실게요.

(15가~다)의 주어는 2인칭 청자임이 분명하며 명제 내용은 화자의 행위가 아닌 청자의 행위를 표현한다. 따라서 '-을게'의 이러한 용법은 1단계 의미 '약속'이나 2단계 의미 '청자를 고려한 화자의 의도'로 기술될 수 없다.[26] 본고는 이러한 용법의 '-을게'를 2단계 의미의 '-을게'에서 행위주 전환이 일어난 결과라고 간주한다. 1단계 '-을게'가 가진 '약속'의 의미 성분은 온전히 유지되지 않지만 '화자의 의도'라는 2단계 의

26) '-을게'의 2단계 의미 '청자를 고려한 화자의 의도'는 정확히는 '청자를 고려한, 화자의 행위에 대한 화자의 의도'이다. 반면 (15)의 '-을게'가 결합된 명제 내용은 모두 청자의 행위이다.

미의 의미 성분은 여전히 유효하기 때문이다. 즉 이때의 '-을게'는 청자가 3층으로 올라가는 행위, 주사실로 들어가는 행위, 이 자리로 다시 모이는 행위의 실현에 대해 화자가 일정한 의도(의견)를 표명한다. 따라서 이러한 '-을게'의 의미는 '청자의 행위에 대한 화자의 의도'로 규정할 수 있다.27) 이를 성분 분석의 방법으로 표시하면 다음과 같다.

(16) 청자의 행위에 대한 화자의 의도: [청자의 행위], [화자는 청자의 행위를 실현시키고자 하는 의지를 가짐]

이러한 발화는 대부분 '-으실게요'로 쓰이며 2인칭 주어가 상정되는 것이 일반적이다. '-으실게'는 물론 '-을게'도 쓰이지 않는다.

(17) 가. *(고객님께서) 이리로 앉으실게.
나. *(네가) 이리로 들어올게.

이는 이러한 발화가 서비스업 현장의 손님에 대한 쓰임에서 발달하였기 때문으로 보인다. 주어는 생략되는 일이 많지만 대부분 2인칭 주어가 상정된다.

그런데 이와 같은 '-을게'의 비규범적 용법이 선어말어미 '-겠-'의 일부 특수 용법과 평행한 양상을 보인다는 점을 주목할 수 있다. 일반적으로 '-겠-'은 '추측'과 '의도'의 다의성을 가지는 양태 선어말어미로 기술된다. 그런데 다음과 같은 예는 '추측'의 범주로도, '의도'의 범주로도

27) 조숙환(2009: 128)에서는 이러한 용법의 '-을게'는 시점 이동 현상이 일어난 결과로서 화자가 청자의 입장으로 감정이입하여 화자가 마치 자신이 주체가 된 듯이 사용하는 표현이라고 하였다. 정인아(2012: 471)에서도 이 논의를 받아들였다. 간호사의 발화 "다음 차례에 들어가실게요."는 간호사의 '다음 차례에 들어가실 거예요.'와 환자의 '다음 차례에 제가 들어갈게요.'가 융합된 표현이라는 것이다(조숙환 2009: 114, 정인아 2012: 471). 그러나 이러한 용법의 '-을게'가 표현하는 '의도'는 청자(환자)가 아닌 화자(간호사)의 것임이 분명하기 때문에 본고는 이러한 분석을 받아들이지 않는다.

기술되기 어려운 면이 있어서 연구자들의 관심을 받아왔다.

(18) 가. 베토벤 교향곡 5번 운명을 감상하시겠습니다.
　　나. 광고 들으시겠습니다.
(19) 가. 부산행 새마을호 열차가 13시 30분에 출발하겠습니다.
　　나. 우리 비행기는 곧 인천국제공항에 도착하겠습니다.
(20) 가. 대통령께서 입장하시겠습니다.
　　나. 다음으로 회장님 말씀이 있으시겠습니다.

이때 주어는 (18가, 나)와 같이 2인칭 청자일 수도 있고 (19가, 나), (20가, 나)와 같이 3인칭일 수도 있다.[28] 기존의 논의에서는 이를 '추측'에 가까운 것으로 보기도 했고 '의도'에 가까운 것으로 보기도 했으며 아예 양태가 아닌 시제와 관련 있는 것으로 보기도 했다.[29]

본고는 위의 '-겠-'은 '의도'의 '-겠-'에서 행위주 전환 현상이 일어나 '-겠-'이 2인칭이나 3인칭의 행위에 대한 화자의 의도를 나타내게 된 예라고 생각한다.

(21) 가. 베토벤 교향곡 5번 운명을 들려드리겠습니다.
　　나. 베토벤 교향곡 5번 운명을 감상하시겠습니다.
(22) 가. 우리 비행기를 곧 인천국제공항에 착륙시키겠습니다.
　　나. 우리 비행기는 곧 인천국제공항에 도착하겠습니다.

28) (19가, 나)의 주어에는 화자가 화용론적으로 포함되어 있다고 볼 여지가 있다. 가령 (19나)는 비행기를 모는 기장의 발화이기 때문에 '우리 비행기'와 1인칭 화자를 동일시한 것이라고 볼 수 있기 때문이다. 그러나 (20가, 나)는 화자와 완전히 별개인 3인칭이다.

29) 신창순(1972/1975: 157)에서는 이를 화자가 결정한 내용을 상대방에게 알리는 것으로서 일종의 '추정'이라고 보았다. 반면 이기용(1978/1998: 201)에서는 의도의 일종으로 보았다. 임동훈(2001: 117, 139), 박재연(2006가: 124)에서는 이를 시제적으로 해석하여 (계획된) 미래를 나타내는 것으로 보았다.

(21가)는 '-겠-'의 본래적인 의도 용법이다. 화자의 행위에 대한 화자의 의도를 표현하는 것이다. 그런데 (21나)는 2인칭 주어를 취하여 청자의 행위에 대해 화자의 의도를 표현한다. 즉 (21나)의 의미는 '(제가)(여러분께서) 베토벤 5번 교향곡을 감상하시도록 하겠습니다.'에 가깝다.[30] 한편 (22가)는 '-겠-'의 본래적인 의도 용법으로서 화자의 행위에 대한 화자의 의도를 표현한다. 그런데 (22나)는 3인칭 주어를 취하여 3인칭 주어의 행위에 대해 화자의 의도를 표현한다. '우리 비행기를 곧 인천국제공항에 도착하게 하겠습니다.'에 가깝다. 즉 (21나, 22나)는 1인칭 화자의 의도를 표현하는 '-겠-'의 용법이 2인칭, 3인칭의 행위에 대한 화자의 의도를 나타내는 것으로 전환된 것이다.

이러한 용법이 기본적으로 '의도'의 범주에 속한다는 또 다른 근거로는 '-겠-'이 통합하는 용언이 형용사일 때에는 이러한 용법이 발견되지 않는 점, 1인칭 주어의 의도가 개입한 경우에만 성립한다는 점을 들 수 있다.

(23) 가. *대통령께서 기쁘시겠습니다.
　　나. *음악이 아름답겠습니다.
(24) 다음으로 회장님 말씀이 있으시겠습니다.

(23가, 나)는 모두 '추측'의 의미로 해석 가능하지만 위에서 본 '-겠-'의 특수 용법으로는 해석되지 않는다. 한편 (24)는 주최자나 사회자 등 상황에 대해 책임이 있는 사람만이 발화할 수 있다. 만약 일반 청중이라면 이러한 발화를 할 수 없다. 일반 청중이 이러한 발화를 하였다면 그것은 어디까지나 '추측'으로 이해될 뿐이다.

비규범적 '-을게'의 예는 위에서 본 '-겠-'의 특수 용법, 그 중에서도 2인칭 주어를 취하는 예와 정확히 같은 양상을 보인다.

---

30) 이는 사동 표현의 삭제와 관련이 있다. 이에 대해서는 3.4.에서 다시 논의한다.

(25) (라디오 DJ의 발화)

가. 광고 들으실게요.

나. 광고 들으시겠습니다.

(26) (주차 안내원의 발화)

가. 3층으로 올라가실게요.

나. 3층으로 올라가시겠습니다.

필자는 최근 라디오 방송에서 (25가)와 같은 발화를 들었는데 비규범적 '-을게'의 용법이 확산되기 전에 이 상황에서 일반적으로 사용된 발화는 (25나)였다. (26가) 역시 이전의 (26나)를 대신하는 용법으로 생각된다.[31)]

요컨대 '-을게'의 비규범적 용법은 '-을게'의 2단계 의미 '청자를 고려한 화자의 행위에 대한 의도'가 행위주 전환 현상을 겪어 '청자의 행위에 대한 화자의 의도'로 확장된 결과이다. '의도' 용법의 '-겠-'이 이와 평행한 의미 확장을 보이는 것은 이러한 의미 확장 과정을 뒷받침하는 근거이다.[32)]

이렇듯 '-겠-'의 특수 용법과 '-을게'의 비규범적 용법이 평행한 것임

---

31) 종결어미의 지위를 가지는 '-을게'와 선어말어미의 지위를 가지는 '-겠-'이 왜 유사한 용법을 가지게 되었을까 하는 의문을 가질 수 있다. '의도'의 의미를 포함하고 있다는 공통점 외에도 '-을게'와 '-겠-'이 사용의 측면에서 밀접한 관계를 가지고 있다는 점을 고려할 수 있다. '-겠-'은 특히 하십시오체 종결어미 '-습니다'와 결합할 때 '약속'에 가까운 의미로 사용된다.

(가) 어머니, 제가 커서 돈 벌면 꼭 효도하겠습니다.

(나) 어머니, 제가 커서 돈 벌면 꼭 효도할게요.

하십시오체와 해요체라는 청자대우법상의 차이를 제외하면 '가'의 의미는 '나'의 의미와 거의 같다. '의도'의 '-겠-'이 청자가 바람직하다고 생각하는 행위에 빈번히 쓰이면서 함축의 관습화 과정에 의해 약속과 유사한 의미를 획득하게 된 것이다. '-겠-'이 약속에 가까운 의미로 쓰이는 것은 특히 하십시오체 종결어미와 쓰일 때 두드러진다. '-겠-'의 행위주 전환 또한 주로 하십시오체에서 일어난다.

32) 앞에서 2단계 의미인 '청자를 고려한 화자의 의도'가 명령의 화행을 수행하는 데 빈번히 이용되는 것을 보았는데(3.2.) 3단계 의미의 '-을게' 역시 명령의 화행을 수행하는 데에 이용된다.

에도 불구하고 '-을게'의 비규범적 용법과는 달리 '-겠-'의 용법에 대해서는 아무런 거부감이 느껴지지 않는다. 여기에는 형태론적 문제가 작용한다고 생각된다. 규범적인 '-을게'는 1인칭을 주어로 삼는 용법만을 가지기 때문에 '-으실게'의 연쇄가 원천적으로 불가능하다. 그런데 '-으시겠-'에도 사실은 형태론적 파격이 존재한다. 의도의 '-겠-'은 평서문에서 1인칭 주어만을 요구하기 때문이다. 그러나 (25나, 26나)와 같은 문장에서는 그 파격이 잘 느껴지지 않는다. 이는 '-겠-'이 '추측'과 '의도'의 다의성을 가지는 어미여서 추측 표현에서 "아버지가 곧 오시겠다."와 같은 '-으시겠-' 연쇄가 가능하기 때문이다.

'-을게'가 사용된 예 중에는 화자와 청자가 모두 행위주가 되는 예도 보인다.

(27) (학생회장의 안내) 학우 여러분, 저녁 식사 맛있게 하시고요, 강당에서 7시에 모일게요.[33)]

여기에서는 '-으실게요' 대신 '-을게요'가 사용되었는데 이때의 행위주는 국문과 학우 전체로서 화자 자신이 포함되기 때문이다. 이러한 예는 2단계 의미와 3단계 의미의 중간적인 성격을 가진다고 볼 수 있다. '화 · 청자 공동의 행위에 대한 화자의 의도'를 표현한다.

3.4. '-을게'의 의미 확장의 환유적 성격

지금까지 살펴본 '-을게'의 의미 항목들의 관계를 표와 그림으로 나타내면 다음과 같다.

---

33) 필자는 지난 국어국문학과 학술답사에서 이와 같은 발화를 들었다.

의미 확장 단계	의미 항목	해당 예문
1단계 의미(A)	약속	"이 일은 제가 해 드릴게요."
2단계 의미(B)	청자를 고려한 (화자의 행위에 대한) 화자의 의도	"기사님, 저 내릴게요."
2~3단계 의미(C)	화 · 청자 공동의 행위에 대한 화자의 의도	"강당에서 7시에 모일게요."
3단계 의미(D)	청자의 행위에 대한 화자의 의도	"3층으로 올라가실게요."

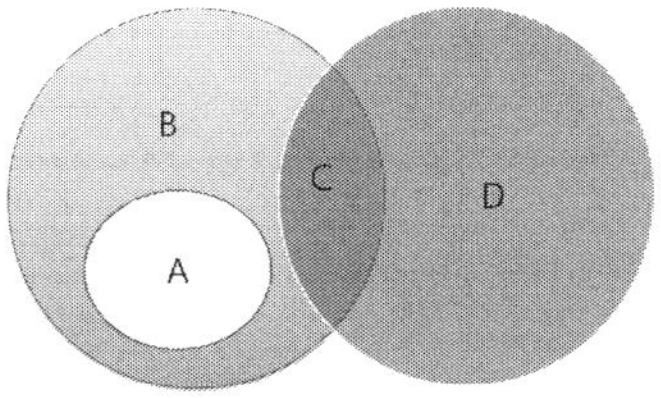

[표] · [그림] '-을게'의 다의성

위 [그림]에서 A로 표시된 부분은 '-을게'가 원래 가지고 있던 의미인 '약속'의 영역을 표시한다. B는 그 상위 의미 영역으로서 '화자 행위에 대한 화자의 의도'에 해당한다. '-을게'가 2단계 의미를 획득하는 과정은 '약속'에서 '의도'가 도출되는 A→B의 확장에 해당한다. 한편 D로 표시된 부분은 '청자의 행위에 대한 화자의 의도'의 영역을 표시한다. '-을게'가 3단계 의미를 획득하는 과정은 '청자를 고려한 화자의 의도(B)'에서 인접한 의미인 '청자의 행위에 대한 화자의 의도(D)'가 도출되는 B→D의 확장에 해당한다. C는 A와 D의 중간적 성격을 띠는 의미, 즉 "학우 여러분, 강당에서 7시에 모일게요."와 같이 화 · 청자 모두를 행위주로 하는 문장에서의 '-을게'의 의미를 표시한다.

결과적으로 A 의미와 D 의미는 교집합을 가지지 않는다. "이 일은 제가 해 드릴게요(A)."와 "3층으로 올라가실게요(D)."의 의미가 아무런 의미론적 교집합을 가지지 않는다는 것이다. 비규범적인 '-을게'가 거부감을 강하게 불러일으키는 것은 3.3.에서 본 형태론적 문제 외에도 기존의 '-을게' 용법과 전혀 교집합을 가지지 않기 때문이기도 하다.

이러한 확장은 '의도'라는 동일 영역 내의 인접한 하위 영역에서 일어나는 확장으로서 환유적 성격을 가진다. 3.2.에서 논의한 바와 같이 A→B의 확장은 의미 성분의 수가 줄어드는 과정으로서 문법화의 전통적인 개념인 의미 추상화로 이해될 수 있다. 그런데 이를 환유로 이해할 수도 있다. '약속'과 '의도'는 개념적으로 상하 관계를 가지고 있으며 상하 관계 개념은 인접 개념에 속한다고 볼 수 있기 때문이다.[34] B→D의 과정 역시 화자의 행위에 대한 의도를 나타내는 형식을 매체로 청자의 행위에 대한 화자의 의도라는 인접한 의미(목표)를 표현하는 과정이라는 점에서, 의도라는 동일 영역 내에서 인접한 두 부분 사이에서 나타나는 환유의 예로 간주할 수 있다. B→D의 과정은 기존의 문법화 논의의 개념인 의미 추상화나 함축의 관습화로는 설명될 수 없는 현상이다.

'-을게'의 의미 확장을 환유적 과정으로 볼 수 있는 또 다른 근거는 '-을게'의 의미 확장이 언어 표현의 생략과 연관이 있다는 점이다. 환유는 언어 표현의 경제성과 연관이 깊으며(이성하 1998: 233), 생략과 밀접한 관련을 가진다. 환유가 단순히 언어 표현의 대치라고 보는 관점에서는 "주전자가 끓는다."는 단순히 "주전자의 물이 끓는다."의 속기법(shorthand)이라고 볼 수도 있다(김종도 2005: 18). '노랑머리'는 '노랑머리를 가진 사람', '햄 샌드위치'는 '햄 샌드위치를 주문한 사람'의 단

34) 환유는 부분으로 전체를 나타내거나 전체로 부분을 나타내는 부분 관계의 두 개념 사이에서 주로 일어나지만 동일 영역 안의 인접한 두 부분 사이에서 나타나는 전이나, 매체와 목표가 상하 관계를 가지는 예도 환유로 다루어졌다.

(1) 가. The monkey climbed up the pole.

나. The plane climbed to 30,000 feet (Kövecses 2002/2010: 252).

(2) 가. She's on the pill.

나. She's on the birth control pill.

(1나)에서 'climb'가 가지고 있는 '기어오르다'라는 의미 성분은 취소된다. 비행기는 팔다리가 없기 때문이다. 이때 '기어오르다'가 단순히 '오르다'의 의미로 쓰이는 것은 구체적인 표현으로 일반적인 의미를 표현하는 것으로서 상하 관계에서 발생한 환유의 예이다. (2가)에서 '알약'으로써 '피임약'을 가리키는 환유 역시 부분관계가 아닌 상하관계에서 발생한 것이다. '피임약'이 '알약'의 지시 대상의 부분은 아니다.

축 표현일 수 있다.[35)]

언어의 환유적 사용은 어떤 측면에서는 경제성을 위해 정확성을 희생하는 과정이다. 다음 예를 보자.

(28) 가. 영희는 칠판을 지웠다.
　　 나. 영희는 칠판의 글씨를 지웠다.

(29) 가. 1번에 칼 하나 물 하나
　　 나. 1번 테이블 손님이 칼국수 하나, 물냉면 하나 주문하셨습니다.

(28가)는 소위 '환유 목적어'의 예이다.[36)] (29가)는 음식점 종사자들의 발화이다. (28가, 29가)는 정확히는 (28나, 29나)로 표현되어야 한다. 그러나 표현의 경제성을 위해 덜 정확한 (28나), (29나)를 사용한다.

이러한 관점에서 다시 '3층으로 올라가실게요.'의 예를 보자. 이는 굳이 말하면 '3층으로 올라가시도록 할게요.'의 의미이다. '-을게'가 '청자를 고려한 (화자의 행위에 대한) 의도'의 2단계 의미를 유지한다고 본다면 통사적인 관점에서 이는 사동 표현 '-도록 하-', 혹은 '-게 하-' 등의 사동 표현이 삭제된 것으로도 이해할 수 있다.[37)]

---

35) 앞의 각주 11에서 환유가 발생하는 인접성의 유형 중 하나로 발화에서의 인접성을 들었다. 이는 언어적 표현에서의 생략과 밀접한 관련이 있다(Traugott & König 1991: 210~211). '피카소를 감상했다'의 '피카소'는 '피카소 그림'의 생략 표현이다. 나아가 환유와 생략의 관련성은 비단 언어에만 국한되지 않는다. Lakoff & Johnson (1980: 37)에서는 초상화의 전통은 얼굴만으로 한 사람을 대표시키는 것으로서 환유적 인지 과정에 기반한다고 하였다. 이는 달리 말하면 신체의 다른 부분을 생략하는 과정이다. 또한 서양인들은 인사를 할 때 모자를 벗는데 모자를 벗는 과정을 생략하고 모자에 손을 대는 것만으로도 인사의 의사를 표명할 수 있다. 모자에 손을 대는 행위는 모자를 벗는 행위의 환유이다.

36) 환유 목적어에 대해서는 이선웅(2005) 참조.

37) 이러한 사동 표현의 삭제는 일상 언어에서 생각보다 더 자주 일어난다.

(1) A (이웃 주민): 아이가 너무 시끄럽게 뛰네요.
　 B (아이 엄마): 예, 이제 그만 뛸게요.

(2) 이발소 가서 머리 깎아라.

(1)에서 화자 B의 대답은 '그만 뛰게 할게요.'가 더 정확한 표현이다. 그러나 이러한 표현도 흔히 들을 수 있다. 이때의 실제 행위주는 3인칭(아이)이지만 '뛰지 못하게

(30) 가. 광고 들으시겠습니다.

　　나. 광고 들으시도록 하겠습니다.

(31) 가. 3층으로 올라가실게요.

　　나. 3층으로 올라가시도록 할게요.

(30가, 31가)는 (30나, 31나)를 대신하여 사용된 것으로 이해될 수도 있다. 문법화가 은유 혹은 환유적 문제 해결 전략이라는 Heine *et al.* (1991가, 나)의 생각을 참조하면 '-겠-'이나 '-을게'의 새로운 용법은 정확성을 희생하더라도 경제성을 획득하기 위한 환유적 문제 해결 전략으로 이해된다.[38)]

'-을게'와 '-겠-'의 행위주 전환 용법이 모두 특수한 문맥에서만 사용된다는 것을 주목할 수 있다.[39)] 이들은 일반적인 일상생활에서는 잘 사용되지 않고 공적인 안내 상황에서 사용된다.[40)] 즉 안내 상황이 요구하는 특수한 문제들을 해결하고자 하는 문제 해결 전략의 차원에서 '-을게'나 '-겠-'의 특수 용법을 발달시키게 된 것이다. 가령 '-을게'가 사

하는' 화자의 행위가 암시되어 있기 때문에 '약속'의 '-을게'가 사용될 수 있는 것이다. (2) 역시 '이발소 가서 이발사한테 머리 깎게 해라.'가 더 정확한 표현일 것이다. 이를 능격문에서 목적어가 나타나는 예로 다루기도 하지만(고영근 · 구본관 2008: 356), 사동 표현의 삭제로 볼 가능성도 있다. 물론 사동 표현의 삭제라는 통사적 절차가 화자의 머릿속에서 심리적으로 실재하는지는 분명치 않다. 이는 '오늘 영문과는 늦으시네요.'와 같은 환유적 표현이 '오늘 영문과 학과장님은 늦으시네요.'를 심리적으로 경유하는지가 불분명한 것과 비슷하다.

38) 이런 점에서 환유적 사용을 오용과 구별할 방법은 없다고 생각한다. 환유적 표현은 문자적 정확성을 결한 표현이기 때문이다. "핸들을 꺾었다."는 "핸들로 {바퀴의, 자동차의} 방향을 꺾었다."의 오용이고 "하루 종일 책상에 앉아 있었다."는 "하루 종일 {책상 앞에, 의자에} 앉아 있었다."의 오용일 수도 있을 것이다.

39) 심사위원 중의 한 분께서는 '-을게'의 행위주 전환 용법이 사용되는 상황을 좀 더 제한할 수 있으며 그것이 '청자가 화자의 행동 수행 요구를 수용할 것이라는 전제가 암묵적으로 깔려 있는 상황'일 가능성이 있다는 의견을 주셨다. 이는 안내 상황의 특성이기도 하며 필자도 여기에 동의한다. 다만 이 용법의 지위가 아직은 유동적이어서 화용론적 분포를 확정하기에는 이른 감이 있다고 본다.

40) 아들이 어머니에게 "어머니, 이쪽으로 올라오실게요."라고 하는 일은 거의 없지 않을까 한다.

용되는 안내 상황은 기본적으로는 '명령'의 상황이지만 명시적인 명령을 회피하여야 하는 상황이다. 또한 청자의 행위에 대한 화자의 의도 표현으로 명령의 화행을 간접적으로 표현하려면 이를 사동적으로 표현하여야 하는데, 복잡한 사동 표현 또한 안내 상황에서는 회피된다. 이러한 문제를 해결하기 위한 전략으로 화자의 행위에 대한 의도를 표현하는 '-을게'를 청자의 행위에 대한 화자의 의도를 표현하는 형식으로 전환하여 의사소통상의 문제를 환유적으로 해결한 것이다.

4. 청유형 어미 '-읍시다, -세, -자'의 의미 확장[41]

3장에서는 '-을게'의 비규범적 용법이 행위주 전환을 포함한 두 번의 환유적 의미 확장 과정을 거쳐 산출된 것임을 살펴보았다. 이러한 과정이 다른 어미에서도 발견된다면 본고의 논의가 더 강력한 설명력을 가질 수 있을 것이다. 본고는 서론에서 언급한 청유형 어미의 행위주 축소 현상도 비슷한 맥락에서 이해할 수 있다고 본다.

(32) 가. 문 앞에 계신 분들, 옆으로 좀 비킵시다.
　　 나. 지각 좀 하지 말자, 응?

(32가, 나)는 행위주가 청자로 한정된 용법이다. 결과적으로 이러한 문장은 '청유'라기보다는 '명령'에 가까운 의미를 가지게 되는데 명령문 어미로 표현된 명령보다는 완곡한 느낌을 준다. 이는 '청유'의 잔존 의미이다. 즉 '청자에 대한 완곡한 명령'은 '-읍시다, -세, -자' 등 청유형 어미의 2단계 확장 의미이며 이는 '청유'의 인접 개념으로서 '명령'의 목표를 지시하기 위해 '청유형 어미'라는 매체를 사용한 환유적 용법이다.

41) 3장에서는 성분 분석, 표, 그림을 이용하는 방법으로 '-을게'의 의미를 기술하였으나 논의의 간결함을 위해 4장과 5장에서는 이러한 작업을 생략한다.

(33) 가. 나 좀 내립시다.
　　나. 나 그 책 좀 보세.

(33가, 나)는 행위주가 화자로 한정된 용법이다. 그런데 이때의 의미 역시 '청유'보다는 '명령'에 가깝다. 이때의 의미는 '나 좀 내리게 해 주십시오.'의 의미이기 때문이다. 이는 '화자 행위에 대한 협조 요청'이라고 규정할 수 있다. 이때의 '-읍시다, -세'는 '완곡한 명령'이라는 2단계 확장 의미를 기반으로 한다. 즉 (33가)는 본래 '나 좀 내리게 해 줍시다.'의 '-읍시다' 용법에 기반한다. '청자에 대한 완곡한 명령'에서 '화자 행위에 대한 협조 요청'으로 전환된 의미는 행위주가 2인칭에서 1인칭으로 전환된 것으로서 '-을게'에서 발생한 행위주 전환 현상, 즉 본래 1인칭 주어를 취하는 '-을게'가 '3층으로 올라가실게요.'에서 2인칭 주어를 취하게 된 현상과 정확히 반대 방향의 전환이 발생한 것이다.

'나 좀 내립시다.'가 '나 좀 내리게 해 줍시다.'의 의미로 해석되는 것은 '3층으로 올라가실게요.'가 '3층으로 올라가시게 할게요.'로 해석되는 것과 유사한 현상으로서 역시 사동 표현의 삭제를 포함한다. '청자에 대한 완곡한 명령'을 표현하는 어미를 매체로 삼아 '화자 행위에 대한 협조 요청'이라는 인접한 목표 영역을 표현한 환유적 의미 확장 과정이라고 할 수 있다.

5. 의문형 어미 '-을까, -으련'의 의미 확장

'-을까'는 상당히 복잡한 의미 기능을 가진다. '-을까'는 기본적으로 의문형 어미지만 '추측'과 '의도'의 양태적 의미를 포함하고 있다. 즉 '-을까'는 청자의 추측을 묻는 의미로 쓰이기도 하고 청자의 의도를 묻는 의미로도 쓰인다.

(34) 가. 내일 비가 올까?

나. 이번에 {내가, 네가, 철수가} 합격할까?

(35) 가. {내가, *네가, *철수가} 먼저 나갈까?

나. {내가, *네가, *철수가} 물을 좀 줄까?

(34가)는 사태에 대한 청자의 추측을 묻는다. 선어말어미 '-겠-' 혹은 통사적 구성 '-을 것 같-'이 사용된 '내일 비가 오겠어?', '내일 비가 올 것 같아?'와 비슷한 의미이다. '추측'은 인식 양태에 속하는 의미인데 인식 양태 형식이 대개 그러하듯이 이때의 '-을까'는 주어의 인칭에 제약을 가지지 않는다(34나). 한편 (35가, 나)는 청자의 의도(의견)를 묻는다. 이때 그 대상은 반드시 화자의 행위여야 한다는 점이 중요하다. 따라서 이러한 '-을까'의 주어는 1인칭만이 가능하다. 2인칭이나 3인칭이 사용되면 '추측'의 용법으로만 해석될 수 있다.[42)]

그런데 '-을까'가 다음과 같은 용법으로 쓰이는 현상도 관찰된다.

(36) 가. (김 선생님에게 무언가를 부탁하면서) 그럼 이번 건은 김 선생님께서 해 주실까요?

나. 신분증 좀 보여 주실까요?

다. 그럼 여러분, 저와 함께 동심의 세계로 돌아가 보실까요?

(36가)는 이해영(1996)에서 제시된 예이다.[43)] (36가)는 화자의 행위가 아닌 청자의 행위에 대한 청자의 의향을 묻는다. 이는 '당신이 하겠느냐', 더 정확히는 '내가 당신이 하도록 부탁해도 되겠느냐'는 질문이다. (36나, 다) 역시 주어는 2인칭 청자로서 화자의 행위에 대한 청자의 의도를 묻는 '-을까'의 본래 용법에서 벗어난 것이다.[44)] '-을까'에

---

42) '-을까'의 세부 의미에 대해서는 박재연(2006나) 참조.

43) 이해영(1996)에서는 이러한 용법의 '-을까'의 특수성에 대해 주목하지 않았다. 그러나 이는 일반적인 '-을까'의 용법에서 벗어나는 예이다.

44) 『표준국어대사전』에서는 '-을까'에 대해서 "해할 자리에 쓰여, 현재 정해지지 아니한 일에 대한 물음이나 추측을 나타내는 종결 어미", "해할 자리에 쓰여, 현재 정해지지

서도 앞에서 본 '-을게'와 같은 행위주 전환 현상이 일어나는 것을 볼 수 있다.

이때 '-으실까'에서는 '-으실게'와 똑같은 형태론적 파격이 발생한다. '-을까'는 '의도'의 의미일 때 1인칭 주어만을 취할 수 있고 따라서 '-으시-'가 결합되는 일이 없기 때문이다. 그러나 '-을까'가 '추측'의 의미로 쓰이는 "선생님이 지금 어디쯤 가고 계실까?"와 같은 문장에서 '-으실까'의 어미 연쇄가 사용될 수 있다. 따라서 한국어 화자들은 '-으실게'와 달리 '-으실까'에서는 형태론적 파격이 발생한 것을 의식하지 못하기 때문에 이 용법에 거부감을 느끼지 않는다.

'-으련' 역시 '-을까'와 마찬가지로 화자의 행위에 대한 청자의 의도를 표현한다.

(37) 가. 네가 가련?/무엇을 하련?/옷을 입는 걸 보니 네가 심부름을 가련?
나. 내가 읽어 주련?

『표준국어대사전』에서는 (37가)의 '-으련'은 '-으려고 하느냐'가 줄어든 꼴로 파악한다. 반면 (37나)는 '내가 읽어 주려고 하느냐'로 환원되지 않으므로 문법화가 진행되어 하나의 어미가 된 예로 기술한다. 그런데 (37나)와 같은 비환원적인 '-으련'에 대한 김명운(1996: 61)의 지적이 흥미롭다.

(38) 차 주련?

김명운(1996: 61)에서는 (38)과 같은 발화가 어머니가 아들에게 한 말이라면 '(내가) 차 끓여 줄까?'의 의미로 해석되는 반면 딸에게 한 말

아니한 일에 대하여 자기나 상대편의 의사를 묻는 종결 어미"의 두 가지 의미 항목만을 제시하고 있으며 (36)과 같은 용법에 대해서는 기술하지 않고 있다.

이라면 '(네가) 차 좀 끓여 줄래?'의 의미로 해석된다고 하였다. 아들에게 한 말은 '화자의 행위에 대한 청자의 의도'를 묻는 본래적인 해석을 가지지만 딸에게 한 말은 '청자의 행위에 대한 청자의 의도'를 묻는 행위주 전환된 용법을 가지기 쉬운 것이다. '-으련'에서도 문맥에 따라 행위주 전환이 발생하는 것을 볼 수 있다.

이와 유사한 어미로 '-으랴'가 있다.[45) '-으랴'에서는 2인칭으로의 행위주 전환은 일어나지 않는다. 대신 3인칭 행위주로의 전환이 일어난다.

(39) 가. 그럼 내가 가랴?
　　나. 내 한 번 그 녀석을 찾아가 보랴?
　　다. 순대 썰어 주랴?
(40) 그럼 {*네가, 철수가} 가랴?

(39가~다)의 '-으랴'의 의미는 '-을까'와 비슷하게 화자의 행위에 대해 청자의 의도를 물어보는 의미를 가진다. 그런데 (40)과 같이 3인칭 주어를 취하는 용법도 가능하다. 그러나 2인칭 주어로의 행위주 전환은 일어나지 않는다.

'-을까'와 '-으련'은 모두 의도의 의미를 포함한 의문형 어미이다. 이때 행위주가 1인칭에서 2인칭(혹은 3인칭)으로 전환되는 현상은 동일 영역에서 발생하는 인접성에 기반한 환유적 과정으로 볼 수 있다.

이러한 '-을까, -으련'의 행위주 전환 용법 역시 사동 표현이 삭제된 결과로도 볼 수 있다.

(41) 가. 신분증 좀 보여 주실까요?
　　나. (제가) (당신으로 하여금) 신분증을 보여 주시게 할까요?

45) 『표준국어대사전』에서 '-으랴'의 해당 용법 뜻풀이는 "해라할 자리에 쓰여, 자기가 하려는 일에 대하여 상대편의 의향을 묻는 뜻을 나타내는 종결 어미"이다.

(42) 가. 차 주련?

나. (내가) (너로 하여금) 차를 주게 하련?

(41가), (42가)의 의미는 사동 표현을 포함하고 '-을까, -으련'이 본래적 용법으로 사용된 (41나), (42나)와 유사하다.

그렇다면 이러한 확장은 어떤 문제 해결 전략으로 일어난 것일까? 청자의 행위에 대한 청자의 의도를 묻는 표현으로는 '-겠-'이나 '-을래'를 사용한 표현이 있다. 이를 '-을까'의 행위주 전환 용법과 비교해 보자.

(43) 가. 김 선생님께서 가시겠어요?

나. 김 선생님께서 가실래요?

다. 김 선생님께서 가실까요?

이들은 모두 청자의 행위에 대한 청자의 의도를 묻는 의미를 표현하며 많은 문맥에서 '명령'의 간접 화행을 수행할 수 있다. 그런데 '-을까'가 사용된 (43다)를 (43가, 나)와 비교하면 (43가, 나)는 단순히 화자의 의도를 묻는 의미이지만 (43다)는 화자의 '시키는' 행위를 포함하고 있음을 알 수 있다. '-을까'가 본래 '화자의 행위'를 내용으로 가지는 것이었기에 이러한 의미가 잔존하는 것이다.[46] '-을까'가 화자의 명령을 표현하는 간접 화행을 수행하기에 더욱 적합하다는 것을 알 수 있다.

결국 '-을까'의 행위주 전환 용법은 명시적인 명령을 회피하려는 전략의 산물이라고 볼 수 있다. '화자의 행위에 대한 청자의 의견을 묻는' 용법을 가지는 '-을까'를 그 인접 개념, 즉 '청자의 행위에 대한 청자의 의견을 묻는' 용법으로 사용하여 의사소통상의 문제를 환유적으로 해

46) (43나)의 '-을래'는 상위자에게 쓰임이 제약되는 특성이 있다. 가령 일반적인 해요체 문장을 사용할 수 있는 상위자에게라도 "선생님, 저녁 하실래요?"와 발화는 무례하게 느껴진다. 즉 '-을래'는 '-을래요'와 같이 '요'를 통합시켜도 상위자에게 잘 쓰이지 못하고 동급자나 하위자를 대접해 주는 표현으로 쓰인다. 그런데 "선생님, 저녁 하실까요?"는 '-을래요'에 비해 덜 무례한 편이다.

결한 것이다.

6. 결론

본고는 최근 새롭게 등장한 "3층으로 올라가실게요."와 같은 '-을게'의 비규범적 사용을 논의의 출발점으로 삼아 한국어 의도 관련 어미의 의미 확장 현상을 고찰하였다. '-을게'의 비규범적 용법은 다른 의도 어미에서 이미 존재해 온 행위주 변동(행위주 전환 및 행위주 축소) 현상과 같은 맥락에서 기술될 수 있음을 보였다. 즉 '-을게' 외에도 '-겠-, -읍시다, -세, -자, -을까, -으련, -으랴' 등 의도의 의미를 포함한 어미들이 공통적으로 행위주 변동 현상을 겪는다는 점을 기술하고 이를 의미의 인접성에 기반한 환유적 과정으로 설명하였다. 논의한 바를 요약하면 다음과 같다.

첫째, 어휘 형식의 의미 확장뿐 아니라 문법 형식의 의미 확장에서도 은유나 환유의 인지적 과정이 중요한 역할을 한다. 의도 표현의 행위주 변동 현상은 문법 형식의 환유적 의미 확장의 일종으로 이해할 수 있다.

둘째, 약속형 어미 '-을게'에서는 두 차례의 확장이 일어난다. 1단계 기본 의미 '약속'에서 2단계 확장 의미 '청자를 고려한 화자의 의도'로의 확장은 의미 성분이 감소한다는 점에서 의미 추상화 과정으로 볼 수 있다. 2단계 '청자를 고려한 화자의 의도'에서 3단계 '청자의 행위에 대한 화자의 의도'로 확장하는 과정은 행위주가 화자에서 청자로 전환되는 행위주 전환 현상이다. 이들은 '의도'라는 동일 의미 영역 안의 인접한 하위 영역 사이에서 일어나는 의미 전이라는 점에서 환유적 과정으로 이해될 수 있다.

셋째, 청유형 어미 '-읍시다, -세, -자'에서도 두 차례의 확장이 일어난다. 1단계 기본 의미 '청유'에서 2단계 의미 '청자에 대한 완곡한 명령'의 의미가 나오는 것은 행위주 축소 현상으로 기술할 수 있다. 3단계 의미 '화자 행위에 대한 협조 요청'은 2단계 의미에서 행위주 전환이 일어난 결과이다. 역시 인접성에 기반한 환유적 확장이다.

넷째, 의문형 어미 '-을까', '-으련'은 모두 '화자의 행위에 대한 청자의 의도'를 묻는 용법을 가진다. 그런데 어떤 문맥에서는 '청자의 행위에 대한 청자의 의도'를 묻는 용법으로도 사용된다. 이 역시 행위주 전환 현상의 범주에 든다.

본고의 의의는 언뜻 산발적으로 발생한 듯 보이는 일탈적인 현상이 행위주 변동이라는 공통된 속성으로 기술될 수 있으며 이러한 현상이 의미 확장의 일반적 원리인 환유에 기반하고 있음을 보인 데에 있다. 은유와 환유는 근본적인 층위에서 작동하는, 지극히 느슨하고 일반적인 인지적 원리이므로 이러한 과정은 다른 문법 형식의 의미 확장에서도 광범하게 발견될 수 있다. 가령 본래 주체 높임으로 사용되던 '-으시-'가 종종 상대 높임으로 사용(혹은 오용)되는 것 역시 높임이라는 동일 영역의 인접한 두 하위 영역 사이에서 일어나는 환유적 과정일 것이다. 어휘 항목의 의미 확장에서뿐 아니라 문법 형식의 의미 확장에서 은유와 환유가 작동하는 양상에 대해 좀 더 구체적이고 포괄적인 접근이 필요하다.

참고논저

고영근(1976), 현대국어의 문체법에 대한 연구, 『어학연구』 12: 1, 서울대학교 어학연구소, 17-53.

고영근 · 구본관(2008), 『우리말 문법론』, 집문당.

김명운(1996), 현대국어 청자대우법에 대한 사회언어학적 연구, 서울대학교 대학원 석사학위논문.

김욱동(1999), 『은유와 환유』, 민음사.

김종도(2005), 『인지문법적 관점에서 본 환유의 세계』, 경진문화사.

남기심 · 고영근 · 이익섭 편(1975), 『현대국어문법』, 계명대학교 출판부.

박재연(2006가), 『한국어 양태 어미 연구』, 국어학총서 56, 태학사.

박재연(2006나), 한국어 사전에서의 종결어미 '-을까'의 뜻풀이에 대하여, 『이병근선생퇴임기념 국어학논총』, 태학사, 837-864.
박재연(2011), 한국어 연결어미 의미 기술의 메타언어 연구, 『국어학』 62, 국어학회, 167-197.
신창순(1972), 현대 한국어의 용언보조어간 「겠」의 의미와 용법, 『조선학보』 65. [남기심 외 편 (1975)에 실림, 145-163.]
윤석민(2000), 『현대국어의 문장종결법 연구』, 집문당.
이기용(1978), '겠'의 중의성 반론, 『사대학보(중앙대학교)』 14. [이기용(1998)에 수정되어 실림, 193-208.]
이기용(1998), 『시제와 양상: 가능세계 의미론』, 태학사.
이선웅(2005), 환유 목적어와 결과 목적어의 통사와 의미, 임홍빈 외 38인, 『우리말 연구 서른아홉 마당』, 태학사, 271-302.
이성하(1998), 『문법화의 이해』, 한국문화사.
이해영(1996), 현대 한국어 종결어미와 부담줄이기의 상관성, 이화여자대학교 대학원 박사학위논문.
이희승(1949), 『초급국어문법』, 박문서관. [한국역대문법대계 ①-32.]
이희자 · 이종희(1999), 『텍스트 분석적 한국어 어미 연구』, 한국문화사.
임동훈(2001), '-겠-'의 용법과 역사적 해석, 『국어학』 37, 국어학회, 115-147.
임동훈(2011), 한국어의 문장 유형과 용법, 『국어학』 60, 국어학회, 323-359.
임은하(2003), 현대국어의 인과관계 접속어미 연구, 서울여자대학교 박사학위논문.
임지룡(2006), 환유 표현의 의미 특성, 『인문논총』 55, 서울대학교 인문학연구원, 265-300.
임지룡(2009), 다의어의 판정과 의미 확장의 분류 기준, 『한국어 의미학』 28, 한국어 의미학회, 193-226.
정인아(2012), 한국어의 시점(視點)에 관한 연구: '-아서/어서'와 '-(으)니까'의 시야(視野)를 중심으로, 『어학연구』 48: 3, 서울대학교 언어교육원, 463-485.
정희자(2004), 『담화와 비유어』, 한국문화사.
조숙환(2009), 국어 인식양태소 구조의 인지언어학적 접근: 시점 이동과 역동적 심성공간의 융합, 『언어』 34: 1, 한국언어학회, 113-132.
최현배(1937/1961), 『우리말본』, 샘문화사.
허웅(1995), 『20세기 우리말의 형태론』, 샘문화사.
Bybee, J., R. Perkins & W. Pagliuca (1994), *The Evolution of Grammar:*

Tense, Aspect and Modality in the Language of the World, The University of Chicago Press.

Evans, V. & M. Green (2006), *Cognitive Linguistics: An Introduction*, Edinburgh University Press. [임지룡 · 김동환 역 (2008), 『인지언어학 기초』, 한국문화사.]

Heine, B., U. Claudi & F. Hűnnemeyer (1991가), *Grammaticalization: A Conceptual Framework*. University of Chicago Press.

Heine, B., U. Claudi & F. Hűnnemeyer (1991나), From Cognition to Grammar: Evidence from African Language, in Traugott & Heine *eds*. (1991), 149-187.

Hopper, P. J. & E. C. Traugott (1993/2003), *Grammaticalization, 2nd edition*, Cambridge University Press.

Kövecses, Z. (2002/2010), *Metaphor: A Practical Introduction, 2nd edition*, Oxford University Press.

Lakoff, G. & M. Johnson (1980), *Metaphors We Live by*, University of Chicago Press.

Lakoff, G. (1987), *Women, Fire, and Dangerous Things: What Categories Reveal about the Mind*, University of Chicago Press.

Searle, J. R. (1969), *Speech Acts: An Esaay in the Philosophy of Language*, Cambridge University Press.

Sweetser, E. (1990), *From Etymology to Pragmatics: Metaphorical and Cultural Aspects of Semantic Structure*, Cambridge University Press.

Taylor, J. R. (2002), *Cognitive Grammar*, Oxford University Press. [임지룡 · 김동환 역(2005), 『인지문법』, 한국문화사.]

Traugott, E. C. & B. Heine *eds*. (1991), *Approaches to Grammaticalization volume 1: Focus on Theoretical and Methodological Issues*, John Benjamins Publishing Company.

Traugott, E. C. & E. König (1991), Semantics-Pragmatics of Grammaticalization Revisited, in Traugott & Heine *eds*. (1991), 189-218.

Ullmann, S. (1962), *Semantics: An Introduction to the Science of Meaning*, Basil Blackwell.

제4부 연결어미와 전성어미의 의미

연결어미와 양태

1. 서론

한국어의 양태 범주는 주로 선어말어미, 종결어미와 관련지어 논의되어 왔다. '-겠-, -더-' 등의 선어말어미, '-네, -구나, -지, -거든' 등의 종결어미가 한국어에서 양태를 담당하는 중요한 형식이다(장경희 1985, Lee 1991, 고영근 2004, 박재연 2006). 그러나 관형사형 어미 '-은, -을', 명사형 어미 '-음, -기'의 대립 역시 양태의 범위에서 다루는 논의가 있으며(심재기 1979/1982, 임동훈 2007, 2009, 박재연 2009 등) 일부 연결어미의 의미도 양태적 관점에서 파악되었다(고영근 1986, 이선웅 2001, 박재연 2006, 임채훈 2007, 2008).

연결어미가 양태와 연관되는 경우는 두 가지가 있다. 첫째, 연결어미의 의미 자체가 양태 범주와 연관되는 경우이다. 둘째, 연결어미 자체가 양태적 의미를 나타내는 것은 아니지만 선어말어미와 연결어미가 결합한 어미 연쇄가 결과적으로 양태적 의미를 산출하는 경우이다.[1] 이러한 논의의 대상이 되는 연결어미 혹은 연결어미를 포함한 어미 연쇄로 다음과 같은 형식을 들 수 있다.

(1) 가. '-으러, -고자, -으려고'

---

1) 양태 선어말어미가 연결어미에 결합하여 나타날 때 나타나는 문법 현상도 '연결어미가 양태와 연관되는 경우'에 포함될 수 있지만 본고에서는 다루지 않는다. 가령 '-겠-'이 종속 접속문에 나타날 때 나타나는 문법 현상에 대한 연구로 남길임(1998), 박재연(2006)이 있다.

나. '-을세라, -ㅂ시고', -다가는'

다. '-길래'; '-으니, -더니, -었더니'

라. '-은들'; '-었더라면, -었던들, -었더라도'; '-으면, -어야, -어도, -더라도, -거든'

(1가)는 '의도, 목적'의 연결어미이다. '의도'는 흔히 양태의 하위 속성으로 이해되기 때문에 이 어미들은 연결어미에서 양태가 표현되는 경우로 다루어졌다(고영근 1986/1995: 256, 박재연 2006: 93). (1나)의 '-을세라'는 '경계' 혹은 '두려움'의 의미를(박재연 2006: 93),[2] '-ㅂ시고'는 '비아냥, 경멸'의 의미를(이선웅 2001: 335), '-다가는'은 후행절에 대한 부정적인 판단을 표현하는 의미를(임채훈 2008: 224) 가진다고 지적되었다. 이들의 의미는 명제에 대한 화자의 감정을 나타내는 평가 양태(evaluative modality) 혹은 감정 양태(emotive modality)의 성격을 가진다. (1다)는 '이유'와 관련한 의미를 표현하는 연결어미 혹은 '이유' 연결어미 '-으니'를 포함한 어미 연쇄이다. 최근 임채훈(2007, 2008)에서는 이들의 의미가 '증거(evidentiality)' 범주와 연관 있다고 주장하였는데, 그 정당성을 검토할 필요가 있다.[3] (1라)는 '조건'이나 '양보'와 관련한 연결어미 혹은 어미 연쇄이다. '-은들'의 의미에 대해서는 '비현실(irrealis)'과 관련한 속성이 지적된 바 있고(이은경 1990: 78), '-었더

---

2) 국립국어연구원 편(1999)에서는 '-을세라'가 "가는 길이 위험할세라."와 같은 예에서는 종결어미로, "이에 뒤질세라 노파도 문을 비집고 들어간다."와 같은 예에서는 연결어미로 사용된다고 본다. '-을세라'의 처리에 대해서는 박재연(2006: 96~97) 참조.

3) 증거(evidentiality) 범주는 인식 양태의 일종으로 논의되기도 하고 인식 양태와 구별되는 양태의 일종으로 이해되기도 하며 아예 양태가 아닌 별도의 범주로 논의되기도 한다. Palmer (1986)에서는 인식 양태의 하위 범주로 보고 인식 양태가 '판단' 범주와 '증거' 범주로 나누어지는 것으로 보았으나 Palmer (2001)에서는 명제 양태라는 상위 범주를 설정하고 그 하위에 인식 양태와 증거 양태가 있는 것으로 보았다. 박재연(2006), Lee (1991)에서는 Palmer (1986)을 따라 증거를 인식 양태의 의미 속성으로 간주하였다. 그러나 Aikhenvald (2001), 송재목(2009)는 증거가 양태와는 독립적인 별도의 범주라고 하였으며 최근 논의에서는 이러한 움직임이 활발해지고 있다. 이 논문에서는 일단 증거를 인식 양태의 일종으로 다루기로 한다.

라면, -었던들, -었더라도'에 대해서는 과거에 일어난 사태와는 반대되는 사실을 가정하는 '반현실(counter-realis, counter-factuality)'의 의미가 지적된 바 있다(이희자 · 이종희 1999, 박재연 2003). 따라서 '현실성' 관련 속성을 양태의 하위 부류로 인정한다면(박재연 2009: 4장), 이들을 양태 논의에서 다룰 수 있다. 한편 '-으면, -어야, -어도' 등이 표현하는 '조건' 혹은 '양보'는 그 의미 속성 자체가 '비현실'의 의미 속성과 연관되므로 검토의 대상이 된다.

연결어미의 양태성은 종합적으로 검토된 적이 별로 없었고 기존의 양태 논의에서 단편적으로 언급되거나 개별 어미의 의미를 다룰 때 그 양태적 성격이 지적된 경우가 대부분이었다. 따라서 (1)에서 언급한 연결어미들을 모두 양태 연결어미로 볼 수 있는가의 문제를 재검토할 필요가 있다. 본고는 기존의 논의에서 자세히 다루어지지 않았거나 새롭게 주목을 받은 (1다)와 (1라)의 형식들을 대상으로 삼아 이들의 양태성을 검토해 보고자 한다.

이 논문은 다음과 같이 구성된다. 2장에서는 '이유'의 연결어미와 관련된 형식에서 읽히는 의미를 양태적 관점에서 기술할 가능성을 생각해 본다. 3장에서는 '조건' 혹은 '양보'의 연결어미와 관련된 형식에서 양태 의미가 표현되는 문법 현상에 대해 알아본다. 4장은 결론으로서 논의를 요약한다.

2. '이유'의 연결어미와 양태

2.1. '-길래'의 '지각'

연결어미 '-길래'의 양태적 의미가 주목을 받은 것은 비교적 최근이다. '-길래'는 '-기에'의 비표준형으로 간주되어 왔으나(국립국어연구원 편 1999), 안주호(1998, 1999)에서는 '-길래'와 '-기에'가 서로 다른 문법적 특성을 보인다는 점을 지적하면서 이 둘을 별개의 연결어미로 다루어야 한다고 주장하였다. '-길래'의 양태적 의미를 최초로 지적한 논의는 이희자 · 이종희(1999: 31)가 아닌가 한다.[4] 이 연구에서는 '-길래'의 의미를 다음과 같이 기술하였다.

(2) 가. [의문사와 함께 의문문에 쓰이어] 어떤 사실을 결과로 말하려 할 때 원인이나 이유를 나타냄.[5]

나. [말하는 이가 의도적으로 한 행동에 대하여 이유를 댈 때에 쓰이어] '-는 것을 보고'의 뜻을 나타냄(밑줄 인용자).

(3) 가. 어떤 사연이 있길래 자식을 고아원에 버렸을까?

나. 마침 선창가에 술집들이 눈에 띄길래 나는 사내를 이끌었다.

이 중 양태와 연관되는 것은 (2나)의 뜻풀이이다. (3나)의 예문에서 보듯이 이때의 '-길래'는 화자가 직접 본 사실을 나타내는 명제에 쓰인다. 안주호(1998, 1999: 105)에서는 이때의 '-길래'가 화자의 행위에 대한 근거를 나타낼 때 화자 자신이 아닌 외부적인 것에서 취한다는 의미를 표현한다고 하였다.

'-길래'는 선행절 주어에 대해 인칭 제약을 가진다는 점에서 '지각'의 의미를 표현하는 '-더-'와 유사한 점이 있다.

(4) 가. 학회에서 {*내가, 네가, 영희가} 정장을 하지 않았길래 걱정이 되었어.

나. 학회에서 {내가, 네가, 영희가} 정장을 하지 않아서 걱정이 되었어.

---

4) 심사위원 중의 한 분은 '-길래'의 양태적 의미를 지적한 최초의 논문이 안주호(1998)일 가능성을 제기하셨다. 그러나 안주호(1998)에서는 양태라는 용어가 사용되지 않았을 뿐더러 '-길래'가 "화자의 행위에 대해 자신이 아닌 외부적인 것으로부터의 근거를 표시한다."라고 보았고 '지각'과 관련한 의미는 언급하지 않았다. '양태'라는 용어가 사용되지 않은 것은 이희자 · 이종희(1999)도 마찬가지지만 본고는 '-는 것을 보고'라는 의미 기술이 있는 것을 주목하였다.

5) 이희자 · 이종희(1999: 31)에서는 '원인' 용법과 '이유' 용법을 분리하여 기술하였으나 본고에서는 편의상 합쳐서 인용하였다.

다. 학회에서 {*내가, 네가, 영희가} 정장을 하지 않았더라.

(4가)에서 '-길래'는 1인칭 주어에 대해 제약을 가지는 현상을 보인다.[6] 이는 (4나)에서 보는 바와 같이, '-길래'와 마찬가지로 '이유'의 의미를 표현하는 '-어서'가 이러한 제약을 가지지 않는 것과 대조적이며, (4다)가 보여 주는 '-더-'의 인칭 제약을 연상시킨다. '-더-'가 인칭 제약을 가지는 것이 '-더-'의 '지각'의 의미 때문이라고 본다면,[7] '-길래' 역시 화자가 지각한 사실에만 쓰여야 하기 때문에 1인칭 주어와 자연스럽게 어울리지 못하는 것이라고 설명할 수 있다.

그러나 모든 문맥에서의 '-길래'가 이러한 특성을 가지는 것은 아니다. 안주호(1999)는 '-길래'가 다음과 같은 세 가지 구별되는 용법을 가진다고 하였다.

(5) 가. 그 양반 비명이 들리길래 혼이 빠져 돌아다녔죠.
나. 선생님이 화가 나셨길래 꾸중하셨겠지.
다. 너는 도대체 술을 얼마나 퍼 마셨길래 지금까지도 냄새가 진동을 해?

안주호(1999: 103)에서는 (5가)를 서술문에 쓰이는 유형, (5나)를 서

6) 화자가 새로운 사실을 깨닫는 문맥에서 "학회에서 나만 정장을 하지 않았길래 걱정이 되었어."와 같은 문장을 사용하는 것은 가능하다. 이것은 '-더-'도 마찬가지여서 "학회에서 나만 정장을 하지 않았더라."라는 문장이 성립 가능하다. '-더-'의 인칭 제약이 엄밀한 통사적 제약이 아니라는 점은 이미 잘 알려진 사실이다. 이하의 논의에서 인칭 제약과 관련한 기술은 이러한 특수한 상황을 논외로 한 것이다.

7) 이는 학계의 일반적인 의견이다. 필자는 인칭 제약을 유발하는 것은 정확히는 '지각'의 의미 속성이 아니라 '새로 앎'의 의미 속성이라고 생각한다. '지각'은 '증거(evidentiality)' 관련 속성이고, '새로 앎'은 'mirativity (새 정보에 대한 놀람)' 관련 속성으로서 서로 구별되는 범주에 속한다. 그러나 DeLancey (2001: 370)에서 지적한 대로 '증거'와 'mirativity'는 서로 밀접한 연관을 가진다. 한국어의 경우 '지각'의 의미를 가지는 형식은 대부분 '새로 앎'의 속성도 함께 가지는 경향이 있다('-더-, -네, -구나' 등이 모두 그러하다). 새로 알게 된 정보에 대해 그 출처를 문제 삼기 쉽기 때문이다. 본고에서는 일단 인칭 제약을 '지각'과 연관되는 것으로 보기로 한다.

술문이지만 추정의 '-겠-'이 쓰인 유형, (5다)를 의문사와 함께 의문문으로 쓰이는 유형으로 구별하였다. 이 중 '지각'의 의미가 읽히는 것은 (5가)뿐이다.[8] (5나, 다) 용법의 '-길래'가 인칭 제약을 가지지 않는 데에서 이를 확인할 수 있다.

(6) 가. {내가, 네가, 철수가} 잘못했길래 아빠가 화를 내시겠지.
　　나. {내가, 네가, 철수가} 뭘 잘못했길래 아빠가 이러시는 거야?

(6가)는 (5나) 용법의 '-길래'의 예이고 (6나)는 (5다) 용법의 '-길래'의 예이다. 모두 주어의 인칭에 제약을 가지지 않는다.

그런데 임채훈(2008)에서는 '-길래'의 다양한 용법을 구별하지 않고, 몇몇 문장에서 인칭 제약이 해소되는 것은 단지 '-었-'이 통합되었기 때문이라고 보았다. 다음은 임채훈(2008: 222)에서 제시한 예이다.

(7) 가. 뭘 {먹었길래, *먹길래} 이렇게 배가 아프지.
　　나. (내가) 너무 일찍 약속 장소에 {도착했길래, *도착하길래} 서점에 가 봤어.

임채훈(2008: 222)에서는 '-었-'이 '-길래'에 통합되면 행위 자체에 대한 지각이 아닌 명제에 대한 지각을 표현하기 때문에 인칭 제약이 해소된다고 하였다. 그러나 본고의 관점에서는 (7가)의 '-길래'는 위의 (5다), (6나)와 같은 용법이어서 원래 인칭 제약과 무관하며,[9] (7나)가 성립하는 것은 '-길래'가 새로 알게 된 사실에 쓰였기 때문이다.[10] 해당 명

---

8) 대체로 (5가, 다)의 '-길래'는 '-어서'로, (5나)의 '-길래'는 '-으니까'로 대치되는 용법이다.

9) (7가)에서 '먹길래'가 사용될 수 없는 것은 이 문장이 사용된 문맥이 '-었-'을 요구하기 때문이라고 본다. 이 경우에는 "철수가 뭘 먹길래 저렇게 배 아파하지?"와 같이 3인칭 주어가 사용되어도 어색하다.

10) 이 문제에 대해서는 앞의 각주 5를 참고하라. 임채훈(2008: 210)에서는 종결형의 '-더라' 역시 '-었-'이 결합하면 인칭 제약이 해소된다고 하였다. "(몰랐는데) 내가 3년

제가 새롭게 알게 된 사실이기 때문에 1인칭 주어를 가지는 사태에도 '-길래'가 쓰일 수 있는 것이다.[11] '-었길래'에서 무조건 인칭 제약이 해소되는 것은 아니라는 사실은 위의 (4가)에서도 확인할 수 있다. 이 문장은 '-었-'이 통합한 예지만 인칭 제약을 가진다.

요컨대 '지각'의 양태적 의미를 표현하는 것은 '-길래'의 일부 용법에 한정된다. 덧붙여 인과 관계를 표현하는 대표적인 연결어미인 '-어서'와 구별되는 '-길래'의 변별적 특성을, 단순히 '지각'의 양태 의미라고 할 수만은 없음을 지적해 두고자 한다. 이 두 어미 사이에는 보다 근본적인 차이가 있다.

(8) 가. 차가 막혀서 늦었어.
    나. *차가 막히길래 늦었어.
(9) 가. 비가 와서 땅이 축축하다.
    나. *비가 오길래 땅이 축축하다.
(10) 가. 비가 오길래 {내가, *네가, *철수가} 우산을 가져왔어.
    나. 비가 오길래 내가 {밖에 나가 봤어, *우울해, *우산 장수야}.

(8), (9)에서 보듯이 '-길래'는 단순한 논리적 인과 관계에 사용되지 못한다. (8나, 9나)는 '-길래'가 지각 상황에 사용되는 경우에도 부적절

전에 동창회에서 그 친구를 한 번 만났더라."와 같은 예에서 1인칭 주어 문장이 성립하는 것은 '-더라'에 선행하는 지각 대상이 실제 행위 자체가 아닌 명제 내용이기 때문이라고 보았다. 그러나 박재연(2003, 2006)에 따르면 이 문장이 성립하는 것은 '-더-'가 '새로 앎'의 의미 속성을 가져서, 자신의 일이라도 새로 알게 된 사실에는 '-더-'가 쓰일 수 있기 때문이다. "*내가 일부러 꾀병을 앓았더라."의 비문법성에서 보듯 '-었-'이 쓰인다고 하여 무조건 인칭 제약이 해소되지는 않는다는 점을 주의할 필요가 있다.

11) 오경진(2003: 386)에서는 "내가 머리가 아프길래 약을 먹었어요."와 같은 문장에서 '-길래'의 인칭 제약이 해소되는 것을 실제 주어가 1인칭이지만 표면상의 주어가 3인칭이기 때문이라고 기술하였다. 그러나 이는 '지각'의 양태 의미를 가지는 요소가 심리 용언이나 감각 용언에 통합된 경우 인칭 제약이 거꾸로 나타난다는 사실로 설명되어야 한다. 심리적, 감각적 사태는 화자 스스로만이 지각할 수 있기 때문이다.

할 수 있음을 보여 준다. (10가, 나)에서 확인할 수 있듯이 '-길래'는 후행절 주어가 1인칭이어야 하고 후행절 용언이 동사여야 한다는 제약을 더 가진다. 즉 이러한 용법의 '-길래'는 선행절이 지각 상황이고 2, 3인칭 주어를 가지며 후행절에 1인칭 주어와 동사 서술어를 취하는 한정된 문맥에서만 사용된다. '-길래'가 '지각'의 양태적 특성을 보이는 것은 인정되지만 일부 용법에 한정된다는 사실을 주의할 필요가 있다.

2.2. '-으니, -더니, -었더니'의 문제

'-으니'를 양태 어미로 다룬 것은 임채훈(2007, 2008)이 처음이다. 임채훈(2008: 216)에서는 '-으니'의 용법을 '인과관계'와 '계기적 지각'의 두 가지로 파악하고 '계기적 지각' 용법의 '-으니'가 감각적 증거를 나타내는 양태와 관련된다고 보았다.

(11) 어제 학교에 가니 학교가 공사중이었어. (임채훈 2008: 216)

임채훈(2008: 222)에서는 '-으니'는 화자의 행위 후에 화자가 계기적으로 지각한 사건을 연결하는 기능을 가진 '감각적 증거' 양태의 연결어미이며 이는 선행절이 지각 사건인 '-길래'와 체계적인 대칭을 이룬다고 하였다. 그러나 선행절의 지각을 표현하는 '-길래'는 양태 어미라고 할 수 있겠으나 후행절의 지각을 표현하는 '-으니'를 양태 어미라고 할 수 있을지 의문이다. 어미에서 구현되는 문법 범주는 그 어미가 붙은 바로 그 절의 의미론에 관여하는 것이 보통이기 때문이다. 가령 "어머니께서 궁금하시면 직접 전화를 주실 거야.", "영희가 더 잘 하겠으면 영희를 불러 오너라."와 같은 문장에서 선행절 선어말어미 '-으시-'와 '-겠-'은 선행절의 주어에 대한 존대 혹은 선행절 명제를 대상으로 한 추측을 표현하지 후행절 내용에 관여하지는 않는다. 이러한 점에서 '-으니'의 의미를 '계기적 지각'이라고 명명하는 것은 재고의 여지가 있다고 본다.[12)]

'-으니'의 이와 같은 용법은 서정수(1994: 1198)에서 '지각 상황 설정'이라는 이름으로 다루어진 것이다. 즉 '-으니'가 이끄는 절은 후행절 상황을 지각하기 위한 배경을 표현하는 절이라는 뜻이다. 그런데 이때의 '-으니'의 의미를 '지각'의 양태 어미로 기술하는 것은 마치 연결어미 '-으러'가 후행절에 이동 동사만을 취한다고 하여, '-으러'를 '이동'의 연결어미라고 하거나 연결어미 '-거든'이 후행절로 '의지'를 포함한 문장 유형을 요구한다고 하여 '의지'의 연결어미라고 하는 것과 유사한 처리가 아닌가 한다. '-으러'가 후행절에 이동 동사를 취하고 '-거든'이 후행절로 '의지'의 문장 유형을 필요로 하는 것을 '-으러'나 '-거든'의 제약으로 이해하듯이 '-으니'가 후행절에 지각 사건을 요구하는 것은 후행절에 대해 가지는 제약으로 기술하여야 한다고 본다. 이러한 이유로 본고는 '-으니'를 양태 연결어미로 간주하는 임채훈(2008)의 주장은 재검토되어야 한다고 생각한다.

임채훈(2008)에서는 '-더니'와 '-었더니' 역시 감각적 증거를 나타낸다고 보았다. '-더니'는 '계기적 지각' 용법의 '-으니'에 다시 감각적 증거의 양태와 관련된 '-더-'가 결합한 것이며 '-었더니' 역시 이러한 연장선상에서 기술할 수 있다고 하였다. '-더니'가 감각적 증거를 나타내는 '-더-'와 '-으니'로 분석된다는 것은 인정된다.[13] '-더니'의 '-더-'는 종결형이

---

12) 이러한 명명의 문제는 이 용법을 '발견'이라고 규정한 이현희(1994: 2장), 한동완(1996: 140) 역시 동일하게 안고 있다. 본고의 초고를 한국어의미학회에서 발표할 당시 토론자 임채훈 선생님께서는 연결어미는 절과 절의 관계를 표상하는 것이므로 연결어미의 의미가 후행절에 관여하지 말아야 한다는 주장은 정당하지 않다고 지적하셨다. 이에 필자도 충분히 동의한다. 다만 본고에서 우려하는 바는 '-으니'가 후행절로 지각 상황을 요구하는 것과 '-길래'가 보여 주는 선행절 지각의 의미를 동일하게 '지각'으로 기술할 때 생겨날 혼란이다.

13) 송재영 · 한승규(2008: 183)에서는 '-더니'가 '-으니'에서 보이지 않는 '대립'과 '추가'의 의미를 더 가지므로 이를 별도의 어미로 보아야 한다고 주장하였다. "지난날엔 활발하지 못하더니 지금은 꽤 활발해요."에서의 '-더니'는 '대립'의 의미이고, "처음에는 매점매석이 횡행하고 식품값이 급등하더니 이제는 이것조차 맘대로 구할 수 없게 되었다."의 '-더니'는 '추가'의 의미인데 '-으니'는 이러한 용법을 가지지 않는다는 것이다. 그러나 이 차이는 선후행절의 명제 의미에 따른 구별이며, 이 두 용법은 '-으니'의 '배경 제시'의 의미로 포괄될 수 있다고 생각한다. 이때의 '-더니'를 '-으니'나 '-었

나 연결형 '-은데'에 통합된 '-더-'의 일반적 특성을 고스란히 가지고 있으며 '-으니' 역시 일반적인 '-으니'의 '이유' 혹은 '배경 제시'의 용법으로 설명되기 때문이다.14)

(12) 가. {*??내가, 네가, 철수가} 녹용을 먹더니 병이 나았어.
　　나. 어제는 {*??내가, 네가, 철수가} 오더니 오늘은 영희가 왔네.

(12가)는 '-으니'가 '이유'의 의미로 해석될 수 있는 예이고 (12나)는 '배경 제시'의 의미로 해석될 수 있는 예이다. 모두 일인칭 주어가 사용되면 어색한데 이는 '-더-'의 특성이 반영된 것으로 이해된다. 그러나 '-더니'를 양태 어미로 간주할 필요는 없다. '-더니'의 양태적 의미는 선어말어미 '-더-'로 설명되며 연결어미와 무관하기 때문이다.

'-었더니' 역시 하나의 양태 어미로 보기는 어렵다. 박재연(2003)에서는 '-었더니'의 '-더-'가 일반적인 '-더-'의 특성을 보이지 않는 점, '-었더-'가 일반적인 '흔적 지각' 용법을 보이지 않는다는 점, '-었더니'가 '-었-'이 없는 '-더니'가 아닌 '-으니'와 시제적 대립을 보인다는 점을 들어 '-었더니'를 '-었더-'와 '-으니'로 분석한 바 있다. 다음을 보자.

(13) 가. 어제 동생이 무슨 숙제를 하나 {보았더니, 보니} 그림 일기였다.
　　나. 오랜만에 어제 집에 {갔더니, 가니} 부모님이 반가워하셨다.
(14) 가. 어제 저녁에 언니 방을 {어질렀더니, *어지르니} 언니가 지금 화를 내고 있다.
　　나. 며칠 전에 할머니께 놀러 오시라고 {말씀드렸더니, *말씀드

으니'로 대치할 수 없는 것은 '-으니'의 '배경 제시' 의미가 현대 국어에서 쇠퇴한 것과 연관 지어야 한다고 본다.

14) 임채훈(2008)에서는 이때의 '-으니'가 '계기적 지각' 즉 '지각 상황 제시'의 용법을 가진다고 보았으나 '이유'나 '배경 제시'로 이해하여야 한다고 본다. 이와 관련하여서는 박재연(2003: 92~93) 참조.

리니} 지금 정말 오신다고 하신다.

(13가, 나)는 '-었더니'가 사용되는 문맥에서 '-었더니' 대신 '-으니'만을 사용하여도, 문장의 의미는 크게 달라지지 않음을 보여 준다. 그러나 이와는 달리 (14가, 나)에서는 '-었더니'는 사용될 수 있어도 '-으니'는 사용될 수 없다. 박재연(2003)에서는 이것이 '-으니'에는 없는 과거 시제의 의미가 '-었더니'에 포함되어 있기 때문이라고 보았다. (14가, 나)는 선행절에 각각 '어제 저녁에', '며칠 전에'라는 과거 시간 표현이 사용되어 있고 후행절에 '지금'이라는 현재 시간 표현이 사용되어 있어서 선행절 사태는 과거이고 후행절 사태는 현재임이 명시되어 있는 문장이다. 그런데 이러한 문맥에서 '-었더니'는 사용될 수 있고 '-으니'는 사용될 수 없다는 것은 '-었더니'만이 과거 시제 의미를 포함하고 있음을 말해 준다는 것이다.

위의 (13)의 예에서 '-었더니'가 '-으니'와 그대로 대치될 수 있는 것으로 보였던 이유는 후행절 시제가 과거여서 '-으니'만이 실현되어도 선행절이 과거 해석을 받을 수 있기 때문이다. 그러나 (14가, 나)에서는 후행절 시제는 현재인데 선행절에 과거 시간 표현이 사용되었기 때문에, '-으니'만이 사용되면 선행절이 과거 해석을 받을 수 없어서 선행절의 과거 시간 지시 표현과 어울리지 않게 되는 것이다. '-었더니'의 의미를 '이유' 혹은 '지각 상황 설정'의 '-으니'의 의미에 '과거 시제'의 의미가 덧붙은 것이라고 분석할 수 있다면, '-었더니'는 '-었더-'와 '-으니'로 분석되며, '-었더-'가 과거 시제를 표현하는 기능을 수행한다고 볼 수 있다(박재연 2003: 94~95).

이렇게 본다면 '-었더니'는 과거 시제의 '-었더-'와 연결어미 '-으니'가 결합한 구성으로서 양태와는 무관하다. 요컨대 '-었더니'는 시제 선어말어미와 연결어미의 연쇄일 뿐 양태 어미로 볼 수 없다.

3. '조건, 양보'의 연결어미와 양태

3.1. '-은들'의 '비현실'과 '-었더라면, -었던들, -었더라도'의 '반현실'

이 절에서 검토해야 할 문제는 다음의 두 가지이다. 첫째, '-은들; -었더라면, -었던들, -었더라도'의 의미를 양태적 관점에서 기술할 수 있는가? 둘째, 만약 이들의 의미가 양태와 연관된다면 이들 형식의 어떤 요소가 양태를 표현한다고 보아야 하는가? 두 번째 문제는 이들의 형태소 분석 문제와 연관되어 있다.

양태는 전통적으로 인식 양태와 의무 양태로 나누어 논의되어 왔으나 이는 대체로 인구어의 양태 조동사(modal verbs)들의 의미를 염두에 둔 분류법이었다. 양태에 대한 유형론적 논의가 활발해지면서 '현실(realis)'과 '비현실(irrealis)'의 대립을 갖는 언어가 많다는 사실이 밝혀졌고 이러한 의미 속성이 양태 논의에서 점차 활발히 다루어지게 되었다. 이에 따라 박재연(2009)에서는 한국어의 관형사형 어미나 명사형 어미가 표현하는 '현실'과 '비현실'의 의미를 '현실성 양태(reality modality)'라는 이름으로 양태 체계에 포함시킬 수 있다고 주장한 바 있다. 현실성 양태는 인식 양태와 행위 양태(의무 양태)[15]로 분화되기 이전 양태의 성격을 띠며, 인식 양태, 행위 양태와 함께 양태의 하위 부문을 형성한다고 주장하였다. 박재연(2009)는 관형사형 어미를 위한 기술이었기 때문에 '현실'과 '비현실'의 의미 속성만을 다루었지만 '비현실'의 하위 속성으로 '반현실(counter-realis)'을 구별할 가능성도 있다. 실제 세계에 지시대상을 가지는 명제를 '현실' 명제로, 지시대상을 가지지 않는 명제를 '비현실' 명제로 구별한다면 '반현실' 명제는 실제 존재하는 사태와는 반대되는 사실 혹은 실현될 가능성이 전혀 없는 사실을 표현한 명제라고 할 수 있다.[16]

---

15) 박재연(2006)에서는 기존의 의무 양태를 행위 양태라는 이름으로 바꾸어 재정의하였다.

16) 가령 "학교에 온 학생"에서 '-은'이 이끄는 절은 현실 세계에 지시대상을 가지는 사태를 표현하지만 "학교에 올 학생"의 '-을'이 이끄는 절은 아직 현실 세계에 지시대상을

한국어의 연결어미 중 '비현실'의 속성을 가진다고 기술할 가능성이 있는 연결어미에는 양보의 연결어미인 '-은들'이 있다. 이은경(1990: 78)에서는 '-어도'는 현실적 양보와 가정적 양보에 다 쓰일 수 있지만 '-은들'은 현실적 양보에는 쓰일 수 없고 가정적 양보에만 쓰일 수 있다고 하였다.

(15) 가. 아무리 {바빠도, *바쁜들} 친구 결혼식에는 간다.
　　나. 아무리 {바빠도, 바쁜들} 친구 결혼식에 안 가겠니?(이상 이은경 1990: 78)

(15가)와 같은 현실적 상황에서는 '-어도'는 쓰일 수 있어도 '-은들'은 쓰이기 어렵다. 이는 '-은들'이 비현실의 속성을 가지고 있음을 말해준다.

한편 '-었더라면, -었던들, -었더라도' 등이 표현하는 의미를 현실성 양태의 관점에서 '반현실'을 나타내는 것으로 기술할 수 있다. 이들이 사용된 조건절과 양보절은 모두 과거 사실에 대한 반현실적 조건과 양보를 나타내기 때문이다. 먼저 '-었더라면'의 예를 보자.

(16) 가. 철수가 오면 일이 잘 될 것이다.
　　나. 철수가 왔으면 일이 잘 되었을 것이다.
　　다. 철수가 왔더라면 일이 잘 되었을 것이다.

(16가, 나)의 '-으면'과 '-었으면'이 각각 비과거나 과거 사태에 대한 단순한 조건을 나타내는 데에 비하여 (16다)의 '-었더라면'은 과거의 실제 사태와는 반대되는 사실에 대한 조건을 표시한다. 즉 (16나)는 철수가 온 경우와 오지 않은 경우 모두 사용할 수 있지만 (16다)는 철수가

가지지 않는다. 한편 "내가 갔더라면 좋았을 텐데."는 실제로는 내가 가지 않았음을 표현하기 때문에 이때의 '-었더라면'은 '반현실'의 의미를 표현한다고 할 수 있다.

오지 않았다고 화자가 가정하는 경우만 사용할 수 있다.

여기에서 확인해야 할 문제는 '-었더라면' 전체를 '반현실'을 나타내는 양태 연결어미로 볼 것인가, '-었더라면'을 선어말어미와 어말어미로 분석되는 어미 연쇄로 볼 것인가 하는 것이다. 주목되는 것은 '-었더라면'이 '-었-'이 없는 '-더라면'과 대립을 보이지 않으며 이때의 '-더-'가 일반적인 '-더-'의 특성을 가지지 않는다는 점이다.

(17) 가. *철수가 오더라면 일이 잘 되었을 것이다.
나. {내가, 네가, 철수가} 왔더라면 일이 잘 되었을 것이다.

(17가)에서 보는 바와 같이 '-더라면'이 용언에 직접 통합되는 것은 불가능하다. 즉 '-었더라면'에서 '-었-'을 분석할 수 없다. 또한 (17나)가 보여 주듯 '-었더라면'의 '-더-'는 일반적인 '-더-'의 인칭 제약을 가지지 않는다. 이는 '-었더라면'의 '-더-'가, 일반적인 '-더-'의 양태 의미를 가지지 않으며 이때의 '-더-'를 분석하기 어렵다는 것을 의미한다.

박재연(2003)에서는 이러한 점을 주목하여 '-었더라면'이 '-었더-'와 '-으면'으로 분석된다고 보았다.[17] '-었더라면'은 반현실적 과거 사태에 대한 조건을 표현한다는 점에서 비과거 조건인 '-으면', 일반적인 과거 사태에 대한 조건인 '-었으면'과 대립된다. '-었더니'의 '-었더-'를 과거 시제를 나타내는 '-었더-'로 분석했듯이 '-었더라면'의 '-었더-'도 과거 시제를 나타내는 형식으로 분석할 수 있다. '반현실'의 의미는 과거 시제 형식과 조건 혹은 양보 표현이 함께 나타날 때 흔히 산출되는 의미이므로(Palmer 1986: 191),[18] '-었더라면'의 반현실적 의미는 과거 시

17) '-었더-'와 '-으면'이 결합한 어미 구성이 '-었더면'이 아니라 '-었더라면'이 된 것은 통시적 설명을 요한다. 이에 대해서는 이지영(2002) 참조. '-었더라면'을 '-었더-'와 '-으면'으로 분석할 경우 공시적으로 '-라면'을 '-으면'의 이형태로 간주할 수 있다.

18) 물론 과거 시제 형식과 조건 및 양보 표현이 사용된 형식이 무조건 반현실적 의미를 산출하는 것은 아니다. 가령 국어의 '-었으면' 구성은 "나도 아내가 있었으면 좋겠다."에서는 반현실적 의미를 갖지만, (17나)와 같은 문장에서는 현실성에 대해 무표

제의 '-었더-'와 조건 연결어미 '-으면'의 통합에서 산출되는 의미라고 설명할 수 있다.19)

다음으로 '-었던들'의 문제를 보자. '-었던들' 역시 '반현실'의 의미를 드러낸다.

(18) 가. 내가 조금만 잘해 주었던들 영희가 그렇게 떠나지는 않았을 텐데.

나. 어머니의 간호가 있었던들 철수는 괜찮았을 것이다.

(18가)는 '내가 잘해 주지 않았음'을, (18나)는 '어머니의 간호가 없었음'을 화자가 전제하고 있다. 따라서 이때의 '-었던들'은 반현실적 의미를 가진다고 할 수 있다. 다시 문제는 '-었던들'을 하나의 어미로 보아 '-었던들' 전체를 양태 연결어미라고 볼 것인가, 아니면 이때 나타나는 반현실의 의미를 여러 어미들의 결합을 통해 산출되는 것으로 볼 것인가 하는 것이다.

기존의 논의에서 '-은들'과 '-던들'은 별개의 어미로 다루어져 왔다. 최재희(1992: 18)에서는 '-은들'과 '-던들'을 모두 '조건' 관계 접속어미로 다루었으나 별개의 어미라는 입장이다. 이익섭 · 채완(1999), 이희자 · 이종희(1999)에서도 '-은들'은 양보의 연결어미로, '-던들'은 조건의 연결어미로 보았다. 이는 '-던들'을 '-더-'와 '-은들'로 분석할 수 없음을 지적한 것이다.

적인 양상을 보인다.

19) 이전 시기에는 과거 시제적 기능을 가졌던 '-더-'와 조건 · 양보의 연결어미가 통합된 '-더든, -던댄, -던들, -더면'과 같은 형식이 과거 사실에 대한 반사실적 조건 및 양보를 나타냈었다(장윤희 1991: 4장, 이지영 1999: 26, 62). 그런데 과거 시제를 나타내는 '-엇-'이 성립되고 '-더-'가 시제적 기능을 잃으면서 반사실적 표현들은 '-엇-'을 선행시켜 출현하는 경향을 보이게 된다. 이전 시기의 과거 시제 표현과 새로운 과거 시제 표현이 중복되어 나타나는 것이다(이지영 2002: 44~45, 박재연 2003: 104).

(19) 가. 내가 간들 그 일을 성공시키지 못할 것이다.
　　나. 내가 갔던들 그 일이 성공했을 텐데.

(19가)는 '양보'의 의미를 (19나)는 '조건'의 의미를 표현한다는 점에서 의미 범주가 구별된다. 그런데 '조건'의 의미를 가진다고 논의된 '-던들'은 '-었-' 없이는 사용되지 않고 반드시 '-었던들'의 형식으로만 사용되기 때문에(최재희 1992: 131, 이희자 · 이종희 1999: 185), '-었던들'을 '-었-'과 '-던들'로 분석하는 것은 바람직하지 못하다.

(20) 가. *내가 갔은들 그 일을 성공시키지 못했을 것이다.
　　나. *내가 가던들 그 일을 성공시키지 못할 것이다.

(20가, 나)에서 보듯이 '-은들'은 '-었-'이나 '-더-'만을 취하지는 못하고 반드시 '-은들'과 '-었던들'의 형식으로만 나타난다. 따라서 조건의 연결어미는 '-던들'이 아니라 '-었던들'이라고 보아야 한다. 즉 '-었던들' 전체를 반현실적 조건을 나타내는 연결어미로 간주할 수 있다.[20)]

다음으로 '-었더라도'의 예를 보자. 앞에서 본 바와 같이 '-어도'는 현실성 속성에 대해 무표적이나 '-었더라도'는 과거 사실에 대한 반현실적 양보만을 표현한다.

---

20) 그러나 '-었던들'이 '양보'의 의미로 사용되는 예도 간혹 발견된다.
　(가) 철수가 왔던들 일이 잘 되지는 않았을 것이다.
　(나) 그가 왕이었던들, 그가 추기경이 아니라 교황이었던들 무슨 상관이랴.
　(다) 일러주었던들 네가 알겠느냐 하는 뜻일까?
(가)는 박재연(2003: 103)에서 든 예이고 (나), (다)는 21세기 세종계획 말뭉치에서 검색한 예이다. 이러한 용법의 '-었던들'은 양보 연결어미 '-은들'과 시제적으로 대립된다. 과거 사태에 대한 반현실적 양보를 나타내기 때문이다. 이때의 '었던들'은 '-었더-'와 '-은들'의 결합으로 분석할 수 있으며 과거 시제 형식과 양보 연결어미가 결합하여 반현실적 양보의 양태 의미를 산출한다고 볼 수 있다. 이러한 예를 인정하면 '-었던들'은 그 자체로 반현실적 조건을 나타내는 연결어미이기도 하고 과거 시제와 양보 연결어미의 결합으로 인해 반현실적 양보를 나타내는 어미 연쇄이기도 하다.

(21) 가. 밥을 먹었어도 배가 고프다.
나. 밥을 먹었어도 배가 고팠을 거야.

(22) 가. 밥을 먹었더라도 배가 고팠을 거야.
나. *밥을 먹었더라도 배가 고팠다.

(21가, 나)는 '-어도'에 '-었-'이 선행하여 과거 사태에 대한 양보를 나타내는 문장이다. '-었어도'는 현실성 속성에 대해 무표적이어서 (21가)와 같은 현실 사태에도 쓰일 수 있고 (21나)와 같은 반현실 사태에도 쓰일 수 있다. 그러나 (22가)의 '-었더라도'는 밥을 먹지 않았음을 전제하며 (22나)와 같은 현실 사태에는 쓰이지 못한다. 따라서 '-었더라도'는 '반현실'을 표현한다고 할 수 있다.

문제는 '-었더라도'를 어떻게 분석하느냐 하는 것이다. '-었더라면'의 경우를 예로 삼아 '-었더라도' 역시 과거 시제를 나타내는 '-었더-'와 양보 연결어미 '-어도'로 분석하는 방법이 있을 수 있다. 즉 '-었더-'와 '-으면, -어도'가 결합하여 반현실적 조건 혹은 양보를 표현한다고 볼 수 있다.

3.2. '-으면, -어야, -어도, -더라도, -거든'의 문제

3.1.에서는 '-은들, -었더라면, -었던들, -었더라도' 등이 나타내는 '비현실' 속성과 '반현실' 속성을 검토하였다. 그러나 조건이나 양보를 나타내는 연결어미들이 모두 그 자체로 '비현실' 속성을 가진다고 볼 수도 있다.[21] 일반적으로 '현실'과 '비현실'을 구별하는 언어에서 '조건'은 비현실 표지가 나타나는 주요한 문법적 환경이기도 하다(Chung & Timberlake 1985, Chafe 1995, Palmer 2001 등). 그러나 한국어에서 조건이나 양보를 나타내는 '-으면, -어야, -어도' 등이 모두 '비현실'을

---

21) 박병선 · 박진호(1999: 4)에서는 "비를 맞아서 옷이 젖었다."와 "비를 맞으면 옷이 젖을 것이다."의 차이를 대조하면서, 이유의 연결어미인 '-어서'는 '사실로서의 단언'을 나타내고 조건의 연결어미인 '-으면'은 '사실 판단의 유보'를 나타내어 양태적 대립을 보인다고 보았다.

의미 기능으로 가진다고 보기는 어렵다. '조건'과 '양보'의 연결어미는 비현실 사태에 사용되는 경우가 많기는 하지만, 간혹 현실 사건을 대상으로 삼는 경우도 있기 때문이다(이은경 1996: 193).

(23) 가. 날씨가 안 좋으면 소풍을 안 갔다.
　　나. 날씨가 좋아야 소풍을 가곤 했다.
　　다. 날씨가 안 좋아도 소풍을 갔다.
(24) 가. 날씨가 안 좋으면 소풍을 안 갈 것이다.
　　나. 날씨가 좋아야 소풍을 가지.
　　다. 날씨가 안 좋아도 소풍을 갈 것이다.

(23가~다)는 선행절의 사태가 현실적인 경우이다. 반면 (24가~다)는 비현실적인 경우이다. '-으면, -어야, -어도'는 모두 현실성 사태와 비현실 사태에 모두 사용될 수 있기 때문에 현실성 속성에 대해 무표적이며, 따라서 '비현실'을 의미 내용으로 가지고 있는 것은 아니다.[22] 이은경(1996: 208)에서는 '나열, 대조, 선택, 배경' 등 독립적 관계에서는 사태의 현실성(이 논의의 용어로는 '사실성') 경향이 무관한 경우가 많으나 '원인, 조건, 결과, 양보' 등 의존적 관계에서는 사태의 현실성 경향이 나타난다고 한 바 있는데 이들 연결어미의 현실성 관련 특성은 각각의 연결어미가 가지기 쉬운 함축이라고 볼 수 있다.

한편 이은경(1990: 77), 최재희(1992: 157)에서는 양보의 연결어미 '-어도'와 '-더라도'를 비교하면서 '-더라도'가 '비현실' 상황에만 사용된다고 보았다. '-더라도'가 '비현실' 사태에 주로 사용되는 것은 사실이나

22) '-어야'의 의미를 의무 양태적 관점에서 기술하는 논의도 있었다(이선웅 2001: 330). 그러나 이는 "학생은 공부를 열심히 해야 한다."에서 보이는 '-어야 하-'의 '당위'의 의미를 염두에 둔 것이 아닌가 한다. '-어야'는 그 자체로는 '당위'와 관련 맺지 않는다. "하고 싶어야 일을 하지.", "뭘 먹어야 힘을 쓰지." 등에서처럼 'only if'의 '조건' 관계를 나타낼 뿐이다. 최재희(1992: 127)에서는 '-어야'의 의미를 '필수 조건의 구성'이라고 하였다.

'현실' 사태에 사용되는 것이 불가능하지는 않다. 서정수(1994: 1152)에서는 '-더라도'가 사실 세계, 가능 세계, 불가능 세계의 명제를 모두 양보절로 도입할 수 있다고 하였다.

(25) 가. 은주가 아무리 위로해도 나는 슬펐다.
나. ?은주가 아무리 위로하더라도 나는 슬펐다.(이상 이은경 1990: 77)

(26) 가. 아무리 그 애가 네 동생이더라도 그 애만 두둔하면 되겠니?(서정수 1994: 1152)
나. 머리칼은 긴 곱슬머리로서 농담이 다양한 갈색이며, 검더라도 진짜 검은 색은 아니고 갈색을 띠고 있다.(이희자 · 이종희 1999: 174)
다. 아무리 바쁘더라도 친구 결혼식에는 갔다.

(25가, 나)는 이은경(1990: 77)에서 '-더라도'가 현실 사태에 사용되는 것이 어색함을 보여 주기 위해 제시한 예이다. 그러나 (26가~다)는 '-더라도'가 현실 사태에도 쓰일 수 있음을 보여 준다. 서정수(1994: 1152)에서는 "'-어도'보다는 가상적 양보절을 이끌어들이는 경향이 짙다"라고 기술하였는바, '-더라도'의 '비현실' 속성은 일종의 경향성으로만 인정하여야 할 듯하다.

'-거든'은 조금 다른 관점에서 양태 연결어미로 볼 가능성이 있다. '-거든'은 이전의 논의에서 '-으면'과 달리 실현될 가능성이 높은 사태에 주로 쓰이는 특성을 가지는 것으로 논의되었다(윤평현 1989: 34~35, 최재희 1992: 124, 이희자 · 이종희 1999: 4). 그런데 임채훈(2007: 90)에서는 '-거든' 역시 '지각'의 양태적 의미를 가지고 있는 것으로 보았다. "철수가 오거든 이걸 전해 주어라."와 같은 문장에서 '-거든'의 선행절은 청자의 지각 내용이 된다는 것이다.

'-거든'은 후행문에 명령문, 청유문, 약속문 등 의지를 포함한 문장 유형이 올 수 있다. 평서문이 오면 후행절에는 의도의 의미를 가지는 '-겠-'이나 '-을래' 등이 통합하여야 적격한 문장이 된다. 이때 '-거든'이 보여 주는 특징은 '지각'의 주체가 후행문의 문장 유형에 따라 달라진다는 점이다.

(27) 가. 비가 오거든 이 우산을 써라.
나. 비가 오거든 이 우산을 쓰겠다.
다. 비가 오거든 이 우산을 쓰자.
라. 비가 오거든 이 우산을 쓸게.

(27가)는 후행절이 명령문인 경우로서 이때의 '-거든'은 청자의 지각 사실을 표현한다. '네가 비가 오는 사태를 보게 되면 이 우산을 쓰라'는 의미로 이해된다. (27나)는 후행절이 '의도'를 나타내는 평서문인 경우인데 이때의 '-거든'의 선행절은 화자의 지각 내용이 된다. (27다)는 후행절이 청유문인 경우로서 지각자는 화 · 청자 모두가 되며 약속문인 (27라)에서는 지각자가 화자이다.[23] '-거든'이 선행절 사태에 대한 지각을 가정하는 상황에서 주로 사용되는 것은 사실인 듯하다.

그러나 '-거든'이 언제나 지각 상황에만 쓰이는지는 확실치 않다. '-거든'이 '지각'의 의미를 가지는 형식들이 흔히 갖는 인칭 제약을 보이지 않는 것도 유의할 필요가 있다.

(28) 가. 너 그 모임에 참석하거든 나는 못 간다고 전해라.(최재희 1992: 124)
나. 너 서울 오거든 전화해라.
다. 그 일은 내가 퇴원하거든 상의하기로 하자.(김진수 1987:

23) 후행절의 문장 유형에 따라 양태 의미의 담지자가 변화하는 현상은 '-겠-'이 사용된 종속절에서도 발견된다. 가령 "아무래도 안 되겠으니까 그만 두는 거니?"에서 '-겠-'의 양태 의미의 담지자는 청자이다. 자세한 내용은 박재연(2006: 128~143) 참조.

101)

라. 내가 집에 있거든 너한테 연락해 줄게.

(28가~라)의 문장들에서 '-거든'의 '지각'의 의미를 읽기란 쉽지 않다. (28가, 나)는 후행문이 명령문으로서 청자가 지각자가 되어야 하는 경우이다. '-거든'이 '지각'의 의미를 가지고 있다면 선행절에 2인칭 주어가 사용된 문장은 어색할 가능성이 높다. 청자 스스로 행위에 대한 지각을 표현하게 되기 때문이다. 그러나 이 문장은 자연스럽게 성립한다. (28다)는 후행문에 청유문이 오는 경우이다. 청유문이 오는 경우 지각자는 화자와 청자 모두가 되는데 역시 선행절에 1인칭 주어가 통합되어 있다. (28라)는 후행문이 약속문인 예로서 지각자가 화자이지만 역시 1인칭 주어가 통합되었다. 만약 '-거든'이 '-더-'와 같이 '지각'의 의미로 인해 인칭 제약을 가진다면 (28가~라)의 문장들은 아예 성립하지 않았을 것이다.

이상의 논의를 바탕으로 하면 '-거든'이 '지각'의 양태 의미를 가지고 있다고 보기에는 석연치 않은 점이 많다. '-거든'은 '-으면'에 밀려 그 세력이 줄어들고 있는 상황이며 문맥도 매우 좁아졌다. '-거든'은 '-으면'에 비해 실현성이 높은 사태에 쓰이는 경우가 많은데 이 때문에 실현된 상황을 지각하는 문맥에서 자주 쓰이게 된 것으로 볼 수 있다.

4. 결론

이상에서 논의한 바를 정리하면 다음과 같다.

① 연결어미 '-길래'의 일부 용법은 선행절 사태의 지각을 나타낸다는 점에서 '-길래'의 양태성을 인정할 수 있다.

② '-으니, -더니, -었더니'를 양태 어미로 보는 논의도 있으나 '-으니'는 후행절 사태의 지각과 연관되므로 양태 어미로 볼 수 없으며,

'-더니'는 양태 선어말어미 '-더-'와 연결어미 '-으니'의 통사적 결합일 뿐이다. '-었더니' 역시 시제를 나타내는 '-었더-'와 '-으니'의 통사적 결합으로 파악되며 그 의미가 양태와 연관된다고 할 수 없다.

③ '-은들'은 비현실 사태에만 사용되므로 '비현실'의 양보 연결어미로 규정할 수 있다. 또한 '-었더라면', '-었던들', '-었더라도'가 표현하는 '반현실'의 의미도 양태적 의미로 인정된다. 과거 시제를 나타내는 '-었더-'와 조건 혹은 양보의 연결어미가 결합함으로써 반현실의 의미를 표현하는 예라고 할 수 있다.

④ '-으면, -어야, -어도, -더라도'는 반드시 비현실 사태에만 쓰이는 것은 아니라는 점에서 현실성 속성에 대해 무표적이다. '-거든'의 '지각'의 의미는 모든 문맥에서 관찰되지 않는다는 점에서 인정하기 어렵다.

지금까지 연결어미에서 양태 의미가 드러나는 경우를 검토하였다. 그러나 이 연결어미들의 경우에도 양태를 표현하는 것이 그들의 주요 의미 기능은 아니라는 점을 유의할 필요가 있다. 가령 선어말어미 '-겠-'이나 '-더-'는 통사적 기능 없이 순수하게 양태적 의미를 표현하기 위하여 존재하는 형식이다. '-네, -지'와 같은 양태 종결어미는 문장 종결이라는 통사적 기능을 겸하고 있다고도 볼 수 있지만 양태 종결어미 대부분이 본래적인 종결 형식이 아닌 반말체 종결어미라는 점에서 통사적 기능은 그다지 크지 않다. 그러나 연결어미는 절과 절의 시간적, 논리적 관계를 표현하는 것이 주된 기능이고 양태는 부수적으로 표현될 뿐이다. 가령 '-길래'의 일부 용법에서 '지각'이 표현될 뿐, '지각'을 표현하기 위해 '-길래'가 존재하는 것은 아니다.[24] 따라서 앞으로의 연구에서

24) 박재연(2007)에서는 문법 형식의 의미 기술에서 '전경 의미(foreground meaning)'와 '배경 의미(background meaning)'를 구별할 수 있다고 보고, '-으면서, -고서' 등의 연결어미에서 표현되는 상적 의미(aspectual meaning)는 배경 의미에 불과하다

도 연결어미의 양태 의미는 선어말어미, 종결어미의 양태 의미와는 구별하여 논의할 필요가 있다고 생각한다.

참고논저

고영근(1986), 서법과 양태의 상관관계, 『국어학 신연구』, 탑출판사. [고영근(1995)에 실림, 247-263.]

고영근(1995), 『단어 · 문장 · 텍스트』, 한국문화사.

고영근(2004), 『한국어의 시제 서법 동작상』, 태학사.

국립국어연구원 편(1999), 『표준국어대사전』, 두산동아.

김진수(1987), 『국어 접속조사와 어미 연구』, 탑출판사.

남길임(1998), '-겠-' 결합 양상에 따른 종속접속문 연구, 남기심 편(1998), 『국어문법의 탐구』 4, 태학사, 423-451.

박병선 · 박진호(1999), 서법의 정의 및 한국어 서법 범주의 체계화, 제19차 한국어학회 전국학술대회 발표 요지.

박재연(2003), 과거 시제를 나타내는 '-었더-'에 대하여, 『어문연구』 133, 한국어문교육연구회, 85-109.

박재연(2006), 『한국어 양태 어미 연구』, 국어학총서 56, 태학사.

박재연(2007), 문법 형식의 전경 의미와 배경 의미: '-으면서, -느라고, -고서, -자마자'의 의미 기술을 위하여, 『한국어 의미학』 22, 한국어 의미학회, 73-94.

박재연(2009), 한국어 관형사형 어미의 의미 기능과 그 문법 범주, 『한국어학』 43, 한국어학회, 151-177.

서정수(1978), "(었)더니"에 관하여, 『허웅박사 환갑 논문집』. [서정수(1990)에 실림, 363-394.]

서정수(1990), 『국어문법의 연구』, 한국문화사.

서정수(1994), 『국어문법』, 뿌리깊은나무.

송재목(2009), 인식 양태와 증거성, 『제50차 한국어학회 전국학술대회 발표논문집』, 17-24.

송재영 · 한승규(2008), 연결어미 '-더니' 연구, 『국어학』 53, 국어학회, 177-198.

고 주장하였다. 연결어미의 양태 의미도 유사한 성격을 가진다고 본다.

심재기(1979), 관형화의 의미 기능, 『어학연구』 15: 2, 서울대학교 어학연구소. [심재기(1982)에 실림, 333-350.]
심재기(1982), 『국어어휘론』, 집문당.
안주호(1998), 연결어미 '-길래'의 통사적 특성과 의미, 『어학연구』 34: 1, 서울대학교 어학연구소, 205-227.
안주호(1999), '-기에'와 '길래'의 특성과 형성 과정, 『담화와 인지』 6: 1, 담화와 인지학회, 101-120.
오경진(2003), 인과관계 의미 표현류: '-느라고, -길래, -으므로, -는 바람에, -는 통에', 『한국어 교육을 위한 한국어 문법론』, 한국문화사, 377-398.
윤평현(1989), 『국어의 접속어미 연구: 의미론적 기능을 중심으로』, 한신문화사.
이선웅(2001), 국어 양태 체계 확립을 위한 시론, 『관악어문연구』 26, 서울대학교 국어국문학과, 318-339.
이은경(1990), 국어의 접속 어미 연구, 『국어연구』 97, 국어연구회.
이은경(1996), 국어의 연결 어미 연구, 서울대학교 대학원 박사학위논문.
이익섭 · 채완(1999), 『국어문법론 강의』, 학연사.
이지영(2002), 근대국어 이후 반사실적 가정 표현의 발달: '-더면', '-던들'을 중심으로, 『한국문화』 30, 한국문화연구소, 33-59.
이현희(1994), 『중세국어 구문연구』, 신구문화사.
이희자 · 이종희(1999), 『사전식 텍스트 분석적 국어 어미의 연구』, 한국문화사.
임동훈(2007), 한국어의 서법과 양태 체계, 『한국어 의미학』 26, 한국어 의미학회, 127-153.
임동훈(2009), '-을'의 문법 범주, 제50차 한국어학회 전국학술대회 발표 요지.
임채훈(2007), 국어 문장의 의미 연구, 경희대학교 대학원 박사학위논문.
임채훈(2008), '감각적 증거' 양태성과 한국어 어미 교육: '-네, -더라, -더니, -길래' 등을 중심으로, 『이중언어학』 37, 이중언어학회, 199-234.
장경희(1985), 『현대국어의 양태범주 연구』, 탑출판사.
장윤희(1991), 중세국어의 조건 접속어미에 대한 연구, 『국어연구』 104, 국어연구회.
최재희(1992), 『국어의 접속문 구성 연구』, 탑출판사.
한동완(1996), 『국어의 시제 연구』, 국어학총서 24, 태학사.
Aikhenvald, A. (2004), *Evidentiality*, Oxford University Press.
Bybee, J. & S. Fleischman *eds*. (2005) *Modality in Grammar and Discourse*. John Benjamins.
Chafe, W. (1995), The Realis-Irrealis Distinction in Caddo, the Northern

Iroquoian Language, and English, in J. Bybee & S. Fleischman *eds*. (2005), 349-365.

Chung, S. & A. Timberlake (1985), Tense, Aspect and Mood, in Shopen *ed*. (1985), 202-258.

DeLancey, S. (2001), Mirative and Evidentiality, *Journal of Pragmatics 33*, 369-382.

Lee, H. S. (1991), Tense, Aspect, Modality: A Discourse-Pragmatic Analysis of Verbal Affixes in Korean from a Typological Perspective, Ph. D. Dissertation, University of California Los Angeles.

Palmer, F. R. (1986), *Mood and Modality,* Cambridge University Press.

Palmer, F. R. (2001), *Mood and Modality 2nd edition,* Cambridge University Press.

Shopen, T. *ed*. (1985), *Language Typology and Syntactic Description 3,* Cambridge University Press.

한국어 연결어미 의미 기술의 메타언어 연구

1. 서론

본고는 한국어 연결어미의 의미를 기술하는 메타언어[1)]선정의 원칙을 제안하고 특히 '양보, 설명, 발견'의 의미 속성을 대상으로 연결어미 메타언어 선정의 문제를 검토해 보고자 한다.

한국어 문법 연구는 조사와 어미를 중심으로 이루어졌고, 연결어미 역시 많은 주목을 받았다. 연결어미의 의미 기능에 대한 종합적인 연구(김진수 1987, 윤평현 1989, 2005, 이은경 1990, 2000, 최재희 1990, 장광군 1999 등)도 많았고, 개별 연결어미의 의미 기능에 대한 연구는 그 수효를 헤아리기 어려울 정도이다.

그러나 기존의 연구에서 연결어미의 의미 기술에 사용된 메타언어가 언제나 적절하였던 것은 아니다. 연결어미 의미 기술에 사용된 메타언어 중에는 '선행, 이유, 조건' 등 그 의미하는 바가 비교적 분명한 것도 있지만 '설명, 상황, 발견, 제시, 따짐'[2)]등 그 의미가 무엇인지 쉽

---

1) '연결어미 의미 기술의 메타언어'란 연결어미의 의미를 기술하는 데 사용되는 언어 표현을 가리킨다. 이때 '메타언어'를 '의미 기능'이나 '의미 범주'로 부를 수도 있겠으나 본고에서 검토하는 것은 어떤 연결어미의 의미 기능이 무엇인가 하는 것이 아니라 그 의미 기능을 기술하는 데 적절한 언어 표현이 무엇인가이므로 이러한 목적을 분명히 하기 위해 '메타언어'라는 용어를 사용하고자 한다. 또한 본고의 논의는 연결어미 의미의 체계적인 기술을 위하여 메타언어 선정에 신중을 기해야 한다는 데에 초점이 있으며 연결어미 의미 기술에 사용되는 메타언어를 통일하자는 것이 아님을 밝혀 둔다.

2) '따짐(argumentation)'은 남기심 · 루코프(1983)에서 '-으니까'와 '-어서'의 의미를 구별하면서 '-으니까'에 대하여 제안한 의미이다.

게 알기 어려운 것도 많다. '양보'처럼 일반언어학 논의에서 폭넓게 사용되는 개념임에도 불구하고 일상언어적인 쓰임과 쉽게 연결되지 않는 메타언어도 있다. 또한 연결어미 의미 기술에 사용된 메타언어들은 선행절과 후행절의 관계를 가리키기도 하고, 선행절의 특성을 가리키기도 하며 후행절의 특성을 가리키기도 하였다. 이렇듯 의미 부여 방식에 일관성이 없었기 때문에 가령 '양보'라 하면 무엇을 양보한다는 것인지, '설명'이라 하면 설명의 내용이 선행절 사태인지 후행절 사태인지를 파악하기 어려운 경우가 있었다.

이러한 문제는 연결어미의 의미를 기술하기 위한 메타언어를 선정하는 작업이 거시적인 관점에서 다른 의미 속성들과의 관련성을 고려하여 이루어진 것이 아니라 개별 연결어미의 의미 기능을 지적하는 데에만 주력하였기 때문으로 생각된다. 연결어미 의미 분석의 도구로 사용되는 언어학적 개념이 명확히 정립되지 않은 것도 그 이유이다.

연결어미 의미 기술에 어떠한 메타언어를 사용하느냐는 단순히 용어의 문제가 아니다. 문법 기술의 메타언어는 체계를 반영하여야 하며, 적절한 메타언어를 선정하는 일은 엄밀히는 연결어미 전체의 의미 속성을 체계화한 후에야 가능하기 때문이다. 본고와 문제 의식을 공유한 선행 연구로 장경희(1995)와 이은경(2000)이 있다. 장경희(1995)는 연결어미를 거시적 관점에서 체계화하려 한 연구로서 연결어미 의미 속성들의 계층 관계를 확립하고자 하였다. 이은경(2000)에서는 연결어미 의미 범주에 대한 체계화를 시도하였고 아울러 연결어미의 메타언어에 대해서도 심도 있는 반성이 이루어졌다.

본고는 장경희(1995), 이은경(2000)의 문제 의식을 발판으로 삼아 메타언어 선정의 원칙을 마련하고 메타언어 선정에 있어서의 몇 가지 문제를 검토해 보고자 한다. 세부적인 메타언어 선정과 관련하여 본고에서 검토하는 문제는 다음과 같다.

첫째, 흔히 '-어도'의 의미는 '양보'로 기술되어 왔다. 즉 "내일 비가 와도 우리는 소풍을 간다."와 같은 문장을 양보문이라고 한다. 그런데

'-어도'의 이러한 용법은 일상적 의미의 양보와 직접 연결되지 않아서 왜 '-어도'가 쓰인 문장이 양보문인지 이해하기 어려운 면이 있다. 본고는 양보의 본질적 의미를 재검토하고 적합한 메타언어를 제안하고자 한다.

둘째, '-은데' 등의 의미는 '설명, 상황, 배경' 등의 의미로 기술되었다. 그러나 '상황'은 명제가 표상하는 모든 사태에 대하여 쓸 수 있는 말이고 '설명'은 기본적으로 발화의 유형의 일종이라는 문제가 있다. 이와 관련하여 적절한 메타언어가 무엇인지를 생각해 보고자 한다.

셋째, '-으니(까)' 등의 일부 용법에 대하여 '발견' 혹은 '지각'이라는 메타언어가 사용되어 왔다. 이러한 사용의 문제점을 지적하고 이 용법의 본질을 재검토하여 대안적인 메타언어를 제안하고자 한다.

본고는 다음과 같이 구성된다. 2장에서는 연결어미 메타언어 선정에 있어서의 몇 가지 원칙을 제안한다. 3장에서는 이 원칙에 입각하여 위 세 가지 문제에 대하여 대안을 찾아본다. 4장에서는 논의를 요약하고 미진한 점을 제시한다.

2. 연결어미 메타언어 선정의 원칙

2.1. 종속적 연결어미의 메타언어는 선행절의 의미 기능을 중심으로 선정한다

연결어미의 의미는 선행절과 후행절 사이의 관련성에 입각하여 기술되어야 한다는 것이 일반적인 견해이다. 그럼에도 불구하고 기존의 논의에서 사용된 메타언어들 중에는 선행절과 후행절의 관계에 관련된 것('인과, 계기, 동시'), 선행절의 의미 속성에 관련된 것('조건, 결과, 목적'), 후행절의 의미 속성에 관련된 것('발견, 부연, 추가, 반응')[3] 등

---

3) '부연'은 최상진 · 임채훈(2009)에서 '-지'의 용법을 기술하는 데 사용되었다. '추가'는 송재영 · 한승규(2008: 183)에서 '-더니'의 일부 의미에 사용하였고 '반응'은 송재목(2011: 191)에서 '-으니'의 일부 의미에 사용하였다.

이 섞여 있다. 이은경(2000: 222)에서는 선행절과 후행절의 기능을 아우르는 명칭을 부여하는 것이 바람직하지만 그것이 현실적으로 어려우므로 편의상 선행절의 의미를 기준으로 전체 접속 구성의 명칭을 붙이자고 제안한다.

본고의 관점에서 연결어미의 의미 기능을 선행절과 후행절 사이의 관계를 중심으로 설정하는 것이 언제나 바람직한 것은 아니라고 본다. 대등 접속의 경우 선행절과 후행절의 관계는 대등하므로 그 관계가 '순접, 이접, 역접'과 같이 절과 절의 관계에 입각하여 기술되는 것이 타당하다. 그러나 종속접속문은 두 절이 이어진 문장이 아니라 부사절을 안은 문장이라는 주장이 상당한 지지를 얻고 있다(유현경 1986, 이익섭 2003 등).[4] 종속접속문의 선행절이 기본적으로 부사절로서 수식의 기능을 담당하고 있다면 종속적 연결어미의 의미 기능을 기술하는 메타언어는 굳이 절과 절의 관계에 초점을 둔 용어일 필요가 없고 선행절의 수식 기능에 초점을 둔 용어가 오히려 더 적절하다. 가령 "대학에 가고자 열심히 공부했다."에서 '-고자'의 의미는 '목적'이라고 하는 것으로 충분하며 굳이 '목적'의 절과 후행절의 관계를 기술하는 언어 표현을 찾아야 하는 것은 아니라고 본다. 이러한 관점에서 '인과'보다는 '원인' 혹은 '이유'가 더 나은 용어이며 '계기'보다는 '선행'이 더 나은 용어라고 하겠다.[5] 이에 본고는 다음과 같은 메타언어 선정의 원칙을 제안한다.

4) 이익섭(2003)에서는 전통문법의 용어가 생성문법의 틀로 넘어오는 과정에서 본래 '내포(embedded)'와 동일한 의미로 사용되던 'subordinate'가 접속의 일종으로 잘못 이해되면서 이러한 혼란이 생겼다고 진단하고 부사절로서 올바른 자리를 찾아주어야 한다고 주장하였다. 이렇게 보면 본고의 '종속적 연결어미'는 엄밀히는 부사형 전성어미가 될 것이나 편의상 관습적으로 사용해 온 용어를 쓰고자 한다.

5) 이는 어디까지나 원칙이며 연결어미의 특성에 따라 예외도 존재할 듯하다. 가령 최상진 · 임채훈(2009)에서는 "이건 수필이지 논문이 아니다."와 같은 예의 연결어미 '-지'의 의미를 후행절의 속성에 초점을 두어 '부연'이라고 하였는데 이는 상당히 적절해 보이며 이를 대신할 선행절에 초점을 둔 메타언어는 잘 찾아지지 않는다.

(1) 원칙 1: 연결어미 의미 기술의 메타언어는 대등적 연결어미의 경우 선행절과 후행절의 관계 의미를 바탕으로, 종속적 연결어미는 선행절의 의미 기능을 중심으로 선정한다.

2.2. 전체 의미 체계를 고려하여 선정한다

연결어미에 대한 종합적인 연구에서 대등적 연결어미와 종속적 연결어미를 구별하는 것은 일반적인 경향이었지만 종속적 연결어미의 하위 부류들은 나열식으로 제시된 경우가 많았다. 일찍이 최현배(1937)에서 '움직씨의 이음법'에는 '구속형, 방임형, 나열형, 설명형, 비교형, 선택형, 연발형, 중지형, 첨가형, 익심형, 의도형, 목적형, 도급형, 반복형[6]'이 나열되어 있다. 최재희(1990)에서도 종속접속문의 하위 부류에는 '인과, 조건, 의도, 대조, 양보, 순차, 설명, 전환, 비례, 비유, 결과' 등이 나열되어 있다. 서정수(1994)에서는 '상황, 계기 한정, 까닭, 조건, 시간, 양보, 목적, 결과, 전환, 첨가, 점증, 비교, 반복' 등의 의미가 나열되었다.

한국어의 연결어미는 그 수효가 대단히 많은데다가 그 의미 기능이 반드시 체계적으로 분포한다고 보기는 어려워, 나열식 인식이 불가피한 측면이 있다. 그러나 나열식 인식으로 인해 연결어미의 메타언어 역시 임의적으로 부여된 감이 없지 않다. 다른 연결어미와 가지는 공통점과 차이점이 분명히 인식되지 않은 채 산발적으로 의미가 기술되었으며 이 과정에서 문맥적 의미가 섞여 들어가는 경우도 빈번했다. 체계를 고려하여 제안하자는 것은 가령 '따짐'의 의미가 시간적 관계, 논리적 관계 등의 대 부류에 일차적으로 어디에 속하는 것인지, 다른 연결어미 의미 속성과의 관계는 어떠한 것인지를 고려하여 부여하자는 것이다.[7] 특히 최근 말뭉치에 기반한 연구에서는 일정한 문맥을 공

---

6) 편의상 한자어식 용어로 제시한다.

7) 이를 위해서는 먼저 연결어미 의미의 전체 분류 체계가 설정될 필요가 있다. 여기에서는 일단 연결어미 의미 체계를 고려하는 작업의 중요성에 대해서만 언급해 두고

유하는 자료에서 새로운 연결어미의 의미 속성을 발굴하는 일이 빈번한데, 이때 기본 의미와 문맥적 의미를 세밀히 구별해 내는 것은 물론이고 그 상위 범주가 분명해질 필요가 있다. 이에 본고는 다음과 같은 메타언어 선정의 원칙을 제안한다.

(2) 원칙 2: 임의적 선정을 지양하고 전체 의미 체계를 고려하여 선정한다.

2.3. 역방향 점검법으로 점검한다

기존의 논의에서 제안된 연결어미의 의미 기능은 의미-형식의 양방향성을 가지지 못하고 일방향성만 가지는 경우가 많았다. 가령 "지난날엔 활발하지 못하더니 지금은 꽤 활발해요."와 같은 문장의 '-더니'의 의미를 '추가'로 기술한다면(송재영 · 한승규 2008: 183), 해당 문장에서 '추가'의 의미를 발견하는 것은 가능할지 모른다. 그러나 "한국어에서 '추가'의 의미를 나타내는 연결어미는 무엇인가?"라는 질문에 대해 이 용법의 '-더니'를 불러오기는 쉽지 않다. 문자 그대로의 의미에서 '추가'는 '순접'과도 구별되지 않는다. 최근 송재목(2011: 191)에서는 "차량 인도가 늦어지는 이유를 알아보니 노조파업 때문이라고 한다."의 '-으니'의 의미를 '반응'이라고 기술하였다. 이러한 문맥에서 후행절이 선행절에 대한 반응이라고 하는 것은 가능할지 모르나, 한국어에서 '반응'의 의미를 가지는 연결어미가 무엇인가라는 물음으로 '-으니'를 호출해 내는 것은 어려워 보인다.

임홍빈(1995/1998: 445)에서는 사전에서의 뜻풀이 검증의 도구로 '역방향 점검법'을 제안하였다. 역방향 점검법이란 뜻풀이를 역으로 적용하여 문제의 대상이 표제항의 지시 대상으로 환원될 수 있는가를 검증하는 것이다. 가령 일반적인 한국어 사전에서 어휘 항목 '가시'의 뜻

구체적인 논의는 이후의 과제로 삼는다.

풀이는 '음식물에 생긴 구더기'라고 되어 있다. 그러나 밥을 먹다가 남겨둔 그릇에 생긴 구더기를 '가시'라고 하지는 않는다. 대개 '가시'라는 말은 된장이나 고추장에 생긴 구더기만을 가리킨다. 즉 가시가 음식물에 생긴 구더기인 것은 맞지만 음식물에 생긴 구더기가 모두 가시는 아니다. 뜻풀이가 지시하는 대상이 표제항의 지시대상보다 외연이 크므로, 이러한 뜻풀이는 충실하다고 볼 수 없다. 이러한 방법은 연결어미 뜻풀이에도 적용할 수 있다. 가령 연결어미의 뜻풀이로 '추가'를 제시하였을 때 '추가'의 연결어미로 지칭되는 지시대상이 해당 연결어미로 환원될 수 있는지를 점검할 필요가 있다. 이에 본고는 다음과 같은 메타언어 선정의 원칙을 제안한다.

(3) 원칙 3: 선정된 메타언어는 역방향 점검법을 이용하여 해당 연결어미를 불러올 수 있는지 점검한다.

3. 연결어미 메타언어 선정을 위한 몇 문제

3.1. '양보' 관련 메타언어

'양보'는 기존의 논의에서 '뒤집힘, 방임, 불구속, 인정' 등으로도 불리어 왔다. 가장 보편적으로 사용되는 '양보'는 전통문법의 'concessives'를 번역한 것이다. 한국어에서 "내일 비가 와도 우리는 소풍을 간다."와 같은 문장이 양보문이라고 하는 데에는 별다른 이견이 없다. 그러나 일상언어적인 '양보'는 '어떤 것을 사양하여 남에게 미루어 주는 것'을 뜻하거나 '자신의 주장을 굽혀 남의 의견을 좇는다'는 의미로 쓰이기 때문에 양보의 내용이 없는 "내일 비가 와도 우리는 소풍을 간다."와 같은 문장을 왜 양보문이라고 부르는지가 쉽게 이해되지 않는 측면이 있다. 이환묵(1999: 194)에서는 "'시간, 장소, 이유' 등을 나타내는 부사절은 그들이 속한 문장의 '시간, 장소, 이유' 등을 나타낸다는 것이 이들 부사절의 이름에 나타나 있다. 그러나 양보절은 그것이 속한 문

장의 양보를 나타낸다는 식으로 말할 수 없다."라고 하였다.[8)]

전통문법서의 기술에서 우리는 이러한 접속 관계를 나타낼 때 왜 '양보'라는 말이 사용되었는지를 짐작할 수 있다.

(4) Although I dislike the man, I have not anything to say against him.

(4)는 Sweet (1891: 147)의 예이다. (4)를 양보문이라고 하는 이유는 "내가 그 사람을 싫어함"을 인정하는 것에 대해서는 화자가 양보를 하기 때문이다. 즉 '양보'는 선행절 행위의 사실성을 임시적으로 인정하는 행위로서[9)] 선행절의 의미론적 기능을 중심으로 한 명명이라기보다는 발화의 화행(speech act)과 관련한 명명이라고 할 수 있다.[10)]

이렇게 보면 '양보'는 사태에 대한 누군가의 믿음이나 판단을 전제로 하는 개념이다. 사태에 대한 화자의 믿음이나 판단이 일단 존재하여야 그것을 임시적으로 인정하든, 양보하든 하는 행위가 생겨날 수 있기 때문이다. 그러나 모든 양보문이 일상언어적 의미에서의 양보로 이해되지는 않는다.

(5) 가. 비가 와도 소풍은 간다.

---

8) 이환묵(1999: 194~204)에서는 전통문법에서 사용되어 왔던 용어 중 번역이 잘못된 용어, 본래 의미와 관련 없이 번역된 용어, 본래의 의미가 드러나지 않는 용어를 정리하였다. 이 중 '양보절'은 본래의 의미가 드러나지 않는 용어에 속한다.

9) 국립국어원(2005: 144)에서 '-어도, -을지라도, -더라도'의 의미를 '인정(認定)'이라고 본 것은 이러한 점을 주목한 것이다.

10) 홍종화(1999: 561)에서는 수사학에서의 양보 개념이 "화자가 이론의 여지가 있다고 여겨지는 상대방의 논점을 일단은 그대로 수용해 줌으로써, 후에 문제의 본질에 접근했을 때 상대방을 보다 효과적으로 제압하고 설득시키기 위한 담화의 기법"이라고 하고 이와 같은 맥락에서 언어적인 양보를 설명할 수 있다고 하였다. 이와 유사한 맥락에서 이환묵(1999: 202)에서도 "양보라는 말은 화자가 양보절에 담긴 다른 사람의 주장이나 견해에 실제로는 동의하지 않으면서도 백보 양보하여 그것을 인정하고, 그 대신 주절에 담긴 화자 자신의 주장을 선택한다는 것을 의미한다."라고 하였다.

나. 하루에 세 시간쯤은 걸어도 힘들지 않아요.

다. 철수가 붙잡아도 영희는 떠났다.

라. 철수가 범인이라도 그를 미워해서는 안 된다.

(5가)의 선행절에 화자의 믿음이나 판단이 포함되어 있다고는 볼 수 없다. 화자는 비가 안 올 것이라고 생각하거나, 비가 오는지의 여부를 모르는데도 잠시 자신의 뜻을 굽혀 즉 '양보'하여 '비가 와도'라는 발화를 하는 것이 아니다. 날씨에 대한 믿음이나 판단 없이도 (5가)와 같은 문장을 사용할 수 있으며 후행절 역시 화자의 믿음이 포함된 주장이 아니다. (5나)의 선행절 역시 화자의 믿음이나 판단 혹은 문자 그대로의 의미에서의 양보와는 거리가 멀다. (5다)는 사실성을 가지는 명제에 '-어도'가 사용된 예인데 역시 화자가 믿는 것에 대한 양보가 포함되어 있지 않다. (5라)는 위의 (4)와 유사한 성격의 문장이나 화자가 반드시 "철수가 범인임"을 믿고 있다거나 혹은 믿지는 않지만 잠시 양보하여 인정하고 있다고 볼 필요가 없다. 화자가 이에 대해 아무런 의견을 가지고 있지 않은 경우에도 사용할 수 있다.

연결어미 '-어도' 등이 표현하는 위와 같은 의미를 표현하는 데 '양보'가 적절한 메타언어가 아니라면 대안은 무엇인가? 본고의 '원칙 2'에 의하면 이 문제에 답하기 위해서는 양보가 연결어미 의미 체계에서 어떠한 지위를 차지하는지에 대한 검토가 선행되어야 한다. 양보는 '기대부정(denial of expectation)'의 의미 속성을 공유한다는 점에서 역접과 구별되지 않는 것으로 논의되기도 하였고(최현배 1937, 신지연 2003), 조건의 하위 범주로 이해되기도 하였다(장경희 1995, 박승윤 2007). 전자의 견해도 면밀히 검토될 필요가 있으나 이는 대등 접속과 종속 접속의 경계의 문제를 포함하고 있어 여기에서 본격적인 논의를 펼치기는 어렵다. 본고에서는 일단 후자의 논의에 찬동하여 양보를 조건의 일종으로 간주하고 그 성격을 규명해 보고자 한다.[11] 만약 양보가 조건의 하위 범주로 이해될 수 있다면, 더구나 '양보'가 그 특성을 선명하

게 드러내 주는 메타언어가 아니라면, '양보'에는 '조건'을 포함하는 이름이 붙어야 할 것이다.[12)]

장경희(1995: 166)에서는 양보가 조건의 하위 범주라고 주장하였다. 이 논의에서는 '-으면'이 조건 관계를 나타내는 포괄적인 연결어미이며, '-어도'는 예외적인 조건 관계를 나타내는 보다 좁은 의미의 연결어미라고 보았다. 이 논의에 의하면 '여기는 바람이 불면 덥다'와 '여기는 바람이 불어도 덥다'는 모두 두 사건 사이의 조건 관계를 나타낸다. 이것이 예외적인 조건임을 더 구체적으로 나타낸 것이 후자이며 덜 구체적으로 나타낸 것이 전자이다. 박승윤(2007: 69~70)의 견해도 이와 맥을 같이 한다. 이 논의에서도 양보를 조건의 일종으로 보아 양보의 의미를 형성하기 위해서는 바람직함을 판단하는 기준이 되는 조건문이 존재하여야 하며 양보문은 가장 바람직하지 않은 극단을 선택한 극단성 조건문(extremity conditional), 혹은 비최적성 조건문(non-optimal conditional)이라고 하였다.

그러나 '예외적인 조건'이나 '비최적성 조건'은 후행절 사태에 관여하는 '보편적인 조건', '최적성 조건'이 무엇인가에 대하여 화·청자 사이에 공유되는 지식을 전제로 하는 개념이어서 양보 표현이 쓰인 모든 문맥에서 어느 경우에나 상정될 수 있는 것이 아니라고 본다. 장경희(1995)에서 든 '여기는 바람이 불어도 덥다.'나 박승윤(2007)에서 든 '비가 와도 소풍을 간다.'는 자연 법칙이나 상식과 관련이 있는 명제를 표현하기 때문에 그 선행절이 '보편적 조건'에 어긋나는 '예외적 조건'

---

11) 다른 언어에 대한 논의에서도 조건과 양보의 공통점은 빈번히 지적되었다. 특히 영어에서는 'if'가 조건의 의미로도 양보의 의미로도 읽힐 수 있기 때문에 조건과 양보의 거리가 가깝게 파악되는 편이다. "Will you go hiking tomorrow if it rains?"와 같은 문장에서 선행절이 조건으로 해석되느냐 양보로 해석되느냐는 문맥에 의존하기 때문에 Sweetser (1990: 137)은 조건과 양보의 차이를 화용론적인 것으로 본다.

12) 여러 언어를 대상으로 한 조사에 의하면 양보 접속사들은 대체로 형태적으로 합성적이다(König 2006: 821). 영어의 'although, even though'는 물론이고 한국어의 '-어도' 역시 연결어미 '-어'와 보조사 '도'로 이루어진 형식이다. 이를 미루어 볼 때 양보가 원소적 개념이 아니라는 것은 거의 분명하다.

을 표현한다고 볼 수 있다. 그러나 자연 법칙이나 상식과 관련되지 않은 명제를 대상으로 한 다음과 같은 문장에서 '보편적 조건'과 '예외적 조건'을 구별하는 것은 무의미하다.

(6) 가. 영수가 오면 영희가 간다.
   나. 영수가 와도 영희가 간다.

(6가)에서 영수가 오는 것은 영희가 가는 '보편적 조건'이고 (6나)에서 영수가 오는 것은 영희가 가는 '예외적 조건'이라고 선험적으로 말할 수 없다. 모든 상황에서 화 · 청자 사이에 '보편적 조건'이 확립되어 있는 것은 아니기 때문이다.

기존의 논의에서 양보는 '기대 부정' 혹은 '기존 조건 관계의 부정'이라는 의미로 파악되었으나 여기에도 마찬가지 문제가 있다.

(7) 가. 비가 오면 소풍을 안 간다.
   나. 비가 와도 소풍을 간다.

(7나)와 같은 양보문은 (7가)와 같이 일반적으로 받아들여지는 조건문을 부정하는 의미를 표현한다는 것이 기존의 인식이다. 즉 (7나)의 선행절의 내용에서 소풍을 안 갈 것이라는 기대가 생겨나는데, 그것이 후행절에서 부정된다는 것이다.[13] 그러나 (7나)의 '비가 와도'에서 '소풍을 안 간다'라는 기대가 산출된다는 것은 "비가 와도 소풍을 간다."라

13) 유혜령(1998: 359)에서는 '양보'를 "접속된 두 절에 있어서, 후행절이 선행절의 전제되는 기대의 부정을 수용하는 의미관계"라고 하였다. Harris (1988: 71)는 원인절은 종속절과 주절 사이의 인과 연쇄가 단언되는 것이고 조건절은 인과 연쇄가 언어적 상호작용의 기초로 제안되는 것이며 양보절은 인과 연쇄가 부정되는 것으로 의미론적 스펙트럼을 가진다고 하였다. 그러나 인과 연쇄가 부정되는 것이 양보라는 데에는 위와 마찬가지의 문제가 있다. 논리학적으로 'p이면 q이다'의 부정은 'p이고 ~q이다'이지 'p이면 ~q이다'가 아니기 때문에 조건 관계의 부정이라는 말 자체가 오해의 소지가 있다고 본다.

는 전체 문장이 생성된 후의 결과일 뿐이다. '비가 와도'라는 발화가 산출하는 기대는 문맥 독립적으로는 아무것도 없다.

양보문에서 보이는 이러한 현상은 함축(implicature)으로 설명된다(König 1986: 233, 박승윤 2007: 73). "영수가 와도 영희가 간다."라는 문장을 발화할 때 화 · 청자가 모두 '영수가 오면 영희가 안 간다'는 지식을 가지고 있었다고 볼 필요는 없다. 이 문장을 발화함으로써 그에 대해 배경 지식이 없던 청자라도 '영수가 오면 (일반적으로는) 영희가 안 간다'는 추론을 한다고 보는 것이 타당하다. "비가 와도 소풍을 간다."의 경우에도 기존 조건 관계의 부정의 의미를 가지는 것이 아니라, 거꾸로 이 문장이 '비가 오면 일반적으로 소풍을 안 간다'는 조건문 형식의 함축을 생성한다고 보는 것이 옳다.[14)]

박승윤(2007: 73)에서는 '양보'가 항상 조건문을 함축한다는 것을 양보가 조건의 하위 범주라는 근거의 하나로 들었다. 그러나 양보문이 조건문 형식의 함축을 가진다고 해서 양보가 곧 조건이라는 논리는 성립하지 않는다. 어떤 종류의 문장이 항상 부정문 형식의 함축을 가진다고 해서(가령 "영희는 밥만 먹는다."라는 문장은 '다른 것은 먹지 않는다'는 함축을 가진다.) 그 문장이 곧 부정문이라고 할 수 없는 것과 같다.

그렇다면 조건과 양보는 어떠한 관계를 가지고 있는가? 결론부터 말하면 본고는 양보가 '비관여적 조건(uninfluential condition)'으로 규정될 수 있다고 본다. 논리학적인 관점에서 논의를 시작해 보자. 논리학에서 조건은 p가 참인 경우 q도 참임을 주장하고 p가 참인데도 q가

14) König (1986: 233)에서는 양보가 가지는 함축을 'even though p, q implies if p, then normally ~q'와 같이 표현하였다. 홍종화(1999: 566)에서 지적한 '배경 지식의 강요' 현상 역시 양보문의 함축 생성 기능을 말한다. 이 논의에서는 청자가 선험적으로 그와 같은 양보 구문의 전제적 추론관계에 동의를 하지 않는 경우에도 청자는 양보구문의 발화가 일어나는 순간에 화자로부터 그와 같은 전제적 추론관계를 받아들일 것을 강요받게 된다고 하였다. 화청자의 지식에 상관없이 양보문이 조건문 형식의 함축을 생성하며 많은 경우 이 조건문은 일반적으로 받아들여지는 사태를 표현한다고 보면 이러한 배경 지식의 강요 현상도 쉽게 설명된다.

거짓인 경우를 배제하는 두 명제 사이의 관계이다. 즉 조건은 p와 q가 모두 참, p는 거짓이고 q가 참, p가 거짓이고 q도 거짓인 두 명제 사이의 관계로서 p가 참인데도 q가 거짓인 경우만을 배제한다(Comrie 1986: 78, Copi 1972/민찬홍 역 1988: 358). 이를 자연 언어에 적용하면 "영수가 오면 영희가 간다."는 '영수가 오고 영희가 감'을 주장하고 '영수가 오지 않고 영희가 감', '영수가 오지 않고 영희가 가지 않음'을 모두 포함하는 반면 '영수가 오고 영희가 가지 않음'을 배제한다. 그런데 이에 입각하면 양보문 "영수가 와도 영희가 간다."의 의미 역시 조건 범주에 속한다. 일반적인 조건문과 마찬가지로 '영수가 오다'가 참인 경우 '영희가 가다'가 참임을 주장하기 때문이다. 또한 이 문장의 의미는 '영수가 오지 않고 영희가 감(~p이고 q)', '영수가 오지 않고 영희가 가지 않음(~p이고 ~q)을 포함하고 '영수가 오고 영희가 가지 않음(p이고 ~q)'의 경우를 배제하는 점도 조건과 같다.[15]

논리학적으로 조건은 두 명제 내용의 실현에 대한 상관관계만을 따질 뿐 두 명제 사이의 직접적인 영향 관계를 주장하지는 않는다. 즉 선행절 명제가 표현하는 조건이 모두 후행절 사태에 영향력을 행사하는 것은 아니다. "영수가 오면 영희가 간다."라는 문장은 일반적으로는 두 사건이 관계가 있고 영수가 온 것이 영희에게 영향을 미친다는 의미로 해석된다.[16] 그러나 이는 자연 언어 사용의 일반적 상황에서 발생하는 함축일 뿐, 영수가 오는 것이 영희가 가는 것을 결정하는 데 아무런 영향을 미치지 않는다거나 영희가 영수의 존재를 아예 모르는 경우에도 논리적으로 이 문장은 참이다.[17] 후행절 사태의 발생 여부에 영향력을

15) 양보 관계가 '~p이고 ~q'를 포함하는지에 대해서는 이견이 있을 수 있다. 그러나 "여기는 바람이 불어도 덥다."는 '여기는 바람이 불고 덥지 않다'는 배제하지만 '여기는 바람이 불지 않고 덥지 않다'를 적극적으로 배제하지는 않는 듯하다.

16) 나아가 "영수가 오면 영희가 간다."는 많은 경우 '영수가 와서 영희가 간다'로 해석된다. 이는 조건문이 가지는 인과 함축(causal implication)이다(Saeed 1997/2009: 93).

17) 순수한 논리학적 측면에서는 "파리가 프랑스의 수도이면 2는 짝수이다."와 같이 전혀 관련이 없는 두 명제가 사용된 조건문도 참이다(Comrie 1986: 80). 물론 자연 언어에서는 최소한의 관련성이 있는 명제들이 조건문을 이룬다.

행사하는 성질을 '관여성'이라고 하면 '조건'에는 '관여적인 조건'과 '비관여적인 조건'이 있다고 할 수 있다.[18)]

이를 염두에 두면 양보의 '-어도'가 표현하는 것은 조건의 특수한 경우인 '비관여적 조건'임을 알 수 있다. "영수가 와도 영희가 간다."는 앞에서 말했듯이 영수가 오는 상황이 실현된 경우 영희가 가는 것을 주장하므로 조건의 일종이다. 그러나 이 문장은 관여적 조건의 영역을 배제한다. 즉 이 문장이 주장하는 것은 영수가 오는 것에 상관없이 영희가 간다는 것, 즉 영수가 오는 것이 비관여적 조건이라는 점이다.[19)]

양보가 가지는 비관여성의 개념을 고찰하기 위해 König (1986: 231, 2006: 822)의 논의를 검토해 보자. 이 논의에서는 조건과 양보의 속성을 모두 가지고 있는 '양보적 조건(concessive conditionals)'의 범주를 제안하였다. 양보적 조건은 영어의 'Whether he is right or not, we must support him.'과 같은 문장을 위해 마련된 범주이다.[20)] 이러한

---

18) 심사위원 중 한 분은 '비관여적 조건'이 어떻게 '조건'이 될 수 있는가 하는 의문을 제기하셨다. 이는 한국어의 '-으면'이 표현하는 함축, 즉 선행절 사태의 발생이 후행절 사태의 발생에 영향을 끼친다는 것을 조건의 의미의 일부로 이해하여 '관여적 조건'만을 '조건'으로 간주하는 관점이다. 그러나 본고에서는 '조건'을 선행절 사태가 발생하는 경우 후행절 사태가 발생할 때 선행절이 가지는 속성으로 넓게 이해하였으므로 선행절 사태가 후행절 사태에 영향을 끼치지 않은 비관여적 조건 역시 조건의 범주에 들어올 수 있다. 즉 '영수가 와도 영희가 간다'는 '영수가 오면 영희가 간다'와 마찬가지로 선행 명제가 참인 경우 후행 명제가 참임을 말하므로 조건의 범주에 속한다.

19) 이와 관련하여 '관여성'을 '인과성' 및 '관련성'과 구별할 필요가 있다. 본고의 관여성은 인과성을 포함하는 더 넓은 개념이다. 가령 "술을 먹으면 소화가 안 된다"는 '술을 먹어서 소화가 안 된다'를 함축하지만 '술을 먹으면 안주로 고기를 먹어서 소화가 안 된다'는 문맥에서는 이 함축이 취소된다. 이때 취소되는 것은 인과 함축이다. 그러나 이 경우에도 여전히 '술을 먹으면'은 '소화가 안 된다'에 관여하는 조건이다. '술을 먹어도 소화가 안 된다'는 술을 먹는 일이 소화가 안 되는 일의 원인이 아님을 주장하는 것에서 한발 더 나아가 술을 먹는 일이 소화가 안 되는 사태의 발생 여부에 전혀 관여하지 못함을 주장한다. 이러한 의미 영역은 논리학적으로는 조건 의미에 포함되지만 자연 언어 "술을 먹으면 소화가 안 된다."로는 충분히 표현되지 않는다. 그러나 이 경우에도 술을 먹는 일과 소화가 안 되는 일 사이에 관련성이 전혀 없는 것은 아니다. 관여성은 인과성보다는 넓고 관련성보다는 좁은 개념이다.

20) 이와 함께 "No matter how much help he gets, he will never complete his work at time.", "Even if he gets a lot of help, he will never complete his

문장은 일반적으로 양보문으로 간주되어 왔으나 일반적인 양보문과 달리 선행절을 함의(entail)[21]하지 않는 것이 특징이다.[22] 이와 같은 문장의 의미는 'If p, then q and if ~p then q'로 형식화되는데 결국 이는 두 개 이상의 일련의 선행 조건들과 결과절을 연관시킨 조건절이다(König 2006: 822). 양보적 조건이 드러내는 'If p, then q and if ~p then q'의 의미는 p의 실현 여부에 상관없이 q가 실현됨을 의미하며 이는 결국 p가 비관여적 조건임을 말한다.

König은 양보절이 'even though'가 이끄는 절과 같이 사실성을 가지는 명제라는 점을 고수하려 했기에 이와 양보와 유사한 뜻을 가지면서도 사실성을 가지지 않는 문장을 양보적 조건으로 따로 분류하였다. 그의 논의에서 선후행절의 사실성은 조건, 양보적 조건, 양보를 구별하는 중요한 속성이다. 조건은 선후행절을 모두 함의하지 않고 양보는 선후행절을 모두 함의하는데 양보적 조건은 후행절만을 함의한다는 점에서 이들과 구별된다(König 1886: 234). 이 기준에 의하면 "Even if you drink (only) a little, your boss will fire you."와 같은 문장은 선행절이 사실성 명제가 아니기 때문에 양보와의 유사점에도 불구하고 양보적 조건에 속한다.[23]

König의 논의를 충실히 받아들여 한국어에서도 양보가 사실성 명제를 취해야 한다는 가정을 유지하려면 연결어미 '-어도, -더라도, -을지라도' 등의 의미는 모두 양보적 조건에 해당한다. 임동훈(2009: 107)이 이러한 관점을 취했는데 이 논의에서는 König & van der Auwera

---

work at time."과 같은 유형의 문장도 양보적 조건의 범주에 넣는다.

21) König은 일련의 논의에서 '함의하다(entail)'를 명제가 표상하는 사태를 사실적으로 간주한다는 의미로 쓴다. 서정섭(1991)에서는 이를 '단언하다'로 의역하여 사용한다.

22) 이와 같은 문장은 윤평현(2005: 169)에서는 '선택적 양보절'이라고 하였다.

23) König & van der Auwera (1988: 107)에서는 양보적 조건과 양보가 다음과 같은 두 가지 공통점을 가진다고 하였다. 첫째, 양보적 조건은 결과절과 모든 선행절 조건의 집합 사이의 조건적 관련성을 주장하고 그것이 모든 가능성의 스펙트럼을 소진하기 때문에 선행절 조건은 종종 후행절에 무관하고(irrelevant) 양보처럼 후행절을 함의한다. 둘째, 양보적 조건과 양보는 공통적으로 선행절과 후행절 사이의 정상적인 비합치성(normal incompatibility) 혹은 불일치(dissonance) 관계를 가진다.

(1988)의 논의를 인용하면서 '-지만'은 선행절을 함의한다는 점에서 양보에 가깝고, '-더라도'는 선행절을 함의하지 않으므로 양보적 조건,[24) '-어도'는 중간에 위치한다고 하였다. 좀 더 세밀한 논의가 필요하긴 하지만 한국어에서 양보와 양보적 조건을 구별할 필요는 없어 보인다. 역접으로 묶일 가능성이 높은 '-지만'을 제외하면 '-어도', '-더라도', '-을지라도' 등은 사실성에 대해서 크게 민감하지 않기 때문이다.[25) 관점에 따라서 '-어도'의 의미를 양보에 넣든 양보적 조건에 넣든 '-어도'의 의미의 본질은 소위 '양보적 조건'의 '비관여성'에 있다는 것이 본고의 주장이다.

'-어도'의 비관여성은 다음과 같은 절차에 의해서도 해명된다. '-어도'의 양보 의미는 역동(亦同)의 보조사 '도'의 의미에 기반하여 출발했다고 생각되는데[26) 그 기원적 의미를 간직하고 있는 문맥으로 다음을 들 수 있다.

(8) (영수, 철수, 인수 셋 중 한 사람이라도 이곳에 올 경우 영희가 가는 상황)
가. 영수가 오면 영희가 간다.
나. 영수가 와도 영희가 간다.

---

24) 임동훈(2009: 107)에는 '조건적 양보'라고 되어 있으나 '양보적 조건'을 의미한다고 생각된다.

25) '-어도'는 사실적 명제와 비사실적 명제를 모두 취할 수 있다. '-더라도'는 비사실적 상황에 주로 쓰이는 것이 많이 논의되긴 했지만(이은경 1990: 77), 사실 명제에 쓰이는 것이 불가능하지 않다(서정수 1994: 1152). 필자는 사실성과 관련한 자질이 조건이나 양보의 의미론에 본질적이지 않다고 보고 있다. 양보는 그 문자 그대로의 의미가 '선행절의 사실성을 임시로 인정하는 행위'와 관련 있기 때문에 König이 일련의 논의에서 진정한 양보로 본 '사실적 양보(factual concessives)' 역시 진정한 의미에서의 사실성을 가진다고 보기 어려운 점도 있다.

26) 양보에 관여하는 형식 중에는 조건이나 시간 접속사와 부가적 초점(additive focus)의 첨사가 결합된 것이 흔히 발견된다. 한국어에서 보조사 '도'가 양보 연결어미에 포함되어 있는 것과 유사하게 영어의 'even though', 불어의 'quand même', 독어의 'wenn-gleich', Bengali 어의 'jodi-o (if-also)' 등에서 양보 표현에 부가적 초점 첨사가 포함되어 있는 것을 볼 수 있다(König 2006: 821~822 참조).

위 상황에서 (8가, 나) 두 문장 모두 사용 가능한 것을 주목할 필요가 있다. 이때의 '-으면'과 '-어도'는 모두 영수가 오는 사태가 실현된 경우 영희가 가는 사태가 실현된다는 것을 말하고 있다. (8나)가 부가적으로 나타내는 것은 영수가 오는 것 역시 영희가 가는 것을 실현하는 조건 중의 하나라는 뜻인데 이는 물론 보조사 '도'의 '역동'의 용법의 발현이다.

그러나 '-어도'는 다음과 같은 문맥에서 보다 일반적으로 쓰이며 이때 '-어도'의 '도'는 단순히 역동의 의미만을 나타내지 않고 확장된 의미를 가진다.

(9) (영희가 무슨 일이 있어도 가겠다고 우기고 심지어 자기가 제일 좋아하는 영수가 오는데도 가겠다고 우기는 상황)
가. 영수가 오면 영희가 간다.
나. 영수가 와도 영희가 간다.

(9나)의 '-어도'의 의미는 단순히 영수가 오는 것 역시 영희가 가는 조건 중의 하나라는 것에 그치지 않는다. 이때의 '-어도'는 선행절 사태가 후행절 사태의 발생에 관여하지 않는다는 의미를 적극적으로 나타낸다. 영수가 오는 일은 일반적으로는 영희가 가는 사태의 발생 여부에 영향을 미치지만(그래서 많은 경우 영희가 가지 않지만), 이 상황에서는 영수가 오는 일이 영희가 가는 일에 영향을 미치지 못하여 관여적 조건으로 기능하지 못한다는 뜻이다. 이 상황에서 '-으면'이 사용된 (9가)는 진리조건적으로 거짓은 아니지만 이러한 상황을 충분히 표현하지 못하므로 쓰이지 않는다.

(8)과 (9)의 '-어도'의 차이는 다음의 보조사 '도'의 차이와 동궤의 것이다.

(10) 가. 영희는 (밥, 반찬 외에) 국도 먹는다.

나. 영희는 돌도 먹는다.

(10가)의 '도'는 단순한 역동을 나타낸다. 그러나 '도'는 (10나)와 같이 극단적 항목을 취하면 '조차'의 의미로 확장된다. 그리고 돌조차 먹는다는 것은 먹는 대상에 상관없이 다 먹는다는 의미로 해석되기 쉽다. (9)의 '-어도' 역시 '도'의 의미 확장과 함께 '~의 경우에조차'라는 의미가 붙게 되었고 이는 '~하는 것에 상관없이'라는 의미로 확장된 것으로 보인다. 즉 "영수가 와도 영희가 간다."의 양보, 즉 비관여적 조건의 의미는 다음과 같은 절차를 거쳐 생겨났다고 할 수 있다.

(11) 영수가 오는 것 역시 영희가 가는 것의 조건 중의 하나이다.
→ 영수가 오는 것조차도 영희가 가는 것의 조건이다.
→ 영수가 오는 사태의 발생 여부가 영희가 가는 사태의 발생 여부에 영향을 끼치지 않는다.

요컨대 양보는 조건의 일종이고 조건 중에서도 후행절 사태에 관여하지 않는 조건을 나타내는 의미 영역이므로 '-어도' 관련 양보 연결어미의 의미를 기술하는 메타언어는 '비관여적 조건'으로 설정하는 것이 타당하다고 본다. 이때 선행절은 대개는 후행절 사태의 발생 여부에 관여한다고 가정되는 내용이 오기 때문에 '화용론적 맥락에서 존재하는 기대의 부정'과 관련한 함축을 생산하기 쉽다.

3.2. '설명, 상황, 배경' 관련 메타언어

'설명, 상황, 배경' 등은 연결어미 '-은데, -으니, 으되' 등의 기술에 사용된 메타언어이다. 연결어미 기술에 '설명'이라는 용어가 사용된 것은 주시경(1910: 84)으로 거슬러 올라간다. 여기에서는 '-은데, -으니'의 기술에 "이미 말한 것을 다시 풀어 말하는 것"이라 하여 '풀이'라는 메타언어를 사용하였다. 최현배(1937/1955: 313) 역시 이를 이어받아 '-는

데, -으되, -으니, -더니' 등의 연결어미를 '풀이꼴(설명형)'에 묶어 기술하였다. 풀이꼴은 "그 뒤에 다시 그 일을 더 풀이하는 말이 오게 하는 것"이라고 하였는데 이 기술에 따르면 '설명'은 선행절이 아니라 후행절의 속성과 관련되는 말임을 알 수 있다. 즉 "비가 오는데 많이 온다."와 같은 문장에서 선행절 내용을 더 자세히 풀이한 것이 후행절이라는 의미이다.

이후 '설명'은 최재희(1990: 186), 이은경(1990: 89) 등의 논의에서도 사용되었다. 이 논의들에서 사용된 '설명'의 용법은 최현배(1937)과는 약간 다르다. 이 논의에서는 '설명'의 연결어미가 사용된 선행절은 후행절의 시간적 배경이나 상황적 배경을 설명하거나 제시한다고 하였다.

이렇듯 '설명'이라는 용어는 그 모호성으로 말미암아 선행절의 특성을 나타낼 때 사용되기도 하고 후행절의 특성을 나타낼 때 사용되기도 하는 문제가 있었다. '설명'을 후행절의 특성으로 사용하는 것은 본고의 '원칙 1'에 부합하지 않기도 하지만 '설명' 자체가 연결어미의 의미 기술에 적합한 개념은 아니라는 문제가 있다. 일반적으로 '설명'은 '진술, 평서' 등과 유사한 의미로서, '의문', '명령' 등 발화의 목적이나 문장 유형의 하위 부류로 사용되어야 할 개념이기 때문이다. 선행절의 특성에 '설명'을 사용한 것은 더욱 부적절하다고 본다. "산책하고 있는데 비가 왔다."와 같은 문장에서 선행절이 시간적 혹은 상황적 '배경'을 '설명'하는 것을 의미한다면 이때 '-는데'의 의미를 지적하는 메타언어는 '설명'이 아닌 '배경'이 되어야 할 것이다. 이를 '설명'이라고 한다면 "비가 와서 땅이 질다"에서의 '-어서' 역시 선행절이 후행절의 이유를 '설명'한다고 해도 될 것이기 때문이다.

다음으로 '상황'이라는 용어에 대해 생각해 보자. '상황'은 윤평현(1989, 2005), 서정수(1994) 등의 용어이다. 서정수(1994: 1075)에서는 '-은데'를 상황 접속소라고 하면서 "앞 절에 첨가되는 접속소로서 뒷절에서 설명이나 주장 따위를 내세울 수 있도록 적절한 문맥적 상황을 마련해 주는 것"이라고 규정하였다. '상황'이라는 용어에 대해서만 생각해 보면, '상황'은 그 자체로는 아무런 정보도 제공해 주지 않는다. 엄밀히 말해 모든 명제 내용이 표상하는 바가 상황(situation)이기 때문이다.[27]

'-은데'의 의미를 체계적으로 기술하기 위해서는 '배경(background)'이라는 메타언어를 사용하는 것이 바람직하다고 생각한다.[28] 이은경(2000: 263)에서는 '배경'을 후행절 사태를 기술하기 위한 적절한 배경을 선행절에 도입하는 역할을 하는 것으로 보았다. 그렇다면 이때의 '배경'은 언어학적으로 어떤 개념으로 이해하는 것이 좋을까?

일반적으로 '배경'은 '전경' 혹은 '초점'에 대비되는 개념이므로 '-은데'의 기능이 발화의 정보 구조(information structure)와 관련이 있을 가능성이 있다. 실제로 김영희(1987: 64)에서는 '-은데'를 '화제/주제 제시'의 형태로 보았다. 그러나 일반적으로 정보 구조론에서의 '배경-초점' 혹은 '화제-논평'은 청자의 지식 상태에 대한 화자의 가정을 바탕으로 한 정보 포장(information package)과 관련되는 개념이다. 즉 청자가 이미 알고 있다고 화자가 가정하는 정보와 청자가 모르고 있다고 가정하는 정보를 부호화하는 언어적인 장치와 관련된다(Chafe 1976, Lambrecht 1994, 박철우 2003). 그러나 '-은데'가 이끄는 선행절이 반드시 정보구조론에서의 '화제'를 표현하는 것은 아니다. 즉 화자가 '-은데' 절의 내용을 청자가 이미 알고 있다고 가정하는 것은 아니다.

(12) 가. 어제 소설책을 한 권 샀는데, 아주 재미있더라.
나. 시장에 가긴 했는데 싱싱한 과일이 없었어.

---

27) 또한 '설명'과 '상황'은 본고의 '원칙 3', 즉 역방향 점검법에 의한 검증을 통과하지 못한다. 한국어에서 '설명'을 나타내는 연결어미, '상황'을 나타내는 연결어미로 '-은데'를 불러올 확률은 낮다.

28) 필자는 연결어미 의미 체계의 대 부류에 '시간, 논리' 등과 더불어 정보의 성격과 관련한 부류가 설정되어야 한다고 본다.

(12가)에서 화자는 '어제 소설책을 샀다'는 사실을 청자에게 처음 알려 주는 것이라도 '-은데'를 이용하여 표현할 수 있다. (12나)에서 '시장을 가긴 했다'는 정보 역시 청자가 이미 알고 있다고 화자가 가정하지 않는다.

'-은데'가 가지는 '배경'의 기능은 청자의 지식에 대한 가정과는 약간 다른 의미에서 화자가 '주로 이야기하고자 하는 것'이 후행절 내용임을 의미한다. 인지적 관점에서 정보적으로 도드라지는 것과 도드라지지 않은 것을 구별한다면 '-은데'는 도드라지지 않는 것을 의미한다. 담화화용론에서는 게쉬탈트 심리학의 개념인 형상(figure)과 바탕(ground)의 구별에 입각하여 전경 정보(foreground information)와 배경 정보(background information)를 구별하는데 배경 정보는 의사소통 부담량(communicative dynamism)이 낮은 정보로서 이야기의 진전에 간접적인 역할을 하는 정보이고 전경 정보는 이야기의 주요 사건을 전달하는 의사소통 부담량이 높은 정보이다(Wallace 1982: 208, 정희자 2002: 30~33). 이러한 측면에서 한국어의 '-은데'는 배경 정보를 표현하는 문법적 장치이다. 위의 (12가, 나)에서 화자가 주로 이야기하고자 하는 것은 '소설책을 산 것', '시장에 간 것'이 아니라 '소설책이 재미있다', '싱싱한 과일이 없다'이다. 선행절의 내용은 후행절의 내용을 도입하기 위한 바탕 역할만을 할 뿐이다.

이은경(2000: 264)에서는 '-은데'에 의해 연결되는 두 사태는 특정한 의미론적 관계에 의해 연결된 것이 아니라고 하였다. '-은데'의 기능은 통사 · 의미론적 기능이라기보다는 담화적 기능에 가깝기에 두 절 사이의 연결이 느슨한 편이다. 이상의 논의를 바탕으로 본고는 '-은데' 등이 표현하는 의미는 '배경'으로 기술하는 편이 낫다고 주장한다.

3.3. '발견, 지각' 관련 메타언어

다음으로 '발견'과 '지각'의 문제를 살펴본다. '발견'은 남기심 · 루코프(1983)에서 '-으니까'의 기술에 사용된 용어이다. "내가 학교에 가니까 아이들이 많이 와 있었어."와 같은 문장의 '-으니까'가 선행절 상황에서 후행절 사태를 발견하는 의미를 표현한다는 의미이다.[29] 이현희(1994: 2장), 한동완(1996: 140)에서도 이와 유사한 용법을 보이는 '-으니'에 대하여 '발견'이라는 용어를 사용하였다. 이러한 '-으니'의 기능에 대하여 서정수(1994: 1198)에서는 '지각 상황 설정', 윤평현(2005: 261)에서는 '지각'이라고 하였고 장광군(1999: 191, 250), 송재목(2011)에서는 '인지'라고 하였는데 모두 같은 맥락이다.

이 중 언어학 논의에서 흔히 사용되는 '지각(perception)'은 증거(evidentiality) 범주와 관련된 속성이다. 실제로 임채훈(2008: 222)에서는 이때의 '-으니'가 감각적 경험에 의한 증거 범주를 표현한다고 주장하였다. 그런데 '-으니(까)' 등이 표현하는 의미는 증거 범주와 관련된 대표적인 한국어 문법 형식 '-더-, -구나, -네' 등이 표현하는 의미와는 차이가 있다(박재연 2009: 126). '-더-, -구나, -네' 등이 표현하는 '지각'의 의미는 '-더-'나 '-네'에 선행하는 명제가 표상하는 사태에 대한 인식을 의미한다. 그러나 "내가 학교에 가니까 아이들이 많이 와 있었어."에서 '-으니까'가 표현하는 지각은 선행절 사태에 대한 지각이 아니라 후행절 사태에 대한 지각이다. 이를 '지각'으로 기술하는 것이 불가능하지는 않으나 혼란을 초래할 우려는 있다고 본다.

더구나 본고의 '원칙 1'에 의하면 '발견, 지각, 인지'는 후행절을 대상으로 한 행위를 표현하므로 종속적 연결어미의 메타언어로서 적절치 않다. '원칙 3'과 관련하여 '지각'을 나타내는 한국어 어미로 과연 '-으니'를 불러올 수 있을지도 의문이다. 이러한 용법을 기술하는 적절한 메타언어를 찾아내기 위해서는 '-으니'를 포함하는 어미가 어떻게 이러한 의미 기능을 가지게 되는지와 관련한 좀 더 본질적인 문제를 생각해

29) 한편 최상진 · 임채훈(2008)에서도 '발견'이라는 용어를 '-으니까'와 관련하여 사용하는데 이때의 '발견'은 남기심 · 루코프(1983)에서의 용법과는 전혀 다르다. 이 논의에서는 '-으니까, -으면, -어서'의 의미를 인과관계의 인지적 형성과정과 관련하여 비교하였는데 '-으니까'는 인과관계의 발견, '-으면'은 인과관계의 정립, '-어서'는 인과관계의 적용을 표현하는 어미라고 보았다.

볼 필요가 있다.

Sweetser (1990: 4장), Comrie (1986: 81)에서는 영어 접속사의 의미가 내용 영역(content domain), 인식 영역(epistemic domain), 화행 영역(speech act domain)으로 확장될 수 있다고 하였다. 가령 'because'는 다음의 세 영역에서 '이유'를 표현한다.

(13) 가. John came back because he loved her.
나. John loved her, because he came back.
다. What are you doing tonight, because there is a good movie on?(이상 Sweetser 1990: 77)

(13가)는 내용 영역에서의 일반적인 이유를 표현한다. 반면 (13나)의 이유는 인식론적 차원의 것이다. '그가 돌아온 것'이 '존이 그녀를 사랑함'의 이유가 아니라 '존이 그녀를 사랑한다는 것을 화자가 알게 된' 이유이다. (13다)는 화행 영역에서의 이유를 표현한다. '좋은 영화가 상영 중'인 것은 화자가 청자에게 이와 같은 질문 행위를 하는 이유이다.

임은하(2002: 16), Cui (2011: 28)에서는 이러한 현상이 한국어 연결어미에서도 발견된다고 지적하였다.

(14) 가. 휴즈가 끊어지니까 전기가 나갔다.
나. 오늘 일요일이니까 가게 쉬는 날이겠네.
다. 열쇠 있는 델 아니까 여기서 좀 기다려 주세요.(이상 임은하 2002: 16)

(15) 가. 가을이 오면 단풍이 든다.
나. 자세히 뜯어보면 결코 잘 생긴 얼굴도 아니고 특징을 지닌 얼굴도 아니다.
다. 한마디로 요약하면 우리들의 생명의 불꽃은 생애의 본능에만 맡겨진 것이 아니다.(이상 이희자 · 이종희 1999: 317)

(16) 가. 부처가 신이 아니고 인간일진대 그렇게 태연자약한 얼굴로 요지부동 침묵만 할 수 있을까?

나. 영감의 인상으로 볼진대 분명 명이 길 사람이었다.

다. 예를 들진대 다음과 같다. (이상 이희자 · 이종희 1999: 223)

(14)는 이유 연결어미 '-으니까'의 예이다. (14가)에서 '-으니까'는 내용 영역에서의 이유를 표현한다. 선행절 사태는 후행절 사태의 이유이다. 반면 (14나)에서 선행절 사태는 후행절 사태의 이유라기보다는 화자가 후행절과 같은 판단을 하게 된 이유를 나타낸다. (14다)의 선행절은 화자가 후행절 발화를 하게 된 이유이다. (15)는 조건 연결어미 '-으면'의 예이다. Cui (2011: 28)에서는 (15가)의 '-으면'은 내용 영역의 일반적인 조건이지만 (15나)의 '-으면'은 후행절 사태를 인식하게 된 조건이고 (15다)의 '-으면'은 후행절 발화를 하게 된 조건이라고 보았다. 한편 이희자 · 이종희(1999: 223)에서는 (16가)는 "어떤 사실을 인정하되 그것이 다음 사실의 가정적인 조건임을 나타냄", (16나)는 "판단의 근거를 나타냄", (16다)는 "설명적인 조건을 나타냄"이라고 뜻풀이되어 있는데 본고의 관점에서 이는 차례로 내용 영역, 인식 영역, 화행 영역에서의 조건이라고 생각된다.

이렇듯 연결어미의 의미가 내용 영역에서 인식 영역, 화행 영역으로 확장될 수 있는 것은 상당히 보편적인 현상으로 보인다.[30] 이러한 점을 주목하면 '발견'의 '-으니(까), -었더니'에서 보이는 현상 역시 '-으니'의 '이유'의 의미가 인식 영역으로 확장된 결과로 해석할 수 있다.

---

30) 김영희(2005: 45, 각주 4)에서는 "너도 알고 있지만 그가 그렇게 몰염치한 사람은 아니다.", "언젠가 말했지만 나는 그런 일이 싫다."의 예에서 '-지만'이 '제시'의 의미를 가지고 있다고 보았다. '제시' 역시 많은 모호성을 가지는 메타언어이다. 이때의 '-지만'은 화행 영역에서의 역접을 뜻한다고 할 수 있다. 즉 명제 차원에서 '너도 알고 있다'와 '그가 그렇게 몰염치한 사람은 아니다'가 대립하는 것이 아니라, '너'가 이미 알고 있음에도 후행절 발화를 하는 것이 대립된다는 의미를 표현한다.

(17) 가. 집에 가니 아이들이 많이 와 있었다.

나. 생각해 보니까 나도 지금껏 내 집에서 살아본 적이 없구나.

다. 이 길이 좋을 것 같아서 이리로 왔더니 길이 더 나쁘구나.

(장광군 1999: 191)

(17가)는 집에 간 것이 아이들이 많이 온 이유라는 뜻이 아니라 집에 간 것이 아이들이 많이 와 있는 것을 화자가 인식하게 된 이유라는 뜻이다. (17나)에서도 선행절 사태가 후행절 사태의 이유는 아니지만 생각해 본 것이 '내 집에서 살아본 적이 없음'을 인식하게 된 이유이다. (17다) 역시 이리로 온 것은 길이 더 나쁜 이유가 아니라 길이 더 나쁜 것을 인식하게 된 이유이다.[31]

실제로 '-으니까'의 일반적인 '이유' 용법과 '발견' 용법은 그 거리가 매우 가까워서 문맥에 따라 그 해석이 후행절의 상 표현에 의해 결정되기도 하고 아예 중의성을 가지기도 한다.

(18) 가. 내가 집에 가니까 동생이 울었다.

나. 내가 집에 가니까 동생이 울고 있었다.

(19) 선물을 사 드리니까 어머니께서 기뻐하셨다.

(18가)의 '-으니까'는 내용 영역의 이유로 해석된다. 화자가 집에 간 것이 동생이 운 이유이다. (18나)의 '-으니까'는 인식 영역의 이유로 해

31) 앞에서 언급했듯이 송재목(2011)에서는 "행인에게 물어보니 오래 전에 이전했다고 한다."와 같은 문장의 '-으니'의 의미를 '반응'이라고 하였다. '반응'은 후행절의 행위는 선행절의 행위가 이루어지기 전에는 존재하지 않는 상황이므로 '발견(이 논의의 용어로는 '인지')'과 다르다고 하였다(송재목 2011: 192, 각주 8). 그러나 기존의 논의에서 '발견'은 "학교에 갔더니 아이들이 많다."와 같이 선행절 행위 이전에 존재했던 상황뿐 아니라 "학교에 갔더니 새로운 지식들을 많이 배우게 되었다."와 같이 선행절 행위 이후에 발생한 상황에 대해서도 쓰인다. '반응'에 해당하는 예는 대개 후행절에 인용문이 오는 경우이고 '반응' 자체가 후행절 주어의 행동(특히 발화)을 전제하는 메타언어여서 이는 문맥적 의미에 해당하지 않는가 한다.

석된다. 화자가 집에 가서 동생이 운 것이 아니라 화자가 집에 간 것이 동생이 울고 있는 것을 인식한 이유임을 의미한다. 이러한 차이는 후행절에 완결과 관련한 함축을 나타내는 '-었-'이 사용되었느냐, 미완결 표현인 '-고 있-'이 사용되었느냐에 따른다. 한편 (19)는 중의성을 가진다. 선행절 사태가 후행절 사태의 내용 영역에서의 이유일 수도 있지만 인식 영역에서의 이유, 즉 선물을 사 드리는 것이 계기가 되어 어머니가 기뻐하시는 것을 인식했다고 해석될 수도 있다. 이러한 현상이 내용 영역에서 인식 영역으로의 확장을 가능케 했다고 짐작할 수 있다.

요컨대 기존의 논의에서 '발견, 지각, 인지' 등으로 기술되어 온 '-으니(까)' 등의 용법은 이들의 '이유' 의미가 인식 영역으로 확장된 결과로 이해할 수 있다.[32] 이를 '인식 영역의 이유'라는 메타언어로 기술함으로써 일반적인 내용 영역의 이유와 소위 '발견' 용법이 가지는 관련성을 체계적으로 포착할 수 있게 된다.

4. 결론

본고는 한국어 연결어미의 의미 기술에 사용하는 메타언어 선정의 원칙을 제안하고 '양보, 설명, 발견' 등의 의미 속성과 관련하여 메타언어를 선정하는 문제를 다루었다. 본고에서는 '종속적 연결어미의 메타언어는 선행절의 의미 기능을 중심으로 선정할 것, 임의적 선정을 지양하고 체계를 고려하여 선정할 것, 역방향 점검법으로 점검할 것'이라는 메타언어 선정의 원칙을 제안하였다.

이를 바탕으로 메타언어 선정에서 문제가 되어 온 몇 가지 문제를 검토하였다. 첫째, '-어도' 등이 표현하는 '양보'는 조건의 일종으로서 후행절 사태 실현에 관여하지 않는 조건을 나타내는 '비관여적 조건'으로

32) 기존의 논의에서 소위 '발견'의 의미로 기술된 예문들의 선행절에는 '가다, 오다' 등 이동 동사나 '생각하다' 등의 사유 동사, '물어보다' 등의 발화동사 등이 자주 쓰이는데 이들은 인식의 계기, 혹은 방법과 관련이 있다.

파악하여야 한다고 주장하였다. 둘째, '-은데' 등에 대해서 부여되었던 '상황, 설명'보다는 '배경'이 나은 메타언어임을 주장하였다. 셋째, '-으니(까)'의 일부 용법은 '발견, 지각' 등의 용어로 기술되었으나 이는 '이유' 중 '인식 영역에서의 이유'로써 체계적으로 기술할 수 있다고 주장하였다.

학술적 혹은 응용적 관점에서 연결어미에 대한 관심이 높아짐에 따라 연결어미 의미의 세부적인 국면들이 주목을 받고 있는 것은 매우 고무적인 일이나 그만큼 임의적으로 메타언어를 선정할 위험이 높아진 측면도 있다. 본고의 논의가 미흡하나마 체계적인 메타언어 선정 문제에 대한 관심을 불러일으키는 데 기여하였으면 한다.

본고에서 제안한 메타언어 선정의 원칙은 아직은 시안 단계이며 많은 질정을 통해 다듬어져야 한다고 생각한다. 또한 이 연구의 계획 단계에서는 연결어미 의미의 대 분류 체계를 설정하는 문제를 포함하여 '이유' 연결어미의 하위 부류 문제와 상·양태 관련 연결어미의 의미를 기술하는 메타언어 문제, 나아가 한국어 사전에서 연결어미의 뜻풀이 모형을 제시하는 것까지를 연구의 목표로 삼았으나 분량이 넘쳐 논문에 포함하지 못하였다.[33] 이러한 연구는 사전 편찬 및 외국어로서의 한국어 교육 등 응용적 관점에서도 의의가 있다고 생각한다. 앞으로의

33) 연결어미 의미 기술의 문제는 한국어 사전에서의 연결어미 뜻풀이에서도 드러나 있다. 다음은 '조건' 연결어미에 대한『표준국어대사전』의 뜻풀이의 일부이다.
(가) '-으면': 불확실하거나 아직 이루어지지 않은 사실을 가정하여 말할 때 쓰는 연결어미
(나) '-어야': 앞 절의 일이 뒤 절 일의 조건임을 나타내는 연결어미
(다) '-거든': '어떤 일이 사실이면', '어떤 일이 사실로 실현되면'의 뜻을 나타내는 연결어미
(가)~(다)에서 보인 '-으면, -어야, -거든'은 모두 '조건'의 의미를 표현하는 연결어미이나 위 기술에서 이들 연결어미의 공통점과 차이점이 정확하고 일관되게 기술하였다고 보기 어렵다. (가)에서 '-으면'의 뜻풀이는 일상 언어로 이루어져 있으나 (나)의 '-어야'의 뜻풀이에는 '조건'이라는 문법 용어를 사용하였다. (다)에서 '-거든'의 '조건'의 의미는 '어떤 일이 사실이면', '어떤 일이 사실로 실현되면'과 같이 다시 쓰기(paraphrase) 방식으로 풀이되어 있다. 사전 집필에서 문법 형식 뜻풀이의 기본적인 원칙을 마련하는 일이 시급해 보인다.

과제로 삼는다.

참고논저

국립국어원(2005), 『외국인을 위한 한국어 문법』, 커뮤니케이션북스.

김영희(1987), 국어의 접속문, 『국어생활』 11, 국어연구소, 56-66.

김영희(2005), 『한국어 통사 현상의 의의』, 역락.

김진수(1987), 『국어 접속조사와 어미 연구』, 탑출판사.

남기심 · 루코프(1983), 논리적 형식으로서의 '-니까'와 '-어서' 구문, 고영근 · 남기심 편(1983), 『국어의 동사 · 의미론』, 탑출판사, 2-27.

박승윤(2007), 양보와 조건, 『담화와 인지』 14: 1, 담화와 인지학회, 63-83.

박재연(2009), 연결어미와 양태: 이유, 조건, 양보의 연결어미를 중심으로, 『한국어 의미학』 30, 한국어의미학회, 119-141.

박철우(2003), 『한국어 정보구조에서의 화제와 초점』, 역락.

서정섭(1991), 국어 양보문 연구, 전북대학교 대학원 박사학위논문.

서정수(1994), 『국어문법』, 뿌리깊은나무.

송재목(2011), '-으니'와 '-더니', '-었더니'의 의미기능: 접속관계를 중심으로, 『한국어 의미학』 34, 한국어 의미학회, 185-212.

송재영 · 한승규(2008), 연결어미 '-더니' 연구, 『국어학』 53, 국어학회, 177-198.

신지연(2004), 대립과 양보 접속어미의 범주화, 『어문학』 84, 한국어문학회, 75-98.

유현경(1986), 국어 접속문의 통사적 특질에 대하여, 『한글』 191, 한글학회, 77-104.

유혜령(1998), 접속어미 '-지만, -으나, -어도'에 대한 연구, 『국어문법의 탐구 Ⅳ』, 태학사, 339-373.

윤평현(1989), 『국어의 접속어미 연구: 의미론적 기능을 중심으로』, 한신문화사.

윤평현(2005), 『현대국어 접속어미 연구』, 박이정.

이은경(1990), 국어의 접속어미 연구, 『국어연구』 97, 국어연구회.

이은경(2000), 『국어의 연결어미 연구』, 태학사.

이익섭(2003), 『국어 부사절의 성립』, 태학사.

이현희(1994), 『중세국어 구문연구』, 신구문화사.

이환묵(1999), 『영어전통문법론』, 아르케.

이희자 · 이종희(1999), 『사전식 텍스트 분석적 국어 어미의 연구』, 한국문화사.
임동훈(2009), 한국어 병렬문의 문법적 위상, 『국어학』 56, 국어학회, 87-130.
임은하(2002), 현대국어의 인과관계 접속어미 연구, 서울여자대학교 대학원 박사학위논문.
임채훈(2008), '감각적 증거' 양태성과 한국어 어미 교육: '-네, -더라, -더니, -길래' 등을 중심으로, 『이중언어학』 37, 이중언어학회, 199-234.
임홍빈(1995), 규범성과 충실성의 문제: '종합국어대사전' 편찬에 바란다, 『새국어생활』 5: 1. [임홍빈(1998)에 실림, 441-453.]
임홍빈(1998), 『국어 문법의 심층 Ⅲ: 어휘범주의 통사와 의미』, 태학사.
장광군(1999), 『한국어 연결어미의 표현론』, 월인.
장경희(1995), 국어 접속어미의 의미 구조, 『한글』 227, 한글학회, 151-174.
정희자(2002), 『담화와 추론』, 한국문화사.
주시경(1910), 『국어문법』, 박문서관. [고영근 · 이현희 역주(1986), 『주시경 국어문법』, 탑출판사.]
최상진 · 임채훈(2008), 인과관계 형성의 인지과정과 연결어미의 상관성: '-어서,' '-니까', '-면' 등을 중심으로, 『국어학』 52, 국어학회, 127-152.
최상진 · 임채훈(2009), 부연의 연결어미 '-지'의 의미와 용법, 『한국어학』 42, 한국어학회, 291-316.
최재희(1990), 『국어의 접속문 구성 연구』, 탑출판사.
최현배(1937/1955), 『우리말본』, 정음문화사.
한동완(1996), 『국어의 시제 연구』, 국어학총서 24, 태학사.
홍종화(1999), 양보구문의 해석, 『불어불문학연구』 38, 한국불어불문학회, 561-576.
Brown, K. *et al. eds.* (2006), *Encyclopedia of Language and Linguistics*, Elsevier.
Chafe, W. (1976), Givenness, Contrastiveness, Definiteness, Subject and Topic and Point of View, in Li, C. N. *ed.* (1976), 25-55.
Comrie, B. (1986), Conditionals: A Typology, in Traugott *et al. eds.* (1986), 77-99.
Copi, I. M. (1972), *Introduction to Logic,* The Macmillan. [민찬홍 역(1988), 『논리학 입문』, 이론과 실천.]
Cui C. (2011), 조건 연결어미의 의미에 대한 연구: '-으면, -거든, -아야'를 중심으로, 아주대학교 대학원 석사학위논문.
Haiman, J. & S. A. Thomson *eds.* (1988), *Clause Combining in Grammar*

and Discourse, John Benjamins.

Harris, M. (1988), Concessive Clauses in English and Romance, in Haiman, J. & S. A. Thomson *eds.* (1988), 71-99.

Hopper, P. *ed.* (1982), *Tense and Aspect: Between Semantics and Pragmatics,* John Benjamins Publishing Company.

Kaufmann, S. (2006), Conditionals, in Brown *et al. eds.* (2006), 6-9.

König, E. (1986), Conditionals, Concessive Conditionals and Concessives: Area of Contrast, Overlap and Neutralization, in Traugott, E. *et al. eds.* (1986), 229-246.

König, E. (2006), Concessive Clauses, in Brown, K. *et al. eds.* (2006), 820-824.

König, E. & J. van der Auwera (1988), Clause Integration in German and Dutch Conditionals, Concessive Conditionals, and Concessives, in Haiman, J. & S. A. Thomson *eds.* (1988), 101-133.

Lambrecht, K. (1994), *Informational Structure and Sentence Form: Topic, Focus, and the Mental Representations of Discourse Referents,* Cambridge University Press.

Li, C. N. *ed.* (1976), *Subject and Topic,* Academic Press.

Saeed, J. I. (1997/2009), *Semantics, 3rd edition*, Wiley-Blackwell.

Sweet, H. (1894), *New English Grammar: Logical and Historical Part 1,* Oxford.

Sweetser, E. (1990), *From Etymology to Pragmatics,* Cambridge University Press.

Traugott, E. *et al. eds.* (1986), *On Conditionals,* Cambridge University Press.

Wallace, S. (1982), Figure and Ground: the Interrelationships of Linguistic Categories, in Hopper *ed.* (1982), 201-223.

한국어 연결어미 의미 확장에서의 환유와 은유

1. 서론

이 논문은 한국어 연결어미에서 발견되는 의미 확장을 환유적 과정(metonymic process)과 은유적 과정(metaphoric process)으로 나누어 살펴보는 것을 목적으로 한다.

연결어미는 종결어미, 전성어미, 선어말어미 등 다른 어미에 비해서 다의성(polysemy)이 풍부하게 나타난다. 종결어미 중에는 '-습니다, -니, -으마'와 같이 하나의 의미 항목(sense)만을 가지는 것이 많지만 연결어미 중에는 하나의 의미 항목만을 가지는 경우가 오히려 드물다. 가령 '-고'는 '나열, 선행, 방식, 원인' 등의 의미를 가지고 '-어서'는 '선행, 원인, 방식' 등의 의미를 가진다. 연결어미는 다른 어미에 비해 문맥의 영향을 많이 받아서 선행절과 후행절의 내용에 따라 다양한 화용론적 해석이 가능하고, 그로 인해 새로운 의미가 발생할 가능성이 크기 때문일 것이다.

공시적으로 발견되는 언어 형식의 다의성은 통시적 의미 확장의 결과이다. 본고에서는 연결어미의 다의성에서 두 종류의 의미 확장 과정이 관찰된다는 점을 주목한다.

(1) 가. 어제는 학교에 가서 수업을 들었다.

　　나. 출근길에 갑자기 비가 와서 우산을 샀어요.

(1가)의 '-어서'는 '선행' 혹은 '계기(繼起)'의 의미로 기술된다. 이는

선행절 사태가 발생한 이후 후행절 사태가 발생했다는 시간적 관계를 의미한다. (1나)의 예에서도 선행절 사태는 후행절 사태에 선행하지만 이때의 '-어서'는 시간적 선행 외에도 선행절 사태가 후행절 사태의 '원인'임을 더 표시한다. 문맥에서 긴밀하게 연관된 선행 사태는 후행 사태의 원인이라는 함축을 발생시키기 쉬우므로 '선행'의 의미를 기반으로 하여 '원인'의 의미가 확장된 것으로 이해할 수 있다(정수진 2012).[1] 문맥에서 빈번하게 발생하는 함축이 새로운 의미 항목으로 정착하는 현상은 문법화 논의에서 흔히 '함축의 관습화(conventionalization of implicature)' 현상으로 다루어졌다.[2]

그러나 다음의 '-지만'의 다의성은 (1)의 '-어서'의 다의성과는 성격이 다르다.

(2) 가. 영희는 공부는 잘하지만 성격은 그다지 좋지 않다.
　　나. 다 아는 사실이지만 그 사람은 구두쇠야. (이은경 1990: 46)

(2가)는 '-지만'이 '대립' 혹은 '양보'의 의미로 해석되는 예로서 선행절과 후행절이 내용적으로 대립되는 두 사태를 표현한다. 그런데 (2나)의 '-지만'을 '대립'이나 '양보'를 기반으로 이해하기는 쉽지 않다. 선행절과 후행절이 표현하는 사태가 내용적으로는 대립되지 않기 때문이다. 이은경(1990: 46)에서는 (2나)의 '-지만'이 "후행절에 대한 시간적 배경이나 상황적 배경을 설명하거나 제시"하는 '설명'의 의미를 가진다고 보았고 이희자 · 이종희(1999: 388)에서는 "전제적 사실을 나타냄"

1) 시간적 선후 관계를 나타내는 형식이 논리적 인과 관계를 나타내는 형식으로 발전하는 것은 여러 언어에서 일관되게 발견되는 현상이다. 이는 유명한 논리적 오류인 "post hoc ergo propter hoc (after this, therefore because of this) (Hopper & Traugott 1993/2003: 82)"와 관련이 있다.

2) Heine *et al.* (1991가, 나)의 '문맥 유도적 재해석(context-induced reinterpretation)', Hopper & Traugott 1993/2003: 82)의 '대화 추론의 의미화(semanticization of conversational inference)' 등은 모두 함축의 관습화와 기본적으로 같은 개념이다.

이라고 풀이하였다. 김영희(2005: 45, 각주 4)에서는 이러한 예의 '-지만'이 '제시'의 의미를 가지고 있다고 하였다.

그러나 '설명, 전제, 제시'가 (2가)의 '대립'의 의미와 어떻게 관련되는지는 분명하지 않다. '설명, 전제, 제시'가 선후행절의 관계나 선행절이 후행절에 대해 가지는 역할을 분명히 나타내지 않는 모호한 메타언어이기도 하거니와, (2나)의 '-지만'의 용법은 (1)의 '-어서'의 경우와 같은 문맥적 함축의 관습화로는 설명되지 않기 때문이다. 그러나 (2가, 나)의 '-지만'은 결코 동음이의어가 아니며 한국어 화자라면 두 용법이 밀접하게 관련되어 있다는 직관을 가진다.

본고는 (1)의 '-어서'의 의미 확장은 환유에 의한 것이고 (2)의 '-지만'의 의미 확장은 은유에 의한 것이라고 본다. 어휘 항목의 의미 확장에서 환유와 은유가 주요한 두 가지 인지적 원리라는 점은 일찍부터 널리 받아들여졌는데(Ullmann 1962: 8장, Kövecses 2002/2010: 251, Geeraerts 2010: 203),[3] 연결어미와 같은 문법 형식의 의미 확장에서도 이러한 두 종류의 의미 확장이 발견된다는 것이 본고의 주장이다.

연결어미의 의미 확장에 대한 기존의 연구에서는 개별 연결어미 혹은 일정한 의미 범주의 연결어미에 대한 산발적인 논의가 이루어졌고 의미 확장의 유형을 거시적으로 대조한 논의는 아직 없었다. 본고는 '선행, 목적, 대립, 조건, 원인'의 연결어미들의 의미 확장을 검토하면서 환유적 과정과 은유적 과정이 개별 연결어미에서 우발적으로 일어나는 현상이 아니라 연결어미 전반에서 광범위하게 작용하는 근본적인

---

3) 형태통사적 변화와 음운 변화에서의 주요한 두 기제가 재분석(reanalysis)과 유추(analogy)라면, 의미 변화의 주요한 두 기제는 환유와 은유이다(Traugott & Dasher 2002: 27). '목'이 '목을 가다듬고 노래를 했다.'에서 '목소리'를 의미하는 것은 '목소리'가 '목'에서 나온다는 인접성에 기댄 환유적 확장이고 '그 빵집은 워낙 목이 좋아'에서 '목'이 '자리'나 '길목'을 나타내는 것은 '두 곳을 연결하는 좁은 곳'이라는 유사성이 기댄 은유적 확장이다(임지룡 2009: 199, 박재연 2013: 259 참조). 최지훈(1999)에서는 합성 명사의 형성 과정에서 은유와 환유가 작용한다는 사실을 논의하였다. 최전승(2006)에서는 전라 방언의 '도르다/두르다'가 '에워싸다'의 의미에서 '속이다'의 의미로, 나아가 '훔치다'의 의미로 발전하는 의미 확장 과정을 은유 및 환유의 관점에서 고찰하였다.

의미 확장의 원리임을 보이고자 한다. 이 과정에서 기존의 논의에서 연결어미의 의미를 기술할 적절한 메타언어를 찾기 어려웠던 용법이나 관용적 표현으로 처리했던 예외적인 용법이 사실은 연결어미의 은유적 확장의 결과임을 밝히고자 한다.

2. 연결어미 의미 확장의 두 유형

Lakoff & Johnson (1980)의 연구를 계기로 은유가 일상언어의 개념화에서 중요한 역할을 한다는 점이 일반적으로 받아들여졌다. 개념적 은유 이론의 기본 취지는 은유가 수사적 기교나 문체적 속성에 불과한 것이 아니라 인간의 사고 자체가 본질적으로 은유적이라는 것이다. 은유 연구의 초기 단계에서는 환유는 은유의 부수적 과정으로 논의될 뿐이었으나 이후의 연구에서는 환유 역시 은유와 대등한 중요한 개념화 과정으로 다루어졌고(Gibbs 1994, Kövecses & Radden 1999, Barcelona 2000가, Traugott & Dasher 2002), 은유보다 더 근본적인 것으로 간주되기도 한다(Barcelona 2000나). 환유는 동일한 영역의 인접한 하위 영역에서 인접성(contiguity)에 근거하여 일어나는 인지적 과정이고 은유는 독립된 두 영역에서 유사성(similarity)에 근거하여 일어나는 인지적 과정으로 구별된다.[4]

---

4) Barcelona (2000가: 3~4)에서는 환유는 하나의 경험 영역이 이와 동일한 경험 영역에 포함된 다른 경험 영역의 관점에서 부분적으로 이해되는 기제이고 은유는 하나의 경험적 영역이 다른 경험 영역으로 부분적으로 사상되는 기제라고 정의한다. Kövecses (2002/2010)은 환유는 하나의 개념적 실체(매체, vehicle)가 동일한 영역 안에 있는 다른 개념적 실체(목표, target)에 정신적 접근을 제공하는 인지적 과정이고(173면), 은유는 하나의 개념 영역을 다른 개념 영역의 관점에서 이해하는 것이라고 정의한다(4면).

그런데 환유적 과정과 은유적 과정이 언제나 잘 구별되는 것은 아니다. 무엇이 동일 영역이고 무엇이 다른 영역인지를 구별하는 확실한 기준을 세우기가 어렵기 때문이다. 이와 같은 영역 기반 견해(domain-based view)의 문제점을 극복하기 위해 전통적인 '인접성' 개념을 중심으로 하는 원형 기반 견해(prototype-based view)가 제안되기도 한다(Peirsman & Geeraerts 2006, Geeraerts 2010: 217~220). 이 문제에 대해서는 좀 더 깊은 논의가 필요하지만 본고는 한국어 연결어미의 서론에서 언급한 바와 같이 어휘 항목의 의미 확장에 있어서 환유와 은유의 인지적 과정이 근본적인 층위에서 작동한다는 사실이 널리 받아들여졌다. 나아가 문법화와 관련하여 문법 형식의 의미 확장에도 환유와 은유가 개입한다는 논의가 있어 왔다(Sweetser 1990, Heine *et al.* 1991가: 2장~3장, 1991나: 2장, Traugott & König 1991: 4장, Hopper & Traugott 1993/2003: 85~93 등). 조은영 · 이한민(2011: 407)에서는 한국어의 반말체 종결어미 '-게'가 '목적'의 의미에서 '미래 행위'로 전이되는 현상을 환유에 의한 의미 변화라고 기술하였다. 박재연(2013)에서는 '-을게, -겠-, -자, -세, -을까, -으랴' 등 의도 관련 어미들의 의미 확장에서 나타나는 행위주 변동 현상을 기술하면서 이 현상에 작용하는 근본 원리가 환유라고 하였다.[5] 한편 임은하(2003)에서는 연결어미 '-으니까'의 의미 확장을 은유의 관점에서 다루었다.

1장에서 연결어미 '-어서'가 '원인'의 의미를 가지는 것은 '선행'의 의미를 기본으로 하여 확장된 결과라고 한 바 있다.

(3) 가. 학교에 가서 도서관에 자리를 잡았다.
　나. 아침에 일찍 학교에 가서 도서관에 자리를 잡았다.
　다. 너무 늦게 학교에 가서 도서관에 자리를 잡지 못했다.

(3가)는 '-어서'가 '선행'의 의미를 가지는 것으로 해석된다. 그런데 (3나)는 단순히 선행절 사태가 후행절 사태에 앞서는 의미로 해석될 수도 있지만 '아침에 일찍 학교에 갔기 때문에 도서관에 자리를 잡았다'는 해석을 가질 수도 있다. 이는 '학교에 늦게 가면 도서관에 자리가

의미 확장이 구별되는 두 절차를 거친다는 점을 우선 주목하고자 한다. 환유와 은유에 대한 인지언어학적 관점의 요약은 Barcelona (2000가), Evans & Green (2006: 9장), Evans (2009: 14장), Geeraerts (2010: 5장) 참조.

5) 환유 개념을 언급한 것은 아니지만 정수진(2011, 2012)에서는 의미 연결망 이론에 입각하여 연결어미 '-고'와 '-어서'가 함축의 관습화 과정을 통하여 의미가 확장되는 과정을 다루었다.

없을 수도 있다'라는, 화자와 청자가 가진 백과사전적 지식과도 관련된다. 화자는 '선행'의 해석만을 의도했는데도 청자가 '원인'의 의미를 추론할 수도 있다. 이러한 '원인' 의미가 문맥에서 빈번히 추론되면 (3다)와 같이 '선행'이 아닌 '원인'에 초점이 있는 상황에서도 '-어서'를 사용하게 된다. 즉 이러한 의미 확장은 선후행절 사태들의 관계에서 추론되는 함축적 의미가 관습화하여 개별 의미로 확립되는 것이다.[6)]

'-어서'가 가지는 '선행'의 시간적 관계는 '원인'의 용법에서도 대체로 유지된다. (3다)에서도 '너무 일찍 학교에 간' 사태는 '도서관에 자리를 잡지 못한' 사태보다 앞선다. 즉 문맥에서 추론된 '원인'의 의미 성분이 기존의 '선행'의 의미 성분에 덧붙으면서 '의미 성분 추가' 현상이 일어난 것이다.[7)] 이러한 의미 확장은 백과사전적 지식에 입각한 함축으로 의미 해석이 풍부해지는 현상, 즉 Traugott & König (1991: 207)의 용어를 빌리면 정보성 강화(strengthening of informativeness)에 바탕을 둔다.[8)] 이 논의에서는 정보성 강화에 의해 생겨난 의미 확장은 인

---

6) Heine *et al.* (1991가: 71~72)에서 제시한 '문맥 유도적 재해석'의 단계를 요약하여 제시하면 다음과 같다.

(가) 1단계: 어떤 언어 형식이 핵심 의미 A 외에 특정한 문맥에서 새로운 부가적 의미 B를 획득한다. 이는 의미론적 중의성을 발생시킨다. 화자가 A를 의도했는데도 청자는 B로 해석할 수도 있다.

(나) 2단계: 새로운 의미 B 덕분에 해당 언어 형식이 의미 B에는 부합되나 의미 A에는 부합되지 않는 새로운 문맥에 쓰이게 된다.

(다) 3단계: B가 관습화된다. 해당 언어 형식은 다의어가 되고 나아가 동음어가 될 수도 있다.

7) '의미 성분 추가' 현상은 관습화 과정의 초기에 함축적 의미가 기존의 의미 성분에 덧붙는 현상을 가리킨다. 이는 기본적으로 문법 형식의 의미가 성분 분석(componential analysis)될 수 있다는 박재연(2007)의 주장을 바탕으로 한다. (3나, 다)의 '-어서'는 성분 분석적으로는 [선행]과 [원인]의 의미 성분을 모두 가진다고 할 수 있다. 위의 각주 6에서 인용한 Heine *et al.* (1991가)의 1단계를 참조할 것.

8) 문법화는 어휘적인 요소가 문법적인 요소로, 덜 문법적인 요소가 더 문법적인 요소로 발전하는 과정이므로 거시적인 관점에서 볼 때 문법화하는 요소는 의미의 추상화(abstraction)나 탈색(bleaching)을 겪는다고 할 수 있다. 그러나 미시적인 관점에서 보면 문법화 과정에서 새로운 의미 성분이 추가되는 일도 빈번히 발생한다. Traugott & König (1991), Heine *et al.* (1991나) 등은 문법화에서의 의미 변화를 탈색으로만 볼 수 없음을 강조하였다.

접 개념으로의 전이라는 점에서 문법화의 일반적인 원리 중 환유에 의한 것이라고 본다(201면).[9]

즉 '선행'에서 '원인'으로의 의미 확장은 인접한 의미 영역으로 확장되는 환유적 확장으로 간주할 수 있다. 환유의 개념이 사용된 것은 아니었지만 이러한 종류의 의미 확장은 한국어 연결어미의 의미 확장에서 보다 일반적으로 다루어져 왔다. 그러나 연결어미의 의미 확장에는 이와는 전혀 다른 성격의 의미 확장이 존재한다.

Sweetser (1990)에서는 의미 변화에 있어서 물리적 영역에서 추상적, 정신적 영역으로 전이되는 은유적 과정에 주목하였다. '같다(like)'와 같이 물리적 닮음을 나타내는 단어가 인식론적인 '개연성(probability)'과 관련되는 현상, '듣다'와 같은 지각 동사가 '복종하다'의 의미를 나타내는 보편적인 현상에는 기본적으로 은유가 작용한다고 보았다. 아울러 영어 접속사 'because, so, though' 등의 의미 확장에서도 은유적 과정이 개입한다고 보았다. 즉 영어 접속사의 의미는 '내용 영역(content domain), 인식 영역(epistemic domain), 화행 영역(speech act domain)'에서 은유적으로 확장되는 양상을 보여 준다. '조건'의 'if'의 의미 확장에 대한 고전적인 예들은 다음과 같다.

(4) 가. If Mary goes, John will go.
나. If she's divorced, (then) she's been married.
다. If I may say so, that's a crazy idea. (이상 Sweetser 1990: 114~118)

(4가)는 선행절 사태의 실현이 후행절 사태의 실현에 대한 충분조건

9) Brinton (1988: 102)에서는 영어의 'have'가 완료의 조동사로 쓰이는 의미 변화가 탈색이라기보다는 환유에 의한 것이라고 하였다. Traugott & König (1991: 3장)에서는 함축의 관습화에 의해 의미 확장을 보인 예로 'since (시간→원인), while (동시→양보), rather (시간→선호)'의 예를 다루었으며 이는 인접성에 근거한 환유적 확장의 성격을 가진다고 보았다.

이 됨을 의미하는 'if'의 일반적인 용법이다. Sweetser (1990)에서는 이러한 'if'의 용법을 '내용 영역에서의 조건'이라고 기술한다. 그런데 (4나, 다)에서는 선행절 사태와 후행절 사태 사이에 조건 관계가 성립하지 않는다. (4나)는 '그녀가 이혼한 것을 알게 된 것'이 '그녀가 결혼했었다'고 결론 내리게 되는 충분조건임을 의미한다. 이는 '인식 영역에서의 조건'이다. 또한 (4다)는 상대방에게 다음 발화에 대한 허락을 구하는 표현인데 선행절 내용이 후행절 화행을 가능케 하는 조건이라는 뜻이다. 이는 '화행 영역에서의 조건'으로 기술할 수 있다. 이러한 의미 확장은 '명제 내용, 명제 내용에 대한 인식, 명제 내용의 발화'와 같은 서로 다른 영역에서 존재하는 '조건' 의미의 유사성에 기반한 것으로서, 영역을 넘나드는 사상(cross-domain mapping)을 포함한다는 점에서 기본적으로 은유적이다.

이원표(1999), 임은하(2003)에서는 이러한 Sweetser (1990)의 논의를 적용하여 '-으니까'가 '인식 영역, 화행 영역'에서의 의미 확장을 보인다는 사실을 지적하였다. 또한 Cui (2011: 28), 박재연(2011: 190)에서는 '조건'의 '-으면'이 '내용 영역, 인식 영역, 화행 영역에서의 조건'을 모두 나타낼 수 있음을 지적하였다. '-으면'의 예를 보이면 다음과 같다.

(5) 가. 가을이 오면 단풍이 든다.
　나. 인사동에 가 보면 골동품이 많다.(이기갑 2004: 561, 각주 19)
　다. 요약하면 진정한 공부는 끊임없는 질문이다.

(5가)는 선행절 사태가 내용 영역에서 후행절 사태의 조건이 되는 예이다. 그런데 (5나, 다)의 '-으면'은 일반적인 조건의 의미를 준수하지 않는다. 즉 '내가 인사동에 가는' 사태의 진리치는 '골동품이 많은' 사태의 진리치와는 무관하다. 선행절 사태는 후행절 사태를 '인식하는' 조건일 뿐이다. (5다)에서 선행절 사태는 후행절 발화에 대한 조건이다. '(화자가) (진술 내용을) 요약하는' 사태와 후행절 사태 사이에는

조건 관계가 성립하지 않는다. 다만 '요약하는 것'은 후행절 발화에 대한 조건이다.[10)]

이러한 의미 확장은 위에서 본 '-어서'의 의미 확장 방식과는 근본적인 차이가 있다. '-어서'의 의미 확장에서는 '원인' 용법에서도 '선행'의 의미 성분이 유지되면서 원래 함축이었던 '원인'의 의미 성분이 추가되는 '의미 성분 추가 현상'이 일어나는 것을 보았다. 그러나 (5나, 다)의 선행절과 후행절은 진리치가 무관한 사태이기 때문에 명제 내용 차원에서는 조건 관계가 아예 성립하지 않는다. 기존의 '조건' 의미에 다른 의미 성분이 추가된다고 볼 수 없다.[11)]

또한 '선행'에서 '원인'으로의 의미 확장은 인접하되 엄연히 구별되는 의미 속성으로 전이되는 의미 확장이다. 그런데 '조건'이라는 의미 속성은 (5나, 다)에서도 그것이 구현되는 영역만 다를 뿐 그대로 유지된다. (5)의 '-으면'의 의미 확장은 위에서 본 '-어서'의 의미 확장과는 근본적으로 성격이 다르다는 것을 알 수 있다.

'선행'의 의미에서 '원인'의 의미가 발달하는 과정은 '목'에 '목에서 나는 소리'의 의미 성분이 추가되면서 '목소리'라는 인접 개념을 뜻할 수 있게 되는 환유적 의미 확장과 근본적으로 유사하다.[12)] 반면 '내용 영역에서의 조건'에서 '인식 영역에서의 조건, 화행 영역에서의 조건'의 의미가 발달하는 과정은 '목'이 '동물의 신체'와 '길'이라는 서로 다른 영역에서 '좁은 연결 부위'라는 유사성에 입각하여 은유적 확장이 일어나는 것과 궁극적으로는 동일한 인지적 원리에 기반한다. 환유적 의미

10) '-으면'의 의미 확장이 'if'의 의미 확장에 완전히 대응되는 것은 아니다. 이에 대해서는 4.2.에서 논의한다.

11) (5나)와 같은 예는 기존의 논의에서 '-으면'이 '조건'이 아닌 시간적 혹은 공간적 배경을 나타내는 예로 간주되었다(이기갑 2004: 561, 윤평현 2005: 125). 이희자 · 이종희(1999: 317)에서는 (5다)와 같은 예를 '뒷내용을 설명함을 나타냄'이라고 풀이하였다. 모두 (5나, 다)를 '조건' 의미와 무관한 별도의 의미로 파악하고 있음을 볼 수 있다.

12) 본고의 3.2.에서 살펴볼 '목적' 연결어미의 의미 확장은 의미 성분 추가에 의한 의미 확장이 아니라 의미 성분 삭제에 의한 의미 확장이다. 모두 인접 개념으로의 전이라는 점에서 환유적 성격을 가진다.

확장은 연속적인 의미 확장, '번져 나가는' 의미 확장이고 은유적 의미 확장은 불연속적인 의미 확장, '건너뛰는' 의미 확장이다. '목'은 '동물의 신체'에서도, '길'에서도 '좁은 연결 부위'라는 공통적인 지시대상을 가지는데 이는 '-으면'의 의미 확장에서 '조건'의 의미가 유지되는 것과 동일하다.

본고에서는 환유적 의미 확장의 예로서 '-고서, -자, -어서, -다가' 등 '선행' 연결어미와 '-느라고, -답시고' 등 '목적' 연결어미의 의미 확장을 살펴본다. 은유적 의미 확장의 예로서 '대립'의 '-지만', '조건'의 '-으면', '원인'의 '-으니까, -어서'의 의미 확장을 살펴본다. 이어지는 3장과 4장에서 두 종류의 의미 확장을 차례로 검토하겠다.

3. 연결어미의 환유적 의미 확장

3.1. 선행 연결어미의 의미 확장

이 절에서는 '-고서, -자, -어서, -다가'의 의미 확장 과정을 살펴본다. 이들은 모두 '선행'의 의미를 가지는 연결어미로서 '원인'의 의미로 확장되는 모습을 보여 준다. 이때 '원인'의 해석이 함축에 머무는 경우와 독립적인 의미 항목으로 확립되는 경우를 모두 관찰할 수 있다.

먼저 '-고서'와 '-자'의 예를 보자. '선행'의 의미를 표현하는 '-고서, -자' 등은 모두 '원인'으로도 해석될 수 있다.

(6) 가. 버스가 오고서 사람들은 조용해지기 시작했다.
나. 학원을 그만두고서 성적이 올랐다.
(7) 가. 버스가 도착하자 사람들이 내렸다.
나. 한약을 먹자 병이 나았다.

(6가, 7가)는 '선행'의 의미로 해석되지만 (6나, 7나)는 '원인'으로도 이해될 수 있다.[13] 선후행절 사태의 인과 관계가 추론되는 경우가 많

기 때문이다. 그러나 연결어미에서 생산되는 모든 함축적 의미가 확장된 의미라고는 볼 수 없다. (6나)와 (7나)의 '원인'의 해석은 함축일 가능성이 높다. 문맥에서 취소될 수 있기 때문이다.

(8) 가. 학원을 그만두고서 성적이 올랐다. 친구들을 만나지 않았기 때문이다.
나. 한약을 먹자 병이 나았다. 독한 양약을 끊었기 때문이었다.

(8가, 나)에서 첫 문장에서 '-고서, -자'는 '원인'으로 해석될 수도 있으나 이 의미는 후행하는 문장에 의해 취소될 수 있다. (8가, 나)에서 '-고서, -자'는 단순한 '선행' 의미로 해석되는 것이 자연스럽다. 따라서 '-고서, -자'의 경우에는 '원인' 의미가 독립적이라고 하기 어렵다.[14] 함축의 관습화에 의한 의미 확장은 연속적인 환유적 과정이므로 함축에서 독립적인 의미 항목으로 전이되는 중간 단계가 존재하는 것을 볼 수 있다.

그러나 '-어서'의 경우에는 '원인' 해석이 관습화되었다고 판단된다.[15]

(9) 가. 친구를 만나서 영화를 보았다.
나. 우연히 길에서 친구를 만나서 가까운 카페에 들어갔다.
(10) 가. 시골이 공기가 좋아서 매일 아침 기분이 상쾌해.
나. 내일 손님이 오셔서 지금 음식 준비하고 있어요.

(9가)의 '-어서'는 '선행', (9나)의 '-어서'는 '원인'으로 해석된다. 그런데 위에서 본 '-고서, -자'의 경우와는 달리 '-어서'의 '원인' 의미는 확장

---

13) 이은경(1990: 76)에서는 '-고서, -자'를 '계기'에서 '원인'으로 나아간 예로 들었다.

14) 『표준국어대사전』에서는 '-고서'와 '-자'의 '선행' 의미만 기술하고 있다. '원인' 해석은 함축으로 간주한 결과라고 생각된다.

15) '-어서'는 '선행, 원인' 외에도 '방식'의 의미를 가지기도 하고 세부 용법은 좀 더 복잡하다. 그러나 정수진(2012)에서 논의된 바와 같이 크게는 '선행'과 '원인'의 범주에서 다루어질 수 있다.

된 의미 항목으로 이해될 수 있다. 그 근거로 첫째, (10가)의 '-어서'가 가지는 '원인'의 의미는 문맥에서 취소되지 않는다. 가령 "시골이 공기가 좋아서 매일 아침 기분이 상쾌해. 스트레스 안 받으니까."와 같이 다른 원인 표현이 나오더라도 '-어서'의 '원인' 의미가 취소되지는 않는다. 둘째, 시간 관계 연결어미는 동작의 시간적 결합을 나타내기 때문에 선후행절에 모두 동사가 오는 것이 원칙인데(윤평현 2005: 209),[16] '-어서'는 (10가)와 같이 선행절과 후행절에 형용사가 올 수 있다. 셋째, '-어서'는 (10나)에서와 같이 사태의 시간적 선후 관계가 바뀐 경우에도 사용될 수 있다(최상진 · 임채훈 2008: 147, 황화상 2008: 69~70, 각주 10)[17]. 이는 (10나)의 '-어서'에서 '선행'의 의미 성분의 삭제가 일어난 것이라고 볼 수 있는데 의미 변화의 초기에 기존 의미에 새로운 의미 성분이 추가되지만 그 이후에는 본래의 의미 성분의 일부를 버릴 수 있음을 보여 준다.[18]

시간적 관계가 정보성 강화에 의해 새로운 의미를 발전시키는 다른 예로 '-다가'의 예를 들 수 있다.

(11) 가. 영화를 보다가 나왔다.

나. 도서관에 가다가 영희를 만났어요.

다. 수업을 듣다가 하품을 했다.

'-다가'는 본래 '중단(최현배 1937/1961)', '전환(이은경 1990, 윤평현

---

16) 다만 '-자'에는 일부 형용사가 결합될 수 있다. "날이 덥자 냉방 기계가 잘 팔리고 있다."(『표준국어대사전』)의 예가 있다. 그러나 이때 '덥자'는 '더워지자'에 가까운 동사적 의미로 해석된다.

17) 이상복(1978: 62), 임은하(2003: 104)에서는 '-어서'가 원인으로 사용될 때에도 계기적으로 일어난 사태에만 쓰인다고 보고 (10나)와 같은 문장을 비문으로 보았다. 그러나 필자에게 (10나)는 가능한 문장으로 판단된다. 또한 "지금 음식 준비하고 있어요, 내일 손님이 오셔서요."와 같이 도치된 문장은 완전히 자연스럽다는 점을 중시할 수 있다.

18) 앞의 각주 6에서 인용한 Heine *et al.* (1991가)의 2단계를 참조할 것.

2005)' 등의 의미로 기술되었다.[19] 본고는 '-다가'가 표현하는 의미는 기본적으로는 '선행'의 시간 관계에 속한다고 본다. 사태의 시폭이 중첩될 수도 있으나 사태의 시작 시점만을 기준으로 보면 선행절이 후행절에 비해 조금이라도 앞서야 하기 때문이다. 즉 '선행'이 '-다가'의 핵심 의미이며 사태의 시폭이 중첩될 수 있는 것이 특징이라고 본다.[20]

그런데 다음과 같은 예의 '-다가'는 '원인'의 의미를 가지는 것으로 기술된다.

(12) 가. 이불을 덮지 않고 자다가 감기에 걸렸다.
　　나. 저녁마다 라면을 먹다가 위장을 다 버렸다.
(13) 가. 안방에서 자다가 감기에 걸렸다.
　　나. 냉방에서 자다가 감기에 걸렸다.

(12가, 나)에서 '-다가'의 의미 초점은 '선행'의 시간 관계보다는 '원인'의 논리적 관계에 있다. 그러나 여전히 '선행'의 시간 관계도 성립한다. (13가)는 단순한 '선행'으로 해석되기 쉽고 (13나)는 '원인'으로 해석되기 쉬운데 이는 추운 방에서 자면 감기에 걸리기 쉽다는 백과사전

19) (11가)는 '완전 중단'의 예로, (11나)는 '불완전 중단'의 예로 다루어졌다. 그러나 (11나)와 같은 불완전 중단은 엄밀히 말해서 '중단'이라고 보기 어렵다. 영희를 만났다고 해서 도서관에 가는 행위가 중단되지 않을 수도 있기 때문이다. 윤평현(2005: 318)에서는 '-다가'가 '계기적인 두 사태의 부분적인 중첩'을 나타낸다고 하였으나 (11가)와 같은 '완전 중단'의 경우에는 겹침이 없을 수도 있기 때문에 '중첩'이 핵심적인 의미는 아니다.

20) '-다가'가 중첩된 사태 즉 동시적 사태를 나타낼 수 있음에도 불구하고 선행절이 시간적으로 선행하는 사태라는 사실은 '동시'를 나타내는 '-으면서'와 비교해 봄으로써 알 수 있다.

(1) 가. 잠을 자면서 꿈을 꾸었다.
　　나. 꿈을 꾸면서 잠을 잤다.
(2) 가. 잠을 자다가 꿈을 꾸었다.
　　나. *꿈을 꾸다가 잠을 잤다.

'-으면서'는 동시 관계를 나타내기 때문에 (1가)와 (1나)가 초점은 다르지만 같은 사태를 가리킬 수 있다. 그러나 '-다가'가 사용되면 선행절이 반드시 시간적으로 앞서 시작되어야 하기 때문에 (2가)는 가능하지만 (2나)는 불가능하다.

적 지식에 의존한 해석일 뿐이다(이기갑 2004: 552~553, 윤평현 2005: 320 참조). '선행' 사태가 문맥이나 화 · 청자의 지식에 의해 '원인'의 함축을 갖게 되는 현상을 잘 보여 준다.

그러나 '-다가'의 '원인' 의미가 완전히 관습화되었다고 보기는 어렵다. '-다가'가 진정한 의미에서 '원인'으로 발전했다면 후행문에 형용사가 오는 것도 가능해야 할 것이지만 "제멋대로 살다가 {*가난하다, 가난해졌다}."에서와 같이 후행절에 형용사가 오는 것은 불가능하다.[21]

한편 '-다가'는 다음과 같은 예에서 '조건'의 의미를 가지는 것으로 기술된다(이기갑 2004: 560, 윤평현 2005: 322).

(14) 가. 너 그렇게 이불 안 덮고 자다가(는) 감기 걸린다.
나. 이러다가 오래 못 가지.

(14가)는 앞의 (13가)와 달리 후행절이 미래 사태를 가리키는데 '원인'보다는 '조건'의 의미로 해석된다. 물론 이러한 예에서도 '-다가'의 '선행'의 시간 관련을 여전히 유지되며 '조건'의 의미 성분이 추가된 것으로 이해된다.[22] 후행절이 미래나 가정된 사태인 경우 '선행'의 해석보다는 '조건'의 해석이 우세해진다.[23]

21) '선행'의 연결어미는 선행절과 후행절 모두 대부분 시간적 위치를 논할 수 있는 동사만을 취하는 것이 보통이다. 그런데 '-다가'는 선행절에 형용사가 오는 것도 가능하다. "순이는 처음에는 온순하다가 나중에는 사나워졌다(윤평현 2005: 305)."와 같은 예가 있다. 그러나 요시모토(2012: 220~221)에서 논의했듯이 이러한 예의 빈도는 극히 낮은 편이며 명령문에 형용사가 올 수 있는 것과 비슷한 현상이다.

22) 이때 '조건'의 의미는 '주제(topic)'를 표시하는 '는'과 관련이 있다. 즉 '-다가는' 전체의 의미가 '조건'으로 쓰이면서 '-다가'만으로도 '조건'의 의미를 표현하게 되었다고 여겨진다. 본래 주제와 조건이 개념적으로 관련되어 있기도 하거니와 '-어서는' 역시 '조건'의 의미를 가질 수 있기 때문이다. "저래서는 안 되는데, 공부만 해서는 큰 사람이 못 돼." 등의 예가 있다(이기갑 2004: 563, 각주 24). 이때의 '-어서'는 '선행'의 의미이므로 '-다가는'의 '조건' 의미 역시 '선행'의 '-다가'와 '는'이 결합된 의미일 가능성이 높다.

23) 이은경(1990: 61), 이기갑(2004: 561~567)에서 지적되었듯이 선행절 사태가 실현된 사실이고 후행절 시제가 과거로 나타나면 '원인'으로 해석되기 쉽고 선행절 사태가

'-다가'가 '선행'→'원인', '선행'→'조건'으로 의미를 확장하는 과정은 문맥과 백과사전적 지식이 '원인'이나 '조건'의 해석을 유도하는 과정을 잘 보여 준다. '-다가'의 의미 확장 역시 함축적 의미가 기존의 의미 성분에 추가되면서 보다 구체적인 인접 의미로 전이되는 환유적 의미 확장 과정으로 이해할 수 있다.

3.2. 목적 연결어미의 의미 확장

'목적'을 나타내는 연결어미로는 '-으려고, -고자, -느라고, -답시고' 등이 있다. 여기에서는 '-느라고'와 '-답시고'를 중심으로 '목적'의 의미가 '원인'의 의미로 확장되는 변화를 살펴보고자 한다. 3.1.에서 본 '-어서, -다가' 등이 '의미 성분 추가'에 의한 환유적 과정을 보여 주었다면 여기에서 논의할 '-느라고'와 '-답시고'는 '의미 성분 삭제'에 의한 환유적 과정을 보여 준다.[24)]

현대 한국어의 '-느라고'는 '원인 · 이유'로 기술되기도 하고 '의도 · 목적'으로 기술되기도 하는데, '-느라고'가 기원적으로 의도의 '-오-'를 포함하는 형식임을 고려하면[25)] '원인 · 이유'보다는 '의도 · 목적'이 본래적인 의미인 것으로 생각된다.[26)]

아직 실현된 사실이 아니고 후행절 시제가 현재 시제로 나타나면 '조건'으로 해석되기 쉽다.

24) '의미 성분 삭제'는 전통적인 문법화 논의에서의 탈색 개념을 성분 분석의 관점에서 표현한 것이다. 박재연(2013: 266, 274)에서는 "기사님, 저 내릴게요."와 같은 예의 '-을게'가 '약속'의 구체적인 의미를 삭감한 채 '청자를 고려한 의도'만을 표현하는 현상을 주목하고 이를 의미 성분 감소에 의한 환유적 과정으로 보았다.

25) '-느라고'는 '-노라 하고'의 축약에서 나온 형태로서 본래 '-오-'를 포함하는 것이다(허웅 1995: 843, 안주호 2007: 112). 이금희(2006가: 75~76)에서는 '-느라고'가 2, 3인칭 주어를 취할 수 있는 점, '의도'가 없는 문장에도 사용될 수 있는 점 등을 근거로 '-느라고'가 기원적으로 '-오-'를 가지고 있다는 주장을 반박하고 '-느라고'의 기본 의미에 '의도'가 포함되지 않는다고 본다. 그러나 이는 '-느라고'의 다의성을 인정하지 않고 하나의 의미로 해석하려고 하는 태도라고 생각된다. '-느라고'의 기원이 인용 구성인 것을 감안하면 2, 3인칭 주어를 취하는 일도 충분히 설명이 가능하며 본래의 '의도' 의미에서 다른 의미로 전이되었을 가능성은 충분하다.

26) '-으려고, -고자' 등을 '의도' 연결어미라고 하는 경우도 많이 있으나 엄밀히 말하면 연결어미 의미 기술의 메타언어로는 '목적'이 더 적합하다. '의도'는 해당 명제에 대

다음은 '목적'의 의미로 해석되는 '-느라고'의 예이다.

(15) 가. 숙제를 하느라고 백과사전까지 뒤졌다. (이숙 1985: 133)
　　나. 학비를 대느라고 시골의 땅은 다 팔았다. (안주호 2007: 101)

(15가, 나)는 선행절이 후행절의 '목적'으로 해석되는 예이다. '숙제를 하는 것'이 '백과사전을 뒤진' 목적이다. 이때 선행절 사태는 물론이고 후행절 사태도 화자가 의도적으로 행한 행위임을 주목할 필요가 있다. 목적(선행절 사태)이 있는 행위(후행절 사태)는 당연히 의도적 행위이기 때문이다. 따라서 목적의 연결어미가 사용되면 보통은 선행절뿐 아니라 후행절에도 의도적인 사태가 온다.[27]

그런데 행위주가 가진 목적은 넓은 의미에서는 어떤 사태의 원인이라고 할 수 있다. "점심을 먹으려고 식당에 갔다."에서 '점심을 먹고자 한' 목적은 '식당에 간' 사태의 원인의 일종이다. (15나)에서 '학비를 댐'은 '시골의 땅을 다 팖'이라는 행위의 목적인데 '시골의 땅을 다 판' 이유는 '학비를 댐'이다. 즉 '목적'의 관계는 의도성 있는 두 사태 사이에서 성립하는 인과 관계로서 '목적'은 '원인'의 하위 개념이라고 할 수 있다.[28]

한 화자의 태도에 국한된 독립적인 개념이지만 '목적'은 후행절 사태를 염두에 둔 관계적인 의미이기 때문이다. '의도'를 포함한 표현이 연결어미로 문법화하면 선행절 행위가 후행절 행위에 대한 목적으로 해석되어 '목적'의 연결어미가 된다. 실제로 '목적' 연결어미 '-느라고, -으려고, -고자' 등은 모두 의도를 포함한 인용 구성이 문법화한 것이다. '-느라고'의 '-오-', '-으려고'의 '-으리-', '-고자'에서는 '지-'가 의도와 관련된다.

27) '목적'의 의미를 가지는 '-으려고'가 선행절에 동사를 요구할 뿐 아니라 후행절에도 동사만을 요구한다는 점을 참고할 수 있다["음악을 들으려고 {*조용하다, 인터넷에 접속했다}."]

28) 하위어는 상위어에 비해 더 구체적인 의미를 가지므로 의미 성분의 수가 더 많다(윤평현 2008: 155). '원인'에 '의도'의 의미 성분이 추가된 것이 '목적'이므로 '목적'은 '원인'의 하위 개념이 된다. '목적'의 절이 '원인'의 절처럼 '왜' 의문문에 대한 대답이 된다는 것도 참고할 수 있다. "식당에 왜 갔니?"에 대한 대답으로 "배가 고파서."도 가능하지만 "점심을 먹으려고."도 가능하다.

다음 예에서 볼 수 있듯이 '-느라고'는 '목적'이 아닌 보다 일반적인 '원인'을 나타낼 수도 있다. '목적'과 '원인'의 해석은 후행절의 의도성 여부에 의해 결정된다.[29)]

(16) 가. 영희는 영어 공부를 하느라고 학원에 등록했다.

나. 영희는 영어 공부를 하느라고 얼굴이 반쪽이 되었다.

(16가)는 '-느라고'가 '목적'의 의미를 가지는 예이고 (16나)는 '-느라고'가 '원인'의 의미를 가지는 예이다. (16가)에서는 후행절 사태가 의도성을 가지기 때문에 선행절의 목적성도 명확하다. 의도적인 사태만이 목적을 가질 수 있기 때문이다. 그러나 (16나)에서는 후행절 사태가 의도성을 가지지 않기 때문에 이제 선행절은 '목적'이 아니라 '원인'의 해석만을 가진다. '원인'의 해석이 관습화되면서 후행절이 비의도적인 사태인 경우로 문맥이 확대된 것이다.[30)]

'-느라고'는 후행절 사태는 물론 선행절 사태가 의도성을 가지지 않는 경우에도 쓰일 수 있다. 이는 '-느라고'의 '원인' 의미가 완전히 확립

29) 안주호(2007)에서는 '-느라고'의 의미를 '원인 · 이유', '동반', '의도 · 목적'의 세 가지로 나누고 이 세부 의미는 선행절 사태와 후행절 사태의 시간적인 관계에 의해 결정된다고 보았다. 즉 선행절 사건시가 후행절 사건시에 앞서는 경우는 '원인 · 이유', 두 사건시가 같은 경우는 '동반', 후행절 사건시가 앞서는 경우는 '의도 · 목적'으로 규정된다고 하였다. 그러나 본고는 시간적 선후 관계가 '원인'과 '목적'의 해석을 가르는 기준은 아니라고 본다. 가령 "영희는 오빠의 학비를 대느라고 공장에 다녔다."는 선행절 사태와 후행절 사태가 동시적이지만 '목적'의 의미로 해석된다. "서울에 오르내리느라고 기술 배울 틈이 없었다."는 선행절이 반드시 선시적이라고 하기 어렵지만 '원인'으로 해석된다.

30) 안주호(2007)에서는 "어머니 모시느라고 고생 많았다."와 같은 문장의 '-느라고'는 '동반'의 의미로 기술된다. '-느라고'가 '동반'으로 해석될 경우 후행절이 '야단이다, 죽을 애를 쓴다, 정신이 없다, 물 끓 듯하다' 등으로 나타난다고 하였다(114면). 이들은 모두 후행절이 비의도적 상태인 경우의 해석으로서 본고의 논의에 의하면 '원인'의 예에 포함된다. 안주호(2007)에서는 이때의 '-느라고'가 '-어서'와 교체되지 않는다는 점을 중시하였으나 이는 '-어서'의 '원인'과 '-느라고'의 '원인'이 다른 성격을 가지기 때문이다. 뒤에서 논의하듯이 '-어서'는 시차 있는 인과 관계에 쓰이고 '-느라고'는 시차 없는 인과 관계에 더 잘 어울린다는 점에서 구별된다.

되었음을 보여 준다.

(17) 가. 늦잠을 자느라고 학교에 지각했다.
나. 키 크느라고 비쩍 마르는구나.

(17가)에서 선행절과 후행절은 모두 의도적인 행위가 아니다. (17나)는 선행절에 무정물 주어가 쓰였는데 이는 '원인'의 의미가 완전히 확립되었음을 보여 준다. 이는 '-느라고'에 기원적으로 포함된 '의도'의 의미 성분이 완전히 삭제된 예이다.[31] '목적' 연결어미가 '원인' 연결어미로 발전하는 과정은 구체적인 의미가 더 일반적인 의미로 발달하는 과정, 즉 보다 좁은 의미 영역을 표현하던 형식이 인접한 보다 넓은 의미 영역을 표현하게 되는 환유에 의한 것이라고 할 수 있다.

'-느라고'의 '원인' 의미는 '목적'에서 발달한 것이어서 '원인'의 의미로 쓰일 때에도 사태가 시간적으로 겹치지 않으면 사용할 수 없다. '목적'과 그에 따른 행동은 시간적으로 동반되는 것이 자연스럽기 때문이다.

(18) A: 더 드세요.
B: 아니요. 너무 많이 {먹어서, *먹느라고} 배가 불러요. (이숙 1985: 141)

(19) 가. 우리 손주 그동안 {*공부해서, 공부하느라고} 고생이 많았지?
나. 어제 하루 종일 {??이사해서, 이사하느라고} 전화를 못 받았

31) '-느라고'가 '원인'으로 확장되었다면 선행절에 형용사가 오는 것도 원리적으로는 가능하다. 그럼에도 불구하고 "*예쁘느라고"는 불가능하다[(17나)의 '크느라고'는 '크다'가 동사로 사용된 예이다]. '-느라고'가 기원적으로 '-느-'를 포함한 형식이기 때문에 형용사를 통합하지 않는 강력한 형태론적 제약을 유지하는 것으로 해석할 수 있다. 채숙희(2011)에서는 '-겠다고'가 하나의 연결어미로 문법화하는 과정을 다루었다. 이때 '-겠-'은 '의도'의 의미를 가지는 '-겠-'이므로 형용사가 통합될 수 없어야 하는데 '-겠다고'는 다음 예에서 일부 형용사에 통합될 수 있다. 이 논의를 참고하면 '-느라고'의 '-느-'가 형용사를 거부하는 형태론적 제약이 '-겠-'보다 강력하다는 것을 볼 수 있다.
(가) 자기가 편하겠다고 애들 인생을 망치는 것이죠.
(나) 저 혼자 재미있겠다고 없는 사람들한테 돈 뿌려가며(이상 채숙희 2011: 214)

어요.

(18)에서 보듯이 시차가 있는 인과 관계에는 '-느라고'는 잘 쓰이지 않고 '-어서'가 쓰인다. 반면 (19가, 나)에서 보듯이 시차가 없는 인과 관계에는 '-느라고'가 좀 더 자연스럽다. 이는 '-어서'의 '원인' 의미는 '선행'에서 확장된 것이고 '-느라고'의 '원인' 의미는 '목적'에서 확장된 것이기 때문이다. '-느라고'가 시차 없는 인과 관계에만 쓰이는 것은 '목적'의 잔존 의미이다.[32)]

그런데 '-느라고'의 '목적'과 '원인' 의미가 언제나 분명하게 구별되지는 않는다.

(20) 가. 영화를 찍느라고 {카메라를 샀다, 해외에 갔다 왔다, 배우들을 찾아다녔다}.

나. 영화를 찍느라고 {살이 빠졌다, 고생을 많이 했다}.

(21) 영화를 찍느라고 돈을 많이 썼다.

(20가)는 후행절에 의도적 사태가 와서 '-느라고'가 '목적'으로 해석된다. (20나)는 후행절에 비의도적 사태가 와서 '-느라고'가 '원인'으로 해석된다.[33)] 그런데 (21)의 '-느라고'는 '목적'으로 해석될 수도 있고 '원인'으로 해석될 수도 있으며 두 해석이 경계도 불분명하다. '돈을 많이 썼다'를 의도적 사태로 해석하면 '영화를 찍음'은 목적으로 해석된다. 돈을 많이 쓴 줄을 몰랐는데 결과적으로 돈을 많이 쓴 것이 된다면 '영화를 찍어서 돈을 많이 썼다'에 가까운 해석이 나온다. 그러나 이 두 해석이 문맥에 의해 항상 해소되는 것은 아니며 반드시 해소되어야 하

32) 문법화가 진행되는 과정에서 어떤 문법 형식의 의미가 다른 영역으로 변화했다 하더라도 본래 의미의 흔적을 간직하는 의미 잔존(retention of earlier meaning) 현상은 흔히 나타난다(Traugott & König 1991: 198).

33) (20가)의 '-느라고'는 '-기 위해'와 대치되고 (20나)의 '-느라고'는 '-어서'로 대치되는 것을 참고할 수 있다.

는 것도 아니다. 모호한 맥락이 존재하는 환유적 확장의 특징이다.

다음으로 연결어미 '-답시고'에 대해 살펴보자. '-답시고' 역시 '-다 합시고'의 인용 구성에서 온 연결어미로서(이금희 2006나: 252), '-느라고'와 유사한 점이 많다.

(22) 가. 영화를 찍는답시고 {카메라를 샀다, 해외에 갔다 왔다, 배우들을 찾아다녔다}.

나. 영화를 찍는답시고 {살이 빠졌다, 고생을 많이 했다}.

(23) 영화를 찍는답시고 돈을 많이 썼다.

(22가)는 '목적'을 나타내는 전형적인 예로서 선행절과 후행절이 모두 의도적 사태를 표현한다. (22나)는 선행절이 의도적 사태이지만 후행절은 비의도적 사태이다. 후행절에 비의도적 사태가 온다는 것은 이것이 '원인'의 의미로 쓰인다는 증거이다. (23)은 후행절이 의도적 사태일 수도 있고 비의도적 사태일 수도 있어서 '목적'과 '원인'의 해석에서 중의성을 보인다. '돈을 많이 썼다'가 의도적 사태라면 '-답시고'는 '목적'으로 해석된다. "영화를 찍기 위해 돈을 많이 썼다"의 의미이다. 그러나 그것이 의도적 사태가 아니라면 "영화를 찍어서 돈을 많이 썼다."로도 해석 가능하다.

앞에서 '-느라고'가 사용된 경우 선행절에도 비의도적 사태가 올 수 있는 것을 보았다. 그러나 '-답시고'의 경우에는 비의도적인 형용사 사태가 올 수는 있지만 동사 사태가 올 수는 없다는 점이 특징적이다.

(24) 가. 언니는 얼굴이 예쁘답시고 남자들에게 쌀쌀맞게 군다.(『표준국어대사전』)

나. *늦잠을 잔답시고 학교에 가지 못했다.

(24가)는 '-답시고'의 선행절에 형용사가 올 수 있음을 보여 준다. 그

러나 (24나)와 같이 비의도적인 동사 사태가 오는 것은 불가능하다. '-답시고'의 의미 확장 역시 '-느라고'의 경우와 비슷하게 '의도'의 의미 성분 삭제에 의한 환유적 의미 확장 과정으로 볼 수 있다.[34]

4. 연결어미의 은유적 의미 확장

4.1. 대립 연결어미의 의미 확장[35]

연결어미 '-지만'의 다의성을 은유적 의미 확장의 관점에서 살펴보기로 한다. 다음은 '-지만'이 '대립'을 나타내는 전형적인 예이다.

(25) 가. 영희는 공부는 잘하지만 성격은 그다지 좋지 않다.
　　 나. 겨울이 왔지만 날씨가 따뜻하다.

(25가, 나)에서 선행절과 후행절은 내용상 대립된다. 그러나 다음의 예는 선행절과 후행절이 내용상 대립되지 않는다.

(26) 가. 같이 일해 보진 않았지만 그 사람 괜찮은 사람이야.
　　 나. 더 다녀 봐야겠지만 사무실이 분위기가 좀 냉랭해.
　　 다. 제가 음악을 잘 모르지만 첼로 연주가 너무 멋졌어요.

(26)에서 대립되는 것은 선행절 사태와 후행절 사태의 내용이 아니다. 가령 (26가)에서 '같이 일해 보지 않은' 사태와 '그 사람이 괜찮은

---

34) Traugott & König (1991: 209)에서는 의미 변화에서 발생하는 의미 화용적 경향 중의 하나로 상황에 대한 주관적 믿음 상태나 태도가 증가하는 방향으로 변화한다는 주관화(subjectification) 경향을 들었다. '-답시고'에는 사태에 대한 가벼운 경멸의 주관적 태도가 포함되어 있는데(이금희 2006나: 252), 이와 같은 맥락에서 설명된다.

35) '-지만'의 의미는 대등적 관계의 '역접'으로 이해되기도 하고 종속적 관계의 '양보'로 이해되기도 한다. 본고는 이 문제를 비껴가기 위해 이은경(1990), 윤평현(2005)를 따라 '대립'이라는 용어를 사용한다.

사람인' 사태는 서로 무관한 사태이다. 이때의 대립은 '같이 일해 보지 않은' 사태와 '그 사람이 괜찮은 사람임을 인식한 것' 사이에서 성립한다. '-지만'이 본래적인 내용 영역에서의 대립 용법으로 사용되려면 (26가)는 "같이 일해 보진 않았지만 그 사람 괜찮은 사람인 것을 알 수 있었어."와 같이 사용되어야 할 것이다. (26)과 같은 '-지만'의 용법은 '인식 영역에서의 대립'이라고 할 수 있다.

'-지만'의 이러한 용법에서 후행절은 화자가 인식한 내용을 표현하므로 '추측'의 '-은가 보-', '과거 지각'의 '-더-'와 같이 인식 양태(epistemic modality)와 관련한 요소가 후행절에 올 수 있다.

(27) 가. 같이 일해 보진 않았지만 그 사람 괜찮은 사람인가 봐.
나. 더 다녀 봐야겠지만 사무실이 분위기가 좀 냉랭하더라.

이때 '-은가 보-'나 '-더-'의 의미를 '~이라고 추측하다, ~을 알게 되다'와 같이 수행 가설(performative hypothesis)의 분석 방법으로 풀어 해석하면 '-지만'을 내용 영역에서의 대립으로도 이해할 수 있다.

한편 다음의 '-지만'은 화행 영역에서의 대립을 나타낸다.

(28) 가. 다 아는 사실이지만 그 사람은 구두쇠야. (이은경 1990: 46)
나. 너도 알고 있지만 그가 그렇게 몰염치한 사람은 아니다. (김영희 2005: 45, 각주 4)
다. 저희 회사 광고에 한번 나오시면 좋겠어요. 윗사람에게 물어봐야겠지만요. (이희자·이종희 1999: 389)

(28가)에서 '다 아는 사실'은 '그 사람이 구두쇠이다'라는 후행절 명제를 가리킨다. 그런데 그것이 누구나 다 아는 사실이라면 화자가 그 내용을 말하는 것은 그라이스(H. P. Grice)의 양의 격률(Maxim of Quantity)을 위배하는 발화가 된다. 이때 '-지만'을 사용하는 것은 다

아는 사실임에도 불구하고 후행절 발화를 하는 것이 대립되는 것을 표현하기 위한 것이다. (28나) 역시 명제 차원에서 '너도 알고 있다'와 '그가 그렇게 몰염치한 사람은 아니다'가 대립하는 것이 아니라, '네가 이미 알고 있는' 사태와 화자가 후행절에서 진술의 발화를 하는 사태가 대립된다. 즉 선행절 사태는 후행절 화행과 대립된다. 만약 '-으면'이 내용 영역에서의 대립을 표현한다면 (28가)는 "다 아는 사실이지만 그 사람은 구두쇠라고 나는 말한다."와 같이 사용되어야 할 것이다.

'-지만'을 포함한 다음의 굳어진 표현들도 화행 영역 확장과 관련된다.[36]

(29) {미안하지만, 죄송하지만, 실례지만, 번거로우시겠지만} 이것 좀 도와주세요.

이때의 '-지만'도 화행 영역에서의 대립을 표현한다. 가령 '미안한 사태'는 후행절 발화를 수행하는 것과 대립된다. 미안함에도 불구하고 후행절의 명령의 화행을 수행한다는 의미이다.

'-지만'의 인식 영역, 화행 영역에서의 의미 확장은 2장에서 본 '선행, 목적'의 연결어미의 의미 확장, 즉 문맥에서 생산된 함축으로 의미 성분을 추가하거나 기존의 의미 성분 중 일부를 삭제하면서 인접 의미로 변화하는 과정과는 완전히 구별된다. 이는 '명제 내용, 명제 내용에 대한 인식, 명제 내용의 발화'라는 서로 다른 영역에서 존재하는 '대립' 관계의 유사성에 기반한 은유적 확장이다.[37]

---

36) 이희자 · 이종희(1999: 388~389)에서는 이러한 용법을 "[미안하다, 실례하다 등의 말에 관용적으로 붙어] 부탁하거나 청할 때 겸손하게 양해를 얻음을 나타냄"이라고 뜻풀이하였다.

37) Sweetser (1990: 76)에서는 이러한 의미 확장을 화용적 중의성(pragmatic ambiguity)으로 다루었다. 심사위원 중의 한 분께서는 본고에서 환유적 현상으로 다룬 것은 의미론적인 과정이지만 은유적 현상으로 다룬 것은 화용론적인 과정으로서 함께 다룰 수 없다고 하셨다. '선행, 원인, 목적' 등의 의미와 '인식 영역에서의 원인, 화행 영역에서의 대립' 등이 같은 지위를 가질 수 없다는 것이다.

4.2. 조건 연결어미의 의미 확장

2장에서 '-으면'의 의미 확장에 대해 살펴본 바 있다.

(30) 가을이 오면 단풍이 든다.

(31) 가. 휴일에 에버랜드에 가면 전국의 유모차가 총출동해 있어.

나. 오래 지내 보면 괜찮은 사람이더라.

(32) 가. 거칠게 말하면 한국에서 정규직은 특권화되어 있고 비정규직은 노예화되어 있다.

나. 솔직히 말하면 저도 가끔씩 졸아요.

(30)은 내용 영역에서의 조건을 표현하는 '-으면'의 일반적인 용법이다. (31가, 나)는 인식 영역에서의 조건을 표현한다. (32가, 나)는 화행 영역에서의 조건을 표현한다.

(31)과 같은 인식 영역 확장 용법의 경우 선행절에는 화자의 인식 행위가 발생한 계기를 기술하는 내용이 온다. (31가)의 내용을 선후행절 사태 사이에 조건 관계가 성립하도록 표현하려면, 즉 내용 영역 용법의 '-으면'으로 표현하려면 "휴일에 에버랜드에 가면 전국의 유모차가 총출동해 있는 것을 알 수 있어."라고 해야 한다. 후행절에는 선행절의 조건에서 인식한 내용이 오기 때문에 (31나)에서와 같이 후행절에는

그러나 기존의 논의에서 '-으니까'의 '인식 영역에서의 원인' 용법은 '발견' 등의 의미로, '-으면'의 '화행 영역에서의 대립'은 '설명' 등의 독립된 의미 항목을 가지는 것으로 기술되어 왔다. 본고에서는 그 의미 확장 과정을 분명히 보여 주는 메타언어를 사용하였을 뿐이다.

모든 의미 확장이 화용론적 해석에서 시작되는 것은 자명하다. 환유적 확장에서도 함축의 관습화가 온전히 진행되지 않은 경우를 보았거니와 어떤 현상이 의미론적인가 화용론적인가는 결국 관습화 정도의 문제에 지나지 않는다. 사실 인지언어학적 관점은 의미론적인 의미와 화용론적인 의미의 경계를 심각하게 취급하지 않는다. 어떤 형식의 의미는 근본적으로 문맥의 '안내를 받는다'고 보기 때문이다(Evans & Green 2006/임지룡 · 김동환 역 2008: 236). 필자로서는 "인사동에 가 보면 골동품이 많다."와 같이 선행절과 후행절이 명제 내용 차원의 조건 관계를 가지지 않는 '-으면'의 용법을 굳이 "겨울이 오면 날씨가 추워진다."의 '-으면'과 의미론적으로 같으나 화용론적인 해석에서 다르다고 기술하는 것의 이점을 찾기 어렵다.

'-더-'와 같은 인식 양태 요소가 올 수 있다.[38] 한편 '-으면'이 화행 영역 확장 용법으로 쓰인 (32나)의 의미를 내용 영역 용법으로 쓰려면 '솔직히 말하면 저도 가끔 존다고 말할 수 있어요.'와 같이 쓰여야 할 것이다.

주의할 점은 '-으면'의 인식 영역 확장 용법은 앞에서 본 영어의 'if'의 인식 영역 확장 용법과 완전히 일치하지는 않는다는 것이다. 2장에서 보았듯이 "If she's divorced, (then) she's been married."는 화자가 선행절 사태를 '알게 된' 것이 후행절 사태를 알게 된 조건이라는 의미이다. 그러나 (31)의 '-으면'은 '선행절 행위를 화자가 수행한 것'이 후행절 사태를 알게 된 조건이라는 의미를 표현한다. 즉 위의 영어 문장을 "그녀가 이혼했으면 그녀는 결혼했었다."와 같이 직역하는 것은 매우 어색하다. "그녀가 이혼한 것을 보면 그녀는 결혼했었다."가 좀 더 자연스럽다.

라디오 방송의 다음과 같은 발화도 '-으면'이 은유적으로 확장된 의미를 보여 준다.

(33) 매일 저녁 여섯 시부터 여덟 시까지 편안하고 친근한 음악들로 함께 하고 있습니다. 듣고 싶은 노래 있으시면 인터넷 주숍니다. 더블유더블유더블유 점 시비에스 점 시오 점 케이알(www.cbs.co.kr) [후략] (CBS FM. '배미향의 저녁스케치' 고정 안내 발화)

밑줄 친 발화의 선행절과 후행절이 통상적인 '-으면'의 조건 관계에 의해 접속되었다고 보기는 힘들다. 선행절과 후행절은 명제 내용의 차원에서 조건 관계를 가지는 것이 아니기 때문이다. 선행절은 후행절 발화의 조건일 뿐이다. '(청취자가) 듣고 싶은 음악이 있는' 사태가 화자가 인터넷 주소를 알려 주는 발화를 하는 조건이 된다는 것을 의미한다.[39]

---

38) 이때 '-더-, -겠-' 등을 수행 가설적으로 풀어 해석하면 '내용 영역에서의 조건'으로도 이해될 수 있다.

39) 이러한 문장은 어떤 관점에서는 비문에 가깝다. 그러나 필자가 이 방송을 들은 10여 년

굳어진 표현으로서 담화에서 자주 사용되는 '예를 들면', '다시 말하면' 등에서 나타나는 '-으면'도 화행 영역 확장의 용법으로 기술할 수 있다.[40]

(34) 가. 예를 들면 현재 전국적으로 전세 물량이 눈에 띄게 감소하고 있다.
나. 다시 말하면 미디어에서 컨테이너란 어떤 내용물을 담고 있는 상태를 정의할 뿐이다.

(34가)에서 '예를 드는 것'은 후행절 사태의 사실성에 대한 조건이 아니다. '(화자가) 예를 드는' 사태와 '현재 전국적으로 전세 물량이 눈에 띄게 감소하는' 사태 사이에는 조건 관계가 전혀 성립하지 않는다. '예를 드는 것'은 후행절 화행(진술)의 조건이다. '예를 드는' 조건에서 후행절 발화가 성립한다는 뜻이다. (34나) 역시 마찬가지이다. '다시 말하는' 사태와 후행절 사태 사이에서 조건 관계가 성립한다는 것이 아니라 '다시 말하는' 조건에서 후행절 발화가 성립한다는 것이다. '-지만'에서 보이는 은유적 의미 확장이 '-으면'에서도 거의 동일하게 나타나는 것을 확인할 수 있다.

4.3. 원인 연결어미의 의미 확장

이원표(1999), 임은하(2003)에서는 '-으니까'에서 은유적 확장이 일어난다는 사실을 논의한 바 있다.[41] '원인' 연결어미에서 나타나는 의미 확장은 앞에서 본 '대립'이나 '조건'의 연결어미에 비하면 복잡한 문제가 많다. 먼저 '-으니까'의 예를 보자.

동안 이 발화가 별다른 저항 없이 청취자들에게 수용되고 있음을 중시한다.

40) 이러한 예는 이은경(1990)에서는 '조건'과는 별도의 의미 범주 '설명'으로 기술된다.

41) 임은하(2003)에서는 같은 '원인'의 연결어미 '-길래, -기에, -기로, -다고'에서는 은유적 의미 확장이 일어나지 않는다는 점을 지적하였다.

(35) 겨울이 {되니까, 되어서} 해가 빨리 진다.

(35)에서 선행절 사태는 후행절 사태에 대한 원인을 나타낸다. 이 경우에는 '-어서'도 사용될 수 있다. '-으니까'가 '내용 영역에서의 원인'을 나타내는 일반적인 예이다.

한편 '-으니까'가 사용된 다음 예는 '발견(남기심 · 루코프 1983)', '설명(이은경 1990: 35)', '지각 상황 설정(서정수 1994: 1198)', '지각(윤평현 2005: 261)' 등의 용법으로 기술되었다.

(36) 가. 집에 가니까 어머니께서 갈비찜을 해 놓으셨다.
나. 청계천 상가에 가 보니까 별의별 물건들이 다 있었어요. (윤평현 2005: 240)
다. 오래 겪어 보니까 그 사람 좋은 사람이더라.

(36가~다)의 예에서 '-으니까'는 선행절 상황에서 후행절 사태를 발견하는 의미를 표현한다. 기존의 논의에서는 이러한 '-으니까'의 용법을 '원인' 용법과 직접 관련이 없는 것으로 다루었으나 이때에도 '원인'의 의미 관계가 성립하는 것을 주목할 필요가 있다. (36가)의 예는 집에 간 것이 어머니가 갈비찜을 하신 것을 알게 된 계기라는 의미이다. 즉 선행절의 화자의 행위는 화자가 후행절 사태를 알게 된 계기, 즉 원인이라고 할 수 있다.[42] 따라서 '-으니까'의 이러한 용법은 '-으니까'가 '인식 영역에서의 원인'의 의미로 확장된 용법이라고 할 수 있다.

Sweetser (1990)에서는 영어의 'because'가 "He loves her, because he came back."과 같은 문장에서 '인식 영역에서의 원인'을 나타낸다고 보았다. 그런데 '-으면'의 경우와 마찬가지로 '-으니까'도 영어의 'because'에 정확히 대응하는 인식 영역에서의 확장 용법을 가지는 것

---

42) '계기(契機)'의 사전적 의미는 '어떤 일이 일어나거나 변화하도록 만드는 결정적인 원인이나 기회'이다.

은 아니다.

(37) 가. *철수가 다시 돌아왔으니까 철수는 영희를 사랑하는가 보다.
나. 철수가 다시 돌아온 것을 보니까 철수는 영희를 사랑하는가 보다.

(38) 가. ??땅이 젖어 있으니까 간밤에 비가 왔어.[43)]
나. 땅이 젖어 있는 걸 보니까 간밤에 비가 왔어.

영어의 'because'가 가지는 인식 영역에서의 확장 용법은 '그가 돌아온 것을 알게 된 것'이 '그녀를 사랑하는 것을 알게 된 것'의 원인이라는 것이다. 그런데 한국어에서는 이를 직역한 (37가)와 같은 표현은 불가능하다. 인식의 계기가 된 행위 자체가 선행절로 오는 (37나)와 같은 문장이 자연스럽다. 즉 '철수가 다시 돌아온 것을 본 것'이 '철수가 영희를 사랑하는 것'을 알게 된 이유라는 것이다. (38)에서도 (38가)보다는 (38나)가 자연스럽다. 따라서 인식 영역 확장 용법에서는 선행절에 1인칭 주어를 취하고 인식의 계기를 나타내는 동사가 많이 쓰인다.[44)]

이때 후행절에는 선행절 행위의 결과 새롭게 알게 된 내용이 오므로 인식 양태를 표현하는 '-겠-, -더-, -네' 등이 통합되기도 한다. 이는 '-지만'과 '-으면'의 인식 영역 확장 용법에서도 보았던 현상이다.

(39) 가. 영희 얼굴을 보니까 그동안 고생이 많았겠더라.

---

43) 남기심(2001: 268)에서는 "길이 지니까 비가 온 것이 틀림없다."의 예에서 '-으니까'가 화자의 추리 판단의 결과를 나타낸다고 보았다. 이러한 직관을 존중한다면 '-으니까'가 'because'와 유사한 방식의 의미 확장을 보인다고 할 수 있다. 그러나 필자에게는 "길이 진 것을 보니까 비가 온 것이 틀림없다."가 훨씬 자연스럽다.

44) '-으니까'가 소위 '발견' 용법에서는 선행절에 형용사가 올 수 없다는 점이 지적되었다(이은경 1990: 35). 이는 선행절이 인식을 유발하는 행위여야 하기 때문이다. '발견' 용법의 선행절에는 '가다, 오다' 등 이동 동사나 '생각하다' 등의 사유 동사, '물어보다' 등의 발화 동사 등이 자주 쓰이는데 이들은 모두 인식의 계기 혹은 방법과 관련이 있다(박재연 2011: 192, 각주 32).

나. 선거에서 떨어지고 보니 불쌍한 사람은 본인과 그 가족이더라(윤평현 2005: 263).

다. 집에 가니까 글쎄 엄마가 혼자 김장을 하고 계시네.

(39가)는 "영희 얼굴을 보았기 때문에 그동안 고생이 많았던 것을 새롭게 추측하게 되었다."의 의미이다. 이때 '-겠-, -더-, -네'를 수행 가설의 방법으로 해석하면 내용 영역 원인 용법을 가지는 것으로도 기술할 수 있다.[45)]

한편 임은하(2003)은 다음과 같은 '-으니까'를 화행 영역에서의 의미 확장이 일어난 예라고 하였다.

(40) 가. 열쇠 있는 델 아니까 여기서 좀 기다려 주세요.(임은하 2003: 16)

나. 날씨가 풀렸으니까 집안 청소나 하자.

다. 약속을 했으니까 신발은 사 주마.

(40)의 선행절은 화자가 후행절 화행을 하게 된 원인이다. 임은하(2003)에서는 후행절에 명령문이나 청유문이 오는 예를 '-으니까'의 의미가 화행 영역에서 확장된 예로 들었다. 그런데 '-으니까'의 화행 영역 확장 용법은 후행절의 화행의 유형에 따라 제한적으로만 나타난다.

(41) 가. *내가 용기를 냈으니까 나 너 좋아해.

나. *네가 혼자 못 찾을 것 같으니까 그거 100페이지쯤에 있어.

다. 열쇠 있는 델 아니까 여기서 좀 기다리시는 게 좋겠네요.

(42) 가. *제가 여기 지리를 모르니까 이 근처에 우체국이 있나요?

나. 오늘 나 한가하니까 영화 보러 갈래?

---

45) 관용적 쓰임을 보이는 '알고 보면'과 '알고 보니까'는 모두 '-으면'과 '-으니까'가 인식 영역 확장 용법을 보이는 예이다.

(41가, 나)는 '-으니까'의 후행절이 평서문인 경우이다. '-으니까'의 화행 영역 확장 용법이 성립한다면 (41가)는 "내가 용기를 냈기 때문에 나는 너를 좋아한다고 고백한다."와 같은 의미로 해석되어야 할 것이다. 그러나 (41가, 나)는 모두 성립하지 않는다. 그런데 (41다)는 후행절이 평서문임에도 불구하고 '명령'의 화행을 수행하기 때문에 성립할 수 있다. 한편 (42가)는 후행절에 순수하게 정보를 물어보는 의문문이 온 경우인데 역시 성립하지 않는다. 그러나 (42나)와 같이 청자의 의도를 물어보는 의문문이 오면 성립한다. 즉 후행절에 '명령, 청유, 약속, 청자의 의도에 대한 질문' 등 '의도'를 포함하는 화행 유형이 오는 경우에 '-으니까'의 화행 영역 확장 용법이 제한적으로 성립한다고 기술할 수 있다.[46)]

다음으로 '-어서'의 은유적 의미 확장에 대해서 생각해 본다.[47)] 임은하(2003)에서는 '-어서'는 '-으니까'와는 달리 인식 영역, 화행 영역으로의 은유적 확장을 겪지 않는다고 하였다.

(43) 가. 학교에 {*가서, 가니까} 아이들이 많더라.
    나. 집에 {*가서, 가니까} 엄마가 갈비찜을 해 놓으셨다.

(44) 가. *열쇠 있는 델 알아서 여기서 좀 기다려 주세요.
    나. *내가 용기를 내서 나 너 좋아해.
    다. *네가 혼자 못 찾을 것 같아서 그거 100페이지쯤에 있어.

(43가, 나)에서 알 수 있듯이 '-어서'는 '-으니까'에 대응하는 인식 영역 확장 용법을 가지지 않는다. (44가~다)는 '-어서'가 화행 영역 확장

46) 심사본에서는 '-으니까'의 화행 영역 확장 용법이 후행절이 평서문이나 의도를 포함하지 않는 의문문인 경우에는 성립하지 않는다고 기술하였었다. 심사위원 중의 한 분께서 (41다)의 예를 제시하면서 이러한 제약이 문장 유형이 아닌 화행 유형과 관련 있다고 지적해 주셨다. 이에 깊이 감사드린다.

47) '-어서'는 본래 '선행'이 기본 의미이고 '원인'은 거기서 환유적 확장을 겪은 2차적 의미임을 3장에서 본 바 있다.

용법을 가지지 않는다는 사실을 보여 준다.

그러나 '-어서'가 이끄는 절이 후행절 뒤로 도치되거나 '-어서' 뒤에 '요'가 통합되어 선행절과 후행절의 분리성이 커지면 '-어서'도 화행 영역 확장에 해당하는 용법을 가질 수 있다는 점이 주목된다.

(45) 가. 그거 100페이지쯤에 있어. 네가 혼자 못 찾을 것 {같아서, *같으니까}.

나. 빨리 손 씻고 식탁에 앉아라. 오늘은 내가 너희 {*엄마라서, 엄마니까}.

(46) 가. 제가 부산에 {살아 봐서요, *살아 봤으니까요}, 부산은 겨울에 하나도 안 추워요.

나. 저, 제가 여기 지리를 {몰라서요......, *모르니까요......}, 혹시 이 근처에 우체국이 있나요?

(45가)는 '-어서'가 통합된 절이 뒤로 도치된 것인데 잘 성립한다. '네가 혼자 못 찾을 것 같다'고 화자가 추측한 것이 '그것이 100페이지쯤에 있다'라는 진술의 발화를 하는 원인인 것으로 해석된다.[48] 그러나 (45나)와 같이 명령문이 사용될 수는 없다. 이는 본래 '-어서'는 후행절에 명령문을 취하지 않기 때문이다. (46가, 나)는 '-어서' 뒤에 '요'가 통합된 것으로서 화행 영역 확장 용법으로 성립 가능하다. 이 경우 '-으니까'는 사용되지 못한다. 앞에서 보았듯이 '-으니까'는 후행절에 '의도'를 포함하는 화행 유형이 사용된 경우에만 화행 영역 확장 용법을 가지기 때문이다. 요컨대 선행절과 후행절의 분리성이 커지면 '-어서'의 화행 영역 확장 용법이 가능해지는 것을 볼 수 있다.[49]

---

48) (45가)는 "그거 100페이지쯤에 있어서. 네가 못 찾을 것 같아서 이 말을 했어."에서 '이 말을 했어'가 생략된 것이라고 볼 가능성도 있다. 그러나 (45나)에서 '-어서'가 쓰이지 못하는 것을 고려하면 이러한 가능성은 크지 않다.

49) 영어에서도 마찬가지 현상이 보인다. 'because, since, although'의 인식 영역, 화행 영역 확장 용법에서도 휴지나 반점(,)이 필수적이다. "Anna loves Victor, because

다음과 같은 '-어서'의 용법도 같은 맥락에서 설명된다.

(47) 가. {예를 들어서, 예를 들면, *예를 드니까} 어린이들의 하루 수면 시간과 놀이 시간에 대해서 조사해 볼 수 있다.
나. {다시 말해서, 다시 말하면, *다시 말하니까} 어떤 사태의 흔적을 보고 그 사태를 추론하는 것이다.
다. 한마디로 {말해서, 말하면, *말하니까}, 철수는 그때 바보 짓을 한 것이었다.
라. 솔직하게 {말해서, 말하면, *말하니까}, 나는 사람을 만나는 일이 꼭 즐겁지는 않다.

(47가~라)의 '-어서'는 기존의 '선행, 원인, 방식' 등 '-어서'의 일반적인 의미로는 설명되기 어렵다.[50] 흥미로운 것은 이러한 '-어서'의 용법이 '-으면'의 화행 영역에서의 조건 용법과 평행하다는 것이다.[51] (47가)에서 '예를 드는 것'은 후행절 사태의 사실성에 대한 조건이나 원인이 아니라 후행절 화행(진술)의 조건이나 원인이다. 이때 '예를 들면'과 '예를 들어(서)'의 기능은 합류된다. '-으니까'는 후행절이 '진술'의 화행 유형을 가질 때 화행 영역 확장 용법을 가지지 못하므로 이 경우 '-으니까'는 사용될 수 없다. '-어서'가 선행절이 후행절 뒤로 도치된 경우에만 화행 영역 확장 용법을 가질 수 있었던 것을 고려하면 '예를 들어서' 역시 후행절과 분리성이 높기 때문에 화행 영역 확장 용법을 보일 수 있는 것으로 생각된다.[52]

---

he reminds her of her first love."가 인식 영역 확장 용법으로 해석되려면 주절 뒤의 하향 억양과 휴지 혹은 반점이 필요하다(Sweetser 1990: 82~83).

50) 이희자 · 이종희(1999: 337, 345)에는 '예를 들어, 예를 들어서'의 '-어, -어서'가 모두 '설명의 뜻을 나타냄'으로 풀이되어 있다.

51) '조건'은 흔히 '원인 함축(causal implication)'을 가져서(Saeed 1997/2009: 93), "영희가 오면 철수는 간다."는 많은 경우 "영희가 와서 철수가 간다."를 함축하는데, 이와 관련 있는 현상으로 생각된다.

52) 이 문제에 대해서는 다른 방식의 설명이 필요할 수도 있다. 이기갑(1998: 108~109)에

5. 결론

지금까지 연결어미의 의미 확장을 두 종류로 나누어 살펴보았다. 논의한 바를 요약하면 다음과 같다.

첫째, '선행'의 의미를 가지는 '-어서, -다가' 등이 '원인' 혹은 '조건'의 의미로 발달하는 의미 확장은 문맥에서 발생한 함축이 의미 성분으로 관습화하는 의미 성분 추가 현상에 의한 것으로서 인접한 의미로의 전이라는 점에서 기본적으로 환유적 성격을 가진다.

둘째, '목적'의 의미를 가지는 '-느라고, -답시고'가 '원인'의 의미로 발달하는 의미 확장은 기존의 의미 성분의 일부가 삭제되는 의미 성분 삭제 현상에 의한 것으로서 역시 인접한 의미로 발달하는 환유적 과정이다.

셋째, '대립'의 '-지만', '조건'의 '-으면', '원인'의 '-으니까, -어서' 등은 일반적으로 '내용 영역에서의 대립, 조건, 원인'을 나타내지만 '인식 영역에서의 대립, 조건, 원인'이나 '화행 영역에서의 대립, 조건, 원인'을 나타내기도 한다. 이는 서로 다른 영역을 넘나들면서 발생하는 은유적 과정으로 볼 수 있다.

넷째, 기존의 논의에서 그 의미가 선명하게 기술되지 못한 일부 연결어미의 '설명, 전제, 제시' 등의 용법과 해당 연결어미의 기본 의미로 잘 설명되지 않은 일부 용법들은 '명제 내용, 명제 내용에 대한 인식, 명제 내용의 발화' 등 서로 다른 영역을 넘나드는 연결어미의 은유적 확장의 결과로 이해할 수 있다.

지면의 제약으로 더 많은 연결어미를 다루지 못하였으나 다른 연결어미의 의미 확장도 환유와 은유의 관점에서 분류가 가능하다. '동시'의

의하면 15세기 한국어의 '-어'는 현대의 '-어'에 비해 쓰임이 훨씬 광범하여 '-고, -으려고, -으면서'로 쓰일 문맥에서도 '-어'가 쓰였다. "이 꽃은 진달래가 아니라 철쭉이다(이기갑 1998: 118)."와 같은 예에 '-어'의 이전 시기 용법의 잔영이 남아 있다. '예를 들어서'는 '예를 들어'로도 많이 쓰이는데 '-어'의 이전 시기 용법의 잔영일 가능성도 있다.

의미를 가지는 '-으면서'가 "너는 밥을 안 먹었으면서 왜 먹은 척하니?"에서 '대립'의 의미를 가지는 것은 의미 성분 추가에 의한 환유적 확장의 결과이다. 반면 "홍보가 기가 막혀 대답하되, 제가 홍보올시다."에서의 '-되'는 일반적인 '-되'의 '배경' 용법과 잘 연결되지 않는데,[53] '-되'의 '배경' 의미가 화행 영역으로 확장된 결과로 볼 수 있다. '조건'의 '-을진대', '원인'의 '-은즉슨'에서도 각각 '-으면'과 '-으니까'와 유사한 의미 확장이 일어난다.

환유와 은유는 새로운 사물에 대한 명명, 어휘 형식과 문법 형식의 의미 확장, 나아가 간접 화행과 같은 화용론적인 현상 등 어휘적 · 문법적 · 화용적 현상과 통시적 · 공시적 현상에 두루 퍼져 있는 광범위한 인지적 원리이다. 이 논문의 의의는 한국어 연결어미라는 특정한 부류의 의미 확장에서 환유와 은유라는 근본적인 인지적 원리가 작동하는 양상을 구체적으로 보인 데에 있다.

참고논저

김영희(2005), 『한국어 통사 현상의 의의』, 역락.

남기심(2001), 『현대국어 통사론』, 태학사.

남기심 · 루코프(1983), 논리적 형식으로서의 '-니까'와 '-어서' 구문, 고영근 · 남기심 편(1983), 『국어의 통사 · 의미론』, 탑출판사, 2-27.

박재연(2007), 문법 형식의 의미 기술과 통사론 · 의미론 · 화용론, 『한국어학』 37, 한국어학회, 181-206.

박재연(2011), 한국어 연결어미 의미 기술의 메타언어 연구: '양보, 설명, 발견'의 연결어미를 중심으로, 『국어학』 62, 국어학회, 167-197.

박재연(2013), 한국어 의도 관련 어미의 환유적 의미 확장, 『국어학』 68, 국어학회, 253-288.

서정수(1994), 『국어문법』, 뿌리깊은나무.

53) 윤평현(2005: 275)에서는 이러한 '-되'의 용법을 '인용'이라는 의미로 기술하는데 '부가'의 일종으로 본다.

안주호(2007), 연결어미 {-느라고}의 형성과정에 대한 연구, 『한국언어문학』 62. 한국언어문학회, 97-121.
요시모토 하지메(2012), 연결어미 '-다가'의 기능과 문법적 제약, 『국어교육』 137, 한국어교육학회, 213-235.
윤평현(2005), 『현대국어 접속어미 연구』, 박이정.
윤평현(2008), 『국어의미론』, 역락.
이금희(2006가), '-느라고, -느라면, -느라니까'의 통사 의미적 특징, 『반교어문연구』 21, 반교어문학회, 59-86.
이금희(2006나), 인용문 형식의 문법화: 문법화 과정과 문법화 정도에 대하여, 『국어학』 48, 국어학회, 233-258.
이기갑(1998), '-어/어서'의 공시태에 대한 역사적 설명, 『담화와 인지』 5: 2, 담화와 인지학회, 101-121.
이기갑(2004), '-다가'의 의미확대, 『어학연구』 40: 3, 서울대학교 언어교육원, 543-572.
이상복(1978), 국어의 연결어미에 대하여: '-아서'를 중심으로, 『말』 3, 연세대학교 한국어학당, 59-80.
이숙(1985), 연결어미 '-느라고'의 의미적 · 통사적 분석, 『말』 10, 연세대학교 한국어학당, 125-145.
이원표(1999), 인과관계 접속표현: 세 가지 의미 영역과 일관성의 성취, 『언어』 24: 1, 한국언어학회, 123-158.
이은경(1990), 국어 접속어미 연구, 『국어연구』 97, 국어연구회.
이희자 · 이종희(1999), 『텍스트 분석적 국어 어미의 연구』, 한국문화사.
임은하(2003), 현대국어의 인과관계 접속어미 연구, 서울여자대학교 대학원 박사학위논문.
임지룡(2009), 다의어의 판정과 의미 확장의 분류 기준, 『한국어 의미학』 28, 한국어 의미학회, 193-226.
장광군(1999), 『한국어 연결어미의 표현론』, 월인.
정수진(2011), 연결어미 '-고'의 다의적 쓰임에 대한 인지적 해석, 『언어과학연구』 58, 211-232.
정수진(2012), 연결어미 '-어서'의 의미 확장에 대한 인지언어학적 접근, 『국어교육연구』 50, 국어교육학회, 405-426.
조은영 · 이한민(2011), 반말체 어미 '-게'의 문법화와 의미 변화, 『한국어 의미학』 36, 한국어 의미학회, 391-417.
채숙희(2011), 목적의 '-겠다고'에 대하여, 『정신문화연구』 34: 3, 한국학중앙

연구원, 205-225.

최상진 · 임채훈(2008), 인과관계 형성의 인지과정과 연결어미의 상관성: '-어서', '-니까', '-면' 등을 중심으로, 『국어학』 52, 국어학회, 127-152.

최전승(2006), 국어 지역 방언에서 일어난 의미 변화의 일반적 발달 경향과 환유(metonymy)와의 상관성: 전라방언에서 '도르다/두르다'형의 의미 전이(欺>盜)의 경우를 중심으로, 『배달말』 39, 배달말학회, 167-215.

최지훈(1999), 은유, 환유에 의한 전의 (轉義)합성명사의 연구: 인지의미론적 접근, 『국제한국어교육학회 9차 학술대회 국제학술발표논문집』, 국제한국어교육학회, 181-190.

최현배(1937/1961), 『우리말본』, 정음문화사.

황화상(2008), 연결어미 '-어서, -니까'의 의미 기능과 후행절 유형, 『국어학』 51, 국어학회, 57-88.

허웅(1995), 『20세기 우리말의 형태론』, 샘문화사.

Barcelona, A. (2000가), Introduction: The Cognitive Theory of Metaphor and Metonymy, in Barcelona *ed.* (2000), 1-28.

Barcelona, A. (2000나), On the Plausibility of Claiming a Metonymic Motivation for Conceptual Metaphor, in Barcelona *ed.* (2000), 31-58.

Barcelona, A. *ed.* (2000), *Metaphor and Metonymy at the Crossroads: A Cognitive Perspective,* Mouton de Gruyter.

Brinton, L. (1988), *The Development of English Aspectual Systems: Aspectualizers and Post-Verbal Particles,* Cambridge University Press.

Cui Chao (2011), 조건 연결어미의 의미에 대한 연구: '-으면, -거든, -아야'를 중심으로, 아주대학교 대학원 석사학위논문.

Evans, V. & M. Green (2006), *Cognitive Linguistics: An Introduction,* Edinburgh University Press. [임지룡 · 김동환 역(2008), 인지언어학 기초, 한국문화사.]

Evans, V. (2009), *How Words Mean: Lexical Concepts, Cognitive Models, and Meaning Construction,* Oxford University Press.

Geeraert, D. (2010), *Theories of Lexical Semantics,* Oxford University Press.

Gibbs, R. W. Jr. (1994), *The Poetics of Mind: Figurative Thought, Language, and Understanding,* Cambridge University Press.

Heine, B., U. Claudi & F. Hűnnemeyer (1991가), *Grammaticalization: A Conceptual Framework.* University of Chicago Press.

Heine, B., U. Claudi & F. Hűnnemeyer (1991나), From Cognition to Grammar: Evidence from African Language, in Traugott & Heine *eds.* (1991), 149-187.

Hopper, P. J. & E. C. Traugott (1993/2003), *Grammaticalization*, 2nd *edition*, Cambridge University Press.

Kövecses, Z. (2002/2010), *Metaphor: A Practical Introduction*, 2nd *edition*, Oxford University Press.

Lakoff, G. & M. Johnson (1980), *Metaphors We Live by*, University of Chicago Press.

Panther, K. & G. Radden *eds.* (1999), *Metonymy in Language and Thought*, John Benjamins Publishing Company.

Peirsman, Y. & D. Geeraerts (2006), Metonymy as a Prototypical Category, *Cognitive Linguistics 17*, 269-316.

Radden, G. & Z. Kövecses (1999), Toward a Theory of Metonymy, in Panther, & Radden *eds.* (1999), 17-59.

Saeed, J. I. (1997/2009), Semantics, *3rd edition*, Wiley-Blackwell.

Sweetser, E. (1990), *From Etymology to Pragmatics: Metaphorical and Cultural Aspects of Semantic Structure*, Cambridge University Press.

Traugott E. C. & R. B. Dasher (2002), *Regularity in Semantic Change*, Cambridge University Press.

Traugott, E. C. & B. Heine *eds.* (1991), *Approaches to Grammaticalization Volume 1: Focus on Theoretical and Methodological Issues*, John Benjamins Publishing Company.

Traugott, E. C. & E. König (1991), Semantics-Pragmatics of Grammaticalization Revisited, in Traugott & Heine *eds.* (1991), 189-218.

Ullmann, S. (1962), *Semantics: An Introduction to the Science of Meaning*, Basil Blackwell.

한국어 관형사형 어미의 의미 기능과 그 문법 범주

1. 서론

본고는 한국어의 관형사형 어미 '-은'과 '-을'의 의미 기능을 '현실'과 '비현실'의 대립으로 파악하는 논의의 정당성을 확인하고, 이들이 구현하는 문법 범주가 한국어 양태 체계에서 어떠한 위치를 차지하는지를 고찰하는 것을 목적으로 한다.[1)]

관형사형 어미의 의미기능에 대해서는 이미 많은 논의가 이루어졌다. 그러나 '-은'과 '-을'의 의미는 시제(tense), 상(aspect), 양태(modality)의 전 영역에 걸쳐 있어서 그것이 어떤 문법 범주에 속하는지를 규정하는 것이 매우 어려웠다. 다음 예를 보자.

(1) 가. 영희가 입은 옷이 아름답다.
　　나. 철수가 읽는 책을 나도 읽고 싶다.
　　다. 이것은 아이들이 좋아할 선물이다. (임홍빈 · 장소원 1995: 416)

(2) 가. 지금 신나게 놀고 있을 놈들이 부럽군요.
　　가'. 이제는 다 자랐을 손자 놈이 보고 싶다.
　　나. 갈 사람은 가고 있을 사람은 있자. (이익섭 · 임홍빈 1983: 194)

---

1) '-은', '-을' 외에도 '-는', '-던'을 모두 관형사형 어미로 보는 견해도 있으나 본고는 관형사형 어미의 기본적인 형식은 '-은'과 '-을'이라고 전제하며(남기심 · 고영근 1985/1993: 159), '-는'과 '-던'은 각각 '현재 비완결'의 '-느-'와 '과거 비완결'의 '-더-'에 '-은'이 결합한 형식이라고 본다.

시제의 측면에서 보면 (1가)의 '-은'은 과거시제를, '-느-'에 '-은'이 결합한 (1나)의 '-는'은 현재시제를, (1다)의 '-을'은 미래시제를 표시하는 것으로 기술될 수 있다(임홍빈 · 장소원 1995: 416).[2] 그러나 양태의 측면에서는 '-은'은 무표적인 관형사형 어미이고, '-을'은 '추측'이나 '의도'를 표시하는 것으로 기술될 수 있다(이익섭 · 임홍빈 1983: 194, 고영근 2004: 220). 즉 (2가)의 '-을'은 '추측'의 의미를 나타내고 (2나)의 '-을'은 '의도'를 나타낸다고 기술될 수 있다. (2가')처럼 '-었-'이 '-을'에 선행할 수 있는 예는 '-을'이 시제 범주가 아니라는 증거로 이용되었다. 이와는 조금 다른 관점에서, 심재기(1979/1982), 서태룡(1980: 114), 안명철(1983: 20)에서는 '-은'과 '-을'이 '결정성' 혹은 '확실성' 자질과 관련한 인식 양태적인 대립을 가진다고 하였다. 한편 나진석(1965/1971: 83)에서는 '-을'이 서법, 시제적 의미와 동시에 상적 의미도 가지고 있다고 하면서 '-을'이 '나아감'의 의미를 표현한다고 보았다.[3] 이와 같이 관형사형 어미의 의미는 시제, 상, 양태의 어느 측면에서도 파악될 수 있기 때문에 '-은'과 '-을'의 의미 성격이 정확히 어떤 것인지에 대해서는 결론을 유보한 채, '-은', '-을' 및 선어말어미 결합형인 '-는', '-던', '-었던' 등이 표현하는 의미가 결과적으로 시제, 상, 양태적으로 어떤 의미에 가까운지를 기술한 논의도 많았다.

최근의 연구에서는 양태 혹은 서법에 대한 유형론적 논의에서 사용하는 '현실(realis)'과 '비현실(irrealis)'의 개념을 도입하여 '-은'과 '-을'의 대립을 기술하는 경우가 많다(Lee 1991: 77~78, 최동주 1995: 271, 박재연

---

2) 물론 '-은'이 과거시제를 표시한다는 것은 '-은'이 동사에 결합하는 경우에 해당되는 진술이다. '-은'이 형용사에 결합하면 현재시제를 나타낸다. 그런데 '-은'과 '-을'이 '현실'과 '비현실'의 대립을 표현한다고 보는 본고의 입장은 이들이 동사에 결합하는 경우와 형용사에 결합하는 경우 모두에 해당된다. 이들이 시제 해석에서 차이를 가지는 것은 동사만이 '현재 비완결'을 표시하는 '-느-'를 취할 수 있어서 형용사와는 다른 시제적 대립을 가지기 때문으로 본다.

3) 나진석(1965/1971)은 한국어의 시제(이 논문의 용어로는 "때매김")는 '상+서법+좁은 뜻의 때매김'의 구조로 이루어지며(131면), 관형사형 어미 '-을'은 서법적으로 '서상'의 범주에 속하면서 '이적'의 시제적 기능과 '나아감'의 상 기능을 함께 가진다고 보았다(81면).

2004/2006: 101, 문숙영 2005: 206, 임동훈 2008: 240). 이는 '-은'과 '-을'이 '결정성' 혹은 '확실성'의 대립을 가진다고 본 심재기(1979/1982) 등의 논의와 맥을 같이 한다. 그러나 이 논의들에서는 '-은'과 '-을'이 '현실'과 '비현실'의 대립과 관련된다는 단편적인 지적이 있었을 뿐 그 범주적 특성이 본격적으로 논의되지는 않았다.[4] 따라서 본고는 '현실'과 '비현실'의 대립이 관형사형 어미 기술에 유효하다는 전제를 논의의 출발점으로 삼고서 한국어의 '-은', '-을'이 표현하는 '현실'과 '비현실'의 의미 속성이 구체적으로 어떤 성격을 가지는지를 논의하고자 한다.

2장에서는 관형사형 어미의 의미를 '현실', '비현실'과 관련한 대립으로 파악한 기존의 논의와, 유형론 논의에서 '현실'과 '비현실'의 의미 속성을 사용하는 방식을 검토하고 관형사형 어미가 '현실'과 '비현실'의 관점에서 어떠한 성격을 가지는지를 생각해 본다. 3장에서는 '-을'이 표현하는 '비현실'의 의미와 '-겠-'이 표현하는 '추측' 혹은 '의도'의 의미 속성이 어떠한 차이를 가지는지를 알아본다. 4장에서는 '현실'과 '비현실'의 의미 속성이 어떤 문법 범주에 속하는지, 그리고 그것이 만약 양태라면 관형사형 어미가 한국어 양태 체계에서 가지는 의미론적 위치는 무엇인지를 논의한다.

2. 관형사형 어미 '-은', '-을'과 '현실', '비현실'의 대립

'-은', '-을'을 '현실'과 '비현실'의 대립으로 파악하는 전통은 심재기(1979/1982: 341)에서부터 찾을 수 있다. 이 논의에서는 한국어에서 명사형 어미 '-음'과 '-기'가 [+결정성]과 [-결정성]의 대립을 보이는 것과 마찬가지로 관형사형 어미 '-은'과 '-을'도 [+결정성]과 [-결정성]의

---

4) 박재연(2004/2006: 101)에서는 '-은'과 '-을'이 '현실'과 '비현실'의 대립으로 파악된다고 보았으나 이 의미를 양태에 포함시켜야 하는지에 대해서는 결론을 유보하였고 그 성격에 대해서도 자세히 논의하지 못하였다. 본고는 그때 과제로 남긴 문제에 대한 후속 연구이다.

대립을 보인다고 하였다.[5] 안명철(1983: 20, 28, 29)에서도 이를 받아들여 '-은'과 '-을'이 [+확실]과 [-확실]의 대립을 가지는 것으로 기술하였다. 단정문은 화자의 Wt(epistemically transparent world, 인식적 투명세계)의 세계의 사건을 지시하고 추정문은 Wo(epistemically opaque world, 인식적 불투명세계)의 사건을 지시하는데, '-은'이 이끄는 관형사절은 단정문과, '-을'이 이끄는 관형사절은 추정문과 성격이 동일하다고 보았다. 즉 '-겠-'과 '-을'은 사건이 Wo의 것임을 보이는 기능을 가진다고 하였다.

'현실'과 '비현실'이라는 용어가 직접 사용되기 시작한 것은 Lee (1991: 78)에서부터이다. 이 논의에서는 '-은'은 '현실 관형사형 표지(realis attributive marker)'로서 실제 상황을 표현하는 데 쓰이고 '-을'은 '비현실 관형사형 표지(irrealis attributive marker)'로서 어떤 기준시에서 일어나지 않고 나중에 일어날 수 있는 상황을 표현하는 데 쓴다고 하였다. 문숙영(2005: 210)에서도 '-은'과 '-을'의 의미는 '현실'과 '비현실'의 대립으로 파악되었다. 이 논의에서는 '-을'이 출현하는 환경을 보다 세밀하게 관찰하여 이를 '예정된 미래, 미발생, 의지 미래, 발생 가능성, 추측'의 다섯 가지로 분류하였다. 그리고 이러한 의미들은 '비현실'로 분류되었던 서법의 의미 특성이므로 '-을'의 의미 기능으로는 '비현실'이 가장 유력하다고 하였다. 이러한 기술은 임동훈(2008)에서도 대체로 받아들여졌다.[6]

1장에서 언급하였듯이 비교적 최근 논의에서 등장한 '현실'과 '비현

---

5) 심재기(1979/1982)에서 '결정성'의 대립은 인식 양태적(이 논의의 용어로는 '인식 양상적') 의미로 제시되었으나 상적(aspectual) 의미와 양태적 의미가 분명히 구별되지 않고 있다. "'-은'은 인식 양상의 기정상([+결정성])과 시상의 [+완료성]을 나타내는 관형화소이며, '-을'은 인식 양상의 미정상([-결정성])과 시상의 [-완료성]을 나타내는 관형화소이다(348면)."라는 기술에서 이를 알 수 있다. 이러한 인식에는 한국어의 시제, 상, 양태 범주가 본래 완전히 독립적으로 구현되지 않는다는 점과 당시 국어학계에 시제, 상, 양태의 범주 인식이 명확하지 않았던 두 가지 원인이 모두 작용한 듯하다.

6) 단 임동훈(2008)에서는 '서실법'과 '서상법'이라는 번역어를 채택하였다.

실'의 구별은 유형론 논의의 'realis'와 'irrealis'의 구별을 한국어에 적용한 것이다.[7] 이 구별은 특히 북아메리카 원주민어와 파푸아 뉴기니어 등에서 발견되는 범주적 대립을 기술하기 위해 도입되었다(Chafe 1995, Mithun 1995, 1999, Palmer 2001 등 참조). 이 구별은 사건을 실제(real) 사건과 비실제(unreal) 사건으로 나눈다. Chafe (1995), Palmer (2001), de Haan (2006) 등에서 여러 차례 거론된 Caddo 어의 경우를 살펴보면 이 언어는 전형적인 포합어로서 사건의 참여자(논항)를 가리키는 대명사적 접두사(pronominal prefix)가 동사에 붙는데 이 대명사적 접두사가 인칭과 격, 그리고 현실성 자질에 따라 구별된다. 즉 '판정 의문, 부정, 금지, 의무, 조건, 가장(假裝, simulative), 드문 발생(infrequentative), 놀람'[8] 등에서 사용되는 표지와 그 외의 상황에서 사용되는 표지가 구별된다. 가령 판정의문문에는 비현실 표지가 사용되고 설명의문문에서는 현실 표지가 사용된다. 판정 의문문은 그 사건이 실제로 일어났는지 어떤지에 대한 지식이 결여되어 있어 비현실 표지가 사용되지만 설명의문문에서는 어떤 사건이 있었음을 전제하고 참여자의 정체에 대해서만 묻기 때문에 현실 표지가 사용되는 것이다(Chafe 1995: 354). 이 언어는 모든 동사가 필수적으로 현실 혹은 비현실의 표지를 가지는 셈이므로 현실성 자질이 전면적으로 표시되는 언어라 볼 수 있다.

'현실'과 '비현실'의 대립은 여러 유형론 논의에서 유용하게 이용되어 왔다. 그러나 한편에서는 이 의미 속성이 지나치게 폭넓고 모호하여 '미래, 명령, 부정, 조건' 등 이질적인 여러 범주들을 한데 묶는 문제가

7) '현실성'의 개념은 Kiparsky & Kiparsky (1971)에서 논의된 사실성(factivity)과 기본적으로 성격이 같다. '사실성'이 주로 종속절이 가지는 전제(presupposition)를 논할 때 사용된 관행이 있을 뿐이다. 이와 관련하여 사용되는 'actual, non-actual', 'real, unreal' 등도 기본적으로 같은 개념이다. 이에 대한 용어 정리는 Li (2003: 25) 참조.

8) '가장'은 영어로 'as if'가 표현하는 상황을, '드문 발생'은 'seldom'이 표현하는 상황을 가리킨다.

있고, '현실'과 '비현실'로 다루어진 문법 요소들이 많은 경우 단언과 비단언의 구별을 표시할 뿐 실제 세계와의 대응 관계를 표현하는 것은 아니라는 의견도 제시되었다(Bybee *et al.* 1994: 236~240, de Haan 2006: 41). 또한 어떤 언어에서 비현실로 표시되는 구성이 다른 언어에서는 현실로 표시되는 경우도 많다(Mithun 1995: 367). 그러나 Chafe (1995: 351)에서는 이는 유럽어적인 편견이라며 이 범주의 가치를 옹호하였고, Givǒn (1995), Palmer (2001)은 '현실'과 '비현실'의 대립을 양태 논의에 더욱 적극적으로 도입하였다.[9)]

이 구별이 자칫 혼란을 야기할 수 있는 면이 있는 것은 사실이지만[10)] 한국어의 관형사형 어미는 '현실'과 '비현실'의 이원적(binary) 대립을 분명하게 보이는 전형적인 사례라고 판단된다. 북아메리카 원주민어의 하나인 Alsea 어의 경우 두 종류의 보문자(complementizer)를 가지고 있어서 'mis'는 현실 절에 사용되고 'sis'는 비현실 절에 사용되는 것처럼(Mithun 1999: 175), 한국어에서는 현실 관형사형 어미와 비현실 관형사형 어미가 존재한다고 볼 수 있다.

(3) 가. 수경이는 내 강의를 들은 학생이다.
 나. 수경이는 내 강의를 들을 학생이다.
 다. 수경이는 내 강의를 들었을 학생이다.

---

9) Givǒn (1995: 114)에서는 논리적 전통에서의 '필연적 참, 사실적 참, 가능적 참, 거짓'은 차례로 '전제, 현실 단언, 비현실 단언, 부정 단언'으로 재정의될 수 있다고 본다. Palmer (2001: 188~191)에서 Bybee *et al.* (1994)가 '현실, 비현실' 대립의 범주적 가치를 의심한 것에 대한 비판이 이루어졌다.

10) Chafe (1995)에서는 유형론 논의에서의 현실성 범주를 옹호하면서 영어에서도 이 범주가 관여하는 면이 있다고 주장하는데 이는 오히려 혼란을 야기하는 면이 없지 않다. 가령 "Did you buy a book?"이나 "I didn't buy a book."과 같은 문장에서 'a book'은 비특정적(non-specific) 의미로 해석되며 이러한 비특정적 해석은 판정 의문이나 부정, 미래와 같은 비현실 문맥과 연관된다는 것이다. 그러나 모든 판정 의문문의 목적어 논항이 비특정적 해석을 받아야 하는 것은 아닐 뿐더러 일정한 형식으로 외현되지 않은 의미는 범주적인 가치가 없다.

'-은'과 '-을'의 차이를 '현실'과 '비현실'의 차이로 파악하는 것은 이들의 차이를 이들이 이끄는 명제가 실제 세계에 지시대상(denotatum)을 가지는가, 가지지 않은가로 이해하는 것이다. 가령 (3가)에서 '수경이는 내 강의를 듣-'은 현실 세계에 지시대상을 가지는 명제로 이해된다. 반면 (3나)에서는 이 명제가 현실 세계에 지시대상을 가지는 것으로 간주되지 않았기 때문에 '-을'이 사용된 것이다. (3다)는 과거 시제의 '-었-'이 결합되어 있는데 과거에 대한 사실이지만 현실 세계에 지시대상을 가짐을 의미하지 않기 때문에 '추측'에 가까운 의미로 해석된다. 이는 안명철(1983)에서 '-은'이 인식적 투명 세계를, '-을'이 인식적 불투명 세계를 지시한다고 본 것과도 어느 정도 상통한다.

'-은'과 '-을'의 대립을 '현실'과 '비현실'로 파악하면 시제로 설명되지 않은 예들을 설명할 수 있는 이점이 있다.[11]

(4) 가. 나는 내년에 이 빈터 위에 우리 집이 {*지어지던, *지어졌던, 지어진} 모습을 상상하고 있어.
  나. 나는 네가 내일 이 옷을 {*입던, *입었던, 입은} 모습을 상상하고 있어.
(5) 그 재료는 지은 지 한 달은 지나야 유독가스가 빠지니까 내달에 {*지어지던, *지어졌던, *지어졌을, 지어진} 집에는 그 다음 달에 들어갈 수 있어.

김창섭(1987: 101~103)에서는 (4가, 나)의 예를 들어 '-은'이 미래 시제와 공기할 수 있으므로 과거 시제 형식으로 간주될 수 없다고 주장하였다. 문숙영(2005: 211)에서는 이 주장에 대한 보완이 이루어졌는데, (4가, 나)는 '-은'이 '내년'이나 '내일'을 기준으로 한 상대적 과거로 해석

---

11) '-은'과 '-을'의 의미 기능은 시제로 논의된 전통이 있으나 '-을'이 '-었-'과 결합할 수 있어 미래시제일 수 없다는 점, 상황의 발생을 예정하지 않는다는 점 등을 들어 시제로 볼 수 없다는 의견이 우세하다(문숙영 2005: 208 참조).

될 수 있으므로 그러한 해석을 배제할 수 있는 (5)와 같은 예가 필요하다는 것이다. (5)의 문맥에서는 '-었을'이 결코 사용될 수 없으므로 이때 '-은'이 사용되는 것은 과거 시제로는 결코 기술될 수 없다. 따라서 이때 '-은'은 관형사절이 지시하는 사태가 현실 세계에 존재함을 화자가 가정하기 때문에 사용된 것으로 이해하여야 한다. 이렇게 볼 때 '-은'과 '-을'의 대립을 '현실'과 '비현실'의 대립으로 파악하는 것은 한국어 문법에서 상당한 이점을 가진다.

그렇다면 한국어의 관형사형 어미가 표현하는 '현실'과 '비현실'의 구별은 어떤 특징을 가지는가? 첫째, 한국어의 '현실'과 '비현실'은 독자적으로 표시된다. Palmer (2001: 145)에서는 여러 언어에서 나타나는 '현실'과 '비현실' 표시를 '연결 표시(joint marking)'와 '비연결 표시(non-joint marking)'로 나누었다. 가령 Amele 어에서는 미래 표지가 나타날 때 언제나 '비현실' 표지가 함께 나타난다. 이는 '비현실' 범주가 다른 문법 범주와 결부되어 나타나는 연결 표시 방식의 예이다.[12] 반면 Muyuw 어의 '비현실' 표지는 독자적으로 미래를 지시할 수 있기 때문에 비연결 표시 방식의 예가 된다. 한국어의 관형사형 어미는 '비연결' 표시 방식에 해당한다고 볼 수 있다. '미래, 조건, 부정' 등 개념적으로 '비현실'의 속성을 표시하는 표지가 출현할 때 일정한 표지가 공기하는 것이 아니라, '-은'과 '-을'이 그 자체로 '현실'과 '비현실'을 표현하기 때문이다.

둘째, 한국어의 '현실'과 '비현실' 구별은 관형사형 전성이라는 별도의 통사 기능에 결부되어 출현하며, 그 결과 국부적으로만 존재한다. '-은, -을'이 담당하는 일차적인 통사적 기능은 자신이 이끄는 절을 관형사형으로 만드는 것이다. 앞에서 본 Caddo 어와 같이 모든 동사가 '현실', '비현실'과 관련한 표지를 가져야 하는 언어와 비교하면 한국어의 '현실'과 '비현실'의 구별은 주절에서는 특별한 표지를 가지지 않고 관형사

12) 연결 표시 방식의 경우 비현실 표지는 의미론적으로 잉여적이다(Palmer 2001: 157).

절 혹은 명사절에서만 표지를 가지므로 국부적으로 표시된다고 할 수 있다.[13)]

셋째, 관형사형 어미가 한국어에서 '현실'과 '비현실'의 표지 역할을 하는 것은 아니다. 모든 '비현실' 환경에서 일정한 '비현실' 표지가 나타나는 것은 아니기 때문이다. '비현실'의 속성을 가지는 문법적 문맥은 '미래 시제, 부정, 비평서 화행(non-declarative speech act), 비사실 동사의 보문, 조건, 양보 등의 종속절' 등 매우 다양하다(Chung & Timberlake 1985: 206, Givón 1995: 115 참조). 그러나 한국어에 이러한 문맥을 일관되게 표시하는 표지가 존재하는 것은 아니다.

3. '-을'과 '-겠-'의 의미 기능 비교

2장에서는 '-은'과 '-을'의 의미를 유형론적 술어인 '현실'과 '비현실'로 기술할 수 있음을 확인하였다. 그런데 1장에서 언급하였다시피 관형사형 어미 '-을'의 의미 기능은 선어말어미 '-겠-'과 같이 '추측'이나 '의도'로 기술된 적이 많았다. 반대로 선어말어미 '-겠-' 역시 발생하지 않은 사건에 쓰이므로 '비현실'의 의미 속성을 가진다고 볼 수도 있다. 이 장에서는 '-을'의 '비현실'의 의미가 '-겠-'의 '추측' 혹은 '의도'의 의미와 어떤 차이를 가지는지를 알아본다.[14)] 이는 '-을'의 의미를 '추측'이나 '의도'로 기술하지 않고 '비현실'로 기술하여야 하는 정당성을 확인

---

13) 심재기(1979/1982), 임동훈(2008)을 따라 명사형 어미 '-음', '-기'의 대립도 현실과 비현실의 대립으로 본다면 명사절에서도 '현실'과 '비현실'의 대립이 나타난다고 볼 가능성이 있다.

14) 선어말어미와 관형사형 전성어미의 의미 비교는 그 자체로 성립하지 않는다고 의문을 제기할 수도 있다. '-겠-'과 '-을'의 의미를 비교하는 것은 예컨대 연결어미 '-어서'와 '-니까'의 의미를 비교하는 것과는 다른 문제이다. 본고는 동일한 품사적 지위를 가진 두 형식의 의미를 비교하려는 것이 아니라 서로 유관한 의미를 가지면서 상이한 품사적 지위를 가지는 두 형식을 대상으로 그 의미론적 성격이 어떠한 차이를 가지는지를 밝히려는 것이다. 박재연(2003)은 이와 같은 맥락에서 종결어미 '-을래'와 우언 형식 '-으려고 하-'의 의미론적 성격을 비교한 바 있다.

하는 작업이기도 하다.

(6) 가. 지금 그 놈들은 신나게 놀고 있겠다.
가'. 어제 그 놈들은 신나게 놀고 있었겠다.
나. 나는 여기 있겠다.

(7) 가. 지금 신나게 놀고 있을 놈들이 부럽군요.
가'. 이제는 다 자랐을 손자 놈이 보고 싶다.
나. 갈 사람은 가고 있을 사람은 있자. (이익섭 · 임홍빈 1983: 194)

선어말어미 '-겠-'은 문맥에 따라 '추측' 혹은 '의도'의 양태 의미를 갖는 것으로 기술되어 왔다. (6가, 가')의 '-겠-'은 '추측'의 의미를, (6나)의 '-겠-'은 '의도'의 의미를 표현한다. 그런데 이익섭 · 임홍빈(1983: 194), 서정수(1994: 1181)에서는 '-을'도 '-겠-'처럼 '추측'이나 '의도(이 논의들의 용어로는 '의지')'를 나타내는 요소라고 보았다. (7가)가 현재의 일을 표현하고 (7가')은 과거의 일을 표현함에도 불구하고 '-을'이 사용된 것을 보면 '-을'은 미래 시제를 표현하지 않고 '추측'을 표현한다고 볼 수 있다. 한편 (7나)의 '-을'은 '의도'의 의미를 나타낸다. 이는 언뜻 (6가~나)의 '-겠-'이 용법과 평행한 것처럼 보인다.[15)]

그러나 본고는 '-겠-'과 '-을'의 의미가 상당한 차이를 가진다고 본다. 그 이유는 다음과 같다. 첫째, '-겠-'은 명제 내용을 대상으로 한 화자의 수행적 행위를 나타내지만 '-을'은 명제 자체의 성격을 나타낸다. 즉 '-을'은 화자의 명제에 대한 추측을 표현하는 것이 아니라 단지 명제 내

15) 이와 유사한 논의는 고영근(2004: 221), 고영근 · 구본관(2008: 392)에서도 발견된다. 단 이 논의에서는 '-을'이 '-으리-'와 연관되는 것으로 보았다. 김차균(1999: 108)에서는 '-을'을 '-겠-'의 변이 형태라고 보았고, 박병선 · 박진호(1999)에서도 '-을'이 '-겠-'과 마찬가지로 '사실 판단의 유보'를 나타낸다고 보았다. 한편 '-겠-'과 '-을'의 미세한 의미론적 차이를 지적한 논문도 있다. 최동주(1995: 281)에서는 '-을'은 "내일 떠날 철수에게 그런 일을 시키면 어떡하니?"와 같은 예에서 예정된 미래 상황에 사용될 수 있으나 '-겠-'은 예정된 미래 상황에 쓰일 수 없다고 보았다. "철수는 내일 {떠난다, ?떠나겠다}."의 문맥에서 '떠나겠다'는 잘 쓰이지 않는다고 하였다.

용이 실제 세계에 지시대상을 가지지 않음만을 표현한다(박재연 2004/2006: 100).

(8) 가. 지금 부산에는 비가 오겠다.
　나. 지금 비가 올 부산
　다. 지금 비가 올 것 같은 부산

(8가)에서 '-겠-'은 화자의 추측을 표현한다. (8나, 다)는 (8가)를, '부산'을 표제 명사로 하는 관계관형사절로 만들어 본 것이다. 그런데 필자의 직관으로는 (8가)의 화자의 추측이 온전히 보존된 관형사절은 '-을'이 사용된 (8나)가 아닌 '-을 것 같은'이 사용된 (8다)라고 판단된다. 즉 '-겠-'은 '추측'이라는 화자의 수행적 행위를 표현하지만 '-을'만으로는 이러한 수행적 행위가 표현되지 않으며 화자의 추측을 온전하게 표현하기 위해서는 '-을 것 같-'이라는 우언 형식이 필요하다는 것이다.[16) (8나)에서 '-을'은 단지 명제가 지시하는 사태가 실제 세계에 존재한다고 가정하지 않음을 표시한다고 본다.[17) 일찍이 장경희(1985: 131)에서는 '-겠-'이 표현하는 의미는 '짐작'이고 '-을'이 표현하는 의미는 '불확실성'이라고 하면서 "불확실한 사실은 짐작의 행위를 통하여 알게 된 사실, 곧 짐작 행위의 결과로 얻은 정보"라고 하였다. 본고의 관점에서 이러한 주장은, '-겠-'이 표현하는 '짐작'은 화자의 수행적 행위이고 '-을'이 표현하는 '불확실성'은 정보의 속성이라는 차이점을 지적한 것으로

16) "*비가 오겠는 부산"은 일반적으로 성립하지 않는 것으로 받아들여진다.

17) Foley & van Valin (1984: 213~215)에서는 기존의 논의에서 서법 혹은 양태가 세 가지 다른 용법으로 사용되어 왔다고 하였다. 발화수반력과 관련한 화행, 사건의 실현성(actuality)을 표시하는 위상(status), 행위자와 사건의 완성 사이의 관계에 대한 화자의 평가를 표현하는 양태가 그것이다[이 부분은 임동훈(2008: 219~220)에서도 인용되었음]. 관형사형 어미의 의미는 이 중 명제의 실현성에 대한 지위를 표현하는 '위상' 범주에 가깝다. '-겠-'이 명제에 대한 화자의 판단을 나타내는 반면 '-을'이 명제 자체의 성격을 나타낸다는 박재연(2004/2006: 100)의 주장은 임동훈(2008)에서도 받아들여졌다.

이해된다.

이렇게 볼 때 '-을'의 의미는 '-겠-'의 의미의 일부분에 대응한다. '추측'이나 '의도'는 '비현실' 명제를 대상으로 한 수행적 행위이기 때문이다. '추측'은 '비현실' 명제에 대한 화자의 판단이고 '의도'는 '비현실' 명제를 실현시키고자 하는 화자의 조건 부과이다.

위에서 든 '-을 것 같-' 외에도, 관형사형 어미 '-은'이나 '-을'을 포함하면서 '-겠-'과 유사한 양태적 의미를 표현하는 다양한 우언 형식이 존재한다는 것도 '-을'의 의미가 '-겠-'의 의미의 일부분에 대응한다는 주장에 대한 근거가 된다. 만약 '-을'과 '-겠-'이 관형사형 전성어미와 선어말어미라는, 각각의 통사적 지위와 관련한 차이를 제외하고 그 의미가 완전히 같다면, '-겠-'과 유사하게 '추측'을 표현하는 '-은/을 것 같-', '-은/을 듯하-', '-은/을 성싶-' 등 다양한 우언 형식의 존재를 설명할 수 없을 것이기 때문이다.

(9) 가. 서울에 비가 오겠다.
　　나. 서울에 비가 올 것 같다.
　　다. 서울에 비가 온 것 같다.

(9가)에서 '-겠-'과 유사한 기능을 가지는 것은 (9나)의 '-을 것 같-' 구성 전체이지, '-을'이 아니다. 가령 (9나)에서 '-을'이 '-겠-'의 의미에 대응되는 '추측'의 의미를 표현한다면 다시 추측의 의미와 유관한 '것 같-'을 필요로 하는 것은 이상한 일이다. 또한 '-을'에 대립되는 의미를 표현하는 '-은'이, (9다)에서와 같이 '것 같-'과 결합하는 것은 더더욱 이상한 일이다. 이를 통해 '-을'의 의미는 '-겠-'의 의미의 일부분에 대응될 뿐 '-겠-'에 온전히 대응하는 것은 아니라는 사실을 알 수 있다.[18]

---

18) 임동훈(2008: 241)에서 지적한 바와 같이 '-을'은 형용사에 결합하는 빈도가 매우 낮고 나타나더라도 조건절을 안은 관형사절("머리를 묶으면 예쁠 영희")에서 주로 출현한다. 이 논의에서는 형용사는 주어진 상태를 기술하기 때문에 '비현실'의 의미 속

둘째, '-겠-'은 의미론적으로 중의성(ambiguity)을 가지지만 '-을'은 모호성(vagueness)을 가진다.

(10) 가. 내가 부산에 가겠다.
　　나. (아무래도 이번에는) 내가 부산에 가겠다.
　　다. 내가 (꼭) 부산에 가겠다.

(11) 가. 자네가 떠날 날은 언제인가?
　　나. 오늘 저녁에 밥 먹을 사람은 몇 사람이나 되니?

'-겠-'이 '추측'과 '의도'의 의미를 표현한다면 (10가)는 두 가지 의미를 모두 표현할 수 있다. 이러한 중의성은 문맥에 의해 해소된다. '-겠-'은 (10나)의 문맥에서는 '추측'의 의미로, (10다)의 문맥에서는 '의도'의 의미로 해석된다. 그런데 (11가, 나)의 경우는 어떠한가? (11가)는 '자네가 떠날 것 같은 날이 언제인가'와 같은 '추측'의 의미로 해석될 수도 있고 '자네가 떠나고자 하는 날이 언제인가'와 같은 '의도'의 의미로 해석될 수도 있다. 그런데 이러한 중의성이 문맥에 의해 해소된다고 보기는 어렵다. 실제로 어느 쪽으로 해석되든 상관없기 때문이다. 실제 담화 상황을 상정해 보자. (10가)를 들은 청자는 이것이 (10나)의 의미인지 (10다)의 의미인지를 궁금해한다. 그러나 (11가, 나)를 들은 청자는 이것이 추측의 의미인지 의도의 의미인지를 궁금해하지 않는다. '자네가 떠남'이라는 사태가 현실 세계에 지시대상을 가지지 않음을 이해하는 것으로 족하다. 이는 '-을'의 의미가 '추측'이나 '의도'로 나누어지지 않은 미명세된(unspecified) 의미를 가지기 때문이다.[19)]

성과 잘 어울리지 않는 것이라고 하였다. 그런데 선어말어미 '-겠-'은 물론이고 '-을 것 같-', '-을 성 싶-' 등의 '추측' 표현은 형용사 결합에 전혀 제약이 없다. 이 사실 역시 '-을'의 '비현실'의 의미와 '-겠-' 등이 표현하는 '추측'의 의미론적 성격이 구별됨을 뒷받침한다.

19) "지금쯤 노인이 되었을 그 친구"에서와 같이 '-었-'에 '-을'이 결합한 경우 '-을'에서 시제적 의미는 읽을 수 없고 오직 '추측'의 양태 의미만이 부각된다. 이는 명시적인 시제 요

2장에서 인용한 바와 같이 문숙영(2005: 210)에서는 '-을'이 출현하는 환경을 '예정된 미래, 미발생, 의지 미래, 발생 가능성, 추측'의 다섯 가지로 분류하였다. 그런데 이 구별 역시 그다지 분명하지는 않다.

(12) 가. 이 사람이 바로 나와 결혼할 사람이야.
나. 큰 비가 내려줄 날만을 기다려.
다. 내가 갈 학교야. 꼭 입학허가서를 받고야 말겠어.
라. 그런 소식을 전하면 그 사람은 돌아올 사람이야.
마. 애를 잘 돌봐줄 사람이더라.

문숙영(2005: 210)에서는 (12가)는 '예정된 미래 상황', (12나)는 '아직 발생하지 않은 상황', (12다)는 '의지 미래 상황', (12라)는 '앞으로 발생할 가능성이 있다고 여겨지는 상황', (12마)는 '추측의 상황'에서 '-을'이 사용되었다고 기술하였다. 그러나 이러한 구별은 결코 명료하지 않다. (12가)는 '예정된 미래'라고도 볼 수 있지만 '의지'로도 볼 수 있다. '나와 결혼하려고 하는 사람'의 해석도 가능하기 때문이다.[20] (12라)는 뒤 문맥에 따라 '추측' 해석도, '예정' 해석도 받을 수 있다. '그 사람은 돌아올 것 같은 사람이야'로 해석될 수도 있고 '돌아올 예정인 사람이야'로 해석될 수도 있다. 여기서 중요한 것은 이러한 중의성 해소가 필수적이지 않다는 것이다. 이는 '-을'의 의미가 시제, 상, 양태로 구체화되기 이전의 미분화된, 모호한 의미라는 것을 말해 준다.

셋째, '-겠-'은 화자의 주관적 선택에 의해 사용될 수도 있고 사용되지 않을 수도 있다. 그러나 '-을'은 온전히 화자의 주관적 태도에 의해 선택되는 것이 아니라 통사적 요구에 의해 선택될 때가 많다.

소인 '-었-'이 결합함으로써 '비현실'의 모호한 의미가 양태 쪽으로 명세화되기 때문이라고 이해된다.

20) 문숙영(2005: 209, 각주 10)에서도 이러한 해석 가능성을 배제하지 않았다.

(13) 가. 허리가 이렇게 아픈 걸 보니 내일 보나마나 비 온다.
나. 허리가 이렇게 아픈 걸 보니 내일 보나마나 비 오겠다.

(14) 가. 그때 공부를 열심히 {할, *한} 필요가 있었다.
나. 미국에 {온, *올} 지 삼 년이 지났다.
다. 그가 {*떠난, 떠날} 리가 없다.

동일한 명제에 대해 화자는 자신의 주관적 선택에 따라 (13가)와 같이 말할 수도 있고 (13나)와 같이 말할 수도 있다. 그러나 (14가~다)를 살펴보면 '-은'을 사용하느냐 '-을'을 사용하느냐는 화자가 결정할 수 있는 문제가 아니다. '-을'의 선택은 오히려 통사적 필요에 따르는 듯 생각된다.[21] 이는 인구어에서 양태 조동사를 사용하는 것은 주관적 선택에 달려 있지만 서법적 구별 혹은 '현실'과 '비현실'의 대립은 필수적 범주의 성격을 띠는 점과도 연관된다.

이상의 논의를 통하여 '-겠-'이 나타내는 '추측' 혹은 '의도'의 양태 의미와 '-을'의 '비현실'의 의미는 차이가 있음을 확인할 수 있다. '-겠-'이 명제 내용에 대한 화자의 수행적 행위를 나타내는 데 비해 '-을'은 명제 자체의 성격을 나타내며 '-을'이 나타내는 '비현실'은 '추측'이나 '의도'의 일부 속성일 뿐 동일시될 수 없다는 점, '-을'은 시제나 양태로 분화되기 이전의 모호성을 가진 의미를 보여 주며 '-겠-'과 달리 화자의 주관적 선택이 아닌 통사적 필요에 의해 사용된다는 점 등을 논의하였다. 이를 통해 '-을'의 의미를 '추측'이나 '의도'가 아닌 '비현실'로 기술하여야 하는 정당성을 확인하였다.

21) 일찍이 고영근(1970)에서는 형식명사를 분류하면서 선행 요소에 따라 '-은', '-는'과만 결합되는 것('김, 때문, 체'), '-는'과만 결합하는 것('등, 말, 말씀, 바람, 통, 품'), '-은'과만 결합하는 것('깐, 지, 채, 폭'), '-을'과만 결합하는 것('나름, 나위, 녘, 따름, 리, 법, 수') 등으로 나눈 바 있다.

4. '현실', '비현실' 대립의 양태 체계 내에서의 위치

관형사형 어미 '-은, -을'이 '현실'과 '비현실'의 대립 관계를 표현하며, '-을'의 의미 기능이 '-겠-' 등의 추측 표현이 가지는 의미 영역과 구별된다고 할 때 남은 문제는 이들이 한국어 문법 체계에서 어떠한 위치를 차지하느냐 하는 것이다. 즉 '현실'과 '비현실'의 대립이 양태 체계에 존재하는 대립인지, 만약 그렇다면 양태 중 어떤 하위 부류에 속하는지 등의 문제를 검토할 필요가 있다. 또한 최근 임동훈(2008)에서는 관형사형 어미와 명사형 어미가 표현하는 '현실'과 '비현실'의 대립이 '서법'이라는 별도의 범주를 형성한다고 본바, 이 논의의 정당성에 대해서도 검토하기로 한다.

2장에서 말한 바와 같이 '현실'과 '비현실'은 의미론적으로 시제, 상, 양태는 물론, '부정, 조건, 양보' 등 다른 문법 영역에도 관여하는 속성이다. 그러나 '현실'과 '비현실'의 핵심적 속성은 Chafe (1995: 364)의 지적처럼 양태와 가장 깊은 관련을 가지고 있다. '현실'과 '비현실'이 시제나 상에 관여한다고 해도, 그것이 시제, 상 요소가 표현하고자 하는 핵심적 의미는 아니다. 시제는 사건의 시간적 위치를 지시하는 것이 주된 역할이며 상은 사건의 내적 구성을 지시하는 것이 주된 기능이다. Palmer (2001: 1)에서는 "양태는 사건을 기술하는 명제의 지위에 관련된 것"이라고 하였고 임동훈(2008: 219)에서는 "양태는 명제의 사실성(factuality)과 실현성(actualisation)에 대한 화자의 태도가 표현된 범주"라고 하였다. 이러한 정의에 입각하면 한국어의 관형사형 어미가 표현하는 '현실'과 '비현실'의 대립은 양태의 범위에 속한다고 보게 된다.[22)]

---

22) 박재연(2004/2006)에서는 진정한 양태는 화 · 청자의 수행적 행위를 표현하는 것으로 보았기 때문에 관형사형 어미가 표현하는 문법 범주를 양태의 범위에 포함시키지 못하였다. 임동훈(2008: 240)은 박재연(2004/2006)의 이러한 처리를 비판하면서 관형사형 어미가 표현하는 의미를 양태에 포함시켜야 한다고 주장하였다. 본고는 이 비판을 받아들인다. 이렇게 되면 화 · 청자의 수행적 행위를 표현하는 적극적인 의미뿐 아니라 명제 자체의 성격에 대한 화자의 태도를 전제하는 소극적인 의미까지도 양태 범위에 포함시키게 된다.

'-은'과 '-을'의 현실성 범주가 양태의 일부라면 문제는 그들이 양태 체계 내에서 가지는 위치는 무엇인가 하는 것이다. 전통적으로 양태는 인식 양태와 의무 양태로 분류되었으나 이 분류에 대한 반성이 이루어지면서 양태의 분류 방법에 대한 몇 가지 대안이 제안되었다.[23] 박재연(2004/2006)에서는 인식 양태와 의무 양태의 전통적인 이분법의 정당성을 재확인하고 '의무 양태'를 '행위 양태(act modality)'라는 이름으로 바꾸어 부를 것은 제안하였다.[24] 이는 인식 양태가 '정보 내용으로서의 명제'에 대한 화자의 한정이라면 인식 양태에 대립되는 양태의 하위 부류의 의미 속성인 '당위, 의도, 소망, 능력' 등의 범주가 '행위 내용으로서의 명제'에 대한 화자의 한정이라는 점에 착안한 것이다.

전통적으로 관형사형 어미의 의미는 대개 인식 양태로 이해되어 왔다(심재기 1979/1982, 안명철 1983, 박병선 · 박진호 1999 등). 그러나 3장에서 논의한 바와 같이 관형사형 어미 '-을'이 표현하는 '비현실'은 '추측' 혹은 '의도'로 분화되기 이전 단계의 미분화된 의미를 표현한다. '-을'은 '추측'의 인식 양태적 의미를 표현하기도 하고 '의도'의 행위 양태적 의미를 표현하기도 하나 그것은 문맥에서 결과된 해석의 문제일 뿐 현실성 자체는 인식 양태만의 속성도 아니고 행위 양태만의 속성도 아니다. 실제로 현실성은 인식 양태와 행위 양태 모두에 걸쳐 있는 속성이다. '추측, 가능성, 의무, 소망, 의도' 등의 의미는 '비현실'의 속성을 가지지만 '확실성, 이미 앎, 지각' 등의 의미는 '현실'의 속성을 가진다. 따라서 현실성 범주의 의미 영역은 인식 양태와 행위 양태에 모두 걸쳐져 있지만, 그들과 별도의 범주를 형성한다고 보아야 한다. 범주의 이름은 Chafe (1995)를 참고하면 '현실성 양태(reality modality)' 정도가 될 것이다.[25] 이를 그림으로 나타내면 다음과 같다.

---

23) 이에 대한 연구사적 검토는 박재연(2004/2006: 64~69) 참조.

24) 박재연(2004/2006)의 '인식 양태'와 '행위 양태'의 구별은 Palmer (2001), 문병열(2007)의 '명제 양태(propositional modality)'와 '사건 양태(event modality)'의 구별과 기본 정신이 동일하다.

25) 심사위원 중의 한 분은 '-을'의 의미를 시제, 상, 양태로 구체화되기 이전의 미분화된

현실성 양태	
인식 양태	행위 양태

[그림] 한국어 양태 범주의 하위 부류

즉 현실성 양태는 미분화 양태로서 인식 양태, 행위 양태와 별도의 범주를 구성한다. 인식 양태나 행위 양태가 주절과 접속절에서 보다 광범하게 분포하는 것과 달리 현실성 양태는 관형사절 혹은 명사절 등 내포절에서만 구현되는 특징이 있다. 한국어는 주절과 접속절은 선어말어미와 종결어미를 이용한 매우 다양한 양태 표시 장치를 가지고 있으나 관형사절은 '-은'과 '-을'이 표현하는 '현실'과 '비현실'의 비교적 단순한 양태적 대립만을 가지고 있는 셈이다.

다음으로 관형사형 어미의 의미에 '서법'이라는 이름을 줄 것인가의 문제를 검토해 보자. 한국어 양태 관련 논의에서 '서법'은 많은 혼란을 야기했던 용어였다. '서법'은 본래 인구어 동사 굴절 패러다임이 구별하는 '직설법, 접속법, 명령법, 기원법' 등의 현상에 사용되었기 때문에, 명제에 대한 화자의 심리적 태도를 표현하는 범주와 청자에 대한 화자의 통보적 태도를 표현하는 화행 관련 범주가 혼동되게 되는 결과를 낳기도 하였고, '평서형, 의문형, 명령형' 등의 문장 유형 범주만을 가리키는 용어로 서법이 사용된 적도 많았다.[26] 이러한 혼란은 고영근(1986)에

모호한 의미로 보면서 다시 이들을 현실성 양태로 보아 양태에 소속시키는 처리에 의문을 제기하셨다. 이는 타당한 비판이다. 본고는 관형사형 어미의 의미 기능이 기존의 논의에서 양태로 다루어지는 인식 양태 혹은 행위 양태와 차이점을 가진다고 주장하였으므로 이를 별도의 범주로 독립시키는 것이 온당할 수도 있으며 본고의 처리는 문법 기술의 효율성을 위한 제안의 성격을 띤다. 그러나 '현실성' 개념은 의미론적으로 양태와 밀접한 관련을 맺는 것이 사실이다. Nuyts (2006: 19)에서, 양태는 시제, 상과 대등한 범주라기보다는 시제나 상보다 높은 수준의 추상적 범주의 성격을 가진다고 한 점도 참고된다. 따라서 별도의 범주를 세우지 않고 기존의 범주에 현실성 범주를 소속시킨다면 그것은 결국 양태일 수밖에 없다.

26) Lee (1991)에서는 한국어에 서법의 구별이 있다고 하고 '다닙니다'의 '-니-', '다닙시다'의 '-시-'가 각각 '직설법', '명령법'을 표현한다고 보았다. 참고로 이 논의에서는 관형사형 어미 '-은, -을'이 '현실'과 '비현실'로 대립된다고 보았으나 이것이 서법적 대립을 나타낸다고는 보지 않았다.

서 양태는 의미 범주이고 서법은 문법 범주라고 규정한 것을 계기로 일단락되었지만 이선웅(2001: 335), 박재연(2004/2006: 20), 문병열(2007: 28) 등에서는 의미 범주와 문법 범주가 반드시 다른 이름을 가져야 하는 것은 아니라는 점을 들어,[27] 혼란을 야기하는 '서법'이라는 용어를 아예 사용하지 말 것을 제안하였다.[28]

그런데 최근 임동훈(2008)에서는 '서법'이라는 용어를 다른 방식으로 다시 사용할 것을 제안한다. 이 논의에서는 양태를 크게 '서법'과 '문법적 양태'로 구별하고, 굴절형으로 실현되면서 화행과 관련되거나 필수성을 동반하는 경우만 서법으로 보고 비굴절형으로 실현되거나 굴절형으로 실현되더라도 화행과 무관하고 필수성을 동반하지 않은 경우는 문법적 양태로 본다. 이에 따르면 '굴절형으로 실현되면서 화행과 관련되고 필수성을 동반한' 문장 유형 어미 '-다, -어라, -니, -냐' 등은 '서법'을 표현한다. 또한 '굴절형으로 실현되지만 화행과 관련되지 않으며 필수성을 동반하지 않는' '-겠-', '-더-', '-으리-' 등은 '문법적 양태'를 표현한다. '-을 것 같-, -을 듯하-' 등은 굴절형도 아니고 화행과도 무관하며 필수적이지도 않기 때문에 또한 '문법적 양태'를 표현한다.

주목할 것은 이 구별에 따르면 관형사형 어미 '-은'과 '-을'은 화행과 관련되지는 않지만 굴절형으로 실현되고 필수성을 동반한다는 점에서 '서법'의 자격을 가진다는 점이다. 따라서 이 논의에 따르면 한국어에서 '서법' 범주를 구현하는 문법 형식에는 문장 유형 어미, 관형사형 어미, 명사형 어미가 있다.[29]

관형사형 어미 '-은, -을'의 의미는 의미론적으로 다른 어떤 양태 요소들보다 인구어의 서법 개념에 근접해 있기 때문에 이러한 처리가 완전히 부당하다고 볼 수는 어렵다. 2장에서 논의한 바와 같이 '-은'과 '-을'

27) Palmer (2001: 19~21)에서도 유형론적 범주(typological categories)와 개념적 속성(notional features)의 이름이 굳이 구별될 필요가 없다고 하였다.

28) 자세한 내용은 박재연(2004/2006: 19~23) 참조.

29) 임동훈(2003: 138, 150)에서는 임동훈(2008)과 달리 화행과 관련된 의미 영역을 양태로 보는 것에 반대하였었다.

의 구별이 서법과 같이 통사적, 필수적인 성격을 띤다는 점에서 특히 그러하다.[30] 그러나 인구어의 서법에 의미론적으로 가깝다는 이유로 관형사형 어미의 의미를 서법으로 처리하는 것은 득보다는 실이 많을 것이라는 것이 본고의 판단이다.

가장 중요한 이유는 양태 논의에서 '서법'은 인구어의 동사 굴절 범주를 위해 관습적으로 사용될 뿐이지 양태와 구별되는 독립적 범주의 가치를 가지는 것은 아니라는 점이다.[31] Palmer (2001)에서는 여러 언어의 양태 체계를 양태적 체계(modal system)와 서법 체계(mood system)로 나누어 논의하였는데 이는 형식적으로 어떤 언어들은 양태 조동사 등을 사용하는 체계를 가지고 어떤 언어들은 '직설법, 접속법' 혹은 '현실'과 '비현실'의 대립을 표시하는 체계를 가지는 것을 고려한 것일 뿐이다.[32] 즉 인구어 동사 굴절 패러다임을 특징지어 붙여진 '서법'이라는 용어를 굳이 한국어에서 사용하여야 할 이유는 없다.

더욱이 임동훈(2008)에서처럼 굴절형 실현, 출현의 필수성, 화행과의 관련 여부 등을 기준으로 '서법' 범주를 묶는 것은 바람직하지 않다고 본다. 이는 인구어에 나타나는 '서법' 범주의 특성이기는 하나 그 자체로 개념적 정합성을 가지는 것은 아니기 때문이다. 화행과 관련된 문장 유형 범주는 화자가 청자에 대해 가지는 통보 목적과 관련 있는 범주로서 청자를 직접적으로 문제 삼지 않는 '현실', '비현실'의 대립과

---

30) de Haan (2006: 36)에서는 서법과 양태 접사를 비교하면서 서법은 필수적인 범주이지만 양태 접사는 화자의 주관적 선택에 따라 선택하지 않을 수도 있다고 하였고 임동훈(2008: 214)에서는 서법은 양태에 비해 화자가 중요한 관련항이 되기 어렵다고 하였다. 이를 바탕으로 하면 관형사형 어미를 서법 범주에 속한다고 기술할 가능성이 충분히 있다.

31) F. Palmer는 저서 "Mood and modality"의 제2판 서문에서 자신이 논의하고자 하는 범주에 적합한 이름은 '양태'이며, '서법'은 인구어에 존재하는 직설법, 접속법 등에 대한 전통적인 이름의 가치만을 가질 뿐임이 이미 1판에서 밝혀졌다고 적고 있다.

32) Palmer (2001: 104)에서는 대부분의 언어가 양태 체계 아니면 서법 중 하나만을 가지고 있고 이 둘을 모두 가지고 있는 언어는 통시적인 과도기 상태에 있기 때문이라고 하였다. 영어는 통시적으로 서법 체계에서 양태 조동사 체계로 발달한 예를 보여준다.

는 상당히 거리가 멀다.[33] 관형사형 어미 '-은', '-을'의 의미 기능이 '-겠-', '-더-' 등 양태 요소보다 '-다', '-어라', '-니' 등 문장 유형 요소에 가깝다는 것은 쉽게 납득하기 어렵다.

요컨대 관형사형 어미의 의미가 개념적으로 인구어의 서법에 근접해 있다고 해서 이를 서법으로 처리하게 되면 문장 유형 범주를 다시 서법으로 처리하게 되는 등 한국어 문법 논의에 혼란을 재현할 가능성이 높다. 따라서 본고는 관형사형 어미 '-은'과 '-을'이 구현하는 범주는 '현실성 양태'라는 이름으로 부르는 것으로 충분하며 서법이라는 별도의 범주를 도입할 필요가 없다고 주장한다.

5. 결론

지금까지 한국어의 관형사형 어미 '-은'과 '-을'의 의미론적 성격을 검토하고, 이들이 구현하는 문법범주가 한국어 양태 체계에서 어떠한 위치를 차지하는지를 고찰해 보았다. 이상에서 논의된 바를 요약하면 다음과 같다.

2장에서는 한국어 관형사형 어미의 의미를 '현실, 비현실'과 관련한 개념으로 기술한 기존의 논의를 검토하여 그 정당성을 확인하였다. 또한 한국어의 관형사형 어미가 '현실'과 '비현실'의 관점에서 비연결 표시, 국부적 표시 등의 특징을 가진다고 주장하였다.

3장에서는 '-을'의 의미와 '-겠-'의 의미를 유사한 것으로 다룬 기존의 논의를 비판하면서 '-을'의 '비현실'의 의미와 '-겠-'의 '추측' 혹은 '의도'의 의미가 어떠한 차이점을 가지는지를 밝혔다. '-겠-'은 명제에 대한 화자의 판단을 표현하지만 '-을'은 명제 자체의 속성을 나타낸다는 점, '-겠-'의 의미는 중의적인 데 반해 '-을'의 의미는 모호성을 띤다는 점, '-겠-'을 사용하는 것은 화자의 선택인 데 반해 '-을'은 통사적, 필수적 성격

33) 이 점은 이미 고영근(1986)에서 충분히 강조되었다.

이 강하다는 점을 들었다.

4장에서는 '-은'과 '-을'이 표현하는 '현실'과 '비현실'의 의미가 범주적으로 어떠한 위치를 차지하는지를 논의하였다. '현실'과 '비현실'의 대립은 '현실성 양태'로서 한국어 양태 범주에 포함되는데 기존의 인식 양태와 행위 양태 중 어디에도 속하지 않는 독자적인 가치를 가지는 것으로 보아야 한다고 주장하였다. 그러나 이 범주에 대해 '서법'이라는 별도의 이름을 부여하는 데에는 반대하였다.

본고에서는 관형사형 어미의 의미가 양태 범주에 포함되는 것으로 보았으나 관형사형 어미의 의미가 과연 '명제에 대한 화자의 태도'라는 가장 일반적인 양태의 정의에 부합되는가에 대해서는 더 논의할 여지가 있다. 이 문제는 이후의 과제로 남긴다.

참고논저

고영근(1970), 현대국어의 준자립형식에 대한 연구: 형식명사를 중심으로, 『어학연구』 6: 1, 서울대학교 어학연구소. [고영근(1989)에 "형식명사"라는 제목으로 실림. 63-111.]

고영근(1986), 서법과 양태의 상관관계, 『국어학 신연구』, 탑출판사. [고영근(1995)에 실림, 247-263.]

고영근(1989), 『국어 형태론 연구』, 서울대학교 출판부.

고영근(1995), 『단어 · 문장 · 텍스트』, 한국문화사.

고영근(2004), 『한국어의 시제 서법 동작상』, 태학사.

고영근 · 구본관(2008), 『우리말 문법론』, 집문당.

김차균(1999), 『우리말의 시제 구조와 상 인식』, 태학사.

김창섭(1987), 국어 관형절의 과거 시제: '-(았)던'을 중심으로, 『어학』 14, 전북대학교 어학연구소, 95-117.

나진석(1965), 국어 움직씨의 때매김 연구, 『한글』 134, 한글학회. [나진석(1971)에 실림, 1-137.]

나진석(1971), 『우리말의 때매김 연구』, 과학사.

남기심 · 고영근(1985/1993), 『표준국어문법론』, 탑출판사.

문병열(2007), 한국어의 보문 구성 양태 표현에 대한 연구,『국어연구』193, 국어연구회.

문숙영(2005), 한국어 시제 범주 연구, 서울대학교 대학원 박사학위논문.

박병선 · 박진호(1999), 서법의 정의 및 한국어 서법 범주의 체계화, 제19차 한국어학회 전국학술대회 발표 요지.

박재연(2003), 국어 양태의 화 · 청자 지향성과 주어 지향성,『국어학』40, 국어학회, 249-275.

박재연(2004/2006),『한국어 양태 어미 연구』, 국어학총서 51. 태학사.

서정수(1994),『국어문법』, 뿌리깊은나무.

서태룡(1980), 동명사와 후치사 {은} {을}의 기저의미,『진단학보』50, 진단학회, 97-120.

심재기(1979), 관형화의 의미 기능,『어학연구』15: 2, 서울대학교 어학연구소. [심재기(1982)에 실림. 333-350.]

심재기(1982),『국어어휘론』, 집문당.

안명철(1983), 현대 국어의 양상 연구,『국어연구』56, 국어연구회.

이선웅(2001), 국어의 양태 체계 확립을 위한 시론,『관악어문연구』26, 서울대학교 국어국문학과, 317-339.

이익섭 · 임홍빈(1983),『국어문법론』, 학연사.

임홍빈 · 장소원(1995),『국어문법론 Ⅰ』, 한국방송통신대학교 출판부.

임동훈(2003), 국어 양태 체계의 정립을 위하여,『한국어의미학』12, 한국어의미학회, 127-153.

임동훈(2008), 한국어의 서법과 양태 체계,『한국어의미학』26, 한국어의미학회, 211-249.

장경희(1985),『현대국어의 양태범주 연구』, 탑출판사.

최동주(1995), 국어 시상체계의 통시적 변화에 대한 연구, 서울대학교 대학원 박사학위논문.

Bybee, J., R. Perkins, & W. Pagliuca (1994), *The Evolution of Grammar: Tense, Aspect, and Modality in the Language of the World,* The University of Chicago Press.

Bybee, J. & S. Fleischman *eds*. (2005), *Modality in Grammar and Discourse,* John Benjamins.

Chafe, W. (1995), The Realis-Irrealis Distinction in Caddo, the Northern Iroquoian Language, and English. In J. Bybee & S. Fleischman *eds*. (2005), 349-365.

Chung, S. & A. Timberlake (1985), Tense, Aspect and Mood, in Shopen *ed.* (1985), 202-258.

Coates, J. (1983), *The Semantics of Modal Auxiliaries*. Croom Helm.

de Haan, F. (2006), Typological Approaches to Modality. in W. Frawley *ed.* (2006), 27-69.

Foley, W. A. & R. D. van Valin (1985), *Functional Syntax and Universal Grammar*, Cambridge University Press.

Frawley, W. *ed.* (2006), *The Expression of Modality*, Mouton de Gruyter.

Givôn, T. (1995), *Functionalism and Grammar*, John Benjamins.

Kiparsky, D. & C. Kiparsky (1971), Fact, in Steinberg and Jacobovits *eds.* (1971), 345-369.

Lee, H. S. (1991), Tense, Aspect, Modality: A Discourse-Pragmatic Analysis of Verbal Affixes in Korean from a Typological Perspective, Ph. D. Dissertation, University of California Los Angeles.

Li, Renzhi (2004), *Modality in English and Chinese: A Typological Perspective*, Dissertation.com.

Mithun, M. (1995), On the Relativity of Irreality, in J. Bybee & S. Fleischman *eds.* (2005), John Benjamins. 367-388.

Mithun, M. (1999), *The Language of Native North America*, Cambridge University Press.

Nuyts, J. (2006), Modality: Overview and Linguistic issue, in Frawley *ed.* (2006), 1-26.

Palmer, F. (1986), *Mood and Modality*, Cambridge University Press.

Palmer, F. (2001), *Mood and Modality*, 2nd edition, Cambridge University Press.

Shopen, T. *ed.* (1985), *Language Typology and Syntactic Description 3*, Cambridge University Press.

Steinberg, D. D. & L. A. Jacobovits *eds.* (1971), *Semantics*, Cambridge University Press.

수록 논문 출전

제1부 개념과 방법론

국어 양태 범주의 확립과 어미의 의미 기술: 인식 양태를 중심으로, 『국어학』 34, 국어학회, 199-225(1999년).

인식 양태와 의문문의 상관관계에 대하여, 『어학연구』 41-1, 서울대학교 언어교육원, 101-118(2005년).

국어 양태의 주어 지향성과 화 · 청자 지향성, 『국어학』 41, 국어학회, 249-275(2003년).

주어 지향적 양태와 관련한 몇 문제, 『한국어학』 44, 한국어학회, 1-25(2009년).

한국어의 인식론적 범주와 관련한 몇 문제, 『국어학』 66, 국어학회, 79-107(2013년).

문법 형식의 의미 기술과 통사론·의미론 · 화용론, 『한국어학』 37, 한국어학회, 181-206(2007년).

문법 형식의 전경 의미와 배경 의미: '-으면서, -느라고, -고서, -자마자'의 의미 기술을 위하여, 『한국어 의미학』 22, 73-94(2007년).

한국어 어미 결합에서 나타나는 비합성적 의미 해석, 『언어와 정보사회』 26, 서강대학교 언어정보연구소, 215-250(2015년).

한국어 어미의 의미 기능과 문법 범주(미발표 논문)

제2부 선어말어미의 의미

과거 시제를 나타내는 '-었더-'에 대하여, 『어문연구』 120, 한국어문교육연구회, 85-109(2003년).

'-던가', '-더라' 의문문의 특성에 대한 연구, 『국어학』 53, 국어학회, 199-227(2008년).

'-겠-'과 '-을 것이-'의 비대립 환경과 대립 환경, 『국어학』 85, 국어학회, 113-149(2018년).

제3부 종결어미의 의미

한국어 종결어미 '-구나'의 의미론, 『한국어 의미학』 43, 한국어 의미학회, 219-245(2014년).

한국어 사전에서의 종결어미 '-을까'의 뜻풀이에 대하여, 『이병근선생퇴임기념 국어학논총』, 태학사, 837-864(2006년).

'-다고'류 어미에 대한 화용론적 접근, 『애산학보』 24, 애산학회, 171-194(2000년).

독백과 독백문 종결어미에 대하여, 『국어학논집』 4, 서울대학교 국어국문학과, 25-48(2000년).

한국어 의도 관련 어미의 환유적 의미 확장, 『국어학』 68, 국어학회, 253-288(2013년).

제4부 연결어미와 전성어미의 의미

연결어미와 양태: 이유, 조건, 양보의 연결어미를 중심으로, 『한국어 의미학』 30, 한국어 의미학회, 119-141(2009년).

한국어 연결어미 의미 기술의 메타언어 연구: '양보, 설명, 발견'의 연결어미를 중심으로, 『국어학』 62, 국어학회, 167-197(2011년).

한국어 연결어미 의미 확장에서의 환유와 은유, 『국어학』 70, 국어학회, 117-155(2014년).

관형사형 어미의 의미 기능과 그 문법 범주, 『한국어학』 43, 한국어학회, 151-177(2009년).

찾아보기

ㅇ

ㅈ